Der Parlamentarische Rat 1948–1949
Band 11

Der Parlamentarische Rat
1948–1949

Akten und Protokolle

herausgegeben
vom Deutschen Bundestag
und vom Bundesarchiv

unter Leitung von
Hans-Joachim Stelzl und Friedrich P. Kahlenberg

Der Parlamentarische Rat 1948–1949

Akten und Protokolle

Bd. 11

Interfraktionelle Besprechungen

bearbeitet
von
Michael F. Feldkamp

HARALD BOLDT VERLAG IM R. OLDENBOURG VERLAG
MÜNCHEN 1997

Die Deutsche Bibliothek – CIP-Einheitsaufnahme

Deutschland ⟨Gebiet unter Alliierter Besatzung⟩ /
Parlamentarischer Rat:
Der Parlamentarische Rat : 1948–1949 ; Akten und Protokolle /
hrsg. vom Deutschen Bundestag und vom Bundesarchiv unter Leitung
von Hans-Joachim Stelzl und Friedrich P. Kahlenberg. – München :
Boldt im Oldenbourg-Verl.
Bis Bd. 4 hrsg. unter Leitung von Kurt G. Wernicke und Hans
Booms. – Bd. 4–10 unter Leitung von Rupert Schick und
Friedrich P. Kahlenberg

Bd. 11. Interfraktionelle Besprechungen / bearb. von
Michael F. Feldkamp. – 1997
ISBN 3-486-56279-7

Gedruckt auf säure- und chlorfreiem, alterungsbeständigem Papier
Gesamtherstellung: R. Oldenbourg Graphische Betriebe GmbH, München

ISBN 3-486-56279-7

INHALTSVERZEICHNIS

EINLEITUNG

VORBEMERKUNG

Mit dem vorliegenden Band der Editionsreihe „Der Parlamentarische Rat. Akten und Protokolle“ werden erneut ergänzende Quellen zu den Protokollen der Fachausschüsse, des Hauptausschusses und der Plenarverhandlungen veröffentlicht. Da die Arbeit der Fachausschüsse zumeist Ende Januar 1949 abgeschlossen war[1]) und wesentliche Teile der Arbeit des Parlamentarischen Rates in den folgenden Monaten außerhalb der offiziellen und öffentlichen Sitzungen des Hauptausschusses, des Plenums und der sonstigen offiziellen Gremien stattfand, schien es sinnvoll, neben den bereits veröffentlichten Aufzeichnungen über die Begegnungen mit den Militärgouverneuren[2]) und den Ältestenratssitzungen[3]) auch die Aufzeichnungen über die interfraktionellen Besprechungen einschließlich des Fünfer- und Siebenerausschusses in einer Edition vorzulegen, obwohl deren Überlieferung offensichtlich unvollständig ist.

Gerade im Hinblick auf die noch ausstehende Bearbeitung der „politischen Geschichte“ des Parlamentarischen Rates besitzen die Aufzeichnungen über die interfraktionellen Besprechungen einen hohen Stellenwert, weil sie teilweise tiefe Einblicke in die zwischen den Parteien geführten Auseinandersetzungen um politische Ziele bieten und das harte Ringen um Kompromisse sichtbar machen. Hier konnte ohne die Anwesenheit von Journalisten „laut gedacht“ und in kleinen Gruppen zwischen den Fraktionsführern bzw. einzelnen sachverständigen Fraktionsangehörigen diskutiert werden.

Schon bei der Edition der Aufzeichnungen des Ältestenrats[4]) konnten mit Gewinn Dokumente aus Nachlässen sowie die Aktenüberlieferung des Büros der Ministerpräsidenten in Wiesbaden benutzt werden. Die Quellen wurden bei der Bearbeitung des Editionsbandes zu den interfraktionellen Besprechungen auch herangezogen, um die wenigen Aufzeichnungen des Stenographischen Dienstes des Parlamentarischen Rates zu ergänzen. So wird in der Editionsreihe zum Parlamentarischen Rat hiermit zwar bereits der dritte „patchwork“-Band vorgelegt, doch vermag die formale Uneinheitlichkeit der Aufzeichnungen sinnbildhaft die facettenreiche und diffizile Tätigkeit der Parlamentarier zum Ausdruck bringen.

---

[1]) Von Feb. bis Mai 1949 tagten nur noch der Wahlrechtsausschuß (21.–25. Sitzung) und der Ausschuß für das Besatzungsstatut (4. und 5. Sitzung).

[2]) Vgl. Der Parl. Rat Bd. 8.

[3]) Vgl. Der Parl. Rat Bd. 10.

[4]) Vgl. Der Parl. Rat Bd. 10, S. VII und XXIX.

1. INTERFRAKTIONELLE BEZIEHUNGEN

Es ist allgemeine parlamentarische Gepflogenheit, daß sich Fraktionen bilden, die in der Regel aus Mitgliedern einer Partei bestehen. Freilich können auch zwei oder mehrere Parteien eine Fraktion bilden. So schlossen sich im Parlamentarischen Rat wie bereits zuvor im Wirtschaftsrat des Vereinigten Wirtschaftsgebietes die CDU, die nicht in Bayern vertreten war, mit der ausschließlich in Bayern beheimateten CSU zu einer Fraktion zusammen. Ebenfalls schlossen sich die drei im Parlamentarischen Rat vertretenen liberalen Parteien FDP, LDP und DVP am Tage vor der Konstituierung zu einer Fraktion zusammen. Mit anderen Parteien Fraktionsgemeinschaften einzugehen, bot sich offensichtlich weder für die CDU/CSU noch für die SPD an. Doch war es parlamentarischer Usus, sich in Einzelfällen mit anderen Fraktionen zur Herbeiführung eines tragfähigen Kompromisses ins Benehmen zu setzen. Dieses geschah im Parlamentarischen Rat zumeist zwischen den beiden großen Fraktionen CDU/CSU und SPD. Wenn beide großen Parteien sich zusammenschlossen, konnte eine größtmögliche Mehrheit[5]) geschaffen werden und ohne Rücksichtnahme auf die kleinen Fraktionen das Grundgesetz verabschiedet werden.
Solche interfraktionellen Begegnungen waren anfangs kurzfristig gebildete „ad hoc" Gremien mit einem kleinen, meist präzise gefaßten Aufgabenbereich. Die Teilnehmer waren von ihren Fraktionen ermächtigt worden, mit Lösungen aufzuwarten. Zumeist kamen die Fraktionsführer selbst oder aber Sachverständige der Fraktionen zusammen, wenn ein mitgliedsstarker Ausschuß schon zu groß war, um die dort vertretenen unterschiedlichen Meinungen in einen akzeptablen Kompromiß zu fassen. Ohne einen konkreten Lösungsvorschlag auseinanderzugehen, bot sich nicht an. Die Fraktionen stellten hohe Erwartungen an die Teilnehmer, auch wenn die interfraktionellen Besprechungen unter Ausschluß und auch zumeist unbemerkt von der Öffentlichkeit tagten.
Neben diesen als „offiziell" zu bezeichnenden interfraktionellen Besprechungen gab es eine Vielzahl von Gesprächen zwischen den Parlamentariern, in denen der Verhandlungsrahmen abgesteckt und die „Grenzen" für Kompromisse ausgelotet wurden. Über diese Gespräche konnten allerdings keine Aufzeichnungen gefunden werden. Allenfalls finden sich in den Aufzeichnungen der Sitzung der CDU/CSU-Fraktion Hinweise, die Rückschlüsse auf etwaige Absprachen ermöglichen[6]).

---

[5]) Nach § 30 der Geschäftsordnung des Parl. Rates reichte zwar die einfache Stimmenmehrheit aus, doch war den Mitgliedern des Parl. Rates schon im Interesse der anschließend zu erfolgenden Genehmigung des Grundgesetzes durch die Länder an einer größtmöglichen Mehrheit sehr gelegen. Für die Geschäftsordnung vgl. Der Parl. Rat Bd. 10, Teil B Dok. Nr. 5, S. 196.

[6]) Vgl. z.B. die Gespräche zwischen von Mangoldt und Schmid sowie zwischen von Mangoldt und Eberhard. Salzmann, S. 162.

2. DIE TEILNEHMER

Die personelle Zusammensetzung der interfraktionellen Besprechungen war – außer beim Fünfer- und Siebenerausschuß – in der Regel nicht festgelegt. Wegen der wechselnden Teilnehmer schlug Kaufmann in der CDU-Fraktionssitzung am 28. Oktober 1948 vor, die interfraktionellen Beratungen auf einen kleinen und festen Kreis „verantwortlicher Männer von der CDU und SPD" zu beschränken[7]). So gab es hinsichtlich der Teilnehmer einen „harten Kern"[8]), der gelegentlich erweitert wurde und dessen Mitglieder sich bei Abwesenheit durch andere Teilnehmer vertreten lassen konnten.

Zu den regelmäßigen Teilnehmern der interfraktionellen Besprechungen zählten seitens der CDU/CSU-Fraktion:

Dr. h.c. Konrad Adenauer (5. Januar 1876–19. April 1967)[9])
CDU, Nordrhein-Westfalen

Mitglied des Zentrums; 1906 Beigeordneter der Stadt Köln; 1912–1933 und 1945 Oberbürgermeister von Köln; 1918–1932 Vorsitzender des Provinzialausschusses der Rheinprovinz; 1920–1932 Präsident des Preußischen Staatsrates; 1946 Mitglied der CDU und 1. Vorsitzender der CDU in der britischen Besatzungszone; 1946–1950 Mitglied des Nordrhein-Westfälischen Landtages.
Funktionen im Parlamentarischen Rat: Präsident, Mitglied des Ältestenrates, des Hauptausschusses und des Überleitungsausschusses.
Spätere Tätigkeit: 1949–1967 Mitglied des Bundestages; 1949–1963 Bundeskanzler; 1950 Bundesvorsitzender der CDU; 1951–1955 Außenminister.

Dr. iur., Dr. h.c. Heinrich von Brentano (20. Juni 1904–14. November 1964)
CDU, Hessen

1932 Rechtsanwalt in Darmstadt; 1945 Gründungsmitglied der CDU Hessen; 1946 Mitglied der hessischen Verfassunggebenden Landesversammlung; 1946–1949 Mitglied des Hessischen Landtages.
Funktionen im Parlamentarischen Rat: Mitglied des Hauptausschusses (Stellvertretender Vorsitzender), des Ausschusses für das Besatzungsstatut, des Redaktionsausschusses und des Überleitungsausschusses.
Spätere Tätigkeit: 1949–1964 Mitglied des Bundestages, dort 1949–1955 und 1961–1964 Fraktionsvorsitzender der CDU/CSU; 1955–1961 Außenminister.

---

7) Vgl. Salzmann, S. 109.
8) Vgl. dazu die Übersicht der Teilnehmer der interfraktionellen Besprechungen vom 29. Jan. 1949. BayHStA NL Ehard 1463.
9) Vgl. Hans-Peter Schwarz: Adenauer. Der Aufstieg 1876–1952. Stuttgart 1986.

Theophil Heinrich Kaufmann (15. Dezember 1888–22. August 1961)[10])
CDU, Württemberg-Baden

Kaufmännische Lehre in Pforzheim, Studium der Theologie, Philosophie und Geschichte an den Universitäten Tübingen, Madison New York, Columbia New York und Göttingen; 1913–1916 Journalist; 1916–1918 Soldat; 1919–1921 Angestellter im Zentralarbeitsnachweis in Hannover; 1921–1933 Geschäftsführer des Gewerkschaftsbundes der Angestellten in Hannover, Bremen und Hamburg; Mitglied der DDP; 1923–1927 Mitglied der Bürgerschaft Bremen; 1928–1933 Mitglied der Bürgerschaft Hamburg; nach der nationalsozialistischen „Machtergreifung" als politisch „untragbar" aus allen Ämtern entlassen; 1933 als Referent für politische Fragen vom Hamburger Rundfunk entlassen; 1935 Geflügelzüchter in Ettlingen; 1946–1948 Bürgermeister in Ettlingen; Mitglied der CDU Württemberg-Baden; 1947–1949 Mitglied des Wirtschaftsrates des Vereinigten Wirtschaftsgebietes in Frankfurt.
Funktionen im Parlamentarischen Rat: Mitglied des Geschäftsordnungsausschusses, des Ausschusses für Wahlrechtsfragen, des Hauptausschusses und des Überleitungsausschusses sowie Vorsitzender des Siebenerausschusses.
Spätere Tätigkeit: Ab 1951 im Auswärtigen Dienst; 1952–1954 Generalkonsul in der Schweiz (Basel); Mitglied des Verwaltungsgerichts Karlsruhe.

Dr. iur., Dr. med. h.c. Robert Lehr (20. August 1883–13. Oktober 1956)
CDU, Nordrhein-Westfalen

1915 Beigeordneter in Düsseldorf; 1924–1933 Oberbürgermeister von Düsseldorf; Teilnahme an der Widerstandsbewegung im Gördeler-Kreis; 1945 Oberpräsident der Allgemeinen Verwaltung in der Provinzialregierung der Nordrheinprovinz; 1946 Vorsitzender des Zonenbeirates für die britische Zone; Gründungsmitglied der CDU; 1946–1950 Mitglied und 1946–1947 Präsident des Nordrhein-Westfälischen Landtages.
Funktionen im Parlamentarischen Rat: Mitglied des Hauptausschusses
Spätere Tätigkeit: 1949–1953 Mitglied des Bundestages; 1950–1953 Bundesminister des Innern.

Dr. phil. Anton Pfeiffer (7. April 1888–20. Juli 1957)[11])
CSU, Bayern

1926 Amerikaaufenthalt im Auftrag des Auswärtigen Amtes; Gründer des „Amerikanischen Instituts" in München; 1918–1933 Generalsekretär der BVP; 1928–1933 Mitglied des Bayerischen Landtages; 1933–1945 Lehrer; 1945 Leiter der Bayerischen Staatskanzlei; 1946 bayerischer Staatsminister für Sonderaufgaben; 1946 Mitglied im vorbereitenden Verfassungsausschuß und in der Verfassungge-

[10]) Vgl. Der Parl. Rat Bd. 6, S. XVI.
[11]) Vgl. Christiane Reuter: „Graue Eminenz der bayerischen Politik". Eine politische Biographie Anton Pfeiffers (1888–1957). München 1987.

benden Landesversammlung für Bayern; 1946–1950 Mitglied des Bayerischen Landtages; 1948 Mitglied des Verfassungskonventes auf Herrenchiemsee.
Funktionen im Parlamentarischen Rat: Fraktionsvorsitzender der CDU/CSU, Mitglied des Ältestenrates, des Ausschusses für Grundsatzfragen, des Hauptausschusses und des Überleitungsausschusses.
Spätere Tätigkeit: 1950 Generalkonsul, 1951–1954 Botschafter in Brüssel.

Von der SPD-Fraktion nahmen an den interfraktionellen Besprechungen teil:

Dr. iur. Rudolf Katz (30. September 1895–23. Juli 1961)
SPD, Schleswig-Holstein

1923–1924 Syndikus in Lübeck; 1924–1933 Rechtsanwalt und Notar in Hamburg Altona; 1929–1933 Abgeordneter der SPD in der Stadtverordnetenversammlung in Hamburg; Mitglied des Schleswig-Holsteinischen Städtetages; seit 1933 im Exil; zunächst 1933–1935 mit dem ehemaligen Bremer Bürgermeister Brauer als Beauftragter des Völkerbundes in Nanking (China); 1935–1938 Assistent an der Columbia-Universität New York; 1938 Redakteur in New York; 1941 amerikanischer Staatsbürger; 1947–1950 Justizminister und 1949 Minister für Volksbildung von Schleswig-Holstein; 1947–1949 Mitglied des Wirtschaftsrates des Vereinigten Wirtschaftsgebietes in Frankfurt.
Funktionen im Parlamentarischen Rat: Mitglied des Ausschusses für die Organisation des Bundes.
Spätere Tätigkeit: 1951 Vizepräsident des Verfassungsgerichts in Karlsruhe.

Dr. iur. Walter Menzel (13. September 1901–24. September 1963)[12])
SPD, Nordrhein-Westfalen

Seit 1921 Mitglied der SPD; 1927 Amtsrichter in Potsdam; 1928–1931 Finanzrat im preußischen Finanzministerium; 1931–1933 Landrat in Weilburg an der Lahn; 1934–1945 Rechtsanwalt; 1945 Vorstand des Generalreferates Inneres der Provinzialregierung Westfalens; 1945 deutscher Berater der amerikanischen Kontrollkommission in Berlin; seit 1946 Mitglied des Parteivorstandes der SPD; Mitglied des Zonenbeirats der britisch besetzten Zone sowie des Rechts- und Verfassungsausschusses des Zonenbeirats; 1946–1950 Innenminister und stellvertretender Ministerpräsident von Nordrhein-Westfalen; 1946–1950 Mitglied des Nordrhein-Westfälischen Landtages.
Funktionen im Parlamentarischen Rat: Mitglied des Ausschusses für Zuständigkeitsabgrenzung, des Wahlrechtsausschusses, des Hauptausschusses, des Überleitungsausschusses.
Spätere Tätigkeit: 1949–1963 Mitglied des Bundestages; 1952–1957 politischer Sekretär bzw. parlamentarischer Geschäftsführer der SPD-Fraktion.

---

[12]) Vgl. Der Parl. Rat Bd. 6, S. XVIII. Vgl. Hirscher: Sozialdemokratische Verfassungspolitik.

Dr. iur. Carlo Schmid (3. Dezember 1896–11. Dezember 1979)[13])
SPD, Württemberg-Hohenzollern

Rechtsanwalt; Richter; Referent am Kaiser-Wilhelm-Institut für öffentliches Recht und Völkerrecht in Berlin; 1929 Habilitation; Dozent in Tübingen; 1940 Mitarbeiter in der Militärverwaltung in Frankreich; 1945 Professor in Tübingen; 1945 Landesdirektor für Kultus, Unterricht und Kunst in Württemberg-Baden; 1945 Landesvorsitzender der SPD in Süd-Württemberg; Berater der Verfassunggebenden Landesversammlung für Württemberg-Baden; 1946 Präsident des Staatssekretariats und Staatssekretär für Justiz in Württemberg-Baden; 1947 Justizminister und stellvertretender Staatspräsident Württemberg-Baden; 1948 Mitglied des Verfassungskonventes auf Herrenchiemsee.
Funktionen im Parlamentarischen Rat: Fraktionsvorsitzender der SPD, Vorsitzender des Hauptausschusses, Vorsitzender des Ausschusses für das Besatzungsstatut, Mitglied des Ausschusses für Grundsatzfragen, des Ausschusses für die Organisation des Bundes sowie des Überleitungsausschusses.
Spätere Tätigkeit: 1949–1972 Mitglied des Bundestages; 1953 Professor in Frankfurt/Main; 1965–1966 und 1969–1972 Bundestagsvizepräsident; 1966–1969 Bundesminister für Angelegenheiten des Bundesrates und der Länder.

Adolf Schönfelder (5. April 1875–3. Mai 1966)[14])
SPD, Hamburg

1905 Gewerkschaftssekretär; 1915–1918 Soldat; 1919 Mitglied der Bürgerschaft Hamburg; 1925 Mitglied des Hamburger Senates; 1926–1933 Präses der Hamburger Polizeibehörde; 1945–1946 Zweiter Bürgermeister von Hamburg; 1945–1961 Mitglied der Bürgerschaft Hamburg; 1945–1960 Präsident der Hamburger Bürgerschaft.
Funktionen im Parlamentarischen Rat: Vizepräsident, Mitglied des Ältestenrates, des Hauptausschusses und des Geschäftsordnungsausschusses.

Jean Stock (7. Juni 1893–13. Januar 1965)[15])
SPD, Bayern

Druckerlehre; 1911 Mitglied der SPD; bis 1918 Soldat; 1918–1919 und 1920–1924 Mitglied des Bayerischen Landtages; 1920–1933 Stadtrat in Aschaffenburg;

[13]) Vgl. Der Parl. Rat Bd. 5/I, S. XIV. Vgl. auch: Gerhard Hirscher: Carlo Schmid und die Gründung der Bundesrepublik. Eine politische Biographie. Bochum 1986; Theodor Eschenburg: Carlo Schmid und die französische Besatzungspolitik, in: Frankreichs Kulturpolitik in Deutschland 1945–1950. Ein Tübinger Symposion, 19. und 20. Sept. 1985, Hrsg. von Franz Knipping/Jacques Le Rider unter Mitarbeit von Karl J. Mayer. Tübingen 1987, S. 293–300; Hellmuth Auerbach: Carlo Schmid und die französische Kulturpolitik in Württemberg-Hohenzollern 1945–1949, in: ebd., S. 311–317; Gerhard Hirscher: Aspekte der politischen Karriere Carlo Schmids von 1945 bis 1949, in: ebd., S. 319–332; Petra Weber: Carlo Schmid 1896–1979. München 1996.

[14]) Vgl. Erich Lüth: Hamburgs Schicksal lag in ihrer Hand. Geschichte der Bürgerschaft. Hamburg 1966.

[15]) Vgl. Der Parl. Rat Bd. 6, S. XVII f.

1944 im KZ Dachau; 1945 Regierungspräsident von Unterfranken; 1945 Oberbürgermeister; 1946 Mitglied der bayerischen Verfassunggebenden Landesversammlung; 1946–1952 Stadtrat von Aschaffenburg; 1946–1962 Mitglied des Bayerischen Landtages; 1947–1948 Mitglied des Länderrates.
Funktionen im Parlamentarischen Rat: Schriftführer sowie Mitglied des Hauptausschusses, des Ausschusses für Wahlrechtsfragen und des Ausschusses für Finanzfragen.

Seitens der FDP-Fraktion nahm an den interfraktionellen Besprechungen teil:

Dr. rer. pol. Theodor Heuss (31. Januar 1884–12. Dezember 1963)[16])
FDP, Württemberg-Baden

Schriftsteller, Publizist und Politiker; 1903–1933 Mitglied der Freisinnigen Vereinigung der Fortschrittlichen Volkspartei und der DDP; 1919 Stadtverordneter, 1921 Bezirksverordneter in Berlin-Schöneberg; 1920–1924 Studienleiter und 1924–1933 Dozent an der Hochschule für Politik in Berlin; 1924–1928 (DDP) und 1930–1933 (Staatspartei) Mitglied des Reichstags; 1945 Gründungsmitglied der FDP; 1945–1946 Kultminister in Württemberg-Baden; 1946 Mitglied der Verfassunggebenden Länderversammlung in Württemberg-Baden; seit 1946 Vorsitzender der FDP in der amerikanischen Besatzungszone; 1946–1949 Mitglied des Württemberg-Badischen Landtages; 1948 Erster Vorsitzender der Westdeutschen FDP.
Funktionen im Parlamentarischen Rat: Fraktionsvorsitzender der FDP, Mitglied des Ältestenrates, des Ausschusses für Grundsatzfragen und des Hauptausschusses.
Spätere Tätigkeit: 1949 Mitglied des Bundestages, dort 1949 Fraktionsvorsitzender der FDP; 1949–1959 Bundespräsident.

Dr. phil. Hermann Schäfer (6. April 1892–26. Mai 1966)
FDP, Niedersachsen

Redakteur der „Werkmeister-Zeitung"; 1914–1918 Soldat; 1918–1920 in französischer Kriegsgefangenschaft; 1920 Mitglied der DDP; 1925–1932 Stadtverordneter in Köln; 1930 Mitglied der Staatspartei; 1935 Angestellter, 1946 Geschäftsführer der Hanseatischen Ersatzkasse und Merkur-Ersatzkasse; 1946 Vorsitzender des Verbandes der Angestellten-Krankenkassen; 1945–1956 und 1961–1966 Mitglied der FDP.
Funktionen im Parlamentarischen Rat: Vizepräsident, Mitglied des Ausschusses für das Besatzungsstatut und des Überleitungsausschusses.
Spätere Tätigkeit: 1949–1957 Mitglied des Bundestages, dort 1952–1953 Fraktionsvorsitzender der FDP; 1953–1956 Bundesminister für besondere Aufgaben.

---

16) Vgl. Karl Dietrich Bracher: Theodor Heuss und die Wiederbegründung der Demokratie in Deutschland. Tübingen 1965; Ingrid Wurtzbacher-Rundholz: Verfassungsgeschichte und Kulturpolitik bei Dr. Theodor Heuss bis zur Gründung der Bundesrepublik Deutschland durch den Parlamentarischen Rat 1948/49. Frankfurt, Bern 1980.

Von der DP nahm an den interfraktionellen Besprechungen teil:

Dr. ing., Dr. ing. h.c., Dr. rer. nat. h.c. Hans-Christoph Seebohm (4. August 1903–17. September 1967)[17])
DP, Niedersachsen

1931 preußischer Bergassessor; 1933–1938 Betriebsdirektor der Erzbergbau GmbH Ringelheim, Peine; 1939–1940 Bergwerksdirektor der Hohenlohewerke; 1940 Geschäftsführer der C. Deilmann Bergbau GmbH, Dortmund und Bentheim sowie im Vorstand der Braunschweigischen Maschinenbauanstalt; 1946 stellvertretender Vorsitzender des Direktoriums der DP; 1946–1948 Minister für Aufbau und Arbeit in Niedersachsen; 1946–1948 Mitglied des Niedersächsischen Landtages; 1947 Präsident der Industrie- und Handelskammer in Braunschweig; Mitglied des Vorstandes des Wirtschaftsverbandes Erdölgewinnung.
Funktionen im Parlamentarischen Rat: Fraktionsvorsitzender der DP, Mitglied des Ältestenrates, des Geschäftsordnungsausschusses, des Hauptausschusses und des Ausschusses für Finanzfragen.
Spätere Tätigkeit: 1949–1967 Mitglied des Bundestages; 1949–1966 Bundesminister für Verkehr.

Vom Zentrum nahm an den interfraktionellen Besprechungen teil:

Helene Wessel (6. Juli 1898–13. Oktober 1969)[18])
Zentrum, Nordrhein-Westfalen

Jugend- und Wirtschaftsfürsorgerin; 1915 Parteisekretärin des Zentrums in Dortmund-Hörde; 1928–1933 Mitglied des Preußischen Landtages; 1945–1952 Mitgründerin und Mitglied des Zentrums; 1946–1949 Mitglied des Nordrhein-Westfälischen Landtages.
Funktionen im Parlamentarischen Rat: Mitglied des Geschäftsordnungsausschusses und des Ausschusses für Zuständigkeitsabgrenzung.
Spätere Tätigkeit: 1949–1953 und 1957–1969 Mitglied des Bundestages; 1953 Mitglied der Gesamtdeutschen Volkspartei; 1957 Mitglied der SPD.

Außerdem nahmen an den interfraktionellen Sitzungen häufig die Mitglieder des Redaktionsausschusses teil: von Brentano – für diesen ab Februar 1949: von Mangoldt[19]) – Dehler[20]) und Zinn[21]). Weiterhin nahmen an den Sitzungen gele-

---

17) Vgl. Der Parl. Rat Bd. 10, S. XXXVIII.

18) Elisabeth Friese: Helene Wessel (1898–1969). Von der Zentrumspartei zur Sozialdemokratie. Düsseldorf 1993 (Düsseldorfer Schriften zur Neueren Landesgeschichte und zur Geschichte Nordrhein-Westfalens Bd. 35).

19) Dr. iur. Hermann von Mangoldt, (18. November 1895–24. Februar 1953), CDU, Schleswig-Holstein: bis 1919 Soldat; 1922 Personal- und Polizeireferent bei der Reichswasserschutzleitung; Studium in Königsberg; 1926 Rechtsreferendar; 1931 Habilitation; 1935 außerplanmäßiger Professor, ab 1939–1941 ordentlicher Professor in Tübingen; 1941–1943 Professor in Jena; 1939–1944 Soldat; 1943 Professor in Kiel; 1947–1948 Rektor der

gentlich teil: Höpker Aschoff[22]), Süsterhenn[23]), Greve[24]) bzw. für diesen seit dem 20. Mai 1949 Ollenhauer[25]) sowie die Berliner Vertreter[26]) Kaiser[27]) und Suhr[28]).

Universität Kiel; 1946–1950 Mitglied des Schleswig-Holsteinischen Landtages; 1946 Innenminister in Schleswig-Holstein; 1952 Richter am Staatsgerichtshof in Bremen.

[20]) Dr. iur. et rer. pol. Thomas Dehler (14. Dezember 1877–21. Juli 1967) FDP, Bayern: seit 1919 Tätigkeit in der DDP, später Staatspartei; Rechtsanwalt in München, später in Bamberg; 1945–1949 Landrat, dann Generalstaatsanwalt; 1946–1956 Landesvorsitzender der FDP in Bayern; später Oberlandesgerichtspräsident in Bamberg; Mitglied der bayerischen Verfassunggebenden Landesversammlung; 1946–1949 Mitglied des Bayerischen Landtages; 1949–1967 Mitglied des Bundestages; 1949–1953 Bundesminister der Justiz; 1953–1957 Fraktionsvorsitzender und 1954–1957 Bundesvorsitzender der FDP; 1960–1967 Bundestagsvizepräsident. Vgl. Thomas Dehler. Begegnungen – Gedanken – Entscheidungen. Hrsg. von Wolfram Dorn und Friedrich Henning. Gütersloh [1978].

[21]) Georg August Zinn (27. Mai 1901–27. März 1976), SPD, Hessen: 1920 Mitglied der SPD; 1929–1933 Stadtverordneter in Kassel; 1933 in Schutzhaft; 1945–1949 Justizminister in Hessen; 1947–1949 Mitglied und Vizepräsident des Wirtschaftsrates des Vereinigten Wirtschaftsgebietes in Frankfurt; 1949–1951 und 1961 Mitglied des Bundestages; 1950–1969 Ministerpräsident von Hessen; 1953–1954 Präsident des Bundesrates. Vgl. Der Parl. Rat Bd. 5/I, S. XV.

[22]) Dr. iur., Dr. iur. h.c., Dr. phil. h.c. Hermann Höpker Aschoff (31. Januar 1883–15. Januar 1954), FDP, Nordrhein-Westfalen: Landgerichtsrat; 1921 Oberlandesgerichtsrat in Hamm; Mitglied der DDP; 1921–1932 Mitglied des Preußischen Landtages; 1925–1931 preußischer Finanzminister; 1930–1932 Mitglied des Reichstags; 1945 Generalreferent für Finanzen in der westfälischen Provinzialregierung und Finanzminister von Nordrhein-Westfalen; 1945 Lehrbeauftragter für Währung und Finanzen an der Universität Münster; seit 1948 Honorarprofessor in Münster; 1949–1951 Mitglied des Bundestages; 1950 Honorarprofessor in Bonn; 1951–1954 Präsident des Bundesverfassungsgerichts und Vorsitzender des Ersten Senats. Vgl. Erhard H. M. Lange: Hermann Höpker Aschoff, in: Beiträge zur neueren Landesgeschichte des Rheinlandes und Westfalens, Hrsg. von Walter Först, Bd. 9. Köln, Stuttgart, Berlin, Mainz 1981, S. 210–226, 247–254. Schumacher: M.d.R., S. 211–213.

[23]) Dr. iur. Adolf Süsterhenn (31. Mai 1905–24. November 1974) CDU, Rheinland-Pfalz, ausgeschieden am 5. Mai 1949: Mitglied des Zentrums; 1933 Stadtverordneter in Köln; 1945 Mitbegründer der CDU Koblenz; 1946 Vors. der vorbereitenden Verfassungskommission für Rheinland-Pfalz; 1946–1947 Mitglied der Beratenden Landesversammlung von Rheinland-Pfalz; 1946–1951 Justiz- und Kultusminister (ab 1947) in Rheinland-Pfalz; 1948 Mitglied des Verfassungskonventes auf Herrenchiemsee; 1949–1951 Mitglied des Bundesrates; 1950–1957 stellvertretendes Mitglied des CDU-Bundesvorstandes; 1951–1961 Präsident des Oberverwaltungsgerichtes und des Verfassungsgerichtshofes; 1951 Honorarprofessor an der Hochschule für Verwaltungswissenschaften Speyer; 1952–1954 stellvertretender Vorsitzender des Sachverständigenausschusses der Europäischen Kommission für Menschenrechte; 1954–1974 Mitglied der Europäischen Kommission für Menschenrechte in Straßburg; 1960–1969 Mitglied der Beratenden Versammlung des Europarates und der Westeuropäischen Union (WEU); Mitglied der NATO-Parlamentarier-Konferenz, 1961–1969 Mitglied des Bundestages. Vgl. Heinrich Küppers: Staatsaufbau zwischen Bruch und Tradition. Geschichte des Landes Rheinland-Pfalz 1946–1955. Mainz 1990, S. 124 (Veröffentlichungen der Kommission des Landtages für die Geschichte des Landes Rheinland-Pfalz Bd. 14).

[24]) Dr. iur. Otto Heinrich Greve (30. Januar 1908–11. Juni 1968), SPD, Niedersachsen, ausgeschieden am 20. Mai 1949: 1926–1933 Mitglied der DDP; 1938 aus dem Justizdienst entlassen; 1945–1948 Mitglied der FDP; 1945–1946 Landrat in Greiz/Thüringen; 1946 Rechtsanwalt in Hannover; 1947–1951 Mitglied des Niedersächsischen Landtages; 1948 Notar; 1948 Mitglied der SPD; 1949–1961 Mitglied des Bundestages.

Dem Fünferausschuß gehörten an: von Brentano, Kaufmann, Schmid, Menzel und Schäfer wobei sich letzterer mit Dehler, Heuss und Höpker Aschoff abwechselte. Den Vorsitz im Fünferausschuß hatte Präsident Adenauer übernommen. In den Siebenerausschuß entsandte die FDP nur noch Höpker Aschoff[29]). Hinzu kamen noch Seebohm und Brockmann[30]); Adenauer hingegen blieb den Beratungen fern[31]). Den Vorsitz im Siebenerausschuß übernahm Kaufmann.
Für die in der ersten Hälfte des Monats März 1949 einberufenen Verhandlungen mit den Alliierten wurde der Siebenerausschuß noch einmal um Finanzsachverständige aus den Parteien erweitert. Er wurde gelegentlich auch als Elferausschuß bezeichnet[32]). Die neuen Mitglieder des Ausschusses waren: Binder[33]), Lehr, Katz und Suhr.

---

[25]) Erich Ollenhauer (27. März 1901–14. Dez. 1963), SPD, Niedersachsen: 1921–1945 Sekretär der Sozialistischen Jugendinternationale; 1933 Mitglied des Parteivorstandes der SPD; 1933 Emigration nach Prag, 1938 nach Paris, 1940 nach London; 1946 Rückkehr nach Deutschland; 1946 stellvertretender Parteivorsitzender der SPD; 1949–1963 Mitglied des Bundestages; 1963 Vorsitzender der Sozialistischen Internationale.

[26]) Zur Teilnahme der Berliner Vertreter vgl. Dok. Nr. 13, Anm. 5.

[27]) Jakob Kaiser (8. Februar 1888–7. Mai 1961), CDU, Berlin: seit 1912 Vertreter der christlichen Gewerkschaften; 1914–1918 Soldat; 1919 Gewerkschaftsführer des Gesamtverbandes christlicher Gewerkschaften; 1933 Mitglied der Reichstags (Zentrum); 1945 Gründungsmitglied der CDU Berlin; durch die sowjetische Besatzungsmacht wurde ihm im Dez. 1947 die Führung der Parteigeschäfte entzogen; 1949–1957 Mitglied des Bundestages; 1949–1957 Bundesminister für Gesamtdeutsche Fragen. Vgl. Schumacher: M.d.R., S. 242–244.

[28]) Dr. rer. pol. Otto Suhr (17. August 1894–30. August 1957), SPD, Berlin: nach dem Zweiten Weltkrieg beim Magistrat der Stadt Berlin; im Frühjahr 1946 maßgebend am Widerstand der SP Berlin gegen einen Zusammenschluß mit der KP in der SED beteiligt; 1946 Generalsekretär der SP Berlin; 1946 Mitglied des Berliner Stadtparlaments; 1946 Vorsitzender der Stadtverordnetenversammlung; 1948 Mitglied des Verfassungskonventes auf Herrenchiemsee; 1949–1952 Mitglied des Bundestages; 1951 Präsident des Berliner Abgeordnetenhauses; 1955 Regierender Bürgermeister von Berlin; 1957 Präsident des Bundesrates. Vgl. Gunter Lange: Otto Suhr. Im Schatten von Ernst Reuter und Willy Brandt. Eine Biographie. Bonn 1994.

[29]) Der Vors. des Siebenerausschusses, Kaufmann, machte Heuss sogar Vorwürfe, weil dieser Höpker Aschoff in die Verhandlungen des Siebenerausschusses geschickt hatte. Vgl. Dok. Nr. 33, Anm. 11.

[30]) Johannes Brockmann (17. Juli 1888–14. Dezember 1975), Zentrum, Nordrhein-Westfalen: 1911–1930 Volksschullehrer; Mitglied des Reichsausschusses der Zentrumspartei; 1925–1933 Mitglied des Preußischen Landtages; 1930–1933 Schulleiter in Rinkerode; bis 1933 Leiter der westfälischen Windthorstbünde; 1944 Bürgermeister von Rinkerode; 1945 Generalreferent für Kultur bei der Provinzialregierung; 1946 Vorsitzender des Deutschen Zentrums; 1947–1958 Mitglied der Nordrhein-Westfälischen Landtages; 1952–1957 geschäftsführender Vorsitzender des Zentrums; 1953–1957 Mitglied des Bundestages; bis 1961 im Kreistag von Münster-Land. Vgl. Ludwig Paul: Johannes Brockmann, in: Aus dreißig Jahren. Köln, Berlin 1979, S. 152–179.

[31]) Vgl. Dok. Nr. 30, Anm. 19.

[32]) Vgl. Dok. Nr. 32, Anm. 5.

[33]) Dr. sc. pol. Paul Binder (29. Juli 1902–25. März 1981), CDU, Württemberg-Hohenzollern; Angestellter der Deutschen Bau- und Bodenbank sowie der Deutschen Revisions- und Treuhand AG; seit 1930 Wirtschaftsprüfer; 1937–1940 stellv. Direktor der Dresdner Bank Berlin; 1945 Landesdirektor der Finanzen beim Staatssekretariat von Südwürttemberg-Hohenzollern; 1946 Mitglied der CDU; 1947 Staatssekretär für Finanzen und Vize-

Von der CDU/CSU-Fraktion war am 7. Oktober 1948 ein sog. Viererausschuß berufen worden, der aus Pfeiffer, Süsterhenn, Lehr und von Mangoldt bestand. Er sollte eigentlich nur innerhalb der CDU/CSU-Fraktion einen Kompromißvorschlag zur Frage einer Ländervertretung in Form eines Senats oder eines Bundesrates ausarbeiten[34]). Als im Zusammenhang mit der Plenarsitzung am 20./21. Oktober 1948 interfraktionelle Besprechungen durchgeführt wurden, entsandte die CDU/CSU diesen Viererausschuß in die Verhandlungen. Die SPD berief dazu ihrerseits Menzel, Schmid, Schönfelder und Suhr[35]).

Mit dem Einverständnis von Schmid, Menzel und Höpker Aschoff nahmen Anfang März 1949 die Vertreter der bayerischen Staatskanzlei in Bonn[36]), Leusser[37]) und Ringelmann[38]) an Sitzungen des Siebenerausschusses teil, um dort „die Haltung der bayerischen Regierung festzulegen"[39]). Nachdem sich der Geschäftsordnungsausschuß im September 1948 nicht entschließen konnte, ein grundsätzliches Ländervertretungsrecht[40]) in der Geschäftsordnung zu verankern, Ländervertreter aber schon im November 1948 zur Mitarbeit im Hauptausschuß aufgefordert wurden, zeigte der Parlamentarische Rat mit dem Einräumen der Mitarbeit von Ländervertretern im Siebenerausschuß ein weiteres großzügiges Entgegenkommen.

3. DIE INTERFRAKTIONELLEN BESPRECHUNGEN IM SEPTEMBER 1948

Nachdem gemäß des Modellgesetzes vom 27. Juli 1948[41]) in allen Ländern der amerikanischen, britischen und französischen Besatzungszone die Vertreter für den bis zum 1. September 1948 einzuberufenden Parlamentarischen Rat gewählt waren, kamen noch vor seiner Eröffnung[42]) einflußreiche Mitglieder der großen Fraktionen des Parlamentarischen Rates zusammen, um erste personelle

---

präs. der Regierung Württemberg-Hohenzollern; 1947–1952 Mitglied des Landtages Württemberg-Hohenzollern; 1953–1960 Mitglied des Landtages Württemberg-Baden; Wirtschaftsprüfer; 1964–1968 Mitglied des Sachverständigenrates zur Begutachtung der gesamtwirtschaftlichen Entwicklung.

34) Vgl. Salzmann, S. 69 f.

35) Vgl. Dok. Nr. 6.

36) Vgl. Gelberg, S. 193–199. Vgl. auch Der Parl. Rat Bd. 8, S. XXIV, Anm. 110.

37) Claus Leusser (1909–1966), seit 1945 in der bayerischen Staatskanzlei, seit Juli 1948 Leiter der Abteilung für Verfassungsfragen und Sonderaufträge, seit Nov. 1948 „Offizieller Beauftragter der Bayerischen Staatsregierung" beim Parl. Rat, 1951 Richter am Bundesverfassungsgericht, 1951–1963 Bevollmächtigter Bayerns beim Bund im Rang eines Ministerialdirektors. Vgl. Gelberg S. 545 f.

38) Dr. iur. Richard Ringelmann (1889–1965), 1947 Ministerialdirigent, 1948 Ministerialdirektor und 1950–1954 Staatssekretär im Bayerischen Finanzministerium. Vgl. Gelberg, S. 547 f.

39) Vgl. die Bemerkung von Pfeiffer in der Sitzung der CDU/CSU-Fraktion am 3. März 1949. Salzmann, S. 418 und dazu ebd. S. 432 f.

40) Vgl. dazu Der Parl. Rat Bd. 10, S. XLIII–XLVII.

41) Das Modellgesetz ist gedruckt in: Der Parl. Rat Bd. 1, Dok. Nr. 15, S. 286–290.

42) Zur Eröffnung vgl. Der Parl. Rat Bd. 1, Dok. Nr. 24, S. 339 f. und Bd. 9, Dok. Nr. 1, S. 1–17.

und sachliche Entscheidungen herbeizuführen. Die Ämter des Präsidenten, der Vizepräsidenten, des Hauptausschußvorsitzenden sowie der Fachausschußvorsitzenden wurden nach dem Proporzprinzip den Parteien zugewiesen[43]). Schon in der zweiten interfraktionellen Besprechung des Parlamentarischen Rates am 1. September 1948[44]) wurde über die Nutzung des Hauses, die Tätigkeit und Organisation des zu errichtenden Sekretariates des Parlamentarischen Rates, die Aufwandsentschädigungen der Abgeordneten sowie die Stärke der Ausschüsse, in denen ein erster Grundgesetzentwurf erarbeitet werden sollte, verhandelt. Die ersten beiden interfraktionellen Besprechungen hatten in Ergänzung zum Ältestenrat im wesentlichen technische Details für den zukünftigen parlamentarischen Alltag behandelt und so Voraussetzungen für eine geeignete Arbeitsökonomie schaffen sollen.
Angesichts der Regelung verfahrenstechnischer Angelegenheiten der ersten beiden interfraktionellen Besprechungen des Parlamentarischen Rates scheuten die großen Parteien noch nicht davor, auch Vertreter der KPD teilnehmen zu lassen. Schon dadurch unterschieden sich die ersten beiden Zusammenkünfte von allen späteren interfraktionellen Beratungen. Da die KPD-Mitglieder aufgrund der Art mit der sie ständig ihre fundamentale Opposition demonstrierten, vielfach als „Störenfriede" erschienen, wurden gelegentlich Entscheidungsfindungen von den Ausschüssen an interfraktionelle Besprechungen oder Unterausschüsse überwiesen. Exemplarisch wurde dieses deutlich, als der Ausschuß für das Besatzungsstatut am 3. Dezember 1948 einen interfraktionellen Unterausschuß bildete, um kommunistische Abgeordnete an weiteren Beratungen nicht zu beteiligen[45]). Auch in anderen Fachausschüssen wich man gelegentlich auf „Unterausschüsse" aus. Die interfraktionellen Beratungsgremien, die eine „freiwillige"[46]) Mitarbeit erforderten, erwiesen sich so gesehen in den nächsten Monaten als ein besonderes Mittel parlamentarischer Arbeit.

4. DIE INTERFRAKTIONELLEN BESPRECHUNGEN IM OKTOBER 1948 ZUR VORBEREITUNG DER 6. UND 7. PLENARSITZUNG

Nachdem sich in der Arbeit der Fachausschüsse herausstellte, daß die unterschiedlichen Auffassungen zur Gestaltung des Verhältnisses Bund und Länder nur schwer unter einen Hut zu bekommen waren, schlug der Abgeordnete Süsterhenn schon am 5. und 7. Oktober 1948 vor, ein interfraktionelles Besprechungsgremium einzuberufen[47]). Auch der Parteivorstand der SPD hatte auf

43) Für die interfraktionelle Besprechung, die von 11.45 Uhr bis 12.45 Uhr stattfand, konnten keine Aufz. bzw. kein Prot. ermittelt werden.
44) Vgl. Dok. Nr. 1.
45) Vgl. Der Parl. Rat Bd. 4, Dok. Nr. 4, 46–53; ebd., Bd. 8, S. XXXVI; ebd., Bd. 10, S. XXXIII und ebd., Bd. 10, Teil A Dok. Nr. 24, S. 85, Anm. 7.
46) Vgl. die Bemerkung Adenauers in der Ältestenratssitzung am 7. April 1949. Der Parl. Rat Bd. 10, S. 103.
47) Vgl. Salzmann, S. 50, 65, 68.

seiner Sitzung im Oktober 1948 in Godesberg eine „Fühlungnahme" mit dem Fraktionsvorstand der CDU/CSU beschlossen[48]).
In der interfraktionellen Besprechung am 13. Oktober 1948 erfolgten erstmals inhaltliche Beratungen zum Grundgesetzentwurf. Hier wurden die für den 20./21. Oktober 1948 geplanten Plenarberatungen[49]) vorbereitet. Diese kamen auf Antrag der SPD vom 12. Oktober 1948[50]) und gegen den Willen von FDP und CDU/CSU[51]) zustande. Die Sozialdemokraten, vor allem der Berliner Ver-

48) Vgl. den Bericht von Menzel vom 8. Okt. 1948. Darin teilte er ferner mit: Zu der Fühlungnahme sei es bisher „leider nicht gekommen. In einer Sitzung unseres Fraktionsvorstandes vom 6.10.[1948] habe ich diesen Antrag erneuert und trotz einiger Bedenken ist dann erneut beschlossen worden, Carlo Schmid zu beauftragen, mit Pfeiffer einen Termin zu vereinbaren. Pfeiffer hat diese Anregung sehr begrüßt, aber erklärt, daß seine Fraktion noch nicht so weit sei, die Besprechung erst am Mittwoch, den 13.10. stattfinden könne. Diese Begründung Pfeiffers fällt deshalb auf, weil Süsterhenn einige Tage vorher eine Andeutung gemacht hatte, daß eine Besprechung zwischen den beiden großen Parteien über die etwaigen Streitpunkte die Verhandlungen sicherlich fördern werde. Ich fürchte, daß die letzte Rede de Gaulles den Widerstand der Süddeutschen hinsichtlich unserer Bemühungen, das jetzige Tempo der Beratungen einzuhalten, steigern wird." FESt, AdsD, NL Menzel R 1.

49) Zur Einberufung der Plenarsitzung am 20. Okt. 1948 vgl. auch Der Parl. Rat Bd. 9, Dok. Nr. 6, S. 176, Anm. 1.

50) Vgl. das Schreiben von Schmid vom 12. Okt. 1948 an Adenauer, in dem Schmid mitteilte: „Ich wäre Ihnen für eine rechtzeitige Bekanntmachung und Einberufung des Plenums verbunden. Ich setze das Einverständnis der übrigen Fraktionen mit dem vorgeschlagenen Termin und der Tagesordnung voraus." Darauf antwortete Adenauer am 13. Okt. 1948: „Das in Ihrem Antrag vom 12. Okt. 1948 angenommene Einverständnis der übrigen Fraktionen mit ihrem Antrag liegt nicht vor. Ich schlage Ihnen vor, daß wir zunächst einmal über die Angelegenheit uns persönlich austauschen." BA NL 1351 (Blankenhorn)/241.
Leisewitz berichtete am 13. Oktober 1948 an das BdMinPräs in Wiesbaden: „Die SPD hat in ihrer Fraktionssitzung am Nachmittag des gestrigen Dienstag [12. Okt. 1948] den Entwurf der Präambel besprochen, der in erster Lesung vom Ausschuß für Grundsatzfragen in seiner gestrigen Vormittagssitzung angenommen worden ist. Der Entwurf wird in der Anlage zur dortigen Unterrichtung vorgelegt. Die SPD forderte auf der gleichen Fraktionssitzung eine Plenarsitzung, auf der diese Präambel, das Problem der Zweiten Kammer und schwebende Finanzprobleme erörtert werden sollen." BA Z 12/118, Bl. 60.

51) Bereits in der interfraktionellen Sitzung am 1. Sept. 1948, war der Wunsch geäußert worden, statt einer „Generaldebatte" allenfalls einen „Generalbericht" vorzulegen. Adenauer warnte vor einer Generaldebatte, die „die Parteien zu sehr festlegen" würde und so zu einer „Verhärtung der politischen Situation" führen könnte. Vgl. dazu Dok. Nr. 1, S. 5.
Menzel berichtete am 15. Okt. 1948: „Der Antrag der SPD auf Einberufung einer Plenarsitzung kam der CDU/CSU sehr überraschend, und sie hat einige Male versucht, uns zur Rücknahme unseres Antrages zu bewegen. Sie fürchtete durch eine öffentliche Diskussion gerade im jetzigen Stadium der interfraktionellen Fühlungnahme die Gefahr einer Versteifung und Festlegung der Parteien. Es ist richtig, daß man diese Gefahr vermeiden muß. Es wurde daraufhin vereinbart, daß nur über folgende Punkte eine, wenn auch politisch nuancierte, so doch auch im wesentlichen auf sachliche Mitteilung beschränkte Berichterstattung stattfinden solle: 1. Präambel, 2. Zweite Kammer, 3. Finanzen. Wahrscheinlich wird Gen[osse] Eberhard nach Punkt 1 noch kurz etwas über das Besatzungsstatut, vor allem im Hinblick auf die letzten Äußerungen von General Clay sagen. Mit dieser Lösung ist nunmehr auch die CDU/CSU einverstanden. So können wir – und das war der Grund unseres Antrages – jetzt die Öffentlichkeit etwas mehr für

treter Suhr[52]), wollten die bis dahin hinter verschlossenen Türen in den Fachausschüssen ablaufenden Diskussionen in die Öffentlichkeit tragen. Sie hofften, daß die öffentliche Aussprache „eine gewisse Klärung der verschiedenen parteipolitischen Standpunkte" bringen würde. Dem politischen Gegner warf die SPD Ängstlichkeit vor, wenn dieser glaube, daß der Parlamentarische Rat, indem nun einmal die unterschiedlichsten Auffassungen vertreten seien, nicht die „richtige Mitte"[53]) finden könne.

Eigentlich sollten die Ergebnisse der Fachausschüsse in Ruhe abgewartet werden, zumal schon bald nach Aufnahme ihrer Beratungen erkennbar war, daß der ursprünglich angestrebte Termin zur Bearbeitung der Fachausschußergebnisse durch den Redaktionsausschuß, der 17. Oktober 1948[54]), nicht einzuhalten war. Nun mußten übereilt die bis dahin formulierten Artikel zusammengetragen werden[55]), und die Fraktionen sollten zu den bisher auch innerhalb ihrer eigenen Reihen kontrovers diskutierten Themen ein möglichst einheitliches Meinungsbild herstellen. Solange dieses nicht erreicht wurde, war eine abschließende Ausschußarbeit faktisch unmöglich. Darum hatte die CDU/CSU „ihre Zustimmung zu den Entwürfen der Ausschüsse nur unter dem Vorbehalt ihrer späteren Annahme durch die Fraktion gegeben"[56]). Angesichts dieser Situation fragte Dehler am 19. Oktober 1948 im Ältestenrat überspitzt: „Was hat sich denn verändert seit unserer Eröffnungssitzung"[57]).

Im Mittelpunkt der interfraktionellen Besprechung am 13. Oktober 1948 zwischen CDU/CSU und SPD, die von dem Bemühen gekennzeichnet war, „die Gelenke zu finden, die die verschiedenen Auffassungen verbinden könnten"[58]), stand die Frage nach der Gestaltung einer Zweiten Kammer und die Arbeit des Ausschusses für Grundsatzfragen. Auf Anregung des SPD-Fraktionsvorsitzenden Schmid sollte die interfraktionelle Besprechung zur Vorbereitung der Plenarsitzung eine „tour d'horizon" darstellen[59]) und sich nicht in Einzelheiten verlieren. Bei der Behandlung der Präambel, die „ohne Zweifel eine der schwierigsten Fragen des Grundgesetzes überhaupt"[60]) sein würde, und die nach Schmid „gewissermaßen die Tonart" des Grundgesetzes angeben sollte[61]), wurde erkenn-

---

unsere Arbeiten interessieren, den anscheinend verlorengegangenen Kontakt wieder herstellen." Vgl. FESt, AdsD NL Menzel R 1.

52) Vgl. Dok. Nr. 2, Anm. 3.

53) Vgl. die Ältestenratssitzung am 19. Okt. 1948. Der Parl. Rat Bd. 10, Teil A Dok. Nr. 7, S. 14.

54) Vgl. die Sitzung der CDU/CSU-Fraktion am 5. Oktober 1948. Salzmann, S. 51.

55) Vgl. die Zusammenstellung der in den Fachausschüssen bisher formulierten Artikel des Grundgesetzes vom 18. Okt. 1948 in: Der Parl. Rat Bd. 7, Dok. Nr. 1, S. 1–35. Nicht vorgelegt hat der Organisationsausschuß seinen Beitrag zum Bundesverfassungsgericht, zur Gesetzgebung und zur Rechtspflege. Vgl. ebd., S. 30 und 35.

56) So Süsterhenn am 12. Okt. 1949. Vgl. den Bericht von Leisewitz an das BdMinPräs. vom 13. Okt. 1948. BA Z 12/118, Bl. 61.

57) Der Parl. Rat Bd. 10, Teil A Dok. Nr. 7, S. 14.

58) Vgl. Dok. Nr. 3, S. 13.

59) Vgl. Dok. Nr. 2, S. 8.

60) Vgl. Dok. Nr. 3, S. 13.

61) Vgl. Schmids Bemerkung in der 2. Sitzung des Plenums am 8. Sept. 1948. Der Parl. Rat Bd. 9, Dok. Nr. 2, S. 35.

bar, welche Bedeutung die deutsche Vergangenheit („nationalsozialistische Zwingherrschaft") für die Arbeit am Grundgesetz hatte. Gleichzeitig begab man sich auf die Suche nach einer neuen, aber noch unklaren politischen Ordnung und zukünftigen Selbstbestimmung des neuen Staates („unverzichtbares Recht auf freie Gestaltung seines nationalen Lebens"), dem voraussichtlich nur ein Teil des deutschen Volkes angehören würde („das deutsche Volk in seiner Gesamtheit bleibt aufgefordert, [...] die Ordnung seiner nationalen Einheit und Freiheit in der Bundesrepublik zu vollenden")[62].
Schon in der interfraktionellen Besprechung am 14. Oktober 1948 konnten sich die Abgeordneten nicht mehr ausgiebig den Formulierungen einzelner Artikelentwürfe widmen, wie es am Tag zuvor bei der Behandlung der Präambel geschehen war. Vielmehr wurde zunächst die Verfahrensweise diskutiert, nach der man die Plenarversammlung gestalten wollte[63]. Doch kam man im Laufe der Besprechung sehr schnell wieder zu inhaltlichen Fragen. Die Frage der Länderkammer nahm einen breiten Raum ein. Ebenso wurde aus der Arbeit des Finanzausschusses berichtet, der sich dadurch von anderen Ausschüssen unterschied, daß er ungewöhnlich viele Sachverständige eingeladen hatte. Diese sprachen sich mehrheitlich zugunsten einer Finanzverwaltung durch den Bund anstatt durch die Länder aus, obwohl es sich doch zumeist um die Finanzminister der einzelnen Länder (darunter auch der CDU-regierten Länder) handelte, die als Sachverständige gutachteten.

5. DIE INTERFRAKTIONELLEN BESPRECHUNGEN IM OKTOBER/NOVEMBER 1948 ZUR VORBEREITUNG DER ARBEIT IM HAUPTAUSSCHUSS

Schon in der Plenarsitzung am 21. Oktober 1948 regte der Abgeordnete Lehr interfraktionelle Sitzungen an zur Kompromißlösung bei den Formulierungen der Präambel und der Gestaltung der Länderkammer, der Finanzhoheit und des Wahlrechts[65]. Zu den bedeutendsten Streitpunkten, die hier hätten geklärt werden sollen, zählte die Frage nach der Zweiten Kammer, also ob ein „Bundesrat" (so die Mehrheit der CDU/CSU) oder ein „Senat" (so die Mehrheit der SPD) eingerichtet werden sollte. Nicht nur SPD und CDU/CSU waren sich hierin uneins. Auch innerhalb der Fraktionen gab es weit auseinanderklaffende Meinungen[66]. Auf den ersten Eindruck stellte hier erst die interfraktionelle

[62]) Vgl. Dok. Nr. 2.
[63]) Vgl. Dok. Nr. 3 und 4.
[64]) Vgl. Dok. Nr. 4.
[65]) Vgl. Der Parl. Rat Bd. 10, Dok. Nr. 7, S. 224. Vgl. auch Salzmann S. 85.
[66]) Leisewitz berichtete im Anschluß an die interfraktionelle Sitzung am 28. Okt. 1948 an das BdMinPräs. in Wiesbaden: „Nach den Sitzungen der SPD und der CDU/CSU-Fraktion am gestrigen Tage ergibt sich für die beiderseitigen Positionen etwa folgendes Bild: 1) Auf der Sitzung des Parteivorstandes der SPD in Bad Godesberg-Mehlem am Freitag der vergangenen Woche [den 22. Okt. 1948] war beschlossen worden, daß die SPD in keinem Falle über ein Grundgesetz hinausgehen wolle, solange die Länder des Ostens nicht in die deutsche Bundesrepublik einbezogen worden seien. Das Grundgesetz müsse deshalb so kurz wie möglich gehalten werden und nur die unerläßlich notwendigen

Besprechung am 27. Oktober 1948 eine Wende dar[67]). Tatsächlich bahnte sich ein solche Wende jedoch schon am Tag zuvor während eines fast konspirative Züge tragenden, von dem CDU/CSU-Fraktionsführer Pfeiffer vermittelten Abendessens des SPD-Abgeordneten und nordrhein-westfälischen Justizministers Menzel mit dem bayerischen Ministerpräsidenten Ehard (CSU) in Bonn an[68]). Das Gespräch fand um 18.30 Uhr im Hotel Königshof statt. Die beiden Politiker verständigten sich auf eine Zweite Kammer als Bundesrat mit suspensivem Vetorecht. Der Bundesrat sollte nicht gleichberechtigt mit dem Bundestag sein und von diesem mit einer Zweidrittelmehrheit überstimmt werden können. Eine Gleichberechtigung sollte er lediglich beim Finanzausgleichsgesetz und bei Änderung der Kompetenzen des Bundes haben.

Menzel hatte – wie Ehard gegenüber versprochen – seine Fraktion offensichtlich über die herbeigeführte Einigung informiert. Hingegen hatte Pfeiffer die Gesprächsergebnisse nicht an seine Fraktion weitergegeben. Völlig ahnungslos ging deswegen Präsident Adenauer in die interfraktionelle Besprechung am 27. Oktober 1948[69]), während die anwesenden SPD-Mitglieder durchweg informiert waren, ja sogar ein erstes Entgegenkommen zeigten. Katz legte zum Erstaunen Adenauers gleich zu Beginn das neue Konzept vor, demzufolge der Bundesrat mit einer Zweidrittelmehrheit ein qualifiziertes Votum bei der Ge-

---

Bestimmungen enthalten. Die Schaffung einer eigentlichen Verfassung sei zurückzustellen, bis die Wiedereingliederung des deutschen Ostens durchgeführt sei. Hierauf allerdings müsse die künftige einheitliche westdeutsche Verwaltung vorbereitet sein. Der Parteivorstand beschloß ferner, sich für die Finanzhoheit des Bundes einzusetzen und unter keinen Umständen ein vollständiges Zwei-Kammer-System zu schaffen. Dieser letzte Punkt wurde in der gestrigen Fraktionssitzung der SPD besonders deutlich herausgestellt, dabei allerdings auch betont, daß die SPD sich nicht an Namen wie ‚Bundesrat' oder ‚Senat' klammere, sondern daß es ihr lediglich auf den Inhalt der Funktionen dieser Körperschaft ankomme. Aus dieser Definition heraus ist endlich von der SPD-Fraktion ein Kompromiß erwogen worden, der die Lösung in einem Bundesrat mit beschränkten Vollmachten sieht.

2) Die CDU/CSU hat sich auf der Fraktionssitzung fast ausschließlich mit der Frage befaßt, für welche Art von Bundesrat diese Fraktion eintreten soll. Dabei kristallisierten sich zwei Gruppen heraus, Die eine, hauptsächlich gestützt von den Abgeordneten der CSU, die den Bundesrat als volle Zweite Kammer will und die andere, die, entsprechend dem Kompromißvorschlag des Abgeordneten Lehr, auf ein Zwitterding zwischen Senat und Bundesrat mit beschränkten Vollmachten hinaus will. Eine Einigung zwischen den entgegengesetzten Anschauungen scheint in dieser Fraktionssitzung nicht erzielt worden zu sein und zwar vor allem deshalb, weil, wenn die CSU ihre Stellung aufgibt, sie befürchten muß, erhebliche Stimmen an die bayerische Partei [= Bayern Partei] zu verlieren.

3) Zur dortigen Information wird noch mitgeteilt, daß der stellvertretende Vorsitzende der SPD, Ollenhauer, einem der britischen Verbindungsoffiziere beim Parlamentarischen Rat nach der Sitzung in Bad Godesberg-Mehlem erzählt hat, daß es dort nicht zu einer Annäherung der Standpunkte zwischen Dr. Menzel und Prof. Carlo Schmid gekommen sei." BA Z 12/117, Bl. 310 f.

[67]) Vgl. Dok. Nr. 7.

[68]) Vgl. Hirscher: Sozialdemokratische Verfassungspolitik, S. 179–185; Dieter Düding: Ehard, Menzel und die Staatsform. Der Kompromiß über den Föderalismus, in: Geschichte im Westen Bd. 4 (1989), S. 135–144; Gelberg, 208–219.

[69]) Vgl. Dok. Nr. 7.

setzgebung abgeben sollte. In einer umgehend nach der interfraktionellen Besprechung anberaumten Fraktionssitzung ließ Adenauer seinem Ärger über das eigenmächtige Vorgehen der Bayern und das Versäumnis Pfeiffers freien Lauf[70]). In dem Menzel-Ehard-Gespräch fiel die Vorentscheidung für die Bundesratslösung nur insofern, als daß die bis dahin vorgeschlagenen Mischformen zwischen Bundesrat und Senat, verknüpft mit verschiedenen Vetos, danach obsolet waren; über die zukünftige Gestaltung des Bundesrates war – wie die weitere Entwicklung zeigte – freilich noch längst nicht entschieden. Da sich für den Komplex „Bundesrat" Bayern so stark engagiert hatte, wurde in der interfraktionellen Besprechung am 2. November 1948, die nur auf Druck der SPD einberufen wurde[71]), angesicht des Fehlens eines CSU-Vertreters das Thema „Zweite Kammer" gar nicht behandelt[72]). Für die CDU/CSU wurde es schwierig, die SPD, die mit der erneuten Einberufung des Plenums gedroht hatte[73]), hinzuhalten[74]). Deswegen wurde durch Vertreter der CDU wenigstens eingeräumt, „Zugeständnisse in dieser oder jener Form zu machen"[75]); nicht jedoch bezüglich der Zweiten Kammer[76]).

Am 9. November 1948 unterbreitete Adenauer, der „dem Senatsgedanken recht nahe" stand[77]) und noch tags zuvor, am 8. November 1948, zu einem versöhnlichen Gespräch mit Ehard in München zusammengekommen war[78]), in der Sitzung der CDU/CSU-Fraktion einen vermittelnden Vorschlag, der die Zustimmung seiner Fraktion fand[79]). Darin sah Adenauer 1) ein Bundesparlament, bestehend aus einem Abgeordnetenhaus und einem Senat, sowie 2) eine Ländervertretung vor[80]), also, wie Lehr es – in Anlehnung an eine Formulierung von Schmid – ausdrückte: nicht drei Kammern, sondern allenfalls zweieinhalb Kammern[81]). In der interfraktionellen Besprechung am 10. November 1948 vermißte Schmid eine Berücksichtigung der SPD-Forderungen in Adenauers Konzept, und Katz glaubte feststellen zu können, daß die Sache zu kompliziert werde und sich beide großen Parteien nur noch weiter voneinander entfernen würden. Gegen Ende der Diskussion rief Heuss schließlich zu einem neuen „Start" in dieser Frage auf und karikierte die Situation mit der Bemerkung: „Die SPD ist der CDU entgegengekommen und hat deren Lieblingskind, aufgenommen, den Bundesrat. Jetzt adoptiert die CDU das Lieblingskind und die SPD verstößt ihr Kind." Zu Recht hielt Lehr dem entgegen, daß die CDU gar

---

[70]) Vgl. dazu die Auseinandersetzungen in der CDU/CSU-Fraktionssitzung am 9. Nov. 1948. Salzmann, S. 90–115 und S. 142. Gelberg, S. 215 f.

[71]) Vgl. Dok. Nr. 7, Anm. 10.

[72]) Vgl. Dok. Nr. 8. Vgl. auch Dok. Nr. 10.

[73]) Vgl. Dok. Nr. 7, Anm. 10.

[74]) Vgl. Dok. Nr. 10, Anm. 2.

[75]) Vgl. Dok. Nr. 8, S. 39.

[76]) Vgl. Dok. Nr. 11, S. 47.

[77]) Vgl. Dok. Nr. 7, Anm. 10.

[78]) Vgl. Gelberg, S. 219–222.

[79]) Vgl. die Sitzung der CDU/CSU-Fraktion am 9. Nov. 1948. Salzmann, S. 142–147.

[80]) Vgl. Dok. Nr. 11, bes. Anm. 5.

[81]) Vgl. Dok. Nr. 11, S. 50.

kein „Lieblingskind“ habe, da sie sich immer noch für keine einheitliche Meinung entschieden hätte[82]). Dieses sollte erst am 26. November 1948 in der Sitzung der CDU/CSU-Fraktion erfolgen[83]).
Schon Mitte November 1948 bemühte sich Pfeiffer um eine Verständigung und suchte nach Mehrheiten für die Bundesrats-Lösung der CSU. Bei einem Zusammengehen von CDU/CSU mit FDP, DP und Zentrum – so Pfeiffer – „kann die SPD nach ihrem seinerzeitigen Angebot nicht mehr gut zum Senatsprinzip zurückkehren. Wenn es gelingt, die FDP für die Landesfinanzverfassung zu gewinnen, dann wird sich auch das Zentrum anschließen. Man hätte dann ein Stimmenverhältnis von 36 gegen 27 SPD und KPD“[84]).
Den interfraktionellen Besprechungsgremien wurde vordergründig mit der Bildung des Allgemeinen Redaktionsausschusses am 2. November 1948 ein Teil ihrer Arbeit abgenommen[85]). Doch tatsächlich wurde festgelegt, daß die Arbeit der interfraktionellen Besprechungen „neben dem Arbeitsgang“ zwischen Redaktionsausschuß, Fachausschüssen und Hauptausschuß weiterlaufen sollte[86]). Als sich am 2. und erneut am 7. Dezember 1948 Abgeordnete der CDU/CSU für neue interfraktionelle Zusammenkünfte aussprachen[87]), kam es seit dem 13. Dezember 1948 zu interfraktionellen Besprechungen des Parlamentarischen Rates, die sich nach den Vorgaben der Parteien inhaltlich auf die großen Fragenkomplexe beschränken sollten[88]).
Nachdem ursprünglich damit gerechnet wurde, daß im Dezember der Grundgesetzentwurf in zweiter Lesung im Hauptausschuß gebilligt werden könne, war Mitte Dezember 1948 die Stimmung unter den Abgeordneten des Parlamentarischen Rates nervös und gereizt[89]). Die Unzulänglichkeiten der bisherigen Arbeit waren offensichtlich geworden. Ersehnte Kompromisse wurden nicht erzielt. Hinzu kam, daß der Wahlrechtsausschuß am 3. November 1948 seine Verhandlungen ergebnislos abgebrochen hatte[90]). Gleichzeitig aber waren die Erwartun-

---

[82]) Vgl. Dok. Nr. 11, S. 53.

[83]) Vgl. den mit 13 Ja- und 9 Nein-Stimmen angenommenen Beschluß für einen Bundesrat „mit gestaffeltem Stimmrecht der Länder, das der Ersten Kammer vollkommen gleichberechtigt gegenübersteht und sich aus den von den Länderregierungen ernannten weisungsgebundenen Vertretern zusammensetzt“. Salzmann, S. 225.

[84]) Vgl. die „Instruktion für die Berichterstattung beim Ministerpräsidenten [Ehard] am 17. Nov. 1948“. BayHStA NL Pfeiffer 213.

[85]) Vgl. Dok. 8.

[86]) Vgl. den Beschluß des Ältestenrates vom 11. Nov. 1948. Der Parl. Rat Bd. 10, Teil A Dok. Nr. 12, S. 34.

[87]) Vgl. Salzmann, S. 250 und 266.

[88]) Vgl. Dok. Nr. 12, Anm. 3.

[89]) Am 14. Dez. 1948 schrieb Leusser an MinPräs. Ehard: „Mit einer entscheidenden Sitzung des Hauptausschusses ist vor den Weihnachtsferien, welche am 18. Dezember beginnen sollen, nicht mehr zu rechnen. Zunächst muß auch das Ergebnis der Besprechung mit den Militärgouverneuren, welche am 16. Dezember stattfinden sollen, abgewartet werden. Im übrigen herrscht allgemeine Nervosität und Reizbarkeit, zum Teil wohl auch durch die Überarbeitung veranlaßt, welche eine kurze Unterbrechung der Arbeiten als rätlich erscheinen lassen.“ Vgl. BayHStA NL Pfeiffer 219.

[90]) Vgl. das Prot. in: Der Parl. Rat Bd. 6, Dok. Nr. 14, S. 412–424.

gen an das bevorstehende Treffen mit den Militärgouverneuren am 16. und 17. Dezember 1948 in Frankfurt[91]) sehr hoch, das – wie sich jedoch später zeigen sollte – weder vom Ältestenrat[92]) noch von interfraktionellen Gremien[93]) auch nur annähernd ausreichend vorbereitet worden war. Erst nachdem das infolge des Frankfurter Treffens ausgesprochene Mißtrauen gegen Präsident Adenauer am 4./5. Januar 1949 ausgeräumt war[94]), konnte der Hauptausschuß die zweite Lesung des Grundgesetzentwurfes fortsetzen[95]).

6. DER FÜNFERAUSSCHUSS (26. JANUAR–28. FEBRUAR 1949)

Am 7. Januar 1949 wurde in der Sitzung der CDU/CSU-Fraktion auf die Notwendigkeit hingewiesen, interfraktionelle Besprechungen wieder aufzunehmen[96]). Weil erkennbar war, daß auch nach Abschluß der zweiten Lesung des Grundgesetzentwurfes im Hauptausschuß am 20. Januar 1949[97]) immer noch keine fühlbaren Annäherungen der Standpunkte der beiden großen Parteien erfolgen würden, beabsichtigte die CDU/CSU im Ältestenrat ihre Forderung nach interfraktionellen Besprechungen mit Nachdruck durchzusetzen[98]). Tatsächlich konnte im Ältestenrat am 19. Januar 1949 eine entsprechende Entscheidung herbeigeführt werden[99]).
Die CDU/CSU hatte sich inzwischen während ihrer Tagung in Königswinter am 8./9. Januar 1949 auf eine gemeinsame Marschroute festgelegt[100]), die es der Fraktion ermöglichte, mit klaren Konzepten in interfraktionelle Verhandlungen einzutreten. Präsident Adenauer lud für den 25. Januar 1949, also nachdem der Redaktionsausschuß seine Arbeit beendet hatte[101]), zu einer ersten interfraktionellen Sitzung im neuen Jahr ein. Um unabsehbaren Debatten während der bevorstehenden dritten Lesung im Hauptausschuß auszuweichen, bat er, Themenkataloge zusammenzustellen, deren Behandlung in den nichtöffentlichen Besprechungen „glatt und rasch gehen dürfte"[102]). Die CDU/CSU wünschte folgende Themen zu besprechen:

a) Zuständigkeit des Bundesrates;
b) Zuständigkeit zwischen Bund und Ländern;
c) Finanzfragen;

---

91) Vgl. Der Parl. Rat Bd. 8, S. XXXV–XXXIX.
92) Vgl. Der Parl. Rat Bd. 10, S. XV–XVIII.
93) Vgl. dazu Dok. Nr. 12.
94) Vgl. die Prot. der Ältestenratssitzungen am 4. und 5. Jan. 1949. Der Parl. Rat Bd. 10, Teil A Dok. Nr. 22 und 23, S. 60–83.
95) Vgl. Der Parl. Rat Bd. 10, S. XV–XVIII.
96) Vgl. Salzmann, S. 332.
97) Vgl. den Entwurf der 2. Lesung des HptA. Der Parl. Rat Bd. 8, Dok. Nr. 5, S. 202–296.
98) Vgl. die Sitzung der CDU/CSU-Fraktion am 18. Jan. 1949. Salzmann, S. 348.
99) Vgl. Der Parl. Rat Bd. 10, Teil A Dok. Nr. 24, S. 85.
100) Vgl. Kaff, S. 252–370.
101) Vgl. die Stellungnahme des Redaktionsausschusses zum Entwurf der 2. Lesung des HptA. Der Parl. Rat Bd. 8, Dok. Nr. 5, S. 202–296.
102) Vgl. Dok. Nr. 13, S. 59.

d) kulturelle (und kirchliche) Fragen;
e) Ratifizierung des Grundgesetzes (Plebiszit oder durch Landtage).

Von Seiten der SPD wurden folgende Themen benannt:

a) Bundespräsident (Zurückstellung der Bestimmungen über den Bundespräsidenten bis zur vollständigen Erlangung der Souveränität der Bundesrepublik)[103]);
b) Bundesrat oder Senat;
c) Zuständigkeiten des Bundesrats auf Grundlage der zweiten Lesung;
d) Finanzfragen.

Nach den wieder einmal völlig erfolglosen interfraktionellen Besprechungen am 25. und 26. Januar 1949[104]), die ausdrücklich unter Ausschluß der Öffentlichkeit stattfanden[105]), trat endlich eine Wende ein. In der Vormittagssitzung am 26. Januar 1949 wurde auf Vorschlag Adenauers und unter seinem Vorsitz ein „Unterausschuß der interfraktionellen Konferenz"[106]) gebildet[107]). Der Fünferausschuß – auch „politischer" Fünferausschuß genannt[108]) – war ins Leben gerufen. Ihm gehörten zwei Mitglieder der CDU (von Brentano, Kaufmann), zwei der SPD (Menzel, Schmid) und ein Mitglied der FDP (Schäfer, der je nach Thema von Dehler, Heuss oder Höpker Aschoff vertreten wurde) an. Außer den kleinen Parteien DP, KPD und Zentrum nahm auch die CSU an diesen Verhandlungen nicht teil[109]), was später seitens des bayerischen Ministerpräsidenten Ehard kritisch bemerkt werden sollte[110]). Es wurde sogar gemutmaßt, Adenauer – dessen Vorschlag aber immerhin von den Parteien akzeptiert wurde – habe absichtlich den Kreis der Beteiligten so klein halten wollen, um die CSU auszuschalten, „da alle Widerstände gegen eine Einigung immer von dieser Seite gekommen seien"[111]).

---

[103]) Vgl. dazu. Dok. Nr. 14, S. 65.
[104]) Vgl. Dok. Nr. 13 und Dok. Nr. 14.
[105]) Vgl. dazu Dok. Nr. 13, Anm. 15.
[106]) Vgl. Dok. Nr. 15, Anm. 3.
[107]) Vgl. Dok. Nr. 14, Anm. 12.
[108]) Vgl. Dok. Nr. 21, Anm. 6.
In seinem „Report from Bonn" bemerkte der Mitarbeiter des amerikanischen Verbindungsstabes, Anthony F. Pabsch, am 26. Jan. 1949: „The several parties of the P.C. [Parliamentary Council] have been engaged in interfactional talks since yesterday morning. Present indications are that very little progress has been made, and it appears as if the third reading in the Main Committee will be postponed until Friday, possibly even until next week, to allow additional time for negotiations. So far the two major parties have not changed their basic approach to the disputed issues and until such time when they are willing to give and take, satisfactory compromises cannot be reached despite the apparent willingness of those participating in the talks to resolve existing differences. The Interfactional Committee appointed today a sub-committee of 5 consisting [...] for the purpose of finding new and acceptable formulations of the articles dealing with the powers of the Bundesrat and federal competences in the fields of finance and taxation. It is noteworthy that no technical experts were placed on the committee and that the committee consists only of politicians." Vgl. BA Z 45 F/OMGUS CAD 15/148–2/3.
[109]) Vgl. Dok. Nr. 15, Anm. 4.
[110]) Vgl. unten Anm. 151.
[111]) Vgl. Dok. Nr. 17, S. 77.

Noch am gleichen Tag begann der Fünferausschuß – der genausowenig ein offizielles Organ des Parlamentarischen Rates war wie der später gebildete Siebenerausschuß[112]) – unter dem Vorsitz des Präsidenten hinter verschlossenen Türen zunächst für nicht ganz zwei Tage seine Beratungen. Danach unterbreitete der Ausschuß in einer interfraktionellen Besprechung am 28. Januar 1949[113]) seine Verhandlungsergebnisse einem Kreis von 15 Personen[114]), machte die schriftlich niedergelegten Zwischenergebnisse[115]) jedoch noch nicht den übrigen Abgeordneten zugänglich[116]). Die offenen Fragen wurden nach weiteren Klausursitzungen unter Einbeziehung von Vertretern der bayerischen Landesregierung[117]) in der Zeit vom 31. Januar bis zum 5. Februar 1949 erörtert[118]) und zwischen dem 1. und 5. Februar 1949 den Abgeordneten des Parlamentarischen Rates für die dritte Lesung des Grundgesetzes im Hauptausschuß übergeben mit der Bitte, vorerst alles geheim zu halten[119]).

In den Verhandlungen des Fünferausschusses zeigte sich, daß SPD und FDP zumeist einhelliger Meinung waren[120]), die sich im Entwurf des Fünferausschusses auch manches Mal durchsetzte. Die Arbeit des Fünferausschusses war weitestgehend – ausgenommen von der KPD – von allen Parteien akzeptiert

112) Vgl. Dok. Nr. 29, S. 108. Vgl. dazu auch die Bemerkung von Adenauer im Ältestenrat am 7. April 1949: „Der Siebenerausschuß sei eine freiwillige Einrichtung, wenn eine der Fraktionen sagt, wir beteiligen uns nicht mehr daran, sei der Siebenerausschuß erledigt [...].“ Der Parl. Rat Bd. 10, Teil A Dok. Nr. 29, S. 99; vgl. ähnlich auch ebd. S. 103. Es ist freilich das Kennzeichen aller interfraktionellen Zusammenkünfte, daß sie nur solange existieren, solange ihre Teilnehmer ihren Willen zur weiteren Existens bekunden.

113) Vgl. Dok. Nr. 18.

114) Vgl. Dok. Nr. 19.

115) Vgl. Dok. Nr. 15.

116) Vgl. dazu die Aufzeichnung von Trossmann vom 29. Jan. 1949: „Seit Dienstag [25. Jan. 1949] fanden interfraktionelle Besprechungen statt, zu denen die beiden großen Parteien je fünf Vertreter entsandten. Die Leitung der Verhandlungen hat Dr. Adenauer übernommen. Dieses Gremium von etwas über ein Dutzend Leuten hat wieder Unterkommissionen gebildet, die aus insgesamt fünf Leuten bestehen. Die ganzen Verhandlungen werden mit einem großen Geheimnis umgeben, so daß ein klares Bild über den Stand der Dinge nicht zu gewinnen ist, zumal auch Andeutungen oder Äußerungen einzelner Herren nicht übereinstimmen. Man glaubt, auch den Fraktionen keine Informationen über den Stand der Verhandlungen geben zu sollen, um den Erfolg nicht zu gefährden. Es gibt allerdings auch Leute, die damit nicht einverstanden sind und erklären, das bedeute, daß man einfach vor vollendete Tatsachen gestellt werden sollte. Dr. Pfeiffer vertritt den Standpunkt, die Verhandlungen sollten im Interesse der Sache zunächst geheim gehalten werden und appellierte an das Vertrauen. Man rechnete damit, daß gestern Informationen über das Ergebnis der interfraktionellen Verhandlungen möglich wären. Dr. Pfeiffer hatte deshalb Dir[ektor] Schwend hierher gebeten, schon am Donnerstag nachmittag [27. Jan. 1949] hieß es jedoch: keine Informationen vor kommenden Dienstag [1. Feb. 1949]. Die meisten Abgeordneten haben bei dieser Lage Bonn verlassen und kommen erst am Dienstag wieder.“ Vgl. ACDP I-052, Nr. 001/2, Bl. 377 h.

117) Vgl. Dok. Nr. 21, Anm. 7.

118) Vgl. Der Parl. Rat Bd. 7, Dok. Nr. 6, S. 297–338.

119) Vgl. den Vermerk von Trossmann vom 2. Februar 1949. ACDP I-052, Nr. 001/2, S. 392 c.

120) Zur Rolle der FDP vgl. Dok. Nr. 16, bes. auch Anm. 2, und Dok. Nr. 22.

worden. Damit war die Voraussetzung für eine Verabschiedung des Grundgesetzentwurfes auf breiter Mehrheit gesichert[121]).

Da außer Ministerpräsident Ehard[122]) kein weiterer Ministerpräsident bis zum Januar 1949 Stellung zur Arbeit des Parlamentarischen Rates bezogen hatte, und auch die Ministerpräsidentenkonferenzen sich nach der Konstituierung kaum zur Arbeit des Parlamentarischen Rates äußerten[123]), lud Präsident Adenauer namens des Fünferausschusses die Ministerpräsidenten ein. Um nicht alle Ministerpräsidenten gleichzeitig nach Bonn zu bitten, wurden zu einem ersten Treffen die Ministerpräsidenten Peter Altmeier (CDU, Rheinland-Pfalz), Karl Arnold (CDU, Nordrhein-Westfalen), Hinrich Wilhelm Kopf (SPD, Niedersachsen) und Christian Stock (SPD, Hessen) zu Gesprächen am 4. Februar 1949 nach Bonn geladen[124]). Die CDU/CSU-Fraktion ermöglichte den beiden Ministerpräsidenten ihrer Partei in einer gemeinsamen Sitzung am 4. Februar 1949, sich darüber hinaus intern über die Tätigkeit des Parlamentarischen Rates zu informieren.

Damit die Arbeit des Fünferausschusses auch bei den Alliierten Akzeptanz fand, ließ Adenauer beim britischen Verbindungsoffizier Chaput de Saintonge durch seinen persönlichen Referenten Blankenhorn[125]) am 7. Februar 1948 den Vorschlag unterbreiten[126]), eine Denkschrift über den föderativen Charakter des Grundgesetzentwurfes vorlegen zu lassen. Eine solche Denkschrift wurde am 10. Februar 1949 erstellt und tags drauf den Alliierten übermittelt[127]). Für sie zeichnete zwar der Fünferausschuß verantwortlich, doch ihre endgültige Fassung wurde von Zinn abschließend überarbeitet[128]). Der Ausschuß ging darin auf die von den Alliierten schon bei anderer Gelegenheit monierten Themen der Vorranggesetzgebung und der Gesetzgebung besonders auch im Bereich der Finanzen ein. Gleichzeitig wurde der vom 8. bis 10. Februar 1949 in dritter Lesung im Hauptausschuß[129]) verabschiedete Grundgesetzentwurf[130]) übermittelt. Am 11. Februar 1949 eröffnete Edward H. Litchfield, der Berater des amerikanischen Militärgouverneurs Lucius D. Clay, gegenüber Adenauer erste Bedenken der Alliierten gegen den neuen Entwurf[131]). Ungeachtet dieses Sachverhalts und seiner möglichen Folgen arbeitete Pfeiffer für die vermeintlich bevorstehende „Schlußphase der Arbeit des Parlamentarischen Rates" schon am 14. Februar 1949 einen detaillierten Plan aus, demzufolge er mit der Aufnahme der Ver-

[121]) Vgl. den Beschlußentwurf vom 13. April 1949. Dok. 35, Anm. 34.

[122]) Vgl. Dok. Nr. 13, S. 59 f.

[123]) Zu den Konferenzen der MinPräs. vgl. Akten zur Vorgeschichte Bd. 4. und 5.

[124]) Vgl. Dok. Nr. 21, Anm. 7.

[125]) Für das Gespräch Blankenhorn und Chaput vgl. Der Parl. Rat Bd. 8, Dok. Nr. 39, S. 99 f.

[126]) Vgl. den Bericht von Adenauer in der Sitzung der CDU/CSU-Fraktion am 8. Feb. 1949. Salzmann, S. 389.

[127]) Für den Wortlaut der Denkschrift vgl. Der Parl. Rat Bd. 8, Dok. Nr. 40, S. 101–105.

[128]) Vgl. den Vermerk von Pfeiffer vom 18. Feb. 1949. Der Parl. Rat Bd. 8, Dok. Nr. 45, S. 115.

[129]) Vgl. die Prot. der 47.–51. Sitzung des HptA. Parl. Rat, Verhandlungen, S. 603–685.

[130]) Für den Wortlaut des Grundgesetzentwurfes vgl. Der Parl. Rat Bd. 7, Dok. Nr. 8, S. 396–444.

[131]) Vgl. Der Parl. Rat Bd. 8, Dok. Nr. 45, S. 115.

handlungen zur zweiten Lesung im Plenum am 25. Februar 1949 rechnete[132]). Am 16. Februar 1949 wurde deswegen in den Fraktionssitzungen die Lesung vorbereitet. Für die einzelnen Abschnitte des Entwurfes wurden sogar Berichterstatter gewählt[133]). Als schließlich am 16. Februar 1949 auch der britische Militärgouverneur Sir Brian Hubert Robertson Adenauer und Menzel riet, mit der zweiten Lesung bis zur Prüfung des Entwurfes des Grundgesetzes durch die drei Militärgouverneure[134]) zu warten, reagierte am 17. Februar 1949 auch der Ältestenrat mit einer neuen Terminplanung[135]). In dem am 18. Februar 1949[136]) überreichten Memorandum vom 17. Februar 1949[137]) wurde der Parlamentarische Rat nun auch formell auf die durchzuführenden Änderungswünsche hingewiesen.

In der Zwischenzeit wurde in interfraktionellen Besprechungen am 10. und 11. Februar 1949[138]) die schon am 2. Februar 1949[139]) behandelte sog. Bremer Klausel erörtert. Sie ermöglichte jenen Ländern, in denen am 1. Januar 1949 entsprechende landesrechtliche Regelung bestanden, auf den bekenntnismäßig gebundenen Religionsunterricht als ordentliches Lehrfach zu verzichten. Der Fünferausschuß bezog die Flaggenfrage sowie das Wahlgesetz in seine Diskussionen mit ein[140]). Daraufhin beschäftigte sich Ende Februar 1949 auch der Hauptausschuß[141]) mit dem Wahlgesetzentwurf[142]), den das Plenum in erster bis dritter Lesung am 24. Februar 1949 verabschiedete[143]).

In dieser Phase suchte wiederum Bayern Einfluß auf das amerikanische Verbindungsbüro[144]) zu nehmen. Darüber, daß man erneut von München aus aktiv werden mußte, zeigte sich Ehard offensichtlich verärgert und enttäuscht. Er

132) Vgl. BayHStA NL Pfeiffer 175.

133) Bestimmt wurden als Berichterstatter: Grundrechte – von Mangoldt (CDU); Bund Länder – Wagner (SPD); Volkstag, Bundesrat, Bundespräsident, Bundesregierung – Lehr (CDU); Gesetzgebung – Katz (SDP); Finanzwesen – Höpker Aschoff (FDP); Gerichtsbarkeit und Rechtspflege – Zinn (SPD); Übergangs- und Schlußbestimmungen – von Brentano (CDU). Vgl. das Schreiben von Leusser vom 17. Feb. 1949 an Ehard. BayHStA NL Pfeiffer 213.

134) Vgl. Der Parl. Rat Bd. 10, Teil A Dok. Nr. 25, S. 86 f.

135) Vgl. Der Parl. Rat Bd. 10, Teil A Dok. Nr. 25, S. 87 f.

136) Vgl. Der Parl. Rat Bd. 8, Dok. Nr. 44, S. 111.

137) Vgl. Der Parl. Rat Bd. 8, Dok. Nr. 43, S. 109–110.

138) Vgl. Dok. Nr. 25 und Dok. Nr. 26.

139) Vgl. Dok. Nr. 23.

140) Vgl. Dok. Nr. 27.

141) Vgl. 52. und 53. Sitzung des HptA am 22. und 23. Feb. 1949. Parl. Rat, Verhandlungen, S. 687–725.

142) Vgl. Der Parl. Rat Bd. 6, S. XXXV.

143) Vgl. 8. Sitzung des Plenums am 24. Feb. 1949. Der Parl. Rat Bd. 9, Dok. 8, S. 318–428.

144) Der bayerische Finanzminister Hans Kraus befürchtete in einem Schreiben an den amerikanischen Verbindungsoffizier Pabsch am 26. Feb. 1949 „im Hinblick auf die schlimmen Folgen, die sich aus der Entrechtung der Länder durch die Weimarer Verfassung und die darauf gegründete Gesetzgebung für das deutsche Volk ergeben haben, [...] daß der künftige Bund über den Kopf der Länder hinweg sich zu einem zentralistischen Staatswesen mit einer mehr oder minder ‚autoritäten und totalitären Regierung' wie man früher sagte, entwickelt". Das sollte, so Kraus, „von vornherein verbaut" werden. Vgl. BayHStA NL Schwend 2.

hofft, daß in Bonn die Dinge „selbständiger" betrieben werden würden – eine Kritik, die zweifellos Pfeiffer galt[145]).
Am 28. Februar 1949 stellte der Fünferausschuß sein Ergebnis den Abgeordneten vor[146]). Die Alliierten reagierten darauf am Aschermittwoch, den 2. März 1949, mit einem neuen Memorandum[147]), in dem unter Hinweis auf das Memorandum vom 22. November 1948[148]) dem Entwurf des Fünferausschusses mangelnder Föderalismus vorgeworfen wurde und wörtliche Formulierungen für einzelne Artikel vorgegeben wurden. Die Alliierten empfanden hingegen ihr Memorandum vom 2. März 1949 als ein größtmögliches Zugeständnis an den Parlamentarischen Rat[149]). Dadurch war ein zukünftiger Verhandlungsspielraum sehr begrenzt. Das für die Mitglieder des Parlamentarischen Rates enttäuschende Ergebnis machte den 2. März 1949 zu einem politischen Aschermittwoch.

7. DER SIEBENERAUSSCHUSS (3. MÄRZ–6. APRIL 1949)

Am 3. März 1949 wurde als Reaktion auf das tags zuvor überreichte alliierte Memorandum der Siebenerausschuß geschaffen. Adenauer drängte auf diesen für die Schlußphase des Parlamentarischen Rates so wichtigen Ausschuß. Neben den bisherigen Mitgliedern des Fünferausschusses kamen Brockmann (Zentrum) und Seebohm (DP) hinzu[150]). Noch immer wurde kein CSU-Abgeordneter in den interfraktionellen Ausschuß berufen[151]). Gerade von den beiden neuen

145) Vgl. die Notiz von Trossmann vom 28. Feb. 1949. ACDP I-052, Nr. 001/2, Bl. 418 d.

146) Vgl. Dok. Nr. 28.

147) Abdr. in: Der Parl. Rat Bd. 8, Dok. Nr. 47, S. 131–144.

148) Abdr. in: Der Parl. Rat Bd. 8, Dok. Nr. 18, S. 37–42.

149) Vgl. das Schreiben von Leisewitz am 4. März 1949 an das BdMinPräs. in Wiesbaden: Der Ausschuß wird, „einem Telegramm Dr. Adenauers an General Robertson als dem derzeitigen Wortführer der Gouverneure zufolge, am Dienstagnachmittag der kommenden Woche zum ersten Mal mit den Verbindungsstäben zusammenkommen; dabei steht jedoch jetzt schon fest, daß evt. Abänderungsvorschläge des Fünferkomitees zunächst den Militärgouverneuren vorgelegt werden müssen, weil deren Memorandum ja Ausdruck eines Kompromisses ist." BA Z 12/123, Bl. 169 f.
Vgl. dazu auch die Bemerkung des Leiters des britischen Verbindungsstabes Chaput de Saintonge vom 7. März 1949, in dem dieser betonte, daß die Vorschläge der MilGouv. vom 2. März 1949 „in großen Teilen endgültig und unabänderlich seien". Vgl. Der Parl. Rat Bd. 8, Dok. Nr. 50, S. 148.

150) Der Siebenerausschuß wurde in verschiedenen Aufz. des Parl. Rates immer wieder als „erweiterter" oder „ergänzter" Fünferausschuß bezeichnet. Vgl. z.B. Dok. Nr. 30, Anm. 19; Dok. Nr. 31.
Vgl. auch den Bericht vom Pabsch vom 4. März 1949: „At an interfactional meeting yesterday afternoon it was decided to enlarge the Commission of the Five into seven by adding one representative each from the German and Center parties." Vgl. BA Z 45 F/OMGUS CAD 15/148-2/3.

151) Am 11. März 1949 hielt der bayerische Minsterpräsident Ehard im Maximilianeum in München auf der Sitzung des CSU-Landtagsfraktion eine Rede. Er führte aus: „Diese Denkschrift [vom 2. März 1949] wurde nun auf den Tisch des Hauses [Parlamentarischen Rates] gelegt und dem Fünferausschuß, der sich in der Zwischenzeit zu einem Siebenerausschuß erweitert hat, übergeben. Ich möchte gleich bemerken: Dem Fünferausschuß und dem Siebenerausschuß gehörten kein bayerischer Vertreter an. (Zwischen-

Mitgliedern wurde betont, daß der Siebenerausschuß „nicht identisch mit dem bisherigen interfraktionellen Fünferausschuß ist, dessen Aufgabe erfüllt“[152]) schien und am Veto der Alliierten gescheitert war. Für Brockmann – der offensichtlich schon am 8. Februar 1949 mit dem Fünferausschuß zusammengearbeitet hatte[153]) – war mit der ausdrücklichen Distanzierung vom Fünferausschuß vor allem der Gedanke verbunden, bei der weiteren interfraktionellen Arbeit an den vom Fünferausschuß erarbeiteten Kompromiß in keiner Weise gebunden zu sein[154]).
Mit dem neuen Ausschuß hatte Adenauer zunächst die interfraktionellen Gespräche wieder beleben wollen. Er selbst nahm allerdings nicht mehr an den Sitzungen teil[155]). Der Siebenerausschuß ernannte Kaufmann zu seinem Vorsitzenden[156]). Adenauer mußte sich den Vorwurf gefallen lassen, daß er, wenn es brenzlig im Parlamentarischen Rat werden würde, verschwände[157]).
Vom Ältestenrat wurde dem Siebenerausschuß zunächst die Aufgabe übertragen, das Memorandum genau zu analysieren[158]) und an Hand der alliierten Anregungen eine neue Vorlage der umstrittenen Artikel in den Grundgesetzentwurf einzuarbeiten[159]). Die Analyse zeigte, daß der Begriff „Vorranggesetzgebung“ von den Alliierten mißverstanden worden war. In Abs. 2 des von den Alliierten neuformulierten Art. 36 war ausdrücklich festgestellt worden, daß auf den Gebieten der Vorranggesetzgebung die Länder das erste Recht der Gesetzgebung haben sollten und zwar so lange und soweit der Bund von seinem Gesetzgebungsrecht keinen Gebrauch machte. Der Bund aber sollte auf diesem Gebiet nur regelnd eingreifen, was nach Ansicht des Parlamentarischen Rates einheitlich gehandhabt werden mußte. So war die in dem Memorandum vom 2. März 1949 vorgeschlagene Einleitung zu Art. 97 unklar und konnte zu der Annahme führen, daß die Notwendigkeit einer Zuständigkeitsregelung beim Bund liegt, was aber der Auffassung des Siebenerausschusses von einer föderativen Verfassung widersprach[160]). Deswegen legte der Siebenerausschuß am 9. März 1949 in Anlehnung an den Entwurf des Fünferausschusses einen un-

---

ruf: Unglaublich).“ Vgl. Staatsbibliothek München, Ana 308 (Nachlaß Schwend), Schachtel 2, Mappe I, 1949.

152) Vgl. die Erklärung von Seebohm und Brockmann vom 3. März 1949. Der Parl. Rat Bd. 10, Teil A Dok. Nr. 27, S. 95, Anm. 20. Vgl. auch Dok. Nr. 29, Anm. 25.

153) Vgl. das Prot. der Sitzung der CDU/CSU-Fraktion am 4. Feb. 1949. Salzmann, S. 387.

154) Vgl. den Beitrag von Brockmann in der 55. Sitzung des HptA am 6. April 1949. Parl. Rat, Verhandlungen, S. 735.

155) Leisewitz bemerkte in einem Schreiben vom 9. März 1949 an das BdMinPräs. in Wiesbaden, daß der Siebenerausschuß „keinen Vorsitzenden hat“. Vgl. PA 5/BdMinPräs. Drucks. Nr. 138.

156) Über Kaufmanns Engagement im Siebenerausschuß schrieb Leusser am 18. März 1949 an Ehard, dieser habe „sich sehr in den Vordergrund gearbeitet“. Vgl. BayHStA NL Pfeiffer 213.

157) Vgl. dazu auch die Bemerkung von Trossmann vom 7. März 1949. Dok. Nr. 30, Anm. 19.

158) Die Stellungnahme des Siebenerausschusses zum Memorandum ist abgedr. als Dok. Nr. 30.

159) Zur Ältestenratssitzung am 3. März 1949 vgl. Der Parl. Rat Bd. 10, Teil A Dok. Nr. 27, S. 94 f., bes. Anm. 21.

160) Vgl. Dok. Nr. 30.

mißverständlich formulierten Entwurf für die von den Alliierten bemängelten Artikel zur konkurrierenden Gesetzgebung vor[161]). Weil kritische Beobachter der bayerischen Landesregierung[162]) schon am 7. März 1949 glaubten feststellen zu können, daß die CDU ganz im „Schlepptau" der SPD läge[163]), war es wiederum der bayerische Ministerpräsident Ehard, der am 8. März 1949 das Gespräch mit dem Siebenerausschuß suchte[164]), noch bevor die Besprechungen mit alliierten Vertretern bzw. Finanzexperten aufgenommen wurden. Der Erfolg sprach für sich: In der Sitzung der CDU/CSU-Fraktion am 10. März 1949 konstatierte Kaufmann, daß der Siebenerausschuß bei dem Entwurf vom 9. März 1949 für den Art. 95 a–98 im wesentlichen die bayerischen Vorschläge übernommen hatte[165]).

Vom 8. bis 10. März 1949 kam ein jeweils fünf bis zehn Abgeordnete umfassendes interfraktionelles Gremium, dem auch die Mitglieder des Siebenerausschusses angehörten, zu intensiven offiziellen Verhandlungen mit alliierten Vertretern und Finanzexperten zusammen[166]). Es bestand die Hoffnung, die verschiedenen Standpunkte deutlicher herauszuarbeiten. Doch die Besprechung mit den Finanzexperten am 9. März 1949 konnte keinerlei Annäherungen herbeiführen[167]). Deswegen wurde in den nächsten Tagen der Weg über Einzelbesprechungen zwischen den alliierten und deutschen Experten gesucht. Den Anfang machten die Franzosen, deren Finanzsachverständiger Leroy-Beaulieu sich noch am 10. März 1949 mit Binder, Höpker Aschoff und Schmid traf[168]); der amerikanische Verbindungsoffizier Anthony F. Pabsch traf sich am 15. März 1949 mit Kaufmann, Schmid und Seebohm und am 16. März 1949 mit Pfeiffer[169]). Obwohl die Gespräche für alle Beteiligten unbefriedigend verlaufen waren, kam am Vormittag des 18. März 1949 der Siebenerausschuß kurz zusammen[170]). Danach übergab er in dem Bemühen, eine Form des Grundgesetzes gefunden zu haben, die von den Besatzungsmächten genehmigt werden könnte, den alliierten Verbindungsstäben in Bonn[171]) den Entwurf der am 9. März 1949 ausgearbeiteten und danach nur noch leicht modifizierten Fassung der Art. 95–98 und Art. 138–139 und Art. 65[172]) sowie den Entwurf der am 17. März 1949

---

161) Vgl. Dok. Nr. 31.

162) Seitens der bayerischen Landesregierung nahmen Ringelmann und Leusser an den ersten Sitzungen des Siebenerausschusses teil. Vgl. oben Anm. 36–37.

163) Vgl. die Aufzeichnung von Trossmann vom 7. März. 1949. Dok. Nr. 30, Anm. 19.

164) Vgl. Dok. Nr. 30, Anm. 19.

165) Vgl. Dok. Nr. 31, Anm. 3.

166) Die Prot. sind abgedr. in: Der Parl. Rat Bd. 8, Dok. Nr. 51–54, S. 150–196.

167) Pabsch kommentierte in seinem „Highlight Summary of Parliamentary Council Actions" vom 10. März 1949: „Prolonged discussions did not bring the respective positions any closer to each other, and the meeting adjourned without producing any concrete results." Vgl. BA Z 45 F/OMGUS CAD 15/148-2/3. Vgl. auch Der Parl. Rat Bd. 8, S. XLV.

168) Vgl. Salzmann, S. 425. Vgl. auch den Bericht von Pabsch: BA Z 45 F/OMGUS CAD 15/148-2/3.

169) Vgl. Der Parl. Rat Bd. 8, Dok. Nr. 56, S. 203–205.

170) Vgl. Leusser am 18. März 1949 an Ehard. BayHStA NL Pfeiffer 213.

171) Vgl. das Prot. in: Der Parl. Rat Bd. 8, Dok. Nr. 57, S. 206–210.

172) Der Entwurf vom 9. März 1949 ist abgedr. als Dok. Nr. 31.

abgeschlossenen Art. 120–123[173]). Schon im Anschluß an die Sitzung vom 18. März 1949 teilte der amerikanische Verbindungsoffizier Dr. Hans Simons dem Abgeordneten Kaufmann mit, daß ihm „doch wohl klar [sei], daß eine Ablehnung komme, während Schmid wenig später erzählte, die Engländer hätten erklärt, Bevin[174]) werde die Bundesfinanzverwaltung durchziehen"[175]).
Das Warten in den nächsten Tagen auf die mit Spannung erhoffte Alliierte Billigung der neuen Formulierungen wurde durch einen derartig deprimierenden Eindruck Schmids erschwert, der die Arbeit des Parlamentarischen Rates eingestellt wissen wollte[176]); von Brentano kündigte seinen Rücktritt an[177]). Währenddessen analysierte Pfeiffer nüchtern die Lage. Er „vertrat den Standpunkt, daß man jetzt nicht drängen soll, sondern der SPD Zeit lassen solle, wieder den Anschluß zu finden, da es doch besser sei, wenn das Grundgesetz auf breiter Grundlage zustandekomme"[178]).
Inzwischen traf am 22. März 1949 der Siebenerausschuß zusammen. Solange die alliierte Stellungnahme noch nicht erfolgt war, konnten wenigstens redaktionelle Änderungen an den letzten Grundgesetzentwürfen durchgeführt werden, die außerhalb des näheren Interesses der Alliierten lagen[179]).

---

173) Der Gesamttext des Entwurfes vom 17. März 1949 ist abgedr. in: Der Parl. Rat Bd. 7, Dok. Nr. 10, S. 457–461.

174) Ernest L. Bevin, 1945–1951 britischer Außenmin.

175) Vgl. Leusser am 18. März 1949 an Ehard. BayHStA NL Pfeiffer 213.

176) Vgl. Leusser am 18. März 1949 an Ehard: „Die Einstellung von Carl Schmid ist zur Zeit absolut negativ. Er erklärt ganz offen, auch Pressevertretern gegenüber, daß er die ganze Sache satt habe. Offensichtlich kann er sich in seiner Partei nicht durchsetzen, wie überhaupt erhebliche Spannungen in der SPD zu beobachten sind. Ein offener Konflikt wurde bisher aber vermieden. Mit einem solchen muß jedoch gerechnet werden durch den von den Alliierten ausgeübten Druck, der die SPD entweder zwinge nachzugeben oder die Verfassung abzulehnen, was Schumacher schon lange beabsichtige. Wenn die SPD aber keinen anderen Grund zum Scheitern der Verfassung hat als die Frage der Bundes- und Landesfinanzverwaltung, wird ihre Stellung nach Auffassung der Fraktion dadurch keineswegs verbessert." BayHStA NL Pfeiffer 213. Vgl. auch den Aktenvermerk von Pfeiffer vom 19. März 1949 abgedr. in: Der Parl. Rat Bd. 8, S. XLVI, Anm. 294.

177) Vgl. Der Parl. Rat Bd. 8, S. XLVII, Anm. 301.

178) Vgl. Leusser am 18. März 1949 an Ehard. Er berichtete ferner, Pfeiffer stelle „fest, daß innerhalb der SPD bedeutende Gegensätze im Ringen begriffen seien. Die eine Richtung werde von den Leuten mit staatsmännischem Weitblick und Verantwortungsgefühl gebildet, die die möglichst baldige Errichtung einer westdeutschen Regierung für notwendig hielten; auf der anderen Seite stünden die Taktiker, die glaubten, mit dem Blick auf eine fremde Zukunft bezüglich des Ostens klug zu handeln, wenn sie jetzt die Verfassung scheitern ließen. Die Einstellung von Schmid habe dazu geführt, daß eine daran interessierte Stelle den Gedanken geäußert habe, daß bei dem gegenwärtigen Durcheinander die Alliierten zweckmäßigerweise ein Statut [Gemeint war ein Organisationsstatut] erließen, durch welches die Zuständigkeiten der Bizone erweitert würden und die französische Zone im Vertragswege angeschlossen würde. Da dies aber kaum eine befriedigende Lösung sei und da die über die Landtage gewählten Männer des Parlamentarischen Rates versagt hätten, müsse man auf der Grundlage des Mehrheitswahlrechts eine neue Nationalversammlung wählen." BayHStA NL Pfeiffer 213.

179) Vgl. Dok. Nr. 34.

Allzugroß war die Enttäuschung nicht, als von den Alliierten durch den neuen Leiter des französischen Verbindungsstabes Jean Victor Sauvagnargues[180]) auch der Kompromißentwurf des Siebenerausschusses am 25. März 1949 abgelehnt wurde[181]). Allerdings waren die Abgeordneten „erschüttert" über die Art und Weise, mit der der französische Verbindungsoffizier, ohne sich auf eine Diskussion einzulassen, die Sitzung kurzerhand beendete[182]).
Nach Beratungen in den Fraktionen kamen die Mitglieder des Siebenerausschusses erst am 31. März 1949 wieder zusammen. Grundlage der Verhandlungen bildete ein von der CDU/CSU-Fraktion vorgelegter Entwurf zu den Finanzfragen[183]). Die in dieser und den nachfolgenden Sitzungen Anfang April 1949 getroffenen Vereinbarungen ließen hoffen, „daß damit wiederum die Möglichkeit einer einheitlichen Stellungnahme des Parlamentarischen Rates gegenüber den Einwänden der Militärregierungen gegeben ist"[184]). Doch es kam zu keiner Einigung[185]) und auch der Antrag der CDU/CSU, der sich weitgehend mit dem Vorschlag der Alliierten deckte, wie Schmid glaubte[186]), stieß auf Ablehnung. Deswegen wurde am 7. April 1949 im Ältestenrat die Vereinbarung getroffen, daß der Finanzausschuß einberufen werden sollte. Zugleich wurde festgestellt, daß der Siebenerausschuß nicht mehr weiter bestand, da die SPD ihre Mitarbeit aufgekündigt hatte[187]).

180) Zu Sauvagnargues vgl. Der Parl. Rat Bd. 8, S. XVIII, Anm. 60.

181) Vgl. das Prot. in: Der Parl. Rat Bd. 8, Dok. Nr. 58, S. 211–213.

182) Vgl. dazu ausführlich: Der Parl. Rat Bd. 8, S. XLVIII.

183) Vgl. Dok. Nr. 35.

184) Vgl. die Presseerklärung von Ollenhauer am 5. April 1949. Zitiert nach Salzmann, S. 470 f.

185) Am 6. April 1949 berichtete Kaufmann in der Sitzung der CDU/CSU-Fraktion, daß auf Wunsch von Heuss und Höpker Aschoff der Siebenerausschusses einberufen worden war. Ferner teilte er mit: „Nachdem die SPD erst auf sich hat warten lassen, kamen Zinn und Zimmermann, letzterer als stummer Zuhörer. Die SPD erklärte, daß die Situation durch die gestrige Erklärung der Alliierten [vgl. Der Parl. Rat Bd. 8, Dok. Nr. 61, S. 218–220] nicht verändert sei und die CDU an den Beschluß des Siebenerausschusses gebunden sei. Abg. Kaufmann wies darauf hin, daß die Situation seit letztem Freitag [1. April 1949] eine andere sei, weil die CDU/CSU einen neuen Vorschlag eingereicht habe, der auch der FDP annehmbar erscheine. Die FDP wolle daher der geteilten Finanzverwaltung zustimmen. Die FDP wolle die Bundesfinanzverwaltung aber nur opfern, wenn klar sei, daß beim Art. 105 von uns Opfer gebracht würden. Bevor sie das nicht wisse, müsse sie heute nachmittag für die Bundesfinanzverwaltung stimmen. Sie werde aber eine Erklärung abgeben, daß noch Verhandlungen möglich seien. Abg. Kaufmann wiederholte, daß er schon vorige Woche für Verhandlungen zwischen den Fraktionsführern gewesen sei, dann wäre die Situation eine anderer geworden. Wir müssen erklären, 1) daß wir das Kompromiß des Fünfer- und Siebenerausschusses gehalten haben bis zu dem Zeitpunkt, wo die Alliierten abgelehnt haben. Erst dann habe man einen neuen Vorschlag gemacht, um das Grundgesetz zu sichern. Er hat Höpker Aschoff vorgeschlagen, sich der Stimme zu enthalten, worauf er erklärt hat, er müsse dann gegen seine Überzeugung stimmen." Vgl. Salzmann, S. 472 f.

186) Vgl. das Prot. der Ältestenratssitzung vom 7. April 1949. Der Parl. Rat Bd. 10, Teil A Dok. Nr. 29, S. 100.

187) Vgl. das Prot. in: Der Parl. Rat Bd. 10, Teil A, Dok. Nr. 29, S. 98–103.

8. DIE INTERFRAKTIONELLEN BESPRECHUNGEN IM APRIL/MAI 1949

Mit der Auflösung des Siebenerausschusses am 7. April 1949 war vorerst auch ein Ende weiterer interfraktioneller Besprechungen erreicht, sieht man von jener Besprechung am 12. April 1949[188]) einmal ab, in der die mit Spannung erwartete Sitzung mit den Militärgouverneuren in Frankfurt am 14. April 1949 vorbereitet wurde.

Doch schon zuvor übermittelten die Außenminister der drei Westmächte, die vom 5. bis 8. April 1949 zu Beratungen in Washington zusammengekommen waren, eine Mitteilung, in der sie dem Parlamenatarischen Rat ihr „Vertrauen" aussprachen und die Hoffnung zum Ausdruck brachten, daß im Einklang mit den Bestimmungen des Londoner Abkommens[189]), den Empfehlungen der Militärgouverneure die nötige Beachtungen geschenkt werden würde, damit es bald zum Abschluß der Arbeiten käme[190]). Diese Erklärung bestärkte die Abgeordneten, mit der Arbeit am Grundgesetz fortzufahren und noch am 6. April 1949 mit der vierten Lesung des Grundgesetzentwurfes im Hauptausschuß zu beginnen[191]).

Am 14. April 1949 kam es zu einer Begegnung zwischen Parlamentariern und den Militärgouverneuren, bei der das Besatzungsstatut vom 10. April 1949 und der später sog. Polizeibrief vom 14. April 1949 ausführlich beraten wurden[192]). Im Anschluß an die Beratungen kam es zu jenem privaten Treffen zwischen Mitgliedern der SPD und dem britischen Militärgouverneur Robertson, auf dem dieser den SPD-Vertretern ausführlich über den Inhalt einer weiteren Mitteilung der Außenminister berichtete. Darin erklärten die Außenminister ihr grundsätzliches Einlenken auf die Forderungen des Parlamentarischen Rates. Eine Veröffentlichung aber sollte noch hinausgeschoben werden[193]). Mit Kenntnis des Inhalts des gewiß zu erwartenden Memorandums konnte die SPD auf dem „kleinen" Parteitag am 20. April 1949 in Hannover ihre Unnachgiebigkeit gegenüber den Alliierten demonstrieren und überraschend einen „verkürzten" Grundgesetzentwurf[194]) präsentieren, der die bisherige Arbeit des Parlamentarischen Rates von fast acht Monaten einschließlich der bis dahin von der SPD mitgetragenen Kompromisse des Siebenerausschusses obsolet erscheinen ließ. Die SPD – so ließ sie die Öffentlichkeit später glauben machen – habe mit ihrer starren Haltung die Militärgouverneure gezwungen, endlich einzulenken, indem diese nun andeuteten, die zwischen den Parteien ausgehandelten Kompromisse nun doch zu genehmigen[195]).

---

188) Vgl. Dok. Nr. 36.

189) Das Londoner Abkommen umfaßte u.a. die später sog. Frankfurter Dokumente vom 1. Juli 1948, abgedr. in: Der Parl. Rat Bd. 1, Dok. 4, S. 30–36.

190) Für den Wortlaut der Erklärung vom 5. April 1949 vgl. Der Parl. Rat Bd. 8, Dok. Nr. 61, S. 218–220.

191) Vgl. Parl. Rat, Verhandlungen, S. 731 f.

192) Vgl. dazu die Aufz. und Prot. in: Der Parl. Rat Bd. 8, Dok. Nr. 67–69, S. 229–236.

193) Vgl. dazu Der Parl. Rat Bd. 8, S. LIV.

194) Abgedr. in: Der Parl. Rat Bd. 7, Dok. Nr. 11, S. 462–496.

195) Zum gesamten Themenkomplex vgl. die ausführliche Darstellung in: Der Parl. Rat Bd. 8, S. LII–LVII.

Am Abend des 22. April 1949 erfuhren die Teilnehmer einer interfraktionellen Zusammenkunft von der dem Inhalt nach nicht nur der SPD, sondern vermutlich auch schon Adenauer zuvor bekannt gewordenen neuen Alliierten Erklärung. Hierin hieß es u.a.: „Auf dem Gebiet der Finanzen wird jede vom Parlamentarischen Rat vorgeschlagene Bestimmung wohlwollende Würdigung erfahren, die darauf abzielt, sowohl den Länderregierungen als auch der Bundesregierung finanzielle Unabhängigkeit und angemessene Finanzkraft bei der Ausführung ihrer Befugnisse innerhalb ihrer Zuständigkeiten sicherzustellen." Auch hinsichtlich des Art. 36 (alter Art. 95 c) wurde in Aussicht gestellt, „jede Formulierung wohlwollend [zu] würdigen"[196]).
Der von den Alliierten kurzfristig anberaumte Termin für ein neues Gespräch mit einer Delegation des Parlamentarischen Rates am 25. April 1949 wurde in den folgenden Tagen in interfraktionellen Besprechungen gründlich vorbereitet. Erschwerend wurde seitens der CDU/CSU jedoch empfunden, daß die SPD an ihrem „verkürzten" Grundgesetzentwurf festhielt, der, angefangen bei den ersatzlos gestrichenen Grundrechten, einen ganz neuartigen Textcorpus bildete. Der gesamte Grundgesetzentwurf der dritten Lesung im Hauptausschuß vom 10. Februar 1949 mußte mit dem SPD-Entwurf Artikel für Artikel in zähem Ringen abgeglichen werden, während zwei interfraktionelle Unterausschüsse noch am 23. April 1949 eingesetzt wurden, die bis zum nächsten Tag eine Lösung im Bereich Finanzwesen[197]) und Bundesrat[198]) herbeiführen sollten. Ein unerwartet am 23. April 1949 veröffentlichtes Interview des SPD-Vorsitzenden Schumacher[199]) wurde seitens der CDU/CSU als „Beleidigung" empfunden[200]) und gab dem ohnehin schon bestehenden Parteiendissens noch zusätzlichen Diskussionsstoff. In einer „Ehrenerklärung"[201]) distanzierte sich jedoch die SPD-Fraktion des Parlamentarischen Rates noch am gleichen Tag in der interfraktionellen Sitzung am 23. April 1949 (15.00 Uhr) einmütig von Schumachers Äußerungen[202]).
Die ersten interfraktionellen Besprechungen am 24. April 1949 brachten immer noch keine nennenswerten Ergebnisse[203]), weil die SPD von ihrem Entwurf nicht abweichen wollte. Auch in der Sitzung um 18.00 Uhr zeichnete sich keine Annäherung ab. Die Parteien unterstrichen zwar, daß man doch die jeweiligen Wünsche respektieren und andererseits ein Entgegenkommen entsprechend „honorieren" solle[204]). Greve schlug sogar vor, daß die Forderungen und Wünsche zu einzelnen Abschnitten mit jeweils anderen inhaltlichen Fragenkomplexen gekoppelt werden könnten. Schmid empfahl schließlich, doch

196) Vgl. Der Parl. Rat Bd. 8, Dok. Nr. 71, S. 244.
197) Vgl. Dok. Nr. 39.
198) Vgl. Dok. Nr. 40.
199) Abgedr. in: Dok. Nr. 38, Anm. 3.
200) Vgl. die Bemerkung von Adenauer am 26. April 1949 auf der Sitzung der CDU/CSU-Arbeitsgemeinschaft (Parteiführung) in Königswinter Vgl. Kaff, S. 469.
201) Der Begriff „Ehrenerklärung" wurde von Adenauer und Pfeiffer am 26. April 1949 auf der Sitzung der CDU/CSU-Arbeitsgemeinschaft (Parteiführung) in Königswinter verwendet. Vgl. Kaff, S. 469 und 484.
202) Die Erklärung ist abgedr. in Dok. 38, Anm. 15.
203) Vgl. Dok. Nr. 41 und Dok. Nr. 42.
204) Vgl. Dok. Nr. 43, TOP 1.

konkret zu überlegen, was man nun auf der für den nächsten Tag angesetzten Besprechung in Frankfurt vortragen könne. Darauf stellte Katz provozierend in Aussicht, daß, sollte man sich nicht einigen, das ganze Grundgesetz scheitern und dieses auch den Militärgouverneuren mitgeteilt werden könne. Als die Parteien „weiter voneinander entfernt als jemals zuvor"[205]) schienen, kam es im Anschluß an die interfraktionelle Besprechung zu einer spektakulären Einigung zwischen Adenauer und Schmid, in der die SPD ihren „verkürzten" Grundgesetzentwurf fallen ließ. Noch am späten Abend des 24. April 1949 konnte – unter Preisgabe früherer Vereinbarungen – durch einen Unterausschuß ein mehrheitsfähiger Entwurf fertiggestellt werden[206]), den die Delegation am nächsten Tag den Militärgouverneuren in Frankfurt vorlegte. Endlich – so der amerikanische Verbindungsoffizier Pabsch – war der am 25. März 1949 erreichte „tote Punkt" überwunden[207]).

Der Verlauf der Besprechung mit den Militärgouverneuren am 25. April 1949 erweckte berechtigte Hoffnungen auf ein unmittelbar bevorstehendes Ende der Arbeiten des Parlamentarischen Rates. Für die Abgeordneten bedeutete dieses, sich schon in der nächsten interfraktionellen Besprechung am 27. April 1949 mit der konkreten Planung der nächsten Tage und mit Überleitungsmaßnahmen zu beschäftigen, die das Vakuum zwischen der Verabschiedung des Grundgesetzes und der Einberufung des ersten Deutschen Bundestages ausfüllen sollten[208]), bevor am Abend des 27. April 1949 und am nachfolgenden Tag die Beratungen zum Grundgesetz aufgenommen wurden[209]).

Am 2. Mai 1949 einigten sich die Teilnehmer der interfraktionellen Besprechung über die Berichterstatter für die Plenarsitzungen[210]). In den interfraktionellen Besprechungen vom 3. bis 5. Mai 1949[211]) wurden schließlich die Kompromisse und redaktionellen Vereinbarungen[212]) zur vierten Lesung im Hauptausschuß[213]) und zur zweiten und dritten Lesungen im Plenum[214]) getroffen.

[205]) So Pfeiffer am 26. April 1949 auf der Sitzung der CDU/CSU-Arbeitsgemeinschaft (Parteiführung) in Königswinter. Vgl. Kaff, S. 486.

[206]) Am 24. April 1949 wurden die Ergebnisse in den Beratungen der Unterausschüsse in Artikeln formuliert und zusammengestellt. Vgl. Dok. Nr. 44.

[207]) Pabsch berichtete am 25. April 1949: „The deadlock existed between the two major factions of the Parliamentary Council in Bonn since March 25 and which brought the work of the assembly to complete standstill was broken yesterday afternoon. An interfactional committee reached full agreement on certain amendments to the present text of the Basic Law with regard to Chapter VII, Legislation of the Federation, Chapter IX, Execution of Federal Laws and Federal Administration, and Chapter X, Finances." Vgl. BA Z 45 F/OMGUS CAD 15/148-2/3.

[208]) Vgl. Dok. Nr. 45, TOP 3.

[209]) Vgl. Dok. Nr. 46 bis Dok. Nr. 49.

[210]) Vgl. Dok. Nr. 50.

[211]) Vgl. Dok. Nr. 50 bis Dok. Nr. 57.

[212]) Vgl. dazu auch die am 5. Mai 1949 einberufene interfraktionelle Kommission, die mit dem Redaktionsausschuß arbeiten sollte. Salzmann, S. 546.

[213]) Vgl. die Prot. der 55., 57. und 58. Sitzung des HptA in: Parl. Verhandlungen, S. 731–737 und 743–768.

[214]) Vgl. die Prot. der 9. und 10. Sitzung des Plenums in: Der Parl. Rat Bd. 9, Dok. Nr. 9 und 10, S. 433–630.

Hier wurden die Lösungen zu Fragen gesucht und gefunden, die sich die Parteien angesichts ihrer sehr unterschiedlichen Auffassungen bis zum Schluß aufgehoben hatten. Dazu gehörten u.a. die Streichung von Groß-Berlin aus der Präambel, die abschließende Behandlung der Bremer Klausel, die Änderung der Begrifflichkeit von Volkstag zu Bundestag, die Unabsetzbarkeit von Richtern und der Finanzausgleich[215]).

Am 4. Mai 1949 kam der gesamte Bereich der Gesetzgebung hinzu sowie die Frage der Zurückstellung der Einrichtung des Amtes des Bundespräsidenten, die Annahme des Grundgesetzes durch Plebiszit oder durch die Landtage, eine Klausel für eine unkomplizierte Revision des Grundgesetzes innerhalb einer Frist von zwei Jahren und die ebenfalls bis zum Schluß aufgeschobene Frage der Wählbarkeit der Beamten[216]). Zur Frage der Bremer Klausel wurde am 4. Mai 1949 ein interfraktioneller Unterausschuß einberufen, weil sich die Abgeordneten in der interfraktionellen Besprechung immer noch nicht einigen konnten[217]). Gelegentlich sah man in den Sitzungen am 3. bis 5. Mai 1949 von Formulierungen des Siebener- und des Redaktionsausschusses ab und griff statt dessen auf ältere Formulierungen des Hauptausschusses zurück.

In der interfraktionellen Besprechung am 5. Mai 1949 wurden die technischen Details der vierten Lesung im Hauptausschuß beraten. Allgemeiner Tenor war, daß man die Gegenüberstellung des Grundgesetzentwurfes in der dritten Lesung des Hauptausschusse vom 10. Feb. 1949 und der Vorschläge des Allgemeinen Redaktionsausschusses vom 2. Mai 1949 der Beratung zugrundelegen wollte[218]).

In den interfraktionellen Sitzungen Anfang Mai 1949 wurden jene Kompromisse gefunden, über die von Brentano am 8. Mai 1949 im Plenum rückblickend urteilte: „Es gehört zum politischen Leben, daß man Kompromisse schließt, Kompromisse, die nur in einer schlechten Übersetzung, vielleicht in der Terminologie derer, die den Kompromiß ablehnen, weil sie die Demokratie ablehnen, als Kuhhandel bezeichnet zu werden pflegen. Allerdings können und dürfen Kompromisse niemals die Grenze dessen überschreiten, wo das Grundsätzliche beginnt. Ich glaube, daß es uns gelungen ist diese Grenze einzuhalten“[219]).

Mehrfach wurde in den Sitzungen darauf gedrängt, sich auf Absprachen einzulassen und gewisse Artikel ohne Diskussion durch Abstimmung im Hauptausschuß bzw. Plenum zu erledigen[220]). So kam es, daß in den Hauptausschußsitzungen am 5. Mai 1949 die Anträge keine Überraschungen mehr in sich bargen, weil sie in der Regel in der interfraktionellen Besprechung angekündigt

215) Vgl. Dok. Nr. 51.

216) Vgl. Dok. Nr. 52.

217) Vgl. Dok. Nr. 53.

218) Vgl. Dok. Nr. 54.
Der Entwurf des HptA ist ediert in: Der Parl. Rat Bd. 7, Dok. Nr. 8, S. 396–444; die Vorschläge des Redaktionsausschusses sind ediert in: Der Parl. Rat Bd. 7, Dok. Nr. 12, S. 497–531.

219) Vgl. Der Parl. Rat Bd. 9, Dok. Nr. 10, S. 601 f.

220) Vgl. Dok. Nr. 51, S. 233.

worden waren, und auch die Plenarsitzung am 6. Mai 1949 „relativ zügig und ohne Höhepunkte vonstatten"[221]) ging.

Nachdem das Grundgesetz am 8. Mai verabschiedet[222]) und am 12. Mai 1949 von den Alliierten genehmigt wurde[223]), kam am 23. Mai 1949, unmittelbar vor der feierlichen Verkündung und Ausfertigung des Grundgesetzes ein interfraktionelles Gremium zusammen, um über Einzelheiten der bevorstehenden Plenarversammlung, das Ende des Parlamentarischen Rates und die Überleitungsmaßnahmen zu beraten[224]). Noch für den darauffolgenden Tag wurde eine letzte interfraktionelle Besprechung einberufen, um ein einheitliches Vorgehen in dem gemeinsamen Überleitungsausschuß[225]) mit den Ministerpräsidenten zu vereinbaren[226]).

9. VERZEICHNIS DER INTERFRAKTIONELLEN BESPRECHUNGEN

Das nachfolgende Verzeichnis enthält alle ermittelten interfraktionellen Bespechungen mit möglichst genauer Angabe der Uhrzeit. In runden Klammern werden die Sitzungen nur dann näher bezeichnet, wenn es sich nicht um eine übliche interfraktionelle Besprechung handelt, sondern um die Sitzung eines interfraktionellen Unterausschusses oder des Fünfer- bzw. Siebenerausschusses. In eckigen Klammern wurden die bereits in anderem Zusammenhang edierten Gespäche des Siebenerausschusses mit den Alliierten Verbindungsstäben in Bonn[227]) sowie die Gespräche mit Ministerpräsidenten aufgeführt. Keine Aufzeichnung und so gut wie keine Nachweise konnten aufgefunden werden von den Sitzungen des „interfraktionellen Flaggenausschusses"[228]).

1948: 1. September, 11.45–12.45 Uhr[229])
1. September, 17.00–18.15 Uhr[230])

13. Oktober, 15.00 Uhr[231])
14. Oktober[232])
21. Oktober, mittags[233])
27. Oktober[234])

---

221) Vgl. Der Parl. Rat Bd. 9, S. XIX.
222) Vgl. Der Parl. Rat Bd. 9, Dok. Nr. 10, S. 504–630.
223) Vgl. Der Parl. Rat Bd. 8, Dok. Nr. 78–80, S. 264–278.
224) Vgl. Dok. Nr. 58.
225) Zum Überleitungsausschuß vgl. Der Parl. Rat Bd. 10, S. LXI–LXXIV.
226) Vgl. Dok. Nr. 59.
227) Vgl. Der Parl. Rat Bd. 8.
228) Vgl. die Notiz in PA 5/18. Vgl. Dok. Nr. 27.
229) Vgl. Dok. Nr. 1, Anm. 1.
230) Vgl. Dok. Nr. 1.
231) Vgl. Dok. Nr. 2, Dok. Nr. 3 und Dok. Nr. 6.
232) Vgl. Dok. Nr. 4 und Dok. Nr. 6.
233) Vgl. Dok. Nr. 5 und Dok. Nr. 6.
234) Vgl. Dok. Nr. 7.

2. November, nachmittags[235])
4. November, nachmittags[236])
9. November, nachmittags[237])
10. November, 15.15–ca. 17.00 Uhr[238])

13. Dezember, 18.40 Uhr[239])

1949: 25. Januar, 10.15–12.45 Uhr[240])
25. Januar, 16.00–18.45 Uhr[241])
26. Januar, 10.30 Uhr[242])
26. Januar, 14.30 Uhr bis spät in den Abend (Fünferausschuß)[243])
27. Januar, 9.00–13.00 Uhr (Fünferausschuß)[244])
27. Januar, 16.00–ca. 16.30 Uhr (Fünferausschuß)[245])
27. Januar, 16.30–18.00 Uhr (Fünferausschuß)[246])
27. Januar, 18.00 Uhr (Fünferausschuß)[247])
28. Januar, 9.30 Uhr[248])
31. Januar[249])

1. Februar, 10.00 Uhr[250])
1. Februar, 19.00 Uhr[251])
2. Februar, 9.30 Uhr (Fünferausschuß)[252])
3. Februar (Fünferausschuß)[253])
[4. Februar (Besprechung der Ministerpräsidenten Altmeier, Arnold, Kopf und Stock mit dem Fünferausschuß)[254])]
4. Februar, nachmittags (Fünferausschuß)[255])

235) Vgl. Dok. Nr. 8.
236) Vgl. Dok. Nr. 9.
237) Vgl. Dok. Nr. 10.
238) Vgl. Dok. Nr. 11.
239) Vgl. Dok. Nr. 12.
240) Vgl. Dok. Nr. 13.
241) Vgl. Dok. Nr. 14.
242) Vgl. Dok. Nr. 14, Anm. 12 und Dok. Nr. 16, S. 74.
243) Vgl. Dok. Nr. 15, Anm. 1. In der Sitzung der CDU/CSU-Fraktion am 26. Jan. 1949 kündigte Adenauer eine interfraktionelle Besprechung für 16.00 Uhr zu kulturellen Fragen an. Vgl. Salzmann, S. 365.
244) Vgl. Dok. Nr. 15, Anm. 1.
245) Vgl. Dok. Nr. 15, Anm. 1.
246) Vgl. Dok. Nr. 15, Anm. 1.
247) Vgl. Dok. Nr. 15, Anm. 1. Vgl. auch Dok. Nr. 16 und Dok. Nr. 17.
248) Vgl. Dok. Nr. 18.
249) Vgl. Der Parl. Rat Bd. 7, Dok. Nr. 6, S. 297–305.
250) Vgl. Dok. Nr. 20.
251) Vgl. Dok. Nr. 21.
252) Vgl. Dok. Nr. 23.
253) Vgl. dazu den Bericht von Pfeiffer in der Sitzung der CDU/CSU-Fraktion am 4. Feb. 1949. Salzmann, S. 386 f.
254) Vgl. Dok. Nr. 21, Anm. 7.
255) Nach dem Bericht von Pfeiffer in der Sitzung der CDU/CSU-Fraktion am 4. Feb. 1949 war eine Zusammenkunft des Fünferausschusses mit Brockmann vorgesehen. Vgl. dazu Salzmann, S. 387.

5. Februar (Fünferausschuß)[256]
10. Februar[257]
11. Februar[258]
15.–18. Februar (Fünferausschuß)[259]
28. Februar (Fünferausschuß)[260]

3. März, ca 12.00 Uhr[261]
3. März, nachmittags (Siebenerausschuß)[262]
4. März, 10.00 (Siebenerausschuß)[263]
[8. März (Besprechung des bayerischen Ministerpräsidenten Ehard mit dem Siebenerausschuß)[264]]
[8. März, 17.00 Uhr (Besprechung mit alliierten Vertretern)[265]]
[9. März, 10.00–13.00 Uhr (Besprechung mit alliierten Vertretern)[266]]
[9. März, 17.00–18.20 Uhr (Besprechung mit alliierten Vertretern)[267]]
9. März, abends (Siebenerausschuß)[268]
[10. März, 11.00–12.35 Uhr (Besprechung mit alliierten Vertretern)[269]]
16. März, 20.00 Uhr[270]
16. März (Siebenerausschuß)[271]
17. März, 10.00 Uhr (Siebenerausschuß)[272]
[18. März, 11.00–11.30 Uhr (Besprechung mit alliierten Vertretern)[273]]
22. März, vormittags (Siebenerausschuß)[274]
[25. März, 15.00–15.15 Uhr (Besprechung mit alliierten Vertretern)[275]]
31. März, 19.00–23.40 Uhr (Siebenerausschuß)[276]

---

256) Vgl. Dok. Nr. 24.
257) Vgl. Dok. Nr. 25.
258) Vgl. Dok. Nr. 26.
259) Vgl. Dok. Nr. 27.
260) Vgl. Dok. Nr. 28.
261) Vgl. Dok. Nr. 29.
262) Gemäß Dok. Nr. 29 war eine interfraktionelle Besprechung zum Wahlrecht vorgesehen. Vgl. dazu auch Dok. Nr. 30.
263) Vgl. Dok. Nr. 30. Die Uhrzeit ist während der interfraktionellen Besprechung am 3. März 1949 vereinbart worden. Vgl. Dok. Nr. 29.
264) Vgl. Dok. Nr. 30, Anm. 19.
265) Vgl. Der Parl. Rat Bd. 8, Dok. Nr. 51, S. 150–157.
266) Vgl. Der Parl. Rat Bd. 8, Dok. Nr. 52, S. 158–175.
267) Vgl. Der Parl. Rat Bd. 8, Dok. Nr. 53, S. 176–186.
268) Vgl. Dok. Nr. 31. Zur Datierung vgl. ebd. Anm. 3.
269) Vgl. Der Parl. Rat Bd. 8, Dok. Nr. 54, S. 187–196.
270) Vgl. Dok. Nr. 33, Anm. 9.
271) Vgl. Dok. Nr. 32.
272) Vgl. Dok. Nr. 33.
273) Vgl. Der Parl. Rat Bd. 8, Dok. Nr. 57, S. 206–210.
274) Vgl. Dok. Nr. 34.
275) Vgl. Der Parl. Rat Bd. 8, Dok. Nr. 58, S. 211–213, und Dok. Nr. 59, S. 214–216.
276) Vgl. Dok. Nr. 35.

Anfang April (Siebenerausschuß)[277]
6. April (Siebenerausschuß)[278]
12. April, 16.30 Uhr[279]
22. April, abends[280]
23. April, vormittags[281]
23. April, 15.00 Uhr[282]
23. April, nachmittags (Unterausschusses „Finanzwesen")[283]
23. April, nachmittags (Unterausschusses „Bundesrat")[284]
24. April, 10.00 Uhr[285]
24. April, 14.30 Uhr[286]
24. April, 18.00 Uhr[287]
24. April, abends[288]
27. April, 11.30 Uhr[289]
27. April, 19.00–24.00 Uhr[290]
28. April, 10.15 Uhr[291]
28. April, 14.30 Uhr[292]
28. April, abends[293]

2. Mai, 16.00 Uhr[294]
3. Mai, 16.45–18.45 und ab 19.00 Uhr[295]
4. Mai, 14.30–17.30 Uhr[296]
4. Mai (Unterausschuß)[297]

---

277) Die Mitglieder des Siebenerausschusses vereinbarten am 31. März 1949 zu einer erneuten Sitzung am 1. April 1949 zusammenzukommen. Vgl. Dok. Nr. 35, S. 137. Am 4. April 1949 wurde in der Sitzung der CDU/CSU-Fraktion festgestellt, daß „die Mitglieder des Siebenerausschusses nicht frei sind". Offensichtlich haben in den ersten Tagen des April weitere Sitzungen des Siebenerausschusses stattgefunden. Vgl. Salzmann, S. 461.

278) Vgl. die Ältestenratssitzung am 7. April 1949, in der von einer Sitzung des Siebenerausschusses am Tag zuvor gesprochen wurde. Der Parl. Rat Bd. 10, Teil A Dok. Nr. 29, S. 99.

279) Vgl. Dok. Nr. 36.

280) Vgl. Dok. Nr. 37, Anm. 10, und Dok. Nr. 51, Anm. 60. Vgl. auch Der Parl. Rat Bd. 8, S. LIII.

281) Vgl. Dok. Nr. 37.

282) Vgl. Dok. Nr. 38.

283) Vgl. Dok. Nr. 39.

284) Vgl. Dok. Nr. 40.

285) Vgl. Dok. Nr. 41.

286) Vgl. Dok. Nr. 42.

287) Vgl. Dok. Nr. 43.

288) Am 24. April 1949 wurden die Ergebnisse der Beratungen der Unterausschüsse in Artikeln formuliert und zusammengestellt. Vgl. Dok. Nr. 44.

289) Vgl. Dok. Nr. 45.

290) Vgl. Dok. Nr. 46.

291) Vgl. Dok. Nr. 47.

292) Vgl. Dok. Nr. 48.

293) Vgl. Dok. Nr. 49.

294) Vgl. Dok. Nr. 50.

295) Vgl. Dok. Nr. 51.

296) Vgl. Dok. Nr. 53.

297) Vgl. Dok. Nr. 53.

5. Mai, 10.00 Uhr[298])
5. Mai, 15.15 Uhr[299])
5. Mai (interfraktionelle Kommission)[300])
6. Mai, 10.30 Uhr[301])
6. Mai, 13.00 Uhr[302])
23. Mai, 12.15 Uhr[303])
24. Mai, 12.00 Uhr[304])

Vermutlich gab es über die hier aufgeführten 76 Sitzungstermine hinaus noch weitere interfraktionelle Zusammenkünfte, sieht man einmal ab von weiteren Kontakten zwischen Fraktionsmitgliedern, bes. Fraktionsvorstandsmitgliedern, sowie von interfraktionellen Übereinkünften in den Ältestenratssitzungen, an denen gelegentlich Fraktionsführer und der Fachausschußvorsitzende teilnahmen[305]).

10. AUSWAHL DER DOKUMENTE UND EDITIONSKRITERIEN

In der vorliegenden Edition sollten alle erreichbaren Texte veröffentlicht werden, die die Arbeit der interfraktionellen Besprechungsgremien dokumentieren. Dazu gehören Verlaufsprotokolle, Ergebnisprotokolle und Entwürfe für Grundgesetzartikel, sofern sie nicht schon in anderen Bänden der vorliegenden Editionsreihe, etwa dem Band mit den Entwürfen zum Grundgesetz[306]) oder dem Band über die Beziehungen zu den Militärregierungen[307]), publiziert wurden. Wie bereits in der Vorbemerkung erwähnt, erwiesen sich neben den Aufzeichnungen von Trossmann besonders die stenographischen Mitschriften von Pfeiffer als eine interessante Quelle, die von Anfang an versprach, die oft spröden Artikelentwürfe durch sprechendere Zeugnisse zu bereichern. Beide hatten zu allen Gelegenheiten Notizen in Kurzschrift gefertigt, was zwar das Mißfallen einzelner Abgeordneter hervorrief[308]), aber heute eine unentbehrliche Quelle zur Geschichte des Parlamentarischen Rates darstellen.

298) Vgl. Dok. Nr. 54.
299) Vgl. Dok. Nr. 55.
300) Am 5. Mai 1949 wurde eine interfraktionelle Kommission einberufen, die mit dem Redaktionsausschuß zusammenarbeiten sollte. Vgl. Salzmann, S. 546.
301) Vgl. Dok. Nr. 56.
302) Vgl. Dok. Nr. 57.
303) Vgl. Dok. Nr. 58.
304) Vgl. Dok. Nr. 59.
305) Vgl. dazu bereits: Der Parl. Rat Bd. 10, S. X f.
306) Der Parl. Rat Bd. 7.
307) Der Parl. Rat Bd. 8.
308) In der Sitzung der CDU/CSU-Fraktion am 12. Okt. 1948 „bezeichnete es Kaiser als unerträglich, daß ein Herr aus Bayern alles mitschreibe; man wisse nicht, wo das hinkomme. Schon zuvor hatte er bemerkt, es werde viel zu viel mitgeschrieben. Dr. Pfeiffer erwidert, diese Aufzeichnungen würden in seinem Auftrag und für ihn gemacht. Trotzdem wenden sich Dr. Lehr und ebenso Dr. de Chapeaurouge gegen das Mitschreiben." Vgl. Salzmann, S. 661. Mit dem „Herrn aus Bayern" waren vermutlich Trossmann und Leusser gemeint, die Prot. der CDU/CSU-Fraktionssitzungen anfertigten.

Die Stenogramme Pfeiffers in Gabelbergerscher Kurzschrift sind sehr privater Natur. Sie waren für Pfeiffer als Gedächtnisstütze vorgesehen und enthalten manchmal nur Satzfetzen. Der Bearbeiter hat versucht, diese durch Ergänzungen in eckigen Klammern zu einer sinnvollen Einheit zu verbinden.
Die schwer entzifferbaren Stenogramme Pfeiffers sind durch den langjährigen Leiter des Stenographischen Dienstes des Bayerischen Landtags, Herrn Alois Schmidmaier aus Deisenhofen, in Langschrift übertragen worden. Durch eine teilweise unsachgemäße Benutzung sind die im Bayerischen Hauptstaatsarchiv liegenden, auf losen und unfoliierten Blättern abgefaßten Mitschriften durcheinandergeraten. Gemeinsam mit den undatierten Aufzeichnungen mußten durch den Bearbeiter in mühevoller und zeitraubender Kleinarbeit nach den criteria interna die Mitschriften datiert, zusammengefügt und rekonstruiert werden.
Durch die oft bruchstückhafte Überlieferung der unter Ausschluß der Öffentlichkeit tagenden interfraktionellen Sitzungen, einschließlich des Fünfer- und Siebenerausschusses, wurden in den Anmerkungen umfangreiche Aktenstücke mitgeteilt. Nur so konnten einige der vielfach sehr nüchternen Texte überhaupt erst in einen historischen Kontext eingeordnet und manche atmosphärischen Bedingungen eingefangen werden. Im übrigen wurde bei der Kommentierung vielfach nur auf die bereits edierten Bände verwiesen, wenn dort weitere Zusammenhänge komplex dokumentiert waren.
Die Auswahl der Dokumente wurde nicht ausschließlich auf Aufzeichnungen und Sitzungsprotokolle beschränkt. Einige Male wurden ergänzende Aktenstükke aufgenommen, so z.B. einige Dokumente, die Hintergrundinformationen vermitteln. Dazu gehören die zur Kommentierung der bereits erschienenen Bände immer wieder mit Gewinn herangezogenen Berichte von Leusser und Leisewitz[309]). Doch für einige Sitzungen fehlen einschlägige Aufzeichnungen, die auch hier nur schwerlich ersetzt werden konnten.

Der Bearbeiter dankt abschließend für die Unterstützung, die er durch die Kollegen in Archiv und Bibliothek des Deutschen Bundestages erhielt. Auch der „bequeme" Zugang zu den Archivalien im Bundesarchiv Koblenz trug zum raschen Abschluß dieses Bandes wesentlich bei. Herrn Dr. Wolfram Werner, Bundesarchiv Koblenz, sei herzlich für die kritische Durchsicht des Manuskripts und für manch wertvolle Hinweise gedankt. Herr Dr. Günter Weller betreut seit einigen Jahren das Editionsunternehmen seitens des Deutschen Bundestages. Seinem persönlichen Interesse an einem beschleunigten Abschluß der Editionsreihe und seinem Engagement hinsichtlich der Schaffung hervorragender logistischer und finanzieller Voraussetzungen ist es zu verdanken, daß auch der vorliegende Band 11 der Akten und Protokolle des Parlamentarischen Rates nun erscheinen konnte.

Michael F. Feldkamp

[309]) Vgl. z.B. Dok. 3, 10, 16 und 17.

VERZEICHNIS DER DOKUMENTE

Nr. 1
Interfraktionelle Besprechung
1. September 1948

BayHStA NL Pfeiffer 72. Ungez. maschinenschr. Aufz. vom 1. Sept. 1948[1])

Anwesend:
CDU/CSU: Adenauer (Präs.), Pfeiffer, Rönneburg
SPD: Menzel, Schmid[2])
FDP: Dehler, Heuss, Schäfer
DP: Heile, Seebohm
KPD: Paul
Zentrum: Brockmann, Wessel
Referent des Präs.: Blankenhorn

Beginn: 17.00 Uhr Ende: 18.15 Uhr[3])

BEHANDELTE GEGENSTÄNDE:

1. Sekretariat
2. Restaurations-Betrieb im Hause
3. Unterkunft
4. Aufwandsentschädigung
5. Arbeitseinteilung
6. Ausschüsse
7. Ablauf der nächsten Sitzungen

ZU 1) SEKRETARIAT:

Präsident Dr. Konrad Adenauer hat zunächst freigewordenes Personal des Zonenbeirats Hamburg übernommen[4]). Alle Anwesenden stimmen der Anregung [von] Dr. Pfeiffer zu, daß man auch Angehörige aus anderen Gebieten hinzuzieht, um dem Sekretariat sowohl nach der parteipolitischen wie nach der landsmannschaftlichen Gliederung einen allgemein anerkannten Charakter zu geben.
Herr Töpfer[5]), der vorläufig die Geschäfte leitet, soll sich mit Dr. Pfeiffer in Verbindung setzen.

---

[1]) Die Aufz. wurde vermutlich von Pfeiffer verfaßt. Sie ist überschrieben: „Parlamentarischer Rat. 2. Interfraktionelle Besprechung am Mittwoch, den 1. September 1948". Ein Prot. der 1. Interfraktionellen Besprechung am 1. Sept. 1948 von 11.45 Uhr bis 12.45 Uhr war nicht ermittelbar.

[2]) Schmid nahm nur zeitweise an den Verhandlungen teil.

[3]) Die Besprechung fand im Zimmer des Präs. des Parl. Rates statt.

[4]) Vom Parl. Rat wurden aus dem Zonenbeirat vier Personen abgeordnet und drei Personen übernommen. Vgl. Der Parl. Rat Bd. 10, S. L, und ebd., Teil A Dok. Nr. 2, S. 7.

[5]) Töpfer leitete die mit dem Aufbau des Sekretariats des Parl. Rates beauftragte Verwaltungseinrichtung.

ZU 2) RESTAURATIONS-BETRIEB IM HAUSE:

Es wird allgemein darüber geklagt, daß die Preise zu hoch sind. Herr Blankenhorn wird beauftragt, mit dem Pächter in Verbindung zu treten und eine angemessene Preisfestlegung herbeizuführen.
Dies geschieht auch tatsächlich am gleichen Tag, in dem drei Speisefolgen mit gestaffelten Preisen angeführt werden, nämlich: DM 1,00, DM 1,80, DM 2,25.

ZU 3) UNTERKUNFT:

Allgemein wird gewünscht, daß die bisherige Unterkunft der Abgeordneten in Hotels auf der anderen Rheinseite aufgegeben wird. Man weiß, daß bei Nebelwetter die Fähre, die an und für sich schon einen wesentlichen Zeitaufwand bedeutet, den Betrieb einstellt. Es wird auch gewünscht, daß nicht die Abgeordneten der einzelnen Parteien für sich gemeinsam geschlossen untergebracht werden, sondern es soll eine Auflockerung nach Parteien und Landschaften erfolgen. Herr Blankenhorn soll in Zusammenarbeit mit der Verbindungsstelle Nordrhein-Westfalen bis zur nächsten Sitzung eine Änderung zu erreichen suchen.

ZU 4) AUFWANDSENTSCHÄDIGUNG:

Bei der sehr hohen Teuerung wird vereinbart, daß ein Grundbetrag zur Dekkung der laufenden Auslagen der Abgeordneten dienen soll, insbesondere für Sekretärin und Kraftwagen mit Fahrer. Der laufende Betrag soll so niedrig als mit den Teuerungskosten vereinbar, gehalten werden. Dazu sollen Sitzungsgelder für Plenar-, Ausschuß- und Fraktionssitzungen treten, welche dem wirtschaftlichen Aufwand gerecht werden. Auch für die Fahrer soll nach dem Vorbild des Wirtschaftsrates in Frankfurt eine hinreichende Auslagenvergütung erfolgen.

ZU 5) ARBEITSEINTEILUNG:

Um den Abgeordneten die Erfüllung auch ihrer sonstigen parlamentarischen oder beruflichen Pflichten zu ermöglichen, wird ein hinreichendes Wochenende festgesetzt. Die Arbeiten werden Dienstag um 15 Uhr beginnen und Freitag um 13 Uhr schließen.

ZU 6) AUSSCHÜSSE:

Folgende Ausschüsse werden als notwendig genannt:

I. Für die Führung der allgemeinen parlamentarischen Arbeit:

1. Ältestenausschuß[6]).
   Ihm sollen angehören die großen Parteien mit je drei Vertretern, die kleinen Parteien mit je einem Vertreter.

---

[6]) Zum Ältestenrat vgl. Der Parl. Rat Bd. 10.

Es ergibt sich also folgende Zusammensetzung

CDU/CSU	3
SPD	3
DP	1
FDP	1
KPD	1
Zentrum	1
dazu als Gast	Herr Paul Löbe[7]).

2. Geschäftsordnungsausschuß[8]).
Zahlenmäßige Zusammensetzung[9]):
dazu ein Berliner Vertreter[10]).

3. Ein Hauptausschuß[11]), der nach einer Äußerung von Dr. Karl Schmid eine Mikrofotografie des Plenums darstellen soll und der Koordination aller Arbeiten dient.
Zusammensetzung wird später bestimmt[12]).

II. Zur Durchführung der Arbeiten an der Verfassung:
4. Ausschuß für Grundsatzfragen[13]).
5. Ausschuß für Aufbau und Gestaltung der Organe[14]).
6. Abgrenzung der Zuständigkeiten[15]).

---

[7]) Paul Löbe (SPD, Berlin) (Beratendes Mgl.): (14. Dez. 1875–3. Aug. 1967: Schriftsetzer; 1898 Setzer und 1899 Redakteur der SPD-Zeitung „Volkswacht" in Breslau; 1904 Stadtverordneter in Breslau; 1915 Mitglied des Schlesischen Provinziallandtages; 1918–1919 Mitglied und 1919 Vizepräs. der Verfassunggebenden Deutschen Nationalversammlung in Weimar; 1920–1924 und 1924–1932 Präs. des Reichstags; 1933 im Gefängnis Spandau, dann im KZ Dürrgoy; 1935 Lektor im Verlag de Gruyter; 1944 im KZ Groß-Rosen bei Striegau in Schlesien; Mitherausgeber von „Der Telegraf" in Berlin; 1949–1953 Mitglied des Deutschen Bundestages. Vgl. Paul Löbe: Der Weg war lang. Lebenserinnerungen. 2. Auflage. Berlin 1954. Vgl. auch Der Parl. Rat Bd. 10, S. VIII f.

[8]) Zur Tätigkeit des Geschäftsordnungsausschusses vgl. Der Parl. Rat Bd. 10.

[9]) Es wurden keine Angaben zur Zusammensetzung gemacht. Nach einer Aufz. Pfeiffers soll schon in der ersten interfraktionellen Besprechung am Vormittag des 1. Sept. 1948 die Zusammensetzung des Geschäftsordnungsausschusses beschlossen worden sein. Vgl. auch Der Parl. Rat Bd. 10, S. XXXV.

[10]) Auf die Benennung eines Berliner Vertreters, die vermutlich eher demonstrativen Charakter hatte, wurde offensichtlich verzichtet. Die Mitglieder sind aufgeführt in: Der Parl. Rat Bd. 10, S. XL.

[11]) Zur Tätigkeit des HptA vgl. Parl. Rat, Verhandlungen.

[12]) Die Entscheidung zur Zusammensetzung des HptA erfolgte in den Ältestenratssitzungen am 8. und 9. Sept. 1948. Vgl. Der Parl. Rat Bd. 10, Teil A Dok. Nr. 4, S. 9.

[13]) Zur Tätigkeit des Ausschusses für Grundsatzfragen vgl. Der Parl. Rat Bd. 5.

[14]) Die Prot. des Ausschusses für die Organisation des Bundes und für Verfassungsfragen, Organisationsausschuß oder auch Kombinierter Ausschuß genannt, werden z.Z. für die vorliegende Editionsreihe bearbeitet.

[15]) Zur Tätigkeit des Ausschusses für Zuständigkeitsabgrenzung vgl. Der Parl. Rat Bd. 3.

7. Besatzungsstatut[16]).
8. Wirtschaftsfragen[17]).

Es besteht Übereinstimmung darüber, daß für Finanzfragen entweder ein Unterausschuß im Ausschuß für Zuständigkeiten gebildet werden muß oder ein eigener weiterer Ausschuß, der aber eng mit dem Zuständigkeiten-Ausschuß zusammenarbeiten muß.

Ebenso wird allgemein angenommen, daß auch ein Ausschuß für Parlamentsfragen ins Auge zu fassen ist[18]).

Die Frage, ob wenigstens in den Ausschüssen Vertreter bestellt werden können, welche nicht Mitglieder des Parlamentarischen Rates sind, wird zunächst noch zurückgestellt[19]).

Bei der Frage, ob der Zuständigkeiten-Ausschuß auch gleichzeitig als Ausschuß für Finanzfragen dienen soll, vertritt Präsident Dr. Adenauer den Standpunkt: man müsse vermeiden, daß die Klärung grundsätzlicher Fragen dadurch erschwert werde, daß bei jeder Forderung, welche von föderalistischer Seite erhoben werde, sofort die finanzielle Belastung entgegengehalten werde. Man müsse zunächst das Grundsätzliche vom Finanziellen trennen[20]).

Bei der Frage, wie groß die Ausschüsse sein sollten und wie man darin die kleinen Parteien unterbringen könnte, kommt man schließlich auf den Ausweg, daß, um keine zu großen Ausschüsse zu erhalten und auch nicht zu große Sitzungsgelder aufwenden zu müssen, die Ausschüsse je einen Vertreter der vier kleinen Parteien haben könnten und je drei Vertreter der großen Parteien. Dabei hätten dann die drei Vertreter der großen Parteien eine Doppelstimme.

Es würden dann in den Ausschüssen 12 Stimmen von den großen Parteien und vier Stimmen von den kleinen Parteien abgegeben, im ganzen also 16 Stimmen. Dabei würden allerdings die kleinen Parteien bei zusammen 11 Abgeordneten ein Sechstel des Parlamentarischen Rates, also 16$^1/_2$ % ausmachen, immerhin noch 25 % der Ausschuß-Stimmen darstellen[21]).

ZU 7) ABLAUF DER NÄCHSTEN SITZUNGEN:

Es wird in Aussicht genommen, am Mittwoch, den 8. und Donnerstag, den 9. September zu tagen und zwar:

---

16) Zur Tätigkeit des Ausschusses für das Besatzungsstatut vgl. Der Parl. Rat Bd. 4.

17) Wirtschaftsfragen wurden vom Ausschuß für Finanzfragen behandelt. Die Edition der bisher unveröffentlichten Prot. steht noch aus.

18) Ein Ausschuß für Parlamentsfragen ist nicht einberufen worden.

19) Die Bestellung von Vertretern, die nicht durch die jeweiligen Landtage in den Parl. Rat gewählt worden waren, wurde in der 1. Sitzung des Geschäftsordnungsausschusses am 2. Sept. 1948 unter Bezugnahme auf die interfraktionelle Besprechung vom 1. Sept. 1948 diskutiert und schließlich abgelehnt. Vgl. Der Parl. Rat Bd. 10, S. 129–131. Vgl. auch den § 16 der Geschäftsordnung vom 22. Sept. 1948, ebd. S. 191.

20) Vgl. dazu auch Der Parl. Rat Bd. 3, S. VII f.

21) Zur Zusammensetzung der Ausschüsse vgl. die Ältestenratssitzungen am 8. und 9. Sept. 1948. Vgl. Der Parl. Rat Bd. 10, Teil A Dok. Nr. 4, S. 9 f.

vormittags von 10–13 Uhr =	3 Stunden
nachmittags nochmals	3 Stunden
zusammen	6 Stunden pro Tag.

Zur Tagesordnung entspinnt sich eine Aussprache über die Frage einer Generaldebatte. Präsident Dr. Adenauer warnt vor einer Generaldebatte, in welcher sich wahrscheinlich die Parteien zu sehr festlegen würden. Damit würde eine Verhärtung der politischen Situation erfolgen und weiterhin eine Schwierigkeit für die Erreichung des Zieles, [daß] eine möglichst große Mehrheit des Parlamentarischen Rates dem Entwurf eines Grundgesetzes zustimme[22]).
Sein Standpunkt wird unterstützt durch Dr. Pfeiffer, Dr. Seebohm und Brockmann.
Die Herren Dr. Karl Schmid, Dr. Heuss und Paul sprechen zugunsten einer Generaldebatte. Abgeordneter Heuss weist daraufhin, daß eine Generaldebatte das Volk viel mehr interessiert als die Beratung einzelner Abschnitte des Grundgesetzes. Das Volksinteresse müsse unsere Arbeit tragen. Schließlich schlägt Präsident Dr. Adenauer vor, daß man eine Generaldebatte ersetze durch eine Art Generalbericht.
Abgeordneter Dr. Karl Schmid meint, daß eine Generaldebatte angemessen sei für eine Gesamtorientierung. [In] diese[r] müßte nicht nur über die Probleme unterrichtet werden, sondern auch über die Stellung der Parteienführung. Man müßte die Kreuzungspunkte der Gedankengänge feststellen und die Konsequenzen, die sich aus der Stellung zu den einzelnen Punkten ergeben.
Umrissen werden müsse auch die Stellung unserer Körperschaft zu der Militärregierung[23]). Das eigentliche Grundgesetz sei ja das Besatzungsstatut. Wir haben hier die Möglichkeit, von einer hohen Tribüne aus den Besatzungsmächten zu sagen, wie wir das Besatzungsrecht sehen.
Wir müssen umreißen, was heißt es für uns, wir machen ein Grundgesetz und nicht eine Verfassung.
Wo liegt unserer Meinung nach das Origin[al]-Element bei der Schaffung eines Grundgesetzes? Bei einem deutschen Staatsvolk oder bei den Ländern oder gibt es vielleicht etwas Drittes, etwas Gesamtdeutsches in der zunächst notwendigen Beschränkung auf ein bestimmtes Bürokratium.
Präsident Dr. Adenauer meint, Grundgesetz und Besatzungsstatut wären grundsätzlich auseinanderzuhalten. Man solle in dieser Debatte nicht voreilig auf das Besatzungsstatut abheben.
Es wird vereinbart: Anstelle einer Generaldebatte soll ein Generalbericht treten, der von Abgeordneten erstattet wird, die an den Beratungen auf Herrenchiemsee teilgenommen haben. Dr. Pfeiffer bemerkt, daß für zwei Herren – es war nämlich auf die Herren Schmid und Pfeiffer hingewiesen worden – der Stoff zu

[22]) Vorlage: „zuzustimmen".
[23]) Zu den Beziehungen zwischen dem Parl. Rat und den MilReg. vgl. Der Parl. Rat Bd. 8.

umfangreich sei. Er glaube, daß die vier Herren[24]) sich beteiligen sollten, die auf Herrenchiemsee anwesend waren.
Es wird aus der Sitzung heraus die Anregung gegeben, besonders vom Abgeordneten Heuss vertreten, daß nicht ein Bericht über Herrenchiemsee erfolgen solle, sondern eine Darbietung des Gedankengutes über die Hauptkapitel einer Verfassung, so wie es sich ergab aus Weimar[25]), aus der Arbeit des Zonenbeirats[26]), aus dem Entwurf des Volkskongresses[27]) und aus dem Entwurf von Herrenchiemsee[28]). Es solle das Plenum vertraut gemacht werden mit dem ganzen Stoff, aber es sollte nicht über Einzelheiten berichtet werden, denn sonst würden nur wenige Mitglieder die Chiemseer Arbeit oder gar die anderen Entwürfe ernsthaft studieren. Abgeordneter Dr. Karl Schmid spricht noch den Gedanken aus, daß der Generalbericht auch in Form eines Referates und Coreferates erstellt werden könne.
Grundsätzlich kommt Übereinstimmung dahin zustande, daß keine polemische Debatte geführt werden solle, sondern im wesentlichen der Charakter der Generalberichte referierend sein müsse[29]).

[24]) An dem vom 10.–23. Aug. 1948 tagenden Verfassungskonvent auf Herrenchiemsee nahmen außer Anton Pfeiffer die Abg. des Parl. Rates Schmid, Suhr, Süsterhenn und Schwalber teil. Vgl. Der Parl. Rat Bd. 2, S. XI–XXXII.

[25]) Vom 6. Feb. bis 21. Aug. 1919 in Weimar einberufene Nationalversammlung nahm am 31. Juli 1919 die Verfassung des deutschen Reiches vom 11. August 1919 an. Für den Wortlaut vgl. Reichsgesetzblatt 1919, S. 1383–1418.

[26]) Als Ergebnis seiner verfassungspolitischen Diskussion gab der Zonenbeirat im August 1948 eine Denkschrift heraus. Darin wurde einleitend vom Vors. des Zonenbeirates Friedrich Henßler und stellvertretenden Vors. Robert Lehr festgestellt: „Der Zonenbeirat hat zu den Fragen der deutschen Verfassung in mannigfacher Weise Stellung genommen und selbst auf dem Gebiete der staatsrechtlichen Provisorischen Verfassung gestaltet. Der Rechts- und Verfassungsausschuß des Zonenbeirates hält es angesichts der jetzt im Gang befindlichen verfassungspolitischen Neuregelungen in Westdeutschland für angezeigt, die im Zonenbeirat erarbeiteten Ergebnisse übersichtlich und zusammenfassend zum Ausdruck zu bringen. Er hat in seiner Sitzung in Bad Nenndorf am 30. Juli 1948 mit den Stimmen der Vertreter aller Parteien mit Ausnahme der KPD die nachstehende Denkschrift verabschiedet und beschlossen, sie den nunmehr auf dem Gebiet der Verfassungspolitik tätigen Gremien und Ämtern zur Verfügung zu stellen. An dem Entwurf des Sekretariats für die Denkschrift waren Dr. Matz (Teil I), Ministerialrat von Perbandt (Teil II) und Generalsekretär Dr. habil. Weisser (Einleitung) beteiligt." Vgl. Der Zonenbeirat zur Verfassungspolitik. Als Manuskript gedruckt. Hamburg 1948, S. 5.
Menzel bemerkte am 10. Aug. 1948 in seiner Stellungnahme zur Denkschrift u.a.: „Allerdings fällt auf, daß bei der Wiedergabe der verschiedenen Ansichten vielfach die föderalistische Auffassungen vorangestellt sind. Vielleicht wäre es richtiger gewesen, jeweils mit der Auffassung der stärksten Fraktion zu beginnen." Vgl. FESt, AdsD, NL Menzel R 3.

[27]) Zu den Richtlinien für die Verfassung der Deutschen Demokratischen Republik vgl. Der Parl. Rat Bd. 9, Dok. Nr. 1, S. 16, Anm. 40.

[28]) Der Entwurf des vom 10.–23. Aug. 1948 tagenden Verfassungskonventes von Herrenchiemsee ist gedruckt in: Der Parl. Rat Bd. 2, Dok. Nr. 14, S. 579–614.

[29]) Zur 2. und 3. Plenarsitzung am 8. und 9. Sept. 1948 vgl. Der Parl. Rat Bd. 9, Dok. Nr. 2 und Dok. Nr. 3, S. 18–149.

Der kommunistische Vertreter, Abgeordneter Paul, und der SPD-Vertreter, Abgeordneter Dr. Karl Schmid, vertraten die Meinung, daß auch parteipolitische Gesichtspunkte schon vorgetragen werden könnten.

Beschluß betreffend Geschäftsordnungsausschuß:
Der Geschäftsordnungsausschuß soll seine Arbeit am Donnerstag, den 2. September 1948, 10 Uhr aufnehmen[30]).
Hierzu teilt die CDU mit, daß sie drei Mitglieder benennt: Abgeordneten Theophil Kaufmann, Ettlingen, Dr. de Chapeaurouge, Hamburg, und Dr. Caspar Seibold, Lenggries.

[30]) Die 1. Sitzung des Geschäftsordnungsausschusses begann am 2. Sept. 1948, um 11.15 Uhr. Vgl. Der Parl. Rat Bd. 10, Teil B Dok. Nr. 1, S. 111. In dieser Sitzung wurden Ergebnisse und Diskussionsthemen der hier veröffentlichten interfraktionellen Sitzung mehrfach aufgegriffen. Vgl. Der Parl. Rat Bd. 10, Teil B Dok. Nr. 1, S. 113, 114, 119 und 127.

Nr. 2
Interfraktionelle Besprechung
13. Oktober 1948

BayHStA NL Pfeiffer 219. Ungez., undat. Mitschr. von Pfeiffer in Gabelsbergerscher Kurzschrift

Anwesend:
CDU/CSU[1]: Lehr, von Mangoldt, Pfeiffer (Vors.), Süsterhenn
SPD: Katz, Menzel, Schmid, Suhr

Beginn: [15.00 Uhr][2]

[VORBEREITUNG DER PLENARSITZUNG]

Schmid schlägt tour d'horizon vor.
Süsterhenn: Plenarsitzung erörtern.
Katz: Plenarsitzung nötig, weil die Arbeit nicht die rechte Resonanz findet. Eine öffentliche Debatte fördert, aber stört nicht. – Präambel und Grundsatzfragen – Länderkammer – Finanzhoheit und Beipack.
Lehr: Hatte bisher sehr große Bedenken. Sachlichkeit wäre in den Ausschüssen vielleicht gestört worden, wenn die Öffentlichkeit Zutritt gehabt hätte. Ziel: Die beiden großen Parteien müßten unter allen Umständen alles tun zu einem gemeinsamen Entwurf zu kommen und nicht mit kleinen Mehrheiten. – Unsere Besprechung könnte alle Gefahren beseitigen.
Schmid: Wir sind entschlossen, alles beizutragen, damit ein Werk entsteht, [für] das [wir] die überwältigende Mehrheit zu bekommen [beabsichtigen]. Es darf nicht polemisiert werden. Unserer Arbeit hier etwas mehr öffentliche Resonanz geben. – [Es war die] Feststellung von Suhr, daß man in Berlin sagt, man arbeite hier unter Ausschluß der Öffentlichkeit[3].
Suhr: Das Grundgesetz ist vom ganzen Volk nur getragen, wenn das Volk am Werdeprozeß teilnimmt, die Parteien allein genügen nicht. Zwischenbericht. – Interesse an den neuen Instanzen, die neu geschaffen werden.
Süsterhenn: Die innere[4] Anteilnahme fehlt auf allen Gebieten des öffentlichen Lebens. Auch noch so viele Plenarsitzungen werden das kaum ändern. Die möglichen Gefahren können wesentlich verringert werden. – Persönliche Meinung, daß sie sich nicht ganz ausschalten lassen. – Beispiel der Festlegung

---

[1]) Zur inhaltlichen Vorbereitung der Sitzung und Wahl der Vertreter der CDU/CSU vgl. Salzmann, S. 69–75.

[2]) Die Sitzung war auf 15.00 Uhr angesetzt worden. Vgl. Salzmann, S. 75.

[3]) Adenauer berichtete in der Sitzung der CDU/CSU-Fraktion am 13. Oktober 1948 (16.00 Uhr): „Nach Auskunft des Fraktionsvorsitzenden der SPD geht der Antrag der SPD auf Anregungen des Berliner Vertreters Dr. Suhr zurück, während nicht etwa, wie ursprünglich gesagt, die Meinung der SPD-Fraktion einhellig für die Abhaltung einer Sitzung gewesen sei." Vgl. Salzmann, S. 76.

[4]) Unsichere Lesung.

einer bundeseigenen Finanzverwaltung. Dann ist eine Verständigung schwerer möglich.
von Mangoldt: Man wird mehr Zeit brauchen. Widerhall zu finden dauert eine gewisse Zeit. Daher haben wir die Grundrechte in die Öffentlichkeit gegeben und nun kommen viele Rückäußerungen. Man muß eine Unterlage schaffen für eine Diskussion.

[Redner der SPD:] Stadtkämmerer Wolff[5]), Greve – Finanzen[6]), Katz – Länderkammer[7]), Schmid – Präambel[8]). [Plenarversammlung soll] ein[en] Tag [dauern]; je 20 Minuten [Redezeit][9]); Mittwoch.

Entstanden aus der Entwicklung seit 1816. Ausfluß einer monarchischen Struktur der deutschen Staaten. Bundesratsprinzip entspricht der bisherigen deutschen Tradition und es spricht nichts grundsätzlich dagegen, daß man die Tradition hinüberführt und das Element Land kann durch einen Senat zum Ausdruck kommen. Frage der Entscheidung für einen bestimmten Stil unseres politischen Lebens. Sehr verhängnisvoll in unserer politischen Entwicklung, daß nun in Deutschland die Politik als eine Denaturierung der Verwaltung angesehen wird. Entscheidung unter administrativen Gesichtspunkten. Beispiel Michaelis[10]). Wichtig [ist die Tasache], daß die Bevollmächtigten der Länder werden nicht viel mehr tun können, als daß sie die Memoranden ihrer Mitarbeiter vortragen, also wieder etwas Administratives. Daher [sollte man] auch das politisch zur Geltung kommen lassen. Zwei Elemente wirksam machen:

a) Element des Wagnisses der Dynamik des Politischen,
b) Element der Erfahrung und der Sachkunde.
tribunalistisch[11]); chambre de reflexion

5) Der Essener Stadtdirektor Wolff sprach nicht während der Plenarsitzungen am 20. und 21. Okt. 1948.
6) Nach den Ausführungen von Höpker Aschoff über die Finanzverfassung sprach in der Plenarversammlung am 21. Okt. 1948 auch noch Greve. Vgl. Der Parl. Rat Bd. 9, Dok. Nr. 7, S. 257–263.
7) Katz sprach in der Plenarversammlung am 21. Okt. 1948 über die Länderkammer. Vgl. Der Parl. Rat Bd. 9, Dok. Nr. 7, S. 229–233.
8) Schmid sprach in der Plenarversammlung am 20. Okt. 1948 über die Präambel. Vgl. Der Parl. Rat Bd. 9, Dok. Nr. 6, S. 178–183.
9) Der Ältestenrat hatte am 19. Okt. 1948 nur 15 Minuten Redezeit eingeräumt. Vgl. Der Parl. Rat Bd. 8, Teil A Dok. Nr. 7, S. 15. Vgl. auch den Hinweis vom Vors. Schönfelder in der 6. Sitzung des Plenums am 20. Okt. 1948. Der Parl. Rat Bd. 9, Dok. Nr. 6, S. 191.
10) Georg Michaelis (1857–1936), war 1915 Leiter der Reichsgetreidestelle, 1917 preußischer Staatskommissar für Volksernährung. Als Verwaltungsfachmann bewährt wurde er ohne den nötigen Rückhalt durch die im Reichstag vertretenen Parteien von Kaiser Wilhelm II. zum Reichskanzler ernannt. U.a. auch weil er eine Reform des Dreiklassenwahlrechts ablehnte, entzog ihm der Reichstag nach einer etwas mehr als drei Monate andauernden Kanzlerschaft das Vertrauen. Vgl. Georg Michaelis: Für Staat und Volk. Eine Lebensgeschichte. Berlin 1922, bes. S. 319–370.
11) Unsichere Lesung.

a) [Erfolgt im] Parlament.
b) Mehr, die sich um das öffentliche Wohl verdient gemacht haben. Herausgekommen aus dem politischen Bereich und nicht aus den Ämtern. So würden in beiden Kammern Entscheidungen getroffen werden vom Politischen her. Man sollte nicht übersehen, daß in Zeiten wie der unsrigen, der Zeit der Massenbewegungen, daß man der Volkskammer die Superiori belassen [muß]. Möglichkeit der Überstimmung mit absoluter Mehrheit, [es] sollte ein ewiger Senat sein auf sechs Jahre. Ein solcher Senat wird viel leichter ein Veto einlegen, weil er viel unabhängiger ist. Daher müßte er mehr für den Bundesrat sein.
Ausführungsbestimmungen: Es wäre gut, wenn bei Erlaß der Ausführungsbestimmungen die Länder weitgehend beteiligt werden. Man könnte den Senat maßgeblich einschalten. Man könnte aber auch die Länderregierungen in Anspruch nehmen. Senat mit Vetorecht, das überstimmt werden kann.
Süsterhenn: Nicht nur Ausführungsverordnungen, sondern auch Organisationsrechte, Bundeszwang, Bundesaufsicht. Vielleicht könnte man Bundeszwang auch draußen lassen. Die Länder beiziehen hat seinen Vorteil.
Süsterhenn schneidet die Frage eines dritten Organs an oder Mischung in der Bildung der Länderkammer. Kurien funktionelle Verwaltungsverzahnung.
[von] Mangoldt: Wir haben die Unterschiede der Senatsprinzipien anderer Staaten noch nicht klar gesehen. – Bei uns ist der Gedanke der Selbstverwaltung sehr stark. – Demokratie und Selbstverwaltung finden ihren Ausdruck in bundesstaatlicher Regierung. Hinweis auf Präfekten in Frankreich. Das ist das Besondere gegenüber den Vereinigten Staaten. Bremswirkung der zweiten Kammer würde in gewissen Fällen nicht wirksam. Sie wird leichter übergangen, wenn man der zweiten Kammer nur eine Bremswirkung gibt. Das Mitwirken der Länder bei Gesetzen dürfte sich nicht ausschöpfen in der Mitarbeit bei Durchführungsgesetzen.
Menzel: Auch Besatzungsstatut; Eberhard[12]) Hinblick auf General Clay[13]).
Pfeiffer: Länderkammer, Finanzen, Präsident, Ausdehnung des Bundesgebiets, Präambel, Zuständigkeitskomplex.
Menzel: Nicht [über das Amt des] Präsident[en] öffentlich diskutieren.
Pfeiffer betont die Schwierigkeit der Länderkammer.
Katz: Vorschlag in Punkt Senat [wird noch] ausgearbeitet.
Senatsmitgliedschaft nicht beschränken. Ministerpräsidenten und Abgeordnete. Wert gelegt auf das uninstruierte Votum. Wenn dieses zugrunde liegt, dann ist

---

[12]) Dr. rer. pol. Fritz Eberhard (eigentlich: Hellmut von Rauschenplat), Mitglied der SPD, Württemberg-Baden (1896–1982), 1947 Staatssekretär mit Sonderauftrag zur Vorbereitung einer Friedensregelung für Deutschland und zur Bearbeitung der Gefangenenfrage; 1947–1949 Leiter des Büros für Friedensfragen; 1949–1958 Intendant des Süddeutschen Rundfunks Stuttgart; 1961–1969 Honorarprofessor in Berlin. Eberhard gehörte dem Ausschuß für das Besatzungsstatut an. Vgl. Der Parl. Rat Bd. 4, S. XII.

[13]) Menzel berichtete am 15. Okt. 1948 hinsichtlich der Vorbereitungen der Plenarsitzung an den SPD-Vorstand in Hannover: „Wahrscheinlich wird Gen[osse] Eberhard nach Punkt 1 [Präambel] noch kurz etwas über das Besatzungsstatut, vor allem im Hinblick auf die letzten Äußerungen von General Clay sagen.“ Vgl. FESt, AdsD NL Menzel R 1. Eine solche Stellungnahme von Eberhard ist in den Plenarverhandlungen ausgeblieben.

der Unterschied nicht mehr sehr groß. Neuen Typ. Die erste Kammer bedeutender machen, als sie gewesen ist. Durch Staatsmänner kann die zweite Kammer ein ganz anderes Gewicht [erhalten]. Sache der Landesregierung ist, ihre Länder zu verwalten, zu regieren. Für den Bund kommen andere Funktionen in Betracht. In Amerika kümmern sich die Länder nicht um die Bundespolitik. Praktisch wird das [...][14]) Moment der Stabilität schaffen, Wechsel alle drei Jahre.

a) Wahl des Kanzlers,

b) Mitwirkung bei Notverordnungen,

c) Budgetrecht.

Superiorität der Volkskammer, 2/3 Mehrheit überstimmt das Veto. System in Amerika: Das Veto des Präsidenten kann überstimmt werden. Stellung der Länder wird nicht wesentlich beeinträchtigt werden.

Süsterhenn fragt: Auch beim reinen Senat nicht volle Gleichberechtigung?

Lehr: Meinungen sind durch alle Fraktionen hindurch geteilt. Daher Versuch, die Gesichtspunkte anzunähern, besondere Stabilität begrüßenswert. Große Schwierigkeiten schafft Superiorität der Volkskammer auf jeden Fall.

Katz: Bei Bundesrat absolute Mehrheit, bei Senat 2/3 Mehrheit. Echte Polarität, Verwirklichung des demokratischen Gedankens. Ein-Kammer unechte Demokratie. Bei voller Gleichberechtigung vereinigen: Echte Mitglieder des Kabinetts wählbar auf Vorschlag des Kabinetts und durch Ernennung durch den Ministerpräsidenten. – Andere Seite Senatoren. Wunsch, den Länderregierungen die Möglichkeit zu schaffen durch Entsendung von Regierungsmitgliedern, die Fachleute in die Länderkammer zu setzen, die entscheidend in die Verhandlungen eingreifen können. Länderminister wählbar. Das ist das große Entgegenkommen zur Annäherung der beiden Standpunkte und Möglichkeit der Verständigung. Legalitätsreserve bei der Wahl des Kanzlers und Notverordnungsrecht. Senatoren können unschwer aus allen Ländern gebracht werden.

Länder gleichberechtigt oder Abstufung nach Größe? Relative Abstufung wichtig. Kontinuität unterstreichen, indem man die Mitglieder auf längere Zeit beruft. Gilt nur für die Senatoren. Alle zwei Jahre 2/3 erneuern, aber Anpassung an die wechselnden Bedürfnisse der Gegenwart.

[von] Mangoldt: Einigkeit scheint vorzuliegen: Zweite Kammer – besser: Länderkammer – soll anders besetzt sein als die Volkskammer, nicht ein Spiegelbild schaffen. Nur will man einen starken Einfluß der Länder einschalten. – Hier ist der Vergleich mit fremden Systemen nicht ganz zulässig. In [Art.] 119[15]) [vorgesehene] Bundesgesetze durchzuführen durch die Länder. Wenn die Länder nicht beteiligt sind bei der Gesetzgebung, dann Schwierigkeiten. – In der Mehrzahl der Länder sind die Senate gleichberechtigt. Dänemark, Schweiz.

---

[14]) Wort nicht entzifferbar.

[15]) Art. 119 lautete im Entwurf des Verfassungskonvents auf Herrenchiemsee: „Die Rechtsverhältnisse der Bundesbeamten und der sonstigen Bundesbediensteten einschließlich der Bediensteten der bundesunmittelbaren Selbstverwaltungen werden durch Bundesgesetze geregelt.“ Vgl. Der Parl. Rat Bd. 2, Dok. Nr. 14, S. 607.
Der Art. wurde im Entwurf der Fachausschüsse vom 18. Okt. 1948 als Neuformulierung in Art. 35 Ziff. 11 aufgenommen. Vgl. Der Parl. Rat Bd. 7, Dok. Nr. 1, S. 32, bzw. S. 10.

Pfeiffer legt seine Auffassung dar.
Schmid: Keine methodische Möglichkeit, aus dem Begriff des Bundesstaates bestimmte Formen des Bundesstaates festzulegen. Das ist eine deutsche historische Entwicklung gewesen. Überall in der Welt ist der Bundesstaat etwas anders. Überall gibt es eine Bundesgewalt und die Länder regeln ihre Angelegenheiten im Rahmen der Bundesverfassung. Zwei verschiedene Traditionen[16]).

[16]) Pfeiffer berichtete von der interfraktionellen Besprechung am 13. Oktober 1948 in der Sitzung der CDU/CSU-Fraktion am 14. Oktober 1948, „daß die SPD sogar bei einem reinen Senat Bedenken habe, diesen mit der Volkskammer gleichberechtigt zu machen". Vgl. Salzmann, S. 78.

Nr. 3
Aufzeichnung von Leisewitz über interfraktionelle Besprechungen 13. Oktober 1948

PA 4/BdMinPräs Drucks. Nr. 64. Als Drucks. vervielf. Bericht von Leisewitz an das BdMinPräs. in Wiesbaden vom 13. Okt. 1948[1])

[INTERFRAKTIONELLE BESPRECHUNGEN]

Die heutigen interfraktionellen Besprechungen, an denen nur die CDU/CSU und die SPD beteiligt waren[2]) und die dem Bemühen dienten, die Gelenke zu finden, die die verschiedenen Auffassungen verbinden könnten, ließen den einen Wunsch klar hervortreten, auf jeden Fall eine Einigung über die strittigen Probleme zu erzielen und Kampfabstimmungen zu vermeiden.

In den Besprechungen ergab sich im übrigen – was schon wiederholt berichtet wurde, daß die Meinungsverschiedenheiten nicht unbedingt zwischen den Parteien liegen, sondern daß der Trennstrich sehr häufig quer durch die Fraktionen geht.

Gegenstand der Diskussion war die Kontroverse der Länderkammer. Am Rande gestreift wurden auch das Thema Finanzen und die Präambel[3]). Die Sitzung diente also offensichtlich der Vorbereitung der Plenarsitzung, die für nächsten Mittwoch und Donnerstag, den 20. und 21. 10. erwartet wird[4]). Der Presse wurde mitgeteilt, der Anlaß für ihre Einberufung sei, die Öffentlichkeit an der Arbeit des Parlamentarischen Rates zu interessieren; zu erwarten sei ein Bericht der Mehrheit und anschließende Diskussion der einzelnen Punkte sowie Meinungsaustausch.

Dabei wird ohne Zweifel eine der schwierigsten Fragen des Grundgesetzes überhaupt, nämlich die Präambel, im Brennpunkt der Diskussion stehen. Ihr von dem Ausschuß für Grundsatzfragen in erster Lesung nach erneuter Abänderung (vgl. hierzu auch Bericht vom 13.10.48 Tgb.-Nr. 94, Az: 31. betr. Fraktions- und interfraktionelle Besprechungen) gebilligter Text lautet folgendermaßen[5]):

---

[1]) Die Ausf. des Berichts in: BA Z 12/35, Bl. 81–84.

[2]) Vgl. die Anwesenheitsliste bei Dok. Nr. 2.

[3]) Leisewitz berichtete am 13. Okt. 1948 an das BdMinPräs. in Wiesbaden: „Die SPD hat in ihrer Fraktionssitzung am Nachmittag des gestrigen Dienstag [12. Okt. 1948] den Entwurf der Präambel besprochen, der in erster Lesung vom Ausschuß für Grundsatzfragen in seiner gestrigen Vormittagssitzung angenommen worden ist. Der Entwurf wird in der Anlage zur dortigen Unterrichtung vorgelegt. Die SPD forderte auf der gleichen Fraktionssitzung eine Plenarsitzung, auf der diese Präambel, das Problem der zweiten Kammer und schwebende Finanzprobleme erörtert werden sollen." Vgl. BA Z 12/118, Bl. 60.

[4]) Zu den Plenarsitzungen am 20. und 21. Okt. 1948 vgl. Der Parl. Rat Bd. 9, Dok. Nr. 6 und 7, S. 176–317. Neben den genannten drei Themen wurde in der Plenarsitzung am 21. Okt. 1948 auch das Wahlrecht behandelt.

[5]) Zur Entstehung des nachfolgend gedruckten Entwurfes vgl. die 10. Sitzung des Ausschusses für Grundsatzfragen am 13. Okt. 1948. Der Parl. Rat Bd. 5, Dok. Nr. 13, S. 260–287, und ebd. Dok. Nr. 16, S. 333 f.

„Die nationalsozialistische Zwingherrschaft hat das deutsche Volk seiner Freiheit beraubt; Krieg und Gewalt haben die Menschheit in Not und Elend gestürzt. Das staatliche Gefüge der in Weimar geschaffenen Republik wurde zerstört. Dem deutschen Volk aber ist das unverzichtbare Recht auf freie Gestaltung seines nationalen Lebens geblieben. Die Besetzung Deutschlands durch fremde Mächte hat die Ausübung dieses Rechtes schweren Einschränkungen unterworfen.
Erfüllt von dem Willen, seine Freiheitsrechte zu schützen und die Einheit der Nation zu erhalten, hat das deutsche Volk aus den Ländern Baden, Bayern, Bremen, Hamburg, Hessen, Niedersachsen, Nordrhein-Westfalen, Rheinland-Pfalz, Schleswig-Holstein, Württemberg-Baden und Württemberg-Hohenzollern Abgeordnete zu dem auf den 1. September 1948 nach Bonn einberufenen Parlamentarischen Rat entsandt, um eine den Aufgaben der Übergangszeit dienende Ordnung der Hoheitsgewalt zu schaffen und so eine neue staatliche Ordnung für die Bundesrepublik Deutschland vorzubereiten. Diese haben, unter Mitwirkung der Abgeordneten Groß-Berlins, getragen von dem Vertrauen und bewegt von der Hoffnung aller Deutschen, für das Gebiet, das sie entsandt hat, dieses Grundgesetz beschlossen.
Das deutsche Volk in seiner Gesamtheit bleibt aufgefordert, in gemeinsamer Entscheidung und Verantwortung die Ordnung seiner nationalen Freiheit in der Bundesrepublik Deutschland zu vollenden."

Dieser Text entbehrt bislang noch der Zustimmung der Fraktionen, ist also vorläufig zur Grundlage für eine Diskussion.

Der Ausschuß für Grundsatzfragen beabsichtigt damit:

1) Die Situation darzulegen, aus der heraus dieses Grundgesetz entstanden ist; er wollte
2) das Selbstbestimmungsrecht jedes Volkes, wie es u.a. auch in der Atlantik-Charta[6]) niedergelegt ist, betonen;
3) sollte zum Ausdruck gebracht werden, daß die alten Staatsgrundlagen dahin seien und sie erst neu aufgebaut werden müßten;
4) sollte auf die äußeren Beschränkungen, denen Deutschland unterliegt, hingewiesen werden; die Präambel sollte aber
5) auch ein Bekenntnis zu dem einheitlichen und unteilbaren Deutschland sein, sowie die Notwendigkeit betonen, die Freiheitsrechte zu sichern und die Einheit der Nation zu erhalten; es sollte

[6]) Atlantik-Charta wird ein am 14. Aug. 1941 vom amerikanischen Präsidenten Franklin D. Roosevelt (1882–1945, seit 1933 Präs.) und vom britischen Premiermin. Winston S. Churchill (1874–1965; Premiermin. 1940–1945 und 1951–1955) verkündetes Programm genannt, das als Grundlage der politischen und wirtschaftlichen Neuordnung der Welt nach dem Zweiten Weltkrieg dienen sollte. Die wesentlichen Forderungen der Programms waren: Verzicht auf jede Art von Machterweiterung; keine Gebietsveränderungen ohne Berücksichtigung der frei zum Ausdruck gebrachten Wünsche der betroffenen Völker; Anerkennung des Rechts an alle Völker, sich ihre zukünftige Regierungsform frei zu wählen; freier Zugang aller Staaten zu den Rohstoffen und zum Welthandel. Die Atlantik-Charta ist gedruckt bei: H. Kraus/K. Heinze: Völkerrechtliche Urkunden zur Europäischen Friedenforschung seit 1945. Bonn 1953, Nr. 6, S. 6.

6) das Grundgesetz offengehalten werden für die Teile Deutschlands, die an einem Beitritt zur Zeit verhindert sind;
7) klarstellen, daß diese Ordnung nur für einen Teil Deutschlands gilt und sie erst vollendet ist, wenn alle Teile des Reiches darunter vereint sind;
8) spielte die Frage der Kontinuität, die Tatsache, daß Deutschland als Staat nicht untergegangen ist, eine Rolle bei der Abfassung der Präambel. Deutschland müsse, so hat der Ausschuß überlegt, wohl weiterbestehen, nachdem die Alliierten selber erklärt hätten, es bestände nicht die Absicht, Deutschland zu annektieren. Das staatliche Gefüge der in Weimar geschaffenen Republik sei zwar zerstört, aber das zugrundeliegende Staatswesen darum nicht verloren gegangen; es sollte endlich
9) klar gemacht werden, daß es sich um eine Zwischenlösung handele.

So ist
aus 1) der Satz entstanden: „Die nationalsozialistische Zwingherrschaft hat das deutsche Volk seiner Freiheit beraubt; Krieg und Gewalt haben die Menschen in Not und Elend gestürzt."
aus 2) „Dem deutschen Volk aber ist das unverzichtbare Recht auf freie Gestaltung seines nationalen Lebens geblieben."
aus 3) und 8) „Das staatliche Gefüge der in Weimar geschaffenen Republik wurde zerstört."
aus 4) „Die Besetzung Deutschland durch fremde Mächte hat die Ausübung dieses Rechtes schweren Einschränkungen unterworfen."
aus 5) „Erfüllt von dem Willen, seine Freiheitsrechte zu schützen und die Einheit der Nation zu erhalten, getragen von dem Vertrauen und bewegt von der Hoffnung aller Deutschen."
aus 6) „Unter Mitwirkung der Abgeordneten Groß-Berlins."
aus 7) „Das deutsche Volk in seiner Gesamtheit bleibt aufgefordert, in gemeinsamer Entscheidung und Verantwortung die Ordnung seiner nationalen Einheit und Freiheit in der Bundesrepublik Deutschland zu vollenden."
aus 9) „um eine den Aufgaben der Übergangszeit dienende Ordnung der Hoheitsgewalt zu schaffen und so eine neue staatliche Ordnung für die Bundesrepublik Deutschland vorzubereiten."

Da die Gliederung der „Bundesrepublik Deutschland" nach Ansicht des Ausschusses nicht in die Präambel gehört, soll darüber hinter die Grundrechtsartikel ein besonderer Artikel in das Grundgesetz eingefügt werden. Ferner sollen in diese Kapitel aufgenommen werden: Grundsätzliches über die Staatsform, über die Aufnahme weiterer deutscher Länder und deren Voraussetzungen, über das Verfahren bei Neugliederung, über Bundesfahne und Symbole, Normativbestimmungen für die Länderverfassungen und völkerrechtliche Bestimmungen.

Nr. 4
Interfraktionelle Besprechung
14. Oktober 1948

BayHStA NL Pfeiffer 219. Ungez. Mitschr. von Pfeiffer in Gabelsbergerscher Kurzschrift vom 14. Okt. 1948

Anwesend:
CDU/CSU: Adenauer (Präs.)[1]), Lehr, von Mangoldt, Pfeiffer (Vors.)[2]), Süsterhenn
SPD: Menzel, Katz, Schmid[3]), Schönfelder, Suhr
FDP: Dehler, Heuss, Höpker Aschoff

Beginn: 15.30 Uhr[4]) Ende: [ca. 16.30 Uhr][5])

[1. VORBEREITUNG DER PLENARSITZUNG]

[Vors.] Pfeiffer: berichtet über die Sitzung von gestern[6]).
Lehr: Stand der Arbeiten und Standpunkt der großen Parteien zu diesen Arbeiten.
Lehr schlägt vor, über die Ausschußarbeit zu berichten.
Katz: Referat und Koreferat sind auch anhängig. Orientierung der Öffentlichkeit.
Lehr: Drei Hauptthemen von den drei Fraktionen je ein Redner.
Suhr: Zunächst die Gemeinsamkeit herausstellen.
Dehler: 6 Fraktionen mal 3 = 18 Redner: Die Parteien fixieren sich doch.

[2. FINANZEN]

Schmid: Gegenseitige Rechte der zwei Kammern und Gesetzeshoheit; Steuern, Ertragshoheit und Verwaltung der Finanzen.
[Vors.] Pfeiffer ergänzt.
Menzel: Für die Finanzen eine einheitliche Entscheidung, welche ziemlich leicht [fällt], weil der Vorsitzende des Ausschusses[7]) es gut verstanden hat, einen großen Kreis von Sachverständigen heranzuziehen. Bei Gesetzgebung und Verteilung der Steuerquellen Beschlüsse einstimmig. – Nachträglich [ist] ein Änderungsantrag wegen Biersteuer mit 7 : 3 abgelehnt worden[8]). Wird nochmals angeschnitten.

---

1) Adenauer kam erst um 16.05 Uhr hinzu.
2) Vgl. Anm. 28.
3) Schmid verließ die Sitzung vorzeitig.
4) Vgl. auch Salzmann, S. 78.
5) Pfeiffer, der den Vorsitz in der interfraktionellen Besprechung führte, nahm um 16.30 Uhr wieder an der Sitzung der CDU/CSU-Fraktion teil. Vgl. Salzmann, S. 78.
6) Zur interfraktionellen Besprechung am 13. Okt. 1948 vgl. Dok. Nr. 3.
7) Vors. des Finanzausschusses war Dr. sc. pol. Paul Binder (CDU).
8) Der Antrag zur Biersteuer wurde in der 16. Sitzung des Finanzausschusses am 13. Okt. 1948 behandelt. Vgl. PA 5/Prot. Finanzausschuß, S. 10.

Finanzverwaltung: 5 : 4 – 1
[Die] Zahl der Sachverständigen [die sich] für Bundesverwaltung [ausgesprochen hat, beträgt] 90 %. Nur 2 [Sachverständige waren] für Landesverwaltung. Hartmann[9]) [war der Meinung]: Sie können nicht an der polititschen Situation in den südwestdeutschen Ländern vorbeigehen.

(Adenauer erscheint 16.05 Uhr.)

Hartmann spricht für die Landesverwaltung nur aus politischen Gründen.

Höpker Aschoff: Für Bund[esverwaltung sprachen sich aus:] Weitz[10]), Dudek[11]), Hoffmann[12]), dagegen Kraus[13]), Hilpert[14]), aber nicht mit dem gleichen Nachdruck.

[Vors.] Pfeiffer: Politisch wohl beharren.

Höpker Aschoff: Man könnte den Wünschen der Länder Rechnung tragen auf dem Gebiet der Personalverwaltung. Mitglieder des Finanzgerichtshofes [bedürften der] Zustimmung des Bundesrates; Ernennung der Abteilungspräsidenten, auch der Finanzämter und Zollämter zu bestimmen.

(Schmid geht weg.)

Höpker Aschoff: Die Unterschiede sind nicht klein. – Lastenausgleich im Sinne der Frankfurter Beratung[15]). Neueinschätzungen der noch vorhandenen Vermögen und der Schäden. Kann nur von einer einheitlich geschulten und einheitlich geleiteten Verwaltung geleistet werden. – Gleichwertige und gerechte Bewertung der Landwirtschaftsvermögen: Ansätze von Stützpunkten. Eine neue Bonitierung kann nicht durch Länderverwaltungen einheitlich durchgeführt werden. – Preußen bestand noch auf seiner Verwaltung, als Bayern schon aufgegeben hatte.

Menzel anerkennt, daß dieses Problem auch eine politische Seite hat. – Die Vertreter des Wirtschaftsrates, Gewerkschaft, Landwirtschaft, Oberfinanzpräsidenten, Leute der Finanzleitstelle in Hamburg, Städtetag haben nachträglich die

---

9) Der 1947 zum Direktor der Verwaltung für Finanzen des Vereinigten Wirtschaftsgebietes in Frankfurt ernannte, Alfred Hartmann (1894–1967), wurde als Sachverständiger in der 7. Sitzung des Finanzausschusses am 24. Sept. 1948 angehört.

10) Der nordrhein-westfälische Finanzmin. Dr. iur. Heinrich Weitz (1890–1962) wurde als Sachverständiger in der 10. Sitzung des Finanzausschusses am 30. Sept. 1948 angehört.

11) Der Senator und Präses der Finanzbehörde in Hamburg, Dr. iur. Walter Dudek (1890–1976), wurde als Sachverständiger in der 10. Sitzung des Finanzausschusses am 30. Sept. 1948 angehört.

12) Der rheinland-pfälzische Finanzmin. Dr. iur. Hans Hoffmann (1893–1952) wurde als Sachverständiger in der 6. Sitzung des Finanzausschusses am 23. Sept. 1948 angehört.

13) Der bayerische Staatsmin. der Finanzen Dr. iur. Johann-Georg Kraus (1879–1952) wurde als Sachverständiger in der 6. Sitzung des Finanzausschusses am 23. Sept. 1948 angehört.

14) Der hessische Min. der Finanzen Dr. iur. Werner Hilpert (1897–1957) wurde als Sachverständiger in der 6. Sitzung des Finanzausschusses am 23. Sept. 1948 angehört.

15) Der Wirtschaftsrat des Vereinigten Wirtschaftsgebietes in Frankfurt behandelte ein Lastenausgleichsgesetz, das am 1. Dez. 1948 beschlossen wurde, aber von den MilGouv. abgelehnt wurde. Zu den Verhandlungen vgl. Wirtschaftsrat, Wörtliche Berichte, S. 1135–1149, 1194–1196, 1711–1721.

Bundesverwaltung gefordert. Bei großem Steuerdruck ist Gerechtigkeit und Gleichmäßigkeit auch eine politische Frage. Das spricht für eine einheitliche von oben gelenkte Verwaltung.

Lehr: Ausgleich für die Länderrechte ausschließlich auf dem personellen Gebiet?

Höpker Aschoff: Die Personalfragen sind den Ländern das wichtigste. – Köhler[16]) [ist] für Bundes[verwaltung].

Lehr: Wichtig die Entsendung von Regierungsvertretern in die Länderkammer. – Besonders bei Abstimmung in Kurien recht verstanden? Ja. Menzel stimmt zu. Höpker stimmt zu, daß die Ausführungsbestimmungen der Steuergesetze[17]).

Süsterhenn: Das Mitwirkungsrecht der Länder doppelt wichtig. – Könnte man das politische und das sachliche Problem nicht miteinander verbinden? Berichtet über Stellung[nahme] der Industrie- und Handelskammern. Weisungsrecht des Bundes; einheitliche Ausbildung der Beamten; Personalien; Landesverwaltung mit Weisungsrecht des Bundes.

Lehr verliest die Stellungnahme der Industrie- und Handelskammern. Gibt zu, daß aber starke Einschränkungen gegeben sind[18]).

---

[16]) Dr. Heinrich Köhler (1878–1949), Mitglied der Zentrumspartei, 1920 badischer Finanzmin., 1923–1924 badischer Staatspräs., 1927–1928 Reichsfinanzmin., Mitglied der CDU, seit Mai 1946 badischer Wirtschaftsmin.

[17]) Der Beitrag von Lehr wurde nicht zu Ende protokolliert.

[18]) Vgl. die von der Arbeitsgemeinschaft der Industrie- und Handelskammer des Vereinigten Wirtschaftsgebietes auf ihrer Sitzung am 5. Okt. 1948 in München verabschiedete Resolution „Zum westdeutschen Grundgesetz", die Leitsätze „vom Standpunkt der gewerblichen Wirtschaft" enhält:

„I. Grundrechte.

Das Ziel der Verfassung muß die Sicherung des Rechtsstaates sein. Dazu ist neben der Unantastbarkeit der Grundrechte durch den Gesetzgeber und neben dem Schutz durch einen Verfassungsgerichtshof gegen Verfassungswidrigkeiten des Gesetzgebers die Verankerung der Generalklausel als Grundlage der Verwaltungsgerichtsbarkeit in der Verfassung notwendig.

Festzulegen ist ferner die Haftung des Staates für Amtspflichtverletzung seiner Beamten. Unter den Grundrechten muß die persönliche und gewerbliche Freizügigkeit sichergestellt werden.

Unternehmer und Arbeitgeber müssen weiterhin das Recht haben, sich zur Wahrung ihrer wirtschaftlichen und sozialen Interessen in eigenen Vereinigungen zusammenzuschließen (Koalitionsfreiheit). Die Vereinigungen dürfen nicht der Staatsaufsicht unterstellt, können aber registerpflichtig gemacht werden.

II. Organisation des Bundes.

Zur Sicherstellung des erforderlichen Einflusses der Länder auf der Bundesebene ist ein Bundesrat, der sich ausschließlich aus Vertretern der Länderregierungen zusammensetzt, mit den vollen gesetzgebenden Rechten einer zweiten Kammer zu bilden.

III. Gesetzgebung.

So dringend notwendig es ist, jede Entwicklung zu einem zentralen Machtstaat zu verhindern, so mehr muß zur Vermeidung einer Zersplitterung und Unübersichtlichkeit von der Wirtschaft die Einheitlichkeit des Rechtes gefordert werden. Es muß deshalb das gesamte Wirtschafts- und Arbeitsrecht einschließlich des Rechtes der beruflichen Vertretungen der Wirtschaft in die ausschließliche Gesetzgebung des Bundes fallen.

IV. Ordnung des Wirtschaftslebens.

Dem Entwurf von Herrenchiemsee ist darin beizutreten, daß über die Ordnung des Wirtschaftslebens keine Bestimmungen getroffen werden. Sollte diese Frage im Grund-

Suhr: Die Anhänger der Bundesverwaltung waren bereit, den Ländern sehr weit entgegenzukommen. Die Länderanhänger haben eine Koordination ihrer Aufgabe vorzunehmen.

1) Verwaltungstechnisch [ist] die Länderverwaltung schwierigere Arbeit.

---

gesetz aber doch behandelt werden, muß die Wirtschaft fordern, rechtzeitig gehört zu werden.
V. Steuer- und Finanzfragen.
1. Die Steuergesetzgebung muß zur Wahrung der Rechtseinheit zwecks Vermeidung von Steuer-Oasen und im Interesse einer einheitlichen Wirtschaft und Wirtschaftspolitik primär und jeweils in vollem Umfange ausschließlich dem Bundesgesetzgeber zustehen. Die den Steuern von Einkommen und Vermögen bedeutet dies auch ein Verbot, den Ländern die Bestimmung der Steuer- und Hebesätze und der Freigrenzen zu überlassen, oder den Ländern für sich oder ihre Gemeinden ein Zuschlagsrecht einzuräumen. Die Frage, ob und in welchem Umfange am Aufkommen an diesen Steuern die Länder zu beteiligen sind, bleibt hiervon unberührt und ist durch Finanzausgleich zu regeln (vgl. Ziffer 4).
Auch die Regelung von Gewerbe- und Grundsteuern muß ausschließlich dem Bundesgesetzgeber vorbehalten bleiben. Hierbei kann den Gemeinden das Recht, Hebesätze zu bestimmen, zugebilligt werden. Es ist Sache der Landes- oder Bundesgesetzgebung, gegen Überspannung dieser Hebesätze Vorsorge zu treffen. Als Ausnahme kommen bestimmte kleinere Verbrauchs- und Aufwandssteuern in Betracht.
2) Die Steuerrechtsprechung muß im künftigen deutschen Bundesstaat in letzter Instanz einem Bundesfinanzhof zustehen.
3) Die Finanzverwaltung sollte im Interesse der einheitlichen, gleichmäßigen und gerechten Vollziehung der überwiegend bundeseinheitlichen Abgabengesetze und wegen der dem Bunde erwachsenden großen Aufgaben und erheblichen Ausgaben als Landesverwaltung mit Weisungsrecht des Bundes ausgestaltet werden.
Sollten ländereigene Finanzverwaltungen unter diesen Voraussetzungen nicht geschaffen werden können, so wird die Ausführung der Steuergesetze einer bundeseigenen Finanzverwaltung zu übertragen sein.
4) Der materielle Finanzausgleich zwischen Bund und Ländern (äußerer Finanzausgleich) kann nur durch den Bund geregelt werden; der Finanzausgleich zwischen den Ländern und Gemeinden (innerer Finanzausgleich) hingegen kann der Ländergesetzgebung überlassen werden. Der Bund kann nicht bloßer Kostgänger der Länder, die Länder können nicht nur Kostgänger des Bundes werden. Der Finanzausgleich muß zwischen diesen beiden Extremen den richtigen Mittelweg finden. Dieser kann nur durch eine gleichberechtigte Mitwirkung eines aus Ländervertretern zusammengesetzten Bundesrates gewährleistet werden.
VI. Verkehrswesen.
Im Zuge einer einheitlichen Verkehrspolitik, die sicherstellen muß, daß der Verkehr nach gesamtwirtschaftlichen Grundsätzen entwickelt und gefördert wird, wird folgendes empfohlen:
1) Dem Bund steht die ausschließliche Gesetzgebung über das Post- und Fernmeldewesen, die Eisenbahnen, des allgemeinen Verkehrs-, den Luftverkehr und die Autobahnen zu. Für die Seeschiffahrt, die Binnenschiffahrt, die Wasserstraßen, den Verkehr mit Kraftfahrzeugen und den Bau von Landstraßen sollte der Bund die Vorranggesetzgebung haben, soweit davon das Gebiet mehrerer Länder oder der zwischenstaatliche Verkehr betroffen werden.
2) In bundeseigener Verwaltung mit eigenem Unterbau werden geführt die Bundespost und die Bundeseisenbahn.
3) Den bundeseigenen Verkehrsorganen sind Verwaltungsbeiräte beizugeben, in denen neben den Ländervertretern ausreichend auch die Wirtschaft Sitz und Stimme hat.“ Vgl. PA 4/BdMinPräs. Drucks. Nr. 60.

2) Bei der Fülle der Aufgaben wird sich die Frage ökonomisch betrachtet nicht anders lösen[19]).
3) Alle Vergleiche mit Bundesverfassungen anderer Länder ziehen nicht durch. Jeder andere Bund hat eine Kammer gehabt durch eine gemeinsame Institution. Diese Kammern sind jetzt die Finanzverwaltungen.

Höpker Aschoff: Schildert, daß die gemeinsame Steuerstelle am 1. April wieder eher Koordinierungsverhandlungen erlebt innerhalb der britischen Zone. Verhandlungen mit den süddeutschen Finanzministern. Ausgleich sehr schwierig. In anderen Bundesstaaten [gibt es den] Grundsatz, daß für Bundessteuern eine Bundesverwaltung besteht, auch [in der] Schweiz. Gewährleistung der Rechte durch den Bund ergibt Bevollmächtigkeit[20]).

Katz: Zuständigkeitsabgrenzungen.

[Vors.] Pfeiffer teilt als Ergebnis der Fraktion mit: Bundespolizei, Flurbereinigung.

Menzel: Gereke[21]) hat die Flurbereinigung für den Bund verlangt.

Menzel hält es für nötig, daß der Bund die Macht bekommt, durch Gesetz die Durchführung zu fordern, die Gesetze im einzelnen durch die Länder.

Katz: Wahlrechtsfrage. Lösung schwierig.

Süsterhenn: Die Vorsitzenden sollten ihr Ergebnis in vollem Wortlaut wiedergeben.

Höpker Aschoff: Finanzausschuß schon fertig.

Katz: Alle Ausschüsse können dieses bis nächste Woche bekommen.

Suhr: Diese Arbeit in den Hauptausschuß leiten.

Süsterhenn: Auch für uns wichtig, auch noch nicht reif.

Katz: Gleiche Meinung. Zu Händen des Präsidenten.

Schönfelder: Nur Differenzpunkte[22]).

von Mangoldt: Die Gesichtspunkte sind in den Ausschüssen verschieden. Das muß koordiniert werden.

Lehr: Verweist auf eine Einigung im Zonenbeirat[23]). Zentralaufsicht und Rahmengesetzgebung beim Bund, die Durchführung aber als Auftragsverwaltung bei den Ländern zu lassen. Rahmenbelange wegen der Bedeutung für die Lenkung[24]), zentrale Steuerung.

Schönfelder: Kommt morgen in den Zuständigkeitsausschuß[25]).

---

19) Vorlage: „lösbar".

20) Unsichere Lesung.

21) Der niedersächsische Min. für Ernährung, Landwirtschaft und Forsten, Günther Gereke (1893–1970), wurde als Sachverständiger in der 12. Sitzung des Finanzausschusses am 5. Okt. 1948 angehört.

22) Vgl. dazu Dok. Nr. 6.

23) In den Verfassungsvorschlägen des Zonenbeirates wurde auf Anregung der britischen MilReg. diskutiert, das Vermessungswesen als Auftragsverwaltung den Länder zu übertragen. Vgl. den Hinweis von Laforet in der 17. Sitzung des Ausschusses für Zuständigkeitsabgrenzung am 23. Nov. 1948. Der Parl. Rat Bd. 3, Dok. Nr. 23, S. 659, Anm. 29.

24) Unsichere Lesung.

25) Vgl. die 13. Sitzung des Ausschusses für Zuständigkeitsabgrenzung am 15. Okt. 1948. Der Parl. Rat Bd. 3, Dok. Nr. 16, S. 550 f.

Menzel schlägt vor: Grundsätze für die Flurbereinigung. – Also bei den Ländern die Gesetzgebung und die Verwaltung.
Höpker Aschoff: Könnte landeseigene Verwaltung sein.
Katz: Grundsätze für das Beamtenrecht.
Schönfelder: Bundespolizei ist geregelt durch Antrag der CDU. Verfolgung gemeingefährlicher Verbrechen[26]).
Menzel: Dem Bund die Möglichkeit geben, Grundsätze festzusetzen. Behandlung des Berufsbeamtentums. Vorbildung für ein Amt. Bedingungen für Besoldung, Verhinderung eines Gefälles zwischen Ländern und Kommunen, Möglichkeit von Grundsätzen.
von Mangoldt: Normativbestimmung. Eine Streichung im Kompetenzausschuß geht auf die [...][27])
Schönfelder: Gegensatz im Kompetenzausschuß.
Suhr: Gefährlich, den Ländern ein Berufsbeamtentum aufzuerlegen. In Berlin verboten. Das würde damit eine Bedingung für den Beitritt werden.
von Mangoldt: In den Grundartikel eine Garantie des Berufsbeamtentums aufzunehmen.
Schönfelder: Berufsbeamtenantrag[28]) wurde begründet mit Ostzone[29]).

---

[26]) Vgl. dazu die 10. Sitzung des Ausschusses für Zuständigkeitsfragen vom 8. Oktober 1948. Der Parl. Rat Bd. 3, Dok. Nr. 11, S. 410 f.

[27]) Das Wort konnte nicht entziffert werden.

[28]) Reiff (FDP) bemerkte in der 4. Sitzung des Ausschusses für Zuständigkeitsfragen am 24. Sept. 1948: „Ich meine hier die Möglichkeit eines Bundesgesetzes über Beamtentum, und wenn auch ein noch so formelles Gesetz, als Krücke für die Wiederherstellung des Beamtentums im Osten." Vgl. Der Parl. Rat Bd. 3, Dok. Nr. 4, S. 166.

[29]) Zu der interfraktionellen Besprechung am 14. Okt. 1948 vgl. den knappen Bericht von Leisewitz an das BdMinPräs. in Wiesbaden vom gleichen Tag: „Zu den interfraktionellen Besprechungen, die am heutigen Nachmittag unter dem Vorsitz von Staatsminister Dr. Pfeiffer stattfanden, waren [neben CDU/CSU und SPD] auch die FDP, die LPD und die DVP hinzugezogen. Anwesend war ferner der Präsident des Parlamentarischen Rates, Dr. Adenauer. Es wurde lediglich eine tour d'horizon gemacht, die der Feststellung der Punkte diente, über die eine Einigung erzielt werden muß. Staatsminister Pfeiffer fügte hinzu, daß zu Beginn der nächsten Woche sich die Fraktionen zunächst über die dann vorliegenden konkreten Ergebnisse der Arbeit der Ausschüsse informieren würden, um nach der mit aller Wahrscheinlichkeit am Mittwoch [20. Okt. 1948] stattfindenden Plenarsitzung (man hofft, mit einer Sitzung auszukommen) am Donnerstag [21. Okt. 1948] die interfraktionellen Besprechungen fortzusetzen." Vgl. BA Z 12/118, Bl. 56.
Menzel berichtete am 15. Okt. 1948 zu den interfraktionellen Besprechungen vom 13.–15. Okt. 1948: „Die Unterredungen wurden sehr sachlich und sehr ruhig geführt. Gegenstand der Erörterungen waren zunächst nur die wesentlichen ‚neuralgischen' Punkte, bei denen sich eine Gegensätzlichkeit zwischen den beiden großen Parteien herausstellt: Senat – Bundesrat, echte oder unechte zweite Kammer, Finanzverwaltung. Über die Präambel fand in diesem Kreise keine Erörterung statt, nachdem eine Einigung im Grundsatzausschuß zustande gekommen war, und zwar durch eine Formulierung, aus der ersichtlich ist, daß das Grundgesetz an der Auffassung der Kontinuität mit dem früheren Weimarer Staat festhält. Die interfraktionellen Erörterungen ergaben bei dem Bundesrats-/Senatsproblem ganz eindeutig, daß auch jetzt noch innerhalb der CDU/CSU keine einheitliche Auffassung erzielt wurde. Dr. Lehr empfahl nach wie vor die Senatsform, während Pfeiffer den Bundesrat forderte. Beide aber waren sich einig, wie immer die Länderkammer zusammengesetzt sein möge, daß sie bei der Gesetzgebung gleichberechtigt sein solle mit der Volkskammer. Eine Annäherung zeichnete sich am Schluß

Nr. 5
Interfraktionelle Besprechung
21. Oktober 1948

BayHStA NL Pfeiffer 219. Ungez. Mitschr. von Pfeiffer in Gabelsbergerscher Kurzschrift vom 21. Okt. 1948

Anwesend:
CDU/CSU: Lehr, von Mangoldt, Pfeiffer
SPD: Katz, Menzel, Schönfelder (Vors.), Schmid
FDP: Dehler, Heuss, Schäfer
DP: Seebohm
Zentrum: Brockmann

Beginn: [Mittags][1])

[1. GESCHÄFTLICHE MITTEILUNGEN]

1) *[Vors.] Schönfelder* wegen KP.

2) Liga für Weltregierung, Vortrag [von] Heydecker[2]).
Heuss: Nicht als Gremium.

---

dadurch ab, daß Süsterhenn erklärte, man solle die zweite Kammer gemischt zusammensetzen, d.h. zum Teil durch die Vertreter der Landesregierungen, zum Teil durch Senatoren, gewählt durch die Landtage. Ob damit auch verbunden sein sollte ein Nachgeben gegenüber unseren Forderungen, die zweite Kammer nur mit einem Vetorecht zu versehen, war nicht klar erkennbar. Auch bei der Entscheidung über Bundes- oder Länderfinanzverwaltung sind die Auffassungen der Abgeordneten der CDU/CSU nicht einheitlich. Am Schluß der zweiten Besprechung schien sich eine Kompromißmöglichkeit dahin abzuzeichnen, daß die CDU/CSU mit der Bundesfinanzverwaltung einverstanden sein würde, falls die leitenden Beamten der Verwaltung nur nach vorherigem Einvernehmen mit den Länderregierungen ernannt werden würden. Ich bin der Auffassung, daß hier unsere Position viel günstiger ist, als wir vor Beginn der Sitzungen des Finanzausschusses annehmen konnten, weil auch diejenigen Sachverständigen, die politisch zur CDU/CSU gehören, sich – abgesehen von Hilpert und Kraus-München – für eine Bundesfinanzverwaltung aussprachen, so u.a. der hiesige Finanzminister Weitz, Prof. Bühler, Dr. Gereke, die Oberfinanzpräsidenten (auch die bayerischen), die Industrie- und Handelskammern, die kommunalen Spitzenverbände, die Gewerkschaften usw. Ich betone das deshalb, weil ich es nicht mehr für notwendig halte, für die Bundesfinanzverwaltung zu große Konzessionen auf anderen Gebieten zu machen. Diese interfraktionellen Besprechungen sollen nach der Planarsitzung in der nächsten Woche, d.h. am Donnerstag, dem 21.10. fortgesetzt und bereits der Versuch eines Ausgleichs gemacht werden. Man hofft, daß bis dahin die Ausschüsse ihre ersten Lösungen beendet haben werden und die formulierten Artikel vorlegen können." Vgl. FESt, AdsD, NL Menzel R 1.

[1]) Die interfraktionelle Besprechung fand eventuell während der Verhandlungspause der 7. Plenarsitzung am 21. Okt. 1948 zwischen 13.04 Uhr und 15.07 Uhr statt. Vgl. Der Parl. Rat Bd. 9, Dok. Nr. 7, S. 217 und 277 f. Vgl. auch unten Anm. 8.

[2]) Joes J. Heydecker (geb. 1916), Fotograf, Mitarbeiter schweizerischer Zeitungen und Zeitschriften in Italien, Jugoslawien, Österreich, Polen, Tschechoslowakei und Ungarn,

Pfeiffer: Kompetenzkatalog.
Menzel:
1) Bundespräsident
2) Kompetenzausschuß.

[2. SACHGEBIETE DES AUSSCHUSSES FÜR ZUSTÄNDIGKEITSABGRENZUNG][3]

2) Kompetenz. 1. Schutz des Bundes nach außen.
Man hält für entscheidend
a) ist ein wesentlicher Teil der Souveränität, solange diese nicht besteht, überflüssig oder gar schädlich.
b) Auch kann die Formulierung leicht falsch verstanden werden. Weltöffentlichkeit hält es für militaristisch.
Frage: Schutz des Bundes auch nach innen – Polizei. Nicht für eine Bundespolizei, nur Grundsatzgesetzgebung für Polizei. – Hinweis auf Verhältnisse in der Ostzone. Es kommt sicher wieder ein starker Vorstoß der KP.
Soll der Bund sich nicht einen Rückgriff auf Landeskräfte vorbehalten. Exekutivreserve – an irgendeiner Stelle, daß dem Bund auch die Möglichkeit gegeben sein muß, dann, wenn in einem Land die Voraussetzungen einer demokratischen Verfassung nicht mehr gegeben sind, ein Eingriff von sich aus möglich ist.

3) Beamtenrecht nicht zu sehr zersplittern. – Auch bei den Beamten im Bund die Möglichkeit lassen zu sagen, daß gewisse Grundsätze des Beamtenrechtes dem Bund überlassen sein müßten.

4) Flurbereinigung. Bei einer Agrarreform muß der Bund mindestens die Möglichkeit haben, die Flurbereinigung zu verlangen. Durchführung durch die Länder.

[3. BUNDESPRÄSIDENT UND ART. 107]

Katz: 1) Bundespräsident: [Das Amt] Grundsätzlich[4]) schaffen, aber nicht besetzen[5]).

1938 in Gestapohaft, 1939–1945 Soldat, 1945 Kommentator bei Radio München und Zeitungskorrespondent, 1945–1948 Mitbegründer und Vorstandsmitglied des Verbandes der Berufsjournalisten in Bayern, 1947–1952 Präs. des mitbegründeten Zweiges der Weltbewegung für föderative Weltregierung „Weltstaat-Liga", 1947–1949 Hrsg. der Zeitschrift „Der Weltstaat". Vgl. Wer ist Wer?. Das Deutsche Who's who. XII. Ausgabe von Degeners Wer ist's?, hrsg. von Walter Habel. Berlin 1955, S. 446.

[3]) Vgl. dazu Dok. Nr. 6, S. 29 f.

[4]) Unsichere Lesung.

[5]) Am 1. Okt. 1948 hielt Menzel in seinem Bericht fest: Die SPD habe sich in der Fraktionssitzung am 30. Sept. 1948 geeinigt, „daß die Funktionen für einen Bundespräsidenten fehlen und wir ihn daher sowohl als Einzelperson als auch als Drei-Männer-Kollegium

2) Art. 107[6]): Grundsatzrechte eines jeden Landes können abgeändert werden bei Zustimmung aller Länder. [Der Art. wird] abgelehnt, weil die Mehrheit die Verfassungsbestimmung [für] ausreichend hält. Schwalber teilt mit, daß vielleicht die Ratifikation in Bayern scheitern könnte.

[4. BERUFSBEAMTENTUM]

[Vors.] Schönfelder: Berufsbeamtentum. Vielleicht noch im Zuständigkeitsausschuß zur Regelung durch Antrag Strauß grundsätzlich[7]).
Schmid: Man sollte absehen von einer solchen Bestimmung. Den Ländern überlassen. Wir müssen zu einer Überprüfung der Begriffe Beamtentum kommen. Änderung der Vorstellung nicht erschweren durch Aufnahme in das Grundgesetz. Es reichen die Grundrechte aus.
Schmid: Bundeszwang?
Menzel: [Von Art.] 115 [des] Ch[iemseer] E[ntwurfes] fällt vielleicht Absatz 2 weg[8]).
Lehr:[9])

ablehnen. Als ‚Auffangstellung' soll der Präsident der Volkskammer eingesetzt werden, weil er auf Grund seiner Stellung im Parlament am leichtesten einen Ausgleich ermöglichen kann." Vgl. FESt, AdsD, NL Menzel R 1.
Die SPD-Fraktion hat in der 9. Sitzung des Organisationsausschusses am 1. Okt. 1948 den Antrag eingebracht, daß die Funktion des Bundespräsidenten – solange Militärregierungen in Deutschland über einer deutschen Regierung stehen – vom Bundestagspräsidenten wahrgenommen werden sollten. Mücke trug den Antrag seiner Fraktion vor, die der Meinung war, „daß die Funktion des Bundespräsidenten unbedingt auch hier in dem Grundgesetz verankert werden muß, daß aber unter dem Gesichtspunkt, daß ein Präsident, der keinem Staat vorsteht, kein Präsident ist, der Präsident oder ein Präsidium nicht gewählt werden sollte, sondern daß die Funktion, um auch nach außen hin das Provisorium zu kennzeichnen, einer anderen Stelle übertragen wird." Vgl. PA 5/Prot. Organisationsausschuß. Vgl. auch die Formulierungen der Fachausschüsse vom 18. Okt. 1948 in: Der Parl. Rat Bd. 7, Dok. Nr. 1, S. 23.

[6]) Art. 107 lautete in der bis dahin unveränderten Fassung des Verfassungskonventes auf Herrenchiemsee vom 23. August 1948: „Ein Gesetz, durch das von der bundesstaatlichen Grundordnung abgegangen wird, bedarf außer den sonstigen Erfordernissen des Art. 106 der einstimmigen Annahme im Bundesrat." Vgl. Der Parl. Rat Bd. 2, Dok. Nr. 14, S. 604. Vgl. auch Der Parl. Rat Bd. 7, Dok. 2, S. 65.

[7]) Vgl. den von Strauß in der 12. Sitzung des Ausschusses für Zuständigkeitsabgrenzung am 14. Okt. 1948 vorgebrachten Antrag der CDU-Fraktion, der besagte, daß „die staatlichen und gemeindlichen Daueraufgaben [...] grundsätzlich von Berufsbeamten auszuüben [sind], die in einem öffentlich-rechtlichen Dienst- und Treueverhältnis zu ihrem Dienstherren stehen." Vgl. Der Parl. Rat Bd. 3, Dok. Nr. 14, S. 496.

[8]) Im Zusammenhang mit den Bestimmungen zur Ausführung der Bundesgesetze regelte der Art. 115 des Herrenchiemseer Entwurfes, der unverändert im Entwurf des Fachausschusses erhalten blieb, daß die Bundesregierung mit Zustimmung des Bundesrats ein Land zur Erfüllung seiner Pflichten anhalten könne. Der Absatz 2 wiederholte im Grunde nur noch einmal das „Anweisungsrecht" der Bundesregierung oder ihres Beauftragten „gegenüber allen Ländern und ihren Behörden". Für den Wortlaut vgl. Der Parl. Rat Bd. 2, Dok. Nr. 14, S. 606, und ebd., Bd. 7, Dok. Nr. 1, S. 31.

[9]) Der Beitrag von Lehr wurde nicht protokolliert.

27.[10])
3 Uhr [Plenarsitzung][11])
Freitag [den 22. Oktober 1948] 9 Uhr [Sitzung des Ausschusses für Verfassungsgerichtshof][12]).

[10]) Die Bedeutung der Zahl ist nicht ganz klar. Möglicherweise bezieht sie sich auf den 27. Okt. 1949 als Datum für die nächste interfraktionelle Besprechung.

[11]) Vgl. den zweiten Teil der 7. Sitzung der Plenarversammlung am 21. Okt. 1948. Der Parl. Rat Bd. 9, Dok. Nr. 7, S. 278.

[12]) Zu dieser interfraktionellen Besprechung vgl. auch den Bericht von Pfeiffer in der CDU/CSU-Fraktionssitzung vom 22. Okt. 1948: „Gestern [den 21. Okt. 1948] hat die dritte interfraktionelle Besprechung stattgefunden. Die Abg. Dr. Pfeiffer, Dr. Lehr und Dr. Süsterhenn hatten zunächst besprochen gehabt, diese interfraktionelle Besprechung noch so lange hinauszuziehen, bis in der Fraktion alles geklärt wäre. Herr Menzel von der SPD hat jedoch dringend gebeten, wenigstens den Katalog der Fragen kurz zu besprechen, über den man sich verständigen muß. Von der SPD wurden hierfür noch folgende Punkte genannt:
1) die Frage der Kompetenz-Kompetenz – Art. 107,
2) die Frage des Rechtes des Bundes, gegebenenfalls Polizeikräfte eines Landes in Anspruch zu nehmen zur Aufrechterhaltung der Ordnung in einem anderen Lande,
3) in bezug auf die Beamtenrechte muß grundsätzlich etwas Gemeinsames für den ganzen Bund gesagt werden,
4) die Frage der Flurbereinigung; die SPD wünscht, der Bund solle das Recht haben, einen Termin zu setzen bzw. eine Aufgabe, die aber von den Ländern durchgeführt wird,
5) die Frage des Bundespräsidenten, ob man ihn in der Verfassung vorsieht oder nicht,
6) die Frage des Bundeszwanges; hier nimmt man an, daß noch eine Verständigung im Ausschuß zustande kommen wird,
7) die Frage des Schutzes des Bundes nach außen." Vgl. Salzmann, S. 84.
Menzel teilte am 22. Okt. 1948 dem stellvertretenden Parteivorsitzenden der SPD, Ollenhauer, mit: „Die interfraktionellen Besprechungen wurden kurz fortgeführt, nachdem Dr. Pfeiffer unter vielerlei Gründen zunächst erklärt hatte, daß seine Partei nicht bereit wäre, in dieser Woche die beabsichtigte interfraktionelle Besprechung zu beschicken. [...] Vor die Verantwortung gestellt, das Scheitern interfraktioneller Besprechungen durch sein Verhalten herbeigeführt zu haben, gab Dr. Pfeiffer nach. In dieser interfraktionellen Besprechung haben wir noch folgende streitige Punkte angemeldet:
a) Zuständigkeitsverteilung. 1) Ablehnung des CDU-Antrages, daß der Bund ausschließlich zuständig sei für die Maßnahmen zu seinem Schutz nach außen; 2) In die Vorranggesetzgebung muß hinein, daß der Bund die Grundsätze über die Polizei aufstellen kann; 3) Ablehnung des CDU-Antrages, eine Bestimmung aufzunehmen zur Sicherung des Berufsbeamtentums. Demgegenüber steht unsere Forderung, bei der Vorranggesetzgebung dem Bund das Recht zu geben, Grundsätze hinsichtlich des Beamtenrechts zu erlassen; 4) es muß sichergestellt werden, daß der Bund von den Ländern die befristete Durchführung der Flurbereinigung verlangen kann, da die Flurbereinigung ein wichtiger Teil der von uns geforderten Agrarreform ist.
b) Ablehnung der SPD, einen Bundespräsidenten zu schaffen." Vgl. FESt, AdsD, NL Menzel R 1.

Nr. 6
Aufzeichnung über die Differenzpunkte zwischen CDU/CSU und SPD während der interfraktionellen Besprechungen vom 13., 14. und 21. Oktober 1948
25. Oktober 1948

BA Z 5/Anhang 12, Bl. 2–6. Ungez. maschinenschr. Durchschlag vom 25. Okt. 1949[1])

DIFFERENZPUNKTE ZWISCHEN CDU/CSU UND SPD

In drei interfraktionellen Besprechungen, die am 13.[2]), 14.[3]) und 21.[4]) Oktober 1948 stattfanden, wurde ein Überblick über den jetzigen Stand der Beratungen vorgenommen.

Die erste Besprechung fand statt: zwischen Vertretern der CDU (Staatsminister Dr. Anton Pfeiffer – München, Dr. Adolf Süsterhenn, Justiz- und Kultusminister – Koblenz, für den föderalistischen Flügel: Dr. Robert Lehr – Düsseldorf und Dr. von Mangoldt – Kiel, für die mehr dem Senat zuneigende Auffassung) und den

Vertretern der SPD, Dr. Karl Schmid, Justizminister, Tübingen; Dr. Menzel, Innenminister, Düsseldorf; Dr. Katz, Justizminister, Schleswig-Holstein; Dr. Suhr, Stadtverordnetenvorsteher, Berlin.

In der zweiten Besprechung war die LDP[5]) vertreten durch Dr. Theodor Heuss, Kultusminister a.D., Stuttgart; Dr. Thomas Dehler, Oberlandesgerichtspräsident, Bamberg; Dr. Höpker Aschoff, preußischer Finanzminister a.D., jetzt Niedersachsen.

Zur dritten Besprechung wurden noch zugezogen: von der Deutschen Partei Dr. Seebohm, Wirtschaftsminister a.D., Hannover, und vom Zentrum Johannes Brockmann, Kaufmann.

Aus diesen Besprechungen in Verbindung mit der Aussprache in der Plenarsitzung vom 20./21. Oktober 1948[6]) ergaben sich folgende Differenzpunkte[7]):

---

[1]) Die Aufzeichnung stammt von Pfeiffer. Vgl. die ungez. Mitschr. von Pfeiffer in Gabelsbergerscher Kurzschrift in: BayHStA NL Pfeiffer 219.

[2]) Vgl. Dok. Nr. 2.

[3]) Vgl. Dok. Nr. 3 und 4.

[4]) Vgl. Dok. Nr. 5.

[5]) Besser: „FDP".

[6]) Vgl. die 6. und 7. Plenarsitzung. Der Parl. Rat Bd. 9, Dok. Nr. 6 und 7, S. 176–317.

[7]) Vgl. dazu auch den von Menzel vorgeschlagenen Katalog von Punkten, zu denen er eine Verständigung wünschte. Dok. Nr. 5, Anm. 12.

I. SENATS- ODER BUNDESRATSPRINZIP

Die SPD hatte in der Aussprache am 21. Oktober 1948 durch ihren Sprecher, Justizminister Dr. Katz, der in den Ausschüssen und im Plenum mit Wärme das Senatsprinzip entwickelt und verteidigt hatte, zum Schluß erklären lassen: „Wenn schon eine Entscheidung gefällt werden muß, dann entweder Bundesrat oder Senat, aber kein Zwitter. Ich halte in diesem Falle eine Kreuzung für ein technisch-organisatorisches Unglück." – und weiter: „Alles was wir über die organische Zusammensetzung, über diese Spielregeln der Bundesorgane beschließen, ist nicht unabdingbar[8]). Dort sind keine Prinzipien zu verfechten, daß die eine Partei ja und die andere Partei nein sagen müßte. Alle Vorschläge, die wir heute gehört haben, sind sowohl demokratisch als föderativ, daran habe ich nicht den geringsten Zweifel. Wir haben unsere Ansicht hier vorgetragen, mit einem Weg der freien und offenen Aussprache zu dem Ergebnis zu kommen, das den Interessen der Gesamtheit am besten dient und ich hoffe, wir werden dieses Ziel binnen kurzem erreichen. Wichtiger als die eine oder die andere Art bleibt die Tatsache, daß wir das Grundgesetz zusammenbekommen und zwar sobald als möglich.[9])"

Der Redner der CDU, Abgeordneter Dr. Lehr, hatte ziemlich neutral berichtet mit einer gewissen Unterstreichung des Bundesratsgrundsatzes durch die CDU. Er hatte aber fallen lassen, daß seine persönliche Liebe dem Senatsprinzip gehört und hatte daher auch ziemlich deutlich den Kompromißvorschlag für eine gemischte Zusammensetzung auseinandergesetzt[10]).

Die Liberaldemokraten sind dem gemischten Vorschlag geneigt, wollen aber die gewählten Mitglieder nicht aus einer Vorschlagsliste der Regierung entnehmen und haben auch Bedenken gegen eine eigene Kurie der Regierungsvertreter[11]).

Zentrum[12]) und DP[13]) sind für Bundesrat.

II. FINANZVERWALTUNG

Hier stehen sich die Auffassungen ganz schroff gegenüber[14]). SPD, LDP und Zentrum sind für Bundesverwaltung.

DP ist ganz klar für Landesverwaltung.

---

8) Korrigiert aus: „unabdenkbar".

9) Vgl. die 7. Plenarsitzung vom 21. Okt. 1948 in: Der Parl. Rat Bd. 9, Dok. Nr. 7, S. 233.

10) Zum Beitrag von Lehr vgl. die 7. Plenarsitzung vom 21. Okt. 1948 in: Der Parl. Rat Bd. 9, Dok. Nr. 7, S. 217–224.

11) Dehler sprach für die FDP in der 7. Plenarsitzung am 21. Okt. 1948. Vgl. Der Parl. Rat Bd. 9, Dok. Nr. 7, S. 224–229.

12) Brockmann sprach für das Zentrum in der 7. Plenarsitzung am 21. Okt. 1948. Vgl. Der Parl. Rat Bd. 9, Dok. Nr. 7, S. 224–229.

13) Seebohm sprach für die DP in der 7. Plenarsitzung am 21. Okt. 1948. Vgl. Der Parl. Rat Bd. 9, Dok. Nr. 7, S. 233–239.

14) Vgl. dazu auch die Aussprache in der 7. Plenarsitzung vom 21. Okt. 1948. Der Parl. Rat Bd. 9, Dok. Nr. 7, S. 249–277.

Die Mehrheit der CDU ist im Herzen für Bundesverwaltung, hat aber aus politischen Gründen im Ausschuß mit den Bayern für Landesverwaltung gestimmt.
Das Votum im Ausschuß war rein politisch. Fünf Stimmen waren für Bundesverwaltung; vier Stimmen für Landesverwaltung; eine Stimmenenthaltung.
Die Stimmenthaltung stammte von einem Angehörigen der CSU. Bei den vier Stimmen für Landesverwaltung war die Stimme der DP. Die Stimmen der CDU für Landesverwaltung kamen von Mitgliedern, die persönlich die Bundesverwaltung für wünschenswert halten, aber politisch Bayern helfen wollten[15]).
Die Aussichten, für die Bundesfinanzverwaltung positives und aktives Verständnis zu gewinnen, um die Landesverwaltung in irgend einer Form aus politischen Gründen durchzubringen, ist gering.
Im Plenum wurde die Forderung auf Bundesverwaltung von Höpker Aschoff sehr geschickt, logisch und schlagkräftig vertreten.
Die SPD sekundierte polemisch ziemlich eindrucksvoll.
Der Vertreter des Zentrums forderte mit der bekannten Erzbergerschen Begründung die Bundesverwaltung als Klammer für den Zusammenhalt des ganzen. Er wollte offensichtlich gleichzeitig ein Todesdenkmal für Erzberger[16]) aufrichten[17]).
Höpker Aschoff wollte in der Bundesverwaltung den Ländern nur ein ziemlich bescheidenes Mitwirkungsrecht auf dem Gebiet der persönlichen Politik zugestehen[18]).
Der Vertreter der CDU/CSU, Abgeordneter Dr. Binder, der ziemlich großspurig aufgetreten war, verteidigte die Idee der Landesverwaltung einfach miserabel; ungeschickt, nicht sehr logisch und in keiner Weise zwingend. Er schilderte die für die Länder geforderte Verwaltung so billig, daß er mit Recht den Zwischenruf einstecken mußte: „Warum wollen Sie dann überhaupt eine Landesverwaltung, wenn diese doch nichts bedeutet“[19]).
Der Redner ließ sich in einer Kritik der Besatzungsmächte wegen den Besatzungskosten schwere Entgleisungen zuschulden kommen. So war am Schluß der ganzen Aussprache der Verteidiger der Landesfinanzverwaltung der einzige Redner, der aus dem Rahmen der geistig gut geführten Aussprache fiel.

---

[15]) Bei der Abstimmung über den Art. 123 in der 14. Sitzung des Finanzausschusses am 7. Okt. 1948 stimmten für den Art.: Greve (SPD), Menzel (SPD), Stock (SPD), Wolff (SPD) und Höpker Aschoff (FDP). Gegen den Art. stimmten: Binder (CDU), Lensing (CDU), Schlör (CSU) und Seebohm (DP). Die Stimmenthaltung kam von Mayr (CSU). Vgl. das Schreiben von Jean Stock an den HptA vom 13. Okt. 1948, vervielf. als PA 5/Drucks. Nr. 176.

[16]) Matthias Erzberger (1875–1921), 1919 Reichsfinanzmin.

[17]) Wessel (Zentrum) bezeichnete in der 7. Plenarsitzung am 21. Okt. 1948 das Finanzwerk Erzbergers als „ein Werk der Klugkeit“. Vgl. Der Parl. Rat Bd. 10, Dok. Nr. 7, S. 276.

[18]) Zur Rede von Höpker Aschoff in der 7. Plenarsitzung am 21. Okt. 1948 vgl. Der Parl. Rat Bd. 10, Dok. Nr. 7, S. 249–257.

[19]) Zur Rede von Binder in der 7. Plenarsitzung am 21. Okt. 1948 vgl. Der Parl. Rat Bd. 9, Dok. Nr. 7, S. 263–267.

Innerhalb der Fraktion wurde seine Rede stark gerügt[20]). Er hat die Verhandlungsbasis für den Versuch einer Lösung des Problems auf politischer Grundlage sehr verschlechtert.
Binder dürfte Anlaß zu einer ausgiebigen kommunistischen Agitation gegeben haben[21]).

III. PRÄAMBEL

Die Aussprache im Grundsatzausschuß[22]) bezog sich durchgängig auf das Substantielle. Nur an einer Stelle ist im Punkt 1 der Grundrechte die Bezugnahme auf Gott möglich[23]).
Es besteht natürlich in der Fraktion der Wunsch, bei der zweiten Lesung nun eine feierliche invocatio dei unterzubringen.
Privatgespräche mit einem führenden SPD-Mann[24]) haben ergeben, daß die SPD dies nicht im Rahmen einzelner Paragraphen für zweckmäßig hält. Dagegen erklärte der Betreffende, daß man vielleicht über die ganze Verfassung setzen könne: „Im Namen des allmächtigen Gottes."
Für die Präambel dürfte sich wohl aus den vielen Entwürfen eine einheitlich annehmbare zusammenkleistern lassen.

IV. KOMPETENZENKATALOG

1. Schutz des Bundes nach außen.

Der von der CDU gemachte Vorschlag, bei der Zuständigkeit des Bundes für auswärtige Angelegenheiten auch beizufügen: „Schutz des Bundes nach außen", wird als mißdeutbar abgelehnt[25]). Die Erklärung, daß der Schutz des Bundes

[20]) Nachdem Binder seine Rede in der CDU/CSU-Fraktionssitzung am 19. Okt. 1948 bereits erläutert hatte (vgl. Salzmann, S. 83), wurde ausweislich des Protokolls der CDU/CSU-Fraktionssitzung vom 22. Okt. 1948 seine Bemerkungen zum Besatzungsstatut als „zu scharf" bezeichnet. Außerdem habe Binder „seine Kompetenz überschritten", „da die Fraktion sich vorher darüber geeinigte hat, diese schwierige Frage in anderer Form zur Sprache zu bringen." Salzmann, S. 85.

[21]) Zur Rede von Renner in der 7. Plenarsitzung am 21. Okt. 1948 vgl. Der Parl. Rat Bd. 9, Dok. Nr. 7, S. 273–277.

[22]) Vgl. die 10. Sitzung des Ausschusses für Grundsatzfragen am 13. Okt. 1948: Der Parl. Rat Bd. 5, Dok. Nr. 13, S. 260–287.

[23]) Vgl. den Entwurf der Präambel und der Art. 1–32 in: Der Parl. Rat Bd. 5, Dok. Nr. 16, S. 333 f.

[24]) Nach dem Protokoll des CDU/CSU-Fraktionssitzung vom 22. Okt. 1948 handelte es sich dabei um Schmid. Vgl. Salzmann, S. 85.

[25]) Noch in der 12. Sitzung des Ausschusses für Zuständigkeitsabgrenzung am 14. Okt. 1948 wurde der „Schutz nach außen" mit sechs Stimmen angenommen. In der 13. Sitzung am 15. Okt. 1948 verzichteten die Mitglieder des Ausschusses in der Vorlage ihrer Beschlüsse auf die Formulierung. Nach nochmaliger Behandlung in der 15. Sitzung des Ausschusses am 17. Nov. 1948 wurde der Zusatz in der 6. Sitzung des HptA am 19. Nov. 1948 endgültig abgelehnt. Vgl. Der Parl. Rat Bd. 3, Dok. Nr. 14, S. 504; Dok. Nr. 15, S. 563; Dok. Nr. 20, S. 597–600; Parl. Rat, Verhandlungen, S. 78.

nur durch internationale Vereinbarungen getroffen werden könne, sei zu umständlich.
Der Schutz des Bundes sei ein wesentlicher Teil der Souveränität und solange diese nicht besteht, würde es überflüssig oder gar schädlich sein, davon zu sprechen.

2. Schutz des Bundes nach innen = Polizei. Gefordert: Grundsatzgesetzgebung für die Polizei mit Hinweis auf Verhältnisse in der Ostzone.
Nicht gefordert wird von der SPD eine Bundespolizei und auch nicht eine Bundeskriminalpolizei.
Aber gewünscht wird eine Bundesexekutivreserve. Der Bund soll die Möglichkeit haben, auf die Polizeikräfte irgend eines Landes zurückzugreifen, wenn in einem Land die Voraussetzungen einer demokratischen Verfassung nicht mehr gegeben sind und dann soll ein Eingriff vom Bund aus möglich sein[26]).

3. Für das Beamtenrecht sollen einige wenige Grundsätze aufgestellt werden, damit eine zu weitgehende Zersplitterung vermieden wird[27]).

4. Flurbereinigung.
Sowohl die Durchführung der Bodenreform wie auch die allgemeine Notwendigkeit, alles anbaufähige Land bestens auszunützen, machen die Durchführung der Flurbereinigung zu einer dringlichen Angelegenheit. Der Bund soll die Möglichkeit bekommen, die Durchführung der Bodenreform anzuordnen. Alle Einzelheiten sollen den Ländern überlassen bleiben[28]).

V. BUNDESPRÄSIDENT

Es muß entschieden werden, ob die Einrichtung eines Bundespräsidenten grundsätzlich vorgesehen aber zunächst nicht in die Tat umgesetzt werden soll, solange Militärregierungen in Deutschland über der deutschen Regierung stehen[29]).
Für einige weitere Punkte, insbesondere Wiederherstellung des Art. 107[30]) in irgendeiner Form und wegen Bundeszwang, wurden Einigungsmöglichkeiten innerhalb des Ausschusses dargetan.

---

[26]) Vgl. die Behandlung in der 5. Sitzung des Ausschusses für Zuständigkeitsabgrenzung am 29. Sept. 1948. Der Parl. Rat Bd. 3, Dok. Nr. 5, S. 174–222.
[27]) Vgl. die Behandlung in der 8. Sitzung des Ausschusses für Zuständigkeitsabgrenzung am 6. Okt. 1948. Der Parl. Rat Bd. 3, Dok. Nr. 9, S. 332–336.
[28]) Der Ausschuß für Zuständigkeitsabgrenzung beschäftigte sich damit umfassend zuletzt in seiner 11. Sitzung am 13. Okt. 1948. Der Parl. Rat Bd. 3, Dok. Nr. 9, S. 476–479.
[29]) Vgl. dazu Dok. Nr. 5, Anm. 5.
[30]) Vgl. dazu Dok. Nr. 5, Anm. 6.

VI. DAS WAHLRECHT

SPD, FDP, Zentrum und KPD sind für das Verhältniswahlrecht; CDU/CSU und DP für das Mehrheitswahlrecht[31]).
Man wird sich wahrscheinlich auf einer mittleren Linie treffen.

[31]) Im Wahlrechtsausschuß kam es in der 8. Sitzung am 14. Okt. 1948 zu einer ersten Abstimmung über die drei bis dahin als Vorschlag eingebrachten Wahlsysteme. Vgl. Der Parl. Rat Bd. 6, Dok. Nr. 8, S. 209–245.

Nr. 7
Interfraktionelle Besprechung
27. Oktober 1948

BayHStA NL Pfeiffer 219. Ungez. undat. Mitschr. von Pfeiffer in Gabelsbergerscher Kurzschrift

CDU/CSU: Adenauer (Präs.), Lehr, von Mangoldt, Pfeiffer, Süsterhenn
SPD: Katz, Menzel, Schmid, Schönfelder, Suhr
FDP: Heuss, Höpker Aschoff
DP: Seebohm
Zentrum: Brockmann

Beginn: 15.30 Uhr

[BUNDESRAT][1])

Katz: [Man sollte] gewisse Gesetze mit erhöhtem Votum ausstatten. Bundesrat normale Gesetzgebung mit 2/3 Überstimmung, qualifiziertes Votum. Wenn nicht, das gemischte System.
Süsterhenn hat vorgeschlagen, eine gemischte Kompromißlösung. Gleichberechtigung. Bis auf die Gleichberechtigung.

---

[1]) In der Sitzung der CDU/CSU-Fraktion am 26. Okt. 1948 gab „Abg. Dr. Lehr einen kurzen Überblick über die morgen nachmittag um drei Uhr wieder beginnenden interfraktionellen Besprechungen, die zunächst weiter von dem gewählten kleinen Viererausschuß geführt werden. Es handelt sich darum, in folgenden Fragen eine weitere Klärung zu schaffen: 1) Zusammensetzung und Befugnisse der Zweiten Kammer, 2) Finanzfrage, 3) Wahlrechtsfrage, 4) Frage des Bundespräsidenten." Vgl. Salzmann, S. 86.
Der interfraktionellen Besprechung ging am 26. Okt. 1948 ein Gespräch des bayerischen MinPräs. Ehard mit dem Abg. und nordrhein-westfälischen Justizminister Menzel voraus, in dem zur Frage des Senates eine Einigung getroffen wurde. Pfeiffer, der dieses Gespräch vermittelt hatte und der Begegnung beiwohnte, hatte – vermutlich im Gegensatz zu Menzel, seine Fraktion nicht informiert. Als Adenauer nach der interfraktionellen Besprechung vom 27. Okt. 1948 davon erfuhr, berief er am 28. Okt. 1948 eine Sitzung der CDU/CSU-Fraktion ein, in der er seinen Eindruck aus dieser interfraktionellen Besprechung vortrug: „Anschließend [nach dem Gespräch Ehard/Menzel] hat dann die interfraktionelle Besprechung mit den Sozialdemokraten, der DP, dem Zentrum und den Demokraten stattgefunden. Von unserer Seite waren anwesend Dr. Pfeiffer, Dr. Süsterhenn, Dr. [von] Mangoldt und Dr. Lehr und ich. Herr Katz von der SPD machte den Vorschlag, der dem gentleman's agreement entsprach, erklärte aber in auffälliger Weise, daß er rein persönlich spreche. So auffällig, daß man naturgemäß annehmen konnte, er spricht nicht persönlich. Herr Minister Pfeiffer hat dem Vorschlag des Herrn Katz zugestimmt, wir anderen von der Fraktion haben eine andere Stellung eingenommen. Die Sozialdemokraten waren sehr ungehalten darüber, haben mir allerdings gestern abend [27. Okt. 1948] gesagt, sie seien doch selbstverständlich der Auffassung, daß Herr Staatsminister von dem Abkommen, das mit der SPD getroffen worden sei, seine Fraktion in Kenntnis gesetzt habe. Sie hätten deshalb unser Benehmen nicht verstanden. Ich habe den Herren offen gesagt, daß wir nichts gewußt haben von diesem gentleman's agreement." Vgl. Salzmann, S. 92. Vgl. dazu auch Der Parl. Rat Bd. 9, Dok. Nr. 10, S. 532 f., Anm. 60. Vgl. auch oben die Einleitung S. XXII f.

Seebohm: Gute Verhandlungsgrundlage, besonders weil bei bestimmten Gesetzen Übereinstimmung verlangt worden ist.
Heuss: Zunächst Bundesrat als echte Funktion erhalten bis im Kuriersystem. Ganz gut für die Legislative Bundesrat mit senatorischer Schleppe[2]); bei Legislative besondere Betonung.
von Mangoldt: [Es handelt sich] nicht [um] eine Mischung der ganzen Prinzipien, sondern im Senatsprinzip [ist] ein neuer Gedanke eingeführt, der das Senatsprinzip hebt. Senat muß eine andere Zusammensetzung haben wie die andere Kammer, sondern soll eine Kammer der Erfahrung sein, der die ihm zukommende Aufgabe wirklich erfüllen kann. Nur Praxis kann erweisen, was gut ist, ob nicht ein Auseinanderfallen eintreten kann. Vorschlagsrecht der Landesregierung. Alle Vorschriften dem Landesgesetz überlassen. Gesamtsenat nur bei Legislative nicht ein Kompromiß, sondern eine neue Schau.
Katz: 1) Finanzhoheit beim Bund nur dadurch die Bundesrat-Lösung möglich. Weil so die Landesregierung zur Geltung kommt. Die SPD wird nicht auf die gemischte Funktion eingehen. Nur so ist es möglich, daß die Fraktion den Senatsvorschlag verläßt. Zusammensetzung des Bundesrates: Größter Wert, daß jedes Land gleich vertreten wird. Ungleichheit innerhalb der Länderkammer unmöglich. Zu unterscheiden zwischen groß und klein, arm und reich. Alle Länder gleiche Stimme im Bundesrat. Bei Finanzausgleichsgesetzen und bei allen Ausführungsbestimmungen die volle Zustimmung des Bundesrates fordern.
Schmid: [Es ist] nicht leicht, vom Senat herunterzukommen. [Der] Vorschlag für [das] Mischsystem [war] nicht als Kompromiß gedacht. Aber ein Bedenken steht gegenüber. Das ist [die] Frage, ob nicht die Klarheit der Verantwortlichkeit vermischt wird. Ein Grundsatz nötig, daß sämtliche Stellen, die bei uns politische Gewalt ausüben, klar umschrieben sein müssen. Wenn Vertreter der Regierung in ähnlichen solchen Länderkammern, dann lieber ein Vertreter der Regierung. Man muß wissen, einige Länderregierungen und nicht einige Senatoren. Man muß auf den richtigen Gegner vorstoßen können.
[Präs.] Adenauer: [Das] Versagen des Reichstags [bestand] – für seine Person – [in der] Vielzahl der Parteien und weil er keine Konkurrenz hatte. [Die] Verfassung von Weimar krankte daran, daß sie keine vollwertige zweite Kammer hatte. Es wären zwei Maßnahmen nötig gewesen:

1) Zweite Kammer,
2) ein[ige] Gesetze vorlegen bei anderen Kammern.

[Er] warnt vor einem Bundesrat, das heißt: Beauftragten der Landesregierung. Die Herren mögen formell Freiheit haben. Vorschlag von Heuss sehr prüfenswert. Wenn diese Kammer so zusammengesetzt wird, wie vorgeschlagen, und sie treten zusammen als eigene Kammer, dann wäre es recht gut. Bedenken gegen die Bestimmung, daß die selber sagen, wie die zweite Kammer zusammengesetzt werden kann. Eine Kammer, die nur auf Veto abgestellt wird, kommt von Anfang an in einen gewissen Gegensatz zur anderen Kammer.

---

[2]) Vgl. dazu auch Salzmann, S. 194.

Zusammenarbeit ist der wichtigste Punkt. Größter Wert darauf gelegt, daß nur ein Gebäude sein darf und nur eine Restauration und daß sie gleichzeitig tagen. Dadurch die wirkliche [...][3])

Pfeiffer[4])

Schmid: Fraktionssitzungen in allen Ehren. Wenn wir zu einer Einigung kommen wollen [muß diese in interfraktionellen Besprechungen herbeigeführt werden].

[Präs.] Adenauer: Zur Methode. Arbeitsausschüsse über Ergebnisse der Fachausschüsse. – Bei dieser Übersicht zeigt sich manche Unübersichtlichkeit. 2. Lesung in den Fachausschüssen gewünscht. Vorschlag: Durcharbeitung der bisherigen Ergebnisse in den Fraktionen, gleichzeitig interfraktionelle Besprechungen. 2. Lesung in den Ausschüssen. Dann der Hauptausschuß. In der Zwischenzeit würden wir in den Besitz des Besatzungsstatuts kommen[5]).

Schönfelder: [Es ist] nicht nötig, [die] 2. Lesung vorzunehmen. [Es ist vielmehr] notwendig, daß die interfraktionelle Besprechung fortgesetzt wird. Den meisten von uns sind die Gegensätze klar. Wir könnten die Entscheidung treffen, ehe wir in den Hauptausschuß gehen. [Die] Hauptschwierigkeit [besteht darin]:

1) Ist erste und zweite Kammer gleichberechtigt?

2) Finanzverwaltung.

Brockmann: Stimmt Pfeiffer und Seebohm zu.

Zu dem Vorschlag Katz [hält er fest: er] kann sich weitgehend [damit] befreunden.

Suhr: Sehr ungeduldig, zu Ergebnis zu kommen. – Verfehlt, in den Ausschüssen eine 2. Lesung zu machen, ohne zu wissen, wie sich das Kompromiß abzeichnet. Daher 2. Lesung, wenn die Verständigung sich abzeichnet. Man kann anhängen eines der beiden Prinzipien. Schwer, sich einem Kompromißvorschlag zuzuwenden. Bei Kreuzungen unfruchtbar. Klarheit der politischen Verantwortung nötig und politische Funktionsfähigkeit. Bei gemischt gewählten Organen kommt man nicht um eine Fraktionsbildung herum. Mischung stellt keine Brücke dar. Unterstützt Vorschlag, weil Anhänger des Senatsgedankens.

Lehr: Im Ausschuß [für die Organisation des Bundes habe] Katz klar für das Senatsprinzip [gesprochen]. Heute Umleitung bewußt vollzogen auf Kosten der „Gleichwertigkeit". In der Fraktion beide einig. Auch die Vertreter des Bundesrates nicht gewillt, dieses Prinzip zu erkaufen auf Kosten der Gleichwertigkeit. Man muß ausgehen von dem schwächlichen System einer Unterlegenheit der zweiten Kammer. Auch [...][6]) Verhandlung: Zwei Kurien, von denen eine oft in Durch- und Ausführungsverordnungen ausschlaggebend ist. Gleiche Stärke ohne Rücksicht auf Größe und Leistungsfähigkeit. Widerspruch: Die Mitwirkung muß der Leistung entsprechen. Es entstehen ungesunde Verhältnisse, wenn man die

3) Der Beitrag von Adenauer wurde nicht zu Ende protokolliert.

4) Pfeiffer hat seinen eigenen Beitrag nicht stenographiert.

5) Zur Frage des Besatzungsstatuts vgl. Der Parl. Rat Bd. 4 und Bd. 8.

6) Wort nicht entzifferbar.

so unterschiedlichen Verhältnisse im Bund überdecken will durch gleichmäßige Vertretung. Ungleiche Möglichkeit in der Kurienaufteilung.

Katz: Für seine Person gesprochen, Hauptgegenstand, der uns entgegenstand, war, daß die Landesregierungen meinten, nicht genügend vertreten zu sein.

1) Senat fallen lassen,
2) Gleichwertigkeit in jenen Fragen, bei denen die Länder ein besonderes Interesse haben.

Nicht in der Fraktion sprechen, ehe hier eine gewisse Möglichkeit vorliegt. Wir beide müssen von unserer bisherigen Linie herunter.

von Mangoldt: Hinsichtlich der Notwendigkeit der Klarstellung der politischen Verantwortung der gleichen Auffassung wie Adenauer. Dieser Zwang kann nur eintreten, wenn beide Kammern gleichwertig sind. Wenn nur Vetorecht gegeben, der andere Teil nur Obstruktion.

Mangoldt [stellt eine] andere Frage: Verbindung mit dem Prinzip der Länder. Durchführung der Gesetze durch die Länder, das heißt: Bindung der beiden Prinzipien. – Widerspruch der Auffassung, daß bei dem Mischsystem keine klare Verantwortlichkeit vorhanden sei. Sind die Senatoren bei Mischprinzip denn nicht Ländervertreter? Auf Versuch ankommen lassen.

Schmid: Gleichwertigkeit oder Vollwertigkeit hat sich klar daraus entwickelt, daß diese Kammern ursprünglich privilegierte Kammern waren.

Träger
Kompetenz verschieben } Vollwertigkeit
bei anderen Gesetzen

Mit Substanz und Zuständigkeit nicht mittelbar in Verbindung. Ein solches Privileg nicht berechtigt. Wenn dann bei anderen Gesetzen Zwei-Drittel-Mehrheit zur Überwindung des Vetos nötig ist, dann kann normal kaum etwas passieren.

Mit [dem] Vorschlag [von] Katz [bleibt] das System der Vollwertigkeit in den wichtigen Dingen voll gewahrt.

Wenn die zweite Kammer nicht durchgehend vollwertig ist, ist das ein Einwand, der vorgebracht wurde, als man von der absoluten zur konstitutionellen Monarchie überging. Eine Dignität wie der König von England. Wenn Zweikammersystem besteht, wechselt man hinüber in eine chambre de reflexion aus einer privilegierte Kammer. Wenn eben eine Zwei-Drittel-Mehrheit nötig ist, wird praktisch das gleiche Resultat erreicht wie bei voller Gleichwertigkeit.

Gegen [den Vorschlag von] Mangoldt: ein solcher Senat müßte nicht notwendig ein Spiegelbild [sein]. Bund: Mehrheitswahlrecht. – In Gemeinden und Länder das Verhältniswahlrecht. Fraktionsbildung war der Württembergischen Verfassung von 1818 verbunden[7]). Gleichheit der Länder in der Vertretung:

[7]) Die Verfassungsurkunde für Württemberg vom 25. Sept. 1819 sah in § 133 und § 162 eine Zusammensetzung der zweiten Kammer (Kammer der Abgeordneten) aus „verschiedenen Classen" vor. Für den Wortlaut der Verfassungsurkunde vgl. Ernst Rudolf Huber (Hrsg.): Dokumente zur Deutschen Verfassungsgeschichte, Bd. 1: Deutsche Verfassungsdokumente 1803–1850. 3. neubearbeitete und vermehrte Auflage. Mainz 1978, S. 203 und 210.

Da kommt zum Ausdruck der wahre föderalistische Gesichtspunkt, jedes Glied das gleiche spezifische Gewicht. Würde das auch sagen bei einem Land. Würzburg.

Höpker Aschoff: Für einen Finanzminister ist es wertvoll, eine zweite Kammer zu haben. Besonders [zeigte sich das im] Preußischer Staatsrat. – Bei Mischform haben wir die Möglichkeit, das Gremium der Regierungsvertreter überall einzuschalten, wenn es sich um Durchführung der Finanzgesetze handelt, auch bei der Besetzung der hohen Stellen der Finanzverwaltung, oder wenigstens die Länder einzuschalten.

Mit den Finanzbeschlüssen wird den Ländern viel zugemutet. Die neue Bestimmung würde es den Ländern sehr erleichtern zuzustimmen. [Der] Finanzausgleich [ist] von entscheidender Bedeutung für die Länder. Wenn Gleichberechtigung der Länder eingeräumt würde, Zustimmung zur Finanzverwaltungsregelung leichter für die Länder. Mischung: Die Kurie der Regierungsvertreter müßte seine Bürokratie sein. Es erscheint bei wichtigen Fragen kein Bürokrat, sondern Vertreter der Regierung. Die Gewählten kommen von den Landtagen. Bindungen vorhanden, die sich aus den Bindungen der Parteien [ergeben].

Schönfelder fragt, [auf welche Kriterien die] Auswahl beruht der Regierungsvertreter.

[Präs.] Adenauer: Preußischer Staatsrat: Kleines Recht. Bei Ausgabenbeschlüssen des Landtags, die über den Etat hinaus gingen, im übrigen Vetokammer. Wenig Veto, weil alle Fraktionen einsahen, daß es keinen Zweck hatte. Der Landtag war gewöhnlich geschlossen für die Verwerfung des Vetos. Keine Vetokammer machen. Gegenwärtig wird die Sache behandelt unter dem Eindruck der politischen Lage in den drei Westzonen. Wir sind alle brave Parteien. Es wird eine rechtsradikale Partei kommen, [die] sich auf breite Volksschichten stützt.

Die politische Lage wird auf lange Zeit sehr labil sein. Daher eine zweite Kammer Senat, die weniger labil ist und ruhiger urteilt. Kein Privileg. Das deutsche Volk ist sehr labil.

[Pfeiffer:][8]) Man setzt demgegenüber den Gedanken, die Ländervertretung zur zweiten vollwertigen Kammer schaffen.

Seebohm: Wenn man mit der Radikalisierung rechnet, dann eben nicht Senat. Die Länder sind viel widerstandsfähiger. Vorschlag führt das Gesamtproblem einer einheitlichen Lösung entgegen. Vorschlag ist etwas mehr als der alte Bundesrat, er wird mehr als eine reine Vetokammer. Halbkantone Bremen, Hamburg. Zustimmung der Länder möglich.

Menzel: Bis 1/2 7 Uhr verhandeln, mit dem Ergebnis vor die Fraktionen treten.

Süsterhenn unterschreibt Kompromiß betreffend Finanzen.

Heuss: Gehört zum Föderativen die gleichmäßige Vertretung.

[Präs.] Adenauer: Methodischer Vorschlag, Hauptausschuß erst übernächste Woche möglich.

---

[8]) Vorlage: „Meine Bemerkung". Bezieht sich wohl auf den Protokollanten Pfeiffer.

Dienstag [den 2. November 1948] 4 Uhr [interfraktionelle Besprechung][9]).

[9]) Der Beschluß wurde am 28. Okt. 1948 in der Sitzung der CDU/CSU-Fraktion durch Pfeiffer bekanntgegeben. Vgl. Salzmann, S. 103.
Zur interfraktionellen Besprechung am 2. Nov. 1948 vgl. Dok. Nr. 8.
Leisewitz berichtete am 30. Okt. 1948 an das BdMinPräs. in Wiesbaden: „Die CDU/CSU-Fraktion hat nämlich den Präsidenten des Rates gebeten, ab Mittwoch, den 3. Oktober, nachmittags 16 Uhr keine Ausschußsitzungen oder interfraktionelle Besprechungen mehr anzusetzen. Als Anlaß für dieses Ansinnen gilt die Spaltung innerhalb der CDU/CSU, besonders über die Frage Bundesrat oder Senat. Bekannt ist ja, daß Präsident Adenauer dem Senatsgedanken recht nahe steht; es wird aber nun fast unverblümt der CDU, die er führt, der Vorwurf des Paktierens mit der SPD gegen die CSU gemacht. Diese Zwietracht innerhalb der CDU/CSU hat schon seit mehreren Tagen dazu geführt, daß die Fachausschüsse des Rates sich immer wieder vertagten oder die Arbeit den Redaktionsausschüssen überlassen. Die SPD ihrerseits soll bereit sein, einen reinen Bundesrat zuzugestehen, der aber keine echte Länderkammer sein würde, da er nach Auffassung der SPD nur ein Vetorecht haben soll. Einen Kompromiß wie den von Dr. Lehr in der Plenarsitzung vorgeschlagenen verwirft sie rundweg. Die SPD besteht jedenfalls auf die Abhaltung der für Dienstag anberaumten interfraktionellen Besprechung. Sollte die CDU/CSU daran nicht teilnehmen, so will die SPD-Fraktion auf kommenden Freitag den Hauptausschuß und unter Umständen eine neue Plenarsitzung zusammenrufen.“ Vgl. BA Z 12/118, Bl. 14.

Nr. 8
Interfraktionelle Besprechung
2. November 1948

BA Z 12/118, Bl. 1–4. Bericht von Leisewitz an das BdMinPräs. in Wiesbaden vom 3. Nov. 1948 (Auszug)

Anwesnd[1]):
CDU:[2]) Adenauer (Präs.), Lehr, Süsterhenn[3])
SPD:[4])

Beginn: [vermutlich Nachmittags]

1. Die interfraktionellen Besprechungen im Parlamentarischen Rat wurden, wie vorgesehen[5]), am gestrigen Dienstag [den 2. November 1948] fortgesetzt. Ein bayerischer Vertreter war nicht anwesend. Deshalb unterblieb die Beratung der Themen „Finanzhoheit" und „zweite Kammer". Diese beiden Probleme, dazu das des Bundespräsidenten[6]) und des Wahlrechts[7]) bleiben also weiter offen.

---

[1]) Eine Anwesenheitsliste war nicht ermittelbar.

[2]) Süsterhenn berichtete – erst nach ausdrücklichem Wunsch von Brentano – über die interfraktionelle Besprechung vom 2. Nov. 1948 in der Sitzung der CDU/CSU-Fraktion am 3. Nov. 1948: „Nachdem die [CDU-]Fraktion [am 28. Okt. 1948 (Salzmann, S. 109] beschlossen hatte, keine interfraktionellen Besprechungen am Dienstag stattfinden zu lassen, habe ich es der SPD mitgeteilt. Am selben Abend hatte die SPD noch eine Fraktionssitzung und hat erklärt, daß sie die Besprechung weiterführen würde und ohne uns mit den anderen Parteien Beschlüsse fassen würde. Ich habe erklärt, daß sie sich ohne uns nicht einigen können. Ich habe das mit Dr. Adenauer und den noch anwesenden Kollegen besprochen, und da habe ich mich entschlossen, die interfraktionellen Besprechungen, die von der SPD auf alle Fälle fortgeführt wurden, zu erscheinen und um Absetzung zu bitten und um zu horchen. Bei der interfraktionellen Besprechung waren anwesend Herr Dr. Adenauer und Herr Dr. Lehr. Die Unterhaltung ging um den Bundespräsidenten, um Art. 42 und Art 107. Die beiderseitigen Standpunkte wurden unverbindlich besprochen und die SPD ließ die Absicht erkennen, Art. 42 ganz zu streichen und Art. 107 eine konkretere Fassung zu geben. Es wurde beschlossen, am Freitag vormittag [5. Nov. 1948] die Besprechungen fortzusetzen, da bis dahin weiteres in der Fraktion erarbeitet ist. Man einigte sich weiter, daß nächste Woche der Hauptausschuß beginnen soll, und zwar über Artikel, die unstreitig sind und verlesen werden können. Außerdem wurde eine Dreierkommission aufgestellt (Dr. v. Brentano, Herr Zinn und Dr. Dehler), um die 137 Artikel noch besser zu fassen. Wir waren uns darüber einig, daß es sehr großzügig gehandhabt werden soll." Vgl. Salzmann, S. 115 f.

[3]) Adenauer erklärte in der Sitzung der CDU/CSU-Fraktion am 3. Nov. 1948, „daß er für die interfraktionellen Besprechungen verantwortlich ist. Ich hatte vorher mit Dr. Süsterhenn abgesprochen, daß er als Beobachtungsposten hingehen soll. Carlo Schmid hat mich gestern gebeten wenigstens eine Stunde über unverfängliche Dinge dort zu erscheinen. Nachdem er mich gebeten hatte, habe ich angenommen, daß die gesamte Fraktion dem zugestimmt hätte, daß man einem solchen Wunsch Folge leistet." Vgl. Salzmann, S. 117.

[4]) Vermutlich waren wenigstens Menzel und vielleicht Schmid anwesend.

[5]) Vgl. Dok. Nr. 7, Anm. 8.

[6]) Vgl. Dok. Nr. 6.

[7]) Vgl. Dok. Nr. 6.

Nur die Schärfe der Gegensätze scheint etwas gemildert; auch der stellvertretende Vorsitzende der CDU/CSU-Fraktion[8]) hat nunmehr den gemeinsamen Willen der Fraktionen festgestellt, Zugeständnisse in dieser oder jener Form zu machen.

Debattiert wurde u.a. der Art. 42, nach dessen Wortlaut die Ausführung der Bundesgesetze Sache der Länder ist[9]). Nach Ansicht des Sprechers der SPD[10]) ergibt sich hieraus eine zu starke Blockierung des Bundes angesichts der Labilität der Zeiten.

Prof. Schmid stellte im übrigen zu der Meldung aus Speyer[11]), nach der die sozialdemokratische Fraktion im Parlamentarischen Rat von dem SPD-Vorstand beauftragt worden sei, mit der CDU-Fraktion die Möglichkeit eines von beiden Parteien zu billigenden Verfassungsentwurfs zu beraten, fest, daß die SPD-Fraktion des Rates ihre Handlungs- und Bewegungsfreiheit unverändert behielte; eine derartige Weisung sei von Speyer nicht ergangen.

Die interfraktionellen Gespräche sollen am Donnerstag[12]) weitergeführt werden. Daneben werden aber die Beratungen innerhalb der Fraktionen fortgesetzt, in denen der ganze Fragenkomplex ständig von neuem aufgerollt wird[13]).

---

[8]) Erster stellv. Vors. war Süsterhenn; zweiter stellv. Vors. war Rönneburg, nach dessen Ausscheiden wurde Lehr gewählt. Vgl. Salzmann, S. XXII.

[9]) Für den Wortlaut des Art. 42 in der Formulierung des Fachausschusses vgl. Der Parl. Rat Bd. 7, Dok. Nr. 1, S. 12.

[10]) Sprecher der SPD war vermutlich Menzel oder Schmid.

[11]) In Speyer fand am 29. und 30. Okt. 1948 eine Sitzung des Parteivorstands der SPD statt: „Im Mittelpunkt der Beratung des ersten und zweiten Tages standen die Arbeiten des Parlamentarischen Rates in Bonn. Hierbei wurde eingehend über das Problem der zweiten Kammer, das Amt des Bundespräsidenten und den § 42 des Herrenchiemseer Entwurfes, der die Kompetenzabgrenzung zwischen Bund und Länder enthält, debattiert. Carlo Schmid und Walter Menzel berichteten über den gegenwärtigen Stand der Diskussion im Parlamentarischen Rat und zeigten die zwischen den beiden großen Fraktionen bestehenden Meinungsverschiedenheiten auf. Nach längerer Diskussion stellte der Vorstand, den einige führende Mitglieder der Fraktion des Parlamentarischen Rates ergänzten, die völlige Übereinstimmung von Vorstand und Fraktion über den weiterhin in Bonn einzuschlagenden Weg fest. Nach sozialdemokratischer Auffassung ist ein positives Ergebnis der Bonner Beratungen dringend erwünscht, ebenso daß beide große[n] Fraktionen zu einem gemeinsamen Beschluß kommen. Vorstand und Fraktion halten es außerdem für dringend erforderlich, daß die Beratungen beschleunigt abgeschlossen werden. Nach Auffassung der SPD sollte man unter allen Umständen bemüht sein, noch bis Ende November zu einem Ergebnis zu kommen. Darum wird die SPD-Fraktion Vorschläge zur Beschleunigung der Beratungen einbringen. [...] Auf einer Pressekonferenz erläuterte Erich Ollenhauer die voneinander abweichenden Ansichten der beiden großen Fraktionen in Bonn [...].“ Vgl. Neuer Vorwärts, 6. Nov. 1948.

[12]) Donnerstag, den 4. Nov. 1949.

[13]) In der 19. Sitzung des Ausschusses für Organisation des Bundes vom 3. Nov. 1949 wurde erwähnt, daß auch die unklare Formulierung des Art. 107, der die Zustimmung der Länderregierungen bei Gesetzen, die die Rechtsstellung der Länder ändert, in der interfraktionellen Besprechung thematisiert worden sei. Vgl. PA 5/Prot. Organisationsausschusses.

2. Aus der gestrigen[14]) interfraktionellen Debatte ist ein Redaktionskomitee[15]) entstanden, das sich aus einem Vertreter der SPD (Zinn) und einem Vertreter der CDU (von Brentano) und einem noch nicht bestimmten Angehörigen einer kleineren Partei zusammensetzen soll. Voraussichtlich wird ein Vertreter der FDP diesen dritten Platz einnehmen[16]).
Dies[es] Redaktionskomitee soll binnen einer Woche die bisher von den Fachausschüssen geleistete Arbeit durchsehen und koordinieren[17]), so daß der Hauptausschuß mit großer Wahrscheinlichkeit Mitte der nächsten Woche zusammentreten wird. Von Seiten der SPD will man hierauf bestehen. Seine Sitzungen sollen presse-öffentlich sein.
Ein Mitglied des Sekretariats des Parlamentarischen Rates erkundigte sich in diesem Zusammenhang, ob außer dem Vertreter Bayerns auch Vertreter anderer Länder an den Sitzungen des Hauptausschusses teilnehmen würden. Ich habe mich in dieser Frage jeder Stellungnahme enthalten und dem Fragesteller anheimgestellt, erst einmal innerhalb des Parlamentarischen Rates eine Klärung der Frage herbeizuführen, ob diese Ländervertreter dann auch ein Mitspracherecht haben würden[18]). Weiterer Bericht hierüber bleibt vorbehalten.

3. In den interfraktionellen Besprechungen kam auch die Hoffnung zum Ausdruck, daß der Parlamentarische Rat seine Arbeiten bis Anfang Dezember zu Ende geführt haben würde. Bedingung dafür allerdings sei, mit den Worten von Prof. Carlo Schmid, daß das Besatzungsstatut[19]) vorher bekannt geworden ist. Von seinem Inhalt würde es außerdem abhängen, ob verantwortungsbewußte Deutsche künftig die politischen Pflichten übernehmen könnten, für die das Grundgesetz die formale Grundlage schaffe.
Sollte das Besatzungsstatut bis zu diesem Zeitpunkt nicht bekannt werden oder nicht mindestens wesentliche, detaillierte Einzelheiten vorliegen, so würde die Arbeit des Rates nach der 2. Lesung im Plenum abgestoppt und an die Militärgouverneure herangetreten werden, um diese Einzelheiten in Erfahrung zu bringen.

---

[14]) 2. Nov. 1949.

[15]) Adenauer schlug bereits in der Sitzung der CDU/CSU-Fraktion am 26. Okt. 1948 vor: „Die bisher geschaffenen Artikel des Grundgesetzes müssen noch redaktionsmäßig überarbeitet werden. Es soll kein besonderer Ausschuß gewählt werden, sondern nur vier Leute – von der CDU, von der SPD, der FDP und von der DP – sollen die Überarbeitung vornehmen. Für die Fraktion der CDU wird Dr. v. Brentano vorgeschlagen, der annimmt.“ Vgl. Salzmann, S. 87.

[16]) Hinzu kam Dehler. Vgl. Anm. 2.

[17]) Die Arbeit des Redaktionskomitees wurde später stark kritisiert, weswegen am 11. Nov. 1948 im Ältestenrat eine genaue Vorgehensweise vereinbart wurde. Vgl. Der Parl. Rat Bd. 10, Teil A Dok. Nr. 12, S. 34.

[18]) Die Teilnahme von Ländervertretern wurde auch im Geschäftsordnungsausschuß diskutiert. Eine direkte Beteiligung der Länder sah die Geschäftsordnung nicht vor, doch signalisierte der Parl. Rat seine grundsätzliche Gesprächsbereitschaft und ermöglichte eine indirekte Einflußnahme durch die MinPräs. Zur Lösung der Frage in der 2. Sitzung des HptA am 11. Nov. 1948 vgl. Der Parl. Rat Bd. 10, S. XLVI f. Vgl. auch Dok. Nr. 11.

[19]) Zum Besatzungsstatut vgl. Der Parl. Rat Bd. 4.

Hierzu erklärte mir der amerikanische Verbindungsoffizier, Mr. Pabsch[20]), heute, der Parlamentarische Rat würde diese Grundzüge erhalten, ehe er in dieses kritische Stadium seiner Beratung einträte.
Im Anschluß daran gab Mr. Pabsch eine Darstellung der Unterschiede in den Auffassungen der Alliierten zum Besatzungsstatut, die im wesentlichen mit der Schilderung der Lage übereinstimmt, wie sie im Bericht Nr. 135, Az: 082, vom 30. Oktober 1948, Seite 7 und 8 gegeben wurde[21]).
Auch die Franzosen, so meinte er aber, würden sich mit einer dreigegliederten Spitze einverstanden erklären, wenn erst einmal der Zusammenschluß der Südweststaaten[22]) vollzogen sei. Die Schwierigkeit sei nur, daß sie, die Franzosen, auf Einstimmigkeit in dieser Spitze beständen, was nach den Erfahrungen in der UNO[23]) und anderwärts nicht durchführbar sei.

---

[20]) Zum amerikanischen Verbindungsoffizier Anthony F. Pabsch vgl. Der Parl. Rat Bd. 8, S. XVII.

[21]) Vgl. den Bericht von Leisewitz vom 30. Okt. 1948 an das BdMinPräs. in Wiesbaden in: BA Z 12/118, hier Bl. 12 f. Hierin wurde u.a. wiederholt, daß sich die Alliierten bemühen würden, die zugesicherte Bekanntgabe des Besatzungsstatuts bis zum 15. Nov. 1948 einzulösen.

[22]) Zum Südweststaat vgl. Jürgen Klöckler: Abendland – Alpenland – Alemannien. Frankreich und die Neugliederungsdiskussion in Südwestdeutschland 1945–1947. München 1997 (Studien zur Zeitgeschichte). Vgl. Der Parl. Rat Bd. 1, S. LXVIII.

[23]) Die am 1. Jan. 1942 mit der „Declaration by United Nations" von 26 im Kriegszustand mit den Achsenmächten befindlichen Staaten gegründeten Vereinten Nationen (UN) wurden auf Beschluß der Moskauer Konferenz 1943 zu einer umfassenden Organisation umgebildet. In der am 26. Juni 1945 vereinbarten Charta der UN wurde für Beschlüsses des Sicherheitsrats, einem von sechs Hauptorganen, ein Abstimmungsverfahren eingeführt, daß ein Vetorecht eines der ständigen Mitglieder einräumte bei Beschlüssen zur friedlichen Beilegung von Streitigkeiten (Kapitel VI) und von „örtlich begrenzten Streitigkeiten durch Inanspruchnahme dieser regionalen Abmachungen oder Einrichtungen" (Kapitel VIII, Art. 52). Für den Wortlaut der Charta der UN vgl. Leland M. Doodrich: Charter of the United Nations. Commentary and Documents. New York, London 1969. Für einen deutschen Wortlaut vgl. Europa-Archiv 1947, S. 345–352.

Nr. 9
Interfraktionelle Besprechung
4. November 1948

BayHStA NL Pfeiffer 219. Ungez. Mitschr. von Pfeiffer in Gabelsbergerscher Kurzschrift vom 4. Nov. 1948

Anwesend:
CDU/CSU: Laforet, Lehr, von Mangoldt, Pfeiffer, Süsterhenn
SPD: Katz, Menzel, Schmid, Schönfelder
FDP: Heuss, Schäfer
DP: Seebohm
Zentrum: Brockmann

Beginn: [Nachmittags][1])

[1. TERMINPLANUNG]

1) Mitteilung *Pfeiffer* über die neuen uns interessierenden Punkte.
2) Regelung[2]).
Donnerstag, [den 11. November 1948,] 10 Uhr Hauptausschuß.
Dienstag, [den 9. November 1948,] 16 Uhr Interfr[aktionelle Besprechung] bis 19 Uhr
Mittwoch, [den 10. November 1948,] 16 bis 19 [Uhr, interfraktionelle Besprechung][3])

[2. AUSFÜHRUNG VON BUNDESGESETZEN]

Laforet: Legt die gleichen Gesichtspunkte dar wie in der Fraktion[4]). Fragt nach der Beanstandung.
Menzel: Sachdarstellung ist durchaus richtig: bei Verständigungen. – Die Lenkung durch Gesetze beim Bund. – Aber bejahen die echte Dezentralisierung, so daß die Länder die Durchführung haben. – Welche Aufgaben die Länder in Selbstverwaltung und Schöpfung durchzuführen und welche Dinge als Bundesauftragsverwaltung. – Was wollen wir den Ländern geben. Ich denke an das

---

[1]) Die Sitzung war zunächst für 20.00 Uhr angesetzt worden Vgl. Salzmann, S. 116, Anm. 4. Die interfraktionelle Besprechung fand offensichtlich am Nachmittag, zwischen den Sitzungen der CDU/CSU-Fraktion am 4. Nov. 1948 um 14.30 Uhr und um 20.00 Uhr statt. Vgl. Salzmann, S. 135.

[2]) Zur Terminplanung vgl. auch CDU/CSU-Fraktionssitzung am 5. Nov. 1948. Salzmann, S. 138.

[3]) Für die interfraktionelle Besprechung am 10. Nov. 1948 vgl. Dok. Nr. 11.
Am Rand ist von Pfeiffer notiert worden: „Zusenden: Menzel, Schönfelder; bis 1 Uhr zustellen. Dienstag, 4 Uhr Interfraktion. Mittwoch 4 Uhr [bis] abends.“

[4]) Vgl. den Beitrag von Laforet in der Sitzung der CDU/CSU-Fraktion am 5. Nov. 1948. Salzmann, S. 137 f.

Kulturelle, sollen sie durchführen originär in eigener Verwaltung. Es wird sich vielleicht noch der Zwang herausstellen, daß der Bund sich noch einige eigene Verwaltungen schaffen muß. Eine Auftragssache des Bundes kann man nicht umwandeln in eine eigene Sache der Länder. Gegenfrage: Welche Gründe können vorliegen, das Rad zurückzudrehen auf dem Gebiet der Wirtschaft, des Sozialen und der Arbeit, Arbeitseinsatz, Kohle, Strom. Es wäre nicht genügend, nur die Gesetzgebung beim Bund zu lassen und die Sache zu einer Selbstverwaltungsangelegenheit der Länder zu machen.
Lastenverteilung muß Bundessache bleiben. – So zum Beispiel: Kohle hat nur Nordrhein-Westfalen. Warum soll die Versorgung der Arbeiter im Ruhrgebiet nur abhängen von [...][5]) Ministern der Überschußländer – Beschaffung der Arbeitskräfte im Ruhrgebiet.
Süsterhenn: Wir verschließen uns nicht der Notwendigkeit einer einheitlichen Regelung einer Reihe von Punkten. Eigentliche Befürchtung bei Streichung von [Art.] 42[6]). Eine Schutzvorschrift für die Länder würde fallen, und damit wäre die Möglichkeit gegeben, daß der Bund nahezu alles auf dem Weg der Vorrangsgesetzgebung an sich ziehe.
Laforet: [Es] dreht sich nicht um die Gesetzgebung. Es dreht sich um die Durchführung. Die Länder haben die Rechtmäßigkeit nicht nachzuprüfen.
Schmid: Kohleverteilungsgesetze im Bund. Der Gesetzgeber kann nur gener[elle] Normen geben. Das kann nur geschehen durch schöpferische Akte der Verwaltung. Auch Zweckmäßigkeitsweisungen müssen gegeben werden.
Laforet: Gefahr, die Länder sind zurückgedrückt auf einen Selbstverwaltungskörper. Auch wenn sie höher potenziert erscheinen.
Menzel: Selbstverwaltung in den Gemeinden geht weiter, als man gewöhnlich annimmt. Eigene Masse der Länder war das Kulturelle, das Soziale und was noch dazu kommen möge.
Schmid: Wirtschaft unmöglich. Den Bereich der Wirtschaft regional nach Ländern unterzugliedern. Das würde nur gehen nach Wirtschaftszweigen. Besonders bei Stromverteilung.
Laforet: Wir haben den Kompetenzkatalog sehr weit gezogen. Ich finde das sehr weise. Wir haben die Auffassung, daß es staatliche sind.
Seebohm: Problem: Kann die Verwaltungsbefugnis des Bundes ausgedehnt werden? Als Grundsatz für die Zukunft: Gebiete ausgliedern, bei denen auf Zeit ein Mitbestimmungsrecht des Bundes festgelegt werden muß. Überleitung von Frankfurt. Enumerationsprinzip Eisenbahn und Post. Wenn nicht durch [Art.] 42 [eine] Aushöhlungsgefahr für die Länder verringert wird. Mindestens müßte die Zustimmung eines echten Bundesrates herbeigeführt werden.
Laforet: Es ist natürlich möglich, daß eine Mittelform gewählt wird. Eine Landesverwaltung nach Weisung. – Reservate können den Hanseaten[7]) nicht mit

[5]) Nicht entzifferbar.
[6]) Art. 42 sah die Ausführung der Bundesgesetze als Angelegenheit der Länder vor. Vgl. die Formulierung des Fachausschusses in: Der Parl. Rat Bd. 7, Dok. Nr. 1, S. 12. Vgl. dazu auch Dok. Nr. 8, S. 39.
[7]) Gemeint waren die Bürger der Hansestädte Bremen und Hamburg.

guten Gründen verweigert werden. – Also eine Ausnahmeform nach Weisung. Einfache Form des 106 Ch[iemsee] E[ntwurfes][8]) – Wenn [Art.] 42 fällt, hat der Bund jederzeit die Möglichkeit, den Gedanken aufzugeben, daß die Bundesgesetze durch die Länder ausgeführt werden. – Die Zweckmäßigkeitsweisung muß ausgeschlossen bleiben.

Lehr: Bei Ihnen der Wunsch, Art. 42 fallen zu lassen, bei uns die Besorgnis. Fragt nach einem formulierten Vorschlag.

Schmid: [Man müsse sich] lösen von dem Gedanken, als ob diese Beurteilung der Tätigkeit der Länder [...][9]) [und,] der Inspektor [sei] etwas anderes als ein wandelnder Verwaltungsgerichtsrat. – Fragt nach Vorschlag von Süsterhenn.

Süsterhenn: Wo handelt es sich um Dauereinrichtung, wo um vorübergehende Probleme[10]).

---

[8]) Art. 106 regelte u.a. die Handhabung bei grundgesetzändernder Gesetzgebung. Vgl. Der Parl. Rat Bd. 2, Dok. Nr. 14, S. 603.

[9]) Der Satz ist nicht zu Ende protokolliert worden.

[10]) Lehr faßte in der Sitzung der CDU/CSU-Fraktion am 4. Nov. 1948 das Ergebnis der interfraktionellen Besprechung zusammen: „Wir sind heute gut vorangekommen. Es werden noch einige Formulierungen vorgenommen, und zwar von Dr. Seebohm als Neutralem. Art. 1 bis 17. haben wir im wesentlichen zur Kenntnis gebracht, ohne auf namhaften Widerstand zu stoßen.“ Vgl. Salzmann, S. 135.

Erst nach der interfraktionellen Besprechung vom 4. Nov. 1948 unterbreitete Seebohm folgenden (gemeinsam mit Laforet erarbeiteten [vgl. Salzmann, S. 137]) Änderungsvorschlag für Art. 42 Abs. 2: „Auf dem Gebiete der Versorgung mit Kohle und anderen Rohstoffen, der Zuteilung von Energie, der Sicherung der Ernährung, der Arbeitslenkung, der Arbeitsvermittlung, des Lohn- und Schlichtungswesens, sowie der Bekämpfung gemeingefährlicher und übertragbarer Krankheiten von Menschen und Tieren kann durch Bundesgesetz bestimmt werden, daß die Ausführung des Bundesgesetzes nach Weisung des Bundes erfolgt (Art. 113). Das Gesetz bedarf der Zustimmung von zwei Dritteln der gesetzlichen Mitgliederzahl im Bundestag und Bundesrat.“ Für Art. 42, Abs. 3 unterbreitete Seebohm den Vorschlag: „Auf diesen Gebieten kann durch Bundesgesetz bestimmt werden, daß die Ausführungen des Gesetzes einer bundesunmittelbaren Selbstverwaltungseinrichtung übertragen wird (Art. 112). Das Gesetz bedarf der Zustimmung von zwei Dritteln der gesetzlichen Mitgliederzahl im Bundestag und Bundesrat.“ Vgl. BA Z 5/Anhang 12, Bl. 7.

Leisewitz berichtete u.a. am 6. Nov. 1948 an das BdMinPräs. in Wiesbaden: „XI. Währenddessen sind die interfraktionellen Gespräche kaum über die Behandlung des Art. 42, der die Ausführung der Bundesgesetze und das Weisungsrecht des Bundes behandelt, hinausgekommen. Eine Lösung, die den Gesichtspunkten beider Fraktionen gerecht wird, scheint hier gefunden worden zu sein; sie macht es vielleicht nicht nötig, in das Grundgesetz eine Bestimmung aufzunehmen, die etwa der in der Verfassung der UdSSR entspricht, welche, theoretisch, den einzelnen Bundesgliedern den Austritt aus der Union ermöglicht.

Die großen politischen Probleme, wie Finanzhoheit, zweite Kammer, Bundespräsident und Wahlrecht werden vermutlich in der kommenden Woche zur Sprache kommen, wenn, nach dem Gespräch Menzel – Dr. Ehard auch Präsident Adenauer mit dem Ministerpräsidenten Bayerns gesprochen haben wird.

Der Ausfluß der Abreden zwischen dem bayerischen Ministerpräsidenten und dem nordrheinischen Innenminister zeichnete sich in den vergangenen Tagen bereits deutlich in der Stellungnahme der SPD-Fraktion des Rates zu den vier großen Problemen ab: Sie läßt sich folgendermaßen umschreiben:

a) ‚Bundesrat‘ für die zweite Kammer mit einem Vetorecht, das nur mit Zweidrittelmehrheit der Volkskammer ausgeräumt werden kann. Als Ausnahme von dieser

Regel volle Gleichberechtigung der zweiten Kammer bei den Beratungen zum Bundesgesetz über den Finanzausgleich; solch übereinstimmender Beschluß beider Kammern auch für Kompetenzerweiterung des Bundes ausreichend.

b) Bei den großen Steuern Gesetzgebungs- und Ertragshoheit beim Bunde, die Länder auf den Finanzausgleich angewiesen; Finanzverwaltung Bundesangelegenheit. (Auf den Standpunkt der westlichen Alliierten in diesen Fragen, wie er im Vorbericht dargelegt wurde, darf verwiesen werden.)

c) Ein Bundespräsident lediglich zu ‚Geburtshelferdiensten' bei Regierungskrisen überflüssig.

d) Weitgehend modifiziertes Verhältniswahlrecht für Wahl zum ersten Bundesparlament.

Demgegenüber hat die CDU/CSU bisher den Standpunkt vertreten, daß

a) die zweite Kammer volle Gleichberechtigung neben der ersten haben müsse,

b) eine Übertragung der Befugnisse des Bundespräsidenten auf den Präsidenten der ersten oder zweiten Kammer indiskutabel sei.

Es muß abgewartet werden, auf welchen Linien sich die Fronten versteifen und inwieweit diese Kontroversen in den kommenden interfraktionellen Gesprächen gegenstandslos gemacht werden.

XII. Abgesehen von der Einigung über den Art. 42 ist aus diesen Besprechungen, die am Dienstagnachmittag ihren Fortgang nehmen sollen, bislang nur ein Redaktionskomitee entstanden, dem neben den Abgeordneten Zinn, von Brentano und Dehler auch eine Reihe wissenschaftlicher Mitarbeiter angehören. Es soll den vorliegenden Text des Grundgesetzes nicht nur redigieren und koordinieren, sondern auch die rechtliche Bedeutung der einzelnen Artikel gegeneinander abwägen, das bisher ungeordnete Ergebnis in die einheitliche Systematik einer Verfassung bringen, die Auswirkungen der vorliegenden Bestimmungen auf die geltenden Verwaltungsvorschriften überprüfen.

Es bleibt dahingestellt, ob damit nicht ein neues retardierendes Moment in die Bonner Arbeit hineingetragen wurde, das den Hauptausschuß hindern würde, seine Tätigkeit wirklich zum festgesetzten Zeitpunkt aufzunehmen und ohne Unterbrechung fortzusetzen." Vgl. BA Z 12/119, Bl. 261–263.

Der Vorschlag, den Austritt eines Landes aus dem Bund vorzusehen, wie er in der Verfassung der UdSSR bestanden hat, wurde nach dem Bericht von Leisewitz vom 5. Nov. 1948 von der CSU schriftlich unterbreitet. Vgl. BA Z 12/119, Bl. 269.

Nr. 10
Interfraktionelle Besprechung
9. November 1948

BA Z 12/119, Bl. 243. Bericht von Leisewitz an das BdMinPräs. in Wiesbaden vom 10. Nov. 1948 (Auszug)

Beginn: [Nachmittags]

Von den interfraktionellen Besprechungen im Parlamentarischen Rat am Dienstag dieser Woche [den 9. November 1948] sind, ebenso wie bei der ersten Besprechung zwischen den Fraktionen in der vergangenenen Woche, wiederum keine besonderen Ergebnisse zu melden, da die Sitzung erneut in Abwesenheit eines bayerischen Vertreters stattfand. Es wurde lediglich beschlossen, den Hauptausschuß erstmalig auf Donnerstag, den 11. November, 10.00 Uhr vormittags, zusammenzuberufen[1]). In dieser ersten Sitzung sollen die Art. 21–44 des Grundgesetzes beraten werden[2]).

[1]) In der offiziellen Zählung gilt die konstituierende Sitzung des HptA am 16. Sept. 1948 als 1. Sitzung, während die 2. Sitzung am 11. Nov. 1948 einberufen wurde. In dieser 2. Sitzung wurde tatsächlich der Art. 45 bis 64 behandelt. Vgl. Parl. Rat, Verhandlungen, S. 1.

[2]) Über die interfraktionelle Sitzung vgl. auch die Berichte in der CDU/CSU-Fraktion am 9. Nov. 1948 um 20.00 Uhr. Demnach wurde 1) über den Art. 42 verhandelt, 2) über die kommende Sitzung des HptA, 3) über das Memorandum der Alliierten vom Okt. 1948, 4) über den Vorschlag der SPD für einen Bundesrat. Lehr berichtete am 9. Nov. 1948 aus der interfraktionellen Besprechung: „Die SPD hat den Wunsch geäußert, daß die Verhandlungen zu konkreten Punkten kommen möchte. Die SPD war sehr wenig erfreut, daß wir nicht Weiteres brachten, und es war sehr schwer, sie weiter hinzuhalten.“ Vgl. Salzmann, S. 139–142.

Nr. 11
Interfraktionelle Besprechung
10. November 1948

BayHStA NL Pfeiffer 219. Ungez. Mitschr. von Pfeiffer in Gabelsbergerscher Kurzschrift vom 10. Nov. 1948

Anwesend:
CDU/CSU[1]): Lehr, Pfeiffer, Süsterhenn
SPD: Menzel, Schmid, Katz, Schönfelder
FDP: Heuss, Höpker Aschoff
DP: Seebohm
Zentrum: Wessel

Beginn: 15.15 Uhr Ende: [vor 17.00 Uhr][2])

[1. SENAT – BUNDESRAT]

[a. VORSCHLAG DER SPD[3])]

Dr. Schmid: Heute möglich [...][4]) gütliche Aussprache über den entscheidenden Kompromiß [hinsichtlich der] Vertretung der Länder und [der] Finanzen [zu führen]. [Die SPD hat den Vorschlag unterbreitet, die] Finanzhoheit im Schwerpunkt beim Bund [anzusiedeln]. Dafür [soll ein] Bundesrat mit Vetorecht [geschaffen werden], zu dessen Überstimmung [eine] Zwei-Drittel-Mehrheit des Bundestages erforderlich ist. [Beim] Finanzausgleich [soll der Bundesrat] gleiche Rechte [haben] wie Bundestag. Kompetenzerweiterung Übereinstimmung der beiden Vorlagen.
Lehr: [Wir] haben uns diesem Vorschlag nicht anschließen können. Er scheint uns nicht vereinbar mit dem föderalistischen Charakter, wenn das Schwergewicht der Finanzen beim Bund liegt. Glaubt, daß die Länder die eigentlichen Träger der Finanzhoheit sein müssen. Konstruktion der Verfassung.
Wir wollten das Gute in der Lösung erhalten und da Sie uns nicht beitreten wollen, bemüht, eine neue Lösung zu finden.

---

[1]) In der Anwesenheitsliste fehlen die Mitglieder der CDU/CSU-Fraktion. Diese wurden an dieser Stelle aufgrund der protokollierten Beiträge ergänzt.

[2]) In der Sitzung der CDU/CSU-Fraktion am 10. Nov. 1948 um 17.00 Uhr wurden die Ergebnisse der interfraktionellen Besprechung bereits mitgeteilt.

[3]) Der von Schmid und Menzel namens des SPD-Fraktionsvorstands gez. Vorschlag ist am 23. Nov. 1948 als PA 5/Drucks. Nr. 300 vervielf. worden. Er umfaßt die Schaffung eines Bundesrats, die vorläufige Übertragung der Funktionen des Bundespräsidenten auf den Präsidenten des Bundestages und das Gesetzgebungsverfahren durch den Bundestag und den Bundesrat.

[4]) Nicht entzifferbar.

[b. VORSCHLAG VON ADENAUER[5])]

Reserve: Persönlicher Vorschlag [von Adenauer]. Aber [der Vorschlag erhielt] allgemeine Anerkennung[6]). Gesetzgebung [erfolgt] in Zukunft ausschließlich in Bundestag und Senat, beide [sind] gleichberechtigt, diese beiden Organe haben ausschließlich die Gesetzgebungsbefugnis. Entscheidender Wert [ist], daß beide

---

[5]) Adenauer hat seinen ausdrücklich als Mitglied der CDU/CSU-Fraktion und nicht als Präs. des Parl. Rates unterbreiteten Vorschlag (vgl. auch Salzmann, S. 149) – obwohl dieser in der interfraktionellen Besprechung am 10. Nov. 1948 von der SPD abgelehnt wurde – seitens des Sekretariates durch Ministerialrat von Perbandt schriftlich ausarbeiten lassen und unter dem 16. Nov. 1948 als PA 5/Drucks. Nr. 285 vervielfältigen lassen. Der Umdruck des Vorschlags Adenauers ist ergänzt worden durch eine Umsetzung in Artikel, die von Regierungsrat von Doemming verfaßt wurden (die Artikel sind in Klammern genannt, hier aber nicht abgedruckt worden):
„Dem anliegenden Entwurf liegt der Gedanke zugrunde, neben dem reinen Zweikammersystem (Senatsprinzip) eine besondere Vertretung der Länder für die Wahrnehmung der Interessen der Länder im Bunde zu schaffen. Der Entwurf schließt sich so weit als möglich den bisher erarbeiteten Entwürfen der Fachausschüsse und, soweit solche noch nicht endgültig vorliegen, dem Text des Herrenchiemseer Entwurfs an.
A. Bundesparlament
Das Bundesparlament, genannt Bundestag, besteht aus zwei Kammern, dem Abgeordnetenhaus und dem Senat, die gleichberechtigt an der Gesetzgebung teilnehmen. Hinsichtlich Zusammensetzung und Geschäftsgang des Abgeordnetenhauses folgt der Entwurf der vom Hauptausschuß in 1. Lesung beschlossenen Fassung des Abschnitts IV.
Der Senat unterscheidet sich vom Abgeordnetenhaus im wesentlichen durch seine mittelbare Wahl (Wahl durch die Landtage) und durch das System der stufenweisen Auswechslung (ewiger Senat). Der Gedanke, in dem Senat neben politischen Vertretern auch Vertreter anderer Bereiche des öffentlichen Lebens einen Platz einzuräumen, findet im Entwurf noch keinen Niederschlag.
B. Der Vertretung der Länder im Bunde dient der von den Landesregierungen beschickte Bundesrat. Hinsichtlich seiner Zusammensetzung (Art. 42 b ff.) schließt sich der Entwurf im allgemeinen der Bundesratsvariante in den bisherigen Ausarbeitungen des Organisationsausschusses an.
An Befugnissen des Bundesrats sieht der Entwurf vor
1. Mitwirkung bei der Rechtsetzung des Bundes (nur in beschränktem Umfange) und zwar
a) Stellungnahme zu allen Gesetzesvorlagen (Regierungsvorlagen und Vorlagen aus der Mitte des Abgeordnetenhauses und des Senats – Art. 103 Abs. 2).
b) Zustimmung zu solchen Verfassungsänderungen, die zugleich eine Erweiterung der Gesetzgebungskompetenz des Bundes darstellen (Art. 107).
c) Zustimmung zur Finanzausgleichsgesetzgebung (Art. 122 b Abs. 3).
d) Zustimmung zum Erlaß von Notverordnungen durch die Bundesregierung (Art. 111).
e) Recht der Teilnahme und Anhörung bei den Sitzungen des Abgeordnetenhauses.
2. Mitwirkung bei der Verwaltung (Ausführung der Bundesgesetze)
a) Laufende Unterrichtung des Bundesrats durch Bundeskanzler und Bundesminister über die Führung der Bundesgeschäfte (Art. 42 i Abs. 2).
b) Zustimmung zum Erlaß allgemeiner Verwaltungsvorschriften zu solchen Bundesgesetzen, deren Ausführung den Ländern obliegt (Art. 113/114).
c) Mitwirkung bei der Bundesaufsicht. Beschlußfassung über Verletzung eines Bundesgesetzes bei Ausführung durch die Länder (Art. 114 Abs. 3).
d) Mitwirkung beim Bundeszwang (Art. 115)."

[6]) Der Vorschlag von Adenauer erhielt in der Sitzung der CDU/CSU-Fraktion am 9. Nov. 1948 die Zustimmung der CDU/CSU-Fraktion. Vgl. Salzmann, S. 145–147.

gleichberechtigt [sind]; auch entscheidender Wert [ist], daß sich aus den Ländervertreterversammlungen, aus erfahrenen und wertvollen gereiften Persönlichkeiten des öffentlichen Lebens, Persönlichkeiten bereitfinden, ihre Länder zu vertreten. [Wir] sind uns [darüber] klar, daß der föderalistische Charakter eines Bundes nicht nur in der Struktur der Finanzgewalt zu sichern ist, sondern es muß noch etwas mehr geschehen. Das Neue [an dem Vorschlag Adenauers ist]: Den Ländern wird gestattet, Vertretungen beim Bund abzuhalten, und daß diese Ländervertreter Abgesandte von ihren Ländern und wahrscheinlich zu den Regierungen sich zu einem Gremium versammeln, in dem man die Vertretung der Länder sieht. Dieses Gremium, von dem ich ausdrücklich hervorhebe, daß es nicht an der Gesetzgebung beteiligt ist, nachdem diese nur bei Senat und Volkskammer ist, bei allen Gesetzesvorlagen gehört werden muß, gleichgültig, ob [eine] Regierungsvorlage oder [ein] Initiativvorschlag vorliegt[7]). Immer muß eine Stellungnahme dieses Gremiums erfolgen, aber noch weiter zu [...][8]). Entscheidende Mitwirkung [hat das Gremium], wenn es sich um Kompetenzänderungen [zwischen Bund und Ländern] handelt und wenn es sich um Finanzgesetze handelt. In diesem Punkte müßte das Gremium der Ländervertreter auch ein Zustimmungsrecht haben, wenn der föderalistische Charakter eines Landes gefordert wäre oder der Finanzausgleich in Frage kommt. Im übrigen soll ihm unterliegen, [seine] Zustimmung zu Ausführungsanweisungen [und] zu Bundesgesetzen, die die Länder auszuführen haben. [Sowie ebenfalls] Gebietsfragen, Organisationsfragen. In diesen großen Zügen glauben wir folgendes verankert zu sehen:

1) Besonderer Vorzug des Senatsprinzips, in dem wir das geeignete Element sehen, das politische Leben und [die] Zukunft neu zu gestalten und das Interesse für die Arbeit der beiden Häuser zu wecken und den neuen Typ des Politikers.

[2)] Und in der Gesamtheit des Senats gegenüber dem in Tageskämpfen verstrickten Element der Volkskammer zu verkörpern besonders.

---

[7]) Am 10. Nov. 1948 erläuterte Adenauer gegenüber dem bayerischen Staatsmin. Hundhammer und dem bayerischen MinPräs. Ehard seinen Vorschlag: „Ich habe auf Grund unserer Unterhaltung in Ihrer Fraktion und mit Ihnen der Fraktion der CDU/CSU hier einen Antrag unterbreitet, den, soviel ich weiß, Herr Pfeiffer telefonisch übermittelt hat. Nach diesem Antrag wird ein Bundesrat eingerichtet. Er enthält kein Vetorecht, dafür u.a. das Recht, gutachtlich zu allen Gesetzentwürfen der Bundesregierung und Initiativgesetzentwürfen im Bundestag und Senat gehört zu werden. Nach meinen 12-jährigen Erfahrungen im Preußischen Staatsrat hat das Vetorecht praktisch keine Bedeutung, dagegen gewährt die gutachtliche Äußerung einen sehr zwingenden Einfluß auf den Inhalt der Vorlagen." Vgl. Mensing: Adenauer Briefe 1947–1949, S. 341.
Dr. iur. Alois Hundhammer (1900–1974), 1946–1970 Mitglied des bayerischen Landtages, 1946–1951 Fraktionsvors. der Landtagsfraktion der CSU, 1946–1950 Kultusmin. in Bayern, 1947 Mitglied des Parl. Rates des Länderrates der amerikanischen Besatzungszone, 1957–1969 Landwirtschaftsmin. und 1964–1969 stellv. MinPräs. von Bayern. Vgl. Bernhard Zittel: Alois Hundhammer, in: Zeitgeschichte in Lebensbildern, Hrsg. von Bd. 5, S. 253–265, 293; Gelberg, S. 545.

[8]) Nicht entzifferbar.

Wir glauben den Ländern das zu schaffen, was [von] ihnen erwünscht ist. Im Falle ihrer Versammlung die Zustimmung, in allen Fällen ein Anhörungsrecht und bei Ausführung der Beschlüsse die Entscheidung.
Katz fragt nach Vertretung.
Lehr: Größe der Länder [muß man] berücksichtigen: 2 – 4 – 6. [Der] Senat [wird wie] die Landtage entsprechend der Größe der Parteien eine Vertretung [sein].
Katz: = ein Staatsrat.
Schmid: [Ich bin] überrascht, [daß der Vorschlag Adenauers] nicht ein Eingehen auf unseren Vorschlag [ist]. Sondern zu ihrer [der CDU] bisherigen Grundhaltung, [werden] noch einige weitere Forderungen [... darunter nun] ein 3-Kammer-System [vorgeschlagen]. In Finanzen [hat man damit] ein[en] Schritt nach rückwärts gemacht. Gleichberechtigung des Senats [wird zwar] voll aufrechterhalten und dazu noch ein Bundesrat als dritte Kammer vorgeschlagen. [Er] kann, ohne [sich] mit seiner Fraktion zu besprechen, nicht Stellung nehmen.
Lehr: Also [es werden vorgeschlagen:] $2^1/_2$ Kammer[n].
Lehr: Ist zum Teil aus ihren[9]).
Katz: Die Sache erschwert sich [mit dem Vorschlag Adenauers]. Wir [CDU und SPD] entfernen uns voneinander. [In der Frage der] Finanzen [ist eine] Einigung fast unmöglich. [Mit dem Vorschlag von Adenauer ist die Finanz]-Hoheit in Richtung auf die Länder hin noch mehr verlagert worden. Dazu [kommt der] Staatsrat mit [einem] Übergewicht der großen Länder, [der] nicht ein Entgegenkommen [an den SPD-Vorschlag bedeutet], sondern [sich] weiter als ursprünglich [entfernt].
Lehr: [Er] sehe die Erschwerung auf dem Gebiet der Finanzen oder [des] Staatsrechtes.
Katz: Beides.
Süsterhenn: Verweist auf seinen Standpunkt [der sich] an C[hiemseer Entwurf orientiere]. Ihr Vorschlag war ein Versuch; ein solcher Versuch, eine Verständigung zu erzielen; einer, der wirklich einen Fortschritt bedeutet. Er enthält den von ihnen [der SPD] so stark geforderten Senat. –

(Katz: Aber nicht in der ursprünglichen Form.)

Wir kommen an dem Faktum nicht vorbei, daß die Länder existieren. Wenn wir nur Parlament und Senat vorsehen, entsteht ein Wildwuchs. Diesen soll man einbauen. Es gibt in den Ländern so etwas wie Verwaltungserfahrung. Diese wollen wir nutzbar machen. Sie soll gleichberechtigt werden, damit sie nicht abgewürgt werden könne, weder auf [dem] Verfassungsgebiet noch bei den Finanzen. Werte eines echten Senats, aber Nutzbarmachung der Erfahrung und der Werte der Länder.
Wir glauben allen vorgetragenen Gesichtspunkten Rechnung getragen zu haben. Jedem Teil – dem Bund, wie den Ländern, wie Gemeinden – [haben wir] gesicherte Grundlagen geben [können]; nicht wie Lehr sagte, eine Verlagerung gegen die Länder zu. Kein Teil soll Kostgänger sein. Wenn von einer finanziel-

9) Der Beitrag von Lehr wurde nicht weiter protokolliert.

len Schwerpunktverlagerung auf die Länder gesprochen worden ist, soll sich das auf die Verwaltung beziehen.
Seebohm kommt zu einer Konstruktion, die auch an unseren [DP] Vorschlag erinnert. Unser Länderrat soll ein Exekutivorgan sein, hier aber eingeschränkt. Durch starke Betonung der Mitwirkung des Senats wird dieses Organ entwertet. Gleiche Vertretung der Länder ist eine alte Forderung, die sich immer dagegen wendet, daß Übergewichte auftreten. Hier [im Vorschlag von Adenauer:] Senat und Bundesrat haben ein ganz besonderes Gewicht. [Man] kann sie [die Übergewichte] auch in Bezug setzen zur Frage der Finanzen. Wenn die Länder nur beim Finanzausgleich zustimmen, kommt wieder die Frage der stärkeren Betonung in der Verwaltung [auf]. Hier müßte man die ganze Finanzgesetzgebung einbeziehen. Hier noch Ausgleich möglich bei der Finanzgesetzgebung. [Der Senat müsse seine] volle Zustimmung bei der ganzen Finanzgesetzgebung geben. Je stärker die Länder beteiligt sind, um so geringer [wird] auch ihr Interesse an der Verwaltung zu sein.
Menzel wehrt sich gegen die Verschiebung des Ausgangspunktes. – Süsterhenn behauptet, dieser Vorschlag nehme Rücksicht auf unsere Vorschläge von vor drei Wochen. – Wir haben erklärt: im Vordergrund [steht] die Funktion, [erst] in zweiter Linie die Zusammensetzung [des Senats]. Sie [die CDU] haben nicht nur eine zweite Kammer vorgesehen, sondern auch eine echte 3. Kammer. Das ist eine Verschiebung und daher die wahrscheinliche Versteifung. [Er] hat [davon] durch die Presse gehört und es ist schon eine offizielle Pressekonferenz gewesen. Schließt sich Schmid und Katz an, daß keine Verständigung möglich [ist], und [er] auch nicht im entferntesten die Möglichkeit sehen läßt, daß hier eine Verständigungsmöglichkeit besteht.
Wessel: Finanzen eine Kammer, aber starke zweite Kammer vom Charakter eines Bundesrats. Sieht in dem gemachten Vorschlag so etwas wie ein drittes Rad am Wagen.
Lehr: Hier besondere Verhältnisse vorliegend. [Es besteht ein] Zusammenhang mit [der] Reise Adenauers[10]) nach Bayern. – Besser nicht unter Zuziehung der Presse.
Höpker Aschoff: Hat [den] Vorschlag [von] Katz sehr begrüßt. – Fi[nanz]a[usschuß] ausgedehntes Recht des Bundes eingeräumt. – Aufteilung der Steuern, drei Massen. Dabei wären die Länder nicht Kostgänger des Bundes. [Die Länder] hätten ihr gesetzliches Recht auf ein gewisses Maß des Steueraufkommens. Dagegen [stünden] die Wünsche der Länder, daher [jener] Vermittlungsvorschlag [von] Katz. Entwicklung bei Fi[nanz]a[usschuß:] Zustimmung für Ausführungsbestimmungen noch bei persönlichem Entgegenkommen [und] bei Ernennung hoher Beamter. Im Bund ausgedehnte Gesetzgebung des Bundes. [...][11]) CDU das Zugeständnis entgegen. Aber von den Voraussetzungen [ausgehend

---

[10]) Adenauer führte am 8. Nov. 1948 in München Besprechungen mit der Landtagsfraktion der CSU und insbesondere mit dem bayerischen Minpräs. Ehard. Vgl. dazu den ausführlichen Bericht von Adenauer in der CDU/CSU-Fraktionssitzung am 9. Nov. 1948. Salzmann, S. 142–145. Vgl. auch den Hinweis in Dok. Nr. 9, Anm. 10. Zum Aufenthalt von Adenauer in München vgl. auch Gelberg, S. 219–222.

[11]) Nicht entzifferbar.

und] bei der großen Bedeutung, die wir einem einheitlichen Finanzwesen für die Sicherheit des Bundes zumessen, ist dieser Vorschlag unannehmbar.
Katz schlägt vor, daß man den Vorschlag zurück [nimmt] und daß wir uns Neu[es] überlegen. Wenn dieses in der [SPD-]Fraktion vortragen [wird,] ergibt sich eine Verhärtung, welche [...][12])
Schmid: Man müßte der Presse mitteilen, daß sich der Vorschlag [von] Adenauer nicht in einen Antrag umgesetzt hat.
Schönfelder spricht aus der Partei. – Schon das Bekanntwerden dieser Sache ist für uns [die SPD] sehr schädlich. Schlägt vor, den ganzen Senat herauszustreichen. [Man sollte] zurückgehen auf [einen] reinen Bundesrat. [Dessen Kompetenz sollte] weitergehen als [bei] der jetzigen 3. Kammer [des Vorschlags von Adenauer].
Süsterhenn: Schmid hat sich auf den finanzpolitischen Kompromiß konzentriert, ohne daß wir eine Gegengabe geben. Was Höpker Aschoff bei den Finanzen ausgeführt hat, unterscheidet ihn vollständig mit der Ausnahme der Bundesfinanzverwaltung.
Höpker Aschoff: Das ist das Ausschlaggebende.
Süsterhenn: Dann könnten wir zu den staatsrechtlichen Punkten übergehen.
Höpker Aschoff kommt zurück auf [den] alten gemischten Vorschlag [von] Dehler mit [den] Sonderkammern der Regierungsvertreter, auch bei Personalien[13]).
Süsterhenn: Ihren Vermittlungsvorschlag haben wir verselbständigt, dies [war] veranlaßt durch die Bedenken, die gegen die Mischlösung von Schmid vorgebracht worden sind. Sachlich dasselbe wie bei Dehler und Lehr. Man will wissen, ob der Senat oder die Regierungsvertreter gestimmt hat.
Höpker Aschoff fordert jetzt eine Stärkung der Betonung der Ländervertretungen.
Lehr [ist] überrascht von der ablehnenden Haltung der SPD. Sie hat ursprünglich sich zum reinen Senatsprinzip bekannt.
Katz: Das ist sehr unrein geworden.
Lehr: Gar nicht, ausgenommen nur die. Mir scheint, daß auf dem Wege der Finanzen Sie die Sache betrachten.
Schmid: Sie haben die Bundesfinanzverwaltung abgelehnt.

(Lehr: Ja).

Sie haben ja Ihren Vorschlag nicht zurückgezogen.
Katz schlägt noch einmal vor, den Antrag zurückzunehmen.
Süsterhenn: Es handelt sich um einen Vorschlag, der in einem großen Teil der Fraktion Anklang gefunden hat. Er ist ja nicht offiziell. Ausgangspunkt war Ihre klare Erklärung im Organisationsausschuß[14]). So gab es eine überraschende

---

[12]) Nicht entzifferbar. Sinngemäß könnte ergänzt werden: „zu vermeiden ist".

[13]) Vgl. dazu den Beitrag von Dehler in der 7. Sitzung des Plenums am 21. Okt. 1948. Der Parl. Rat Bd. 10, Dok. Nr. 7, S. 224–229, bes. S. 227 f.

[14]) Vermutlich die 10. Sitzung des Ausschusses für die Organisation des Bundes am 6. Okt. 1948, S. 64–66. Vgl. PA 5.

Situation durch das Gespräch Menzel/Ehard[15]). Früher wollten Sie dem Senat mehr Rechte geben als einem Bundesrat. Die Dinge sind in der Totalität berücksichtigt worden. Wir haben auch [den] Vorschlag der Demokraten berücksichtigt.

Schmid: Unsere Fraktion hat für den Senat plädiert. [Doch gab es] Widerstand von seiten einiger Länder. Wie kann man diesen Widerstand überwinden. Daher [wurde der] Vorschlag mit dem Büro [der Ministerpräsidenten in Wiesbaden abgestimmt]. Nun kann man nicht kumulieren in diesen drei Prinzipien, z.B. auch mit Ständekammern. Nicht gedacht für kumulierende Gegenvorschläge.

Unsere Vorschläge [sind] unter anderer Voraussetzung [zustandegekommen, nämlich], daß die Finanzhoheit mit ihren drei Aspekten beim Bund liegt.

Katz: Schon beim Senat [sollte es] nur [ein] Zwei-Drittel-Veto [geben]. Vertreter von gleicher Stärke, das ist weggefallen, und noch dazu ein Staatsrat und Finanzhoheit herausgebrochen. Dieser Vorschlag bietet keine Verhandlungsgrundlage. Wenn das besprochen werden soll, kommt eine sehr peinliche Situation.

Heuss: Irgendein neuer Start muß gesucht werden. Wenn dieses vor der Bevölkerung klar [werden würde], würde das ein ganz großer Sturm der Entrüstung [werden]. Die SPD ist der CDU entgegengekommen und hat deren Lieblingskind aufgenommen, den Bundesrat. Jetzt adoptiert die CDU das Lieblingskind und die SPD verstößt ihr Kind. Auch schon 1848 in Frankfurt vorgeschlagen worden. Aber gestrichen als Überlastung[16]). Das wird eine Organisation sein, die in die [...][17]) der Bevölkerung nicht eintritt. Könnte aber sachlich eine große Bedeutung haben. – Praktisch wäre es ein unkontrolliertes Organ. Praktisch am meisten betroffen [ist] die Aufspaltung der Finanzen auf die Länder. [Es ist darauf zu achten,] daß der Bund die Ausführung seiner Zuständigkeiten bei den Finanzen bei sich behalten muß.

Dagegen können wir nicht hinter Erzberger zurückgehen. [Es bestehen] Zweifel, ob die Adenauer/Ehardsche Kompromißlösung durchgehen kann. Nochmal auf unseren Antrag zurückkommen. Wir wollten innerhalb eines größeren Gremiums eine eigene Körperschaft sichtbar werden lassen.

Lehr: Beide Seiten haben ihr Lieblingskind verstoßen. – Bei uns ist keine einheitliche Meinung da, also auch kein Lieblingskind. – Begierde[18]) war auch bei uns nicht.

Lehr: Wir sehen die Schwierigkeit in der Finanzverwaltung. Denn staatsrechtlich keine Striktion[19]). – Nicht Beschluß der Fraktionen, sondern Entwicklung einer Idee, die bei uns großen Anklang gefunden hat. Wenn Sie andere Überlegung wünschen, dann keine Pressebesprechung vornehmen.

---

15) Zur Begegnung zwischen Menzel und Ehard am 26. Okt. 1948 in Bonn vgl. Dok. Nr. 7, Anm. 6.

16) Unsichere Lesung.

17) Ein Wort nicht entzifferbar.

18) Unsichere Lesung.

19) Unsichere Lesung.

Schönfelder: Sie haben es ja der Presse gesagt. Nun sitzen wir da öffentlich. Wir rechnen mit einem Parlament von 300 bis 400 [Mitgliedern], Senat 80 [Mitgliedern], Bundesrat 50 [Mitgliedern]. Diese Regelung, woher sollen wir die Menschen und das Geld bekommen.
Katz: Vorschlag aber nicht offiziell Propos[ition] der CDU. Unsere ablehnende Haltung wird heute bekanntgegeben werden.
Süsterhenn: Wir engen Ihr Recht nicht ein. Nur bei neuen Vorschlägen [sollte man] nicht [die] Presse heranziehen.
Katz: Es gibt auch andere Verständigungsmöglichkeiten.
Süsterhenn: Könnte man [diese] nicht hier besprechen?
Pfeiffer gibt Erklärung.
Äußerung *Schmid:* Ich hatte den Eindruck[20]).
Heuss: Im Grundsatzausschuß hat Frau Weber Weltanschauungsfragen angeschnitten. Wünscht schriftliche Vorlage behandeln. Konsequenz wegen der Kirchenfragen[21]).
Süsterhenn sagt für die nächsten Tage zu[22]).

---

[20]) Der Beitrag von Schmid wurde nicht zu Ende protokolliert.

[21]) Vgl. zusammenfassend: Der Parl. Rat Bd. 5, S. XLI–XLVI.

[22]) Leisewitz faßte in seinem Schreiben vom 10. Nov. 1948 an das BdMinPräs. in Wiesbaden als Ergebnis dieser Sitzung zusammen: „Nachdem die CDU/CSU-Fraktion in der heutigen interfraktionellen Besprechung, an der sämtliche Parteien teilnahmen, zunächst den Vorschlag der SPD, vom Senat auf einen Bundesrat überzugehen, [...] offiziell abgelehnt hat, wurde der danach eingebrachte Vorschlag des Präsidenten Adenauer von der SPD abgelehnt, die feststellte, daß man mit diesem Vorschlag hinter den Ausgangspunkt zu Beginn der interfraktionellen Besprechungen zurückfiele. Der Vorschlag von Dr. Adenauer widerspräche auf dem Gebiet der Finanzwirtschaft den Beschlüssen des Finanzausschusses; außerdem kombiniere er nicht, sondern kumuliere und es würde nun statt einer Bremse zwei gegenüber der Volksvertretung geben. Dies bedeute ein zu weitgehendes Mißtrauen in die Fähigkeit der vom Volke gewählten Vertreter.
Beide Parteien werden nun versuchen, neue Vorschläge auszuarbeiten. Es ist also zum mindesten in ihren gemeinsamen Beratungen eine Cäsur eingetreten, und diese sind dann auch auf unbestimmte Zeit vertagt worden.
Angesichts dieser Tatsache und auch, weil der Redaktionsausschuß, wie erwartet, mit seiner Arbeit nicht fertig geworden ist, wurde die Tagesordnung der morgigen Hauptausschußsitzung modifiziert. Sie wird sich auf die Behandlung der Kapitel ‚Bundestag' und ‚Bundesrat' beschränken, denn es besteht wenigstens Einigkeit darüber, daß diese beiden Organe ins Leben gerufen werden müssen." Vgl. BA Z 12/119, Bl. 240 f.
In seinem Bericht vom 11. Nov. 1948 bemerkte Leisewitz: „Die drei Arbeitstage [9., 10. und 12. Nov. 1948] dieser Woche, an denen der Parlamentarische Rat überhaupt gearbeitet hat, für Freitag, den 12. November angesetzte Fachausschußsitzungen wurden wegen des Streiks nach Einspruch der SPD wieder abgesetzt – begannen mit interfraktionellen Besprechungen, in deren Verlauf, da kein Vertreter Bayerns anwesend war, lediglich beschlossen wurde, den Hauptausschuß erstmalig auf den 11. Nov. einzuberufen und zu seinen Sitzungen neben der Presse und geladenen Gästen auch Vertreter der Länder zuzuziehen." Vgl. BA Z 5/Anhang 12, Bl. 329. Vgl. auch PA 5/BdMinPräs. Drucks. Nr. 83.

Nr. 12
Interfraktionelle Besprechung
13. Dezember 1948

BayHStA NL Pfeiffer 219. Ungez. Mitschr. von Pfeiffer in Gabelsbergerscher Kurzschrift vom 13. Dez. 1948

Anwesend:
CDU/CSU: Adenauer (Präs.), de Chapeaurouge, Pfeiffer, Schlör
SPD: Bergsträsser, Schmid
FDP: Heuss, Höpker Aschoff
DP: Seebohm
Zentrum: Wessel

Beginn: 18.40 Uhr Ende: [vor 20.30 Uhr][1])

Antwort von Koenig ist gekommen[2]).

[1. ZU BEHANDELNDE THEMEN][3])

1) Bundesfinanzen und Denkschrift, 2) Berlin, 3) Besatzungsstatut.

[2. ÖFFENTLICHKEITSARBEIT]

[Präs.] Adenauer schildert den Artikel in der Frankfurter Rundschau[4]), nennt Brill[5]).

---

[1]) Pfeiffer berichtete in der Sitzung der CDU/CSU-Fraktion am 13. Dez. 1948 um 20.30 Uhr bereits aus der interfraktionellen Besprechung, daß diese so verlaufen sei, „wie in der vorherigen Sitzung [der CDU/CSU-Fraktion] vermutet. Die SPD hat sich etwas gegen die Absetzung des Hauptausschuses ausgesprochen, aber schließlich nachgegeben." Vgl. Salzmann, S. 277.

[2]) Gemeint war die Antwort des französischen MilGouv. Gen. Pierre Koenig auf das Schreiben von Präs. Adenauer vom 2. Dez. 1948 betr. eine gemeinsame Besprechung zwischen einer Delegation des Parl. Rates und den drei MilGouv. Das Schreiben Adenauers in: Der Parl. Rat Bd. 8, Dok. Nr. 24, S. 54–56. Das Schreiben Koenigs war nicht ermittelbar.

[3]) In der Sitzung der CDU/CSU-Fraktion am 10. Dez. 1948 wurde beschlossen: „Die interfraktionellen Besprechungen beginnen Montag, den 13. Dezember, um 11 Uhr. Die Fraktion legt fest auf Anregung von Präsident Dr. Adenauer nur die Hauptprobleme zur Debatte zu bringen und die nicht so wesentlichen Punkte zunächst herauszulassen (Gleichberechtigung des Bundesrates, Landesfinanzverwaltung)." Vgl. Salzmann, S. 270. In der Sitzung der CDU/CSU-Fraktion am 13. Dezember 1948 teilte Adenauer mit: „Um 18.30 Uhr ist interfraktionelle Besprechung. Folgende Punkte sollen verhandelt werden: 1) die Finanzfrage, 2) Berlin (‚beratend' oder ‚beschließend'; die Fraktion hat diese Frage schon mit ‚beratend' beantwortet), 3) Frage des Besatzungsstatuts." Vgl. Salzmann, S. 276.

[4]) Die Frankfurter Rundschau berichtete am 10. Dez. 1948 unter der Überschrift: „Vor neuem Streit in Bonn": „Mit der Beendigung der ersten Lesung des Grundgesetzes ist die

Adenauer meint, man sollte auch etwas über die Art unserer Arbeit berichten. *Schmid:* Man müßte die gesamte Meinung des Parlamentarischen Rates darbieten. Es wäre unfair, Minderheit festzunageln.

[3. VORBEREITUNG DER BESPRECHUNG MIT DEN MILITÄRGOUVERNEUREN]

[Präs.] Adenauer: Von der Denkschrift[6]) ausgehen. Berlin: Ein hoher Mann[7]) hat schon vor langem gesagt, daß aus politischen und rechtlichen Gründen kein Berliner stimmberechtigt sein könnte. In Berlin könnten die Gesetze keine Geltung haben.
Heuss: Einheitliches Vorgehen. Wie wird es, wenn die Generale nach den Minderheiten fragen.
Pfeiffer hat Bedenken.

Diskussion über die Frage der Gleichberechtigung der zweiten Kammer und die Bundesfinanzverwaltung von der CDU/CSU erneut aufgenommen worden. Nachdem die bayerischen CSU-Vertreter bereits erklärt haben, daß bei der vorliegenden Lösung nicht mit einer Annahme des gesamten Grundgesetzes durch Bayern gerechnet werden könne und der bayerische Ministerpräsident Dr. Ehard telegraphisch beim Präsidenten des Parlamentarischen Rates, Dr. Adenauer, gegen die vom Hauptausschuß in erster Lesung gefaßten Beschlüsse Einspruch erhoben hat, bereitet die CDU/CSU-Fraktion augenblicklich zahlreiche Abänderungsanträge vor, mit deren Hilfe man in der zweiten und dritten Lesung im Hauptausschuß und in der Vollversammlung doch noch ein anderes Ergebnis zu erzielen hofft. Präsident Dr. Adenauer machte bereits am vergangenen Mittwoch [8. Dez. 1948] den ersten Vorstoß, als er vor Pressevertretern behauptete, daß man bei der Labilität der politischen Meinungen in Deutschland mit der Möglichkeit einer sozialdemokratischen und kommunistischen Mehrheit im künftigen Bundestag rechnen müsse. Bei der zentralistischen Auffassung beider Parteien sei es daher verständlich, daß die Länder darauf bedacht bleiben müßten, ihre Eigenständigkeit gegenüber parteipolitischen Zufälligkeiten zu sichern. Zu Beginn der Donnerstagnachmittagsitzung [des Hauptausschusses am 9. Dez. 1948] kam es zu einem politischen Zwischenfall, der eine einstündige Unterbrechung der Sitzung hervorrief. Abg. Dr. Süsterhenn protestierte als stellvertretender Vorsitzender der CDU/CSU-Fraktion gegen einen kürzlich im parteiamtlichen Informationsblatt der SPD erschienenen Artikel, in dem unter dem Titel ‚CDU-Politik des Nationalverrats' Angriffe gegen Dr. Adenauer erhoben wurden. Dr. Adenauer sei beschuldigt worden, zum Nachteil der deutschen Interessen Verhandlungen mit französischen Industriellen geführt zu haben. Als Sprecher der SPD-Fraktion erwiderte Dr. Menzel, daß die Erklärung der CDU in keinem Zusammenhang mit der gegenwärtigen Arbeit des Parlamentarischen Rates stünde. Nach der Unterbrechung der Sitzung bedauerte Dr. Menzel, daß die CDU/CSU-Fraktion keinen anderen Weg zur Behandlung dieser Angelegenheit eingeschlagen habe und eine Aussprache im Ältestenrat vermieden hätte. Bei dem angegebenen Artikel habe es sich lediglich um die Wiedergabe von Ausschnitten aus Zeitungen gehandelt und Dr. Adenauer sei als Politiker der britischen Zone, nicht aber als Präsident des Parlamentarischen Rates angegriffen worden. Der Parlamentarische Rat, erklärte abschließend Dr. Menzel, sei nicht der geeignete Ort, Fehden auszutragen, die mit seinen Arbeiten nichts zu tun hätten."

[5]) Es ist unklar, ob Adenauer Hermann Louis Brill (1895–1954) als Autor des in Anm. 4 zitierten Beitrags in der Frankfurter Rundschau vermutete. Zu Brill vgl. bereits Der Parl. Rat Bd. 2, S. XXVI–XXVIII.

[6]) Das Memorandum der MilGouv. vom 22. Nov. 1948 ist gedruckt in: Der Parl. Rat Bd. 8, Dok. Nr. 18, S. 37–42.

[7]) Vermutlich ein Angehöriger einer MilReg., möglicherweise sogar einer der MilGouv.

[Präs.] Adenauer: Polizeiwesen. Anregung einer Bundespolizeireserve, der Gedanke ist richtig.
Schmid: Für die größeren Dinge die Solidarität. Polizei [als] Sache der Länder sein lassen. Britische Zone das Absurdeste, was man sich vorstellen kann.
[Präs.] Adenauer: Engländer haben Sorge wegen der Polizei im Industriegebiet. Es wird kasernierte Polizei für den Bund geben.
Höpker Aschoff: Das wäre Frage eines Besatzungsstatuts.
[Präs.] Adenauer: Man müßte fragen, ob sie[8]) für unsere Sicherheit sorgen würden.

[8]) Gemeint waren die MilReg.

Nr. 13
Interfraktionelle Besprechung
25. Januar 1949[1])

BayHStA NL Pfeiffer 213. Ungez. – vermutlich von Pfeiffer verf.[2]) – maschinenschr. Aufz. vom 25. Jan. 1948[3])

Anwesend[4]):
CDU/CSU: Adenauer (Präs.), von Brentano, Kaufmann, Lehr, Pfeiffer
SPD: Katz, Menzel, Schmid, Stock, Suhr (Berliner Vertreter)[5])
FDP: Dehler, Höpker Aschoff, Schäfer
DP: Seebohm

Beginn: 10.15 Uhr Ende: 12.45 Uhr

Behandelte Punkte:
1. Festsetzung der Tagesordnung für die interfraktionellen Besprechungen;
2. Äußerung der Ministerpräsidenten zum Grundgesetz;
3. Drucklegung des Entwurfs;
4. Bundesrat.

---

[1]) Die Sitzung fand im Zimmer des Vizepräs. statt. Der Termin für die Sitzung wurde in der Ältestenratssitzung am 19. Jan. 1949 vereinbart. Vgl. Der Parl. Rat Bd. 10, Teil A Dok. Nr. 24, S. 85. Die CDU/CSU-Fraktion unterbreitete am 21. Jan. 1949 dem Sekretariat des Parl. Rates Themenvorschläge für die interfraktionellen Besprechungen: „1. Festlegung der Befugnisse des Bundesrates; 2. Überprüfung der Gesetzgebungskompetenz des Bundes; 3. Finanzwesen; 4. die kulturellen Fragen; 5. Ratifizierung des Grundgesetzes (Volksentscheid oder Beschluß durch die Landtage)." Vgl. BA Z 5/Anhang 12, Bl. 11.

[2]) Vgl. dazu Dok. Nr. 16, Anm. 1.

[3]) Die Aufz. ist überschrieben: „Erste interfraktionelle Besprechung zur Vorbereitung der dritten Lesung des Grundgesetzes im Hauptausschuß." Der Überschrift folgt die Bemerkung: „Private Notizen. – Kein Wortprotokoll, auch nicht bei Formulierung der nachstehenden Texte."

[4]) Pfeiffer gab am 20. Jan. 1949 in der Sitzung der CDU/CSU-Fraktion bekannt: „Für die interfraktionellen Besprechungen sollen von den großen Parteien je vier Mitglieder, von der FDP zwei und von den anderen Fraktionen (die Kommunisten ausgenommen) abgestellt werden. Alle drei Präsidenten sollen möglichst an diesen Besprechungen teilnehmen. Es wird wörtliches Protokoll darüber geführt." Vgl. Salzmann, S. 353. Zur Anwesenheitsliste vgl. auch die Aufzählung von Pfeiffer in der Sitzung der CDU/CSU-Fraktion am 25. Jan. 1949. Salzmann, S. 360.

[5]) Im Anschluß an die interfraktionelle Besprechung bemerkte Pfeiffer in der Sitzung der CDU/CSU-Fraktion am 25. Jan. 1949: „Da die SPD den Abg. Dr. Suhr als Berliner Vertreter mitbringt, wird beschlossen, daß als Berliner Vertreter der CDU Abg. Kaiser ebenfalls mit in die interfraktionellen Besprechungen gehen wird." Vgl. Salzmann, S. 360.

ZU 1. FESTSETZUNG DER TAGESORDNUNG FÜR DIE INTERFRAKTIONELLEN BESPRECHUNGEN

Die Fraktion der CDU/CSU hatte[6]) entsprechend dem in der vorigen Woche geäußerten Ersuchen des Präsidenten Dr. Adenauer dem Sekretariat folgende Punkte[7]) für die Erörterung in den interfraktionellen Besprechungen benannt:

a) Zuständigkeit des Bundesrats;
b) Überprüfung der Zuständigkeitsverteilung zwischen Bund und Ländern (Art. 35 und 36[8]) des Entwurfes)[9]),
c) Finanzfragen;
d) kulturelle Fragen;
e) Ratifizierung des Grundgesetzes durch Plebiszit oder durch die Landtage.

Von Seiten der SPD wurden noch folgende Fragen benannt:

a) der Bundespräsident;
b) Bundesrat oder Senat, weil der Vorschlag auf Schaffung eines Senats von der SPD nur aufgegeben worden sei unter der Voraussetzung, daß dem Bundesrat nur ein Vetorecht zustehen würde;
c) Überprüfung der Zuständigkeiten des Bundesrats gemäß der zweiten Lesung;
d) Finanzfragen, die immer noch nicht vollständig in dem von der SPD gewünschten Sinne gelöst seien.

Dazu werde die Fraktion der SPD noch einen weiteren Katalog von weniger wichtigen Fragen unterbreiten, deren Erledigung in den interfraktionellen Besprechungen glatt und rasch gehen dürfte, während die gleichen Punkte unter Umständen im Hauptausschuß zu unabsehbaren Debatten führen könnten.

Das Besprechungsprogramm wurde gemäß den vorgenannten Vorschlägen festgelegt mit der Maßgabe, daß zuerst der Bundesrat behandelt werden soll.

Es wurde auch vereinbart, daß die Fraktionen nur über die wichtigsten Punkte unterrichtet werden und erst dann Stellung nehmen sollen, wenn ein abschließendes Gesamtbild vorliege.

ZU 2. ÄUSSERUNGEN DER MINISTERPRÄSIDENTEN ZUM GRUNDGESETZ

Es wurde festgestellt, daß bisher keine Äußerungen von Seiten der Ministerpräsidenten zum Grundgesetz vorliegen. Von der Möglichkeit, daß Regierungsvertreter beratend an den Sitzungen des Hauptausschusses teilnehmen[10]), hat bis-

---

6) Vgl. die Sitzung der CDU/CSU-Fraktion am 20. Jan. 1949. Salzmann, S. 345–356.

7) Vgl. dazu die Notiz über die Ältestenratssitzung am 19. Jan. 1949: „Punkte Köster mitteilen." Vgl. Der Parl. Rat Bd. 10, Teil A Dok. Nr. 24. S. 85. Vgl. auch Anm. 1.

8) Vorlage: „26".

9) Vgl. den Entwurf der 2. Lesung des HptA vom 20. Jan. 1949. Der Parl. Rat Bd. 7, Dok. Nr. 5, S. 228– 231.

10) Zur Teilnahme von Ländervertretern an den Sitzungen des Parl. Rates vgl. Der Parl. Rat Bd. 10, S. XLII–XLVII.

her in nennenswertem Umfang nur Bayern Gebrauch gemacht[11]). Weiter wurde ausdrücklich festgestellt, daß nur der bayerische Ministerpräsident persönlich zu den Arbeiten des Parlamentarischen Rates Stellung genommen habe[12]).
Nun finde nach Pressemitteilungen am 4. und 5. Februar in Hamburg eine Ministerpräsidenten-Konferenz statt[13]) und es sei zweckmäßig, dafür zu sorgen, daß die Ministerpräsidenten sich zum Grundgesetz äußern sollten. Es sei aber anzunehmen, daß sie wohl nicht zu einer einheitlichen Stellungnahme kommen würden. Es würde einen sehr schlechten Eindruck auf die Alliierten machen, wenn die Ministerpräsidenten eine andere Stellung einnehmen würden als die Mehrheit des Parlamentarischen Rates. Außerdem würde es auch einen schlechten Eindruck mache, wenn die Ministerpräsidenten nicht einheitlich sich äußern würden. Die gegenwärtige Auffassung der Ministerpräsidenten sei die, daß sie vom Parlamentarischen Rat das dort beschlossene Grundgesetz übergeben bekommen würden und daß sie es an die Militärgouverneure weiterleiten würden und zwar mit ihrer eigenen Stellungnahme.
Diese Zuständigkeit der Ministerpräsidenten wurde stark bezweifelt. Von einer Seite wurde festgestellt, daß auf alle Fälle die Ministerpräsidenten zum Grundgesetz würden Stellung nehmen, wenn die Ratifizierung herannahe. Dann würden die Ministerpräsidenten entweder im Landtag oder für die Volksabstimmung die Annahme oder Ablehnung empfehlen müssen. Auch diese Stellungnahme sei äußerst bedeutungsvoll.
Es wurde vereinbart, die Ministerpräsidenten einzuladen, nach Abschluß der dritten Lesung mit den Teilnehmern dieser interfraktionellen Besprechungen zusammenzukommen und die Hauptfragen durchzusprechen, so daß es für keine Seite eine Prestigefrage sei.

ZU 3. DRUCKLEGUNG

Es soll dafür Sorge getragen werden, daß die Vorlage der Ergebnisse der dritten Lesung an das Plenum in Form der üblichen parlamentarischen Drucksachen

[11]) Vgl. die Beiträge des Ministerialdirektors Ringelmann, Landesregierung Bayern, im HptA: 13. Sitzung am 1. Dez. 1948 (Parl. Rat, Verhandlungen, S. 160), 14. Sitzung am 2. Dez. 1948 (ebd., S. 164, 165, 167, 175), 15. Sitzung am 2. Dez. 1948 (ebd., S. 179), 40. Sitzung am 14. Jan. 1949 (ebd., S. 493, 495, 498, 502, 504) und 41. Sitzung am 15. Jan. 1949 (ebd., S. 514, 519 f., 522 f.). Vgl. auch den Beitrag des Regierungsdirektors Voßwinkel, Landesregierung Baden-Württemberg, in der 13. Sitzung des HptA am 1. Dez. 1948 (Parl. Rat, Verhandlungen, S. 162).

[12]) MinPräs. Ehard. bezog am 8./9. Jan. 1949 auf der Tagung der CDU/CSU in Königswinter mehrfach ausführlich Stellung zur Arbeit des Parl. Rates. Vgl. Kaff, S. 300–304. Weitere Beiträge Ehard sind zusammengestellt bei Gelberg, S. 575 f.
Ebenfalls hatte auf der Tagung in Königswinter der Staatspräs. von Württemberg-Hohenzollern, Gebhard Müller, zur Arbeit des Parl. Rates Stellung bezogen. Vgl. Kaff, S. 284–294.

[13]) Die am 4. und 5. Feb. 1949 in Hamburg geplante Konferenz der MinPräs. wurde auf den 11. und 12. Feb. 1949 verlegt. Vgl. das Prot.: Akten zur Vorgeschichte Bd. 5, S. 161–209.

erfolge[14]). Die Auflage sei so zu bemessen, daß den Landtagen und einem weiteren Kreis von interessierten Personen der Bezug möglich werde.

ZU 4. BUNDESRAT

Von Seiten der CDU-Vertreter wurde darauf hingewiesen, daß das Ergebnis der zweiten Lesung der Forderung auf völlige Gleichberechtigung des Bundesrats mit dem Bundestag nicht gerecht geworden sei. Die CDU bestehe auch weiterhin auf diesem Standpunkt.
Daraufhin wurde von der SPD mitgeteilt, daß sie aus den jetzigen Zuständigkeiten des Bundesrats und den für seine Stellungnahme in vielen Fällen geforderten Mehrheiten eine bedeutende Erschwerung und Verlangsamung der Gesetzgebung erwarte. Die Arbeitskraft der künftigen Bundeskanzler werde wohl zum allergrößten Teil durch Auseinandersetzungen und einen Kampf mit den Länderregierungen verbraucht werden. Wenn man den Normalfall einer Mehrheitsregierung annehme, dann kann ein Bundeskanzler bei entsprechender Pflege der Beziehungen im allgemeinen auf die Unterstützung durch den Bundestag rechnen; anders aber beim Bundesrat, der sich allmählich zu einer zweiten Regierung entwickeln werde.
Angesichts dieser Situation wurde von einem Vertreter der SPD der Vorschlag gemacht, daß man eine Vereinfachung der Gesetzgebung in folgender Weise vornehme:

a) statt Überstimmung des Vetos mit Zweidrittelmehrheit Überstimmung mit der einfachen Mehrheit der gesetzlichen Mitgliederzahl;
b) das Veto muß mit Zweidrittelmehrheit beschlossen werden; es kann dann aber auch vom Bundestag nur mit Zweidrittelmehrheit überstimmt werden.

Dieser Antrag wird im weiteren Verlauf dahin abgeändert, daß in allen Fällen, in welchen der Bundesrat ein Veto mit einfacher Mehrheit beschließt, es mit der einfachen Mehrheit des Bundestags überstimmt werden kann und in allen Fällen, in denen der Bundesrat mit qualifizierter Mehrheit sein Veto beschließt, es auch nur mit der entsprechenden qualifizierten Mehrheit des Bundestags überstimmt werden kann.
Die Frage wurde nicht debattiert. Im weiteren Verlauf stimmte man einmütig dem Vorschlag zu, daß auf alle Fälle bei Anträgen der Bundesregierung zuerst der Bundesrat zu hören sei und daß dessen abweichende Meinung zu dem Antrag der Bundesregierung von dieser, wenn sie ihr nicht Rechnung trägt, dem Bundestag unterbreitet werden muß[15]).

---

[14]) Der Text des Entwurfes der 3. Lesung des HptA vom 10. Feb. 1949 ist als PA 5/Drucks. Nr. 679 vervielf. worden. Vgl. auch Der Parl. Rat Bd. 7, Dok. Nr. 8, S. 396–444.

[15]) In der im Anschluß an die interfraktionelle Besprechung erfolgten Sitzung der CDU/CSU-Fraktion am 25. Jan. 1949 berichtete Adenauer: „Man ist in den interfraktionellen Besprechungen dahin übereingekommen, die Fraktion nur kurz zu informieren – unter Ausschluß der Presse. Es hat die größte Mühe gekostet, die FDP zu einer Stellungnahme zu bekommen. Die FDP sollte ihr weitgehendes Übereinkommen mit der SPD

Nr. 14
Interfraktionelle Besprechung
25. Januar 1949[1])

BayHStA NL Pfeiffer 213. Ungez. und undat. – vermutlich von Pfeiffer verf.[2]) – maschinenschr. Aufz.[3])

Anwesend:
CDU/CSU: Adenauer (Präs.), von Brentano, Kaufmann, Lehr, Pfeiffer
SPD: Katz, Menzel, Schmid, Stock, Suhr[4])
FDP: Heuss, Höpker Aschoff, Schäfer
DP: Seebohm
Zentrum: Brockmann[5])

Beginn: 16.00 Uhr Ende: 18.45 Uhr

---

auch zugeben. Ich habe den Vorsitz nicht als Mitglied der Fraktion, sondern als Neutraler geführt, um vermitteln zu können. Es war vorher die Bitte ausgesprochen worden, daß die einzelnen Fraktionen mitteilen sollten, welche Fragen zur Sprache kommen sollten. Das hatte nur die CDU/CSU gemacht gehabt: 1) Befugnisses des Bundesrates, 2) Überprüfung der Gesetzgebungskompetenz des Bundes, 3) Finanzwesen, 4) kulturelle Fragen, 5) Ratifizierung des Grundgesetzes. Es wurde begonnen mit 1) Befugnisse des Bundesrates, die aber absichtlich nicht zu Ende besprochen wurden. Es wurde die Frage angeschnitten, ob es nicht richtig wäre, bald die Ministerpäsidenten einzuladen zu einer Besprechung mit uns bezüglich ihrer Meinung zum Grundgesetz, um nicht nachher zwei verschiedene Stellungnahmen von zwei deutschen Stellen zu haben. Inzwischen teilte mir eben Abg. Dr. Süsterhenn mit, daß das vorbereitende Komitee der Ministerpräsidentenkonferenz beschlossen hat, die Fraktionsvorsitzenden nach Hamburg zum 4./5. Februar einzuladen aus dem gleichen Grunde. Wir sollten dem zuvorkommen und unsere Einladung nach hier aussprechen. Abg. Dr. Lehr hat unsere Forderung auf Gleichberechtigung des Bundesrates vertreten. Die SPD hatte auf ihrer Parteivorstandssitzung anscheinend keine volle Klarheit gewonnen, denn Dr. Menzel, dann Dr. Katz und nachher Dr. Schmid vertraten jeder eine andere Meinung. Das Ergebnis war: Art. 103: Soll bestehen bleiben. Art. 104: Hier will die SPD keine Zweidrittelmehrheit bei Überwindung des Vetos. Art. 105: Soll stehenbleiben. Art. 106: Hier soll in Abs. 2 der zweite Satz gestrichen werden. Damit müßte dann auch Abs. 3 dieses Artikels fallen. Die SPD will dem Bundesrat das Recht geben, Einspruch einzulegen, und zwar mit einfacher Mehrheit, wenn der Bundestag mit einfacher Mehrheit das Veto verwerfen kann. Oder wenn er mit Zweidrittelmehrheit Einspruch erheben kann, dann muß der Bundestag auch eine Zweidrittelmehrheit haben zur Verwerfung. [...] Die FDP hat erklärt, die Beschlüsse des Hauptausschusses sollen bestehen bleiben mit der Einschränkung, daß das Veto in einfacher Mehrheit besteht.“ Vgl. Salzmann, S. 361 f.

1) Die Sitzung fand im Zimmer des Vizepräs. statt.
2) Vgl. dazu Dok. Nr. 16, Anm. 1.
3) Die Aufz. ist überschrieben: „Zweite interfraktionelle Besprechung zur Vorbereitung der dritten Lesung des Grundgesetzes im Hauptausschuß.“ Der Überschrift folgt die Bemerkung: „Private Notizen. – Kein Wortprotokoll, auch nicht bei Formulierung der nachstehenden Texte.“
4) Suhr nahm nur während der ersten Hälfte an der Besprechung teil.
5) Brockmann nahm nur für die letzte halbe Stunde an der Besprechung teil.

[1. TAGESORDNUNG]

Behandelte Gegenstände:
1. Vorschlag der CDU/CSU auf Abänderung des Art. 105;
2. Revision des Katalogs für Vorranggesetzgebung des Bundes;
3. Bundespräsident.

[2. VORSCHLAG DER CDU/CSU AUF ABÄNDERUNG DES ART. 105[6])]

Zu 1.: Es hatte sich gezeigt, daß die Gleichstellung des Bundesrats nicht erreichbar war.
Zunächst auf Seiten der SPD große Entrüstung und die Erklärung, daß diese Frage überhaupt nicht diskutierbar sei. Nach Übergang des von uns intern als Hilfsantrag bezeichneten Katalogs von 15 Punkten, in welchen die Gleichstellung des Bundesrats mit dem Bundestag gefordert wird, milderte sich die Stimmung etwas. Dann wurde die Beratung dieses Punktes unterbrochen und auf Mittwoch [den 26. Januar 1949] angesetzt[7]).

---

[6]) Zur Fassung des Art. 105 in der Fassung des 2. Lesung des HptA vom 20. Jan. 1949 und der Stellungnahme des Allgemeinen Redaktionsausschusses vom 25. Jan. 1949 vgl. Der Parl. Rat Bd. 7, Dok. Nr. 5, S. 251 f.

[7]) Im Anschluß an die Sitzung der CDU/CSU-Fraktion vom 26. Jan. 1949 notierte Pfeiffer zu der Beratung über Art. 105: Adenauer, Lehr, Kaufmann und von Brentano „haben in ihrem Bericht über die Fraktionssitzung vom Tag vorher [25. Jan. 1949] die peinliche Lage unterstrichen, in welcher sich die Vertreter der CDU/CSU in der interfraktionellen Besprechung vom Spätnachmittag des vorhergehenden Tages befunden hatten. Der überreichte Katalog mit 13 Forderungen in Art. 105 habe sehr verstimmend gewirkt und die Verhandlungen sehr erschwert. Während vorher eine gewisse Verständigungsbereitschaft der Gegenseite festzustellen war, müsse man nun eine Verminderung der Geneigtheit zur Verständigung feststellen. Die Aussprache über diesen Bericht mußte in der Fraktionssitzung vom Mittwoch, den 26. Januar [1949], abgebrochen werden, ehe die Rednerliste zu diesem Punkte erschöpft war und insbesondere, ehe der Fraktionsvorsitzende, der an den interfraktionellen Besprechung[en] teilgenommen hatte, nähere Ausführungen machen konnte. [...] Für diese Klärung sind die wichtigsten Punkte nachstehend zusammengefaßt:
1. In der Fraktionssitzung des Dienstags Vormittags [25. Jan. 1949] war die SPD mit Beanstandungen in der Richtung hervorgetreten, daß die in der zweiten Lesung gefaßten Beschlüsse betreffend Zuständigkeit des Bundesrats die Gesetzgebungsarbeit und die Arbeit des Bundeskanzlers erschweren werde und ein Bundeskanzler werde seine Hauptkraft verzehren durch Auseinandersetzungen mit den Ländern. Denn wenn er mit Mehrheit vom Bundestag gewählt sei, werde er ja auch beim Bundestag normalerweise keine besonderen Schwierigkeiten finden. Dagegen werde es einen beständigen Kampf zwischen Bundesregierung, vor allem Bundeskanzler und Länderregierungen geben. Aus diesem Grunde verlange die SPD eine entsprechende Einengung der Zuständigkeiten des Bundesrats.
2. Als Vertreter der CDU/CSU beschränkte sich der Abgeordnete Dr. Lehr darauf, die grundsätzliche Forderung seiner Fraktion auf völlige Gleichberechtigung des Bundesrats kurz darzulegen. Der Vertreter unserer Fraktion machte keinerlei Andeutung davon, daß in der Fraktion präzise Forderungen aufgestellt worden seien, die eine völlige Gleichberechtigung des Bundesrats zum Ziele hatten.
3. Die Aussprache in der Sitzung von Dienstag Vormittag [25. Jan. 1949] drehte sich

[3. REVISION DES KATALOGS FÜR VORRANGGESETZGEBUNG DES BUNDES]

Zu 2.: Die von CDU/CSU vorgetragenen Wünsche fanden keine starke Opposition.

Die SPD brachte folgende Gedanken zum Ausdruck:

a) wenn man die Ziffer (Art. 36–6[8])) betreffend Beamtenrecht streiche, dann müsse man logischerweise auch den Art. 27 b[9]) betreffend Berufsbeamtentum streichen.

Wurde von CDU/CSU abgelehnt.

b) Zu Art. 35[10]) wurde der Wunsch ausgesprochen, man möge die Errichtung einer zentralen Bundeskriminalstelle, die auch selbständige Verhaftungen besonders in Hochverratsangelegenheiten und bei Verbrechen gegen die Verfassung anordnen könne, nicht unmöglich machen.

c) Man komme zurück auf den früher geäußerten Wunsch, dem seinerzeit zugestimmt worden sei, daß Änderungen im Katalog der Art. 35 und 36 nicht unter die gleich strengen Bestimmungen fallen sollen wie die Ver-

---

dann nur um die Forderungen der SPD, die übrigens am Anfang nicht klar waren und bei denen von den Herren Dr. Katz, Dr. Menzel und Dr. Schmid, drei Varianten vorgetragen wurden. [...]

5. In der Nachmittagssitzung trug dann der Sprecher unserer Fraktion [Pfeiffer] die Forderung der Fraktion, wie sie in dem sogenannten Hilfsantrag zu Art. 105 formuliert worden waren, vor. Es ergab sich dabei kein klares Bild von dem Sinn unserer Forderung. Fragen von der Gegenseite wurden nicht so klar beantwortet, daß eine Verhandlungsgrundlage gegeben war. Die SPD äußerte eine große Entrüstung über den angeblich unerhört großen Katalog unserer Wünsche. Man stellte die Aussprache vorübergehend zurück, bis die Aufstellung der Wünsche der CDU/CSU schriftlich übergeben sei. Der Fraktionsvorsitzende klärte die Situation dadurch, daß er darauf hinwies, daß gegenüber den Forderungen der SPD auf Abminderung der Zuständigkeiten des Bundesrats Forderungen der CDU/CSU auf Aufstockung der Zuständigkeiten vorhanden seinen. Zwischen Ablehnung der ungenügenden Zuständigkeiten und der Annahme der Forderung auf Gleichberechtigung seien allerlei Varianten möglich. Der vorgelegte Katalog für eine Neufassung des Art. 105 enthalte jene Gebiete, auf denen die CDU/CSU-Fraktion die Gleichberechtigung des Bundesrats mit dem Bundestag für notwendig sehe, wenn nicht die grundsätzliche völlige Gleichberechtigung zustandekomme.

6. Der Präsident der Konferenz [Adenauer] und der Abgeordnete Dr. von Brentano erklärte[n], daß sie die nun verlesene Liste jetzt zum ersten Mal sähen. Hierdurch wurde bei der SPD der Eindruck verstärkt, daß man sich nicht ernsthaft einigen wolle und daß von der Vormittagssitzung bis zur Nachmittagssitzung eine Überraschung ausgearbeitet worden sei." Vgl. BA Z 5/Anhang 12, Bl. 8–10.

[8]) Zu Art. 36–6 in der Fassung der 2. Lesung des HptA vom 20. Jan. 1949 und der Stellungnahme des Allgemeinen Redaktionsausschusses vom 25. Jan. 1949 vgl. Der Parl. Rat Bd. 7, Dok. Nr. 5, S. 229.

[9]) Zu Art. 27 b in der Fassung der 2. Lesung des HptA vom 20. Jan. 1949 und der Stellungnahme des Allgemeinen Redaktionsausschusses vom 25. Jan. 1949 vgl. Der Parl. Rat Bd. 7, Dok. Nr. 5, S. 225.

[10]) Zu Art. 35 in der Fassung der 2. Lesung des HptA vom 20. Jan. 1949 und der Stellungnahme des Allgemeinen Redaktionsausschusses vom 25. Jan. 1949 vgl. Der Parl. Rat Bd. 7, Dok. Nr. 5, S. 225.

fasssungsänderungen. Es solle dabei eine qualifizierte Mehrheit des Bundesrats genügen.

[4. BUNDESPRÄSIDENT]

Zu 3.: Die SPD vertrat den Standpunkt, daß die Institution des Bundespräsidenten im Grundgesetz zwar vorgesehen, aber erst in einem späteren Punkt in Kraft gesetzt werden soll[11]). CDU/CSU, DP und FDP wünschen die sofortige Inkraftsetzung der Bestimmung über den Bundespräsidenten. Besonders scharf wurde kritisiert, daß gegebenenfalls seine Funktionen mit dem Bundestagspräsidenten zusammengenommen werden sollten[12]).

---

[11]) Zum Vorschlag der SPD vgl. bereits Dok. Nr. 5, Anm. 5 und Dok. Nr. 11, Anm. 3.

[12]) Adenauer berichtete in der Sitzung der CDU/CSU-Fraktion am 26. Jan. 1949 (9.00 Uhr): „Bei den gestrigen [interfraktionellen] Besprechungen [25. Jan. 1949] haben wir sehr an Terrain verloren durch die auf gewissen Gebieten überspitzten Forderungen. Gestern wurden zwei Punkte verhandelt: 1) Kompetenz des Bundesrates, 2) Bundespräsident. SPD wollte Bundespräsident und Bundestagspräsident in einer Person. Dagegen waren aber nicht nur wir sondern auch die anderen kleineren Parteien. Abg. Stock von der SPD stellte die Behauptung auf, wir stellten nur so viele Forderungen, um die Verhandlungen hinauszuziehen. Die von unserer Seite geforderten Sachen zu Art. 105 waren zu weitgehend. Sie sind auch nicht von der ganzen Fraktion beschlossen worden. Es ist nötig, daß irgendwelche Beschlüsse von der ganzen Fraktion gebilligt sein müssen. Es ist sonst auch sehr schwer für die Vortragenden und bringt peinliche Situationen. [...] Was soll nun in der heute vormittag stattfindenden interfraktionellen Besprechung auf dem Gebiet des Finanzwesens verlangt werden? (Die interfraktionellen Besprechungen finden heute um 10.30 Uhr statt.) Die Fraktion beschließt, bei ihren im Hauptausschuß gestellten Anträgen zu verbleiben." Vgl. Salzmann, S. 363 f.
Adenauer berichtet in der Sitzung der CDU/CSU-Fraktion am 26. Jan. 1949 (15.00 Uhr) „über die heute vormittag stattgefundenen interfraktionellen Besprechungen. Auf seiten der SPD waren Zeichen von Ungeduld bemerkbar. Ich habe deshalb dann den Vorschlag gemacht, bezüglich der drei bisher durchgesprochenen Fragen – Bundesrat, Kompetenzkatalog und Finanzfragen – einen Unterausschuß aus fünf Leuten zu wählen, die einen gemeinschaftlichen Vorschlag entwerfen." Vgl. Salzmann, S. 364.

Nr. 15
Sitzung des Fünferausschusses
26. und 27. Januar 1949[1]

PA 5/7. Ungez. maschinenschr. Durchschlag vom 27. Jan. 1949[2]

Anwesend[3]:
CDU[4]: von Brentano (Vors.), Kaufmann[5]
SPD: Menzel, Schmid
FDP: Dehler[6]

VORLÄUFIGES PROTOKOLL ÜBER DIE BESPRECHUNGEN IM FÜNFERAUSSCHUSS[7]

Art. 35:
Die SPD wünscht Ergänzungen der Ziff. 10 derart, daß die Errichtung eines Bundeskriminalamtes vorgesehen wird. Im Grundsatz besteht hierüber Einigkeit im Ausschuß.

---

[1] Nach der maschinenschr. Aufz. von Pfeiffer, Bonn, den 27. Jan. 1949, tagte der interfraktionelle Unterausschuß (Fünferausschuß), der nachfolgend abgedruckte Beschlüsse herbeiführte, am Mittwoch, den 26. Januar 1949 von 14.30 Uhr bis spät in den Abend, am Donnerstag, den 27. Januar 1949, von 9 bis 13 Uhr und von 16 bis ca. 16.30 Uhr. Daran schloß sich eine vorläufige Berichterstattung vor einem erweiterten interfraktionellen Ausschuß bis 18.00 Uhr an. An dieser Sitzung nahmen teil: Adenauer (Präs.), von Brentano, Kaufmann, Kaiser, Lehr, Pfeiffer (CDU/CSU); Katz, Menzel, Schmid, Schönfelder (SPD); Dehler, Heuss, Schäfer (FDP). Vgl. BayHStA NL Pfeiffer 219. Um 18 Uhr nahm der Fünferausschuß seine Arbeit wieder auf. Vgl. BayHStA NL Pfeiffer 213.

[2] Zur Entstehung des „vorläufigen Prot." vgl. Dok. Nr. 19.

[3] Anwesenheitsliste nach: „Einigungsverfahren des Unterausschusses der interfraktionellen Konferenz." Maschinenschr. Aufz. von Pfeiffer, Bonn, den 27. Jan. 1949. BayHStA NL Pfeiffer 213.

[4] An den Sitzungen des Fünfer- und auch später des Siebenerausschusses nahm kein CSU-Abgeordneter teil. Pfeiffer fertigte seine Aufzeichnungen in der interfraktionellen Besprechung am 27. Jan. 1949 abends und am 28. Jan. 1949 um 9.30 Uhr an, als die Mitglieder des Fünferausschusses das Ergebnis ihrer Beratungen vorstellten. Vgl. auch Dok. 18.

[5] Ursprünglich sollte Süsterhenn bei der Behandlung der kulturellen Fragen Kaufmann ablösen. Da Süsterhenn erkrankte, vertrat Lehr Kaufmann. Vgl. auch Salzmann, S. 365.

[6] Dehler wechselte sich im Laufe der zwei Verhandlungstage ab mit Schäfer (bei den staatsrechtlichen Fragen) und Heuss (bei den kulturellen Fragen). Vgl. Salzmann, S. 371.

[7] Die Nummern der Artikel beziehen sich auf die Nummern des Grundgesetzentwurfes in der 2. Lesung des HptA vom 20. Jan. 1949 und der Stellungnahme des Redaktionsausschusses vom 25. Jan. 1949. Vgl. Der Parl. Rat Bd. 7, Dok. Nr. 5, S. 202–296. Die in diesem Prot. aufgeführten Änderungen sind durchweg in den „Änderungsvorschlag des Fünferausschusses für die dritte Lesung des Grundgesetzes im Hauptaussschuß" vom 31. Jan. bis 5. Feb. 1949 eingegangen. Vgl. Der Parl. Rat Bd. 7, Dok. Nr. 6, S. 297–338.

Art. 36:

Ziff. 1: Die Fassung der Ziff. 1 nach den Beschlüssen der ersten Lesung im Hauptausschuß soll im allseitigen Einverständnis wieder hergestellt werden.

Ziff. 6: Die CDU wünscht Streichung.
Die SPD wünscht Beibehaltung, ist aber mit Streichung ggf. einverstanden, wenn auch Art. 27 b gestrichen wird.

Entscheidung steht noch offen.

Ziff. 8 und 8a: Der Ausschuß ist mit einer Neuformulierung einverstanden, durch die beide Ziffern zusammengefaßt werden.

Ziff. 11: Der Ausschuß einigt sich auf die Formulierung: „privatrechtliches Versicherungswesen." Es soll dadurch zum Ausdruck gebracht werden, daß die privaten Versicherungen und die öffentlich-rechtlichen Versicherungsanstalten, soweit sie sich mit privaten Versicherungen beschäftigen, der Aufsicht unterliegen.

Ziff. 16: Es werden die Worte gestrichen: „die Versorgung mit Holz"; es werden hinzugesetzt: „Naturschutz und Landschaftspflege."

Art. 75 Abs. 2:
Der Ausschuß ist mit der Streichung der Worte „des Bundesrats" einverstanden.

Art. 79 Abs. 1:
Die SPD wünscht, daß der Bundestagspräsident als Stellvertreter des Bundespräsidenten bestellt werde. Es wird Einigung dahin erzielt, daß an Stelle des Präsidenten des Bundesrats der Präsident des Bundesverfassungsgerichts benannt wird.

Art. 103:
Der Ausschuß ist damit einverstanden, daß bei den Beratungen der Regierungsvorlagen grundsätzlich der Bundesrat vorgeschaltet wird, d.h. daß die Bundesregierung verpflichtet ist, Vorlagen dem Bundesrat zur Stellungnahme zuzuleiten und mit der Stellungnahme des Bundesrats dem Bundestag vorzulegen.

Art. 111 b:
Der Ausschuß ist damit einverstanden, daß die Ausfertigung der Bundesgesetze unter Gegenzeichnung des Bundeskanzlers erfolgt.

Art. 112–2 Abs. 4:
Die SPD wünscht Abänderung des Satz 3 dahingehend, daß die Zustimmung der Mehrheit der Stimmen des Bundesrats genügen soll.
Einigung bleibt offen.

Art. 115 Satz 2:
Die SPD wünscht Streichung der Worte: „mit Zustimmung des Bundesrats."
Einigung bleibt vorbehalten.

Art. 116 Abs. 3:
Die SPD wünscht in Satz 2 den Ersatz der Worte: „der Zustimmung von zwei Dritteln der Stimmen des Bundesrats" durch die Worte: „der Mehrheit der Stimmen des Bundesrats." Es soll weiter heißen: „die Errichtung und Aufhebung." Evtl. schlägt die SPD vor, die Einrichtung bundeseigener Mittel- und Unterbehörden von der Zustimmung von zwei Dritteln der Stimmen des Bundesrats abhängig zu machen.
Einigung bleibt offen.

Art. 128-5 in Verbindung mit Art. 129 Abs. 2:
In der letztgenannten Vorschrift soll zum Ausdruck kommen, daß bei der Auswahl der Richter der Finanz-, Arbeits- usw. Obergerichte jeweils die zuständigen Ressortminister der Länder bzw. des Bundes mitwirken.
Der Ausschuß beschließt entsprechend.

Art. 129-1:
Nochmalige Beratung und Beschlußfassung in den Fraktionen bleibt vorbehalten.
Die SPD legt Wert auf die ursprüngliche Fassung („vorsätzlich oder grob fahrlässig") oder besser noch auf den Wegfall der subjektiven Voraussetzung.

Art. 149:
Die SPD schlägt vor, den Art. 149 sinngemäß dahin zu erweitern, daß das Grundgesetz seine Gültigkeit auch dann verliert, wenn eine der beiden dort genannten Voraussetzungen ggf. nur für einen Teil Deutschlands gegeben ist. Das Grundgesetz soll mithin nach diesem Vorschlag auch außer Kraft treten, wenn zwar die gesamtdeutsche Einheit noch nicht verwirklicht ist, die völlig freie Selbstbestimmung aber in dem Teil Deutschlands gewährleistet erscheint, für den das Grundgesetz erlassen ist. Aus grundsätzlichen Bedenken vermag die CDU nicht zuzustimmen, da durch eine solche Bestimmung jederzeit die Möglichkeit gegeben wäre, daß die eine dieser Voraussetzungen behauptet und eine neue Verfassung geschaffen wird, ohne daß die für Verfassungsänderungen erforderliche Mehrheit erforderlich wäre.

Art. 104:
a) Von seiten der SPD und der FDP werden Bedenken gegen Abs. 2 erhoben. Es wird darauf hingewiesen, daß unter Umständen auch ein Kabinett, das über die Mehrheit im Bundestag verfügt, lahmgelegt wird, dagegen ein Veto des Bundesrats wohl nur in den seltensten Fällen eine Zweidrittelmehrheit findet. Vorbehaltlich endgültiger Einigung wird folgender Abänderungsvorschlag beschlossen:

„Wenn der Bundesrat sich mit einer Vorlage des Bundestags beschäftigt, so kann er verlangen, daß ein aus beiden Häusern zusammengesetzter Ausschuß einberufen wird zu dem Zwecke, die Meinungsverschiedenheiten gemeinsam zu besprechen und zu klären. Wenn dieser Einigungsversuch mißlingt, kann der Bundesrat einen Einspruch einlegen. Wird der Einspruch mit der Hälfte der Stimmen eingelegt, so kann er mit der qualifizierten absoluten Mehrheit im Bundestag zurückgewiesen werden; findet sich im Bundesrat eine Zweidrittelmehrheit für den Einspruch, so bedarf auch der Beschluß des Bundestags der Zweidrittelmehrheit.“

b) Auf der anderen Seite soll der Katalog des Art. 105 ergänzt werden, d.h. also die Fälle, in denen der Bundestag gleichberechtigt mitwirken muß:

Ziff 1): die Formulierung wird beibehalten; es wird ein Zusatz hinzugefügt: „einschließlich der Gesetze, durch die die Verteilung der Steuern zwischen Bund und Ländern geregelt wird (Art. 122 b).“

Ziff. 2), 3) und 4): bleiben unverändert.

Aus dem Katalog zu Art. 105, der in der 2. Ausschußsitzung übergeben wurde, werden folgende Positionen übernommen:

Ziff. 3): (diese Ziffer kann gestrichen werden, wenn Art. 36 Ziff. 6 entfällt),

Ziff. 5): Die SPD hat grundsätzliche Bedenken. Sie ist grundsätzlich bereit, diese Bedenken zurückzustellen, wenn auch in der Frage der Finanzverwaltung eine Verständigung erzielt wird.

Ziff. 8), Ziff. 9): (hier gilt das gleiche wie für Ziff. 5).

Ziff. 10) bis 13): Der Ausschuß glaubt, daß diese Materie bereits an anderer Stelle (Art. 112 ff.) geregelt ist. Die SPD schlägt vor, auch in diesen Fällen nur von der Gleichberechtigung des Bundesrats auszugehen, nicht von einer Zweidrittelmehrheit.

Art. 106:

Gegen die Fassung des Abs. 2 Satz 2 werden Bedenken geltend gemacht. Es wird darauf hingewiesen, daß unter Umständen in zahlreichen Fällen der Bundesverfassungsgerichtshof mit der Frage befaßt werden kann, ob ein Gesetz geeignet ist, „den bundesstaatlichen Aufbau wesentlich zu verändern.“ Es soll hier eine klarere Formulierung gesucht werden. Es wird vorbehaltlich einer genaueren Formulierung vorgeschlagen, daß ein Gesetz, durch das die Gliederung des Bundes in Länder und der Grundsatz des Art. 65 berührt werden, der einstimmigen [Beschlußfassung] im Bundesrat bedarf, während es im übrigen bei den verfassungändernden Mehrheiten verbleiben soll.

Die Fragen der Finanzverwaltung wurden zusammenhängend besprochen. SPD und FDP verzichten auf Beibehaltung der Beschlüsse. 2. Lesung hinsichtlich der Bundesfinanzverwaltung. Es besteht Einverständnis darüber, daß in diesem Falle den Landesregierungen ein weitgehendes Mitbestimmungsrecht eingeräumt werden soll. Es sollen grundsätzlich alle leitenden Finanzverwaltungen im Gebiete der Länder bis zu den leitenden Beamten der Finanzämter im Einverneh-

men mit der zuständigen Landesregierung ernannt werden. Es besteht allgemeines Einverständnis darüber, daß die Steuerquellen in der Verfassung nicht im einzelnen aufgeteilt werden sollen; vielmehr soll die Aufteilung durch ein Gesetz gemäß Art. 105 beschlossen werden. Dabei besteht weiter Einigkeit darüber, daß durch die Beschlußfassung die Erhebung von Zuschlägen durch die Länder zu einzelnen Steuerarten nicht ausgeschlossen ist; erforderlichenfalls kann dies zum Ausdruck gebracht werden. Weiter soll in den Übergangsvorschriften zum Ausdruck kommen, daß eine endgültige Verteilung der Steuerquellen unter die Bedarfsträger möglichst bis 1955 erfolgen soll.
Weiter soll durch Bundesgesetz im Sinne des Art. 105 die Übernahme der Besatzungs- und Kriegsfolgelasten auf den Bund ausgesprochen und sollen die Begriffe genau definiert werden.

Zu Art. 1 Abs. 3:
Hier wurde in der Diskussion die Frage der Bindung der Rechtsprechung aufgeworfen.
Frage *Dr. Menzel*: Ist es richtig, die Grundrechte in einen subjektiven Rechtsanspruch zu kleiden. Sollte die Frage bejaht werden, so hält er es für besser, im einzelnen aufzuzählen, welche Grundrechte gerichtsfertiges Recht sind. Von seiten der CDU wurde betont, daß gerade dieser subjektive Rechtsanspruch für wesentlich gehalten wird; „Wir wollen nicht nur Rechte deklarieren, sondern einen Anspruch schaffen."
Die Einigung bestand darin, daß man die Fassung des Redaktionsausschusses zu Art. 1 vorziehe; ferner bestand Einigung darin, daß im Abs. 2 Satz 1 das Wort „war" hinter „sich" eingesetzt werden muß.

Art. 4:
Der Wunsch der SPD, nur den ersten Satz stehen zu lassen, begegnete bei der CDU Bedenken.

In Art. 6 Abs. 4:
soll das Wort „öffentlich" gestrichen werden.

Art. 7:
Hier bestand Einigkeit darin, daß der Abs. 2 in der ursprünglichen Fassung des Redaktionsausschusses hinzugefügt werden soll mit der Maßgabe, daß es nur heißen soll:

> „(2) Die Freiheit der Lehre entbindet die Lehrer nicht von der Verpflichtung der Treue zum Grundgesetz."

Art. 7 a, 7 b:
Vorschlag der SPD, beide Artikel ganz zu streichen. Widerspruch von der CDU gegen Streichung und Vorschlag, einen Zusatz-Absatz 2 zu Art. 7 b:

> „Die Eltern haben das erste Recht, die Art der Schulerziehung zu bestimmen, die ihren Kindern zu gewähren ist."
>
> Anmerkung:

Diese Formulierung ist wörtlich der Menschenrechts-Charta der Vereinten Nationen[8]) entnommen.

Für den Fall, daß der Art. 7 b beibehalten wird, schlägt die SPD vor, in Abs. 3 (Privatschulen) hinzuzufügen:

„Soweit dadurch ein geordneter Schulbetrieb nicht gefährdet und die Erreichung des staatlichen Bildungsziels sichergestellt wird.“

Art. 10:
An Stelle der Worte „Telegraphen- und Fernsprechgeheimnis“ soll es heißen: „Brief- und Fernmeldegeheimnis.“

Bei Art. 19:
schlagen SPD und FDP vor, Abs. 1 zu streichen.

Art. 20 c:
In der 1. Zeile Streichung des Wortes „nur“.

Art. 138 c-5:
Die CDU schlägt folgende Fassung vor:

(1) (wie bisher):
Recht aus der Zeit vor dem Zusammentritt des Bundestags gilt fort, soweit es dem Grundgesetz nicht widerspricht.

(2) (Ergänzungsvorschlag):
Vom Deutschen Reich abgeschlossene und nach allgemeinen Rechtsgrundsätzen fortgeltende Verträge, die sich auf Gegenstände beziehen, für die nach diesem Grundgesetz die Landesgesetzgebung zuständig ist, bleiben in Kraft, bis neue Verträge durch die nach diesem Grundgesetz zuständigen Stellen abgeschlossen werden oder die Beendigung der Verträge auf Grund der in ihnen enthaltenen Bestimmungen anderweitig erfolgt.

Vorschlag der SPD; die Fassung wie folgt abzuändern:

„Vom Deutschen Reich abgeschlossene und nach allgemeinen Rechtsgrundsätzen auch unter dem Gesichtspunkt der Rechtsnachfolge fortgeltende Verträge.“

Dem Vorschlag wir grundsätzlich zugestimmt.

---

[8]) Die Erklärung der Menschenrechte ist abgedr. in: Der Parl. Rat Bd. 5, Dok. Nr. 10, S. 220–225.

Nr. 16
Aufzeichnung von Leusser über interfraktionelle Besprechungen
27. Januar 1949

BayHStA NL Pfeiffer 213. Ungez. Durchschlag eines Schreibens von Leusser an MinPräs. Ehard vom 27. Jan. 1949 (Auszug)

Betreff: Tätigkeit des Parlamentarischen Rates
Im Nachgang zu den am 25. Januar 1949 vorgelegten Notizen des Herrn Staatsministers Dr. Pfeiffer über die beiden ersten interfraktionellen Besprechungen[1]) darf folgendes berichtet werden:

I. Es besteht begründeter Anlaß für die Annahme, daß sich die Lage seit der zweiten interfraktionellen Besprechung verschlechtert hat. Nachdem in der ersten Besprechung von der SPD und FDP[2]) die Gleichberechtigung des Bundesrats abgelehnt worden war[3]), wollte Dr. Adenauer den Komplex Bundesrat vorerst nicht mehr weiterverfolgen, insbesondere auch keine Versuche in Richtung einer Aufbesserung der Befugnisse des Bundesrats unternehmen, weil diese Sache im Verhältnis z.B. zu den Finanzdingen nicht so wichtig sei, in Wirklichkeit aber doch wohl, weil er selbst auf dem Standpunkt steht, daß der Bundesrat schon jetzt zu viele Rechte habe. Schließlich wurde dann beschlossen, daß in der Nachmittagssitzung die Frage der Gleichberechtigung des Bundesrats auf verschiedenen Gebieten der Gesetzgebung erörtert werden sollte. Als Sprecher der Fraktion wurde Dr. Lehr bestimmt.
Dieser hatte aber schon in der Fraktionssitzung vom 20. Januar 1949 sich gegen die damals gefaßten Beschlüsse[4]) gewandt (Abdruck dieser Beschlüsse wurde mit Bericht vom 21. Januar vorgelegt[5])) und machte auch bei der interfraktionellen Besprechung aus seiner Einstellung keinen Hehl. Das gleiche gilt für den Abgeordneten Kaufmann. Auch Dr. Adenauer bezeichnete in der Fraktionssitzung am Vormittag des 26. Januar die Forderungen zu Art. 105 als zu weitgehend. Sie seien überdies nicht von der ganzen Fraktion beschlossen worden; in

[1]) Bei den beiden von Pfeiffer vorgelegten Aufz. handelt es sich vermutlich um die als Dok. Nr. 13 und Dok. Nr. 14 gedruckten Texte.

[2]) Von Brentano bemerkte zur Haltung der FDP in der Sitzung der CDU/CSU-Fraktion am 1. Feb. 1949: „Es wurden erst die Abänderungswünsche der Parteien dargelegt. Wir mußten vom ersten Augenblick an feststellen, daß die SPD in allen ihren Wünschen und Forderungen von der FDP rückhaltlos unterstützt wurde. Das ging so weit, bei den Beratungen am ersten Tag waren die Interventionen von Herrn Schäfer noch verhängnisvoller als die Ausführungen von Herrn Menzel. Das hat die Verhandlungen nicht erleichtert. Was hier vorliegt, ist ein Kompromiß, dessen Notwendigkeit wir alle drei bejaht haben. Wir sahen ihn aber unter den gegebenen Verhältnissen für tragbar an." Vgl. Salzmann, S. 371.

[3]) Vgl. Dok. Nr. 13.

[4]) Dazu finden sich in der Aufzeichnung über die Sitzung der CDU/CSU-Fraktion am 20. Jan. 1949 keine Hinweise. Vgl. Salzmann, S. 349–356.

[5]) Vgl. BayHStA NL Pfeiffer 213.

der Fraktionssitzung hätten sehr viele Abgeordnete gefehlt, die Bayern seien aber sehr stark vertreten gewesen[6]). Hierzu ist zu bemerken, daß es sich um eine ordnungsgemäß anberaumte Fraktionssitzung handelte; allerdings hatte ein Teil der Abgeordneten es vorgezogen, früher abzureisen, darunter aber auch einige Bayern. Die Entscheidung der Fraktion entsprach weiter den Beschlüssen von Königswinter[7]). Wenn schon die volle Gleichberechtigung des Bundesrats nicht zu erreichen war, so mußte, wie Dr. von Mangoldt richtig ausführte, versucht werden, zumindest auf einigen entscheidenden Gebieten diese Gleichberechtigung zu erlangen.

Der (absichtlich oder unabsichtliche) Fehler Dr. Lehrs bestand schon darin, daß er den Hilfsantrag zu Art. 105 nicht als ein Entgegenkommen der CDU/CSU, gesehen von ihrer Forderung auf volle Gleichberechtigung aus, vortrug, sondern als neue Forderung gegenüber dem bisherigen Ergebnis und noch dazu in sehr zögernder und wenig überzeugender Form. Auch Dr. von Brentano unterstützte den Antrag nicht, weil er angeblich den Fraktionsbeschluß nicht kannte. Dieser war ihm aber bei seiner Rückkehr nach Bonn sofort ausgehändigt worden; Dr. von Brentano hatte nur, wie er jetzt zugibt, übersehen, ihn zu lesen[8]). Der gleiche Sachverhalt trifft für Dr. Adenauer zu.

Daß in Wirklichkeit die neuen Vorschläge gar nicht zu weit über das bisherige Ergebnis hinausgehen, insbesondere nicht nur auf bayerischen Anregungen beruhen, ergibt sich aus der beiliegenden Abschrift einer vergleichenden Zusammenstellung. Die auf Grund der Fraktionssitzung vom 20. Januar 1949 von dem Berichterstatter verfaßte Ausarbeitung mit ihren Hilfsanträgen und Anmerkungen war auch nicht für die anderen Fraktionen bestimmt, sondern nur als Unterlage für die Verhandlungsführer der CDU/CSU. Den anderen Teilnehmern der interfraktionellen Besprechungen wurde im Verlauf dieser Besprechung auch nur eine Abschrift des Hilfsantrages zu Art. 105 (ohne Überschrift und Anmerkungen) überreicht[9]).

In Wirklichkeit handelt es sich bei dem Vorbringen von Dr. Adenauer, Dr. Lehr und Kaufmann doch wohl mehr oder weniger um Vorwände. Sie haben ihre Niederlage bei der Abstimmung über Senat oder Bundesrat nicht vergessen und versuchen noch ein letztes Mal zumindest die senatoriale Schleppe zu retten. Der Abgeordnete Kaufmann sprach dies in der Fraktionssitzung auch ganz offen aus. Er erklärte, die volle Gleichberechtigung könne man nur einem Senat oder einem für den Bereich der Gesetzgebung durch Senatoren verstärkten Bundesrat geben; bei einem reinen Bundesrat sei dieser aber eine staatsrechtliche Unmöglichkeit. Das habe man jetzt davon, daß man sich auf den reinen Bundesrat festgelegt habe. Hierzu ist zu bemerken, daß bei einer früheren Gelegenheit, als sich abzuzeichnen schien, daß man auf bayerischer Seite im allgemeinen mit einem schwer überwindbaren Veto zufrieden sein könne und nur für verschiedene Gebiete die Glechberechtigung verlange, Kaufmann erklärte, er müsse sich

[6]) Vgl. Dok. Nr. 14, Anm. 7.
[7]) Zur Tagung der CDU/CSU in Königswinter am 8./9. Jan. 1949 vgl. Kaff, S. 252–370.
[8]) Vgl. Salzmann, S. 363 f.
[9]) Vgl. dazu Dok. 14, S. 63.

„überlistet" fühlen, wenn nicht die volle Gleichberechtigung auf allen Gebieten durchgehalten werde. Darauf habe sich doch die Fraktion einmütig festgelegt[10]). Diese Erörterungen, die in der Fraktionssitzung vom 26. Januar vormittags stattfanden, mußten dann abgebrochen werden, weil die Behandlung der Finanzfragen, welche in der anschließenden dritten interfraktionellen Besprechung beraten werden sollten, vordringlicher erschien. Hier faßte die Fraktion folgenden Beschluß[11]):

„Die Fraktion beschließt, bei ihren im Hauptausschuß gestellten Anträgen zu verbleiben:

1) Länderfinanzverwaltung;
2) bezüglich eines Zuschlagsrechts wird folgendes beantragt:
„Die Länder können im Rahmen eines Bundesgesetzes durch Landesgesetze zu den Steuern von Einkommen Zuschläge für die Landeskasse erheben."
3) Bezüglich der Aufteilung der Steuerquellen folgendes:
(1) Die Steuerquellen sind unbeschadet der Gesetzgebung und Weisungsbefugnis des Bundes auf Bund und Länder (einschließlich ihrer Gemeinden und Gemeindeverbände) nach deren Aufgaben aufzuteilen. Die Aufteilung erfolgt durch Gesetz, das der Zustimmung von 2/3 des Bundesrates bedarf.
(2) Der Bund hat für einen angemessenen Lastenausgleich zu Gunsten leistungsschwacher Länder zu sorgen.
4) In den Übergangsbestimmungen soll aufgenommen werden, daß der Bund die Besatzungskosten und die Kosten der inneren und äußeren Kriegsfolgelasten bestreitet.

Da die Steuerquellen zur Zeit noch nicht aufgeteilt werden können, soll hier eine Frist gestellt werden bis zum Jahre 1955."

Anstelle von Staatsminister Dr. Pfeiffer und Dr. Lehr nahmen Schlör und Dr. Binder als Finanzsachverständige an den interfraktionellen Besprechungen am 26. Januar vormittags teil. In dieser Sitzung machte aber Dr. Adenauer den Vorschlag, weil er auf Seiten der SPD Zeichen von Ungeduld zu bemerken glaubte, einen Unterausschuß von fünf Leuten zu benennen, welcher sämtliche Fragen, insbesondere aber die Frage der Stellung des Bundesrats durchsprechen sollten. Die Tendenz ging eindeutig nicht auf eine Ausweitung, sondern eine Beschneidung der Rechte des Bundesrats, was aus der dieser Arbeit vorangestellten Frage hervorgeht: „Wie kann die Bundesregierung arbeitsfähig gemacht werden, ohne daß die Länderinteressen vergewaltigt werden?"

---

[10]) Am 26. November 1948 entschied sich die CDU/CSU-Fraktion für einen Bundesrat „mit gestaffeltem Stimmrecht der Länder, das der Ersten Kammer vollkommen gleichberechtigt gegenübersteht und sich aus den von den Länderregierungen ernannten weisungsgebundenen Vertretern zusammensetzt." Vgl. Salzmann, S. 225.

[11]) Vgl. Salzmann, S. 364.

Es darf daran erinnert werden, daß Dr. Adenauer auf dem Standpunkt steht, daß bei den derzeitigen Befugnissen des Bundesrats sich kein Bundeskanzler finden werde.

In diesen Fünferausschuß wurden gewählt:

von der SPD: Dr. Schmid und Dr. Menzel;

von der CDU/CSU: Dr. von Brentano und Kaufmann;

von der FDP: Dr. Schäfer[12]).

Die kleinen Parteien sind in diesem Ausschuß nicht vertreten.

Zu erwähnen ist, daß sich die Beteiligung der FDP bei den interfraktionellen Besprechungen als nicht sehr glücklich erwiesen hat. Die FDP vermeidet es nach Möglichkeit, eine klare Stellung zu beziehen und sucht auf diese Weise ihre Schlüsselposition auszunützen. Im Zweifel stellt sich die FDP auf die Seite der SPD. Es wurden deshalb in der Fraktion verschiedentlich Stimmen laut, die interfraktionellen Besprechungen in der bisherigen Form zu beenden und allein mit der SPD zu verhandeln. Dr. von Brentano stellte aus diesem Grund sogar den schriftlichen Antrag, ihn von seiner Aufgabe als Verhandlungsführer bei den interfraktionellen Besprechungen zu entbinden. Er zog diesen Antrag erst wieder zurück, als ihm zugesichert wurde, daß man nebenbei noch mit der SPD verhandeln werde.

Der Fünferausschuß beriet am Nachmittag des 26. Januar; über das Ergebnis seiner Beratungen war nichts Authentisches zu erfahren. Gewisse Befürchtungen erscheinen jedoch angebracht, weil die SPD eine sehr zuversichtliche Stimmung zur Schau trug. Bemerkenswert ist, daß der Abgeordnete Stock, der nicht Mitglied des Ausschusses ist, dem Berichterstatter noch am Nachmittag auf dem Gang erklärte, daß von den 13 Punkten schon 9 wieder herausgestrichen seien, was aber sicherlich nicht den Tatsachen entspricht. Der Abgeordnete Stock bezeichnete mich auch gegenüber dem Abgeordneten Dr. Heuss als den Verantwortlichen für diesen Katalog. Auf meine Antwort, daß dieser Katalog das Ergebnis eines Fraktionsbeschlusses sei, entgegnete Stock sofort, die Fraktion sei ja gar nicht vollzählig gewesen und die meisten hätten von diesem Beschluß gar nichts gewußt!

Die Beratungen des Fünferausschusses dauerten auch am Vormittag des 27. Januar an. Das Ergebnis dieser Besprechungen soll den Mitgliedern der interfraktionellen Kommission am Nachmittag um 16 Uhr vorgelegt werden.

[12]) Zur Teilnahme von Schäfer vgl. Dok. Nr. 15, Anm. 6.

Nr. 17
Aufzeichnung von Leisewitz über interfraktionelle Besprechungen
27. Januar 1949

BA Z 12/120, Bl. 16–18. Von Leisewitz gez. Ausf. vom 27. Jan. 1949

Während der interfraktionellen Besprechungen, die unter dem Vorsitz Dr. Adenauers derzeit über die strittigen Punkte des Grundgesetzes geführt werden, wurde nunmehr weitgehende Übereinstimmung der bisher gegensätzlichen Auffassungen erzielt.

In groben Zügen bietet sich jetzt folgendes Bild:

1) Die Gleichberechtigung des Bundesrates wird im wesentlichen durch eine Erweiterung des Katalogs der Gesetze, für die eine Zustimmung des Bundesrats erforderlich ist, sichergestellt. Dies soll in der Form geschehen, daß der Bundesrat grundsätzlich für gleichberechtigt erklärt wird und Ausnahmen von dieser Regel in einem Katalog festgelegt werden. Für gewisse Gesetze soll außerdem auf die bisher verlangte Zustimmung von zwei Dritteln der Stimmen des Bundesrats verzichtet werden;
2) in der Finanzfrage ist man dahin übereingekommen, die Verwaltung und Gesetzgebung einheitlich dem Bund zu überlassen; andererseits soll eine genaue Aufteilung der Steuern erfolgen, über die der Bund und die Länder verfügen können. Diese werden gleichzeitig auch die Möglichkeit erhalten, Zuschläge zu gewissen Steuern zu erheben, eine Möglichkeit, die ihnen in der 2. Lesung des Grundgesetzes im Hauptausschuß genommen worden war[1]). Die Frage des früheren Reichsvermögens hat in den Debatten bis zur Stunde keine Rolle gespielt;
3) die kulturellen und Kirchenrechte sollen wie bisher beibehalten werden. Darüber hinaus wird durch eine Neuformulierung des Art. 138c-5 die Weitergeltung des Reichskonkordats[2]) zwar nicht de jure, aber doch de facto anerkannt werden[3]). Die Konkordate werden danach im künftigen Grundgesetz in ähnlicher Weise behandelt werden wie in der Weimarer Verfassung[4]).

Der interfraktionelle Fünferausschuß hat nunmehr die Aufgabe, diese Lösungen schriftlich zu formulieren. Sie sollen am kommenden Dienstag [den 1. Februar 1949] früh dem interfraktionellen Gremium zur Genehmigung vorgelegt und

---

[1]) Vgl. 41. Sitzung des HptA am 15. Jan. 1949. Parl. Rat, Verhandlungen, S. 511–527.

[2]) Zum Konkordat zwischen dem Deutschen Reich und dem Heiligen Stuhl vgl. Ludwig Volk: Das Reichskonkordat vom 20. Juli 1933. Von den Ansätzen in der Weimarer Republik bis zur Ratifizierung am 10. September 1933. Mainz 1972.

[3]) Vgl. die Änderungsvorschläge des Fünferausschusses vom 31. Jan. bis 5. Feb. 1949 zu Art. 139. Der Parl. Rat Bd. 7, Dok. Nr. 6, S. 335.

[4]) Vgl. Verfassung des Deutschen Reiches vom 11. Aug. 1919. Reichsgesetzblatt 1919, S. 1383–1418.

danach den Parteien zur Stellungnahme weitergeleitet werden. Es wird damit gerechnet, daß die Parteien spätestens am Mittwoch [den 2. Februar 1949] sich über Billigung oder Ablehnung entschieden haben, wobei man mit der letzten Möglichkeit kaum rechnet.
Dies läßt allerdings außer acht, daß die CSU mit der vorgeschlagenen Lösung nicht einverstanden ist. Die Abgeordneten Süsterhenn[5]) und Pfeiffer sind beide an den Beratungen des Fünferausschusses nicht beteiligt gewesen. Es wird behauptet, Dr. Adenauer habe sie bewußt ausgeschaltet, da alle Widerstände gegen eine Einigung immer von dieser Seite gekommen seien. Dr. Adenauer würde damit der CSU nicht nur das Omen einer Ablehnung in die Schuhe schieben, sondern auch einem weiteren Zerfall der CSU namentlich in Bayern Vorschub leisten, wo er dem Vernehmen nach eigene politische Pläne verfolgt.
Im Anschluß an die Fraktionsbesprechungen soll ab kommenden Donnerstag [3. Februar 1949] unter Zugrundelegung der Formulierungen des Fünferausschusses die 3. Lesung ihren Anfang nehmen und das Grundgesetz in „Galopp-Sitzungen" bis zum Sonnabend der kommenden Woche abschließend behandelt werden. Mit größeren Debatten im Hauptausschuß wird nicht mehr gerechnet, abgesehen von gelegentlichen Rückgriffen auf die neuen Formulierungen des Allgemeinen Redaktionsausschusses.
Von französischer Seite wurde zu den sich jetzt eröffnenden Perspektiven geäußert, daß damit besonders in der Finanzfrage die bisherigen Bedenken weitgehend beseitigt würden, zumal wenn es, statt zu einer Bundesfinanzverwaltung, zu einer Art von „Länderfinanzverwaltung als Auftragsangelegenheit des Bundes" käme. Außerdem entspräche anscheinend die vorgesehene Aufteilung der Steuern zwischen Bund und Ländern und die Beschränkung der Finanzhoheit des Bundes auf die Steuern, die er zur Erfüllung seiner Aufgaben unbedingt braucht, den von den Militärgouverneuren in Frankfurt geäußerten Wünschen. Hinsichtlich der weiteren Probleme des Grundgesetzes, besonders wegen dessen föderalistischen Charakters, existierten französischerseits keine grundsätzlichen Bedenken mehr.
Dies steht im Einklang mit der Äußerung eines amerikanischen Verbindungsoffiziers, daß nämlich die Frage der Gesetzgebung und Verwaltung innerhalb des Problems der Finanzen keine ausschlaggebende Rolle für die Beurteilung spiele, sondern vielmehr die Frage der Aufteilung der Steuern zwischen Bund und Ländern.

---

[5]) Süsterhenn war erkrankt. Vgl. oben Dok. Nr. 15, Anm. 5.

Nr. 18
Interfraktionelle Besprechung
28. Januar 1949

BayHStA NL Pfeiffer 219. Ungez. undat.[1]) Mitschr. von Pfeiffer in Gabelsbergerscher Kurzschrift

Anwesend:
CDU/CSU: Adenauer (Präs.), von Brentano, Kaiser, Kaufmann, Lehr, Pfeiffer
SPD: Katz, Menzel, Schmid, Schönfelder, Stock
FDP: Heuss, Schäfer
DP: Seebohm
Zentrum: Wessel

Beginn: 9.30 Uhr

[Es wurden die Ergebnisse der Besprechungen des Fünferausschusses mitgeteilt.][2])

---

[1]) Als Datum wird nur Freitag angegeben.

[2]) Vgl. Dok. Nr. 15, Anm. 1, und. Dok. Nr. 19.
Leisewitz berichtete schon am 27. Jan. 1949 an das BdMinPräs. in Wiesbaden: „Nachdem der Hauptausschuß des Parlamentarischen Rates in der vergangenen Woche auch die 2. Lesung des Grundgesetzes abgeschlossen hatte, ohne daß die entscheidenden Fragen geklärt wurden, haben in der Berichtswoche zwischen den Parteien Gespräche stattgefunden mit dem Ziel, Lösungen zu finden, die für die 3. Lesung eine breite Mehrheit in allen strittigen Punkten sicherstellen. Bei diesen interfraktionellen Besprechungen ging es in der Hauptsache:
1. um das Problem der bundeseigenen Finanzverwaltung, die von der SPD auf ihrer Tagung in Iserlohn als unabdingbar bezeichnet wurde, während die CDU/CSU in Königswinter eine Bundesfinanzverwaltung mit eigenem Unterbau ablehnte, an dem Grundsatz der Verwaltung der Steuern durch die Länder festhielt und dem Bund lediglich ein ausreichendes Weisungs- und Kontrollrecht einräumen wollte, insoweit die Länder die Steuern des Bundes verwalten;
2. um das Problem der Gleichberechtigung der Nicht-Gleichberechtigung von Bundestag und Bundesrat, zu dem die SPD in Iserlohn erklärt hatte, zu keinen weiteren Konzessionen bereit zu sein, und die CDU/CSU in Königswinter die Forderung nach einem echten Bundesrat erneuert hatte, der neben dem vom Volk gewählten Bundestag als Vertretung der Länder gleichberechtigt bei der Gesetzgebung mitwirken solle. In dieser Forderung war einbegriffen die nach einer Überprüfung des Katalogs der Vorranggesetzgebung des Bundes mit dem Ziel, ihm diejenigen Sachgebiete zuzuweisen, die notwendigerweise bundeseinheitlich geregelt werden müßten, sowie der Vorbehalt, daß die Länder die Rechtsverhältnisse ihrer Landes- und Gemeindebeamten unter Aufrechterhaltung des Berufsbeamtentums selbständig zu regeln in der Lage sein sollten;
3. um die Frage des Elternrechts und die Rechtsstellung der Kirchen, die entsprechend der Forderung der CDU/CSU unbeschadet der Kulturhoheit der Länder unter sinngemäßer Anwendung der in der Weimarer Verfassung getroffenen Regelung und unter Aufrechterhaltung der mit den Kirchen abgeschlossenen Verträge gesichert werden sollten.
In den interfraktionellen Gesprächen, die zu einer Angleichung der divergierenden Anschauung führen sollten, waren beteiligt je vier Vertreter der beiden großen Fraktionen, zwei Vertreter der FDP und zusammen zwei Vertreter der kleineren Fraktionen. Den Vorsitz führte Ratspräsident Dr. Adenauer.

Nr. 19
Aufzeichnung von Pfeiffer über interfraktionelle Besprechungen
29. Januar 1949

BayHStA NL Pfeiffer 213. Von Pfeiffer gez. Durchschlag vom 29. Jan. 1949

IN BONN STEHT DIE ENTSCHEIDUNG UNMITTELBAR BEVOR

Die Lage hat sich hier so entwickelt, daß in der Woche vom 31. Januar bis 5. Februar die Entscheidungen über die neuralgischen Punkte des Grundgesetzes fallen werden.

In einer interfraktionellen Besprechung, die aus 15 Personen besteht, wurde uns am gestrigen Freitag [28. Januar 1949] über die Vereinbarung berichtet, die ein Unterausschuß von fünf Mitgliedern getroffen hat[1]). Diese Abmachungen[2]) sollen über Sonntag formuliert und am Dienstag vormittag dem interfraktionellen Ausschuß vorgelegt werden. Auf Dienstag, den 1. Februar, Nachmittag um 2 Uhr sind die Fraktionen einberufen, die sich dann mit dieser Vorlage befassen werden. Der Präsident des Parlamentarischen Rates, einige Mitglieder der Fraktion der CDU/CSU und die führenden Mitglieder der SPD-Fraktion drängen darauf, in interfraktionellen Besprechnungen schon am Mittwoch zu einer abschließenden Vereinbarung zu kommen, damit in der zweiten Hälfte der Woche die Bekräftigung der Abmachungen durch eine dritte Lesung im Hauptausschuß erfolgen kann.

Ich habe gestern, am Freitag, [den 28. Januar 1949,] mit den Herren Leusser und Schwend und unter Teilnahme des Kollegen Süsterhenn in unserer Dienst-

Man stellte zunächst den Strauß der Gravamina zusammen und wählte sodann einen Fünferausschuß, dem von Seiten der SPD die Abgeordneten Schmid und Menzel, für die CDU/CSU von Brentano und Kaufmann, nicht Dr. Lehr, Dr. Süsterhenn oder Dr. Pfeiffer, und für die FDP Vizepräsident Schäfer, angehörten." Weiterhin teilte Leisewitz die Einzelheiten mit, die sich aus dem Protokoll ergaben. Vgl. PA 4/BdMinPräs. Drucks. Nr. 114.

Trossmann notierte am 28. Jan. 1949: „Seit Ende voriger Woche ist in Bonn ziemliche Flaute. Die interfraktionellen Kommissionen und Unterkommissionen verhandeln geheimnisvoll. Zunächst sollten heute Ergebnisse bekanntgegeben werden, inzwischen hat man das auf Dienstag [1. Feb. 1949] verschoben. Dr. Pfeiffer fordert Vertrauen in die Arbeit dieser Kommission. Andere Leute sind sehr skeptisch und ungehalten über diese Methode, da sie die Fraktion einfach vor vollendete Tatsachen stellen wird. Besonders bedenklich, daß die Unterhändler auch von unserer Seite überwiegend keine Föderalisten sind. Überall ist Theophil Kaufmann dabei, Lehr auch. Weder Pfeiffer noch Schwalber sind bei den Verhandlungen dabei, obwohl Pfeiffer, der Führer der CDU, in der Fünferkommission ist. Er scheint nur gelegentlich hinzugehen ohne sich [zu] engagieren. Gegenüber Walter und Laforet bezeichnete er es als Vorteil, daß die anderen verhandelten und wir freie Hand hätten, den Ergebnissen zuzustimmen oder sie abzulehnen." Vgl. ACDP I-052, Nr. 001/2, Bl. 377 f.

[1]) Vgl. Dok. Nr. 18.

[2]) Vgl. Dok. Nr. 15.

stelle[3]) die mir gemachten Eröffnungen in Formulierungen zu kleiden versucht und sie dann in ein Exemplar der Druckschrift über die Ergebnisse der zweiten Lesung[4]) eingetragen. In der Fraktion der CDU/CSU kann man höchstens mit 16 klaren Föderalisten rechnen, die leider nicht ganz einheitlich denken und zwar sowohl über den Bundesrat wie in den Finanzfragen.
Mit Herrn Süsterhenn habe ich vereinbart, daß er, wie in Königswinter vor drei Wochen beschlossen wurde, auf Dienstag, den 1. Februar, abends 8 Uhr den Ausschuß einberuft, der in Königswinter die politische Plattform für die einheitliche Haltung der CDU/CSU ausgearbeitet hatte[5]).
Aus dem, was ich vorher sagte, ist zu verstehen, daß einzelne recht bedeutende Mitglieder unserer Fraktion sehr erfreut sein werden, wenn sie erfahren, daß nun Süsterhenn tatsächlich die in Königswinter getroffene Vereinbarung ausführt. Man könnte manchmal den Eindruck bekommen, als ob hier bedächtigere und unbequemere Leute überrannt werden sollen.
Auf keinen Fall aber darf man sich verhehlen, daß die Schlußentscheidung an unser Verantwortlichkeitsgefühl höchste Anforderungen stellt.

Der Ablauf wird sich in Bonn folgendermaßen ergeben:
Dienstag, den 1. Februar 1949

vormittags	10 Uhr	Übergabe der Formulierungen des Fünferausschusses an die interfraktionelle Konferenz. Die Abmachungen sind einstimmig geschlossen worden (also auch mit Zustimmung der Vertreter der CDU/CSU)
	14 Uhr	Fraktionssitzung[6])
	20 Uhr	Zusammentritt des Ausschusses von Königswinter.

Mittwoch, den 2. Februar 1949

	9 Uhr	Fraktionssitzung zur Entgegennahme der Auffassung des Königswinterer Ausschusses
	10.30 Uhr	interfraktioneller Ausschuß[7]).

Im weiteren Verlauf dann je nach Bedarf Fraktion oder interfraktioneller Ausschuß.

---

[3]) Zur Dienststelle der Bayerischen Staatskanzlei in Bonn vgl. Gelberg, S. 195–199. Vgl. auch Der Parl. Rat Bd. 8, S. XXIII f.

[4]) Vgl. den Grundgesetzentwurf in der 2. Lesung des HptA vom 20. Jan. 1949, gedruckt als: PA 5/Drucks. Nr. 535. Der Text ist ediert in: Der Parl. Rat Bd. 7, Dok. Nr. 5, S. 202–296.

[5]) Am 8. Jan. 1949 wurde auf der Tagung der CDU/CSU in Königswinter vom 8. und 9. Jan. 1949 ein Ausschuß gebildet, der eine Einigung innerhalb der CDU/CSU über strittige Punkte zum Grundgesetzentwurf erarbeiten sollte und der schließlich auch noch vor der Schlußabstimmung zum Grundgesetzentwurf einberufen werden sollte. Vgl. Kaff, S. 309 f., 340.

[6]) Die Sitzung der CDU/CSU-Fraktion am 1. Feb. 1949 begann um 15.00 Uhr. Vgl. Salzmann, S. 368–373.

[7]) Die interfraktionelle Besprechung fand am 1. Feb. 1949 statt. Vgl. Dok. Nr. 21.

Ich fahre am Montag [31. Januar 1949] nach Frankfurt, um den Ministerpräsidenten[8]) zu treffen, der zum Länderrat[9]) dort hinkommt[10]).
Seit Freitagvormittag ist Schwend[11]) hier, der mit dem Ministerpräsidenten am Dienstag nach München zurückfahren soll.
Der Vorsitzende der Ministerpräsidentenkonferenz, Herr Christian Stock[12]), hat den Präsidenten des Parlamentarischen Rates und die Fraktionsvorsitzenden für den 4. und 5. Februar 1949 nach Hamburg zur Ministerpräsidentenkonferenz eingeladen, und zwar zur Teilnahme an einer Aussprache über den Stand der Arbeit in Bonn[13]).
Andererseits hat die interfraktionelle Konferenz des Parlamentarischen Rates unabhängig davon am gleichen Tag eine Einladung an die Ministerpräsidenten ergehen lassen, in der ersten Hälfte der Woche zu einer internen Besprechung mit dem interfraktionellen Ausschuß hierherzukommen[14]).
Inzwischen verlautet, daß auf Wunsch des Ministerpräsidenten Arnold[15]) die Ministerpräsidentenkonferenz in Hamburg um eine Woche hinausgeschoben wird.
Zusagen von Ministerpräsidenten für die Besprechungen mit dem interfraktionellen Ausschuß in Bonn sind mir bisher noch nicht bekannt geworden.
Es wurde wiederholt sowohl in der Fraktion wie in den interfraktionellen Besprechungen vom Präsidenten darauf hingewiesen, daß bisher nur die Bayerische Staatsregierung von der Möglichkeit Gebrauch gemacht hat, offizielle Vertreter mit beratender Stimme zu den Verhandlungen im Hauptausschuß zu entsenden (Ministerialdirektor Dr. Ringelmann[16]) und Ministerialrat Leusser[17])) und daß nur der bayerische Ministerpräsident Dr. Ehard zum persönli-

---

8) Gemeint war der bayerische MinPräs. Ehard.
9) Auf Beschluß vom 19. August 1948 stellte der Länderrat der amerikanischen Zone mit Wirkung vom 20. Sept. 1948 zugunsten des Koordinierungsbüros der Länder seine Arbeit ein. Am 22. Okt. 1949 hielt der Länderrat seine Schlußtagung ab. Vgl. Lia Härtel: Der Länderrat des amerikanischen Besatzungsgebietes. Hrsg. im Auftrag der Ministerpräsidenten von Bayern, Hessen, Württemberg-Baden und des Präsidenten des Senats der Freien Hansestadt Bremen. Stuttgart, Köln 1951; Vgl. Akten zur Vorgeschichte Bd. 5, S. 44 f.
10) Zur 46. Direktorialsitzung am 2. Feb. 1949 in Frankfurt vgl. Akten zur Vorgeschichte Bd. 5, Dok. Nr. 8, S. 147–153.
11) Karl Schwend (1890–1968), seit 1947 in der bayerischen Staatskanzlei tätig, vertrat Pfeiffer während dessen Tätigkeit im Parl. Rat als Direktor der bayerischen Staatskanzlei. Vgl. Gelberg, S. 548.
12) Christian Stock (1884–1967), 1946–1950 MinPräs. von Hessen.
13) Zur Konferenz der MinPräs. am 11. und 12. Feb. 1949 in Hamburg vgl. Akten zur Vorgeschichte Bd. 5, Dok. Nr. 10, S. 161–209.
14) Zur Besprechung am 2. Feb. 1949 vgl. den Bericht von Pfeiffer in der Sitzung der CDU/CSU-Fraktion am 2. Feb. 1949. Salzmann, S. 373 f.
15) Dr. h.c. Karl Arnold (1901–1958), 1947–1950 MinPräs. von Nordrhein-Westfalen.
16) Zur Teilnahme von Ringelmann an den Sitzungen des HptA vgl. Dok. Nr. 13, Anm. 11.
17) Leusser war wohl verschiedentlich im HptA anwesend, hat aber nicht aktiv an den Verhandlungen teilgenommen.

chen Besuch nach Bonn gekommen sei und seinen Standpunkt vertreten habe[18]).

Ich selbst habe es immer bedauert, daß gegenüber dem Parlamentarischen Rat die Ministerpräsidenten als Ganzes die Gelegenheit versäumt haben, ihre Chance wahrzunehmen. Ministerpräsident Dr. Ehard hat wiederholt und sehr deutlich darauf gedrängt, aber die anderen Herren konnten sich nicht entschließen. Noch bedauerlicher aber ist der Umstand, daß Ministerpräsident Arnold bisher jeder Gelegenheit ausgewichen ist, mit anderen Ministerpräsidenten der CDU eine einheitliche klare Stellungnahme zu erarbeiten. Auch hier hat es der bayerische Ministerpräsident nicht an wiederholten Bemühungen fehlen lassen. Herr Arnold hat ihm nicht einmal auf die Briefe geantwortet, die ihn Dr. Ehard wiederholt sehr eindringlich geschrieben hat[19]).

Es wurde für die wenigen näher eingeweihten Personen Schweigeverbot bis zum Dienstag, den 1. Februar 1949, vereinbart. Doch habe ich mir sofort ausbedungen, daß ich die Herren Dr. Ehard und Dr. Hundhammer rechtzeitig verständigen kann.

Ich habe Ministerialdirektor Dr. Ringelmann ersucht, am Dienstag, den 1. Februar 1949, um 14 Uhr bei der Fraktionssitzung anwesend zu sein.

Ich spreche die dringende Bitte aus, daß Fraktionsvorsitzender Dr. Hundhammer sich einteilt, auch am Mittwoch noch in Bonn bleiben zu können[20]).

---

[18]) MinPräs. Ehard nahm am 7. Okt. 1949 und am 25. Nov. 1949 an Sitzungen der CDU/CSU-Fraktion des Parl. Rates in Bonn teil. Vgl. Salzmann, S. 65–67, 195–197.

[19]) Die Schreiben von Ehard an Arnold in: BayHStA NL Schwend 2 und BayHStA NL Pfeiffer 213. Zur Beziehung zwischen Ehard und Arnold vgl. Karl-Ulrich Gelberg: Hans Ehard und Karl Arnold. Stationen eines wechselvollen Verhältnisses 1948–1952, in: Zeitschrift für Bayerische Landesgeschichte 55 (1992), S. 625–646, bes. 630–632.

[20]) Wohl auf Betreiben von Pfeiffer nahmen neben Ehard und Hundhammer an der Sitzung der CDU/CSU-Fraktion am Mittwoch, den 2. Feb. 1949, auch die MinPräs. und Staatspräs. der CDU regierten Länder, Peter Altmeier (Rheinland-Pfalz), und Gebhard Müller (Württemberg-Hohenzollern), sowie der stellvertretende Landesvorsitzende des CDU in Schleswig-Holstein, Thomas Andresen, teil. Vgl. Salzmann, S. 373.

Nr. 20
Interfraktionelle Besprechung
1. Februar 1949

BayHStA NL Pfeiffer 219. Ungez. Mitschr. von Pfeiffer in Gabelsbergerscher Kurzschrift vom 1. Feb. 1949

Anwesend[1]):
CDU/CSU: Adenauer (Präs.), Pfeiffer
SPD: Schmid
DP: Seebohm

Beginn: [vormittags][2])

Schmid: Fülle von Anregungen und Wünschen und Forderung. Aber man wird zusammenkommen.
Seebohm Interpretationen.
[Präs.] Adenauer: [Man könne] relativ zufrieden sein. Vorschlag, [daß] unsere Mitglieder von 12 [Uhr] bis 3 [Uhr] disponibel [sind]; am Nachmittag disponibel halten, vielleicht [werden sie am] Nachmittag zu einer Besprechung [gebeten].
[Der] Presse [kann mitgeteilt werden: Die] Verhandlungen werden mit beiderseitigem gutem Willen weitergeführt[3]).

---

[1]) Eine Anwesenheitsliste liegt nicht vor. Die Zusammenstellung erfolgte aufgrund der protokollierten Beiträge.
[2]) Die Sitzung sollte um 10.00 Uhr beginnen. Vgl. Dok. 19.
[3]) Im Prot. der Sitzung der CDU/CSU-Fraktion am 1. Feb. 1949 um 15.00 Uhr wurde festgehalten, daß Pfeiffer über die Arbeit des Fünferausschusses berichtet habe: „Die Vorschläge des Fünferausschusses sind heute morgen in einer interfraktionellen Besprechung erörtert worden." Vgl. Salzmann, S. 368.

Nr. 21
Interfraktionelle Besprechung
1. Februar 1949

BayHStA NL Pfeiffer 219. Ungez. Mitschr. von Pfeiffer in Gabelsbergerscher Kurzschrift vom 1. Feb. 1949

Anwesend:
CDU/CSU: Adenauer (Präs.), von Brentano, Kaiser, Kaufmann, Pfeiffer
SPD: Schmid, Menzel, Katz
FDP: Dehler, Heuss, Schäfer
DP: Seebohm
Zentrum: Brockmann

Beginn: [19.00 Uhr][1])

[*Präs. Adenauer:*]
1) Schönfelder [ist] erkrankt [am] Blinddarm.
2) Einladung nach Hamburg[2]).
3) Einladung nach Bonn [an die Ministerpräsidenten] Altmeier, Stock, Kopf, Arnold. Freitag [den 4. Februar 1949] vormittag [ist die] Ankunft; [sie] bleiben über Nacht, Freitag abend [wird ein] Essen [gegeben][3]).
4) Radiomitteilung [von] Montag abend [den 31. Januar 1949]. Man habe mit den Generälen über das Wahlgesetz gesprochen. Die Ministerpräsidenten [seien] berechtigt zum Erlaß einer Wahlordnung, nicht der Parlamentarische Rat[4]).
5) Der bayerische Ministerpräsident [Ehard] wird dringend gebeten, [zur Besprechung mit dem Fünferausschuß am Freitag den 4. Februar 1949] zu kommen[5]). Wenn schwerwiegende Bedenken [bestehen,][6]) dann Zeichen, sich näherzukom-

---

[1]) Adenauer kündigte in der Sitzung der CDU/CSU-Fraktion am 1. Feb. 1948 für abends eine interfraktionelle Besprechung an. Salzmann, S. 369. Vgl. auch Dok. Nr. 20.

[2]) Zur Konferenz der MinPräs. am 11. und 12. Feb. 1949 in Hamburg waren die Vors. der Fraktionen des Parl. Rates eingeladen. Vgl. Salzmann, S. 361. Eine Gesprächsaufzeichnung der Konferenz in: Akten zur Vorgeschichte Bd. 5, Dok. Nr. 10, S. 161–209.

[3]) Vgl. dazu Anm. 7.

[4]) Vgl. die Sitzung der MinPräs. der britischen und amerikanischen Besatzungszone mit den MilGouv. Robertson und Clay am 31. Jan. 1949. Akten zur Vorgeschichte Bd. 5, Dok. Nr. 7, S. 137–139.

[5]) Zur Einladung an Ehard zum 4. Feb. 1949 vgl. auch Salzmann, S. 368. Ebenfalls am 2. Feb. 1949 kamen die MinPräs. der CDU/CSU regierten Länder zur Sitzung der CDU/CSU-Fraktion. Vgl. Salzmann, S. 373–376. An der Sitzung der MinPräs. mit dem Fünferausschuß am 4. Feb. 1949 nahm Ehard nicht teil. Vgl. dazu Anm. 7.

[6]) Die Nachrichtenagentur dpd-München meldete am 29. Jan. 1949, daß der bayerische MinPräs. an dem Bonner Grundgesetzentwurf Kritik geübt habe, dessen erste Lesung schon „keine föderalistische Verfassung hervorgebracht habe. Die zweite Lesung sei nicht viel besser, in manchen Punkten sogar schlechter. Der Ministerpräsident wandte sich dagegen, die Föderalisten als Leute zu betrachten, die nur an ihre Länderinteressen denken und dabei alles andere vergessen, während man in den Unitaristen die großzügigen Sachwalter des Ganzen erblicke." Vgl. Informationsdienst des Parl. Rates vom 31. Jan. 1949, S. 4. PA 5/37.

men. Wenn auch noch Schweigen [herrscht], dann [ist es] im Interesse der Sache sehr wünschenswert, daß er kommt[7]).

Leisewitz berichte am 2. Feb. 1949 an das BdMinPräs. in Wiesbaden: „Während SPD- und CDU-Fraktion die in der Anlage beiliegenden Vorschläge des politischen Fünferkomitees akzeptieren und der Präsident Adenauer hofft, daß auf dieser Basis eine Einigung in den großen Problemen erzielt und mit starken Mehrheiten durchgesetzt wird, hält die CSU in Bonn unter Beteiligung von Ministerpräsident Dr. Ehard und den Ministern [Josef] Müller und Hundhammer politische Besprechungen ab. Auch Minister Hilpert soll daran teilnehmen. Die CDU, die mit allen Vorschlägen des Fünferkomitees, bis auf den betreffend Finanzverwaltung, einverstanden ist, stellt die Forderung nach Auftragsverwaltung der Länder, während sie bereit ist, auf dem Gebiete der Finanzgesetzgebung und der Steuereinziehung dem Bund weitgehende Rechte einzuräumen. Da die CSU nicht in der Lage ist, diese Forderung im Parlamentarischen Rat durchzudrücken, wird abzuwarten sein, wie weit die anderen Fraktionen den bayerischen Wünschen entgegenkommen werden, um Bayern nicht in offene Opposition zu treiben. Auf der gleichen Linie liegt auch das Bemühen Präsident Adenauers, zu der für Freitag [4. Feb. 1949] angesetzten Besprechung des Präsidiums des Parlamentarischen Rates und der Fraktionsführer mit den Ministerpräsidenten den bayerischen Ministerpräsidenten Ehard hinzuzuziehen." Vgl. BA Z 12/121, Bl. 150.

[7]) Über die Besprechung, an der Arnold, Altmeier, Kopf und Stock seitens der MinPräs. sowie Adenauer, Schäfer und den Mitgliedern des Fünferausschusses seitens des Parl. Rates teilnahmen, vgl. den Bericht von MinPräs. Stock auf der Konferenz der MinPräs. in Hamburg am 11. und 12. Feb. 1949. Vgl. Akten zur Vorgeschichte, Bd. 5, Dok. Nr. 10 B, S. 189.

Nach einer Gesprächsaufzeichnung von Rakette für MinPräs. Stock ging der Besprechung der MinPräs. am 4. Feb. 1949 in Bonn mit dem Fünferausschuß eine Vorbesprechung voraus, in der Präs. Adenauer die Grundzüge der Besprechung festlegte und den informellen Charakter betonte. Die MinPräs. sollten „mit den wichtigsten Ergebnissen der Beratungen des [um Vertreter der bayerischen Landesregierung] erweiterten Fünferausschusses bekannt gemacht werden. *MinPräs. Stock* hob hervor, daß seitens der Ministerpräsidenten nicht beabsichtigt sei, materiell über das Grundgesetz zu sprechen, doch bestehe der Wunsch, einige technische Fragen zu erörtern.

2. An der anschließenden Konferenz nahmen außer den MinPräs. Arnold, Altmeier, Stock und Kopf, Präs. Dr. Adenauer, Vizepräs. Schäfer sowie die Mitglieder des erweiterten Fünferausschusses teil.

a) *Abg. Prof. Schmid* berichtete über den Stand der Beratungen ‚Bundesrat', wobei er betonte, daß man die Form eines ‚klassischen Bundesrates' gewählt habe: Einheitliche Stimmabgabe der Länder, Vertretungsmöglichkeiten durch Beamte, instruierte Vertreter. Dargelegt wurde weiter die Gleichberechtigung des Bundesrats nach Art. 105 des Grundgesetzes.

b) *Abg. Höpker Aschoff* berichtete über den letzten Stand der Beratungen ‚Finanzwesen' (s. Abschnitt XI ‚Das Finanzwesen' Art. 122 b ff., abschriftlich Herrn MinPräs. Stock bereits vorgelegt).

3. *MinPäs. Stock* äußerte den Wunsch, die Frage des Wahlgesetzes, des Bundessitzes der Entscheidung über Referendum oder Ratifizierung des Grundgesetzes [und] Übergabe des Grundgesetzes an die Gouverneure zu besprechen.

Hierzu erklärte *Präs. Adenauer*, es sei ein Ausschuß für die Bestimmung des Bundessitzes gebildet worden, der bereits zwei Sitzungen abgehalten habe. Es wäre beabsichtigt, im Grundgesetz den Sitz des Bundes festzulegen. Der Ausschuß sei jetzt dabei, die Städte Bonn, Frankfurt, Kassel und Stuttgart auf ihre Eignung anzusehen. Danach müsse ein Beschluß gefaßt werden. Eine Festlegung sei gegenwärtig von keiner Seite erfolgt. Auf die Frage, wer für den Erlaß eines Wahlgesetzes zuständig sei, vertraten die anwesenden Abgeordneten die Meinung, die Zuständigkeit liege beim Parlamentarischen Rat. *MinPräs. Stock* erklärte, die Ministerpräsidenten hätten in Koblenz sich auf den Standpunkt gestellt, daß der Erlaß eines Wahlgesetzes Aufgabe des Parlamentarischen Rates sein solle. Er glaube nicht, daß dieser Standpunkt geändert werde.

6) Interview Stalin[8]).
Schmid: Wir arbeiten weiter[9]).
Procedere: Wie viele Exemplare [des Ergebnisprotokolls des Fünferausschusses sind] vorhanden?

Präs. Adenauer stellte fest, daß beide Gruppen der Meinung seien, es müsse am Wahlgesetz weitergearbeitet werden, im übrigen müsse man die Entscheidung der Generäle abwarten.
Zur Frage des Besatzungsstatuts äußerte sich *Präs. Adenauer* wie folgt: In Kreisen des Parlamentarischen Rates neige man der Auffassung zu, das Grundgesetz fertigzustellen, ohne auf die Bekanntgabe des Besatzungsstatuts zu warten. Die politische Situation fordere schnelles Handeln. Die Frage, ob das Besatzungsstatut abgewartet werden solle oder nicht, müsse jedoch im Parlamentarischen Rat als im Ganzen noch ungeklärt bezeichnet werden. Es wurde für zweckmäßig gehalten, daß die Ministerpräsidenten die Generäle an die alsbaldige Bekanntgabe des Besatzungsstatuts nochmals erinnern.
Die Frage, wer das Grundgesetz den Generälen vorzulegen habe, beantwortete *Präs. Adenauer* in Übereinstimmung mit den anwesenden Abgeordneten in dem Sinne, daß dies unmittelbar durch den Parlamentarischen Rat zu geschehen hätte.
Abg. Menzel wies darauf hin, wichtig sei es, wie die Alliierten ihre Verwaltung und Kontrolle aufbauen wollten. Komme eine Kollegialbehörde oder bliebe die Zonenregierung bestehen? *Präs. Adenauer* hob hervor, daß ihm gesagt worden sei, es werde nur eine Kontrollstelle dem Bund gegenüberstehen.
In der Frage ‚Referendum oder Ratifikation' – so führte Präs. Adenauer aus – wären die Absichten der Abgeordneten geteilt. Die Vertreter der SPD-Fraktion traten in der Besprechung für Ratifizierung durch die Landtage ein, ebenso auch Präs. Adenauer. Abgeordnete der CDU und FDP vertraten hingegen die Auffassung, man müsse das Plebiszit durchführen.
Die *Ministerpräsidenten* wiesen darauf hin, daß sie die Generäle bereits im vorigen Sommer gebeten hätten, sich bei ihren Regierungen für Ratifizierung des Grundgesetzes durch die Landtage einzusetzen.
Präs. Adenauer stellte abschließend fest, daß die Ministerpräsidenten für Ratifizierung wären, während im Parlamentarischen Rat die Ansichten noch geteilt wären. Die Frage müsse aber baldmöglichst zur Entscheidung kommen, da ein entsprechender Passus im Grundgesetz aufzunehmen sei." Vgl. BA Z 12/33, Bl. 17.
Leisewitz berichtete am 5. Feb. 1949 an das BdMinPräs. in Wiesbaden: „Die Gedankengänge der vier Länder bezogen sich im wesentlichen auf folgende Punkte:
I. Auf die Art. 116 Abs. 3 und 112/2 Abs. 4 in der Fassung des Fünferkomitees, deren Streichung gewünscht wurde, mit der Begründung, daß Art. 113 ausreiche und durch die beiden genannten Absätze die Gefahr einer Aushöhlung der Länderverwaltung entstände.
II. a) Auf das Finanzwesen; in diesem Punkte verbanden die vier Länder ihre Forderung nach einer Landesfinanzverwaltung mit der Bereitschaft, zu folgenden zwei über den Artikel 113 hinausgehenden Konzessionen:
1. zu einer Art Haftung der Länder für ordnungsgemäße Aufbringung und Abführung der Steuern,
2. zu der Bereitschaft, dem Bundesfinanzminister die Absetzung eines Landesfinanzministers zu ermöglichen, falls Mängel in dessen Verwaltung festgestellt würden;
b) auf die Forderung, die Zuständigkeit des Bundesrats nach Art. 105 Ziff. 1 auf alle Steuern und Finanzgesetze auszudehnen und
c) die endgültige Aufteilung der Bundessteuern auf Bund und Länder bis 1952, nicht 1955, durchzuführen und den Unterschied zwischen dem Begriff des Steueraufkommens und dem der Aufteilung der Steuerquellen klar herauszuarbeiten.

Heuss: 65
Höpker Aschoff: 66

Westecho vom Samstag[10]). Diskretion über die Vorlage.
Vorschlag des 5[er-Ausschusses] auf Umstellung einzelner Abschnitte.

[Präs.] Adenauer: Einig, daß wir die weniger großen Dinge laufen lassen.
Schmid: [Es ist zu wünschen,] daß die Fraktionen zu diesen Dingen nicht Antrag stellen, über die man hier einig wird.
[Präs.] Adenauer: Aber Erklärungen [können abgeben werden].

[Präs.] Adenauer: Wir hatten den Auftrag, den Militärgouverneuren mitzuteilen, an welchen Bestimmungen des Besatzungsstatuts wir besonders interessiert sind. [Habe] mit Laboulaye[11]) die Frage besprochen. Zusammenlegung der drei Zonen [sei wünschenswert]. Über nicht [...][12]) wir zwei St.[13]) Aber ein Dokument außerhalb würde das bringen. Die Kontrolle der Länderregierung sei unabhängig von dem gemeinsamen Collegium [der drei Militärgouverneure].

III. Auf die Vollmachten des Bundesrats, die auf Gesetze, die die vermögensrechtlichen Bestimmungen zwischen Reich [besser: Bund] und Ländern betreffen, und auf Fälle des Art. 112/1, die an sich in Art. 115 enumerativ geregelt sind, ausgedehnt werden sollten.

IV. Auf Kulturfragen; in diesem Punkte wünschten die vier Länder eine Aufrechterhaltung der Kirchenrechte wie in der Weimarer Verfassung und die Streichung einer vom Fünferkomitee vorgeschlagenen Bestimmung, wonach, wenn in einem Lande eine Vorschrift in Kraft ist, die von der Bestimmung des Art. 7 b abweicht, die den Erziehungsberechtigten die Entscheidung über die Teilnahme der Kinder am Religionsunterricht gibt, es bei dieser abweichenden landesgesetzlichen Regelung bleiben kann.

Diese Forderungen wurden von den Ministerpräsidenten Ehard, Altmeier und Staatspräsident Müller sowie dem Abgeordneten Fecht für Staatspräsident Wohleb vor dem durch Mitglieder aller Fraktionen erweiterten politischen Fünferausschuß vertreten." Vgl. BA Z 12/121, Bl. 115.

[8]) Der sowjetische Partei- und Regierungschef Josef Wissarionowitsch Stalin (1879–1953) erklärte in einem Interview mit dem Direktor der Agentur International News Service, Kingsbury-Smith, u.a., daß er die Berlin-Blockade aufheben würde, wenn die westlichen Alliierten die Bildung des westdeutschen Staates solange hinauszögern, bis die Deutschland-Frage erneut vom Außenministerrat erörtert worden sei. Vgl. AdG 18/19 (1948/49), S. 1799 f. Vgl. auch Salzmann, S. 369, Anm. 3.

[9]) Diese Bemerkung war möglicherweise durch das Stalin-Interview aber vielleicht auch durch ein Gespräch zwischen Schmid und Vertretern des amerikanischen Verbindungsbüros am 26. Jan. 1948 veranlaßt. Während eines Abendessens hatten amerikanische Verbindungsoffiziere ihr nachlassendes Interesse am Zustandekommen des Grundgesetzes und einer einheitlichen Regierung für die drei Westzonen zum Ausdruck gebracht. Vgl. Salzmann, S. 366. Vgl. dazu auch das Gespräch Adenauers mit Laloy vom französischen Verbindungsstab am 29. Feb. 1949 in: Der Parl. Rat Bd. 8, Dok. Nr. 34, S. 90.

[10]) 29. Jan. 1949.

[11]) François Lefèbvre de Laboulaye war Gesandtschaftssekretär und Mitarbeiter im französischen Verbindungsstab beim Parl. Rat. Vgl. Der. Parl. Rat Bd. 8, S. XVIII.

[12]) Nicht entzifferbar.

[13]) Bedeutung unklar; vielleicht: „Staaten"?

Menzel: Es hat keinen Zweck, dieses Collegium zu schaffen, wenn die Kontrolle der Länderpolitik bestehen bleibt. Denn der einzelne Gouverneur kann dadurch Verfügung von Verordnungen [...][14]

[Präs.] Adenauer: Sachen, die zum Bund gehören, werden ausschließlich von dem neuen Organ[15] bearbeitet.

Schmid: Das Veto von einzelnen Generalen [in einzelnen Ländern] würde umso mehr zu Verordnungen des Bundes führen.

Schäfer hatte ein Gespräch mit dem Offizier für Politik[16]. [Die Aufsicht] für Sicherheit und kulturelle Dinge [wird] über die Zonen bestehen bleiben.

---

[14]) Der Beitrag von Menzel wurde nicht zu Ende protokolliert.

[15]) Gemeint ist ein zu schaffendes gemeinsames Organ der MilGouv. Dieses ist später mit der Alliierten Hohen Kommission, mit Sitz auf dem Petersberg bei Bonn, geschaffen worden.

[16]) Gemeint ist vermutlich ein Mitarbeiter einer politischen Abteilung innerhalb der MilReg. Für die amerikanische Zone vgl. OMGUS-Handbuch. Die amerikanische Militärregierung in Deutschland 1945–1949, hrsg. von Christoph Weisz, München 1994, S. 98–100.

Nr. 22
Änderungsvorschläge der SPD-Fraktion
2. Februar 1949

PA 5/7. Durchschlag eines ungez. Schreibens an Pfeiffer vom 2. Feb. 1949[1])

In den Verhandlungen im Fünferausschuß hat die SPD u.a. folgende Forderungen gestellt, die nahezu ausnahmslos von der FDP unterstützt wurden:

1) Der Katalog der Art. 35 und 36[2]) soll durch einen Zusatz ergänzt werden, wonach durch einfaches Bundesgesetz sowohl die ausschließliche wie die Vorranggesetzgebung des Bundes jederzeit erweitert werden könne. Man müsse mit einer solchen Vorschrift die Voraussetzungen dafür schaffen, daß nicht durch die Zuständigkeitsregelung eine gesunde wirtschaftliche, politische und sozialpolitische Entwicklung verbaut werde.
2) Die SPD verlangte Streichung der Art. 7 a und 7 b[3]), die von ihrer Fraktion unter keinen Umständen in der Bundesverfassung geduldet werden können. Abgesehen davon, daß der Bund für Fragen der Kulturpolitik nicht zuständig sei, gehe die in den genannten Artikeln vorgesehene Regelung weit über das hinaus, was die SPD zugestehen könne.
3) Hinsichtlich der Art. 104 ff.[4]) erklärte die SPD, daß das Einspruchsrecht grundsätzlich in der Weise beschränkt werden müsse, daß es jeweils mit einfacher nicht qualifizierter Mehrheit im Bundestag überstimmt werden könne. Diese Regelung müsse insbesondere auch für den Katalog des Art. 105 gelten. Ein weitergehendes Einspruchsrecht und eine Gleichberechtigung des Bundesrats in den Fällen des Art. 105 werde die Gesetzgebung lahmlegen. Aus diesem Grund widersprach die SPD zunächst auch hartnäckig jeder Ergänzung des Katalogs in Art. 105.
4) Die SPD verlangte weiter Streichung des Mitwirkungsrechts des Bundesrats in Art. 150 und grundsätzliche Streichung, allenfalls einfache Zustimmung des Bundesrats in Art. 112[5]) und 116[6]).

---

[1]) Eine wörtlich übereinstimmende Abschr. in BayHStA NL Pfeiffer 217. Als möglicher Verfasser könnte Leusser infrage kommen.

[2]) Vgl. dazu die Änderungsvorschläge des Fünferausschusses vom 31. Jan. bis 5. Feb. 1949. Der Parl. Rat Bd. 7, Dok. Nr. 6, S. 299 f. Vgl. dazu auch den Vorschlag des Fünferausschusses vom 5. Feb. 1949. Der Parl. Rat Bd. 7, Dok. Nr. 7, S. 353 und 367 f.

[3]) Art. 7 a und 7 b umfaßten den Schutz der Familie und die Erziehung der Kinder. Vgl. Der Parl. Rat Bd. 7, Dok. Nr. 5, S. 209 f. Vgl. dazu auch den Vorschlag des Fünferausschusses vom 5. Feb. 1949. Der Parl. Rat Bd. 7, Dok. Nr. 7, S. 342.

[4]) Art. 104, 105, 105 a und 106 umfaßten den Bereich der Gesetzgebung durch Bundesrat und Bundestag. Vgl. Der Parl. Rat Bd. 7, Dok. Nr. 5, S. 251 f. Vgl. dazu auch den Vorschlag des Fünferausschusses vom 5. Feb. 1949. Der Parl. Rat Bd. 7, Dok. Nr. 7, S. 369 f.

[5]) Vgl. dazu die Änderungsvorschläge des Fünferausschusses vom 31. Jan. bis 5. Feb. 1949. Der Parl. Rat Bd. 7, Dok. Nr. 6, S. 328. Vgl. dazu auch den Vorschlag des Fünferausschusses vom 5. Feb. 1949. Der Parl. Rat Bd. 7, Dok. Nr. 7, S. 373 f.

[6]) Vgl. dazu die Änderungsvorschläge des Fünferausschusses vom 31. Jan. bis 5. Feb.

5) Die SPD bestand auf Beibehaltung des Art. 148 a (Änderung der Landesverfassungen durch einfaches Gesetz)[7]) und auf Ergänzung des Art. 149[8]) in dem Sinne, daß das Grundgesetz auch außer Kraft trete, wenn die Voraussetzungen der freien Entscheidung im Geltungsbereich der Bundesverfassung gegeben sei. Diese Bestimmung war besonders bedenklich, weil dadurch die Verfassung jederzeit durch Mehrheitsbeschluß außer Kraft gesetzt werden konnte.
6) Die SPD verlangte weiter Streichung des Art. 27 b[9]). Außerdem kam sie erneut mit dem Wunsch, die Stelle des Bundespräsidenten zunächst nicht zu besetzen, sondern durch den Präsidenten des Bundestags wahrnehmen zu lassen.
7) Im übrigen widersprach die SPD jeder personellen Mitbestimmung des Bundesrats oder der Länderregierungen, insbesondere auch im Bereich der Finanzverwaltung.

1949. Der Parl. Rat Bd. 7, Dok. Nr. 6, S. 329. Vgl. dazu auch den Vorschlag des Fünferausschusses vom 5. Feb. 1949. Der Parl. Rat Bd. 7, Dok. Nr. 7, S. 375.

[7]) Vgl. dazu die Streichung im Änderungsvorschlag des Fünferausschusses vom 31. Jan. bis 5. Feb. 1949. Der Parl. Rat Bd. 7, Dok. Nr. 6, S. 304. Vgl. dazu auch den Vorschlag des Fünferausschusses vom 5. Feb. 1949. Der Parl. Rat Bd. 7, Dok. Nr. 7, S. 394.

[8]) Vgl. dazu die Änderungsvorschläge des Fünferausschusses vom 31. Jan. bis 5. Feb. 1949. Der Parl. Rat Bd. 7, Dok. Nr. 6, S. 304. Vgl. dazu auch den Vorschlag des Fünferausschusses vom 5. Feb. 1949. Der Parl. Rat Bd. 7, Dok. Nr. 7, S. 395.

[9]) Vgl. dazu die Änderungsvorschläge des Fünferausschusses vom 31. Jan. bis 5. Feb. 1949. Der Parl. Rat Bd. 7, Dok. Nr. 6, S. 311. Vgl. dazu auch den Vorschlag des Fünferausschusses vom 5. Feb. 1949. Der Parl. Rat Bd. 7, Dok. Nr. 7, S. 351.

Nr. 23
Sitzung des Fünferausschusses
2. Februar 1949

PA 5/7. Von v. Brentano gez. maschinenschr. Ausf. vom 3. Feb. 1949

AKTENNOTIZ

1. für Herrn Präsidenten Dr. Adenauer
2. für Herrn Dr. Lehr
3. für Herrn Kaufmann

In den gestrigen Besprechungen des Fünferausschusses[1]) wurden folgende Punkte neu geklärt:

1) In Art. 112/1 wird eingefügt: „Diese Bundesgesetze bedürfen der Zustimmung des Bundesrats."
2) In Art. 112/2 Abs. 4 wird eingefügt in Satz 1 hinter dem Wort „Bundesgesetz": „auf den Sachgebieten, auf denen dem Bund das Recht der Gesetzgebung zusteht."
3) Art. 116 Abs. 3: Eine endgültige Klärung ist noch nicht erfolgt. Die SPD ist allerdings bereit, für das Bundesgesetz im Bundestag die absolute Mehrheit und im Bundesrat die 2/3-Mehrheit vorzuschlagen.
4) Art. 105: Eine endgültige Klärung, ob sämtliche Steuern für den Katalog fallen, ist noch nicht erzielt. Es besteht die Möglichkeit, die Steuergesetzgebung generell doch einzubauen mit dem Vorbehalt, daß Zölle und der Bundeshaushaltsplan nicht darunter fallen. Für diese Gesetze bliebe es bei dem Vetorecht.
5) Art. 123: Hier ist grundsätzlich Einigung erzielt darüber, daß die Länder die Einziehung der Landessteuern und sonstige landeseigene Geschäfte auf den Gebieten der Finanzverwaltung in Bundesfinanzbehörden im Bereich des Landes übertragen können mit der Maßgabe, daß den Landesregierungen insoweit ein Aufsichts- und Weisungsrecht gegenüber den Bundesfinanzbehörden zusteht.
6) In Art. 143 f Abs. 4 ist Einigung erzielt, daß die ergehenden Bundesgesetze über die vermögensrechtliche Auseinandersetzung der Zustimmung des Bundesrats bedürfen.
7) Erhebliche neue Schwierigkeiten ergaben sich hinsichtlich der Art. 7 b und 138 c (5).

---

[1]) Am 1. Feb. 1949 teilte Adenauer in der Sitzung der CDU/CSU-Fraktion mit: „Morgen um 9.30 Uhr wird der Fünferausschuß wieder zusammentreten, um redaktionelle Änderungen, aber fast ausschließlich, fast nur ausgesprochen redaktionelle Änderungen vorzunehmen. Dazu wird der den morgigen Tag benötigen, das Ergebnis ist dann bis Donnerstag (3. Februar) vorliegend." Vgl. Salzmann, S. 368.

Bei den weiteren Besprechungen werden insbesondere noch folgende Fragen zu klären sein[2]):

a) Art. 116 Abs. 3,

b) Art. 105 hinsichtlich der Steuern,

c) Art. 129, Richteranklage.
Ich empfehle, diesen Punkt nicht zum Gegenstand eines Kompromisses zu machen, sondern freie Abstimmung vorzubehalten.

d) Übergangsregelung hinsichtlich der Beamten und Richter in Art. 143 c-1 und c-2[3]).
Auch hier scheint es mir angebracht, diesen Komplex aus dem gesamten Kompromiß herauszulassen und freie Abstimmung darüber vorzubehalten.

e) Art. 138 c Abs. 5
Hier ist unter Hinweis darauf, daß die Beschlußfassungen insoweit in der 2. Lesung im Hauptausschuß ausgesetzt blieb[4]), die FDP sich aber ausdrücklich mit dem Abs. 1 (Übernahme der Vorschriften aus der Weimarer Verfassung) einverstanden erklärt hat, die Beibehaltung vorzuschlagen.

f) Art. a (Vorlage des Fünferausschusses)[5]).
Hier ist der Vorschlag des Kollegen Dr. Süsterhenn zu verwerten (Schreiben 2. Februar 1949[6])) und besonders darauf hinzuweisen, daß durch die beabsichtigte Einbeziehung der Stadt Berlin[7]) eine andere Voraussetzung geschaffen ist. Der Artikel sollte lediglich der besonderen Rechtslage im Gebiet der freien Stadt Bremen Rechnung tragen, während nunmehr sein Gültigkeitsbereich darüber hinaus erstreckt würde. Das war bei dem Kom-

---

[2]) Leisewitz teilte am 5. Feb. 1949 dem BdMinPräs. in Wiesbaden in dem Bericht über die Tätigkeit des Parl. Rates in der Zeit vom 1. bis 4. Feb. 1949 mit: „Jedoch erwies sich die Rechnung nicht ganz als richtig, daß die von dem politischen Fünferausschuß, den Abgeordneten Schmid und Menzel, Brentano, Kaufmann und Schäfer unter Führung von Ratspräsident Adenauer erarbeitete Lösung bereits in der Berichtswoche deren abschließende Behandlung durch den Hauptausschuß ermöglichen würde.“ Vgl. BA Z 12/121, Bl. 114.

[3]) Zu Art. 143 c-2 und 143 d unterbreitete der Vors. des Verwaltungsrats des Vereinigten Wirtschaftsgebietes Dr. iur. Hermann Pünder am 24. Jan. 1949 Formulierungsvorschläge. Vgl. BA Z 5/220, Bl. 126–130.

[4]) Vgl. Der Parl. Rat Bd. 7, Dok. Nr. 5, S. 283.

[5]) Die sog. „Bremer Klausel“ kam auf Antrag von Ehlers in der 43. Sitzung des HptA am 18. Jan. 1949 zustande, der die Streichung des Art. 7 b forderte, da diese Bestimmung dem Art. 32 Abs. 1 der bremischen Verfassung widersprechen würde. Der Abs. 1 der bremischen Verfassung lautete: „Die allgemein bildenden öffentlichen Schulen sind Gemeinschaftsschulen mit bekenntnismäßig nicht gebundenem Unterricht in biblischer Geschichte auf allgemein christlicher Grundlage.“ Daraufhin kam der Kompromißvorschlag „Art. a“ („Bremer Klausel“) auf, welcher lautete: „Soweit am 1. Jan. 1949 in einem Lande eine von der Vorschrift des Art. 7 b Abs. 2 abweichende landesgesetzliche Regelung in Kraft war, kann es bei dieser Regelung verbleiben.“ Zum Antrag von Ehlers vgl. Parl. Rat, Verhandlungen, S. 556 f. Vgl. Der Parl. Rat Bd. 7, Dok. Nr. 7, S. 395.

[6]) Zum Schreiben von Süsterhenn vom 2. Feb. 1949 vgl. Salzmann, S. 401, Anm. 4.

[7]) Zur Einbeziehung der Stadt Berlin in das Grundgesetz. Vgl. Dok. 25, Anm. 4 und 7.

promiß nicht vorgesehen und würde die Bedeutung des Art. 7 b II (bzw. Abs. 3 der Neufassung) in einer unerträglichen Weise beschränken[8]).

---

[8]) Seebohm nahm seitens der DP, die an den Beratungen des Fünferausschusses nicht beteiligt war, am 4. Feb. 1949 zu den Vorschlägen des Fünferausschusses Stellung:
„1.) Es muß grundsätzlich gewährleistet sein, daß die Abgeordneten bei den einzelnen Artikeln in ihrer Abstimung frei sind und sich dabei der Stimme enthalten, oder gegen die einzelnen Artikel stimmen können. Es wird bei Abstimmung zu den Vorschlägen des Fünferausschusses daher nur die Verpflichtung übernommen, nach Abgabe einer Erklärung, in der Vorbehalte gemacht werden, dem Gesamtwerk zuzustimmen oder sich der Abstimmung zu enthalten.
2.) Diejenigen Artikel, zu denen Abänderungsanträge im Plenum nicht mehr gestellt werden dürfen, sind genau zu bezeichnen und müssen auf die Artikel beschränkt werden, die wirklicher Inhalt des Kompromisses in den rein politischen neuralgischen Differenzpunkten sind.
3.) Im Einzelnen wird für die Zustimmung der Fraktion der Deutschen Partei um Abänderung oder authentische Interpretation der Begriffe gebeten:
a) Art. 7, Abs. 2: Änderung der Formulierung ‚Treue zum Grundgesetz' in ‚Treue zu den Grundsätzen der rechtsstaatlichen Demokratie'.
Wahlweise: authentische Interpretation: ‚Jede ernsthafte Lehre ist im Rahmen der Freiheit von Religion, Wissenschaft und Kunst gesichert. Nur die zersetzende und auf den Sturz der rechtsstaatlichen Ordnung gesicherte Lehre kann unterbunden werden'.
b) Art. 7 a und b: Die Umstellung von Abs. 1 des Art. 7 b nach Art. 7 a ist rückgängig zu machen.
Es ist authentisch zu interpretieren, daß unter ‚bekenntnisfreien Schulen' nur ‚weltliche oder konfessionslose Schulen' zu verstehen sind.
Es ist authentisch zu interpretieren, daß unter ‚staatliches Bildungsziel erreichen' nur zu verstehen ist, daß in den privaten Schulen das Ziel der Ausbildung der entsprechenden öffentlichen Schulen erreicht werden muß und nicht unterschritten werden darf.
Es wird gebeten, statt ‚Privatschulen' zu formulieren ‚private Schulen'. Das Versagen des Elternrechtes durch die Verfassung wird als fast unerträgliche Zumutung empfunden.
c) Art. 36, Ziff. 7: Es ist authentisch zu interpretieren, daß der Mutterschutz, die Säuglings-, die Kinder- und die Jugendfürsorge durch die gewählte Formulierung gedeckt sind. Es ist protokollarisch festzulegen, daß das Problem der 1 1/2 Millionen elternloser deutscher Kinder durch Bundesgesetz gelöst werden muß.
d) Art. 36 a Ziff. 1: Es ist hinzuzufügen hinter ‚öffentlich-rechtliche Körperschaften' die Worte ‚mit Ausnahme der Kirchen'.
e) Art. 105, Ziff. 1 und 2: Die Ziff. werden zu folgender Fassung zusammengefaßt: Ziff. 1 muß lauten: ‚über alle Finanz- und Steuerangelegenheiten'. Das ist die Voraussetzung zur Zustimmung bei der Festlegung der Bundesfinanzverwaltung. Ziff. 12: Das Wort ‚ehemalig' ist zu streichen.
f) Art. 106, Abs. 3: Es wird gebeten, anstelle der 4/5 Mehrheit die Einstimmigkeit zu setzen.
g) Art. 116, Abs. 3: Der letzte Satz ist zu streichen. Die Einrichtung weiterer bundeseigener Mittel- und Unterbehörden bedarf eines verfassungsändernden Gesetzes. Diese Änderung ist für uns von entscheidender Bedeutung.
h) Art. 122 b, Art. 123 Abs. 2, Art. 138 c-4: Die Abänderungswünsche der CDU/CSU werden von uns unterstützt, insbesondere die Vorverlegung des Gewinns in Artikel 138-c 4, Abs. 3 vom 31.12.1955 auf 31.12.1953.
i) Art. 138 c-5: Absatz 1 ist in der Fassung der 1. Lesung des Hauptausschusses wieder herzustellen (Rechtsstellung der Kirchen).
j) Art. 138 c-5: In Absatz 2 ist das Wort ‚früheren' zu streichen.
k) Art. 143 c-2: In Absatz 4 ist zu streichen oder mindestens auf die anerkannten Opfer des Faschismus zu beschränken.
m) Art. 143 f: In Absatz 1 sind zwischen ‚dem das Gebiet angehört hat', und ‚dem Lande

Nr. 24
Grundgesetzentwurf des Fünferausschusses
5. Februar 1949

PA 5/Drucks. Nr. 591. Maschinenschr. vervielf.[1])

[Ediert in: Der Parl. Rat Bd. 7, Dok. Nr. 7, S. 339–395.]

zu' einzufügen: ,unter Wahrung seiner ursprünglichen gebietlich beschränkten Zweckbestimmung'. Es ist folgender Absatz (4 a) einzufügen: ,Sofern es ein überwiegendes Interesse des Bundes oder das besondere Interesse eines Gebietes erfordert, kann durch Bundesgesetz eine von dem Abs. 1–3 abweichende Regelung getroffen werden.' Abs. 6 ist zu streichen. Diese Abänderungen sind im Interesse der ehemaligen Länder Braunschweig, Oldenburg, Lippe und Hessen erforderlich.
n) Art. a: Clausula Bremensis ist zu streichen oder ausdrücklich auf Bremen zu beschränken." Vgl. PA 5/7.

[1]) Die Aufz. ist überschrieben: „Vorschlag des Fünferausschusses für die dritte Lesung des Grundgesetzes im Hauptausschuß" vom 5. Feb. 1949.

Nr. 25
Interfraktionelle Besprechung
10. Februar 1949

BayHStA NL Pfeiffer 219. Ungez. Mitschr. von Pfeiffer in Gabelsbergerscher Kurzschrift vom 10. Feb. 1949

Anwesend[1]):
CDU/CSU: Adenauer (Präs.), Kaiser, Pfeiffer
SPD: Schmid, Schönfelder, Zinn

[BREMER KLAUSEL][2])

[Präs.] Adenauer: Tragweite besonderer Art.
Es wurde über Bremen berichtet und gefragt wegen Berlin. Fraktion wurde unterrichtet, es handle sich um eine Clausula Bremen. [Sie] hat sich große Mühe gegeben, die Bischöfe, auch die bayerischen, zu beruhigen. Gestern Besprechung mit Frings und gefragt, ob das Ganze genau festgelegt ist[3]).
[In] Bayern, wenn [es] überhaupt schwierige Verhältnisse sind, und in Westfalen [ist die] Stimmung gegen das Grundgesetz aufgeflammt, die dagegen schwer zu beruhigen sein wird. Wenn die heutige Verhandlung durch die Presse bekannt wird, kann ich für nichts garantieren. Wenn die Bischöfe aufrufen, gegen die Verfassung zu stimmen, wird es abgelehnt[4]). Dann [ist] damit zu rechnen, daß in Bayern und in anderen Teilen eine große Zahl von Nein-Stimmen abgegeben werden.

---

1) Eine Anwesenheitsliste fehlt. Das Verzeichnis wurde aufgrund der protokollierten Beiträge rekonstruiert.

2) Vgl. dazu bereits Dok. Nr. 23, Anm. 1.

3) Über die Besprechung bei Kardinal Josef Frings am 9. Feb. 1949 in Köln notierte Adenauer: „1. Durch die Ablehnung des Antrags auf Einfügung des Elternrechts in die Grundrechte könne für die Zukunft der Eindruck entstehen, daß die Frage nicht unentschieden geblieben sei, sondern daß sie negativ entschieden sei. Frage, wie könne dieser Eindruck korrigiert werden? 2. Auf der Tagung der CDU/CSU in Königswinter sei nach Auskunft von Journalisten schon bezüglich des Elternrechts der Standpunkt mehr oder weniger aufgegeben worden. 3. a) Art. 7 b Abs. 3 sei völlig klar, daß ‚staatliches Aufsichtsrecht' sich nicht auf den Inhalt des Religionsunterrichts, die zu verwendenden Bücher und dergleichen erstrecke. b) In Abs. 5 heiße es ‚Private Volksschulen sind nur zugelassen, wenn ...' In Abs. 4 stehe der Satz: ‚die Genehmigung ist zu erteilen, wenn die privaten Schulen ...' Es sei völlig klar, daß auch die privaten Volksschulen unter den in Ziff. 5 genannten Voraussetzungen genehmigt werden müssen (Abs. 4). 4. Wie könne klargestellt werden, daß durch die in Artikel 139 eingeschobenen Worte ‚unter Vorbehalt aller Rechte und Einwendungen der Beteiligten' nur diejenigen Rechte und Einwände gemeint seien, die den ursprünglich Vertragschließenden, das ist also dem Deutschen Reich, zugestanden haben." Vgl. StBKAH 09.07. 149. Vgl. dazu auch van Schewick, S. 118.

4) Zur Haltung Adenauers zu den Bischöfen vgl. auch Der Parl. Rat Bd. 8, Dok. Nr. 39, S. 100.

Übereinstimmend [kann festgehalten werden:]

a) Ausgangspunkt [für die Bremer Klausel waren die] Schulverhältnisse in Bremen. [Man] wollte sie belassen, wie sie sind. Auf keiner Seite darf der Verdacht kommen, hintergangen worden zu sein.
b) Im interfraktionellen Ausschuß [ging es um die] Berufsschule.

Schönfelder: Ziemlich für Frankfurt.

[*Präs. Adenauer:*]

c) In der Fraktion, [ist] dann Berlin aufgetaucht[5]). Strauß spricht von Verfassungs[...][6]) und fragte Herrn Kaiser, warum soll Berlin Wert darauf legen, anders behandelt zu werden als der Bund.

Zinn: Sprich: meine Fraktion stimmt gegen den Artikel. Erregung bei der SPD. Berlin ist offensichtlich übersehen worden.

Länder der Ostzone werden sich nicht bedingungslos anschließen.

[Präs.] Adenauer: Ostländer draußen halten. Es handelt sich nur noch um Berlin.

Kaiser: Die ganze Sache zurücktragen auf Bremen[7]).

Schmid: [Man sollte] nicht sprechen vom Bruch des Kompromisses[8]).

---

[5]) Die Einbeziehung Berlins in das Grundgesetz ist im Zusammenhang mit der Formulierung der Präambel in der Sitzung der CDU/CSU-Fraktion am 8. Feb. 1949 besprochen worden, unmittelbar vor der Behandlung des Schulartikels (Art. 7). Vgl. Salzmann, S. 391.

[6]) Nicht entzifferbar.

[7]) Gemeint ist die ausdrückliche Einschränkung der Bestimmmung des Art. a auf die Hansestadt Bremen.

[8]) Gemeint ist der vom Fünferausschuß erarbeitete Kompromiß. Vgl. Dok. Nr. 24.

Nr. 26
Interfraktionelle Besprechung
11. Februar 1949

BayHStA NL Pfeiffer 219. Ungez. Mitschr. von Pfeiffer in Gabelsbergerscher Kurzschrift vom 11. Feb. 1949

Anwesend:
CDU/CSU: Adenauer (Präs.), von Brentano, Kaiser, Kaufmann, Lehr, Pfeiffer
SPD: Schmid, Menzel, Suhr, Stock
FDP: Heuss, Höpker Aschoff, Schäfer
DP: Seebohm
Zentrum: Brockmann

Beginn: 9.45 Uhr

[BREMER KLAUSEL][1])

[Präs.] Adenauer: 1) Vorfall im Plenum[2]). „Zumal wenn Berlin eines Tages die Hauptstadt wird."
Schmid sagt, er sei bereit, auf Eid zu nehmen, daß bei der Schulbesprechung der Name Berlin nicht gefallen sei[3]).
[Präs.] Adenauer als Privatvorschlag: Damit nirgendwo das Grundgesetz auf erheblichen Widerstand stößt. Bedenken bei der CSU, damit konservieren wir die Schulzustände in der Ostzone. Der Artikel soll sich nur beziehen auf die Länder, die mit in der Präambel stehen. Vorschlag: Bremen. Zusage vor der Bremer Verfassung, daß konfessionelle Privatschulen errichtet werden dürfen. Aber bisher nicht eingehalten. Soll durch Verfassung gesichert werden.
Berlin: Dort wird Religion kein ordentliches Lehrfach. <Deshalb müssen die>[4]) Kirchen die Möglichkeit bekommen.
Gründe: Anstoß an Bremen. Weil der Staat dort bestimmt, was als Religionsunterricht gegeben wird. Es geht über die Zuständigkeit des Staates hinaus. Das Recht auf private Volksschulen sollte verfassungsmäßig [verankert werden].
[Präs.] Adenauer: Schuman hat die Aufnahme Berlins in den Bund als zeitlich noch nicht erwünscht erklärt[5]). Aber man darf annehmen, daß Berlin hereinkommt. Die Agitation nicht unterschätzen. Ist sehr stark auf beiden Seiten.

---

1) Vgl. dazu bereits Dok. Nr. 25.
2) Gemeint waren vermutlich die Störversuche von Renner in der 51. Sitzung des HptA am 10. Feb. 1949. Vgl. Parl. Rat, Verhandlungen, S. 683–685.
3) Allenfalls Kaiser hat in der 51. Sitzung des HptA am 10. Feb. 1949 nach Annahme der Bremer Klausel die Stadt Berlin und „die Besorgnis [...] um die Ostzone" ins Gespräch gebracht. Vgl. Parl. Rat, Verhandlungen, S. 684.
4) Unsichere Lesung.
5) Am 11. Feb. 1949 berichtete die Neue Zürcher Zeitung in dem Artikel „Frankreich und die Probleme Berlins. Reuter bei Schuman": „Der Berliner Oberbürgermeister Reuter ist heute von Außenminister Schuman empfangen worden. Das Ergebnis der Besprechung bedeutet eine starke Ernüchterung für Deutschland in Berlin und Bonn, welche die

Noch drei Punkte klarstellen aufgrund der Besprechung mit dem Kardinal[6]):

a) Konkordatsartikel 139, II. unter Vorbehalt.

b) 7 b unbeschadet des staatlichen Aufsichtsrechtes hat der Staat Inhalt oder Bücher für den Religionsunterricht zu bestimmen. Nur das allgemein staatliche Aufsichtsrecht über ordnungsmäßigen Unterricht. 7 b bei Privatschulen: IV. ist Obersatz, V. zusätzliche Voraussetzung gefordert, wenn erfüllt, dann gilt Obersatz IV.

Schmid: Konkordat; Artikel; Vorbehalt. Sitzung des Hauptausschusses nachsehen. Nichtigkeit clausula rebus [sic stantibus]. Diese rechtliche Einwendung, die das deutsche Recht gehabt hatte, haben auch die Länder.

Höpker Aschoff: Die Rechtslage kann nicht verändert werden.

[Präs.] Adenauer: Die Länder dürfen nicht anders gestellt sein als das Reich [es] war.

Schmid: Die rechtsvernichtenden und rechtsverneinenden Einwendungen sind nicht hinfällig.

[Präs.] Adenauer: Die gleichen Einwendungen und gleichen Rechte, die die ursprünglichen Vertragschließenden gehabt haben, bleiben auch den Ländern gewahrt.

Schmid: Das ursprüngliche Deutsche Reich ist nicht das nationalsozialistische Reich.

[Präs.] Adenauer: Wir stehen auf dem Standpunkt, daß das Deutsche Reich noch nicht zu Ende ist. [19]33 geschlossen für ein Gebiet, für das das Deutsche

---

ehemalige Reichshauptstadt als zwölftes Land an den Westdeutschen Bund angliedern möchten. Frankreich lehnte eine solche Inselgründung eindeutig ab, weil damit politische Verwicklungen verbunden wären; ein zweites Argument besteht darin, daß die praktischen Schwierigkeiten über das politische Statut des zweigeteilten Berlin, wo nur die westlichen Sektoren den Alliierten offen stehen, im voraus abschreckend groß erscheinen. Aus den Erklärungen, die Schuman am Dienstag [8. Feb. 1949] vor der Presse abgegeben hat, waren keine Anzeichen der Schwäche gegenüber dem russischen Druck herauszuhören. Auch gegenüber den Manövern Stalins, der mit dem Gedanken einer Viermächtekonferenz spielt, verhält Frankreich sich ebenso vorsichtig und skeptisch wie die angelsächsischen Verbündeten. [...] ‚Le Monde', der heute in einem Leitartikel auf das Berliner Problem zu sprechen kommt, findet, die Initiative für den politischen Zusammenschluß mit Westdeutschland sei zum mindesten voreilig. Das Blatt schreibt u.a.: ‚Ein solcher Zusammenschluß setzt voraus, daß die gegenwärtige Abschneidung Berlins und die Luftbrücke bestehen bleiben. Es fragt sich ob eine solche Hypothese vernünftig ist. Allerdings ist es möglich und sogar wahrscheinlich, daß die Zerschneidung Deutschlands zum mindesten noch einige Jahre bestehen bleibt. Kann man aber glauben, daß auch die jetzige Situation in Berlin noch so lange dauert? Allem Anschein nach erblicken die Amerikaner vor allem in der Luftbrücke eine Waffe im kalten Krieg, die sie mit Erfolg anwenden, um ihre Stellung gegen den russischen Druck zu halten; aber dieses Mittel müßten sie logischerweise preisgeben, wenn eine Verhandlung zur Lösung des Berliner Problems führt. Über eine solche Lösung läßt sich noch nichts Bestimmtes voraussagen. Unwahrscheinlich ist es, daß es immer ein zweigeteiltes Berlin geben wird, dessen westliche Hälfte freien Verkehr mit Westdeutschland pflegen kann. Nur unter dieser Bedingung und wenn die Luftbrücke eines Tages überflüssig wird, könnte Berlin politisch und wirtschaftlich mit Westdeutschland vereinigt werden'."

[6]) Zur Besprechung Adenauers mit Kardinal Frings am 9. Feb. 1949 vgl. Dok. Nr. 25, Anm. 3.

Reich jetzt nicht mehr zuständig ist. Die Länder sind Rechtsnachfolger. Es darf aber für sie weder eine Verbesserung noch eine Verschlechterung eintreten.
Schmid: Genau das ist der Fall. Vorbehalt soll lediglich ausschließen, daß hier eine Form(?) eingetreten ist, eine Novation eingetreten ist, durch die alle früheren Rechte und Lasten konsumiert sind.
Höpker Aschoff: Zinn hat eine Interpretation gegeben[7]).

Schmid: Staatliches Aufsichtsrecht soll sich nicht erstrecken auf das, was Inhalt des Religionsunterrichts ist, nur allgemeine Aufsicht.

Privatschulen: Volksschulen nur, wenn eine weitere Voraussetzung erfüllt ist. Dann gilt Obersatz IV.

Schmid: Gestern allgemein in einem Rechtsirrtum. Süsterhenn hat damals gesagt: Wir brauchen ja den Bremer Artikel gar nicht, denn die Bremer Schulen sind bekenntnisfreie Schulen, die Berliner Schulen sind es ja auch.
Schmid: Also braucht man weder für Bremen noch für Berlin die Klausel. Auch die preußischen Berufsschulen sind bekenntnisfreie Schulen. 1897. Der Religionsunterricht kann nach wie vor im ordentlichen Unterricht erteilt werden. Man könnte daran denken, das Ganze zu streichen. Wenn man das streicht, ergeben sich Aufregungen in einem anderen Lager. – Aber an und für sich ist das Ganze gegenstandslos.

[Präs.] Adenauer stellt fest, daß 7 b in Bremen gilt.
Schmid: Für Berlin ist einfach 7 b III anzuwenden. In Berlin muß der Vater den Sohn anmelden, im andern Fall abmelden.
Kaiser: Art. a streichen, Fragen vorerst gelöst. Mit Klausel Bremen sehr schwer abgefunden. Wenn Berlin als bekenntnisfrei gilt, dann ist der heutige Zustand gedeckt durch unser Grundgesetz[8]).

---

[7]) Vgl. den Beitrag von Zinn in der 46. Sitzung des HptA am 20. Jan. 1949. Parl. Rat, Verhandlungen, S. 599 f.

[8]) Über die interfraktionelle Besprechung berichtete Pfeiffer in der Sitzung der CDU/CSU-Fraktion am 11. Feb. 1949 um 12.00 Uhr: „Es wurde noch mal über den Art. a (Bremer Klausel) verhandelt. Es wurde festgestellt, daß die Schulen in Bremen und Berlin bekenntnisfrei sind. Es wurde festgestellt, daß dieser Artikel eigentlich überflüssig sei. Da sich aber bei Streichung dieses Artikels innerhalb der SPD dann starke Ablehnung gegen das Kompromiß ergeben würde, möchte die SPD diesen Artikel beibehalten. Die Verhandler des Fünferausschusses werden beauftragt, alles zu tun, was möglich ist, um die Streichung dieses Artikels noch zu erreichen. Auf jeden Fall muß ein Zusatz gemacht werden bezüglich der Länder in der Ostzone. Ferner soll schriftlich niedergelegt werden, was genau in dieser Frage im Fünferausschuß verhandelt worden ist." Vgl. Salzmann, S. 400 f.

1) Frankfurt[9].

2) Plenarsitzung. Simons [empfahl], nicht zu viele Exemplare [des Grundgesetzentwurfes] umlaufen zu lassen[10].

3) Besatzungsstatut[11].

4) Verlauf des Plenums, Berichterstatter[12].

Zunächst Beschlüsse des Hauptausschusses [vervielfältigen][13].
Druckabzüge für Fünferausschuß [aushändigen].
Dienstag [15. Februar 1949], 14 Uhr Fünferausschuß[14].
Fraktion[ssitzungen am] Mittwoch [den 16. Februar 1949] 15 Uhr[15].

[Für das] Plenum zwei Generalberichterstatter[16].
Dienstag, 22. [Februar 1949[17]] und in der gleichen Woche abschließen.

---

[9] Nachdem der Fünferausschuß am 10. Feb. 1949 den MilGouv. ein Memorandum über den föderalen Charakter des Grundgesetzentwurfes übermittelt hatte, erwarteten die Mitglieder des Parl. Rates nun eine Stellungnahme der MilGouv. aus Frankfurt. Der Text des Memorandums ist gedruckt in: Der Parl. Rat Bd. 8, Dok. 40, S. 101–105.

[10] Am Vormittag des 12. Feb. 1949 hatte Pfeiffer Trossmann mitgeteilt: „Herr Simons, Leiter des amerikanischen Verbindungsstabes, habe fernmmündlich nahegelegt, man möge den Entwurf 3. Lesung möglichst wenig verbreiten, da mit alliierten Beanstandungen in verschiedenen Punkten zu rechnen sei. Deshalb wurde gestern auch verfügt, daß zwar die Druckfahnen für die Plenarvorlage von der Druckerei hergestellte werden sollten, daß aber der Druck der Vorlage selbst zurückgestellt werden sollte, bis Klarheit besteht, ob die Vorlage unverändert ins Plenum gehen kann. Man rechnet damit, daß in der zweiten Hälfte der kommenden Woche vorläufig auf zwei Tage berechnete Verhandlungen mit den Alliierten über den Grundgesetzentwurf in Frankfurt stattfinden. Die von der SPD den Alliierten gegenüber bisher vertretene Politik des ‚friß oder stirb' scheint bisher endgültig durch die Auffassung überwunden zu sein, daß man vor endgültigen Beschlüssen doch zweckmäßig feststellt, was die Alliierten zu akzeptieren bereit sind." Vgl. das Schreiben des Oberregierungsrates Trossmann an den bayerischen Staatsmin. Hundhammer vom 12. Feb. 1949 in: ACDP I-052, Nr. 001/2, Bl. 407 d.
Am 14. Feb. 1949 notierte Pfeiffer: „Der derzeitige Vorsitzende der drei Verbindungsstäbe in Bonn, nämlich Mr. Simons, machte am 11. Februar 1949 vertraulich die Anregung, man solle vielleicht zweckmäßigerweise die Vorlage für das Plenum, die nicht nur vervielfältigt, sondern in Druck herauskommt, in nicht sehr vielen Exemplaren herausgeben. Dies war das erste Anzeichen dafür, daß die Militärgouverneure einzugreifen und Änderungen zu verlangen gedenken." Vgl. BayHStA NL Pfeiffer 175.

[11] Am 14. Feb. 1949 notierte Pfeiffer: „Die Stimmung im Parlamentarischen Rat geht dahin, daß die dritte Lesung im Plenum erst erfolgen solle, wenn das Besatzungsstatut bekannt und man mit den Militärgouverneuren in irgendeiner Form einig geworden ist." Vgl. BayHStA NL Pfeiffer 175.

[12] Zu den Berichterstattern in der vorgesehenen Plenarversammlung unterbreitete Pfeiffer am 18. Feb. 1949 einen detaillierten Vorschlag. Abgedr. bei: Salzmann, S. 409 f.

[13] Der Grundgesetzentwurf in 3. Lesung des HptA vom 10. Feb. 1949 ist vervielf. als PA 5/Drucks. Nr. 679. Der Text ist abgedr. in: Der Parl. Rat Bd. 7, Dok. Nr. 8, S. 396–444.

[14] Vgl. dazu Dok. Nr. 27.

[15] Zur Sitzung der CDU/CSU-Fraktion am 16. Feb. 1949 vgl. Salzmann, S. 402.

[16] Es war vorgesehen, daß Schmid, der auch Vors. des HptA war, als Generalberichterstatter referieren würde. Die daran anschließende Generaldebatte sollte von Pfeiffer mit einer „Generalrede" eröffnet werden. Vgl. den Entwurf einer Liste der Berichterstatter und Fraktionsredner für das Plenum. Salzmann, S. 409.

[17] Am 22. Feb. 1949 wurde in der 52. Sitzung des HptA der Entwurf des Wahlgesetzes beraten. Vgl. Parl. Rat. Verhandlungen, S. 687–709.

Nr. 27
Aufzeichnung von Leisewitz über Sitzungen des Fünferausschusses
18. Februar 1949

BA Z 12/121, Bl. 44 f. Von Leisewitz gez. Ausf. vom 18. Feb. 1949 (Auszug)

I. Der politische Fünferausschuß des Parlamentarischen Rates hat sich in der Berichtswoche[1]) vornehmlich mit der Kritik der Bischofskonferenz am Grundgesetz[2]) und den voraussichtlichen Einwendungen der Alliierten[3]) beschäftigt. Zu seinen Sorgen gehörte daneben auch der neuerliche Antrag der CDU/CSU-Fraktion, in den Art. 45 Abs. 3 als 2. Satz die vom Hauptausschuß in 3. Lesung eliminierte Bestimmung wieder aufzunehmen, wonach das Bundeswahlgesetz bestimmen kann, daß Parteien, die nicht einen bestimmten Hundertsatz aller gültigen Stimmen auf sich vereinigen, keinen Sitz erhalten und daß auf zusammengerechnete Reststimmen nur dann Sitze entfallen, wenn eine Partei in mindestens einem Wahlkreis einen Sitz erhalten hat[4]).
Dabei ist das schwierigste Problem, dem sich der interfraktionelle Fünferausschuß gegenübersieht, offensichtlich das der kulturellen und Elternrechte, das die Bischöfe erneut aufgerollt haben. Die Bischöfe haben zwar nicht zur Ablehnung des Grundgesetzentwurfes aufgerufen, weil sie ihn wohl noch nicht für endgültig halten, und weil der Entwurf ihre Forderungen ja auch nicht ausdrücklich verneint, wenn er ihnen auch ebenso wenig Rechnung trägt.
Sie waren aber sichtlich beeindruckt von der Feststellung des Führers der SPD-Fraktion[5]), daß die in Art. 139 ausgesprochene generelle Anerkennung der

---

1) Die Berichtswoche umfaßte den Zeitraum 15. bis 18. Feb. 1949. Vgl. Das Schreiben von Leisewitz an das BdMinPräs. vom 18. Feb. 1949. BA Z 12/121, Bl. 43.

2) Die Deutschen Bischöfe hatten am 11. Feb. 1949 während einer außerordentlichen Bischofskonferenz in Pützchen bei Bonn eine „Erklärung zum geplanten Grundgesetz der Bundesrepublik Deutschland" verabschiedet, in der sie deutlich machten, daß das Grundgesetz eines Staates nur dann seinen Zweck erfüllen kann, „wenn darin die schon in der Natur gegebene, ewig gültige, durch Christus neu gefestigte und vollendete Gottesordnung als die tragende Grundlage des staatlichen Gebäudes anerkannt" würde. Sie betonten ihre Haltung zum „gottgegebenen Elternrecht" und forderten dazu eine „innere Freiheit". Die Erklärung wurde als PA 5/Umdruck Nr. S 16 vervielf. Ediert bei Löhr: Dokumente deutscher Bischöfe, Bd. 1, S. 289 f.

3) Präs. Adenauer wurde bereits am 11. Feb. 1949 von Litchfield im Auftrage von General Clay „dahingehend informiert, daß der Kompetenzkatalog, die Bestimmungen über das Finanzwesen und das passive Wahlrecht der Beamten beanstandet werden" würden. Vgl. das Schreiben von Trossmann an den bayerischen Staatsmin. Hundhammer vom 12. Feb. 1949 in: ACDP I-052, Nr. 001/2, Bl. 407 d.
Zur Haltung der MilGouv. zum Grundgesetzentwurf in der 3. Lesung des HptA vom 10. Feb. 1949 vgl. auch die Erklärung eines Sprechers der amerikanischen MilReg. vom 14. Feb. 1949, ediert in: Der Parl. Rat Bd. 8, Dok. Nr. 41, S. 106 f. Vgl. auch Dok. Nr. 26, Anm. 10.

4) Vgl. die Sitzung der CDU/CSU-Fraktion am 16. Feb. 1949. Salzmann, S. 403.

5) Carlo Schmid.

bisher gültigen Verträge das Konkordat nicht einschließt, um dessentwillen diese Anerkennung gerade ausgesprochen wurde[6]).

Andererseits greifen die Bischöfe mit ihrer Bemerkung, daß die Kämpfe und Leiden der vergangenen Jahre umsonst gewesen wären, wenn die Bundesverfassung nicht ein für alle mal der Staatsgewalt die Möglichkeit zur Vergewaltigung des christlichen Gewissens nehme, sondern in der Schulerziehung der Jugend von neuem Staatsgewalt über Elternrecht stellte[7]), die Kampfabstimmung um den Art. 149 a, um die sogenannte „Bremer Klausel", wieder auf. Zu diesem letzten Punkt hat die CDU/CSU-Fraktion[8]) im Fünferausschuß den Antrag eingebracht, die Frage des Elternrechts, d.h. ob die Eltern über den Religions- und weltanschaulichen Charakter der Schulen befinden sollen, durch Volksentscheid zu klären. Die Zweckmäßigkeit eines solchen Volksentscheids wird allerdings von einem Teil der Abgeordneten der CDU selbst in Zweifel gezogen; diese hoffen außerdem, daß sich doch noch eine Mittellinie zwischen den widerstrebenden Meinungen finden lassen wird.

Es heißt endlich, daß sich der Fünferausschuß auch noch einmal mit dem Art. 7 des Entwurfs befassen wird, dessen ursprüngliche Fassung „Kunst, Wissenschaft und Forschung und ihre Lehre sind frei" in der 3. Lesung vom Hauptausschuß durch einen 2. Abs. ergänzt wurde, des Inhalts, daß die Freiheit der Lehre nicht von der Treue zum Grundgesetz entbinde[9]). Hierin wird eine Beschränkung der Lehrfreiheit gesehen, die von einigen Abgeordneten als untragbar bezeichnet wurde[10]).

II. Auch die Flaggenfrage ist in die Besprechung des Fünferausschusses miteinbezogen worden; diesem Problem und der Wahlrechtsfrage[11]) dienten gegen Ende der Woche auch interfraktionelle Gespräche[12]).

---

[6]) In der Erklärung der deutschen Bischöfe vom 11. Feb. 1949 hieß es: „Die Angriffe, die in der Presse und Parlament bei den Auseinandersetzungen um das Reichskonkordat gegen den Heiligen Stuhl gerichtet worden sind, weisen wir Bischöfe auf das entschiedenste zurück. Sie haben uns und das katholische Volk aufs tiefste verletzt. Sie waren um so beleidigender für den Heiligen Vater [Papst Pius XII.], als der Heilige Stuhl in der Zeit unserer Erniedrigung nicht aufgehört hat, Deutschland als vertragsfähigen Partner anzuerkennen und, unbekümmert um das Urteil der übrigen Welt, sich als Freund und Helfer unseres daniederliegenden Volkes zu erweisen. Wir erwarten, daß die Bundesverfassung eine Garantie für die Aufrechterhaltung des vom Heiligen Stuhl mit dem Deutschen Reich abgeschlossenen Konkordats enthält." Löhr: Dokumente deutscher Bischöfe, Bd. 1, S. 289 f.

[7]) In der Erklärung der deutschen Bischöfe vom 11. Feb. 1949 hieß es: „Die Kämpfe und Leiden der vergangenen Jahre wären umsonst gewesen, wenn die Bundesverfassung nicht ein für allemal der Staatsgewalt die Möglichkeit zur Vergewaltigung des christlichen Gewissens nimmt, sondern in der Schulerziehung unserer Jugend von neuem Staatsgewalt über Elternrecht stellt." Löhr: Dokumente deutscher Bischöfe, Bd. 1, S. 289.

[8]) Vgl. die Sitzung der CDU/CSU-Fraktion am 16. Feb. 1949. Salzmann, S. 403.

[9]) Vgl. dazu Der Parl. Rat Bd. 7, Dok. Nr. 8, S. 398.

[10]) Vgl. dazu auch den Bericht von Süsterhenn in der Sitzung der CDU/CSU-Fraktion am 16. Feb. 1949. Salzmann, S. 403 f.

[11]) In der Sitzung der CDU/CSU-Fraktion wurde schon am 11. Feb. 1949 berichtet: „Dr. Schäfer schlug im interfraktionellen Ausschuß vor, der Fünferausschuß soll sich mit dem Wahlgesetz beschäftigen. Präsident Dr. Adenauer schließt sich diesem Vorschlag an. Er bittet nur, die Zahl der Abgeordneten von 400 auf 250 zu beschränken, und zwar

[...][13])

soll erreicht werden, daß die Hälfte, die nach Verhältniswahlrecht gewählt wird, gekürzt wird. Die Wahlkreise sollen nach Möglichkeit bestehen bleiben. Wichtig sind auch Listenverbindungen." Vgl. Salzmann, S. 401.

[12]) Pfeiffer notierte aus einer interfraktionellen Besprechung in einer undat. Mitschr. in Gabelsbergerscher Kurzschrift, die vermutlich Mitte Feb. 1949 stattgefunden hat:
„Ablauf: In fünf Tagen 2 Lesungen halten. Wahlrecht: Zweite Hälfte nächster Woche. Sitz der Bundesregierung.
Suhr: Zwischen 2. und 3. Lesung [des Plenums sollte] Wahlrecht [behandelt werden]. 3. Lesung nur einige Erklärungen, keine Generaldebatte.
Adenauer: Bei 2. Lesung [im Plenum ist eine] Generalberichterstattung unbedingt nötig.
Schmid: [Nur] Generaldebatte [in der] 3. Lesung[,] keine Einzelerklärungen mehr. Hineingestellt in das Grundgesetz. An etwas stößt das Grundgesetz. Vielleicht finden wir es nicht mehr interessant, und was tun wir dagegen.
a) Fünferausschuß Dienstag [15. Feb. 1949] 14 Uhr. b) Fraktion Mittwoch [16. Feb. 1949] 15 Uhr, c) [Stellungnahme der MilGouv. in] Frankfurt [zum Grundgesetzentwurf] abwarten, d) nach Möglichkeit nächste Woche Wahlgesetz [behandeln].
Dehler: Berichterstattung für die einzelnen Kapitel.
Seebohm: Nächste Woche Wahlgesetz.
Suhr: [Art.] 7 b gilt aber offiziell[? unsichere Lesung] für Berlin wegen Privatschule.
Pfeiffer: Berlin ist unzweifelhaft bekenntnisfrei. Empfiehlt Streichung von [Art.] a. Weist auf die Erregung in weiten Kreisen hin.
Schmid: Wir sind so oft die Nachgebenden gewesen, seien Sie bitte auch einmal der nachgebende Teil.
Adenauer: In Preußen sind die Berufsschulen weder Bekenntnisschulen noch bekenntnisfreie Schulen gewesen.
Brentano: Wenn [Art.] a bestehen bleibt, würde er ein anderes Gesicht bekommen. Wenn ein Vorbehalt der landesgesetzlichen Regelung gilt, muß den Religionsgemeinschaften vorbehalten sein, allen Unterricht zu erteilen.
Abruch[? unsichere Lesung]: Und Vorbehalt für den 5er-Ausschuß.
Kaiser: Wir halten es für das beste, wenn a fallen würde. Bedenken, wie groß die Schwierigkeiten in unseren Reihen sind.
Schmid: Dann muß man Erklärungen abgeben.
Suhr: Übergangsbestimmung.
Heuss: Jetzt den Artikel zu entfernen, würde einen schlechten Eindruck machen.
Adenauer: Wäre schon im Kompromiß.
Adenauer: Sitz der Regierung nicht in der Verfassung, aber wie sonst vorbringen.
Suhr schlägt vor, Sitz der Regierung ist grundsätzlich Berlin.
Wahlgesetz: Haupteinwand gegen 400.
Stock: Hauptstadt hätte früher entschieden werden müssen." Vgl. BayHStA NL Pfeiffer 219.
Am 17. Feb. 1949 berichtete Leusser an Ehard: „In der Nachmittagssitzung der Fraktion berichtete Dr. Lehr über die interfraktionellen Beratungen über das Wahlgesetz. Die SPD habe sich zwar mit einer Herabsetzung der Abgeordneten auf 300 bereit erklärt, sei im übrigen aber nicht weiter entgegengekommen. Die Fraktion beschloß hierauf, am reinen Mehrheitswahlrecht festzuhalten und sich überstimmen zu lassen, damit dieser Standpunkt im Wahlkampf ausgenützt werden kann." Vgl. BayHStA NL Pfeiffer 213. Vgl. dazu auch Salzmann, S. 402 und S. 409.

[13]) Es folgen Angaben zu den Verhandlungen auf der Konferenz der Außenmin. der drei Westmächte in London zum Grundgesetz und Besatzungsstatut, zur Behandlung des Wahlgesetzentwurfes im HptA und zu möglichen Tagesordnungspunkten der für Anfang März 1949 vorgesehenen Plenarsitzung, in der auch die Flaggenfrage behandelt werden sollte.

Nr. 28
Änderungsvorschläge des Fünferausschusses
28. Februar 1949

PA 5/Drucks. Nr. 675. Maschinenschr. vervielf. Ausf. vom 28. Feb. 1949[1])

[Ediert in: Der Parl. Rat Bd. 7, Dok. Nr. 9, S. 445–456[2]).]

[1]) Mit den Änderungsvorschlägen des Fünferausschusses vom 28. Feb. 1949 fand die am 26. Jan. 1949 aufgenommene Arbeit des Fünferausschusses ihr Ende. Der Vorschlag wurde von den MilGouv. am 2. März 1949 in einem Memorandum abgelehnt. Vgl. dazu oben die Einleitung, S. XXX f.

[2]) Trossmann notierte am 28. Feb. 1949: „Direktor Elsen, Wirtschaftrat, teilte mir heute in der bayerischen Staatskanzlei mit, die Alliierten würden keine detaillierten Beanstandungen zum Grundgesetz machen. Grund: Sie seien sich selbst darüber nicht einig. Elsen glaubt, nach seinen Informationen, es werde nicht vor Herbst oder nächsten Frühjahr zur Wahl des Bundestages kommen. Auf Beschleunigung drängten z.Z. nur die Engländer, denen eine zentralistische Lösung gelegen käme, weil die Labourregierung auf eine Einigung mit den Sowjets hinarbeitet, mit dem Ziele eines Gesamtdeutschen Staates. Die Amerikaner wollten dagegen die Gemeindewahlen in England 1950 abwarten, wo sie einen Sieg der Konservativen erwarten, mit denen sie sich schnell glauben einigen zu können. Man glaube in Frankfurt, die Amerikaner wollten bis dahin mit einem erweiterten Wirtschaftsrat arbeiten. Die ganze Darstellung wirkt nicht sehr überzeugend und entspricht wohl etwas zu stark den Hoffnungen der Leute vom Wirtschaftsrat." Vgl. ACDP I-052, Nr. 001/2, Bl. 418 d.

Nr. 29
Interfraktionelle Besprechung
3. März 1949

BayHStA NL Pfeiffer 219. Ungez. Mitschr. von Pfeiffer in Gabelsbergerscher Kurzschrift vom 3. März 1949

Anwesend:
CDU/CSU: Adenauer (Präs.), Kaiser, Lehr, Pfeiffer, Süsterhenn
SPD: Katz, Menzel, Schmid, Schönfelder, Stock
FDP: Heuss, Höpker Aschoff, Schäfer
DP: Seebohm
Zentrum: Brockmann

Beginn: [Vormittags][1])

[MEMORANDUM DER MILITÄRGOUVERNEURE VOM 2. MÄRZ 1949][2])

[Präs.] Adenauer hat den Eindruck, daß dieses [Memorandum der Militärgouverneure] zentralistischer ist als was[3]) wir gemacht haben. Wir wollen nun auch die Zustimmung der bayerischen Regierung dafür bekommen[4]).

---

[1]) Die interfraktionelle Besprechung hat vormittags stattgefunden. Vgl. dazu Salzmann, S. 414.

[2]) Das Memorandum ist ediert in: Der Parl. Rat Bd. 8, Dok. Nr. 47, S. 131–144.

[3]) Gemeint ist der Entwurf des Grundgesetzes.

[4]) Der bayerische MinPräs. Ehard hatte seinen Besuch beim Parl. Rat für die Woche vom 7.–11. März 1949 angekündigt. Vgl. Der Parl. Rat Bd. 10, Teil A Dok. Nr. 27, S. 93.
Am 9. März 1949 erklärte Ehard im Anschluß an seinen dreitägigen Aufenthalt in Bonn gegenüber der Presse: „Meine diesmalige Reise nach Bonn trug einem aus den Kreisen des Parlamentarischen Rates an mich herangetragenen Wunsche Rechnung, meinen Standpunkt in der durch das Memorandum der Militärgouverneure geschaffenen neuen Lage kennenzulernen. Ich bin diesem Wunsch unso lieber nachgekommen, als auch ich ein lebhaftes Interesse daran habe, mich an Ort und Stelle über die Auffassungen des Parlamentarischen Rates zu unterrichten, wie er dieser neuen Lage begegnen will, um das Verfassungswerk zu einem positiven Ergebnis zu bringen. Meine Besprechungen waren vielseitiger Art. Ich empfand es besonders angenehm, daß ich auch dem Siebenerausschuß in seiner Gesamtheit meinen Standpunkt darlegen konnte. Ich möchte nicht unterlassen zu erwähnen, daß ich die Gelegenheit hatte, mich auch mit Vertretern der alliierten Besatzungsmächte zu unterhalten. Die Frage mit welchen Eindrücken ich Bonn wieder verlasse, läßt sich nicht mit einem abschließenden Urteil beantworten, da die Frage der Untersuchung der Lage, die durch den Schritt der Militärgouverneure eingetreten ist, noch nicht abgeschlossen ist und die Besprechungen zwischen den Vertretern des Parlamentarischen Rates und den Sachverständigen der Militärgouverneure noch in vollem Fluß sind. Es kommt nun alles darauf an, daß sich alle Parteien, die für eine Mehrheitsbildung notwendig sind, auf dem Boden der gegebenen Wirklichkeit zusammenfinden und in realistischer Weise frei von allen Doktrinen, den Voraussetzungen Rechnung tragen, die erfüllt werden müssen, wenn die Verfassung überhaupt zustande kommen soll. Daß dies nur geschehen kann, wenn in der Verfassung bestimmte klare föderalistische Prinzipien, vor allem auf dem finanziellen Gebiet, verwirklicht und gesichert werden, ist eine feststehende Tatsache, um die niemand herumkommt, wenn er die Chance, die Länder der westlichen Besatzungszonen in einem festen staatlichen

[Präs.] Adenauer: Die Verbindungsstäbe hatten mitgeteilt, daß der Fünferausschuß zur Verfügung stehen sollte. Wir hatten mitgeteilt, daß die Sache am Donnerstag [den 3. März 1949] weitergeht. Den Militärgouverneuren lag daran, vor heute etwas von sich zu geben. Dienstag [den 1. März 1949] nach 11 Uhr rief Simons an. Die Herren bitten, daß der Fünferausschuß und Adenauer [...][5]) 14 Uhr zu einer Besprechung zusammenkommen [...][6]). Adenauer sagte, die Zeit sei kurz, und schlug vor, am Donnerstag [den 3. März 1949] zusammenzukommen.
Süsterhenn: Unmöglich, weil schon für Donnerstag vergeben.

[Präs. Adenauer:] In Frankfurt [waren]: Menzel, Schmid, Brentano, Kaufmann [... und][7]) Adenauer, [die] drei Militärgouverneure mit [...][8]) einigen Begleitern[9]); [Die Atmosphäre war] sehr freundlich. Man machte die Vorlage auf deutsch[10]). Bemerkungen zum Grundgesetz und Stellung zum Wahlgesetz[11]). Wir haben [zur Verabschiedung eines Wahlgesetzes[12])] keinen Auftrag gehabt[13]). [Der Parlamentarische Rat legt fest:] Zahl der Abgeordneten, Festsetzung und Verteilung

---

Gefüge zu vereinen und ihnen eine gemeinsame Regierung zu geben, nicht verscherzen will. Es steht ebenso fest, daß das bisherige Ergebnis der Beratungen des Parlamentarischen Rates diese Voraussetzungen für das Zustandekommen einer solchen ersten staatsrechtlichen Teillösung der deutschen Frage noch nicht geschaffen hat und darum eine wesentliche Korrektur notwendig ist, die bei der Lage der Dinge nur in föderalistischer Richtung liegen kann. Ich brauche nicht zu betonen, daß dies allein auch die Richtung ist, aus der eine Zustimmung der Bayerischen Regierung zum Verfassungswerk erwartet werden kann. Die Eindrücke, unter denen ich Bonn verlasse, erlauben keine Prognose nach der Seite des Gelingens oder des Misslingens des Verfassungswerkes, ich kann nur sagen, daß ich ein absoluter Anhänger des Gelingens bin. Die Lage muß als sehr ernst bezeichnet werden. Ich sage das nicht nur vom Standpunkt der Aufgabe, die ich als Bayerischer Ministerpräsident zu erfüllen habe, und durch die mir feste und unübersteigbare Schranken gesetzt sind. Ich spreche dies nicht nur als deutscher Föderalist aus, dem eine besondere Staatsidee vorschwebt, die er für richtig hält und die er zu verwirklichen trachtet. Ich spreche auch nach den Eindrücken, die ich neurdings in Bonn gewonnen habe, erst recht als verantwortlicher deutscher Politiker, der von tiefster deutscher Sorge erfüllt ist, die Deutschen könnten in einem entscheiden Augenblick der Nachkriegspolitik einem Erbübel verfallend, sich einem politischen Illusionismus hingeben, der zu einem schweren Rückschlag unserer ganzen Entwicklung führen müßte." Vervielf. als PA 5/Umdruck Nr. S 48.

5) Wort nicht entzifferbar.

6) Wort nicht entzifferbar.

7) Wort nicht entzifferbar.

8) Wort nicht entzifferbar.

9) Zur Besprechung von Vertretern des Parl. Rates mit den MilGouv. vgl. das Prot. abgedr. in: Der Parl. Rat Bd. 8, Dok. Nr. 46, S. 120–130, dort S. 120 auch ein Verzeichnis der Anwesenden.

10) Vgl. die Bemerkung von Gen. Robertson während der Sitzung am 2. März 1949 zu seinen Deutschkenntnissen, sowie das Lob von Adenauer über Robertsons „excellent German". Der Parl. Rat Bd. 8, Dok. Nr. 46, S. 121 und 125.

11) Die deutschsprachigen, von den Alliierten vorgelesenen Texte wurden erst am 3. März 1949 übergeben. Die Texte sind ediert in: Der Parl. Rat Bd. 8, Dok. Nr. 47 und Nr. 48, S. 131–146.

12) Vgl. 8. Sitzung des Plenums am 24. Feb. 1949. Der Parl. Rat Bd. 9, Dok. 8, S. 318–428.

13) Vgl. dazu bereits Dok. Nr. 21, S. 84.

auf die Länder, aber die Wahlgesetze [werden] durch die Länder [erlassen]. [Die Begründung sei:] Weil wir nicht direkt gewählt seien, aber die Landtage.
Berlin soll [in der Präambel] stehenbleiben, aber [die Bestimmungen des Grundgesetzes] treten noch nicht in Kraft. [Berlin] würde von ihnen suspendiert werden[14]).
Schmid: Wenn man von der anderen Seite den Wunsch mit aufnehmen würde, hätten sie keine Bedenken. Die Leute hier[15]) stehen vor der Aufgabe, ihre großen Leute in den Hauptstädten von vorgefaßten Meinungen herunterzubringen.
Menzel: Die Militärgouverneure haben auch den Ausschuß gebildet; die [wollen] nun eine Entscheidung vorbereiten[16]). Vielleicht könnte unser Fünferausschuß mit dem Dreierausschuß von drüben sprechen[17]).

Stock: Glaubt, Wahlrecht könnte rasch gehen. Morgen [4. März 1949] und am Dienstag [den 8. März 1949].
Süsterhenn schlägt vor, am Dienstag zu beginnen. Weil unsere Leute verhindert sind.
Menzel: Schlägt vor, die fraglichen[18]) Fragen morgen zu besprechen.

Heute um 4 Uhr interfraktionelle Besprechung über Wahlrecht[19]).
3 + 2 + 1 + 1 + 1
2 + 2[20]).

Morgen 10 Uhr der gleiche Ausschuß.

Wahlrecht.

Schmid: Durch Presse [sollten wir eine] Darstellung herausgeben, daß unsere Arbeit unter gewisser Gesetzlichkeit steht.

[Präs.] Adenauer: [Das] Besatzungsstatut [wird den] Text des Grundgesetzes nicht abändern, aber suspendieren.

---

14) Art. 22, in der Fassung des Fünferausschusses vom 28. Feb. 1949, regelte den „Beitritt eines anderen Teiles Deutschlands" zur Bundesrepublik. Vgl. Der Parl. Rat Bd. 7, Dok. 9, S. 446. Von diesen Bestimmungen sollte Berlin suspendiert werden. Vgl. Der Parl. Rat Bd. 8, Dok. Nr. 46, S. 124.
15) Gemeint sind die MilGouv. und ihre Mitarbeiter.
16) Gen. Robertson stellte in der gemeinsamen Besprechung am 2. März 1949 in Aussicht, daß die Verbindungsoffiziere für die Behandlung einzelner Bestimmungen zur Verfügung ständen. Vgl. Der Parl. Rat Bd. 8, Dok. Nr. 46, S. 126.
17) Zu den Gesprächen zwischen alliierten Vertretern und den Mitgliedern des Siebenerausschusses vom 8.–10. März 1949 vgl. Der Parl. Rat Bd. 8, Dok. Nr. 51 bis 54, S. 150–196.
18) Unsichere Lesung.
19) Vgl. dazu Dok. Nr. 30, S. 116.
20) Die Aufzählung bezieht sich vermutlich auf die Zusammensetzung der anberaumten interfraktionellen Besprechung. Sie könnte demnach so ausgesehen haben:
3 (CDU/CSU) + 2 (SPD) + 1 (FDP) + 1 (DP) + 1 (Zentrum) für das große Gremium
2 (CDU/CSU) + 2 (SPD) für einen möglicherweise zu bildenden Unterausschuß.

Schmid: Art. 36. Wenn er so bleibt[21]), macht [er] das Interesse an einer Bundesverfassung unmöglich.
[Präs.] Adenauer: Prog[ramm][22])
Seebohm: [Ist das Memorandum der Alliierten] Verhandlungsgrundlage oder Bedingung?
[Präs.] Adenauer: [Die Militärgouverneure] haben uns das als Rat gegeben und wollen uns ihre besten Leute zur Verfügung stellen. Frage an Clay steht dahinter, ne varietur. François- Poncet[23]).
Heuss: Wir sind hauptpolitisch weniger interessiert. Wenn man diesen Art. 36 ernst nimmt, hat er die Gefahr, das Auseinanderleben der deutschen Länder zu fördern. Der bayerische Punkt kann überwunden werden. Wahlgesetz als Modellgesetz überall annehmen.
Schmid: Wenn die Meinung Adenauers richtig ist, sehe ich keine Möglichkeit anzunehmen. Adenauer, etwa zu sagen, daß die Franzosen zufrieden sind, daß es aber doch nichts bedeutet.
Kaiser: Der Unsinn kann nur überwunden werden durch den Willen des deutschen Volkes.
Lehr: a) Fünferausschuß, b) von der anderen Seite.

15 Uhr Fraktion[24]), 16 Uhr Ältestenrat[25]).

Brockmann: Warum ist der Fünferausschuß nach Frankfurt gerufen worden?[26]) [Er] ist ja kein Organ des Parlamentarischen Rates.
[Präs.] Adenauer fragt, was wollen Sie tun[27]).
Brockmann kann jetzt keine Antwort geben.
Seebohm: [Meine Partei] hat mir Verhandlungsfreiheit vorbehalten[28]).

---

[21]) Gemeint ist die Fassung des Art. 36 nach dem Memorandum der MilGouv. vom 2. März 1949, der die den Ländern vorbehaltene Gesetzgebung aufzählt. Vgl. Der Parl. Rat Bd. 8, Dok. Nr. 47, S. 131 f. Vgl. dazu auch die Fassung der 3. Lesung des HptA vom 10. Feb. 1949 und die Fassung des Fünferausschusses vom 28. Feb. 1949. Der Parl. Rat Bd. 7, Dok. Nr. 8, S. 424, und Dok. Nr. 9, S. 450.
[22]) Unsichere Lesung.
[23]) Eventuell wies Adenauer hier auf sein bevorstehendes Gespräch mit André François-Poncet am 4. März 1949 hin. Vgl. dazu Der Parl. Rat Bd. 10, Teil A Dok. Nr. 27, S. 93.
[24]) Für die Sitzung der CDU/CSU-Fraktion am 3. März 1949 um 15.00 Uhr vgl. Salzmann, S. 414–417.
[25]) Zur Ältestenratssitzung am 3. März 1949 um 16.20 Uhr vgl. Der Parl. Rat Bd. 10, Teil A Dok. 27, S. 91–95.
[26]) Zu den schon am 2. März 1949 anberaumten Gesprächen zwischen alliierten Vertretern und den Mitgliedern des Siebenerausschusses vom 8. bis 10. März 1949 vgl. die Prot. in: Der Parl. Rat Bd. 8, Dok. Nr. 51–54, S. 150–196.
[27]) Adenauer wünschte eine Auskunft von Brockmann und Seebohm, ob diese an den Verhandlungen des Fünferausschusses teilnehmen wollten. Vgl. Salzmann, S. 416. Eine Entscheidung fiel erst nach der Ältestenratssitzung am Nachmittag des 3. März 1949. Für den Wortlaut einer Erklärung von Brockmann und Seebohm, in der beide ihre Bereitschaft zur Mitarbeit im „neuzubildenden interfraktionellen Ausschuß" ankündigten, vgl. Der Parl. Rat Bd. 10, Teil A Dok. Nr. 27, S. 95, Anm. 20. Vgl. auch Salzmann, S. 419.
[28]) Unsichere Lesung.

Nr. 30
Sitzungen des Siebenerausschusses
3. und 4. März 1949

StBKAH 09.09. Ungez., undat., von Lehr[1]) gefertigte Aufz.[2])

I.
GEGENSTAND DER BESPRECHUNG IST DAS MEMORANDUM DER MILITÄRGOUVERNEURE VOM 2. MÄRZ 1949[3])

Zu Punkt 1 der Denkschrift:
Hier wird festgestellt, daß die Überprüfung des [Entwurfes des] Bonner Grundgesetzes an Hand des Aide Memoires vom 22. November 1948[4]) erfolgt ist. (Satz 2 der Ziff. 1 der Denkschrift)[5]). Die erhobenen Beanstandungen gehen stellenweise über die Richtlinien des Aide Memoires hinaus[6]).

Zu Punkt 2: ist Kenntnis genommen.

Zu Punkt 3: Die Ausführungen zu diesem Punkt verkennen offenbar den Begriff der Vorranggesetzgebung. Dieses setzt an sich voraus, daß in den aufgeführten Fällen die Länder das Gesetzgebungsrecht haben, soweit nicht ein gemeinsames Bundesinteresse an einer einheitlichen Gesetzgebung besteht und nachgewiesen werden kann, und infolgedessen der Bund von dem Recht der Gesetzgebung seinerseits Gebrauch macht.
Dabei ist besonders zu betonen, daß in dem Falle der Gesetzgebung durch den Bund der Bundesrat, also die ausgesprochene Ländervertretung, bei der Entscheidung mitwirkt.
Mit diesem Mitsprache- und Gesetzgebungsrecht ist die Stellung der Länder im föderativen System einwandfrei gewahrt. Die vorgeschlagene Fassung der Prä-

---

1) Auf der Ausf. handschr. die Bemerkung: „Von Herrn Lehr gefertigte Aufzeichnung zu den einzelnen Punkten des alliierten Memorandums."

2) Der Entwurf dieser Aufz. in: BA Z 5/Anhang 12, Bl. 12–21. Vgl. dazu auch den von von Brentano gez. und mit „Vertraulich!" überschriebenen Aktenvermerk vom 4. März 1949 in: PA 5/8.

3) Abgedr. in: Der Parl. Rat Bd. 8, Dok. Nr. 47, S. 131–144.

4) Abgedr. in: Der Parl. Rat Bd. 8, Dok. Nr. 18, S. 37–42.

5) Vgl. das Memorandum vom 2. März 1949 abgedr. in: Der Parl. Rat Bd. 8, Dok. Nr. 47, S. 131.

6) In der Aufz. von v. Brentano (vgl. Anm. 2) heißt es ergänzend: „1.) Der Ausschuß hat den Eindruck, daß die Denkschrift weniger auf die Übereinstimmung des Grundgesetzentwurfs mit den Dokumenten I bis III als mit dem Inhalt des Aide Memoire vom 22.11.1948 abstellt. Dabei scheinen einige Beanstandungen, die in dieser Denkschrift erhoben werden, aus dem erwähnten Aide Memoire nicht herauszulesen zu sein. Nach Auffassung des Ausschusses wäre es erwünscht, wenn die Überprüfung mehr als bisher geschehen auf den Entwurf als ganzes und damit auch auf seine praktische Möglichkeiten und seine Zweckmäßigkeit abgestellt würde."

ambel zu Art. 36 erweckt den Eindruck einer formellen Umkehrung, die in der praktischen Handhabung zu Konflikten zwischen Bund und Ländern führen und vielfach Schwierigkeiten vor dem Bundesverfassungsgericht zur Folge haben wird. Der Bund würde durch sie ein Aufsichtsrecht über die Einzelgesetzgebung der Länder in einer Form erhalten, die nach unserer Meinung wesentlich zentralistischer wirken müßte, als die vom Parlamentarischen Rat vorgeschlagene Formulierung. Es werden zu der vorgeschlagenen Formulierung zudem Begriffe in das Grundgesetz eingeführt, die keine Grundlage für richterliche Entscheidung durch das Bundesverfassungsgericht sein können. Der Ausschuß ist grundsätzlich der Auffassung, daß der Verfassungsgerichtshof nicht dafür zuständig sein kann, die Einhaltung dieser Präambel nachzuprüfen.
Die von den Alliierten ausdrücklich anerkannte Notwendigkeit, u.a. der Wirtschaftseinheit des deutschen Volkes, hat die Rechtseinheit zur unabdingbaren Voraussetzung.
Aus diesen Gründen glaubt der Ausschuß an der Vorranggesetzgebung in der bisherigen Formulierung festhalten zu sollen.
Um allen Bedenken Rechnung zu tragen, wird daher folgende Fassung des Art. 36 der Präambel vorgeschlagen:

„Art. 36 Abs. 1

Die Länder behalten das Recht der Gesetzgebung bei den nachstehend aufgeführten Sachgebieten so lange und soweit der Bund von seinem Gesetzgebungsrecht keinen Gebrauch macht. Er soll von diesem Recht nur Gebrauch machen, wenn die Interessenten von mehr als einem Land berührt werden oder, falls solche Gesetze von einem Land erlassen, den Rechten oder Interessen anderer Länder schädlich wären, wenn der Zweck des Gesetzes nur durch ein Bundesgesetz erreicht werden kann."

Eventuell im Verhandlungswege noch einzusetzen:

„In einem solchen Falle und vorausgesetzt, daß die Interessen mehr als eines Landes berührt werden, hat der Bund das Recht, die nötigen angemessenen Gesetze zu erlassen."

Zu den Beanstandungen der einzelnen Ziffern ist folgendes zu bemerken:
Zu Art. 36, Ziff. 3 ist das Presserecht und das Lichtspielwesen gestrichen worden. Wir stimmen überein mit der Streichung des Lichtspielwesens, schlagen aber vor, das Presserecht und das Filmrecht aufzunehmen, zumal das von seiten der Alliierten angekündigte Pressegesetz ja gleichfalls eine einheitliche Regelung zunächst für das bizonale Gesamtgebiet vorsieht und für notwendig hält.
Unter Filmrecht verstehen wir etwaige Zensurvorschriften und das Urheberrecht auf diesem Gebiet.
Zu Ziff. 7: Wir stimmen der Abänderung zu, daß das Wort „gesamte" bei öffentlicher Fürsorge gestrichen wird.
Zu Ziff. 23: Wir stimmen zu, daß die Staatsangehörigkeit im Bund und in den Ländern aus der ausschließlichen Gesetzgebung des Art. 35 Ziff. 2 hierhin übernommen wird.
Zu Ziff. 24, 25 und 26 schlagen wir vor, es bei der Rahmengesetzgebung eines besonderen Art. 36 a zu belassen und betonen, daß ja diese Rahmengesetzge-

bung ein Mehr an Länderrechten enthält, als gegenüber der Übernahme unter die Vorschriften von Art. 36.
Der Ausschuß schlägt vor, es bei Art. 36 a Ziff. 1 (neu Art. 98) zu belassen, wonach der Bund Rahmenvorschriften über die Rechtsverhältnisse im öffentlichen Dienst der Länder usw., erlassen kann. Der Ausschuß weist darauf hin, daß diese Vorschrift des Kompromisses nur im Zusammenhang mit dem Art. 27 b (jetzt Art. 45) zu sehen ist. Bei den Verhandlungen im Fünferausschuß standen zur Entscheidung, ob sowohl Art. 27 b als Art. 36 a Ziff. 1 in das Grundgesetz aufgenommen oder bei Vorschriften aufgenommen oder gestrichen werden sollen. Nachdem die Entscheidung für die Übernahme beider Vorschriften vom Hauptausschuß gebilligt worden ist, glaubt der Ausschuß an dieser Lösung festhalten zu sollen.
Vergleiche im übrigen die Bemerkungen des Ausschusses Ziff. 8 des Memorandums.

Zu Punkt 4: Kenntnis genommen.

Zu Punkt 5: Die Denkschrift vom 2. März 1949 unterscheidet zwischen

1. federal taxes
2. land taxes
3. concurrent taxes

die federal taxes, Zoll- und Finanzmonopole sollen der Gesetzgebung und Verwaltung des Bundes unterliegen. Die land taxes, das sind die Verbrauchs- und Verkehrssteuer mit örtlich bedingtem Wirkungsbereich, sollen der Gesetzgebung und Verwaltung der Länder unterliegen. Die concurrent taxes, das sind alle übrigen Steuern, sollen der Gesetzgebung und Verwaltung des Bundes unterliegen, wenn sie ganz oder zum Teil für die Deckung von Bundesausgaben in Anspruch genommen werden. Eine Ausnahme gilt nur für die Einkommensteuer: Sie sollte der Verwaltung des Bundes nur insoweit unterliegen, wie sie für Bundeszwecke in Anspruch genommen wird.

Dies ist nach unserer Auffassung der Sinn der Art. 122 a, 122 b und 123 in der von den Besatzungsmächten vorgeschlagenen Fassung. Die Denkschrift geht hier über das Memorandum vom 22. November 1948 hinaus, denn Ziff. d) des Memorandums vom 22. November 1948 läßt das Recht der Gesetzgebung auch für solche Steuern, die den Ländern ganz zufließen sollen, dem Bund, wenn eine einheitliche Gesetzgebung nötig ist.

Nach unseren Beschlüssen sollen von den Verbrauchs- und Verkehrssteuern die Biersteuer, die Kraftfahrzeugsteuer, die Rennwettsteuer, und von den direkten Steuern die Vermögensteuer, die Erbschaftssteuer und die Realsteuern ganz in die Kasse der Länder und Gemeinden geleitet werden. Die Denkschrift vom 2. März 1949 würde also hier eine Bundesgesetzgebung unmöglich machen. Eine Bundesgesetzgebung ist aber auch hier aus folgenden Gründen nötig:

1. Bei allen indirekten Steuern ist in einem einheitlichen Wirtschaftsgebiet eine einheitliche Gesetzgebung notwendig, weil diese Steuern Produktions-

kosten der Wirtschaft sind und eine verschiedene Regelung die einheitlichen Wettbewerbsbedingungen der Wirtschaft untergraben würden.

2. Überließe man diese indirekten Steuern der Gesetzgebung der Länder, so würde ihnen auch die Verwaltung zufallen, und die Steuern würden den Ländern nach dem örtlichen Aufkommen zufließen, sowie sie in den Produktionsstädten und in den großen Wirtschafts- und Handelszentren anfallen, obwohl doch diese Steuern auf den letzten Verbraucher abgewälzt und von allen Verbrauchern, wo auch immer sie wohnen, getragen werden.
3. Auch bei den Steuern von Vermögen, Erbschaften und Schenkungen ist eine einheitliche Gesetzgebung notwendig, weil eine verschiedene Gesetzgebung kostspielige Standortveränderungen der wirtschaftlichen Unternehmungen auslösen würde und weil eine Landesgesetzgebung nur die in den einzelnen Ländern gelegenen Vermögensobjekte ergreifen könnte und daher eine technisch undurchführbare Zerlegung der Vermögensobjekte erforderlich machen würde.

Wir machen auch darauf aufmerksam, daß die Besatzungsmächte bisher in der Einheitlichkeit der Gesetzgebung für alle die erwähnten Steuern festgehalten haben. Die großen Steuern waren bis 1945 durch Reichsgesetz normiert. Diese Gesetze sind dann im Jahre 1946 durch Gesetz des Kontrollrats[7]), im Jahre 1948 durch Gesetz der Besatzungsmächte (Gesetz Nr. 64)[8]) und durch Gesetz des Wirtschaftsrates mit Genehmigung der Besatzungsmächte (Gesetz vom 21. Oktober 1948)[9]) abgeändert worden und soll[en] nunmehr durch das vom Wirtschaftsrat verabschiedete Steuerreformgesetz[10]), das, wie wir hoffen, die Zustimmung der Besatzungsmächte finden wird, weiter abgeändert werden. Die Besatzungsmächte haben also bisher an der einheitlichen Gesetzgebung festgehalten, aus wohlerwogenen Gründen. Wir sind der Meinung, daß in den nächsten Jahren weitere Abänderungen des materiellen Steuerrechts vermieden werden müßten, damit die Verwaltungsbehörden der sorgfältigen Durchführung der Steuergesetze ihre ganze Arbeit widmen können und die Wirtschaft sich auf

---

[7]) Gesetz Nr. 12 vom 11. Feb. 1946 zur Änderung der Gesetzgebung in Bezug auf Einkommensteuer, Körperschaftsteuer und Gewinnabfüllung; Gesetz Nr. 13 vom 11. Feb. 1946 zur Änderung der Vermögensteuergesetze; Gesetz Nr. 14 vom 11. Feb. zur Änderung der Kraftfahrzeugsteuergesetze; Gesetz Nr. 15 vom 11. Feb. zur Abänderung der Umsatzsteuergesetze; Gesetz Nr. 17 vom 28. Feb. 1946 zur Änderung der Erbschaftsteuergesetze; Gesetz Nr. 42 zur Änderung des Kontrollratsgesetzes Nr. 12. vom 30. Nov. 1946. Vgl. Amtblatt des Kontrollrats in Deutschland, Nr. 4, vom 28. Feb. 1946, S. 60–76 und 94 f. sowie Nr. 12, vom 30. Nov. 1946, S. 231 f.

[8]) Gesetz Nr. 64 vom 20. Juni 1948 zur vorläufigen Neuordnung der Steuergesetzgebung. Amtsblatt der Militärregierung Deutschland, Amerikanisches Kontrollgebiet, Ausgabe K vom 1. Sept. 1948, S. 10–35.

[9]) Gesetz vom 21. Okt. 1948 zur Änderung des Artikels VIII (Kaffeesteuer) und Artikel VII (Tabaksteuer) und des Artikels XIII (Inkrafttreten) des Anhangs zum Gesetz Nr. 64 der Militärregierung Deutschland, Amerikanisches und Britisches Kontrollgebiet, zur vorläufigen Neuordnung von Steuern vom 22. Juni 1948. Gesetzblatt der Verwaltung des Vereinigten Wirtschaftsgebietes, Nr. 21, vom 23. Okt. 1948, S. 101 f.

[10]) Zweites Gesetz zur vorläufigen Neuordnung von Steuern vom 20. April 1949. Gesetzblatt der Verwaltung des Vereinigten Wirtschaftsgebietes, Nr. 15 vom 25. Mai 1949, S. 69–73.

einen dauerhaften Zustand einrichten kann. Wir nehmen daher an, daß auch den Besatzungsmächten weitere Veränderungen des materiellen Steuerrechts und vor allem die Zersplitterung der bisher bewahrten Einheit unerwünscht sein würde.
Wir machen schließlich darauf aufmerksam, daß die Besatzungsmächte auch die Verabschiedung des Lastenausgleichsgesetzes dem Wirtschaftsrat übertragen haben, also auch hier eine einheitliche Gesetzgebung wünschen und daß es bei dem engen Zusammenhang der zwischen dem Lastenausgleich und dem allgemeinen Vermögenssteuergesetz besteht, es unzweckmäßig ist, die gesetzliche Regelung der allgemeinen Vermögenssteuern den Ländern zu überlassen. Es versteht sich von selbst, daß die durch den Bund normierten Steuern, soweit sie ganz oder zum Teil an die Kassen der Länder fließen sollen, den Ländern unmittelbar zufließen sollten. Gleichwohl haben wir Bedenken gegen den zweiten Satz des in der Denkschrift vom 2. März 1949 vorgeschlagenen Art. 122 b. Er könnte die Bedeutung haben, daß die den Ländern zufließenden Steuern oder Steueranteile nach dem örtlichen Aufkommen verteilt werden sollen. Wenn wir z. B. die Kraftfahrzeugsteuer den Ländern überlassen, so kann sie doch nicht nach dem örtlichen Aufkommen verteilt werden, sondern muß nach den Straßenlängen verteilt werden, da diese Steuern von alters her der Unterhaltung der Straßen dient. Wenn die Umsatzsteuer zum Teil an die Kassen der Länder fließt, so muß doch der den Ländern zufließende Teil, um einen Ausgleich zwischen steuerstarken und steuerschwachen Ländern zu ermöglichen, nach der Bevölkerungszahl oder einem anderen der Belastung Rechnung tragenden Maßstab verteilt werden.
Wir machen schließlich noch darauf aufmerksam, daß die Bundesgesetzgebung in Wahrheit eine gemeinschaftliche Gesetzgebung des Bundes und der Länder ist, da alle Steuergesetze nach den Beschlüssen des Hauptausschusses[11]) der Zustimmung des Bundesrats bedürfen und dieser anders als der amerikanische Senat keine zweite Kammer im eigentlichen Sinne des Wortes, dessen Mitglieder nach ihrer Überzeugung stimmen, sondern eine Vertretung der Länder ist, deren Mitglieder nach den Weisungen der Landesregierungen abzustimmen haben.
Die Besatzungsmächte scheinen entscheidenden Wert darauf zu legen, daß den Ländern bei der Einkommen- und Körperschaftssteuer eine größere Selbständigkeit gegeben wird. Dies ist möglich, wenn dem Bund die Gesetzgebung zusteht. So kann durch Bundesgesetz bestimmt werden, daß die Tarife der Steuerkräftigen Hebesätze werden und an Stelle des den Ländern zufließenden Teiles der Steuer den Ländern das Recht eingeräumt wird, Zuschläge zu erheben, deren Höhe sie selbst zu bestimmen haben. Der Hauptausschuß war einmütig der Auffassung, daß eine solche Regelung sogar wünschenswert sei, aber im Augenblick, wenn nicht das ganze Steuersystem in Verwirrung geraten soll, nicht durchgeführt werden könne.

[11]) Der Grundgesetzentwurf in der 3. Lesung des HptA vom 10. Feb. 1949 ist abgedr. in: Der Parl. Rat Bd. 7, Dok. 8, S. 423 ff.

Die Denkschrift geht, wie schon gesagt, davon aus, daß die Verwaltung der Steuern den Ländern überlassen werden soll, wenn die Steuern ganz in die Kasse der Länder fließen. Dies würde bedeuten, daß aus dem noch bestehenden einheitlich aufgebauten Verwaltungsapparat (Zoll- und Finanzämter auf der unteren Ebene, Landesfinanzämter auf der mittleren Ebene) eine besondere Landesverwaltung zur Verwaltung dieser Steuern herausgebrochen werden müßte. Dies ist aus technischen Gründen unmöglich und würde außerdem große Kosten verursachen.

Besonderen Nachdruck scheint die Denkschrift vom 2. März 1949 darauf zu legen, daß die Verwaltung desjenigen Teiles der Einkommen- und Körperschaftssteuern, der den Ländern zufließen sollte, durch die Länder erfolgen. Wie spielt sich das Verfahren ab? Das Einkommen wird heute als eine Einheit durch das Finanzamt des Wohnsitzes veranlagt und muß einheitlich veranlagt werden, weil nur dann der gestaffelte Tarif zur Anwendung kommen kann. Nehmen wir einmal an, daß die Steuern zur Hälfte dem Bund, zur Hälfte den Ländern zufließen sollen. Dann würde die eine Hälfte des einheitlich veranlagten Steuerbetrages der Bundeskasse zufließen, die andere Hälfte müßte, wenn das Einkommen aus mehreren in verschiedenen Ländern gelegenen Quellen stammt, (ein in Deutschland bei großen Steuerzahlern sehr häufiger Fall) durch das Finanzamt des Bundes, auf die Länder zerlegt werden. Diese Hälfte, einerlei ob eine Verlegung notwendig ist oder nicht, würde den Ländern zufließen. Soll nunmehr das Finanzamt des Bundes nur einen Steuerbescheid über die eine Hälfte erlassen? Soll nun ein besonderes Finanzamt des Landes dann die andere Hälfte veranlagen und noch einmal dieselbe Arbeit vornehmen, die das Finanzamt des Bundes bereits vorgenommen hat und von sich aus einen zweiten Steuerbescheid über die zweite Hälfte erlassen? Man wird uns zugeben, daß dies ein widersinniges Verfahren sein würde.

Was würde sich bei der Vermögens- und Erbschaftssteuer ergeben, wenn man die Verwaltung den Ländern überließe? Heute wird die Vermögens- und Erbschaftsmasse von einer Stelle ermittelt. In allen Fällen, in denen die Vermögens- und Erbschaftsmasse in verschiedenen Ländern liegt (auch das ist in Deutschland bei größerem Vermögen ein sehr häufiger Fall), müßte nach den Vorschlägen der Besatzungsmächte die Gesamtmasse zunächst einmal zerlegt werden. Ein sehr schwieriges Verfahren! Durch wen? Durch ein Finanzamt des Bundes oder durch ein Finanzamt eines Landes und welchen Landes? Dann müßte durch das Finanzamt des Landes, der in dem Land gelegene Teil für sich veranlagt werden und in jedem beteiligten Land ein Steuerbescheid erlassen werden.

Bei der Vermögenssteuer würde dasselbe Vermögen einer doppelten Veranlagung unterworfen werden: durch die Finanzämter der Länder, soweit es sich um die allgemeine Vermögenssteuer handelt, durch die Finanzämter des Bundes, soweit es sich um die für den Lastenausgleich erhobene Vermögenssteuer handelt.

Alle diese Schwierigkeiten, von denen hier nur ein Teil aufgezählt ist, würden bei einer Bundesfinanzverwaltung vermieden. Schließlich verwirkt nur eine

Bundesfinanzverwaltung eine gleichmäßige und darum gerechte Verwertung der Steuern.
Wir dürfen noch darauf aufmerksam machen, daß die von uns vorgeschlagene Bundesfinanzverwaltung in Wahrheit eine gemeinschaftliche Verwaltung des Bundes und der Länder ist, weil alle Durchführungsvorschriften nur mit Zustimmung des Bundes erlassen werden. Die Richter des Bundesfinanzhofes nur mit Zustimmung des Bundesrates und die Leiter der Finanz- und Zollbehörden innerhalb der Länder nur mit Zustimmung der Länderregierungen bestellt werden dürfen.

Zu Ziff. 6:
Durch Art. 138 (129-1) sollte und soll die Unabhängigkeit der Richter nicht berührt werden. Es sollte nur im Interesse der gesamten politischen Entwicklung die Möglichkeit eröffnet werden, in besonderen Ausnahmefällen objektiv ungeeignete Richter durch eine Entscheidung des höchsten politischen Gerichtes aus ihrem Amt zu entfernen. Der Ausschuß schlägt folgende Fassung vor:

> (1) Die Richter sind unabhängig und nur dem Gesetz unterworfen (bisher Art. 143).
>
> (2) Richter können wider ihren Willen nur auf Grund eines Dienststrafverfahrens und nur kraft richterlicher Entscheidung und nur aus den Gründen und unter den Formen, welche die Gesetze bestimmen, dauernd oder zeitweise ihres Amtes enthoben oder in eine andere Stelle oder in den Ruhestand versetzt werden (vgl. § 8 des Gerichtsverfassungsgesetzes).
>
> (3) Darüber hinaus kann, wenn ein Bundesrichter innerhalb oder außerhalb des Amtes gegen die Grundsätze des Grundgesetzes oder die verfassungsmäßige Ordnung des Landes verstößt, das Bundesverfassungsgericht auf Antrag des Volkstags oder des Bundesjustizministers anordnen, daß er in ein anderes Amt oder in den Ruhestand zu versetzen ist. Im Falle eines vorsätzlichen Verstoßes kann auch auf Entlassung erkannt werden.

Zu Ziff. 7: Kenntnis genommen.

Zu Ziff. 8:
Zu Art. 65 (alt Art. 62) schlägt der Ausschuß in Anlehnung and das Aide Memoire vom 2. März 1949 folgenden Zusatz vor:

> Ein Bundesbeamter der Hoheitsverwaltung, der nach den Weisungen seines Vorgesetzten zu handeln hat, muß von der Annahme der Wahl in den Volkstag seine Versetzung in den Wartestand beantragen; die Versetzung wird für die Dauer seiner Zugehörigkeit zum Volkstag ausgesprochen. Behördenangestellte sind unter den gleichen Voraussetzungen mit den Bezügen zu beurlauben, die dem Wartegeld der Beamten entsprechen. Das Nähere regelt ein Bundesgesetz.

Über die Abgrenzung des Begriffs „Bundesbeamter" oder „Hoheitsverwaltung" ist in der mündlichen Besprechung eine Erläuterung zu geben.

Zu Ziff. 9:
Diese Bemerkung sollte den Ministerpräsidenten umgehend schriftlich mitgeteilt werden[12]).

Zu Ziff. 10: Kenntnis genommen. Die Übergangsbestimmungen sind im Bezug auf Berlin zu überprüfen.

II.
BESONDERE BEMERKUNGEN ZUM WAHLGESETZ[13])

Es wird für unmöglich gehalten, die Körperschaft des Volkstags in den verschiedenen Ländern nach unter Umständen elf verschiedenen Wahlgesetzen mit verschiedenen Wahlsystemen zu lassen. Der Hinweis auf die Vereinigten Staaten mit ihren staatsmäßig verschiedenen Wahlgesetzen[14]) ist deshalb irrig, weil diese Gesetze mindestens in 47 Staaten grundsätzlich auf dem gleichen Wahlsystem aufgebaut sind. Es wird deshalb notwendig, ein einheitliches Wahlgesetz für den Volkstag zu schaffen, entweder durch den Beschluß des Parlamentarischen Rates oder durch eine Aktion der Ministerpräsidenten in der Weise, daß ein Modellgesetz[15]) nach einheitlichem Wahlsystem den Länderparlamenten zur Beschlußfassung gegeben wird, da bei der letzteren Methode durchaus die Wahrscheinlichkeit bestände, daß trotz eines solchen Modellgesetzes Wahlgesetze nach verschiedenen Systemen in den Ländern beschlossen werden und daß außerdem ein entscheidender Zeitverlust durch diese Methode entstehen würde, empfiehlt der Ausschuß, daß durch den Parlamentarischen Rat beschlossene einheitliche Wahlgesetz für diesen einen Fall bestehen zu lassen. Die Ministerpräsidenten haben in ihrer Stellungnahme zum Dokument Nr. I[16]) seiner Zeit diese Auffassung vertreten und in der Antwort der Militärgouverneure vom 19. Juli 1948[17]) diese Auffassung offensichtlich bestätigt. Außerdem haben die Ministerpräsidenten in ihrer letzten Sitzung am 11. und 12. Februar 1949 in Hamburg bewußt davon Abstand genommen, gegen das Vorgehen der vom Parlamentarischen Rat übernommenen Aufgabe ein Wahlgesetz zu verkünden, zu widersprechen[18]).

12) Ziff. 9 betraf die Neuumschreibung der Ländergrenzen.

13) Vgl. dazu das Memorandum der MilGouv. vom 2. März 1949 zum Wahlgesetzentwurf in: Der Parl. Rat Bd. 8, Dok. Nr. 48, S. 145 f.

14) Gen. Clay wies in der Sitzung vom 2. März 1949 anläßlich der Übergabe des Memorandums auf Anfrage von Schmid auf die amerikanischen Verhältnisse hin. Vgl. Der Parl. Rat Bd. 8, Dok. Nr. 46, S. 127.

15) Vgl. Dok. Nr. 29, S. 108.

16) Die Stellungnahme der MinPräs. vom 10. Juli 1948 zum Dokument Nr. I ist ediert in: Der Parl. Rat Bd. 1, Dok. Nr. 7, S. 146.

17) Die Stellungnahme der MilGouv. vom 20. Juli 1948 zur Antwort der MinPräs. zum Dokument Nr. I ist ediert in: Der Parl. Rat Bd. 1, Dok. Nr. 10, S. 166–168.

18) Zur Konferenz der MinPräs. in Hamburg vgl. das Prot. abgedr. in: Akten zur Vorgeschichte Bd. 5, Dok. Nr. 10, S. 193 f.

SCHLUSSNOTIZ

In den Fraktionen bleibt noch die Frage der Ratifizierung des Grundgesetzes durch Volksabstimmung oder Beschlußfassung der Landtage zu erörtern[19]).

---

[19]) Leisewitz berichtete am 5. März 1949 an das BdMinPräs. in Wiesbaden: „Das um die Abgeordneten Seebohm (DP) und Brockmann (Z) erweiterte politische Fünferkomitee des Parlamentarischen Rates hat seine Stellungnahme zum Memorandum der Militärgouverneure zum Grundgesetz inzwischen schriftlich niedergelegt. Diese streng geheim gehaltenen Gedankengänge des Komitees machen den – unmöglichen – Versuch, den Kompromiß der Gouverneure mit dem in Einklang zu bringen, zu dem die SPD-Fraktion ebensoviel beigetragen hat wie die CDU-Fraktion und die Länder Bayern, Rheinland-Pfalz, Württemberg-Baden und Baden. Dieser Kompromiß war bekanntlich auch die Grundlage und führte zur reibungslosen Abwicklung der 3. Lesung des Grundgesetzes im Hauptausschuß. Der siebenköpfige interfraktionelle Ausschuß wird, wie bereits an anderer Stelle berichtet, seine Gedanken am kommenden Dienstag mit den alliierten Verbindungsoffizieren in Bonn diskutieren. Die Vorschläge, die er zu machen haben wird, werden aber, und hier liegt der schwache Punkt des eingeschlagenen Verfahrens, bis zum Dienstag von keiner der Fraktionen des Parlamentarischen Rates unter die Lupe genommmen worden sein, da diese sich bereits am gestrigen Vormittag in alle Winde zerstreut haben." Vgl. BA Z 12/123, Bl. 165 f.
Trossmann legte in einer Aufzeichnung vom 7. März 1949 dar: „Der interfraktionelle Ausschuß, neu mit 7 Mitgliedern konstituiert, arbeitete im Laufe des Donnerstags [3. März 1949], eine lange Niederschrift aus, die im wesentlichen darauf hinausläuft, die Hauptpunkte des Memorandums sachlich oder auch formell abzulehnen, so bezüglich der Änderung der Einleitung zu Art. 36 und der Bestimmungen über das Finanzwesen. Man gibt sich der trügerischen Hoffnung hin, im Verhandlungswege die alliierten Vorschläge den deutschen ‚Bedürfnissen' anzupassen, d.h. im Sinne der SPD alles beim alten zu lassen. Unsere Mitglieder des Siebenerausschusses scheinen völlig im Schlepptau der SPD zu liegen. Diese hat den wundervollen Trick gemacht, zu erklären, der Kompromiß bleibe aufrechterhalten, auch wenn er in einigen Punkten geändert werden müsse. Das klingt sehr schön, bedeutet aber sachlich, daß den CDU Unterhändlern nicht gestattet wird, Anregungen zu vertreten bei Punkten, die unter Jagdschutz stehen, während es sich die SPD vorbehält, ihrerseits Zugeständnisse zu machen, wenn es ihr genehm ist. – Ein Kuriosum des hiesigen parlamentarischen Lebens ist es, daß man die Leute nach Hause schickt, wenn kritische Situationen sich andeuten. Bereits am Donnerstag schickte die SPD ihre Fraktion nach Hause, wenn auch nicht gleich alle abreisten. Die CDU hielt zwar Fraktionssitzungen, aber über die Hauptsache wollte man nicht reden. Die Mitglieder des Siebenerausschusses gaben schließlich widerstrebend einen keineswegs erschöpfenden Bericht über ihre Bedenken gegen das Memorandum, das in wesentlichen Punkten nicht klar sei. Am Dienstag 8. 3. [19]49 kämen sie mit alliierten Experten zusammen, um ‚Fragen' zu stellen. Auf die Anregung zu sagen, welche Fragen sie stellen wollten, reagierten sie nicht. Sie erklärten nur, ‚Vereinbarungen' mit den Alliierten würden selbstverständlich nicht getroffen. Sieht man die Niederschrift des Siebenerausschusses vom 3./4. März 1949 an, dann erkennt man, daß es sich bestimmt nicht nur darum handeln wird, nur Fragen zu stellen, sondern daß man den Alliierten sagen will, wieweit wir die Vorschläge akzeptieren können usf. Die Fraktionen werden dann wieder vor mehr oder weniger vollendeten Tatsachen stehen. Die nächste Fraktionssitzung der CDU/CSU ist erst für 17. 3. [19]49 vorgesehen!! – Heute kam Dr. Ehard, um morgen vor allem mit dem Siebenerausschuß zu verhandeln. Dr. Adenauer ist in die Schweiz gereist und kommt erst am 10. 3. wieder, anscheinend hält er seine Anwesenheit, während der Siebenerausschuß mit den Alliierten verhandelt, nicht für nötig! – Es hat den Anschein, daß man allseits den Ernst der Situation erheblich verkennt, sonst wäre in diesen Tagen alles beisammen. Dr. Jakob [Stenograph im Sekretariat des Parl. Rates] teilte mir mit, François-Poncet habe ihm gegenüber erklärt, die Deutschen hätten

Nr. 31
Sitzung des Siebenerausschusses
9. März 1949

ACDP I-071, 025/3. Aufz. von Peschel, Stenographischer Dienst, vom 9. März 1949[1])

SITZUNG DES ERGÄNZTEN FÜNFERAUSSCHUSSES[2]) VOM 9. MÄRZ 1949[3])

Beschlossene neue Fassung des Art. 97 (alt 36 und 34)[4]):

Art. 95 a

(1) Die Länder haben das Recht der Gesetzgebung, soweit dieses Grundgesetz nicht dem Bund Gesetzgebungsbefugnisse verleiht.

(2) Die Abgrenzung der Zuständigkeit zwischen Bund und Ländern bemißt sich nach den Vorschriften dieses Grundgesetzes über die ausschließliche und die konkurrierende Gesetzgebung.

---

keine Möglichkeit sachliche Änderungen vorzuschlagen, es könnten nur formelle Dinge in Frage kommen. Legten die Deutschen stark abweichende Gegenvorschläge vor, hätten sie keine Möglichkeit mehr, darüber mit den Gouverneuren zu verhandeln. Ähnlich äußerte sich auch Dr. Leisewitz. Wie Jakob dazu kam, mit [François-]Poncet zu verhandeln, ist mir schleierhaft. Er hatte nur den Auftrag von mir, beim französischen Verbindungsstab den französischen Text des Memorandums zu beschaffen. Dr. Laforet war auch bei [François-]Poncet, und zwar am Freitag Abend [4. März 1949]. Er trug ihm seine Gedanken zu Art. 36 vor. Angeregt dadurch und [durch] meine Hinweise auf den Ernst der Lage, arbeitete er ein Exposé für Dr. Ehard aus, das gestern Nachmittag in meiner Gegenwart ‚als Ministerialreferent' endgültig formuliert wurde". Vgl. ACDP I-052, Nr. 001/2, Bl. 418 e-418 h.

1) Diese Fassung ist mit geringen Umformulierungen in den Änderungsvorschlag des Siebenerausschusses vom 17. März 1949 eingegangen. Vgl. Der Parl. Rat Bd. 7, Dok. Nr. 10, S. 457–460. Vgl. auch das Exemplar in: StBKAH 09.09. sowie die handschr. korrigierten Fassungen in: PA 5/8 und BA NL 240 (Brockmann)/8. Auf die Unterschiede zwischen den Fassungen vom 9. und 17. März 1949 ist durch spitze Klammern und einen erläuternden Kommentar hingewiesen worden.
Zur Sitzung des Siebenerausschusses vgl. auch die Berichte von Lehr und Kaufmann in der Sitzung der CDU/CSU-Fraktion am 10. März 1949. Salzmann, S. 424–429. Demnach dauerte die Sitzung des Siebenerausschusses zwei Stunden und fand abends statt.

2) Das hier noch als „ergänzter Fünferausschuß" bezeichnete Gremium entsprach dem Siebenerausschuß. Zur Abgrenzung zwischen Fünfer- und Siebenerausschuß vgl. oben Einleitung, S. XXX f.

3) Der Sitzung des Siebenerausschusses war eine Besprechung mit dem Bayerischen MinPräs. Ehard vorausgegangen. Vgl. die Aufz. von Trossmann vom 7. März 1949, abgedr. in: Dok. Nr. 30, Anm. 19.
In der Sitzung der CDU/CSU-Fraktion am 10. März 1949 bemerkte Kaufmann: „Bei den Art. 95 a ff. habe der Siebenerausschuß im wesentlichen die bayerischen Vorschläge übernommen. Diese Vorschläge seien im großen und ganzen gebilligt worden." Vgl. Salzmann, S. 425. Vgl. auch Anm. 15.

4) Vgl. die Fassung des Grundgesetzentwurfes in der 3. Lesung des HptA vom 10. Feb. 1949, abgedr. in: Der Parl. Rat Bd. 7, Dok. Nr. 8, S. 423 f.

Art. 95 b

Im Bereich der ausschließlichen Gesetzgebung des Bundes haben die Länder die Befugnis zur Gesetzgebung nur, wenn und soweit sie hierzu in einem Bundesgesetz ausdrücklich ermächtigt werden.

Art. 95 c

(1) Im Bereich der konkurrierenden Gesetzgebung des Bundes haben die Länder die Befugnis zur Gesetzgebung, solange und soweit der Bund von seinem Gesetzgebungsrecht keinen Gebrauch gemacht hat.

(2) Der Bund hat in diesem Bereich das Gesetzgebungsrecht,

1. wenn eine Angelegenheit durch die Gesetzgebung <eines oder mehrerer>[5]) Länder nicht wirksam geregelt werden kann oder
2. wenn die Regelung einer Angelegenheit durch ein Landesgesetz <den Interessen anderer Länder schädlich wäre>[6]) oder
3. wenn der Zweck des Gesetzes nur durch ein Bundesgesetz erreicht werden kann oder[7])
4. wenn die Wahrung der Rechtseinheit oder der Wirtschaftseinheit <die Regelung durch ein Bundesgesetz>[8]) erfordert.

Folgt Art. 96[9]) unverändert bis auf Abs. 1 Ziff. 2 „die Staatsangehörigkeit im Bund <und in den Ländern>[10])".

Diese Ziffer wird in den Katalog der konkurrierenden Gesetzgebung Art. 97 übernommen.

Weiter wird der Abs. 2 des Art. 96 ganz gestrichen, da inhaltlich im neuen Art. 95 b enthalten.

Art. 97

(1) Der Bund hat die konkurrierende Gesetzgebung über: ... Folgt Ziff. 1 bis 6 wie in Art. 97 (alt 36).

Ziff. 7 lautet: „Die öffentliche Fürsorge;"

Als Ziff. 7 a wird die Ziff. 2 des Abs. 1 von Art. 96 (alt 35) eingeschaltet: „die Staatsangehörigkeit im Bund und in den Ländern;"

Ziff. 8 bis 22 wie Art. 97 (alt 36).

Abs. 2 des Art. 97 wird gestrichen.

---

[5]) Text in Klammern ist in der Fassung vom 17. März 1949 ersetzt worden durch: „einzelner".

[6]) Text in Klammern ist in der Fassung vom 17. März 1949 ersetzt worden durch: „die Interessen anderer Länder oder der Gesamtheit beeinträchtigen könnte".

[7]) Nr. 3 entfällt in der Fassung vom 17. März 1949.

[8]) Text in Klammern ist in der Fassung vom 17. März 1949 ersetzt worden durch: „eine bundesgesetzliche Regelung".

[9]) Text des Art. 96 in: Der Parl. Rat Bd. 7, Dok. Nr. 10, S. 457 f.

[10]) Text in Klammern ist in der Fassung vom 17. März 1949 gestrichen worden. Der Parl. Rat Bd. 7, Dok. Nr. 10, S. 457 f.

Art. 98 (alt 36 a)

Es soll darauf bestanden werden, daß dieser Artikel nicht in den Art. 97 übergeht, da er ausdrücklich nur Rahmenvorschriften und nicht Gesetzgebung vorsieht. Der Artikel lautet jetzt:

Der Bund hat das Recht, Rahmenvorschriften zu erlassen über:

1. die Rechtsverhältnisse der im öffentlichen Dienst der Länder, Gemeinden und anderen Körperschaften des öffentlichen Rechts stehenden Personen;
2. das Jagdwesen;
3. die Bodenverteilung, die Raumordnung und den Wasserhaushalt;
4. das Melde- und Ausweiswesen.

Die Auslassung der Pressegesetzgebung und der Filmgesetzgebung, betreffend Filmzensur und Urheberrecht wird beanstandet, die Aufnahme in den Katalog mindestens der konkurrierenden Gesetzgebung vorgeschlagen werden.

Zu Ziff. 6 des Memorandums[11]) betreffend Unabhängigkeit der Richter wird beschlossen, den bisherigen Art. 143 mit dem Artikel über die Richteranklage, Art. 138 (alt 129-1) in folgender Form zu verbinden:

Art. 138

(1) Die Richter sind unabhängig und nur dem Gesetz unterworfen.

(2) Wenn ein Bundesrichter innerhalb oder außerhalb des Amtes gegen die Grundsätze des Grundgesetzes oder gegen die verfassungsmäßige Ordnung eines Landes verstößt, so kann das Bundesverfassungsgericht auf Antrag des Volkstages oder des Bundesjustizministers mit Zweidrittelmehrheit anordnen, daß der Richter in ein anderes Amt oder in den Ruhestand zu versetzen ist. Im Falle eines vorsätzlichen Verstoßes kann auch auf Entlassung erkannt werden.

Zu Ziff. 8 des Memorandums betreffend politischer Tätigkeit der Beamten. Es wird beschlossen, zu Art. 65 (alt 62) folgenden Zusatz vorzuschlagen:

Ein Beamter der Hoheitsverwaltung, der nach den Weisungen seines Vorgesetzten zu handeln hat, muß vor der Annahme der Wahl in den Volkstag seine Versetzung in den Wartestand beantragen; die Versetzung wird für die Dauer seiner Zugehörigkeit zum Volkstag ausgesprochen. Behördenangestellte sind unter den gleichen Voraussetzungen mit den Bezügen zu beurlauben, die dem Wartegeld der Beamten entsprechen. Das Nähere regelt ein Bundesgesetz[12]).

Die Art. 27c und 62 sollen im übrigen wie bisher bestehen bleiben.

---

[11]) Text des Memorandums der Alliierten vom 2. März 1949 abgedr. in: Der Parl. Rat, Bd. 8, Dok. Nr. 47, S. 131–144.

[12]) Der Art. ist in der Fassung vom 17. März 1949 neu formuliert worden. Vgl. Der Parl. Rat Bd. 7, Dok. Nr. 10, S. 460.

Die Suspendierung der verfassungsmäßigen Rechte Berlins wird zur Kenntnis genommen[13]). Es wird eine Übergangsvorschrift beschlossen mit folgendem Wortlaut:

Art. 170a (neu einzufügen)

Wenn und solange Großberlin die ihm auf Grund dieses Grundgesetzes zustehenden Rechte noch nicht ausüben kann, nehmen seine Vertreter an der Tätigkeit im Volkstag und im Bundesrat teil.

Eventualvorschläge[14])

Eventual zu Art. 95 c Abs. 3 vorzuschlagen:

Abs. 3: Der Bund darf in den Fällen des Abs. 2 nur regeln, was im Interesse der Allgemeinheit oder der beteiligten Länder einheitlich geregelt werden muß.

Zu Art. 97: Die in dem bayerischen Vorschlag[15]) zu Ziff. 7, 10, 16 und Art. 98 Ziff. 2 und 3 (alt 24 und 25) geforderte Streichungen werden abgelehnt.
Der Vorschlag, Ziff. 16 und 17 in den Katalog des Art. 101 (alt 105) aufzunehmen, soll für künftige Verhandlungen vorgemerkt werden.

Die in Ziff. 7 des Memorandums gegebene Anregung der Alliierten für eine Änderung von 112-2 (alt) und 116 (alt), verbunden mit den entsprechenden Forderungen der bayerischen Staatsregierung, sollen eventuell später berücksichtigt werden. Eventuell kommt ein Zusatz in Frage: „Über Ermessensmißbrauch entscheidet der Verfassungsgerichtshof".

---

[13]) Vgl. oben Dok. Nr. 29, Anm. 6.

[14]) Das Kapitel mit den Eventualvorschlägen fehlt den Exemplaren in: StBKAH 09.09., PA 5/8 und BA NL 240 (Brockmann)/8.

[15]) Die bayerische Staatsregierung reichte am 8. März 1949 zu Art. 95 a, 95 b, 95 c, 96, 97, 120, 121, 122, 123 und 152 neue Formulierungen ein. Die Vorschläge zu Art. 97 lauteten:
„Der Bund hat die konkurrierende Gesetzgebung über:
Ziff. 1 bis 23 und Ziff. 26 nach der Denkschrift vom 2. März 1949 mit folgenden Maßgaben:
1: Ziff. 7 ist zu streichen;
2: In Ziff 10 ist zu streichen das Wort „Energiewirtschaft";
3: In Ziff. 16 ist zu streichen „die Förderung der land- und forstwirtschaftlichen Erzeugung";
4: Ziff. 24 und 25 sind zu streichen;
5: Ziff 15 und 16 sind in den Katalog des Art. 105 (jetzt 101) aufzunehmen;
6: Abs. 2 entfällt mit Rücksicht auf Art. 95c."
Die bayerischen Vorschläge sind vervielf. als PA 4/BdMinPräs. Drucks. Nr. 138. Zur bayerischen Haltung vgl. auch Der Parl. Rat Bd. 8, Dok. Nr. 55, S. 197–205.

Nr. 32
Sitzung des Siebenerausschusses
16. März 1949

BA Z 5/Anhang 12, Bl. 22. Bericht von Leisewitz vom 17. März 1949 an das BdMinPräs. in Wiesbaden

Die interfraktionellen Gespräche über das Memorandum der Militärgouverneure vom 2. März [1949][1]) und den im Anschluß daran geführten deutsch-alliierten Gedankenaustausch[2]) sind am gestrigen Mittwochnachmittag [den 16. März 1949] in Bonn wieder aufgenommen worden. Sie waren bekanntlich Ende der vergangenen Woche angesichts der damals bevorstehenden Tagung des SPD-Vorstandes in Köln[3]) und anderer deutscher innenpolitischer Vorgänge unter-

[1]) Abgedr. in: Der Parl. Rat Bd. 8, Dok. Nr. 47, S. 131–144.

[2]) Vgl. die Besprechungen des Siebenerausschusses mit alliierten Vertretern am 8., 9. und 10. März 1949. Der Parl. Rat Bd. 8, Dok. Nr. 51–54, S. 150–196.

[3]) Die Frankfurter Rundschau berichtete am 14. März 1949 aus der Pressekonferenz im Anschluß an die SPD-Vorstandssitzung am 12. und 13. März 1949 in Köln unter der Überschrift: „SPD-Vorstand zu Grundgesetz und Memorandum“: „‚Wir verhandeln nicht mit Vertretern der westlichen Militärregierung über das Grundgesetz noch nehmen wir an, daß diese mit uns darüber verhandeln wollen‘ sagte Professor Carlo Schmid auf der Pressekonferenz des SPD-Vorstandes, ‚wir besprechen uns zur Zeit nur mit ihnen, um die Grenzwerte zwischen unserem beiderseitigen Denken und Wollen zu ermitteln, da wir nicht willens sind, im luftleeren politischen Raum zu agieren‘. Der geplante westdeutsche Bundesstaat sei illusorisch, wenn er nicht lebens- und handlungsfähig sei, sagte der 2. Vorsitzende der SPD, Erich Ollenhauer, vor der Presse und faßte damit die Stellungnahme der SPD zu Grundgesetz und Memorandum nach der soeben beendeten Sitzung ihres Vorstandes zusammen. Die Punkte, an denen die SPD auch jetzt – nach dem Memorandum der drei westlichen Besatzungsmächte – noch festhalte, seien die in Bonn beschlossene gesetzgeberische Stellung des Bundes, die eigene Finanzkraft des Bundes und der Finanzausgleich durch den Bund sowie die Stellung Berlins als zwölftes Land des westdeutschen Bundesstaates. Ollenhauer hob hervor, daß die Stellungnahme der SPD zu den strittigen Punkten noch nicht abschließend sei. Die Besprechungen mit den Vertretern der westlichen Besatzungsmächte gingen weiter, und erst nach ihrer Beendigung werde der SPD-Vorstand nochmals dazu Stellung nehmen. Auf die strittigen Punkte im einzelnen eingehend, nannte Professor Carlo Schmid als erstbestes Beispiel das Ehescheidungsrecht, das bundeseinheitlich sein müsse, wenn man geradezu groteske Zustände vermeiden wolle. Vor allem aber wolle man hinsichtlich der Gesetzgebung nicht, daß die letzte und oberste politische Macht dem Verfassungsgerichtshof zufalle, da ein solcher kein politisches Mandat habe und somit nicht dem demokratischen Volkswillen unterstehe. Eigene Finanzkräfte des Bundes und ein Finanzausgleich durch den Bund aber seien dringend erforderlich, da andernfalls ein relativ reiches Land immer reicher, ein armes jedoch immer ärmer würde. Jedenfalls sei ein Bundesstaat ohne Finanzausgleich undenkbar. Auf die Frage eines Pressevertreters nach der Stellung der SPD zur politischen Betätigung der Beamten sagte Professor Schmid: ‚Die besonders von den Vertretern der britischen Besatzungsmacht geforderte Trennung von Legislative und Exekutive ist an sich sehr demokratisch gedacht. Trotzdem wollen wir auf den Beamten als Politiker nicht ganz verzichten. Wir brauchen seine Fachkenntnisse, um als Volksvertreter der Verwaltungsbürokratie nicht hilflos gegenüber zustehen. Daß der Prozentsatz der Beamten im Parlament nicht zu groß wird, muß Sorge jeder Partei selbst

brochen worden. Der erst Eindruck, den die Teilnehmer an der gestrigen Verhandlung [am 16. März 1949] hatten, soweit sie nicht der SPD-Fraktion angehörten, war der, daß diese Fraktion es nicht zu einem Zusammenbruch der Bonner Arbeiten kommen lassen wird, daß sie vielmehr bereit ist, die Prinzipien des Memorandums der Verbindungsstäbe zu akzeptieren, vorerst aber versucht, auf der Basis des Kompromisses mit der CDU/CSU-Fraktion, der zu der zur Zeit vorliegenden Fassung des Grundgesetzentwurfes führte, herauszuholen, was nur herauszuholen ist.
Der Verhandlungsführer bei der CDU scheint zur Zeit der Abgeordnete Lehr zu sein. Die SPD erhofft sich, so heißt es, aus der bekannt nachgiebigen Haltung dieses CDU-Politikers eine Verbesserung ihrer Position.
Der französische Verbindungsoffizier Lalois[4]), befragt, wann denn die Verhandlungen zwischen den Verbindungsstäben und dem Elfer-Ausschuß[5]) wieder aufgenommen würden, äußerte, daß seiner Ansicht nach weitere Gespräche gar nicht nötig seien, da sich die deutschen Verhandlungsführer inzwischen doch wohl über die Grundsätze der Alliierten im Klaren wären[6]).

---

sein.' Professor Schmid gab zu erkennen, daß die bisherigen Besprechungen mit den Vertretern der westlichen Besatzungsmächte nicht entmutigt haben. Vielmehr sei im einen oder anderen Punkt eine greifbare Annäherung der beiderseitigen Auffassungen zu verzeichnen. Wörtlich sagte er: Wir werden unsre Arbeit in Bonn so zu Ende bringen, wie wir glauben, es verantworten zu können, – dann wird sich zeigen, ob die Militärregierungen sie annehmen oder ablehnen."

4) Zu Jean Laloy vgl. Der Parl. Rat Bd. 8, S. XVIII.

5) In Anlehnung an den Fünfer- und Siebenerausschuß wurde die Delegation, die mit den alliierten Verbindungsstäben verhandelt hatte, Elfer-Ausschuß genannt, ohne daß es sich hierbei tatsächlich um einen Ausschuß handelte. Dazu gehörten: von Brentano, Binder, Kaufmann, Lehr (CDU), Katz, Menzel, Schmid, Suhr (SPD), Höpker Aschoff (FDP), Seebohm (DP) und Brockmann (Zentrum). Der Ausschuß trat in dieser Zusammensetzung jedoch nie vollständig bzw. ausschließlich zusammen. Vgl. dazu den Bericht von Leisewitz an das BdMinPräs. in Wiesbaden vom 12. März 1949. BA Z 12/123, Bl. 24.

6) Leusser berichtete am 17. März 1949 Ehard: „Am gestrigen Nachmittag [16. März 1949] hatten die CDU-Vertreter im Siebenerausschuß mit Seebohm eine Besprechung gehabt, um sich gegenseitig etwas abzustimmen. Seebohm, der ziemlich mit uns gehe, habe den gleichen Eindruck von seinen Besprechungen mit den Alliierten wie Kaufmann selbst. Am gestrigen Abend [16. März 1949] um 20.00 Uhr habe der Fünferausschuß seine Beratungen wieder aufgenommen. Es sei alles auf des Messers Schneide gestanden. Die SPD hätte erklärt, man müsse auf dem durch das Kompromiß vorgeschriebenen Weg weiter arbeiten. Sie habe nicht die Absicht, sich die Dinge aus der Hand schlagen zu lassen. Wenn das Kompromiß auch ohne unsere Schuld abbröckele, dann müsse die Verfassung vollkommen neu aufgebaut werden, der Bundesrat werde fallengelassen werden, das Provisorium streng betont und der Bundespräsident wieder beseitigt werden. Die SPD sei in großer Besetzung aufgetreten (Schmid, Menzel, Katz, Zinn). Im Laufe einer längeren Diskussion sei es jedoch gelungen, die Dinge wieder etwas abebben zu lassen." Vgl. BayHStA NL Pfeiffer 213.

Nr. 33
Sitzung des Siebenerausschusses
17. März 1949

ACDP I-071, 025/6. Ungez. Aufzeichnung vom 17. März 1949[1])

Beginn: [10.00 Uhr[2])]

1.) ZEITMÄSSIGES VERFAHREN

Der Ausschuß beschließt, dem Präsidenten [Adenauer] zu empfehlen, daß die Fraktionen nicht vor dem 30. März[3]) eingeladen werden. In der Zwischenzeit wird der Ausschuß seine Arbeit und die noch erforderlichen Verhandlungen mit den Verbindungsstäben fortsetzen[4]) und die redaktionelle Überprüfung des Gesamtentwurfs durch einen Unterausschuß vornehmen, soweit eine solche durch die jetzt gemachten Vorschläge erforderlich wird.

2.) FRAGE BERLIN

In der Frage Berlin ist noch kein Beschluß zustande gekommen. Es ist lediglich beschlossen, daß die Berlin-Angelegenheit in den Verhandlungen mit den Verbindungsstäben nicht erwähnt wird[5]).

3.) WAHLGESETZ

In der Angelegenheit Wahlgesetz ist das Erforderliche bezüglich eines einheitlichen Wahlgesetzes im Bundesgebiet den Verbindungsstäben bereits mitgeteilt; deren Zusage, diese Gesichtspunkte den Generalen vorzutragen, ist noch nicht erfüllt und bleibt abzuwarten[6]). Es kann also nur nach dieser Stellungnahme in den Verhandlungen mit den Stäben gefragt werden.

---

1) Die Aufz. stammt vermutlich von Kaufmann, dem Vors. des Siebenerausschusses. Sie faßt die Ergebnisse der Beratungen des Siebenerausschusses am 16. und 17. März 1949 zusammen, die am Abend des 17. März 1949 bekanntgegeben wurden. Vgl. dazu die Aufz. über ein Telefongespräch mit Strauß am 17. März 1949. BA NL 239 (Brentano)/112.

2) Die Sitzung fand gemäß der Überschrift am Nachmittag statt. Vgl. dazu jedoch Anm. 11.

3) In der Sitzung der CDU/CSU-Fraktion am 17. März 1949 teilte Kaufmann mit, „daß die SPD erst am 30. März wieder in Bonn zusammentreffe." Vgl. Salzmann, S. 433.

4) Vgl. die Besprechung mit den alliierten Vertretern am 18. März 1949. Der Parl. Rat Bd. 8, Dok. Nr. 57, S. 206–210.

5) Gemeint war die Einbeziehung Berlins als 12. Land. Vgl. Der Parl. Rat Bd. 8, Dok. Nr. 55, S. 199.

6) Vgl. die Besprechung mit alliierten Vertretern am 8. März 1949. Der Parl. Rat Bd. 8, Dok. Nr. 51, S. 156 f.

4.) BUNDESGLIEDERUNG[7])

Soweit in den Art. 37 und 38 für die Neugliederung der Länder Termine gesetzt sind und diese kraft höherer Gewalt nicht eingehalten werden können, weil die Verfassungsdurchführung behindert oder ausgesetzt ist, kann durch Bundesgesetz eine andere Festsetzung oder Verlängerung der Termine erfolgen (oder: kann durch Bundesgesetz festgelegt werden, wann die Fristen zu laufen beginnen).

Mit den Verbindungsstäben ist darüber nichts zu verhandeln.

Diejenigen Herren, die eventuell[8]) an der Ministerpräsidentenkonferenz, die sich mit der Angelegenheit befaßt, teilnehmen[9]), übernehmen es, darauf aufmerksam zu machen, daß die Initiative in dieser Frage ausschließlich bei der Ministerpräsidentenkonferenz[10]) liegt[11]).

---

[7]) Zur Neuumschreibung der Ländergrenzen vgl. Der Parl. Rat Bd. 1, S. LVII–LXIX.

[8]) Leusser berichtete am 18. März 1949 MinPräs. Ehard: „Zu bemerken ist, daß Herr Kaufmann sehr gekränkt darüber ist, daß er als Vorsitzender des Siebenerausschusses nicht zur Ministerpäsidentenkonferenz am 24. März 1949 in Königstein eingeladen wurde. Er beschwerte sich auch über das fehlende Zusammenspiel zwischen dem Parlamentarischen Rat, dem Wirtschaftsrat und den Ministerpräsidenten." Vgl. BayHStA NL Pfeiffer 213.

[9]) Pfeiffer berichtete in der Sitzung der CDU/CSU-Fraktion am 25. März 1949, daß seitens des Parl. Rates Menzel, der Schmid vertrat, Heuss, Pfeiffer, Becker und Diederichs an der Konferenz der MinPräs. am 24. März 1949 in Königstein teilgenommen hätten: „Abg. Dr. Menzel hat im Einvernehmen mit [dem] Abg. Dr. Pfeiffer [auf der Konferenz] berichtet, sachlich und klar, und auch darauf hingewiesen, daß nur ein geringer Teil der Verhandlungen des Siebenerausschusses durch die Fraktionen gegangen sei [...]." Vgl. Salzmann, S. 440.

[10]) Die MinPräs. beschlossen auf der Konferenz in Königstein am 24. März 1949 zur Frage der Ländergrenzen: „An die Militärgouverneure richten die Ministerpäsidenten die dringende Bitte, dem bereits am 11. Oktober 1948 übergebenen Antrag betreffend Volksabstimmung über die Änderung der Grenzen der Länder Baden, Württemberg-Baden und Württemberg-Hohenzollern zuzustimmen." Vgl. BA NL 239 (Brentano)/112. Gedruckt auch bei Salzmann, S. 441. Zur Konferenz vgl. auch: Akten zur Vorgeschichte Bd. 5, Dok. Nr. 22, S. 308–310.

[11]) Leusser berichtete am 17. März 1949 Ehard von einem Gespräch das er – „infolge der Zurückhaltung der CDU-Mitglieder des Siebenerausschusses (Lehr und Kaufmann)" – mit Seebohm führte: „Herr Seebohm erklärte, die SPD wolle an der Bundesfinanzverwaltung unbedingt festhalten und diese Auffassung werde auch den Verbindungsstäben in der morgigen Sitzung vorgetragen. Höpker Aschoff, bei dem offensichtlich auf Grund der Frankfurter Konferenz der FDP eine gewisse Auflockerung festzustellen sei, habe zwar noch eine Variante ausgearbeitet, die aber im Siebenerausschuß überhaupt nicht behandelt worden sei. [...] Nach Ansicht von Herrn Seebohm steht die SPD auf dem Standpunkt, daß die Amerikaner und Engländer, wenn nur die Deutschen festbleiben, sich gegenüber den Franzosen durchsetzen werden. Die SPD verlange auf diesem Gebiet Konzessionen von den Militärgouverneuren, sonst müsse der ganze Kompromiß wieder aufgerollt werden. Insbesondere habe die SPD angedroht, daß sie dann wieder den Senat verlangen werde, ebenso die Nichtbesetzung der Stelle des Bundespräsidenten. [...] Auch Carlo Schmid habe mit den Alliierten verhandelt, habe sich aber dahingehend geäußert, daß das Ergebnis gleich Null sei. Schmid sei überhaupt sehr pessimistisch eingestellt gewesen. Über die Sitzung der SPD in Köln habe er erzählt, daß es ihm nur mit großer Mühe gelungen sei, eine absolut negative Einstellung zu verhindern oder zumindest aufzuschieben. In diesem Zusammenhang darf bemerkt werden, daß Schmid

Nr. 34
Sitzung des Siebenerausschusses
22. März 1949

PA 5/Umdruck Nr. S 99. Vom Stenographischen Dienst gez[1]). maschinenschr. vervielf. Ausf. vom 22. März 1949

Anwesend:[2])
CDU/CSU: Kaufmann, Lehr
SPD[3]): Katz, Zinn
FDP: Höpker Aschoff
DP: Seebohm
Zentrum: Wessel

Beginn: [vormittags]

---

auch nach außen hin ganz allgemein einen deprimierten Eindruck macht. Nach Schmids persönlicher Ansicht, so berichtet Herr Kaufmann weiter, habe es keinen Wert mit Verhandlungen wieder anzufangen, da die ganzen Fragen sonst wieder neu aufgerollt werden müßten. Man solle es in Gottes Namen bei der Bizone lassen, die ja genügend Vollmachten habe; auch diese werde dann eine Anziehungskraft auf die französische Zone ausüben. Die ganzen Äußerungen Schmids hätten nach einer Ablehnung ausgesehen. Er (Kaufmann) habe sie nicht ganz ernst genommen, sie aber doch für wichtig genug gehalten, um sie Adenauer mitzuteilen.
Gestern habe Ollenhauer nun im Rundfunk positiver gesprochen. Es scheine sich doch noch eine positive Regelung anzubahnen.
Am Sonntag [13. März 1949] habe er (Kaufmann) Heuss getroffen und habe ihm Vorwürfe gemacht, weil er nicht selbst in den Fünferausschuß gegangen sei, sondern Höpker Aschoff dorthin geschickt habe. Wenn Heuss Mitglied des Fünferausschusses gewesen wäre, hätte man die ganzen Fragen von einem politischen Gesichtspunkt aus lösen können. nun scheine aber die Sitzung des Parteivorstandes der FDP in Frankfurt auch auf Höpker Aschoff einen Einfluß ausgeübt haben. Dies habe sich darin gezeigt, daß Höpker Aschoff über die Finanzfragen eine Variante ausgearbeitet habe, in der die Länderfinanzverwaltung vorgesehen sei. Diese Variante sei jedoch von der SPD als nicht diskutabel abgelehnt worden. Sie solle jedoch als Eventualvorschlag weiter behandelt werden. [...]
Heute Vormittags seien um 10 Uhr die Beratungen weitergegangen. Man sei im großen und ganzen fertig geworden und habe formulierte Vorschläge ausgearbeitet, die diktiert, aber noch nicht geschrieben seien. Sobald die Niederschrift vorliege, werde er sie den Fraktionsmitgliedern zur Verfügung stellen. Morgen (18.3.) solle noch einmal eine Besprechung mit den [alliierten] Stäben stattfinden." Vgl. BayHStA NL Pfeiffer 213.

1) Die Aufz. trägt den Vermerk: „geschrieben: Schreibstube, verlesen: Kelz/v. Zitzewitz." Der Text ist im Wortlaut übereinstimmend auch als PA 5/Umdruck Nr. S 105 b hinterlegt worden, ohne vervielf. worden zu sein.

2) Vgl. den Bericht von Leisewitz vom 22. März 1949 an das BdMinPräs. in Wiesbaden. BA Z 12/122, Bl. 128. Vgl. auch das Schreiben von Leusser an MinPräs. Ehard vom 22. März 1949. BayHStA NL Pfeiffer 213.

3) Die regulären Mitglieder des Siebenerausschusses seitens der SPD, Menzel und Schmid, waren zu diesem Termin verhindert. Vgl. das Schreiben von Leusser an Ehard vom 18. März 1949. BayHStA NL Pfeiffer 213.

[1. ÄNDERUNGEN ZUM ENTWURF DES GRUNDGESETZES IN DER FASSUNG DES HAUPTAUSSCHUSSES UND DES SIEBENERAUSSCHUSSES VOM 17. MÄRZ 1949]

Betrifft Art. 6 Ziff. 5[4]) letzter Satz:
Unter Hinblick auf die Änderung der Gesetzgebungsbefugnis des Bundes in Hinsicht auf Presse, Rundfunk und Film soll der zweitletzte Satz der Ziff. 5 lauten:

> „wegen Mißbrauchs dieser Rechte darf nur im Rahmen der gesetzlichen Vorschriften eingeschritten werden."

Zu Art. 158 neu[5]):
Die Präambel lautet jetzt wie folgt:

> „Recht, das Gegenstand der konkurrierenden Gesetzgebung (Art. 97, 98 und 121) betrifft, wird innerhalb seines Geltungsbereiches Bundesrecht."

Zu Art. 159 neu[6]):
Der Artikel wird voraussichtlich durch die Neuordnung der Artikel über die Bundes- und Länderfinanzen überflüssig.

Zu Art. 97 Abs. 1 Ziff. 1[7]):
Die Worte hinter: das gerichtliche Verfahren, „soweit nicht nach Art. 111 die Länder zuständig sind", bleiben, obwohl an sich bei der nun „konkurrierenden Gesetzgebung" überflüssig, bestehen, um keine Mißverständnisse zuzulassen.

Zu Art. 97 neu Ziff. 13 die Worte: „In den Angelegenheiten, für die dem Bund die Befugnis der Gesetzgebung zusteht", sind dadurch, daß es sich um konkurrierende Gesetzgebung handelt, überflüssig. Durch die vorgeschlagene Streichung soll keinesfalls eine Erweiterung der Bundesbefugnisse beim Enteigungsrecht ausgedrückt werden. Der Ausschuß hat keine Formulierung gefunden, die der Verhütung eines solchen Verdachts gerecht würde. Der Vorsitzende[8]) übernimmt es, dem Antragsteller, Abgeordneten Laforet, darüber Bescheid zu sagen[9]). Herr Dr. Zinn übernimmt es gleichfalls, die Angelegenheit mit dem Abgeordneten Dr. Laforet zu besprechen[10]).

---

4) Vgl. 3. Lesung des Grundgesetzentwurfes im HptA vom 10. Feb. 1949. Der Parl. Rat Bd. 7, Dok. Nr. 8, S. 398.

5) In der 3. Lesung des Grundgesetzentwurfes im HptA vom 10. Feb. 1949 noch Art. 139 b. Vgl. Der Parl. Rat Bd. 7, Dok. Nr. 8, S. 438.

6) In der 3. Lesung des Grundgesetzentwurfes im HptA vom 10. Feb. 1949 noch Art. 139 ba. Vgl. Der Parl. Rat Bd. 7, Dok. Nr. 8, S. 438.

7) Vgl. die Fassung des Grundgesetzentwurfes des Siebenerausschusses vom 17. März 1949. Der Parl. Rat Bd. 7, Dok. Nr. 10, S. 458.

8) Vorsitzender war Kaufmann.

9) Kaufmann unterrichtete am 23. März 1949 die Antragsteller Laforet, Strauß und von Mangoldt. Laforet erhielt von Kaufmann zusätzlich einen Auszug aus dem Protokoll der interfraktionellen Besprechung vom 22. März 1949 mit der Bemerkung: „Sollte aus den beabsichtigten Besprechungen sich noch eine allen geeignet erscheinende Formulierung ergeben, so bitte ich, mir eine solche zur Vorlage an den Ausschuß zuzureichen." Vgl. ACDP I-071, Nr. 025/6.

[2. BEHANDLUNG DER ANTRÄGE DER CDU/CSU-FRAKTION]

Betrifft: Anträge der CDU/CSU-Fraktion, Antragsteller Dr. Laforet, Dr. Strauß, für den 4.3.1949[11]).

Änderungsantrag zu Art. 21 alt, 26 neu[12]): Zu Abs. 3 und 4: Die Bezeichnung „vollziehende Gewalt" ist absichtlich gewählt, um Bundesregierung und Verwaltung in sich zu fassen. Der Ausschuß beschließt daher, die beantragte Änderung nicht vorzuschlagen. Dagegen bestehen keine Bedenken, die gewünschte Angleichung durch Umformulierung des Art. 1, Ziff. 3 in der Weise vorzunehmen, daß es dort in Abs. 3 heißt: „nach Gesetzgebung, Regierung und Verwaltung."

Änderungsgesetzsantrag zu Art. 79 alt (79 neu)[13]): Die vorgeschlagene Änderung ist bereits durch den Fünferausschuß beschlossen und im letzten Fahnenabzugdruck enthalten.

Antrag zu Art. 148 a[14]): Die vorgeschlagenen Worte müssen nach dem neuen Text heißen: Die Art. 1-25c sind im neuen Text enthalten.

Anträge der CDU/CSU-Fraktion vom 4.3.1949. Antragsteller Dr. v. Mangoldt[15]).

Zu Art. 25 Abs. 5 alt, neue[r] Art. 37: Die vorgeschlagene Berichtigung ist durch den Fünferausschuß bereits vorgenommen und im letzten Fahnenabzugdruck enthalten[16]).

---

[10]) Der Vorsitzende des Siebenerausschusses, Kaufmann, begründete am 23. März 1949 gegenüber Pfeiffer die Entscheidung: „Die Streichung in Ziff. 13 des Artikels 97 neu 36 (alt) ist seitens des Ausschusses lediglich deshalb erfolgt, weil durch den Wegfall der Vorranggesetzgebung und den eingeführten Begriff ‚konkurrierende Gesetzgebung' der erste in Betracht kommende Gesetzgeber dieses Katalogs die Länder sind. Es handelt sich also hier um eine reine redaktionelle Änderung, die durch das Nebeneinanderstehen zweier Gesetzgeber bedingt war. Es bestand seitens des Siebenerausschusses keinerlei Absicht, eine Verminderung der Befugnisse zu Ungunsten der Länder durch den Wegfall der betreffenden Worte auszudrücken; es fand sich aber auch keine Möglichkeit, innerhalb der Gesamtneufassung des Art. 97 für das mit den Worten ‚für die dem Bund die Befugnis der Gesetzgebung zusteht', eine neue Formulierung zu finden, die die mit diesen Worten gewählte Einschränkung im neuen Rahmen des Artikels angemessen ausdrückt." Vgl. ACDP I-071, Nr. 025/6.

[11]) Vgl. Salzmann, S. 422 f.

[12]) Vgl. die 3. Lesung des Grundgesetzentwurfes im HptA vom 10. Feb. 1949. Der Parl. Rat Bd. 7, Dok. Nr. 8, S. 403.

[13]) Vgl. die 3. Lesung des Grundgesetzentwurfes im HptA vom 10. Feb. 1949. Der Parl. Rat Bd. 7, Dok. Nr. 8, S. 415.

[14]) Vgl. die 3. Lesung des Grundgesetzentwurfes im HptA vom 10. Feb. 1949. Der Parl. Rat Bd. 7, Dok. Nr. 8, S. 443.

[15]) Vgl. Salzmann, S. 422.

[16]) Vgl. den Vorschlag des Fünferausschusses vom 28. Feb. 1949. Der Parl. Rat Bd. 7, Dok. Nr. 9, S. 446.

Zu Art. 85 Abs. 1 alt, Art. 85 neu: erledigt wie oben[17]).

Zu Art. 105 alt, Art. 101 neu: erledigt wie oben; für Ziff. 1 und Ziff. 7[18]).

Zu Art. 113 Abs. 3 Satz 3 alt, Art. 112 neu: erledigt wie oben[19]).

Zu Art. 117 Abs. 2 alt, Art. 116 neu: erledigt wie oben[20]).

Zu Art. 118 c Abs. 1 alt, [Art.] 119 neu[21]): Der Ausschuß beschließt, das Wort „oder“ stehen lassen, da eine doppelte Charakterisierung der Grundordnung des Bundes beabsichtigt ist und der gleiche Sprachgebrauch auch an deren Stelle verwendet ist.

Zu Art. 122 b Abs. 1 alt, Art. 122 neu[22]): Der Art. fällt wegen der Neuformulierung der Artikel über die Bundesfinanzen in Zukunft in dieser Form weg.

Zu Art. 124 Abs. 4 alt, Art. 125 neu[23]): Die Änderung ist bereits durch den Fünferausschuß beschlossen und in dem letzten Fahnenabzug enthalten.

[3. PLANUNG]

Für die künftige endgültige Vorlage zur 4. Lesung des Hauptausschusses sind noch evt. Neuformulierung zu folgenden Artikeln vorzusehen:

1.) Art. 27 b alt, Art. 45 neu[24]), zu dem, falls erforderlich, der Abgeordnete Dr. Seebohm übernimmt, eine Formulierung vorzuschlagen;
2.) Zu Art. 105 alt, 101 neu, bei dem die Ziffern über Steuern noch umzuformulieren sind.

---

17) Vgl. den Vorschlag des Fünferausschusses vom 28. Feb. 1949. Der Parl. Rat Bd. 7, Dok. Nr. 9, S. 448.

18) Vgl. den Vorschlag des Fünferausschusses vom 28. Feb. 1949. Der Parl. Rat Bd. 7, Dok. Nr. 9, S. 450 f.

19) Vgl. die 3. Lesung des Grundgesetzentwurfes im HptA vom 10. Feb. 1949. Der Parl. Rat Bd. 7, Dok. Nr. 8, S. 430.

20) Vgl. die 3. Lesung des Grundgesetzentwurfes im HptA vom 10. Feb. 1949. Der Parl. Rat Bd. 7, Dok. Nr. 8, S. 431; vgl. die Fassung des Fünferausschusses vom 28. Feb. 1949. Der Parl. Rat Bd. 7, Dok. Nr. 9, S. 452.

21) Vgl. die 3. Lesung des Grundgesetzentwurfes im HptA vom 10. Feb. 1949. Der Parl. Rat Bd. 7, Dok. Nr. 8, S. 432; vgl. die Fassung des Fünferausschusses vom 28. Feb. 1949. Der Parl. Rat Bd. 7, Dok. Nr. 9, S. 453.

22) Vgl. die 3. Lesung des Grundgesetzentwurfes im HptA vom 10. Feb. 1949. Der Parl. Rat Bd. 7, Dok. Nr. 8, S. 433; vgl. die Fassung des Fünferausschusses vom 28. Feb. 1949. Der Parl. Rat Bd. 7, Dok. Nr. 9, S. 453.

23) Vgl. die 3. Lesung des Grundgesetzentwurfes im HptA vom 10. Feb. 1949. Der Parl. Rat Bd. 7, Dok. Nr. 8, S. 434; vgl. die Fassung des Fünferausschusses vom 28. Feb. 1949. Der Parl. Rat Bd. 7, Dok. Nr. 9, S. 453.

24) Vgl. die 3. Lesung des Grundgesetzentwurfes im HptA vom 10. Feb. 1949. Der Parl. Rat Bd. 7, Dok. Nr. 8, S. 408.

3.) Zu Art. 81 alt, 81 neu, Abs. 2[25]) Umformulierungen im 1. Satz betr. Bundesgesetzgebung.

Der Vorsitzer übernimmt es, mit dem Büro[26]) die Vorbereitung der Unterlage für die 4. Lesung im Hauptausschuß zu besprechen, damit diese sowohl die vorläufig neue Numerierung der Artikel den Abgeordneten zur Kenntnis gegeben wird, desgleichen ihnen deutlich wird, welche Anträge der Fünferausschuß bzw. der Siebenerausschuß zur Abänderung des Hauptausschuß-Textes 3. Lesung gestellt und teilweise in den Drucktext aufgenommen hat. Weiterhin soll den Antragstellern anheimgegeben werden, danach ihre Anträge zu überprüfen, ob sie nach den Vorschlägen des Fünfer- bzw. Siebenerausschusses noch für erforderlich gehalten werden und sie gegebenfalls den neuen Formulierungen bzw. Numerierungen anzupassen[27]).

Die aus den Verhandlungen mit den alliierten Stäben sich noch ergebenden Änderungsvorschläge sollten der so vorbereiteten Textunterlage beigefügt werden[28]).

---

25) Vgl. die 3. Lesung des Grundgesetzentwurfes im HptA vom 10. Feb. 1949. Der Parl. Rat Bd. 7, Dok. Nr. 8, S. 415.

26) Gemeint ist das Sekretariat des Parl. Rates.

27) Am 22. März 1949 bemerkte Leusser in einem Schreiben an MinPräs. Ehard, daß in der interfraktionellen Sitzung „aber nur unwesentliche redaktionelle Arbeiten vorgenommen wurden. [...] Im allgemeinen scheint sich die Stimmung über das Wochenende bei der SPD und FDP versteift zu haben. Es verlautet, daß beide Parteien auf jeden Fall an der Bundesfinanzverwaltung festhalten und es lieber zu einem Scheitern der Verhandlungen mit den Alliierten kommen lassen wollen. Die SPD scheint der FDP Versprechungen in personeller Hinsicht gemacht zu haben. So wird z.B. behauptet, daß Dr. Heuss das Amt des Bundespräsidenten erhalten soll.“ Vgl. BayHStA NL Pfeiffer 213.

28) Für die SPD-Fraktion unterbreiteten am 23. März 1949 Greve, Katz und Zinn folgende Vorschläge:

„1.) Art. 1 (1). In Abs. 3 wird der Ausdruck „Verwaltung“ durch „vollziehende Gewalt“ ersetzt und zwar im Hinblick auf die gleichlautende Bestimmung in Art. 26. Art. 1 Abs. 3 soll daher lauten:

(3) Die nachfolgenden Grundrechte binden Gesetzgebung, Rechtsprechung und vollziehende Gewalt als unmittelbar geltendes Recht.

2.) Art. 6 (6). In Abs. 5 wird in Satz 2 der zweimalige Hinweis auf Presse, Rundfunk und Film gestrichen. Abs. 5 soll daher in Zukunft lauten:

(5) Das Recht der freien Meinungsäußerung und die Freiheit der Presse, des Rundfunks und des Films finden ihre Grenzen in den Vorschriften der allgemeinen Strafgesetze, in den gesetzlichen Bestimmungen zum Schutze der Jugend, insbesondere über das Filmwesen, und in dem Recht der persönlichen Ehre. Wegen Mißbrauchs dieser Rechte darf nur im Rahmen der gesetzlichen Vorschriften eingeschritten werden. Die Entscheidung erfolgt in einem gerichtlichen Verfahren.

3.) Art. 65 (62). Die vom Siebenerausschuß angenommene Korrektur über die Beschränkung passiven Wahlrechts der Beamten wird zweckmäßig als Abs. 3 in diesen Artikel eingefügt. Er lautet:

Art. 65 (62): (3) Ein Beamter, der Hoheitsbefugnisse ausübt, muß vor der Annahme der Wahl in den Volkstag seine Versetzung in den Wartestand beantragen. Die Versetzung wird für die Dauer seiner Zugehörigkeit zum Volkstag ausgesprochen, ohne daß ein Anspruch auf Wartegeld besteht, jedoch unter Aufrechterhaltung seines Anspruches auf Wiedereinstellung. Diese Bestimmungen gelten sinngemäß auch für Angestellte im öffentlichen Dienst. Die Bestimmungen des Satzes 1 gelten nicht für Wahlbeamte auf Zeit. Das Nähere regelt ein Bundesgesetz.

Nr. 35
Sitzung des Siebenerausschusses
31. März 1949

PA 5/8. Maschinenschr. Durchschlag vom 31. März 1949[1])

Beginn: 19.00 Uhr Ende: 23.40 Uhr

Es wird vereinbart, ohne gegenseitige Festlegung irgendwelcher Art, die Vorschläge Menzel, die auf Anregungen des englischen Delegationsführers[2]) zurückzuführen sind[3]), und die Vorschläge CDU/CSU über getrennte Finanzverwaltung zu besprechen[4]).

1) VORSCHLÄGE MENZEL[5])

Zu Ziff.[6]) 1 Der Vorschlag wird als sachlich überflüssig betrachtet, grundsätzlich werden[7]) dagegen von keiner Seite Bedenken erhoben.

4.) Art. 101 (105). Abs. 1 Ziff. 3 entfällt, da in dem neuen Art. 122 Abs. 3 geregelt.
5.) Art. 145 (132) entfällt, da jetzt in dem neuen Art. 138 (129-1) enthalten.
6.) Art. 152 (138 c-4) entfällt, da nunmehr in den neuen Art. 121 und 122 enthalten.
7.) Art. 158 (139b) muß jetzt folgendermaßen lauten: Artikel 158 (139b). Recht, das Gegenstände der konkurrierenden Gesetzgebung (Art. 95 c, 97 und 98) betrifft, wird innerhalb seines Geltungsbereiches Bundesrecht, 1. soweit es innerhalb einer oder mehrerer Besatzungszonen einheitlich gilt, 2. soweit es sich um Recht handelt, durch das nach dem 8. Mai 1945 früheres Reichsrecht abgeändert worden ist." Vgl. BA NL 239 (Brentano)/112.

[1]) Abgedr. bei Salzmann, S. 453–458.

[2]) Chaput de Saintonge.

[3]) Vgl. dazu die im Anschluß an die Besprechungen mit alliierten Finanzexperten am 9. März 1949 von den Teilnehmern ausgearbeitete Zusammenfassung, die sich bes. auf die Art. 121, 152 und 123 bezog. Der Text ist ediert in: Der Parl. Rat Bd. 8, Dok. Nr. 53, S. 186, Anm. 7.

[4]) Dem Vorschlag von Adenauer in der Sitzung der CDU/CSU-Fraktion am 20. März 1949, im Siebenerausschuß „auch noch einmal über die Elternrechte zu sprechen", wurde keine Rechnung getragen. Vgl. Salzmann, S. 446.

[5]) Der Vorschlag von Menzel vom 31. März 1949 lautete:
„1) Art. 95 a erhält folgenden dritten Absatz: ‚Die Vorschriften dieses Artikels gelten auch für die Gesetzgebung auf dem Gebiet der Zölle, Finanzmonopole und Steuern'.
2) Art. 95 c Abs. 2 ist einzufügen hinter das Wort ‚Gesetzgebungsrecht': ‚wenn nach seiner Auffassung'. Bei den darauffolgenden Ziffern 1, 2 und 3 ist jeweils das erste Wort ‚wenn' zu streichen.
3) In Art. 121 Abs. 2 sind nach den Ziff. 1 bis 3 zu streichen die Worte ‚eine einheitliche Regelung im Hinblick auf die Rechts- und Wirtschaftseinheit für erforderlich hält'. Anstelle dieser Worte ist zu setzen ‚die Voraussetzungen des Art. 95 c Abs. 2 vorliegen'.
4) In Art. 122 Abs. 3 ist in der vierten Zeile hinter das Wort ‚Steueranteilen' zu setzen: ‚und zwar für jede Steuer oder für jeden Steueranteil besonders'.
Art. 122 Abs 3 erhält ferner folgenden Zusatz: ‚Dies gilt nicht für die Realsteuern und die Steuern mit örtlich bedingtem Wirkungsbereich, insbesondere der Grunderwerbssteuer, Wertzuwachssteuer und Feuerschutzsteuer'.

	Redaktionelle Korrektur: anstatt „auf dem Gebiete der" zu ersetzen durch „über".
Zu Ziff. 2	Diese Anregung geht nicht von dem englischen Delegationsführer, sondern von dem Abgeordneten Menzel aus. Es wird festgestellt, daß eine Formulierung, die dem englischen Text des Finanzsachverständigenvorschlages „deemed necessary" entspricht, nicht gefunden werden kann[8]). Der Vorschlag wird fallengelassen.
Zu Ziff. 3	keine Bedenken
Zu Ziff. 4	keine Bedenken
Zu Ziff. 5	sachlich besteht für diese Feststellung keine Notwendigkeit, da aber das Mißverständnis der englischen Delegation festgestellt ist, und keine Bedenken, diese Fassung des Abs. 4 des Art. 123 durchgehen zu lassen[9]).

2) CDU/CSU-VORSCHLAG[10])

Zu Art. 120[11])	keine Bedenken. Eventuell andere Fassung des Abs. 2 vorschlagen.

---

5) Art. 123 Abs 4 erhält folgende Fassung: ‚Die Realsteuern werden nicht durch die Bundesfinanzverwaltung erhoben. Ihre Erhebung wird durch Landesgesetz geregelt.'" Vgl. ACDP I-071, Nr. 021/5; gedruckt bei Salzmann, S. 450.

[6]) Die Zifferangaben beziehen sich auf den Vorschlag von Menzel vom 31. März 1949.

[7]) Vorlage: „sind".

[8]) Vgl. den Vorschlag der Alliierten Sachverständigen vom 9. März 1949, abgedr. in: Der Parl. Rat Bd. 8, Dok. 53, S. 186, Anm. 7.

[9]) Vgl. den Vorschlag der Alliierten Sachverständigen vom 9. März 1949, abgedr. in: Der Parl. Rat Bd. 8, Dok. 53, S. 186, Anm. 7.

[10]) Zu dem Ausschuß der CDU/CSU-Fraktion, der die Vorschläge ausarbeitete vgl. die Sitzung der CDU/CSU-Fraktion am 30. März 1949. Salzmann, S. 446 und S. 453.
Trossmann teilte am 30. März 1949 dem bayerischen Staatsminister Hundhammer mit: „Die Fraktion der CDU/CSU hat gestern und heute ausgiebig getagt. Man ist sich darüber klar, daß die Initiative nunmehr bei der CDU/CSU liegen muß. Im Auftrage der Fraktion hat daher heute früh eine kleine Kommission, der auch Ministerialdirektor Dr. Ringelmann angehörte, die beiliegenden Vorschläge zur Lösung der Finanzfrage ausgearbeitet. Sie entsprachen im Wesentlichen der Konzeption von Ministerialdirektor Dr. Ringelmann. Man hat übereinstimmend großen Wert darauf gelegt, die Interessen des Bundes weitgehend zu wahren. Darauf ist auch beispielsweise der Abs. 4 des Art. 123 zurückzuführen. Dr. Ringelmann hatte schon bei den Beratungen im Hauptausschuß eine solche Bestimmung vorgeschlagen um den Zentralisten ein Eingehen auf die Länderfinanzverwaltung zu erleichtern. Die Vorschläge werden morgen früh in einer Sitzung des Siebenerausschusses den anderen Parteien überreicht. (Dies soll die letzte Sitzung des Siebenerausschusses sein, da die Fraktion der Ansicht ist, daß die Verhandlungsführung nunmehr Sache der Fraktionsvorsitzenden sein muß)." Vgl. ACDP I-052,Nr. 002, S. 481c.
Vgl. auch die von Pfeiffer gez. Stellungnahme der CDU/CSU-Fraktion vom 30. März 1949: „Die Fraktion der CDU/CSU im Parlamentarischen Rat hat zur Frage der Verabschiedung des Grundgesetzes folgenden Beschluß gefaßt: Die Besprechungen des Siebenerausschusses mit den Bevollmächtigten der Militärgouverneure haben ergeben, daß hinsichtlich der acht Beanstandungen, die das Alliierten Memorandum vom 2. März am

Zu Art. 121[12]) Es sind Bedenken erhoben gegen Abs. 3, weil hier nur noch Grundsätze über die Erhebung von Realsteuern vorgeschlagen werden, während die SPD-Forderung besteht, die Gesetzgebung auch bei den Realsteuern beim Bund klar auszudrücken.

Zu Art. 122 bis 122 b: Die Absicht des CDU/CSU-Vorschlages, den bisherigen Art. 122[13]) in drei Artikeln zu gliedern, wird beanstandet.

Zu Art. 122[14])
Abs. 1 wird beanstandet, daß die Beförderungssteuer nicht enthalten ist, daß dagegen die Biersteuer ausdrücklich ausgenommen ist, obwohl typische Verbrauchssteuer.

Entwurf des Grundgesetzes nach dem Stande der dritten Lesung im Hauptausschuß aussprach, zum überwiegenden Teil befriedigende Lösungen gefunden worden sind. Es bleibt als entscheidend strittiger Punkt das Finanzproblem, insbesondere die Frage, ob die dem Bund und den Ländern gemeinsam zustehenden Steuern vom Bunde oder von den Ländern eingezogen und verwaltet werden sollen. An dieser Frage das Grundgesetz scheitern zu lassen, kann von deutschen Politikern nicht verantwortet werden. Die CDU-Fraktion hält es daher für ihre Pflicht, durch neue Vorschläge eine Regelung vorzubereiten, die den deutschen Interessen gerecht wird und die Genehmigung des Grundgesetzes, welche sich die Gouverneure durch Dokument I vom 1.7.1948 vorbehalten haben, sicherstellt. Ein Fortdauern der bisherigen staatsrechtlichen Zerstückelung Deutschlands kann aus nationalen Gründen nicht mehr länger verantwortet werden." Institut für Zeitgeschichte, ED 94 (Strauß)/129, Bl. 52.

11) Art. 120 in der Fassung des CDU/CSU-Vorschlags lautete:
„(1) Zur Deckung der Ausgaben des Bundes, insbesondere 1. der Kosten der Bundesverwaltung, 2. der Aufwendungen für Besatzungskosten und sonstige äußere und innere Kriegsfolgelasten, 3. der Zuschüsse zu den Lasten der Sozialversicherung mit Einschluß der Arbeitslosenversicherung und der Arbeitslosenfürsorge, dienen folgende Einnahmen: 1. die Ablieferung der Bundesbahn und der Bundespost, die Überschüsse der dem Bund gehörigen Unternehmungen, die Erträge der Beteiligungen des Bundes, der Anteil am Gewinn der Bundeswährungs- und Notenbank und Verwaltungseinnahmen des Bundes; 3. die Zölle, die Erträge der Finanzmonopole und die dem Bund zufließenden Steuern und Steueranteile.
(2) Die vom Bund zu tragenden Besatzungskosten und sonstigen äußeren und inneren Kriegsfolgelasten regelt ein Gesetz, das der Zustimmung des Bundesrats bedarf." Vgl. ACDP I-071, Nr. 025/6.

12) Art. 121 in der Fassung des CDU/CSU-Vorschlags lautete:
„(1) Der Bund hat die ausschließliche Gesetzgebung über die Zölle und die Finanzmonopole.
(2) Der Bund hat die konkurrierende Gesetzgebung (Art. 95c) über 1. die Verbrauch- und die Verkehrsteuern mit Ausnahme der Steuern mit örtlich bedingtem Wirkungsbereich, insbesondere der Grunderwerbssteuer, Wertzuwachssteuer und Feuerschutzsteuer; 2. die Steuern vom Einkommen, Vermögen, von Erbschaften und Schenkungen.
(3) Der Bund kann Grundsätze für die Erhebung der Realsteuern aufstellen." Vgl. ACDP I-071, Nr. 025/6.

13) Zu Art. 122 in der Fassung des Vorschlags des Siebenerausschusses vom 17. März 1949 vgl. Der Parl. Rat Bd. 7, Dok. Nr. 10, S. 460.

14) Art. 122 in der Fassung des CDU/CSU-Vorschlags lautete:
„(1) Die Zölle, die Erträge der Finanzmonopole und das Aufkommen der bundesgesetzlichen Regelung unterliegenden Verbrauch- und Verkehrsteuern mit Ausnahme der Biersteuer, Rennwettsteuer und Kraftfahrzeugsteuer stehen dem Bunde zu.

Abs. 2 Die Begrenzung auf 50% des Umsatzsteueraufkommens wird sowohl von Höpker Aschoff wie von der SPD abgelehnt.

Abs. 3 Die SPD macht geltend, daß diese Fassung nur die Inanspruchnahme von Anteilen der Einkommen- und Körperschaftssteuer als möglich erscheinen läßt unter Hinweis des Bedarfs. Sie verlangt, daß [in Abs.] 2 und 3 Bundesrecht an Anteilen an der Umsatzsteuer, Einkommen- und Körperschaftsteuer generell ohne Bestimmungen festgelegt wird.

Zu Art. 122 a[15])

Zu Abs. 1 wird von uns angeregt, daß dabei die Einkommensteuer, Körperschaftsteuer und Umsatzsteuer ausdrücklich als auch den Ländern anteilmäßig zustehend benannt wird.

Zu Abs. 2 Die SPD beanstandet den gesamten Lastenausgleichsvorschlag, desgl. Höpker Aschoff mit der Erklärung, daß eine derartige Ausgleichskasse, nur von den Ländern beeinflußt, nicht funktionieren könne. Außerdem sei es unerträglich, daß für den Ausgleich nur das Aufkommen der Steuern von Einkommen, Vermögen und Umsatz genannt sei, nicht z. B. das Aufkommen der übrigen Steuern, z. B. der Biersteuer. Der Hinweis darauf, daß der letzte Satz dieses Absatzes die gesamte steuerliche Leistungsfähigkeit ausdrücklich zugrunde lege, wird als ungenügend bezeichnet. Die SPD ist der Meinung, daß diese Formulierung diejenigen Länder, die ihre Steuern lässig einzie-

---

(2) Der Bund erhält ferner einen durch Bundesgesetz zu bestimmenden Anteil am Aufkommen der Umsatzsteuer, der 50 von Hundert diese Aufkommens nicht übersteigen darf.
(3) Der Bund kann Anteile an der Einkommen- und Körperschaftsteuer in Anspruch nehmen, wenn und soweit die ihm nach Absatz 1 und 2 zustehenden Einnahmen bei Berücksichtigung seiner sonstigen Einkünfte (Art. 120 Abs. 1) zur Erfüllung seiner Aufgaben nicht ausreichen. Die Höhe der Anteile ist jeweils durch ein Bundesgesetz festzusetzen, das der Zustimmung des Bundesrats bedarf.
(4) Der Bund kann zum Zwecke des Lastenausgleichs einmalige Vermögensteuern erheben.“ Vgl. ACDP I-071, Nr. 025/6.

15) Art. 122 a in der Fassung des CDU/CSU-Vorschlags lautete:
„(1) Die nicht dem Bunde zufließenden, bundesgesetzlicher Regelung unterliegenden Steuern und Anteile am Aufkommen solcher Steuern stehen den Ländern und nach Maßgabe der Landesgesetzgebung den Gemeinden (Gemeindeverbänden) zu.
(2) Die Länder, denen nach Abzug der dem Bund zustehenden Anteile (Art. 122 Abs. 2 u. 3) ein wesentlich höheres Aufkommen an Steuern vom Einkommen, Vermögen und Umsatz verbleibt, als dem Durchschnitt in sämtlichen Ländern entspricht, haben an eine vom Bundesrat zu überwachende (Ringelmann-Entwurf: verwaltende) Ausgleichskasse zu Gunsten der steuerschwachen Länder Beiträge zu leisten. Bei der Bemessung der Beiträge sind neben der steuerlichen Leistungsfähigkeit auch die Erwerbseinkünfte und die unterschiedliche Belastung der Länder mit Ausgaben besonderer Art angemessen zu berücksichtigen.
(3) Die Einrichtung der Ausgleichskasse und die Bemessung der Beiträge werden durch Bundesgesetz geregelt, die der Zustimmung des Bundesrats bedürfen.“ Vgl. ACDP I-071, Nr. 025/6.

hen, also die steuerfaulen, begünstige, weil nur aus den drei genannten Steuern der Ausgleich finanziert werden soll.

Zu Art. 122 b[16]) Der Verteilungsvorschlag wird als unzureichend bezeichnet, insbesondere da differenzierte Verteilung, wie z. B. bei der Kraftfahrzeugsteuer, nicht ausdrücklich genannt seien.

Zu Art. 123[17])

Abs. 1 Laut Höpker Aschoff müsse die Beförderungssteuer im ersten Satz genannt werden. Der letzte Satz des Abs. 1 wird beanstandet. Die CDU habe die Zugeständnisse, die in anderem Zusammenhang gemacht worden seien, beibehalten und dazu noch neue Forderungen aufgestellt. Wenn die Bundesfinanzbehörde so abgegrenzt werde, daß ihre Zuständigkeiten nur die ausschließlich Bundessteuern betreffen, besteht keine Veranlassung, die Leiter der Bundesfinanzbehörden im Einvernehmen mit den Ländern zu ernennen.

Abs. 2 Die Fassung des Abs. 2 berücksichtigt nicht, daß bestimmte Steuern, wie z. B. die Verkehrssteuer, dem Bunde gehören.

---

16) Art. 122 b in der Fassung des CDU/CSU-Vorschlags lautete:
„(1) Die Verteilung der bundesgesetzlicher Regelung unterliegenden Steuern oder ihres Aufkommens auf Bund und Länder (Art. 122) kann frühstens mit Wirkung vom 1. April 1952 an durch Bundesgesetz neu geregelt werden. Sie hat im Verhältnis der Aufgaben, die dem Bund einerseits und den Ländern und Gemeinden (Gemeindeverbänden) andererseits obliegen, in der Weise zu erfolgen, daß jedem Teil ein gesetzlicher Anspruch auf die Zuteilung bestimmter Steuern oder Anteile an ihrem Aufkommen eingeräumt wird.
(2) Das Bundesgesetz hat einen angemessenen Ausgleich zwischen den Ländern Rechnung zu tragen. Es kann hierbei eine von Art. 122 a abweichende Regelung treffen." Vgl. ACDP I-071, Nr. 025/6.

17) Art. 123 in der Fassung des CDU/CSU-Vorschlags lautete:
„(1) Die Zölle, Finanzmonopole und Verbrauchsteuern werden von Bundesfinanzbehörden verwaltet. Den Aufbau dieser Behörden und der Bundesfinanzgerichte sowie das von ihnen anzuwendende Verfahren regelt ein Bundesgesetz. Die Leiter der Bundesfinanzbehörden in den Ländern werden im Einvernehmen mit den Regierungen der beteiligten Länder ernannt.
(2) Die übrigen Steuern verwalten die Länder. Sie können den Gemeinden und Gemeindeverbänden die Verwaltung und Erhebung der diesen zufließenden Steuern ganz oder teilweise übertragen. Die Leiter der Oberbehörden der Steuerverwaltungen der Länder werden im Einvernehmen mit dem Bundesfinanzminister ernannt.
(3) Der Bund kann durch Bundesgesetz den Aufbau der Steuerverwaltungsbehörden der Länder, das von ihnen anzuwendende Verfahren, die Steuergerichtsbarkeit und die einheitliche Ausbildung der Steuerbeamten regeln. Er kann für Veranlagung, Erlaß und Niederschlagung bundesgesetzlich geregelter Steuern einheitliche Richtlinien aufzustellen.
(4) Soweit Steuern oder Steueranteile dem Bunde zufließen, werden die Steuerverwaltungsbehörden der Länder im Auftrag des Bundes tätig (Art. 122). Die Länder haften mit ihren Einkünften für eine ordnungs- und weisungsgemäße Verwaltung und Erhebung dieser Steuern und Steueranteile. Im Falle einer mangelhaften Verwaltung und Erhebung durch ein Land kann der Bundesfinanzminister bis zu Herstellung den Mittel- und Unterbehörden der Landessteuerverwaltung einsetzen. Das Land kann hiergegen Beschwerde zum Bundesrat einlegen." Vgl. ACDP I-071, Nr. 025/6.

Abs. 3 In der Veranlagung in Satz 2 ist zu ergänzen: „Stundung". Zu Abs. 3 wird behauptet, daß das gesamte Problem von den Alliierten her doch nur die Verwaltung der konkurrierenden Steuern durch die Länder betreffe, während hier eine ganze Anzahl von anderen Forderungen im gesamten Vorschlag enthalten seien. Es wird von uns darauf hingewiesen, daß mehr als diese eine Frage von den Alliierten behandelt seien, und zwar:

1) sei die ungenügende Aufteilung in Eigensteuern des Bundes und der Länder beanstandet,
2) weiter sei die Form des Finanzausgleichs behandelt, die die Anteile der Länder zunächst in die Kasse und Dispositionen des Bundes gebe und
3) handle es sich um die Verwaltung.

Abs. 4 Die hier aufgeführten Sicherungen von der Bundesseite her werden als nicht ausreichend bezeichnet, um einen einwandfreien Einfluß des Bundes auf das gesamte Steueraufkommen und die Verwaltung zu gewährleisten. Die Probleme seien laut Höpker Aschoff viel einfacher gewesen, es sei

1) reinlich geteilte Verwaltung gefordert,
2) eine Umgruppierung der Bestimmungen, um möglichst [eine] Überlappung der Kompetenzen von Bund und Ländern zu vermeiden,
3) neu und unberechtigt gefordert sei die Abfassung von Rahmenvorschriften durch den Bund bei den Realsteuern anstatt Gesetzgebung; neu sei, daß die Berechtigung des Bundes, an Einkommen- und Körperschaftsteuern teil[zu]nehmen, nicht prinzipell festgestellt sei, dagegen nur eine Anteilforderung im Bedarfsfall zugelassen werden solle, und neu sei, daß bei dem Finanzausgleich die Biersteuer offensichtlich bewußt ausgenommen sei[18]).

[3.] ENDERKLÄRUNG DER SPD DURCH KATZ[19])

Der Vorschlag der CDU sei unannehmbar, die Abänderung des Kompromisses, der mit den Beschlüssen des Fünfer- und des Siebenerausschusses noch beste-

[18]) Der Vorschlag der CDU/CSU-Fraktion war am 7. April 1949 Gegenstand der Erörterung des neugebildeten Finanzausschusses. Vgl. PA 5/Drucks. Nr. 686 und 696.

[19]) Vgl. dazu bereits die Stellungnahme der SPD-Fraktion vom 30. März 1949: „Die SPD-Fraktion des Parlamentarischen Rates betrachtet die unverzügliche Verabschiedung des Grundgesetzes als dringende Notwendigkeit. Sie hält an dem zusammen mit anderen Parteien gefundenen Kompromiß fest, dessen fast einstimmige Annahme im Hauptausschuß klar erwiesen hat, daß die Fraktionen seinen Inhalt für sachlich und politisch gleich wohl begründet halten.
Die SPD-Fraktion stimmt darüber hinaus den Beschlüssen des Siebener-Ausschusses zu, die das Ziel verfolgen, den Vorschlägen des Alliierten Memorandum vom 2.3.1949

he[20]), sei nur durch Einmütigkeit zu erreichen, die nicht vorhanden sei. [Die] Überzeugung der SPD, daß das Grundgesetz bei Aufrechterhaltung der den Alliierten vorgelegten Artikel über die Finanzen nicht der Ablehnung verfallen werde, bestehe weiter. Infolgedessen werde verlangt, daß der Hauptausschuß beschleunigt, und zwar vor Ablauf der Außenministerkonferenz[21]), die Beschlüsse des Fünfer- und Siebenerausschusses in ihrer Gesamtheit sanktioniere zuzüglich der heute besprochenen Menzelschen Formulierungsänderungen; wenn die CDU/CSU sich dieser Kompromißvereinbarung, die noch bestehe, entziehe, so habe sie das Kompromiß von sich aus gekündigt, habe neue wesentliche Forderungen in ihrem Interesse erhoben, ohne irgendwelche Kompensationen anzubieten, und übernehmen damit die Verantwortung, den Parlamentarischen Rat von innen heraus zu sprengen. Dieses Risiko sei politisch wesentlich bedenklicher als das von der SPD als sehr gering abgeschätzte Risiko, daß die Ablehnung des Grundgesetzes durch die Alliierten von außen ohne deutsche Schuld erfolge.
Dr. Schmid hat dabei erklärt, daß es sich nicht um ein mit dem Kopf durch die Wand gehen handle, wie von der CDU/CSU dargestellt, sondern daß man endlich auch einmal in einer Frage festbleiben müsse, so daß die Deutschen einmal einen Sieg gegenüber den Alliierten erreichen.
Die Verhandlung wird um 11.40 Uhr abgebrochen, und es wird vereinbart, am 1. April um 12 Uhr erneut zusammenzukommen. Weiter wird auf Vorschlag Menzels vereinbart, der Presse keinerlei sachliche Mitteilungen zu machen.

P.S. Laut Mitteilung von Dr. Adenauer hat Höpker Aschoff trotz der Vereinbarung, der Öffentlichkeit keine Mitteilung zu machen, noch gestern, mindestens im Rundfunk, ein Erklärung abgegeben[22]).

---

soweit Rechnung zu tragen, als dies mit der reiflich erwogenen deutschen Auffassung über die Voraussetzungen der Arbeitsfähigkeit einer Bundesregierung vereinbar ist. Sie sieht sich nicht in der Lage, über die Vorschläge des Siebener-Ausschusses hinauszugehen.
Die Fraktion wird sich nachdrücklich dafür einsetzen, daß der Entwurf des Grundgesetzes unverzüglich in Hauptausschuß und Plenum verabschiedet wird. Sie glaubt nach wie vor an die Möglichkeit, das Grundgesetz auf breitester Grundlage und rasch zu verabschieden, wenn die Fraktionen bei den von ihnen bisher für sachlich und politisch richtig gehaltenen Beschlüssen verbleiben." Institut für Zeitgeschichte, ED 94 (Strauß)/129, Bl. 54.

20) Vgl. die Vorschläge des Fünfer- und Siebenerausschusses vom 28. Feb. bzw. 17. März 1949 in: Der Parl. Rat Bd. 7, Dok. Nr. 9 und 10, S. 445–463.

21) Zur Konferenz der drei westlichen Außenmin. vom 5.–8. April 1949 vgl. Der Parl. Rat Bd. 8, S. L.

22) Die Erklärung von Höpker Aschoff war nicht ermittelbar.

Nr. 36
Interfraktionelle Besprechung
12. April 1949

PA 5/13. Ungez. maschinenschr. Ausf. des Stenographischen Dienstes vom 12. April 1949[1])

Anwesend[2]):
CDU/CSU: Adenauer (Präs.), von Brentano, Kaiser, Kaufmann, Lehr, Pfeiffer, Strauß
SPD: Schmid, Schönfelder, Zinn
FDP: Höpker Aschoff, Schäfer

Beginn: 16.30 Uhr

[VORBEREITUNG DER BESPRECHUNG MIT DEN MILITÄRGOUVERNEUREN AM 14. APRIL 1949][3])

Dr. Pfeiffer schlug vor, die großen Fraktionen sollten vier bis fünf Mann in die Delegation für Frankfurt entsenden.
Dr. Schmid erhob Bedenken, weil die Delegation zu groß werde[4]).
[Präs.] Dr. Adenauer teilte diese Bedenken.
Dr. Höpker Aschoff gab zu erwägen, ob man nicht zwischen Delegierten und Beobachtern unterscheiden sollte, dann könnte man die Leute leicht auswechseln.
Dr. Lehr pflichtete dem bei.
Dr. von Brentano erklärte, das sei nicht zu verwirklichen, da es sich ausschließlich um Abgeordnete handele, man könne nur eine einheitliche Delegation nach Frankfurt entsenden.
[Präs.] Dr. Adenauer schlug vor, die Teilnehmerzahl noch offen zu lassen[5]), er wolle mit Dr. Simons vom amerikanischen Verbindungsstab[6]) noch darüber reden[7]).

---

[1]) Das Prot. ist auszugsweise veröffentlicht in: Der Parl. Rat Bd. 4, Dok. Nr. 9, S. 130 f., Anm. 30. Vgl. dazu auch die Aufzeichnungen von Trossmann (ACDP I-052, Nr. 002, S. 54 a–59) und Pfeiffer (BayHStA NL Pfeiffer 219).

[2]) Die Anwesenheitsliste nach der ungez. Mitschr. von Pfeiffer in Gabelsbergerscher Kurzschrift in: BayHStA NL Pfeiffer 219.

[3]) Bei Übergabe des Besatzungsstatuts am 10. April 1949 an den Parl. Rat wurde eine Besprechung mit den MilGouv. für den 14. April 1949 vereinbart. Vgl. Der Parl. Rat Bd. 8, Dok. Nr. 64, S. 224–226. Das Prot. der Besprechung mit den MilGouv. am 14. April 1949 ist ediert in: Der Parl. Rat Bd. 4, Dok. Nr. 9, S. 112–139. Vgl. auch Der Parl. Rat Bd. 8, S. LI.

[4]) Trossmann notierte für den Beitrag von Schmid: „Dann käme man auf ca. 15 Leute, das wäre etwas zu viel." Vgl. ACDP I-052, Nr. 002, S. 54 a.

[5]) Über die Teilnahme wurde in der 56. Sitzung des HptA am 13. April 1949 entschieden. Vgl. Parl. Rat, Verhandlungen, S. 741 f.

[6]) Vgl. dazu Der Parl. Rat Bd. 8, Dok. Nr. 65, S. 227.

[7]) Trossmann ergänzte den Beitrag von Adenauer: „Morgen müßte das Nähere besprochen werden." Vgl. ACDP I-052, Nr. 002, S. 55.

Dr. Pfeiffer machte darauf aufmerksam, die Delegationsteilnehmer müßten den Fragebogen[8]) genau festlegen.
[Präs.] Dr. Adenauer erklärte, bis morgen früh 10 Uhr müßte das Programm fertig sein. Er warf alsdann die Frage auf, welche Fragen gestellt werden sollen[9]). Darüber müßten sich die Parteien klar werden.
Dr. Höpker Aschoff erklärte, er rate ab, auf dem Finanzgebiet Fragen zu stellen, eventuell solle die Frage der Besatzungskosten angeschnitten werden.
Dr. Lehr: Die Darlegung des Standpunktes in der Finanzfrage sei nicht zu umgehen.
Dr. Pfeiffer: Er sei grundsätzlich dafür, sich nicht nur auf die Erörterung des Besatzungsstatuts zu beschränken, sondern eventuell auch andere Fragen zu stellen.
[Präs.] Dr. Adenauer: Nach einer heutigen Mitteilung würden die Gouverneure fragen, wann wir mit dem Grundgesetz fertig würden.
Dr. Schmid: Er könne sich nicht vorstellen, wie das Fragenstellen gemacht werden solle. Würde namens des Parlamentarischen Rates gesprochen, müsse die Delegation einen einheitlichen Standpunkt einnehmen. Sei das nicht der Fall, solle dann jede Gruppe der Delegation ihren Standpunkt darlegen, das wäre sehr merkwürdig. Man wüßte nicht, wie die drei Gouverneure darauf reagierten. Eventuell würden Antworten provoziert, die nicht notwendig unsere internen Verhandlungen förderten. Beide Teile seien in einer schlechten Situation. Solle man nicht versuchen, daß die Gouverneure uns sagen, was sie wollen. Er könne sich vorstellen, daß wir einzeln den Gouverneuren eine Erklärung für die verschiedenen Standpunkte geben. Aber auch das wäre gefährlich. Man wisse, wie ein solches Gespräch beginne, aber nicht wie es aufhöre[10]).
[Präs.] Dr. Adenauer: Bisher sei es so gewesen, daß in bestimmten Punkten gemeinsame, in anderen Einzelansichten vorgetragen worden seien. Er könnte sich vorstellen, daß es für alle Beteiligten gut wäre, wenn bei den Differenzpunkten die verschiedenen Auffassungen leidenschaftslos dargelegt würden[11]).
Dr. Schmid: Er möchte nicht die Gouverneure zu Schiedsrichtern machen.
[Präs.] Dr. Adenauer: Das sei nicht notwendig, es sei möglich, daß die Gouverneure, wenn sie uns angehört haben, nach einer Verständigung der beiden Fraktionen ihren Regierungen sagten, man müsse die Sache so akzeptieren.

---

[8]) Gemeint war ein „detailliertes Programm der zu erörternden Fragen", das die MilGouv. wünschten. Vgl. Der Parl. Rat Bd. 8, Dok. Nr. 65, S. 227. Der Fragebogen zum Besatzungsstatut sollte den MilGouv. vor der gemeinsamen Sitzung am 14. April 1949 vorgelegt werden. Der Text des Fragebogens ist ediert in: Der Parl. Rat Bd. 4, Dok. Nr. 7, S. 85, Anm. 26.

[9]) Trossmann ergänzte an dieser Stelle: „insbesondere über Grundgesetz, Finanzfragen usw.". Vgl. ACDP I-052, Nr. 002, S. 55. Die Ergänzung von Trossmann erklärt auch die nachfolgend protokollierte Reaktion von Höpker Aschoff.

[10]) Anstelle dieses Satzes protokollierte Pfeiffer: „Man weiß nicht, wie das Gespräch sich gestaltet, und ob es nicht apodiktische Antworten gibt." Vgl. BayHStA NL Pfeiffer 219.

[11]) Trossmann ergänzte den Beitrag von Adenauer: „Er könne sich denken, daß das in Richtung Verständigung wirken könnte." Vgl. ACDP I-052, Nr. 002, S. 56.

Dr. von Brentano: Er teile die Auffassung Dr. Schmids. Wenn bei den Gouverneuren die verschiedenen Standpunkte dargelegt würden, würden die Gouverneure zu Schiedsrichtern[12]) gemacht werden. Aber wir könnten auch nicht Totstellen spielen. Würden wir vor die Frage gestellt, wie ist die Situation bei Ihnen, was verhindert den Abschluß, könnten wir auf diese Frage nicht schweigen. Nachdem die einen glauben, wenn dem Memorandum[13]) in bestimmten Punkten nicht entsprochen werde, werde das Grundgesetz abgelehnt, während die anderen der gegenteiligen Auffassung sind, wäre es dann nicht richtig, eine klare Antwort der Gouverneure insoweit zu erbitten?
Dr. Lehr schließt sich dieser Auffassung an[14]).
[Präs.] Dr. Adenauer: Arnold habe ihm gesagt[15]), gestern habe einer der Generäle geäußert, wenn einmal von jeder der großen Fraktionen ein paar[16]) Leute zusammenträten, müßte es merkwürdig zugehen, wenn man nicht zu einer Verständigung käme. Man müßte also auch damit rechnen, daß einzelne Herren gebeten würden, hier zu bleiben und die Dinge inoffiziell zu besprechen.
Dr. Schmid: Er kenne diesen Vorschlag. Das werde nicht geheim bleiben. Für Generäle sei es schwierig, so etwas zu machen.
[Präs.] Dr. Adenauer: Nicht, wenn es nach der offiziellen Besprechung gemacht würde[17]).
Kaufmann: Habe es Sinn, ein gewisses Versteckspiel zu treiben. Wir seien bis zu dem Augenblick im Fünfer- bzw. Siebenerausschuß gekommen, bis die Erklärung der Verbindungsstäbe[18]) kam. Die Meinungsverschiedenheiten zwischen uns beträfen die Auslegung der alliierten Ablehnung[19]), wobei sie (SPD) nicht nur von Ihrer Auslegung ausgingen, sondern glaubten, Auslegungen höherer Art zu haben und sich auf die Durchsetzbarkeit Ihrer Auffassung verlassen zu können. Während wir (CDU) andere Erklärungen erhielten und glaubten, sie

---

12) Nach dem Prot. von Trossmann benutzte von Brentano das lateinische Wort für Schiedsrichter: „arbiter". Vgl. ACDP I-052, Nr. 002, S. 56.
13) Vgl. das Memorandum der MilGouv. vom 2. März 1949. Der Parl. Rat Bd. 8, Dok. Nr. 47, S. 131–144.
14) Pfeiffer protokollierte den Beitrag von Lehr: „Es hat bei Vorlegung der Punkte des Siebenerausschusses nicht zu einer Diskussion geführt." Vgl. BayHStA NL Pfeiffer 219.
15) Der Hinweis auf Arnold fehlt bei Trossmann. Vgl. ACDP I-052, Nr. 002, S. 57.
Der nordrhein-westfälische MinPräs. Arnold traf am 12. April 1949 mit Präs. Adenauer unmittelbar vor der Besprechung des Präsidiums des Parl. Rates, des Ausschusses für das Besatzungsstatut und der Fraktionsführer mit den MinPräs. in Bonn zusammen. Für eine Gesprächsaufzeichnung der Besprechung vgl. Der Parl. Rat Bd. 4, Dok. Nr. 8, S. 93–111.
16) Pfeiffer protokollierte „zwei oder drei". Vgl. BayHStA NL Pfeiffer 219.
17) Pfeiffer protokollierte den Wortwechsel von Adenauer und Schmid wie folgt:
„*Schmid:* Der Mann kann unter große Schwierigkeiten kommen, wenn seine Kollegen das erfahren.
[Präs.] Adenauer: Aber dieser Mann kann es ja vor seinen Kollegen tun." Vgl. BayHStA NL Pfeiffer 219.
18) Die Erklärung der MilGouv. enthielt die Botschaft der Außenmin. der drei Westmächte vom 10. April 1949. Vgl. Der Parl. Rat Bd. 4, Dok. Nr. 5, S. 54 f. und 58. Zur Übergabe vgl. Der Parl. Rat Bd. 8, Dok. Nr. 64, S. 224–226.
19) Vgl. dazu die verschiedenen Memoranden der Alliierten. Ein letztes Memorandum wurde am 25. März 1949 vorgelegt. Der Parl. Rat Bd. 8, Dok. Nr. 58, S. 211–213.

würden sich nicht durchsetzen können. In diesem Augenblick sei man auseinandergekommen, weil die CDU die Konsequenzen ziehen wollte aus der Situation, während Sie das Risiko der Ablehnung auf sich nehmen wollten.
Nun sehe er absolut nicht ein, warum nicht von den Alliierten klar gesagt werden könne, wie ihre Auskünfte zu verstehen seien.
Dr. Schmid: Er wisse nicht, ob wir diese Dinge hier diskutieren sollten. Die Unterschiede lägen auch noch woanders. Die SPD sei der Meinung, daß wir nicht nur auf deutscher Seite ein Risiko zu tragen hätten, sondern daß dies auch bei den Alliierten läge. Daher sollten wir den Alliierten unser Werk geben[20]). Die SPD sei weiter der Meinung, wenn wir uns auf eine einigermaßen plausible Lösung vereinigt hätten, wäre es den alliierten Regierungen wohl kaum leicht gewesen, Nein zu sagen.
Er habe am Sonntag [10. April 1949] mit Robertson gesprochen[21]). Dieser habe erklärt, in der Erklärung stehe nicht, daß die Alliierten das Grundgesetz ablehnen würden, wenn das Kompromiß des Siebenerausschusses nicht das erfülle, was die Alliierten sich vorgestellt haben.

(Einwurf *Dr. Strauß:* Und das Schreiben der Außenminister[22])?)

Dr. Schmid: [Das Schreiben] besage nichts anderes als das Memorandum vom 2. März 1949[23]). Sei es richtig jetzt zu fragen, wie habt Ihr das gemeint? Eine letzte Antwort sei von den Generälen nicht zu erhalten. Eine solche Frage würde aber letztlich die letzte Antwort beeinflussen und dieses Risiko wollten wir nicht eingehen.
[Präs.] Dr. Adenauer: Es sei kein Geheimnis, daß die Engländer bereit gewesen wären, die Hauptausschußbeschlüsse[24]) zu genehmigen[25]). Die englische Regierung sei aber überstimmt worden[26]). Es sei keine Frage[27]), daß das Dokument

20) Nach der Aufzeichnung von Pfeiffer äußerte Schmid an dieser Stelle zusätzlich: „Stellung nimmt aber die Regierung, nicht aber Simons oder Clay." Vgl. BayHStA NL Pfeiffer 219.

21) Eine Aufz. war nicht ermittelbar.

22) Vgl. Der Parl. Rat Bd. 4, Dok. Nr. 5, S. 58.

23) Trossmann ergänzte an dieser Stelle: „Das Londoner Abkommen lasse verschiedene Auffassungen zu, auf Grund dieses Abkommens könne daher verschieden gehandelt werden." Vgl. ACDP I-052, Nr. 002, S. 56.

24) Gemeint war der Grundgesetzentwurf in der 3. Lesung des HptA vom 10. Feb. 1949. Abgedr. in: Der Parl. Rat Bd. 7, Dok. Nr. 8, S. 396–444.

25) Adenauer berichtete in der Sitzung der CDU/CSU-Fraktion am 5. April 1949, die Associated Press habe verbreitet, „die Labour Party und Bevin haben der SPD gesagt, sie würden eintreten für die Fassung des Hauptausschusses 3. Lesung, sie würden die SPD-Freunde jetzt nicht im Stich lassen". Vgl. Salzmann, S. 462. Zur britischen Haltung vgl. Adolf M. Birke: Großbritannien und der Parlamentarische Rat, in: VjfZ 42 (1994), S. 313–359.

26) Nach der Aufzeichnung von Trossmann hat Adenauer gesagt: „Es ist kein Geheimnis, daß die Engländer bereit sind, die Hauptausschußbeschlüsse zu genehmigen. Die englische Regierung würde aber überstimmt [werden]." Vgl. ACDP I-052, Nr. 002, S. 58. Nach der Aufzeichnung von Pfeiffer hatte Adenauer daran angefügt: „Die Meinung der Amerikaner hat gesiegt." Vgl. BayHStA NL Pfeiffer 219.

27) Nach der Aufzeichnung von Trossmann hat Adenauer gesagt: „Aus [dem] Telegramm sei zu entnehmen." Vgl. ACDP I-052, Nr. 002, S. 58.

vom 2. März 1949 auf der Washingtoner Konferenz[28]) eine Rolle gespielt habe. Die Außenminister hätten uns empfohlen, diese Sache zu berücksichtigen. Es sei vergeblich zu glauben, daß nunmehr die Regierungen ihren Standpunkt verließen. Sein Vorschlag sei deshalb, wie schon früher, man sollte die Bestimmungen über den Bundesrat nachprüfen, ob man nicht, wenn die Finanzfrage entsprechend alliierten Wünschen geordnet würde, an irgendeiner Stelle Befugnisse des Bundesrates als überflüssig streichen und damit die Möglichkeit einer Verständigung schaffen könne. Nach der Washingtoner Konferenz halte er es nicht für richtig, immer wieder bei der Finanzfrage anzusetzen[29]), man solle sich doch den Katalog woanders ansehen.
Zinn: Die SPD sei anderer Meinung über die Einigung der drei Außenminister; sie sei nicht der Meinung, daß die Außenminister jede Einzelheit der Militärgouverneure unterstützen wollen. Wenn man in Frankfurt diskutiere, glaube er nicht, daß es nur einen Sinn habe, über strittige Punkte zu diskutieren.
[Präs.] Dr. Adenauer: Bei der eben angeschnittenen Frage meinte er nicht, daß sie von den Gouverneuren behandelt werden sollte[30]).
Dr. Höpker Aschoff: Die Finanzverwaltung wäre der strittige Punkt. Wenn nun jeder seine Meinung in Frankfurt vortrage, so geben sich viele[31]) Auffassungen, er glaube nicht, daß dies einen besonders guten Eindruck hinterlasse[32]).

Zinn: Man könnte nur erklären, eine Einigung in Bonn sei nur möglich, wenn die Bundesfinanzverwaltung bleibe.
Dr. Schäfer: Was dann, wenn eine negative Antwort käme?
Zinn: Das müßte man sehen.
Dr. Schäfer: Wäre es nicht besser, möglichst wenig Fragen zu stellen?

Abschließend wurden zwischen Dr. Adenauer und Dr. Schmid ein Termin für die Behandlung der Fragen[33]), die gestellt werden sollen, vereinbart und zwar

---

[28]) Zur Konferenz der drei westlichen Außenmin. vom 5.–8. April 1949 vgl. Der Parl. Rat Bd. 8, S. L.

[29]) Pfeiffer fügt an dieser Stelle ein: „Bei Finanzpunkt laufen sie sich tot." BayHStA NL Pfeiffer 219.

[30]) Trossmann fügt an dieser Stelle ein: „*Zinn:* So!" Vgl. ACDP I-052, Nr. 002, S. 59.

[31]) Trossmann protokollierte: „vier". Vgl. ACDP I-052, Nr. 002, S. 59.

[32]) Pfeiffer notierte daran anschließend den Wortwechsel zwischen Zinn und Höpker Aschoff:
„*Zinn:* „[Das] Schreiben der Militärgouverneure [ist] nur zu verstehen, wenn man die ganze internationale Lage betrachtet. [Die] Frage der Finanzverwaltung [ist] nicht strittig zwischen den Parteien, sondern mit den Militärgouverneuren.
Höpker Aschoff: Offen sprechen: Wenn die Generale fragen, wie wollen Sie es mit der Finanz[frage] halten, dann kann man eine geteilte Auffassung hören." Vgl. BayHStA NL Pfeiffer 219.

[33]) Gemeint war die Ausarbeitung des in Anm. 8 genannten Fragebogens.
Gleichzeitig wurde am 13. April 1949 ein ungez. „Entwurf für eine gemeinsame Antwort der Delegation des Parl. Rates an die Militärgouverneure" erarbeitet:
„Wir alle haben den Wunsch, das Grundgesetz so rasch als möglich und auch auf möglichst breiter Grundlage zu verabschieden. Im Parlamentarischen Rat ist im Monat Februar [1949] auf dieser Grundlage ein Kompromiß zustande gekommen, das von allen

20 Uhr 30 Minuten[34]). Gleichzeitig wurde geklärt, daß keine der Fraktionen eine Hauptausschußsitzung zu diesem Fragenkomplex wünsche[35]).

Fraktionen außer der KPD gebilligt worden ist und eine schnelle Gesamtverabschiedung ermöglicht hätte.

Nachdem die Denkschrift vom 2. März 1949 uns zur Kenntnis gebracht worden war, hat ein eigens dafür gebildeter interfraktioneller Ausschuß sie einer sorgfältigen Durchsicht unterzogen und eine neue, den darin enthaltenen Empfehlungen nach der Meinung dieses Gremiums weitgehende, entgegenkommende Vereinbarung getroffen und diese den Verbindungsstäben vorgelegt. Der Ausschuß war dabei der Meinung, daß auch diese Formulierung Annahme durch eine große Mehrheit im Parlamentarischen Rat finden könne. Die Herren Verbindungsoffiziere haben sodann erklärt, daß nach ihren Vorstellungen diese Vereinbarung den Empfehlungen der Denkschrift vom 2. März [19]49 nicht entspreche. Die Botschaft der Herren Außenminister an den Parlamentarischen Rat vom 5. April [1949] scheint der gleichen Meinung Ausdruck zu geben. Durch diese Stellungnahme sind die Verhandlungen nicht zustande gekommen. Ein Teil des Parlamentarischen Rats hält ein Abweichen von der geschlossenen Einigung nicht für vertretbar, während der andere Teil des Rates den erhobenen Bedenken durch neue Vorschläge Rechnung zu tragen sich bemühte.

Von der Klärung dieser Zweifelsfragen hängt die weitere Entwicklung, insbesondere eine schnelle Verständigung auf breiter Basis ab.“ Vgl. BA Z 5/Anhang 6, Bl. 338.

34) Trossmann protokollierte für das abschließende Gespräch zwischen Adenauer und Schmid:

„*[Präs.] Dr. Adenauer* fragte Dr. Schmid nach einem Termin für die Behandlung der anstehenden Fragen.

Dr. Schmid: 20.30 Uhr.

[Präs.] Dr. Adenauer: Dabei wird auch über die Frage der Zusammensetzung der Delegation nochmals zu sprechen sein.

[Präs.] Dr. Adenauer zu Dr. Schmid: Haben Sie da Bedürfnis nach einer Hauptausschußsitzung?

Dr. Schmid: Wahrhaftig nein!

Weitere Frage *[Präs.] Dr. Adenauers:* Soll morgen Hauptauschuß sein?

Dr. Schmid: Habe keinen Wunsch danach.“ Vgl. ACDP I-052, Nr. 002, S. 59.

35) Im Anschluß an die interfraktionelle Besprechung veröffentlichte die CDU/CSU-Fraktion folgende Erklärung: „Seit dem 25. März [1949], dem Tag der Ablehnung der Finanzvorschläge des Siebenerausschusses durch die Besatzungsmächte, sind die Arbeiten des Parlamentarischen Rates zum Stillstand gekommen, weil die SPD abgelehnt hat, auf die neuen Vorschläge der CDU/CSU zum Finanzwesen einzugehen. Der von der SPD erhobene Vorwurf, daß die CDU/CSU durch diese neuen Vorschläge das Kompromiß gebrochen habe, ist völlig unbegründet. Im Kompromiß selbst war ausdrücklich vorgesehen, daß im Falle des Einspruchs der Besatzungsmächte neue Lösungen gesucht und gefunden werden müßten. Ebenso wahrheitswidrig ist der von der SPD erhobene Vorwurf, daß die CDU/CSU die Verabschiedung des Grundgesetzes hinauszögere. Vielmehr ist die SPD in ihrer gemeinsamen Parteivorstand- und Fraktionssitzung vom 11. April in Godesberg zu keiner Klärung ihres Standpunktes gelangt. Sie hat ihre Entscheidung auf eine am 20. April nach Hannover einberufene Parteiausschußsitzung vertagt. Bis zu diesem Tag sind die Arbeiten des Parlamentarischen Rates durch die innere Uneinigkeit der SPD weiterhin lahmgelegt. Angesichts der innen- und außenpolitischen Lage können solche Verzögerungen vor dem deutschen Volk nicht verantwortet werden. Die CDU/CSU fordert deshalb, daß die abschließenden Beratungen des Parlamentarischen Rates spätestens am 21. April wieder aufgenommen werden. Die Fraktion wird sich durch keinerlei Einflüsse, insbesondere nicht durch parteipolitische Angriffe, von ihrer klaren Linie abbringen lassen, daß das Grundgesetz möglichst schnell unter Berücksichtigung der Interessen des deutschen Volkes und unter Berücksichtigung der politischen Realitäten, denen sich Deutschland nun einmal gegenüber sieht, verabschiedet wird.

Nr. 37
Interfraktionelle Besprechung
23. April 1949

PA 5/13. Maschinenschr. Durchschlag eines vom Stenographischen Dienst gefertigten Prot. vom 23. April 1949

Anwesend[1]):
CDU/CSU: Adenauer (Präs.), Kaiser, Kaufmann, Lehr, Pfeiffer, Schlör, Strauß
SPD: Greve, Menzel, Schmid, Schönfelder, Suhr, Zinn
FDP: Heuss, Höpker Aschoff
DP: Seebohm

Sekretariat des Parl. Rates: Trossmann

Beginn: [vormittags]

[1. VORBEREITUNG[2]) DER BESPRECHUNG MIT DEN MILITÄRGOUVERNEUREN AM 25. APRIL 1949[3])]

Zunächst wurden die Teilnehmer für die Besprechungen in Frankfurt festgelegt[4]).

SPD:	Reuter, Dr. Greve, Dr. Katz und frühere Teilnehmer[5]).
CDU/CSU:	Dr. Strauß, Dr. von Brentano (evtl. Schlör oder Laforet, die Entscheidung bleibt der Fraktion vorbehalten[6])) und frühere Teilnehmer[7]).
DP:	Dr. Seebohm.
FDP:	Dr. Heuss[8]).

Nach Erklärungen von sozialdemokratischer Seite soll die Absicht bestehen, einen neuen ‚verkürzten' Grundgesetzentwurf auszuarbeiten und neuen Verhandlungen des Parlamentarischen Rates zugrundezulegen. Die Fraktion der CDU/CSU ist nicht gewillt, die in acht Monaten geleistete Arbeit nochmals von vorne zu beginnen. Sie lehnt auch jeden Versuch ab, wesentliche Teile des Grundgesetzes, über die längst Einigung erziehlt war, wieder herauszubrechen und entscheidende Änderungen der Struktur des Grundgesetzes vorzunehmen." Vgl. PA 5/Umdruck Nr. S 32. Vgl. dazu die Entwürfe in: ACDP I-071, Nr. 026/3. Vgl. auch Salzmann, S. 482 f.

1) Eine Anwesenheitsliste liegt nicht vor. Das Verzeichnis wurde nach den protokollierten Beiträgen zusammengestellt.

2) Zur Vorbereitung der Sitzung mit den MilGouv. am 25. April 1949 vgl. auch die Sitzung des Ältestenrats am 21. April. 1949. Der Parl. Rat Bd. 10, Teil A Dok. Nr. 30, S. 104 f.

3) Ein Prot. der Sitzung in: Der Parl. Rat Bd. 8, Dok. Nr. 73, S. 248–259.

4) Vgl. dazu das Verzeichnis der Teilnehmer in: Der Parl. Rat Bd. 8, Dok. Nr. 73, S. 248.

5) Gemeint waren Menzel, Schmid, Suhr und Zinn.

6) Die CDU/CSU Fraktion hatte bereits in ihrer Sitzung am 22. April 1949 Lehr, Kaufmann, Strauß, Pfeiffer, Laforet und Schlör für die Delegation nach Frankfurt bestimmt. Vgl. Salzmann, S. 509.

7) Gemeint waren Adenauer, Kaiser, Kaufmann, Lehr und Pfeiffer.

8) Trossmann fügte an dieser Stelle den Beitrag von Adenauer an: „Der Beginn der Besprechung sei für 14.30 Uhr vorgesehen. Inzwischen würde das Sekretariat [einen] Treffpunkt ermitteln, wo wir uns zum Essen treffen können. Wie es dann mit einer amerika-

[Dr.] Strauß erhob Bedenken, daß man nun die ganze Materie wieder aufrolle.
[Dr. Greve:] Er unterstreiche, was Dr. [Strauß][9]) sage, aber Dr. Adenauer wollte ja eine Punktberatung.

[2. FINANZFRAGEN NACH DEM SPD-ENTWURF VOM APRIL 1949][10])

Anschließend wurde die Finanzfrage besprochen.
Dr. Greve[11]) erklärte Schlör gegenüber, die Beschlüsse der 3. Lesung des Hauptausschusses im Punkt der Finanzen entsprächen nicht der Auffassung der SPD[12]). Die Beschlüsse des Fünfer- und Siebenerausschusses seien keine Besprechungsgrundlagen mehr für unsere heutigen Verhandlungen, denn sonst brauchte man sich nur über die Finanzfrage zu unterhalten.
Dr. Menzel: Die Zustimmung der SPD zum Art. 105 und zum Bundesrat überhaupt habe von der Zustimmung der CDU/CSU zur Bundesfinanzverwaltung abgehangen.
Zinn: Durch die 3. Lesung[13]) sei das Gleichgewicht auf Grund der Finanzregelung gestört, die SPD habe aber auch noch andere Dinge.

---

nischen Einladung sei, stehe noch offen. Er erklärte weiter: Stenographen würden mitgenommen. Ferner: Er bitte, [die weitere] Arbeit zu Beginn in möglichst kleinem Kreise aufzunehmen." Vgl. ACDP I-052, Nr. 001/1, S. 89 d.

9) Auslassung in der Vorlage. Ergänzung durch die Aufz. von Trossmann in: ACDP I-052, Nr. 001/1, S. 89 d.

10) Bereits in der interfraktionellen Besprechung am 22. April 1949 wurde der „verkürzte" Gesetzentwurf der SPD diskutiert. Darüber berichtete Pfeiffer in der Sitzung der CDU/CSU-Fraktion am 22. April 1949: „In den interfraktionellen Besprechungen sei der technische Sachverhalt folgender: Die Anträge der SPD lägen noch nicht vor, sie seien daher im technischen Sinne nicht als ‚Anträge' zu behandeln, was insofern wichtig sei, da sie dann keiner Ablehnung bedürfen. Wortführer im Streit seien jetzt Dr. Greve und Zinn im Verein mit Dr. Menzel. Dr. Menzel habe dann Ausführungen betr. den neuen Gesetzentwurf gemacht, der in drei Gruppen zu zergliedern sei: a) Grundrechte, b) Bundesrat, c) Finanzen, und habe dann die Streichung eines Teiles der Grundrechte gerechtfertigt. Von Dr. Heuss wurde darauf hingewiesen, daß [Art.] 123, 134 und 164 kein großer Unterschied sei. Im Laufe der Debatte habe Dr. Menzel darauf hingewiesen, daß die Grundrechte, auf die wir großen Wert legten, im Widerspruch ständen zu einem Memorandum der Alliierten. Es sei jedoch zu erkennen gewesen, daß einige Herren der SPD den dringenden Wunsch gehabt hätten, das Grundgesetz zu verabschieden. Interessant sei gewesen, daß Höpker Aschoff und Heuss durchaus mit uns gegangen seien und in etwas schüchterner Weise auch Herr Brockmann. Dieser habe erklärt, ein Grundgesetz, in dem die kulturellen Artikel nicht enthalten seien, sei für seine Partei nicht annehmbar." Vgl. Salzmann, S. 508.

11) Nach der Aufz. von Trossmann stammt die Greve zugewiesene Äußerung von Adenauer. Vgl. ACDP I- 052, Nr. 001/1, S. 89 d.

12) Trossmann fügte an dieser Stelle den Beitrag von Strauß ein: „*Dr. Strauß* spricht von ‚Gleichgewichtsstörungen', deren Beseitigung man anstrebe." Vgl. ACDP I-052, Nr. 001/1, S. 89 d.

13) Vgl. den Grundgesetzentwurf in der 3. Lesung des HptA vom 10. Feb. 1949 in: Der Parl. Rat Bd. 7, Dok. Nr. 8, S. 396–444.

Dr. Suhr: Auf seinen Vorschlag hin sei gestern[14]) beschlossen worden, daß die SPD ihre Auffassungen zum Bundesrat und zu den Finanzen darlegen werde. Die anderen Parteien sollten dann dazu Stellung nehmen.
Dr. Menzel: Wir dachten an eine Zweiteilung, erst Vortrag über den Bundesrat, dann Debatte darüber und danach über die Finanzfrage.

(Es wurde darüber gestritten, ob man zunächst den Bundesrat und dann die Finanzfragen behandeln solle, oder ob beide Dinge kombiniert. Die SPD spreche sich für die erstere Methode aus.)

Dr. Seebohm warf die Frage auf, ob die SPD-Finanzanträge änderungsfähig seien.

(Diese Frage wurde nicht beantwortet.)

Kaufmann: Die Frage sei, ob man sich in einer Frage grundsätzlich neu orientiere, wie Zinn vorgeschlagen habe. Dieser Weg sei für die CDU unmöglich, schon aus Zeitmangel, oder ob man wegen Verlagerung des Gleichgewichts, die durch die Landesfinanzverwaltung entstanden sei, darüber schlüssig werde, ob man die Gleichgewichtsherstellung an anderer Stelle suchen könne. Es handele sich dann in diesem Falle um eine Einzelerscheinung, auf die man sich beschränken müsse.
Eine völlige Neukonstruktion des Grundgesetzes sei nicht möglich, dagegen ließe sich über die Frage der Gleichgewichtsstörung verhandeln, dazu sei die CDU/CSU bereit.
Dr. Pfeiffer: Er habe den Worten Kaufmanns kaum etwas hinzuzufügen. Er möchte sie nur unterstreichen. Dr. Greve habe die Gleichung Landesfinanzverwaltung = Landesfinanzverwaltung aufgemacht. In Wirklichkeit habe sich der Inhalt gegenüber dem Ausgangsstadium völlig verschoben. Jetzt sei außerordentlich viel zu Gunsten des Bundes eingebaut worden, so daß die Freunde der Landesfinanzverwaltung vor einer großen Besorgnis stünden. Wenn man von einer Gleichgewichtsstörung ausgehe, müsse man zunächst feststellen, wie weit das Gleichgewicht gestört sei.
Dr. Suhr: Auf die Frage Dr. Seebohms, ob die Finanzanträge der SPD änderungsfähig seien: Dies sei selbstverständlich. Die SPD betreibe nicht eine Politik des „Vogel friß oder stirb".
Zu Kaufmann gewandt: Zinn habe nicht eine grundsätzlich andere Konstruktion vorgeschlagen, in Wirklichkeit ergebe es sich, daß wir bei der alten Konstruktion blieben.
Wir seien gestern einig gewesen, daß Bundesrat und Finanzfragen gemeinsam zur Verhandlung gestellt werden sollten. Er bittet, diesen alten Plan wieder aufzunehmen: SPD begründet ihren Standpunkt zum Bundesrat und zu den Finanzfragen. Zinn habe gesprochen und jetzt wäre es zweckmäßig, wenn Menzel vortrüge.

[14]) Gemeint war auf einer der beiden SPD-Fraktionssitzungen am 22. April 1949. Ein Protokoll ließ sich nicht ermitteln. Zur Datierung vgl. die Anwesenheitslisten in: FESt, AdSD, NL Schumacher 236.

Dr. Greve: Wir können nicht über die Finanzfragen verhandeln, weil wir bisher einen ganz anderen Standpunkt eingenommen haben. Erst wenn wir über die Änderung des Bundesrats einig sind, sind wir in der Lage, über die Finanzfrage zu sprechen.

Dr. Menzel: Art. 122[15]) sei überflüssig, er sei daher für dessen Streichung.

Art. 122 a[16]) Hier sollte nichts geändert werden, es soll lediglich hinzugefügt werden, was der Siebenerausschuß beschlossen hatte.

Art. 122 b[17]) Hier handelt es sich um eine entscheidende Änderung.

Schon im Siebenerausschuß sei eine Aufstellung vorgenommen worden. Die allgemeine Klausel des Art. 122 b sei fallen gelassen worden und jetzt eine Neuaufteilung vorgenommen worden, eine endgültige Steuerverteilung. Damit sei Art. 138 c-4[18]) überflüssig. Die Umsatzsteuer gehöre endgültig dem Bund. Die Beweglichkeit müsse auf die Einkommen- und Körperschaftssteuer verlagert werden.

Finanzausgleich: Hier komme infrage das Siebenerausschuß-Übereinkommen, ergänzt durch eine entsprechende Bestimmung, der gemäß einem Antrag der CDU/CSU hinzugefügt sei, daß der Bund Zuschüsse leisten könne, so sei fraglich, ob dies nicht geändert werden müsse, mit Rücksicht auf die gestrige Note der Alliierten[19]), daß die Zuschußgewährung durch diese Note beschränkt werde auf Erziehung, Gesundheit und Wohlfahrt.

Bei der von ihm vorgetragenen Steuerquellen-Verteilung entkompliziere sich auch die Frage der Verwaltung.

Verwaltung: Die im Memorandum vom 2. März 1949[20]) verlangte Verwaltungslösung wollen wir aus politischen Gründen übernehmen, besonders die Aufteilung der Verwaltung bei der Einkommensteuer. Wir glauben uns mit unserem Vorschlag zu Art. 123[21]) in Übereinstimmung mit dem Memorandum vom 2. März 1949 zu befinden, wenn dies auch für uns sehr schmerzlich ist.

Dr. Höpker Aschoff: Gegen Streichung des Art. 122 hätte er keine Bedenken, da er sachlich belanglos sei.

Über Art. 121 sei man einig; der SPD-Vorschlag bringe nichts Neues, er füge nur einen Abs. 2 mit Rücksicht auf die Besatzungsmächte hinzu.

Aufteilung der Steuern: Nach den Beschlüssen des Hauptausschusses werde vorne nur eine allgemeine Regelung getroffen, während die Übergangsbestim-

---

15) Vgl. den Grundgesetzentwurf in der 3. Lesung des HptA vom 10. Feb. 1949. Der Parl. Rat Bd. 7, Dok. Nr. 8, S. 433.

16) Vgl. den Grundgesetzentwurf in der 3. Lesung des HptA vom 10. Feb. 1949. Der Parl. Rat Bd. 7, Dok. Nr. 8, S. 433.

17) Vgl. den Grundgesetzentwurf in der 3. Lesung des HptA vom 10. Feb. 1949. Der Parl. Rat Bd. 7, Dok. Nr. 8, S. 433.

18) Vgl. den Grundgesetzentwurf in der 3. Lesung des HptA vom 10. Feb. 1949. Der Parl. Rat Bd. 7, Dok. Nr. 8, S. 437.

19) Zum Memorandum der Außenmin. von Frankreich, Großbritannien und den USA vom 22. April 1949 vgl. Der Parl. Rat Bd. 8, Dok. Nr. 71, S. 244–246.

20) Vgl. das Memorandum der MilGouv. vom 2. März 1949. Der Parl. Rat Bd. 8, Dok. Nr. 47, S. 131–144.

21) Vgl. den Grundgesetzentwurf der SPD von April 1949. Der Parl. Rat Bd. 7, Dok. Nr. 11, S. 488.

mungen das Detail brächten. Im Siebenerausschuß habe man die Steueraufteilung in den Hauptteil übernommen. Man sei davon ausgegangen, daß dem Bund die Zölle, die Monopol- und die Verbrauchssteuern (ohne Biersteuer usf.) gehörten, so daß den Ländern zustünden die Biersteuer, die Verkehrssteuern (eine Beförderungssteuer), die Vermögenssteuer, Einkommen- und Körperschaftssteuer und Anteile an der Umsatzsteuer, die Realsteuern, die Gewerbesteuern.

Hier machte der SPD-Antrag zwei grundsätzliche Änderungen:

a) die ganze Umsatzsteuer für Bund,

b) Anteile an der Einkommen- und Körperschaftssteuer für den Bund.

Im übrigen reißt er die Verkehrssteuern ziemlich auseinander; das bedeutet eine sehr starke Verschiebung im Verhältnis zwischen Bund und Ländern.

Nach dem Hauptausschuß und Änderungsanträgen bekomme der Bund 6,4 Milliarden, die Länder 9,6 Milliarden.

Nach dem SPD-Antrag bekomme der Bund 8,4 Milliarden, die Länder 7,7 Milliarden. Die SPD glaube, durch das letzte Aide Memoire Anlaß zu einer solchen Änderung zu haben, weil dort gesagt sei, daß der Bund nicht nur die Steuern zur Deckung seiner eigenen Ausgaben, sondern auch für zweckgebundene Zuschüsse benötige. Bisher habe man an zweckgebundene Zuschüsse nicht gedacht.

Der Antrag der SPD sehe einen Lastenausgleich in doppelter Form vor:

a) auf Länderebene,

b) weil die ganze Umsatzsteuer beim Bund sei durch zweckgebundene Zuschüsse an die Länder.

Die grundsätzliche Frage sei, ob man den Lastenausgleich nach einem bestimmten Schlüssel vornimmt oder durch Zuschüsse für bestimmte Zwecke. Letztere Methode habe man bis 1933 im Verhältnis zwischen Bund und Ländern nicht gekannt. Er sei kein Freund dieser zweckgebundenen Zuschüsse. Hinzu komme, daß die Austeilung der Zuschüsse in jedem Fall an die Zustimmung des Bundesrats gebunden sein soll, wie das zu verstehen sei, sei ihm unklar.

Verwaltung: Die geteilte Finanzverwaltung sei nach seiner Überzeugung auch heute noch das, was die Alliierten verlangten. Dem trage der SPD-Antrag Rechnung. Aber wie würde die Verwaltung sich nach dem SPD-Antrag gestalten.

Technisch sei es möglich zu teilen: Zölle, Verbrauchssteuern – übrige Steuern.

Der Vorschlag der CDU sei erträglich. Hinsichtlich der Auftragsverwaltung gehe ihr Vorschlag sogar über die Weimarer Zeit hinaus. Die Auftragsverwaltung sei straffer vorgesehen als die Weimarer Verfassung ursprünglich vorsah.

Nach dem SPD-Antrag würde sich ergeben:

Doppelte Zollverwaltung (Zoll- und Verbrauchssteuern), eine Landeszollverwaltung für die Biersteuer.

Besitz- und Verkehrssteuern: Bundesverwaltung für Verkehrssteuern usf. und Umsatzsteuer. Bei den Biersteuern: Bundesverwaltung für die Anteile an der Einkommen- und Körperschaftssteuer und außerdem eine entsprechende Landesverwaltung.

Man zerkleinere auf diese Weise die Zollverwaltung, die Finanzverwaltung, die Verkehrs- und Besitzsteuern. Dabei ergäben sich gerade auf dem Gebiet der

Besitzsteuern Schwierigkeiten. Die getrennte Verwaltung einer Steuer sei nahezu eine Unmöglichkeit. Wenn man also vom SPD-Antrag ausgehe, könne er nur so durchgeführt werden, daß der Bund die Einkommensteuer veranlage, daß er 25 % in seine eigene Kasse legt, 75 % durch die Länder eingezogen werden. Der Steuerschuldner bekomme bei diesem Verfahren zwei Steuerbescheide. Dabei müßte man davon ausgehen, daß die Veranlagung durch die Bundesfinanzverwaltung erfolge. Rechtsmittel könnten nur bei den Bundesfinanzgerichten eingerichtet werden, bei Erlaß-Anträgen, Niederschlagungen, Stundungen, würde eine getrennte Entscheidung über den Bundes- und den Landesanteil erfolgen.
Lohnsteuer: Teile müssen an die Bundes- und Teile an die Landeskasse abgeführt werden.
Die zweite Schwierigkeit ergebe sich bei der Einkommen- und Körperschaftssteuer. Die Umsatzsteuer sei Bundessteuer und durch die Bundesverwaltung verwaltet. In vielen Fällen wäre die Einkommensteuer in Prozentsätzen des Umsatzes festgelegt. Die Schwierigkeit fiele, wenn die Bundesfinanzverwaltung die Einkommensteuer veranlage.
Die Vermögenssteuer sei Landessteuer, einmalige Vermögenssteuern dagegen Bundessteuern. Man käme also zu dem Zustand, daß das Vermögen für die allgemeine Vermögenssteuer von den Ländern verwaltet werde, während einmalige Vermögenssteuern der Bund veranlage.
Bei den Landwirten werde bis zu einer bestimmten Grenze die Steuer nach dem Einheitswert berechnet. Nach dem von den Ländern aufgestellten Einheitswert müßte dann die Bundesfinanzverwaltung die Einkommensteuern berechnen.
Über diese Schwierigkeiten sollte man nicht ohne weiteres hinweggehen. Es sei fraglich, ob bei einer so gearteten Gestaltung der Dinge eine arbeitsfähige Maschinerie entstehen könne.
Dr. Strauß trug seine Vorschläge vor, die er gestern in der Fraktion gemacht hatte, und die dort abgelehnt worden waren[22]). In diesem Zusammenhang erklärte er, der Vorschlag der SPD sei mindestens methodisch ein Fortschritt.
Er betonte u.a., die Einkommen- und Körperschaftssteuer müßte insgesamt von der Landesfinanzverwaltung verwaltet werden.
Dr. Greve: Nach den Ausführungen von Dr. Strauß könne er sich eine Reihe Ausführungen ersparen. Ihm scheine an den Strauß'schen Ausführungen viel richtig zu sein.

---

[22]) In der Sitzung der CDU/CSU-Fraktion am 22. April 1949 unterbreitete Strauß folgenden Vorschlag zur Finanzverwaltung: „Verbrauchssteuern und Zölle und zusätzlich die Umsatzsteuer dem Bundes geben. Einkommen- und Körperschaftsteuern sollen primär bei den Ländern belassen werden, und der Bund soll hiervon nur etwas bekommen, wenn er es unbedingt braucht. Zu diesen Steuern sollen dann Zuschläge erhoben werden für den Bund für die Kriegs- und Nachkriegslasten und die Sozialkosten. Das, um es dem Volke so auch klarzumachen. Man würde damit die Vorschläge Zinn (in Art. 92 des Kurzentwurfes der SPD) aufnehmen. [...] Mit diesem Vorschlag könnten wir die SPD dazu bringen, zu erklären, ob sie überhaupt noch das Grundgesetz will oder ob sie das vereinfachte Grundgesetz gemacht hat, um hier in Bonn alles zum Scheitern zu bringen." Vgl. Salzmann, S. 497 f.

Er möchte unterstreichen was Strauß gesagt habe, das Grundgesetz sei ein Experiment und wir müßten den Mut haben zu experimentieren. Dr. Höpker Aschoff liebäugele zu stark mit dem status quo. Höpker Aschoff sieht die Dinge zu stark unter den steuertechnischen, statt unter politischen Gesichtspunkten. Da wir politisch zu einem Ergebnis kommen müßten, sollten wir den Weg gehen, den Sie an sich für richtig halten, da er eine Basis ermöglicht.

[3. BERATUNG DES GRUNDGESETZENTWURFES]

[a. VORGEHENSWEISE]

Dr. Menzel: Wir haben die Aufgabe, eine politische Entscheidung zu fällen, weil das, was wir sachlich für richtig halten, nicht möglich ist. Sachliche Argumente haben daher keinen Sinn. Wir wollen daher nicht mehr lange diskutieren, wo kann man etwas nachgeben. Er schlage daher vor, die Art. einzeln bezüglich des Bundesrats und der Finanzen durchzugehen ohne uns im einzelnen bei jedem Artikel schon festzulegen.
Wir haben heute die Frage der Grundrechte[23]) nicht debattiert, sondern sind bereit, bei Art. 65[24]) anzufangen, bitte honorieren Sie dieses Entgegenkommen, daß wir bei Art. 65 anfangen.
Kaiser: Wir haben gestern besprochen, daß wir mit den Differenzpunkten mit den Alliierten beginnen. Deshalb müssen wir mit den Finanzfragen beginnen.
(Kaiser war in seinen Ausführungen sehr scharf.)
[Präs.] Dr. Adenauer: Wenn die Herren sich [nicht] einigen können, ob man beim Bundesrat oder bei den Finanzen anfangen soll, schlage ich vor, bei Art. 1 anzufangen.
Dr. Greve wies auf die Erklärungen Dr. Menzels hin.
[Präs.] Dr. Adenauer: Es würde für die CDU eine große Erleichterung bedeuten, wenn man wüßte, daß die Grundrechte keine Rolle mehr spielten.
Dr. Heuss: Die Situation sei doch so, daß man an der Frage Bundesrat anfangen müsse, denn an der Stelle brauche die SPD eine entsprechende Haltung der CDU um ihrerseits zu sehen, ob Sie in der Frage der Finanzbehandlung weiterreden könne. Die Grundrechte seien doch, das spüre man, nicht mehr in der Debatte.
Dr. Lehr: Man sehe doch, daß die Finanzfrage der leichteste Punkt sei, über den man sich einigen könne.
Dr. Schmid: Das sei eine Methode; die andere sei, den Stier an den Hörnern zu packen. Wenn die SPD auf der Finanzseite nachgeben wolle, müsse sie Klarheit auf dem Gebiet des Bundesrats haben, ob dort die Möglichkeit bestehe, durch assoziative Elemente auszugleichen. Niemand sollte in irgendeiner Einzelfrage

[23]) Die Debatte um die Grundrechte war zuletzt durch den „verkürzten“ Grundgesetzentwurf der SPD vom April 1949 aufgeworfen worden.

[24]) Mit Art. 65 begann im Grundgesetzentwurf in der 3. Lesung des HptA vom 10. Feb. 1949 der Abschnitt über den Bundesrat. Vgl. Der Parl. Rat Bd. 7, Dok. Nr. 8, S. 412. Vgl. dazu auch den SPD-Entwurf vom April 1949 ebd., Dok. Nr. 11, S. 470.

festgenagelt werden, sofern nicht der Gesamtkomplex durchgearbeitet ist. Die SPD müsse wissen, ob im Hause die Möglichkeit bestehe, zu einem Akkord zu kommen.
Schönfelder: Wir haben eine erste verbindliche Lösung über die Finanzen. Machen wir doch auch eine erste unverbindliche Lösung über den Bundesrat.
Dr. Lehr: Einverstanden.

[b. BUNDESRAT]

Bundesrat:
Art. 65, 66, keine besonderen Änderungen.
Art. 68, 69, 70 und 73 keine sachlichen Änderungen, nur Zusammenfassung.
Art. 105, 111 und 111a (Drucksache Nr. 721) sollen entfallen.
Art. 105.

Dr. Greve: Nicht sämtliche Streichungen bedeuteten Wegfall der Zustimmung des Bundesrats. Vielmehr sollte die Zustimmung des Bundesrats in den Fällen, wo sie in Frage kommen, in den entsprechenden Artikeln aufgeführt werden. Die Zustimmung des Bundesrats sei im SPD-Entwurf vorgesehen, bei dessen Art. 19, 23, 64, 91/2, 91/3.
[Präs.] Dr. Adenauer unterbricht Dr. Greve und erklärt, so komme man nicht weiter.

Zu Art. 105:
Ziff. 1 kein allgemeines Zustimmungsrecht mehr. Zustimmung nur gemäß Art. 91 Abs. 2 und 3 des SPD-Kurzentwurfs.
Ziff. 2 bleibt.
Ziff. 3–5, 5 a, 6 entfallen.
Ziff. 7 bleibt abgeschwächt erhalten.
Ziff. 9 Zustimmung des Bundesrats entsprechend Art. 19 des SPD-Entwurfs.
Ziff. 10 und 11 entfallen.
Ziff. 108 a Abs. 2 Zustimmung des Bundesrats entfällt (siehe Art. 65 SPD-Kurzentwurf).

Art. 111 gestrichen.
Art. 106 soll entsprechend Art. 64 des SPD-Kurzentwurfs geändert werden[25]).
Art. 123 Fassung entsprechend Art. 123 des SPD-Kurzentwurfs.
Art. 122 soll gestrichen werden.
Art. 122 a soll in der Fassung 3. Lesung und des Siebenerausschusses bleiben.

---

[25]) Trossmann ergänzte: „In Abs. 3 wurden Veränderungen vorgenommen." Vgl. ACDP I-052, Nr. 001/1, S. 106.

Art. 122 b soll mit 138 c-4 verbunden werden. Es soll hier die endgültige Steuerverteilung vorgenommen werden, wie bereits im Siebenerausschuß vorgesehen worden ist.

Nach dem Vorschlag, wie ihn der Kurzentwurf der SPD zu 122 b enthalte, entfalle, daß die Steuerverteilung durch ein einfaches Bundesgesetz geändert werden könne. Die Steuerverteilung stehe somit künftig unter Verfassungsschutz (Drucksache 724[26]). Neu sei, daß dem Bund die Umsatzsteuer zufalle. Der Abs. 2 des Art. 122 b gemäß Drucksache 724, entspreche den Abmachungen des Siebenerausschusses.
(Abs. 3 behandele Finanzausgleich und sehe vor, nicht nur die Leistungsfähigkeit zu berücksichtigen, sondern auch die unterschiedliche Belastung mit Ausgaben entsprechend dem CDU-Antrag).
Der Bund habe jetzt die Zuschußmöglichkeit. Es sei daher vermutlich eine Änderung entsprechend dem letzten Memorandum der Alliierten vom 22. April 1949 nötig.
Neu sei der letzte Satz des Abs. 3 des Art. 122 b, der vorsehe, daß kein Ausgleich der Steuer mit örtlich bedingtem Wirkungsbereich erfolgen solle. Diese Bestimmung diene nur zur Klärung.

Zu Art. 123: Man habe sich im großen und ganzen an die Vorschläge des Siebenerausschusses angeschlossen: Was dem Bund zufließt, soll der Bund verwalten, was den Ländern zufließt, sollen die Länder verwalten.
Bei den gemeinsamen Steuern soll die Einkommen- und Körperschaftssteuer geteilt verwaltet werden, während die übrigen Steuern von den Ländern zu verwalten seien.

[Präs.] Dr. Adenauer: Er schlage vor, wenn die Sache klar sei, eine Pause eintreten zu lassen. Das Ergebnis sei, eine starke Kürzung der Rechte des Bundesrats und eine starke Verlagerung der Einnahmen zu Gunsten des Bundes. Den Letzten bissen die Hunde und das seien die Gemeinten.
Dr. Menzel: Das könne mit dem Finanzausgleich geregelt werden.
[Präs.] Dr. Adenauer: Zunächst solle man sich über die Kernpunkte einigen und alles andere hintan stellen.
Dr. Greve protestierte gegen die Unterscheidung von Kernpunkten (Finanzfragen und Bundesrat) und den anderen Punkten. Es gäbe für die SPD neben den sogenannten Kernpunkten eine Reihe Punkte, die für die SPD ebenso wesentlich wären.
Kaiser: Er möchte doch wünschen, daß wir nicht Verstecken spielten.
Es sei klar, daß auch die CDU ihre Vorbehalte mache, ebenso wie es Zinn getan habe.
[Dr.] Heuss: Es komme darauf an, daß wir den Gouverneuren sagen könnten, in den wesentlichen Punkten sind wir einig. Ob sich dann eine Partei in dem

[26]) Vgl. PA 5/Drucks. Nr. 724. Vgl. auch Der Parl. Rat Bd. 7, Dok. Nr. 11, S. 487 f.

einen oder anderen Punkt überstimmen lasse, sei nicht so wesentlich, das sei eine Frage zweiten Ranges.

[Präs.] Dr. Adenauer: In Frankfurt sei der Differenzpunkt gewesen die Finanzen. Wenn wir eine Verständigung bekommen, müßten wir den Gouverneuren sagen, in den Finanzen sei eine Verständigung erfolgt, deshalb müßten bei den Bestimmungen über den Bundesrat die oder die Änderung erfolgen.

Dr. Schmid: Wir haben zwei Dinge zu tun, einmal das Grundgesetz vetosicher zu machen, ferner müssen wir hier im Hause auf bestimmten Gebieten noch eine Lösung finden; dies kann so oder so sein und dann werde für alle Fälle die Frage offen bleiben, ob das Gesamtresultat als akzeptabel angesehen werde oder nicht.

Dr. Strauß: Er könne die Auffassung nicht teilen, sie verschiebe den ganzen Ausgangspunkt unserer Erörterungen.

Fortsetzung der Erörterungen um 15.00 Uhr[27]).

---

[27]) Vgl. dazu Dok. Nr. 38.

Nr. 38
Interfraktionelle Besprechung
23. April 1949

PA 5/13. Maschinenschr. Durchschlag eines vom Stenographischen Dienst gefertigten Prot. vom 23. April 1949

Anwesend[1]):
CDU/CSU: Adenauer (Präs.), Kaiser, Kaufmann, Lehr, Pfeiffer, Schlör, Strauß
SPD: Greve, Menzel, Schmid, Schönfelder, Suhr, Zinn
FDP: Dehler, Höpker Aschoff
DP: Seebohm
Zentrum: Wessel

Sekretariat des Parl. Rates: Trossmann

Beginn: 15.00 Uhr[2])

[1. ERKLÄRUNG VON SCHUMACHER]

Zunächst wurde über die Erklärung Dr. Schumachers vom 23. April 1949 gesprochen[3]).

---

[1]) Eine Anwesenheitsliste liegt nicht vor. Das Verzeichnis wurde nach den protokollierten Beiträgen zusammengestellt.

[2]) Nach der Aufz. von Trossmann begann die Sitzung um 15.15 Uhr. Vgl. ACDP I-052, Nr. 001/1, S. 111 a.

[3]) In einer ungez. maschinenschr. Abschrift der dpd-Meldung vom 23. April 1949 wurde die Erklärung Schumachers folgendermaßen zusammengefaßt: „Schumacher: Der Ring gesprengt.
Das Memorandum der Alliierten vom Freitag [22. April 1949] habe den Ring gesprengt. Es sei jetzt möglich, in Bonn ein lebensfähiges Grundgesetz zu schaffen, wenn sich die Deutschen nicht versagen, erklärte Dr. Kurt Schumacher am Sonnabend zu dem Schreiben der westlichen Außenminister an den Parlamentarischen Rat. In den nächsten Tagen müsse geklärt werden, inwieweit das Verhalten der deutschen Rechten, insbesondere der CDU/CSU ein Grundgesetz ermöglichen wird. Die politische Rechte kann sich künftig nicht mehr hinter die Alliierten verschanzen, sie muß nun zeigen, wie weit es ihr mit einer den allgemeinen deutschen Interessen dienenden Lösung ernst ist. Schumacher stellte fest, das neue Memorandum sei der erste große Erfolg der entschiedenen und klaren Haltung der SPD auf ihrer Tagung am 20. April. Er fügte hinzu, die Alliierten haben den Sinn dieses Entschlusses besser als manche Deutsche erfaßt. Der erste Vorsitzende der SPD sprach zugleich die Hoffnung aus, daß das Verständnis auch in den deutschen Kreisen jetzt wachse. Die andere Hoffnung sei, daß jetzt wirklich alle Versuche von manchen Kreisen der anderen Seite unterlassen würden, den Deutschen in ihre ureigensten Angelegenheiten fortgesetzt hineinzureden. Die anderen politischen Richtungen in Deutschland müßten sich jetzt zu den sechs Grundforderungen der Hannoverschen Resolution bekennen, ohne die der Aufbau eines leistungsfähigen demokratischen Westdeutschlands nicht möglich sei. Dr. Schumacher hat in der Erklärung einleitend noch einmal die grundsätzliche politische Haltung der SPD dargelgt. Die Festigung der Demokratie in Westdeutschland und damit ihre Anziehungskraft auf den deutschen Osten sei nur durch ein geordnetes Staatswesen möglich, das den sachlichen Notwendigkeiten und den nationalen Wünschen des deutschen Volkes entspreche. Die SPD sei

Dr. Pfeiffer stellte die Frage, inwieweit die Auffassung der SPD-Fraktion sich mit der des Parteiführers decke.

Dr. Schmid gab beruhigende Erklärungen ab und erklärte seinerseits – wie er betonte, zum wiederholten Male –, daß er nicht der Meinung sei, daß die CDU/CSU alliierte Politik mache.

Dr. Suhr: Alle hier Versammelten hätten den guten Willen gezeigt, zu einer Lösung zu kommen. Dieser Wille sei auch jetzt noch vorhanden.

Kaufmann wies nochmals auf den Vorwurf hin, die CDU hätte sich hinter die alliierten Forderungen verschanzt. Derartige Vorwürfe müßten unter allen Umständen aufhören. Es müßte geklärt werden, daß derartige Vorwürfe künftig unterblieben oder daß die SPD-Fraktion davon klar abrücke.

Dr. Schmid: Er habe von der Erklärung Dr. Schumachers jetzt erst gehört. Er brauche nicht erst zu sagen, daß es ihm lieber wäre, wenn derartige Erklärungen nicht herüber und hinüber gegeben würden. Er halte es aber für nicht gerechtfertigt, daß man für die SPD-Fraktion eine Art Mithaftung ausspreche[4]).

Schönfelder: Es handele sich nicht um eine Erklärung der Parteileitung, sondern um eine Erklärung Dr. Schumachers[5]).

---

sich in Hannover darüber klar geworden, daß dieses Ziel, soweit die Auseinandersetzungen auf einer künftigen Außenministerkonferenz in Betracht komme, nur mit Hilfe einer starken und unverbrauchten deutschen Linken zu erreichen sei. Unter deutscher Linken verstehe die Sozialdemokratie allein die SPD. Die Kommunisten ständen als direkte Beauftragte der östlichen Siegermacht außerhalb des deutschen Parteisystems.

Die Sozialdemokratische Linke sei dadurch gefährdet, daß das traditionelle Sicherheitsdenken sich bei den Alliierten durchgesetzt zu haben schiene. Darum sei es notwendig gewesen, gegen den Versuch, Deutschland in einen rheinbundähnlichen Verband aufzulösen, die Notwendigkeit der festen Zusammenfassung zu betonen und sie zur entscheidenden Bedingung zu machen. Andernfalls sei die Sozialdemokratie entschlossen, mit einem eindeutigen Nein zu antworten." Vgl. BayHStA NL Pfeiffer 210.

[4]) Pfeiffer notierte an dieser Stelle die anschließenden Beiträge:
„*Kaiser:* Das ist eine Bitte des Abrückens, nicht eine Mithaftung.
Schmid: Ich habe in meinen Worten gezeigt, wie ich denke.
Kaiser: Herr Schumacher, der uns nicht kennt, kann sein Urteil nur abgeben, wenn er sehr schlecht unterrichtet ist. Das können wir uns nicht bieten lassen. Wir dürfen und müssen erwarten, daß Sie Herrn Schumacher in seine Schranken zurückweisen." Vgl. BayHStA NL Pfeiffer 219.

[5]) Pfeiffer notierte an dieser Stelle die anschließenden Beiträge:
„*Schmid:* Verweist auf Resolution vom 22. April, deutsch und deutsche Parteipolitik.
Dehler: Atmosphäre hat sich verschärft in einer Weise, die beklemmend ist. Vorbereitete Erklärung mildern und versuchen, daß wir zusammen arbeiten. Was Schmid sagt, halte ich für berechtigt.
Dehler: Die Erklärungen von außerhalb des Hauses sind immer gefährlich. Nicht jede Sitzung.
Strauß: Diese Worte sind nicht einmalig, sondern sie sind von einem bestimmten Mann an einem bestimmten Punkt gesprochen worden. Es ist die Durchführung einer bestimmten Methode, die wir noch in guter Erinnerung haben. Persönliche Diffamierung. Am Anfang in diesem Haus gute Formen der Zusammenarbeit in den Ausschüssen. Einer der prominenten Deutschen hat in dieser Weise gesprochen in geradliniger Fortsetzung der letzten Wochen und Tage." Vgl. BayHStA NL Pfeiffer 219.

Dr. Lehr verlangte, daß die SPD über diese Aussprache nach Hannover[6]) berichte mit den Anfügen, solche Dinge müßten unterbleiben[7]).

Dr. Pfeiffer: Es habe sich eine unerträgliche seelische Spannung entwickelt, die eine gedeihliche Arbeit nicht mehr zulasse. Man müßte die Gewißheit haben, daß führende Leute der SPD-Fraktion diese Dinge nicht deckten und unsere persönliche Integrität anerkennen.

Schönfelder: Wenn Schumacher[8]) sich jetzt einmal persönlich äußere, sollten wir uns davon nicht beirren lassen[9]).

Dr. Lehr sprach nochmals den Wunsch aus, daß die SPD-Fraktion ihrem Parteivorsitzenden über diese Aussprache berichte. Die CDU werde in der Öffentlichkeit nochmals auf diese Erklärung Dr. Schumachers zurückkommen müssen.

Dr. Dehler: Könnten wir hier nicht eine Erklärung abgeben, daß niemand die nationale Gesinnung des anderen anzweifele.

Dr. Strauß: Diese Erklärung müßte an den maßgebenden Satz der Schumacher-Erklärung anschließen.

Dr. Schmid: In der Erklärung komme mit keinem Wort der Vorwurf zum Ausdruck, daß die CDU fremden Interessen diene.

(Es wurde eine Pause zur Abfassung einer Erklärung eingelegt.[10]))

Nach Wiedereröffnung[11]) der Beratungen gab *Dr. Dehler* einen Entwurf bekannt, ebenso *Dr. Schmid*[12]).

---

[6]) Hannover war Sitz des Parteivorstands der SPD.

[7]) Pfeiffer notierte für den Beitrag von Lehr: „Ihm möglich war a), daß der Beleidigte herausgeht. Wenn sie noch hier sitzen, bleiben gewisse Opfer zu bringen der Sache wegen. Erwarte, daß sie die Aussprache noch Herrn [Schumacher] mitteilen, ihrem obersten Parteiführer. Sonst Unnachsicht." Vgl. BayHStA NL Pfeiffer 219.

[8]) Trossmann notierte „Dr. Schmid". Es muß aber dem Sinn nach Schumacher sein. Vgl. BayHStA NL Pfeiffer 219.

[9]) Pfeiffer notierte an dieser Stelle die anschließenden Beiträge:
„*Schmid:* Gibt zwei Fälle bekannt von Angriffen gegen ihn.
[Präs.] Adenauer geht auf Vorschlag [von] Heuss ein: [Es solle ein] Abkommen [getroffen werden], daß im Wahlkampf [zum 1. Volkstag bzw. Bundestag] keiner den Vorwurf machen dürfe gegen einen anderen wegen seiner Haltung im Parlamentarischen Rat.
Schmid: Das Beispiel wirkt sehr gut. Erklärung auf dem Düsseldorfer Parteitag.
[Präs.] Adenauer: Sie haben auf der Pressekonferenz den Herrn bemüht. Offenbare Unrichtigkeiten des Herrn Schumacher richtiggestellt hat. – Spricht Bedauern aus über das Bezirksblatt der CDU, weil unanständige Kampfesweise.
Suhr verwahrt sich gegen ersten Satz der CDU-Resolution.
Kaufmann: Kein Wort von dieser Fraktion die Rede. Nur gegen Schumacher und SPD-Parteileitung gerichtet." Vgl. BayHStA NL Pfeiffer 219.

[10]) Nach der Aufz. Pfeiffers dauerte die Pause 30 Minuten. Vgl. BayHStA NL Pfeiffer 219.

[11]) Nach der Aufz. Pfeiffers fand die Wiedereröffnung der interfraktionellen Besprechung um 17.10 Uhr statt. Vgl. BayHStA NL Pfeiffer 219.

[12]) Der Entwurf von Schmid lautete: „Die SPD-Fraktion hat es immer abgelehnt, zu Erklärungen Stellung zu nehmen, die von Nichtmitgliedern des Hauses abgegeben wurden. Sie überläßt es den Parteien, sich auseinanderzusetzten. Die SPD-Fraktion stellt fest: Keiner in diesem Hause macht einem Mitglied des Hauses den Vorwurf, von einer fremden Macht abhängig zu sein oder sich einer fremden Macht zu bedienen." Vgl. BayHStA NL Pfeiffer 210.

Dr. Greve: Er habe gegen eine Erklärung, wie sie Dr. Dehler vorgeschlagen habe, keine Bedenken, wenn sie ganz allgemein abgegeben werde.
[Präs.] Dr. Adenauer: Man solle die Erklärung am Montagabend [25. April 1949] bekanntgeben, dann sei der Zusammenhang mit der Schumacher-Erklärung nicht so sehr unterstrichen.
Kaiser: Er sei darüber erstaunt, denn die Schumacher-Erklärung werde morgen in der Presse erscheinen und über den Rundfunk gehen.
Schönfelder wandte sich dagegen, wenn man die Erklärung heute veröffentlicht.
[Präs.] Dr. Adenauer pflichtete ihm bei.
Kaiser: Wenn die Erklärung nicht heute abgegeben werde, dann haben wir Redefreiheit gegenüber Dr. Schumacher. Man müsse sich erst Gewißheit verschaffen, ob der dpd-Text die Erklärung Dr. Schumachers wirklich so wiedergebe, wie sie abgegeben worden sei[13]).
Dr. Lehr: Es sei ein versöhnlicher Wille zu Tage getreten, demgegenüber möchten wir die Nachteile, in die wir durch den Angriff gekommen sind, nochmals in Kauf nehmen und dem Präsidenten zustimmen[14]).

(Damit wurde diese Frage abgeschlossen.[15]))

[2. BERATUNG DES GRUNDGESETZENTWURFES]

[a. FINANZFRAGEN]

Dr. Lehr schlug nun vor, entsprechend einem Vorschlag Dr. Menzels nun mit den Beratungen ins Einzelne zu gehen.

---

[13]) Trossmann fügte nach dem Beitrag von Kaiser den Beitrag von Greve ein: „Es handelt sich nur um den Text der Erklärung Dr. Schumachers. Wir müssen uns erst informieren, ob die Erklärung wirklich so abgegeben wurde." Vgl. ACDP I-052, Nr. 001/1, S. 114.

[14]) Trossmann fügte an dieser Stelle ein: „*[Präs.] Dr. Adenauer* gab [die] Einladung der Stadt Bonn für die zweite Hälfte der nächsten Woche bekannt und empfahl, ihr zu folgen." Vgl. ACDP I-052, Nr. 001/1, S. 114.

[15]) Die von Dehler, Lehr und Schmid gez. Erklärung vom 24. April 1949 hatte in der endgültigen Fassung den Wortlaut: „Die zu einer interfraktionellen Sitzung zusammengetretenen Mitglieder der CDU/CSU, SPD, FDP, DP und Zentrum des Parlamentarischen Rates haben in der monatelangen Zusammenarbeit voneinander die Überzeugung gewonnen, daß sie sich in ihren Entscheidungen ausschließlich durch deutsche, von fremden Einflüssen unabhängige Erwägungen bestimmen lassen. Sie sind gewillt, in loyaler Zusammenarbeit die ihnen gestellte deutsche Schicksalsaufgabe zum besten unseres Volkes zu einem guten Ende zu führen." Der Text wurde vervielf. als PA 5/Umdruck Nr. S 49.
Am 26. April 1949 teilte Adenauer auf der Sitzung der CDU/CSU Arbeitsgemeinschaft (Parteiführung) in Königswinter mit: „Im Parlamentarischen Rat haben am Sonntag alle Fraktionen mit Ausnahme der KPD eine gemeinsame Entschließung gefaßt, die Herr Dr. Lehr, der bei der Abfassung der Entschließung beteiligt war, am besten verliest. Diese Erklärung ist gestern abend oder am späten Nachmittag [25. April 1949] der Presse übergeben worden, so daß ich glaube, wir können aus dem weiteren Verlauf der Debatte die Erwiderung auf die persönlichen Hetzereien des Herrn Schumacher weglassen." Vgl. Kaff, S. 469.

Finanzwesen: Von der CDU-Seite werde vorgeschlagen, die Richtlinien des Finanzausgleichs[16]) unter Berücksichtigung des Antrages Höpker Aschoff und unter Berücksichtigung des letzten Memorandums zu Grunde zu legen. Das sei die Auffassung der CDU, der auch Höpker Aschoff und seine Freunde wohl zustimmen und ebenso die Deutsche Partei und das Zentrum. Einigte man sich hierüber, werde die Finanzfrage ausgeräumt und es bliebe uns dann nur übrig, die Struktur des Bundesrats einer Durchsicht zu unterziehen.
Die CDU könne vom echten Bundesrat nicht abgehen, sie sei aber bereit, Vereinfachungen und Verkürzungen des Katalogs des Art. 105[17]) vorzunehmen. Damit wäre unsere Diskussion beendet und die Grundrechte würden in der alten Form bleiben. Es ergäbe sich so eine feste Richtlinie, und die SPD wüßte genau woran sie der CDU gegenüber wäre.
Dr. Greve: Die CDU sei also der Meinung, daß die SPD die Finanzvorschläge der CDU[18]), modifiziert durch den Antrag Höpker Aschoffs[19]) und das letzte Memorandum[20]), akzeptiert würden und ebenso den echten Bundesrat und daß damit die Basis für eine gemeinsame Aktion gegeben wäre. Er fragte, ob er Dr. Lehr richtig verstanden habe.
Dr. Lehr: Nein, er meine, die Lösung, wie wir sie im letzten Finanzausschuß[21]) gefunden haben unter Berücksichtigung der Vorschläge Höpker Aschoffs und des letzten Memorandums. Daneben stehe das Problem Bundesrat, wobei Prinzip sein müsse, kein Übergang vom echten zum unechten Bundesrat. Verkürzungen und Vereinfachungen seien jedoch möglich.
Zinn: Er habe den Eindruck, daß wenig Aussicht auf Verständigung bestehe, trotzdem bitte er um nähere Details. Er stelle die Frage, ob [Art.] 122[22]) fallen sollte.
Dr. Lehr: Art. 122 sei eine gute Deklamation, er störe niemand. Sei es daher nicht zweckmäßig, diese gute Deklamation zu lassen?
Dr. Höpker Aschoff schlug vor, die Frage des Art. 122 offen zu lassen. Er fuhr fort: [Art.] 122 a[23]): Hier beständen keine Meinungsverschiedenheiten. Im Abs. 2 komme nur hinzu, was im Siebenerausschuß hinzugesetzt worden sei[24]).

---

[16]) Trossmann schrieb: „Finanzausschusses". Vgl. ACDP I-052, Nr. 001/1, S. 114.

[17]) Vgl. die Vorschläge des Fünferausschusses vom 28. Feb. 1949. Der Parl. Rat Bd. 7, Dok. Nr. 9, S. 450 f.

[18]) Vgl. den Antrag der CDU/CSU-Fraktion vom 6. April 1949 in: PA 5/Drucks. Nr. 686. Vgl. dazu auch Dok. Nr. 35.

[19]) Vgl. den Antrag von Höpker Aschoff vom 15. April 1949 zur Änderung der Art. 122, 122 a, 122 b, 122 c und 123 in: PA 5/Drucks. Nr. 698.

[20]) Vgl. das Memorandum der MilGouv. vom 2. März 1949. Der Parl. Rat Bd. 8, Dok. Nr. 47, S. 131–144.

[21]) Vgl. das Prot. der 20. Sitzung des Finanzausschusses am 7. April 1949 in: PA 5. Vgl. auch das Kurzprot. in: PA 5/Drucks. Nr. 696.

[22]) Vgl. den Grundgesetzentwurf in der 3. Lesung des HptA vom 10. Feb. 1949 in: Der Parl. Rat Bd. 7, Dok. Nr. 8, S. 433.

[23]) Vgl. den Grundgesetzentwurf in der 3. Lesung des HptA vom 10. Feb. 1949. Der Parl. Rat Bd. 7, Dok. Nr. 8, S. 433.

[24]) Vgl. den Vorschlag des Siebenerausschusses vom 17. März 1949. Der Parl. Rat Bd. 7, Dok. Nr. 10, S. 460.

Art. 122 b[25]): Die Einkommen- und Körperschaftssteuer sowie die Umsatzsteuer müßten einheitlich verwaltet werden, weil bei gewissen Gruppen die Einkommen- und Körperschaftssteuer nach dem Umsatz berechnet werde und bei anderen Gruppen nach dem Einheitswert.
Gewerbesteuer: Der Gewerbeertrag bestimme sich nach dem Einkommen- und Körperschaftssteuergesetz. Wer zur Einkommen- und Körperschaftssteuer veranlagt ist, werde in der Praxis auch zur Gewerbesteuer veranlagt.
Ein Chaos entstehe, wenn man an diesen Dingen nicht festhalte. Wo die Landesfinanzverwaltung Steuern für den Bund verwalte, solle die Veranlagung und die Einziehung durch die Landesfinanzverwaltung erfolgen, die Anteile für den Bund müßten jeweils laufend an die Bundeskasse abgeführt werden.
Die SPD möge das als magere Zugeständnisse betrachten, aber sie müsse anerkennen, daß er mit dem Versuch, die Landesfinanzverwaltung als Auftragsverwaltung aufzuziehen, das Möglichste herauszuholen versucht habe. Erkenne das die CDU an, sei doch ein erheblicher Schritt vorwärts getan.
Von der Notwendigkeit einer verständigen und sauberen Finanzverwaltung sei er so überzeugt, daß man den Standpunkt der Administration nicht beiseite schieben könne. Man könne nicht 15 bis 16 Milliarden Steuern herausholen ohne eine vernünftige Verwaltung. Es sei aus politischen Gründen nicht zu verantworten, die Finanzverwaltung in der vorgeschlagenen[26]), nachdem wir die Bundesfinanzverwaltung nicht haben können.
Dr. Greve: Wir müßten uns darüber unterhalten, ob das, was vorgeschlagen worden ist, im politischen System von dem abweicht, was Dr. Höpker Aschoff vorgeschlagen habe. Ergäben sich dabei keine wesentlichen Unterschiede, dann könnten wir uns unter Umständen über finanztechnische Fragen unterhalten. Zunächst seien aber die politischen Dinge primär. Die SPD habe vorgeschlagen, ein Gesetzgebungspaket den Ländern zu geben und eines dem Bund; nur Einkommen- und Körperschaftssteuer sollten gemeinsam sein.
Dr. Menzel: Wenn die Umsatzsteuer zu einer gemeinsamen Steuer gemacht werden soll, dann käme man bei der Verwaltung in Schwierigkeiten. Die SPD wollte hier die Frage der Verwaltung klar haben. Die Frage sei, wie man politisch zusammenkomme. Die SPD glaube, das Problem vereinfache sich, wenn die Umsatzsteuer beim Bund sei, weil diese dann die Verwaltung habe.
Schlör: Wir dürften nicht etwas schaffen, was von vornherein unmöglich sei, daher sei die politische Frage eine technische.
[Präs.] Dr. Adenauer: Er könne nur feststellen, daß keine Übereinstimmung festzustellen sei.
Dr. Lehr schlug einen kleinen Vorschuß[27]) vor, der an Hand von Grundsätzen einen Vorschlag ausarbeiten solle. Jetzt sollte man nur die Richtlinien festlegen.

---

[25]) Vgl. den Grundgesetzentwurf in der 3. Lesung des HptA vom 10. Feb. 1949. Der Parl. Rat Bd. 7, Dok. Nr. 8, S. 433.

[26]) Trossmann ergänzte an dieser Stelle: „Weise aufzuspalten. Es ist eine hochpolitische Frage, ob wir künftig eine vernünftige Finanzverwaltung haben. Er sähe keinen anderen Weg als den von ihm vorgeschlagenen." Vgl. ACDP I-052, Nr. 001/1, S. 117.

[27]) Trossmann richtig: „Ausschuß".

Zinn unterstützte diesen Vorschlag, da man sich dann auf Richtlinien einigen kann, ohne sich über die Frage der praktischen Durchführung unterhalten zu müssen.
Dr. Schmid: Er möchte noch weiter gehen: Könne man nicht die Finanzbestimmungen kürzen und allgemeiner fassen und alles herauslassen, was in ein Steuergesetz gehöre?
Wäre es nicht möglich, etwas hereinzuschreiben, was in dem Manifest von gestern stehe[28]); etwas näher ausgeführt und dann die Dinge der Gesetzgebung überlassen? Er glaube, man käme dadurch aus vielen Schwierigkeiten heraus. Auch er unterstütze den Antrag Lehr.
Zinn schlug vor, festzulegen, welche Steuererträge dem Bund und welche den Ländern gehören sollen und welche gemeinsam sind. Außerdem solle man festlegen, was dem Bund gehöre, werde vom Bund verwaltet, was den Ländern gehöre, werde von diesen verwaltet.
Dr. Lehr: Über die Gesetzgebung sei man einig. Verhältnismäßig rasch werde man einig sein über die Verteilung der Steuern; die Schwierigkeiten stünden bei der Verwaltung. Diese ließen sich nicht in diesem großen Kreis so schnell lösen.
Dr. Seebohm: Die Spitze für den Ausgleich müsse möglichst eng eingegabelt werden.

(Für den Unterausschuß[29]) wurden vorgeschlagen: Dr. Strauß, Schlör, Dr. Höpker Aschoff, Dr. Menzel, Dr. Seebohm, Dr. Greve.)

[b.] BUNDESRAT

Dr. Lehr: Es dürfe kein Wechsel vom echten zum unechten Bundesrat stattfinden. Die CDU/CSU könne auf den echten Bundesrat nicht verzichten, wohl aber könne sie Wünschen Rechnung tragen, daß die Rechte des Bundesrats der veränderten Situation angepaßt würden und zwar durch Verkürzung und Vereinfachung der Bestimmungen.
Auch hier wäre es richtig, einen Ausschuß einzusetzen.
[Präs.] Dr. Adenauer: Während der Bundesrat bisher im wesentlichen eine adäquate Stellung gehabt habe und er nach den Vorschlägen der SPD nunmehr

[28]) Am 22. April 1949 übermittelten die MilGouv. die Mitteilung der Außenmin. von Frankreich, Großbritannien und den Vereinigten Staaten, daß „auf dem Gebiet der Finanzen" „jede vom Parlamentarischen Rat vorgeschlagene Bestimmung wohlwollende Würdigung" zugesichert werde. Weiter hieß es: „Schließlich sind die Außenminister bereit, einen Vorschlag zu erwägen, der die Bundesrepublik berechtigt, aus ihren eigenen Einkünften durch die Gewährung von Zuschüssen für Zwecke der Erziehung, des Gesundheitswesens und der Wohlfahrt Leistungen zu ergänzen, welche die Länder aus Einkünften aus den von ihnen auferlegten und erhobenen Steuern erbringen. Diese Zuschüsse bedürfen in jedem Einzelfall einer ausdrücklichen Zustimmung des Bundesrates." Vgl. Der Parl. Rat Bd. 8, Dok. Nr. 71, S. 244.

[29]) Zum interfraktionellen Unterausschuß „Finanzwesen" vgl. Dok. Nr. 39.

ausnahmsweise diese Stellung haben solle, sei man bereit, sich in der Mitte zu treffen.

Dr. Zinn: Haben Sie konkrete Vorstellungen?

Dr. Lehr: Wenn im Bundesrat eine bestimmte qualifizierte Mehrheit erforderlich sei, müßte im Bundestag ebenfalls eine entsprechende qualifizierte Mehrheit für die Überwindung des Vetos des Bundesrats vorgesehen werden.

Daß bei besonders wichtigen Gesetzesänderungen bestimmte qualifizierte Mehrheiten notwendig sind, würde die SPD der CDU wohl auch zugestehen.

In den landläufigen Fällen, die nichts besonderes an sich haben, aber im einzelnen Gesetz etwas besonderes an sich haben können, müßte für die CDU nach unten die Weimarer Verfassung die Grenze sein. Unter diese könnte die CDU nicht heruntergehen. Im übrigen könnte man mit der SPD diskutieren, wo sie einen Ausgleich haben müsse. Es sei ein besonderes Kriterium des Bundesrats gewesen, daß er weitgehende Befugnisse auf dem Gebiet der Verwaltung hatte. Man könnte dieses Gebiet einmal sachlich überprüfen. Vielleicht brauchten die Rechte hier nicht soweit gehen, denn im Bundesrat fände sich eine eigenartige Vermischung von Gesetzgebung und Verwaltung.

Dr. Schmid: Mit allgemeinen Qualifizierungen komme man nicht weiter.

Dr. Dehler warf die Frage des Senats wieder auf[30]).

Dr. Lehr ging hierauf nicht ein und erklärte, daran könne man bei der nächsten Gesetzgebung denken[31]).

[Präs.] Dr. Adenauer: Er schlage für den Ausschuß, der die Frage Bundesrat behandeln solle, die Herren Dr. Laforet, Kaufmann, Dr. Dehler, Zinn und Dr. Katz vor.

Dr. Höpker Aschoff: Dieser Ausschuß müßte sich auch mit der Frage der Bundespolizei befassen[32]).

[c. GRUNDRECHTE UND KIRCHENFRAGEN]

Dr. Lehr: Er schlage vor, man solle sich nunmehr von den Grundrechten absetzen.

(Dagegen wurde seitens der SPD Widerspruch erhoben.)

Dr. Greve erklärte: Wir müssen, wenn unsere Ausschüsse[33]) fertig sind, wieder zusammenkommen, um die übrigen Dinge zu besprechen.

Zinn: Um kein Mißverständnis aufkommen zu lassen müsse er erklären: Mit den beiden Punkten (Finanzen und Bundesrat) seien nicht alle Dinge im übrigen begraben.

Dr. Lehr: Daß die Grundrechte bleiben müssen, sei unumstößlicher Standpunkt der CDU/CSU. Was habe die SPD demgegenüber vorzuschlagen?

---

30) Pfeiffer notierte aus Dehlers Beitrag: „Der Senatsgedanke hat keine Freunde mehr.“ Vgl. BayHStA NL Pfeiffer 219.

31) Pfeiffer notierte aus Lehrs Beitrag: „Bei der nächsten Revision erinnere ich Sie daran.“ Vgl. BayHStA NL Pfeiffer 219.

32) Zum interfraktionellen Unterausschuß „Bundesrat“ vgl. Dok. Nr. 40.

33) Besser: Unterausschüsse.

Zinn: Er habe folgenden Eindruck: Über die kultur- und kirchenpolitischen Fragen sei eine Einigung nicht möglich, wenn man die beiderseitigen Erklärungen betrachte. Er glaube nicht an eine Einigungsmöglichkeit.
Heute Nachmittag sei ihm der Gedanke gekommen, wenn wir uns schon nicht einigen könnten, warum sollten wir uns nicht überlegen, auf ein Kompromiß zurückzugehen, das vor 1933 geschlossen worden sei. Er könnte sich vorstellen, es wäre eine für alle vertretbare Lösung, wenn man sich generell auf die Weimarer Verfassung zurückzöge bezüglich der kirchenpolitischen und Schulbestimmungen. Also: Wir sollten erklären, es sollte maßgebend sein, der Status von 1933, so wie wir es bei den Kirchenartikeln getan haben.
Das Reichskonkordat bleibt ausgeschlossen (da es aus dem Jahre 1933[34]) ist).
Dr. Dehler: Das läßt sich hören.
Dr. Strauß: Er fühlte sich nicht dazu berufen, im Augenblick zu diesen Vorschlägen Stellung zu nehmen[35]).
[Präs.] Dr. Adenauer zu Zinn: Sie sagten, dies wäre ein rein persönlicher Vorschlag Ihrerseits; nehmen Sie an, daß er auch bei Ihren Freunden Zustimmung finden wird.
Zinn: Wollen wir uns nicht auf das einigen, worauf sich unsere Väter schon geeinigt haben?
Dr. Lehr: Der Zinn'sche Vorschlag würde wesentlich verbessert, wenn er als Stichtag das Jahr 1934 nähme.
Zinn: Nein, das bedeute: Anerkennung des Reichskonkordats. Die Bestimmung, die jetzt aufgenommen worden sei, habe sächlich keine große Bedeutung.
Dr. Lehr fragte Zinn, ob er bereit wäre, diese Bestimmung als Übergangsbestimmung zu übernehmen.
Zinn: Man könne in diesem Grundgesetz nichts aussagen über die rechtliche Gültigkeit des Reichskonkordats, man könne nur etwas sagen über seine innerstaatliche Geltung. Die völkerrechtliche Geltung müsse von der Bundesregierung oder den Länderregierungen klargestellt werden. Die Frage des innerdeutschen Staatsrechts solle man doch der Bundesgerichtsbarkeit überlassen. Es sei nicht richtig, diese innerlich unwahre Bestimmung zu übernehmen.
Frau Wessel zu Zinn: Bezüglich des Reichskonkordats würden Sie den status quo hinnehmen? Das Reichskonkordat gelte ja zur Zeit.
Zinn zu Frau Wessel: Sie möchte sich das Reichskonkordat bitte erst einmal ansehen und darauf achten, was daran überhaupt essentiell sein könne und was ohnehin geltendes Recht sei. Dann bleibe verhältnismäßig wenig übrig.
[Präs.] Dr. Adenauer schlug eine kurze Unterbrechung der Verhandlungen vor.
Dr. Schmid: Das Reichskonkordat gehöre zur Zuständigkeit der Länder. Es sei also Sache der Länder zu fragen, inwieweit sie dieses Konkordat als für sie maßgebend ansehen wollten. Er nähme an, daß man weithin, wenn nicht allge-

---

34) Vorlage: „1934".
35) Pfeiffer notierte, daß Strauß mit Blick auf die Konkordate für die Länder Hessen und Bayern eine eingehendere Untersuchung gefordert habe. Vgl. BayHStA NL Pfeiffer 219. Strauß kann allenfalls die Konkordate mit Bayern vom 29. März 1924, Preußen vom 14. Juni 1929 und Baden vom 12. Okt. 1932 gemeint haben.

mein, es als modus vivendi betrachten werde. Es mag sein, daß sich an diesem Zustand ein Rechtsstreit anknüpfe, der vor dem Verfassungsgerichtshof auszufechten sei. Es sei doch nirgend in der Welt so, daß ein völkerrechtlicher Vertrag zum Inhalt einer Verfassung gemacht werde, daran habe doch bisher niemand gedacht.

(Es trat nun eine kurze Unterbrechung der Beratungen ein.[36]))

[Präs.] Dr. Adenauer: Der Vorschlag Zinn werde einer ernsten Nachprüfung unterzogen.

(Im Anschluß daran würde über die Kommission für Frankfurt[37]) gesprochen.[38]))

---

[36]) Nach der Mitschr. von Pfeiffer dauerte die Unterbrechung von 17.50 Uhr bis 18.20 Uhr. Vgl. BayHStA NL Pfeiffer 219.

[37]) Zur Besprechung mit den MilGouv. am 25. April 1949 in Frankfurt vgl. Der Parl. Rat Bd. 8, Dok. Nr. 73, S. 248–259.

[38]) Pfeiffer notierte von der Schlußdebatte:
„*[Präs.] Adenauer:* Verstärkung der Delegation.
Menzel: Wenn wir so viele Leute sind, dann [sollte man] lieber auch [durch] den Hauptausschuß [einen Beschluß herbeiführen].
Greve schlägt vor 6 + 6 + 2 + 1 + 1 + Präsident = 17 Personen.
Suhr: Man kann dann nicht einen Mann ausschließen.
(Frankfurter Hauptbahnhof 13 Uhr. Montag [den 25. April 1949] 1/2 9 Uhr hier zusammenkommen.)
Heuss: Ist dagegen, daß die Vertreter der Kirchen nochmal gefragt werden.“ Vgl. BayHStA NL Pfeiffer 219.

Nr. 39
Ergebnisse des interfraktionellen Unterausschusses „Finanzwesen“ 23. April 1949

PA 5/13. Ungez. maschinenschr. Durchschlag einer vom Stenographischen Dienst gefertigten Aufz. vom 23. April 1949

ERGEBNISSE DER BERATUNGEN DES UNTERAUSSCHUSSES „FINANZWESEN“[1])

I. GESETZGEBUNG

Artikel 122 a unverändert gemäß den gleichlautenden Anträgen der CDU und SPD[2]).

II. AUFTEILUNG DER STEUERN

zwischen Bund und Ländern und Verwaltung stehen mit Rücksicht auf die Haltung der Besatzungsmächte in einem engen Zusammenhang. Beide Fragen sind daher gemeinsam erörtert.

Die Zölle, die Monopole, die Verbrauchsteuern mit Ausnahme der Biersteuer, die Beförderungssteuer und die einmalige Vermögensabgabe für den Lastenausgleich sollen unter allen Umständen dem Bund ganz zufallen.

Die Biersteuer, die Verkehrssteuer mit Ausnahme der Beförderungssteuer, die Vermögenssteuer und die Erbschaftssteuer sowie die Realsteuern sollen unter

---

1) Der interfraktionelle Unterausschuß war während der interfraktionellen Besprechung am Nachmittag des 23. April 1949 eingesetzt worden. Ihm gehörten an: Strauß, Schlör (CDU/CSU), Menzel, Greve (SPD), Höpker Aschoff (FDP) und Seebohm (DP). Vgl. Dok. Nr. 38, S. 160.

2) Der Art. 122 a (Gesetzgebung) lautete in der Fassung des Antrags der CDU vom April 1949:
„(1) Der Bund hat die ausschließliche Gesetzgebung über die Zölle und Finanzmonopole.
(2) Der Bund hat die konkurrierende Gesetzgebung über
1. die Verbrauch- und Verkehrsteuer, mit Ausnahme der Steuern mit örtlich bedingtem Wirkungskreis, insbesondere der Grunderwerbsteuer, der Wertzuwachssteuer und der Feuerschutzsteuer,
2. die Steuern vom Einkommen, Vermögen, von Erbschaften und Schenkungen,
3. die Realsteuern mit Ausnahme der Festsetzung der Hebesätze, wenn er die Steuern ganz oder zum Teil für die Deckung von Bundesausgaben in Anspruch nimmt oder die Voraussetzungen des Art. 34 c Abs. 2 vorliegen.
(3) Bundesgesetze über Steuern, deren Aufkommen den Ländern oder den Gemeinden (Gemeindeverbänden) ganz oder zum Teil zufließt, bedürfen der Zustimmung des Bundesrates.“ Vgl. die undat. Aufz. vom April 1949: ACDP I-071, Nr. 021/5. Vgl. auch die Fassung vom 2. bis 5. Mai 1949 in: Der Parl. Rat Bd. 7, Dok. Nr. 12, S. 523.

allen Umständen den Ländern ganz zufallen, ebenso natürlich die kleinen Steuern mit örtlich bedingtem Wirkungsbereich.
Dann würde die Verwaltung der Zölle, Monopole und Verbrauchsteuer sowie die Beförderungssteuer den Bundesbehören zufallen. Die Verwaltung der Verkehrssteuer mit Ausnahme der Beförderungssteuer, der Vermögens- und Erbschaftssteuer, der Realsteuern und der Steuern mit örtlich bedingtem Wirkungsbereich [würde] den Landesbehörden mit den vorgesehenen Kautelen zugunsten des Bundes übertragen werden.

Für die Aufteilung und Verwaltung der Umsatzsteuer und der Einkommen- und Körperschaftssteuer vermag der Unterausschuß einen einheitlichen Vorschlag nicht zu machen.
Folgende Möglichkeiten sind erörtert:

I. Beide erhalten Anteile an der Umsatzsteuer und der Einkommen- und Körperschaftssteuer. Dabei wäre es möglich, den Anteil des Bundes an der Umsatzsteuer auf 70 % zu erhöhen wie früher, um dem Bund die Möglichkeit zu geben, gemäß dem letzten Memorandum[3]) Zuschüsse für das Schulwesen, Gesundheit und Wohlfahrt zu gewähren. Dann würde die Verwaltung der Umsatzsteuer nach der Haltung der Besatzungsmächte den Landesbehörden zufallen. Die Verwaltung der Einkommen- und Körperschaftssteuer könnte geteilt werden; eine solche Teilung der Verwaltung erscheint aber der Mehrheit des Unterausschusses aus technischen Gründen undurchführbar.

II. Der Bund erhält die Umsatzsteuer ganz und außerdem das Recht, im Bedarfsfall einen Teil der Einkommen- und Körperschaftssteuer durch Bundesgesetz in Anspruch zu nehmen. Dann könnte nach der Haltung der Besatzungsmächte die Verwaltung der Umsatzsteuer dem Bund übertragen werden.
Aber auch dann ergeben sich technische Schwierigkeiten[4]).

---

[3]) Zum Memorandum der MilGouv. vom 2. März 1949 vgl. Der Parl. Rat Bd. 8, Dok. Nr. 47, S. 137–144.

[4]) Für den Text der Artikelentwürfe des Unterausschusses vgl. Dok. Nr. 45.

Nr. 40
Ergebnisse des interfraktionellen Unterausschusses „Bundesrat"
23. April 1949

PA 5/13. Ungez. maschinenschr. Durchschlag einer vom Stenographischen Dienst gefertigten Aufz. vom 23. April 1949

BERICHT DES UNTERAUSSCHUSSES
FÜR DIE ZUSTÄNDIGKEITEN DES BUNDESRATS[1])

1. Die Art.[2]) 101 Abs. 1 (105), 106 (111) und 108 (111 a) fallen fort.
2. Art. 101 (105) Abs. 2 und Abs. 3 bleiben mit der Maßgabe bestehen, daß es in Abs. 3 (jetzt Abs. 2) heißt:
   „Für den Bereich der Gesetzgebung über Gegenstände, für die Zustimmung des Bundesrats erforderlich ist, wird ...".
3. Es besteht Einverständnis darüber, daß die Zustimmung des Bundesrats erforderlich ist für Bundesgesetze,
   a) über Steuern, deren Aufkommen den Ländern oder Gemeinden (Gemeindeverbänden) ganz oder zum Teil zufließt,
   b) über die Aufteilung der Bundessteuern auf Bund und Länder (Finanzausgleich),
   c) durch die Bestimmungen über die Errichtung der Behörden und das Verwaltungsverfahren in den Ländern erlassen werden,
   d) durch die in den durch dieses Grundgesetz zugelassenen Fällen der Bundesregierung die Befugnis verliehen wird, Einzelanweisungen zu erteilen.

   Diese Fälle werden gesetzestechnisch in die einschlägigen Art. eingebaut werden.
4. Die Frage der Zustimmung des Bundesrats zu Gesetzen, durch die der Gebietsbestand eines Landes berührt wird, wird im Rahmen der Neufassung dieses Art. geregelt werden.
5. Ebenso wird die Frage der Zustimmung des Bundesrats über die Zusammenarbeit der Länder in der Kriminalpolizei und die Einrichtung eines

[1]) Der interfraktionelle Unterausschuß wurde während der interfraktionellen Besprechung am Nachmittag des 23. April 1949 eingesetzt. Ihm gehörten an: Laforet, Kaufmann (CDU/CSU), Zinn, Katz (SPD) und Dehler (FDP). Vgl. Dok. Nr. 38, S. 161. Katz trug noch am 23. April 1949 um 21.30 Uhr in einer interfraktionellen Besprechung, über die keine Aufz. zu ermitteln war, die hier abgedruckte Einigung vor. Vgl. die Aktennotiz in PA 5/13 und BA Z 5/Anhang 12, Bl. 26. Für den Text der Artikelentwürfe des Unterausschusses vgl. Dok. Nr. 45.

[2]) Die Angaben zu den Artikeln beziehen sich – soweit nicht anders angegeben – auf den Vorschlag des Fünferausschusses vom 28. Feb. 1949. Vgl. Der Parl. Rat Bd. 7, Dok. Nr. 9, S. 450–452.

Bundeskriminalamtes im Zusammenhang mit den neuen Anregungen über die Regelung der Polizei des Bundes verabschiedet werden.

6. In Art. 105 Abs. 2 (108 a) heißt es im letzten Halbsatz folgendermaßen: „... sowie Rechtsverordnungen auf Grund von Bundesgesetzen, die der Zustimmung des Bundesrats bedürfen oder die von den Ländern im Auftrage des Bundes oder als eigene Angelegenheit ausgeführt werden."

7. In Art. 114 Abs. 3 Satz 2 (116) heißt es im letzten Halbsatz[3]): „..., es können bei dringendem Bedarf bundeseigene Mittel- und Unterbehörden mit Zustimmung der Mehrheit der Mitglieder des Volkstags und des Bundesrats errichtet werden.[4])"

---

[3]) Der Art. bezieht sich auf den Grundgesetzentwurf der 3. Lesung des HptA vom 10. Feb. 1949. Vgl. Der Parl. Rat Bd. 7, Dok. Nr. 8, S. 431.

[4]) Gegen den Vorschlag des Unterausschusses meldeten am 24. April 1949 die CSU-Abg. Laforet, Pfeiffer und Schlör „ausdrücklich" folgende „Vorbehalte" an:
„I. Die Bestimmungen in Art. 116 Abs. 3 Satz 2 über die Errichtung bundeseigener Mittel- und Unterbehörden kann die Handhabe bieten, den Grundsatz der Ausführung der Gesetze durch die Länder (Art. 112-1) zu durchbrechen. Daher kommt dieser Bestimmung eine besondere politische Bedeutung zu. Wir halten die Streichung dieses Satzes für die wünschenswerteste Erledigung dieser Frage. Dieser Satz lautet: ‚Erwachsen dem Bund auf Gebieten, für die ihm die Gesetzgebung zusteht, neue Aufgaben, so können bei dringendem Bedarf bundeseigene Mittel- und Unterbehörden mit Zustimmung des Volkstags und der Mehrheit der Stimmen des Bundesrats errichtet werden'. Sollte die Streichung nicht erfolgen, so halten wir es für unerläßlich, daß die Vorschriften einer Zweidrittel-Mehrheit für die Zustimmung des Bundesrats erhalten bleibt.
II. In Art. 108 a Abs. 2 halten wir es für sehr bedenklich, daß es durch die Einschließung der Worte ‚vorbehaltlich anderweitiger Bundesgesetzlicher Regelung' ermöglicht wird, durch einfaches Bundesgesetz von Bestimmungen der Verfassung abzuweichen. Wir vertreten den Grundsatz, daß die Länder bei der Schaffung der Ausführungsvorschriften mitzuwirken haben, wenn die Bundesgesetze von den Ländern ausgeführt werden. Gerade auf diesem Gebiet muß die gesammelte Verwaltungserfahrung der Länder zur Auswirkung gebracht werden.
III. Zu den vorgeschlagenen Einzelheiten für die Ersetzung des Abs. 1 von Art. 101 (105) bemerken wir:
1. Wir sehen die Beibehaltung einer Bestimmung über die Zustimmung des Bundesrats bei Bundesgesetzen, durch die neue, bisher nicht ausgenutzte Steuerquellen erschlossen werden, als notwendig an. Daher beantragen wir, die vom Hauptausschuß in 3. Lesung als Ziff. 1 in Abs. 1 des Art. 105 beschlossene Fassung wiederherzustellen, nämlich: ‚über Steuern, deren Aufkommen den Ländern oder Gemeinden (Gemeindeverbänden) ganz oder zum Teil zufließt sowie Gesetze, durch welche neue, bisher nicht ausgenutzte Steuerquellen, erschlossen werden'.
Diese Bestimmung ist an einer entsprechenden Stelle des Abschnittes über das Finanzwesen einzusetzen. Der Vorschlag der Ziff. 3 b des Berichtes des Unterausschusses über die Änderung der Art. 112-2 Abs. 1 und Art. 113 Abs. 1 und die Änderung des Artikels 112-2 Abs. 5 stehen noch aus.
2. Der Unterausschuß war sich darüber einig, den Abs. 1 von Art. 101 wegfallen zu lassen, aber einige in Ziff. 3 seines Berichtes vom 23. April 1949 genau festgelegten Fälle gesetzestechnisch in die einschlägigen Artikel einzubauen. Dieses ist für Buchstabe c) und d) noch nicht geschehen.
3. Wir behalten uns weiter vor zu beantragen, daß auch Art. 116 Abs. 3 Satz 1 den Zusatz erhält. ‚Das Bundesgesetz bedarf der Zustimmung des Bundesrats'." Vgl. ACDP I-071 Nr. 021/5 und ebd. Nr. 026/3.
Für den Text der Artikelentwürfe des interfraktionellen Unterausschusses vgl. Dok. Nr. 45.

Nr. 41
Interfraktionelle Besprechung
24. April 1949

PA 5/13. Ungez. maschinenschr. Ausf. eines vom Stenographischen Dienst gefertigten Prot. vom 24. April 1949[1])

Anwesend[2]):
CDU/CSU: Adenauer (Präs.)
SPD: Greve, Menzel[3]), Zinn
FDP: Heuss
Sekretariat des Parl. Rates: Trossmann

Beginn: 10.00 Uhr

Dr. Greve: In Art. 115[4]) solle die Zustimmung des Bundesrats [ent]fallen.
Art. 117 Abs. 2: Vertreter der Bundeseisenbahn und der Bundespost bei den Länderregierungen seien nicht angängig.
Über [Art.] 118 Abs. 3 und 4 müßte noch einmal verhandelt werden[5]).
Zinn: Wie[s] auf den Art. 57 des SPD-Kurzentwurfs hin (konkurrierende Gesetzgebung)[6]). Die geänderte Fassung solle sicherstellen, daß die Anrufung des Bundesverfassungsgerichtshofes ausgeschlossen sei, wenn der Bund das Recht der Gesetzgebung hier in Anspruch nehme.
Dr. Greve erklärt nochmals ausdrücklich, daß die Grundrechte noch als eine offene Materie anzusehen seien.
[Präs.] Dr. Adenauer: Abgesehen von den Kultur- und Kirchenfragen, wollten wir uns jetzt nicht mit den Grundrechten befassen.
Dr. Heuss wirft die Frage der Änderung des Grundgesetzes auf unter Hinweis auf die entsprechende Bestimmung im SPD-Kurzentwurf[7]).
Dr. Greve wies nochmals auf die Frage der Grundrechte hin. Er sprach sich dagegen aus, daß die Frage der Grundrechte zurückgestellt würde bis nach Frankfurt[8]) oder bis zum Plenum. Ebenso sei die Frage der wohlerworbenen Beamtenrechte eine Frage für die SPD, die noch geklärt werden müsse[9]).

---

1) Vgl. dazu die Aufz. von Trossmann in: ACDP I-052, Nr. 001/1, Bl. 124.
2) Eine Anwesenheitsliste liegt nicht vor. Das Verzeichnis wurde nach den protokollierten Beiträgen zusammengestellt.
3) Vgl. Anm. 5.
4) Die Zählung der Art. bezieht sich auf den Grundgesetzentwurf der 3. Lesung des HptA vom 10. Feb. 1949. Vgl. Der Parl. Rat Bd. 7, Dok. Nr. 8, S. 396–444.
5) Diesen Satz schrieb Trossmann dem Abg. Menzel zu. Vgl. ACDP I-052, Nr. 001/1, Bl. 124.
6) Vgl. den SPD-Entwurf vom April 1949. Der Parl. Rat Bd. 7, Dok. Nr. 11, S. 468.
7) Vgl. Art. 103 und 104 des SPD-Entwurfes vom April 1949. Der Parl. Rat Bd. 7, Dok. Nr. 11, S. 479.
8) Gemeint war nach der bevorstehenden Besprechung mit den MilGouv. am 25. April 1949 in Frankfurt. Vgl. dazu das Prot. in: Der Parl. Rat Bd. 8, Dok. Nr. 73, S. 248–259.
9) Bei Trossmann findet sich noch der Hinweis: „Für 15.00 Uhr wird eine neue interfrak-

Nr. 42
Interfraktionelle Besprechung
24. April 1949

PA 5/13. Ungez. maschinenschr. Durchschlag eines vom Stenographischen Dienst gefertigten Prot. vom 24. April 1949[1])

Anwesend[2]):
CDU/CSU: Kaufmann, Laforet, Pfeiffer
SPD: Greve, Menzel, Schmid
Sekretariat des Parl. Rates: Trossmann

Beginn: 14.30 Uhr

Dr. Pfeiffer erhob Bedenken bezüglich der vorgeschlagenen Bundesratslösung. Insbesondere könne er mit der vorgeschlagenen Fassung des Art. 116 Abs. 3 Satz 2[3]) nicht einverstanden sein, ferner dürfe die Ziff. 2 des Art. 105 [Abs. 1] nicht fehlen[4]).
Er könne sich jetzt nicht fest binden, da sonst zu große Schwierigkeiten entstünden.
Dr. Greve: Es gehe nicht an, daß im Gesamtkomplex der hier zur Erörterung stehenden Fragen nachträglich etwas geändert werde. Wenn wir uns hier in den drei Punkten: Grundrechte, Kompetenzabgrenzung des Bundesrats und Finanzen geeinigt hätten, mit der Möglichkeit in nicht essentiellen Fragen Modifikationen vorzunehmen, könne nicht im Hauptausschuß oder im Plenum versucht werden, nachträglich wieder Änderungen herbeizuführen.
Dr. Laforet: Es liegt eine Bindung vor, es könne kein wesentliches Stück mehr herausgebrochen werden. Wir bemühten uns, die Einigung zu vertreten, aber wir müßten unsere Vorbehalte anmelden, damit keine Unklarheit entstehe.
Dr. Menzel: Er sei sich über den Umfang der Vorbehalte nicht im klaren.
Dr. Schmid: Vielleicht könnten die Herren ihre Vorbehalte formulieren.
Kaufmann: Man solle über die für Bayern besonders schwierige [Frage des] Art. 116 Abs. 3 Satz 2 – Zweidrittelmehrheit des Bundesrats – noch einmal reden. Für uns sei die Frage gleichgültig, für Bayern besonders wichtig. Wenn man den Bedenken der Bayern Rechnung trage, schaffe man die Hauptschwierigkeiten für die bayerischen Vertreter aus dem Wege.

---

tionelle Besprechung vorgesehen.“ Vgl. ACDP I-052, Nr. 001/1, Bl. 124. Vgl. dazu nachfolgendes Dok. Nr. 42.

1) Vgl. dazu eine Aufz. von Trossmann in: ACDP I-052, Nr. 001/1, Bl. 124a–125.

2) Eine Anwesenheitsliste liegt nicht vor. Das Verzeichnis wurde nach den protokollierten Beiträgen zusammengestellt.

3) Vgl. dazu die Änderung im interfraktionellen Unterausschuß „Bundesrat“ vom 23. April 1949 sowie die Stellungnahme der CSU-Abg. vom 24. April 1949. Dok. Nr. 40, und Dok. Nr. 40, Anm. 4.

4) Die Zählung der Art. bezieht sich auf den Grundgesetzentwurf der 3. Lesung des HptA vom 10. Feb. 1949. Vgl. Der Parl. Rat Bd. 7, Dok. Nr. 8, S. 396–444.

Diese Angelegenheit wurde zunächst nicht weiter verfolgt, nachdem *[Dr.] Menzel* die Frage gestellt hatte: Wird dann die Bayerische Regierung zustimmen?
Dr. Laforet: Das könne man nicht sagen.
Kaufmann: Es käme uns darauf an, daß die bayerischen Vertreter zustimmten[5]).

[5]) Vgl. dazu die Vorbehalte der CSU-Abg. Laforet, Pfeiffer und Schlör. Dok. Nr. 40, Anm. 4.

Nr. 43
Interfraktionelle Besprechung
24. April 1949

ACDP I-052, Nr. 001/1, S. 131–136. Maschinenschr. Übertragung eines ungez. Prot. von Trossmann[1]) vom 24. April 1949

Anwesend[2]):
CDU/CSU: Adenauer (Präs.), Kaiser, Kaufmann, Lehr, Pfeiffer, Süsterhenn
SPD: Bergsträsser, Greve, Katz, Schmid, Suhr
FDP: Dehler, Schäfer
DP: Seebohm
Zentrum: Wessel
Sekretariat des Parl. Rates: Trossmann

Beginn: 18.00 Uhr

[1.] KULTURELLE FRAGEN

Debatte über Art. 146[3]) der Weimarer Reichsverfassung[4]).

---

[1]) Vgl. dazu eine unvollständige Aufz. in: PA 5/13. Vgl. auch die Mitschr. von Pfeiffer in Gabelsbergerscher Kurzschrift in: BayHStA NL Pfeiffer 219.

[2]) Eine Anwesenheitsliste liegt nicht vor. Das Verzeichnis wurde nach den protokollierten Beiträgen zusammengestellt.

[3]) Der Art. 146 der Verfassung des Deutschen Reiches von 1919 lautete: „Das öffentliche Schulwesen ist organisch auszugestalten. Auf einer für alle gemeinsamen Grundschule baut sich das mittlere und höhere Schulwesen auf. Für diesen Aufbau ist die Mannigfaltigkeit der Lebensberufe, für die Aufnahme eines Kindes in eine bestimmte Schule sind seine Anlage und Neigung, nicht die wirtschaftliche und gesellschaftliche Stellung oder das Religionsbekenntnis seiner Eltern maßgebend.
Innerhalb der Gemeinden sind indes auf Antrag von Erziehungsberchtigten Volksschulen ihres Bekenntnisses oder ihrer Weltanschauung einzurichten, soweit hierdurch ein geordneter Schulbetrieb auch im Sinne des Abs. 1 nicht beeinträchtigt wird. Der Wille der Erziehungsberechtigten ist möglichst zu berücksichtigen. Das Nähere bestimmt die Landesgesetzgebung nach den Grundsätzen eines Reichsgesetzes.
Für den Zugang Minderbemittelter zu den mittleren und höheren Schulen sind durch Reich, Länder und Gemeinden öffentliche Mittel bereitzustellen, insbesondere Erziehungsbeihilfen für die Eltern von Kindern, die zur Ausbildung auf mittleren und höheren Schulen für geeignet erachtet werden, bis zur Beendigung der Ausbildung."
Vgl. Reichsgesetzblatt, 1919, S. 1410 f.

[4]) Pfeiffer notierte zu diesem Fragenbereich noch folgende Beiträge:
„*Bergsträsser* [berichtet] über Unterausschuß [Kulturfragen]. CDU stimmt grundsätzlich zu, daß auf Weimar zurückgegriffen wird. [In Art.] 146 müßte [das] Bekenntnis herausgenommen [werden].
Süsterhenn.
Greve: Geschlossenes Ganzes. Finanzen, Bundesrat ziemlich einig. Kulturelle Fragen keine Einigung gefunden. Für die Bestimmungen, die für ein Organisationsstatut gefunden, aber keine Einigung, die in einem Grundgesetz nicht enthalten sein müssen, ohne daß das Funktionssystem der Bundesrepublik erschüttert wird. Diese Dinge sind nach beiderseitigem Einvernehmen Angelegenheit der Länder. Wir sind gewillt, die kulturel-

Dr. Süsterhenn[5]) schlägt vor, Volksentscheid über Schulfrage in Übergangsbestimmung vorzusehen.

Dr. Schmid äußert Bedenken, geht auf die aufgeworfene Frage aber nicht im einzelnen ein. Er ist der Auffassung, die Frage des Elternrechts hier an diesem Ort aufzuwerfen, sei wohl nicht zweckmäßig.

Er könne sich mit dem CDU-Vorschlag zu Art. 146 Abs. 2 Weimarer Reichsverfassung nicht einverstanden erklären.

Dr. Dehler: Kann man denn nicht Art. 7a und b in der Fassung der 3. Lesung des Hauptausschusses[6]) belassen?

Dr. Süsterhenn: Wir wären damit einverstanden.

Kaufmann zeigt sich bestürzt über die Anträge. Die Bestimmungen seien nach mühseligem Kampf zustandegekommen, mit dem größten Bemühen, jeder Seite gerecht zu werden. Er hätte es sehr begrüßt, wenn schon aus diesen Gründen davon abgesehen worden wäre, diese Forderungen zu stellen. Wie der eine oder andere zu diesem oder jenem Schulsystem stehe, ist hier gleichgültig; sachlich ist für Demokraten gemeinsam, die Dinge des gemeinsamen Lebens sich so gestalten zu lassen, daß jeder die Dinge seiner Familie so gestalten kann, wie er will, soweit er andere nicht schädigt. Der Versuch, nach beiden Seiten die Möglichkeiten offen zu lassen unter Sicherung des geordneten Schulbetriebs, sei so ernsthaft gemacht, daß zwar nicht jede Schwierigkeit damit gelöst ist, aber die vorgeschlagene Lösung sei immer noch viel besser als die innerer Vergewaltigung, die doch für viele durch eine andere Lösung entsteht.

Unter dem Gesichtspunkt, daß unter Umständen irgendwo einklassige Schulen herauskommen, können wir die Dinge nicht entscheidend beurteilen. Auch einklassige Schulen haben ganz beachtliche Leistungen erbracht.

Er habe den Vorschlag Zinn[6a]) begrüßt, um ihn zu prüfen, aber damit komme man nicht weiter.

Er würde es sehr begrüßen, wenn Sie[7]) ihre Forderung in den Orkus würfe[8]), oder zu einer Parteierklärung verwendeten.

Dr. Greve: Es wird von uns nicht bezweifelt, daß die Lösung für die hier zu erörternden Fragen in sorgfältiger Prüfung zustande gekommen sind. Es war eine Kompromißlösung. Wir haben ihr zugestimmt nur in Zusammenhang mit der Lösung von Fragen, die unserer Auffassung nach in ihrer Bedeutung den jetzt zur Erörterung stehenden Fragen entsprechen.

---

len Angelegenheiten nicht durch die Bundesrepublik Deutschland regeln zu lassen, sondern durch die Länder.

Wenn wir nach diesen einigen die Frage beantworten sollen, ob wir dem Grundgesetz die Zustimmung geben oder nicht, dann müssen wir sagen, daß alles [als] ein Ganzes zu betrachten ist, Klarheit schaffen, ob wir es verantworten können, in einer Angelegenheit, die nicht notwendig geregelt werden muß, keine Einigung zu finden und das Gesetz abzulehnen.“ Vgl. BayHStA NL Pfeiffer 219.

[5]) Im Prot. in PA 5/13 wurde der Beitrag Seebohm zugeschrieben.

[6]) Vgl. den Grundgesetzentwurf in der 3. Lesung des HptA vom 10. Feb. 1949. Der Parl. Rat Bd. 7, Dok. Nr. 8, S. 399.

[6a]) Vgl. Dok. Nr. 38, S. 162.

[7]) Gemeint war die SPD.

[8]) Vorlage: „würfen“.

Wir haben gesagt, wir wollten die aufgeworfene Frage grundsätzlich erörtern. Der Vorschlag Zinn war ein Versuch. Nachdem dieser Versuch zu keinem Ergebnis führt, muß ich zu dem Vorschlag Dehler sagen, daß dieser Versuch einer Lösung nicht in der isolierten Betrachtung der Art. 7 a und 7 b gesucht werden kann, sondern nur unter Einbeziehung aller übrigen Fragen wie Grundrechte, Bundesrat und Bundesfinanzen. Wir sind willens, uns mit Ihnen[9]) zu einigen, aber die Art. 7 a und 7 b dürfen nicht isoliert betrachtet werden. Vielmehr müssen gleichzeitig alle übrigen Fragen wie Grundrechte, Bundesrat und Finanzen, bereinigt werden. Wenn Ihnen diese Frage so wichtig erschient, müssen wir erwarten, daß Sie uns gestatten, daß wir sagen, auch die Fragen anderer Art sind uns wichtig. Wir sind willens, uns mit Ihnen zu einigen, aber Art. 7 a und 7 b dürfen nicht isoliert betrachtet werden. Wir sind also bereit, Art. 7 a und 7 b eventuell in modifizierter Form beizubehalten, wenn die übrigen Fragen auch bereinigt werden.

Kaufmann: Wir haben eine Reihe Fragen gestern und heute[10]) aufgrund Ihrer Anträge behandelt, die in keinem kausalen Zusammenhang stehen. Bisher ist ein solches Angebot eines Handels noch nie erfolgt, und das sei auch kein Weg, um über solche Fragen zu verhandeln. Herr Greve, wenn Sie bei allem Widerstand gegen diese Bestimmungen ein Gefühl dafür haben, was diese Fragen für uns bedeuten, können Sie diese Artikel nicht in eine Waagschale mit irgendwelchen anderen Artikeln werfen.

Prof. [Dr.] Schmid: Ich möchte auch nicht, daß man das eine mit dem anderen kompensiert, aber was Ihnen sehr wichtig ist, dem entsprechen Dinge, die uns sehr wichtig sind. Nehmen Sie bitte das so wichtig, was wir für wichtig halten.

Dr. Greve: Mehr oder etwas anderes als Schmid, wollte ich auch nicht sagen. Es handelt sich aber um den Versuch einer Kodifizierung; in diesem Zusammenhang sollte man sich nicht darüber unterhalten, welchen inneren Wert das eine oder andere Problem für die eine oder andere Seite hat.

Dr. Seebohm: Wir können ja heute nicht alle Probleme behandeln, wir müssen aber Stellung nehmen gegenüber den Gouverneuren[11]). Die anderen Fragen[12]) können wir ja später verhandeln.

Prof. [Dr.] Schmid: Es habe wenig Sinn, jetzt Erörterungen über all diese fundamentalen Fragen zu führen. Es sei besser, Vorschläge zu machen. Aus den Kreisen unserer Wähler würden uns bezüglich Art. 7 b Vorwürfe gemacht, weil im Abs. 3 die Berufschulen aufgeführt sind. Die Berufsschulen sind es, die uns bei Art. 7 b kränken[13]). Er schlägt eine Regelung in Anlehnung an Art. 149 der Weimarer Reichsverfassung vor.

Kaiser: Wir haben uns gern für die Stärkung der Bundesregierung eingesetzt. Wenn eine Einigung über die Grundrechte nicht möglich sei, lassen wir doch

---

[9]) Gemeint war die CDU/CSU.

[10]) Vgl. die interfraktionellen Besprechungen am 23. und 24. April 1949. Dok. Nr. 37–42.

[11]) Gemeint war die bevorstehende Besprechung mit den MilGouv. am 25. April 1949 in Frankfurt. Vgl. das Prot. in: Der Parl. Rat Bd. 8, Dok. Nr. 73, S. 248–259.

[12]) Gemeint waren die Fragen, die bei den MilGouv. nicht zur Sprache kämen.

[13]) Im Prot. in PA 5/13 statt dessen: „störten".

die Grundrechte wie sie sind. Die Grundrechte waren nicht Gegenstand des Kompromisses[14]).

[Präs.] Dr. Adenauer: Menzel hat gestern verschiedentlich den Ausdruck gebraucht: bitte honorieren Sie, daß wir jetzt von der Behandlung der Grundrechte absehen.[15]) Ich habe daraus geschlossen, wenn wir uns in den beiden anderen Punkten geeinigt hätten, spiele dieser Bereich keine entscheidende Rolle mehr. Dieser Ausdruck: honorieren, kann doch nur bedeuten: Wir kommen Euch entgegen und fangen nicht mit dieser Sache an.

Er fuhr fort: Er fürchte, man sitze schon zu lange beisammen, er wisse nicht, ob das noch längere Zusammenbleiben die Sache[16]) nicht noch heißer mache. Er fragte, ob es notwendig sei, daß wir uns vor der Reise nach Frankfurt die Köpfe noch heißer machen.

Dr. Süsterhenn: Der Präsident scheine vorzuschlagen, die Auseinandersetzungen zu vertagen. Er möchte doch erst die Antwort erhalten auf unsere Bitte, auf die Änderung der Grundrechte zu verzichten.

Dr. Greve: Ich bewundere Sie, daß sie versuchen, aus einer Situation, in die Sie hineingekommen sind, etwas zu machen. Wir sind aber nicht in der Lage, den Gouverneuren zu erklären, wir haben uns geeinigt, wenn diese Probleme keine Lösung gefunden haben. Ihre Auffassung von dem Ausdruck „honorieren" ist nicht richtig. Es ist nicht möglich, diese Probleme jetzt unerörtert zu lassen und nach Frankfurt zu fahren und zu sagen, wir haben uns geeinigt und überlassen nach dieser Erklärung Zufallsmehrheiten die Entscheidung, ob dieses oder jenes Problem so oder anders gelöst wird.

Eine Lösung des Problems der Art. 7 a und 7 b sei nur zusammen mit Art. 139, Reduzierung der Grundrechte und der zwei übrigen Probleme möglich.

[Präs.] Dr. Adenauer: Weder gestern noch heute sei davon gesprochen worden, daß wir vor die Gouverneure hintreten und erklären, wir sind einig. Ich sagte nur, wir wollen erklären, in diesen Fragen sind wir einig, in anderen Fragen sind wir noch nicht einig.

Dr. Greve: Sie können nicht sagen, wir haben uns über Bundesrat und Finanzen geeinigt, solange wir nicht über alle Fragen einig sind.

[Präs.] Dr. Adenauer: Überlegen Sie sich, was es bedeutet, wenn diese Erklärung in die Öffentlichkeit käme.

[2. OFFENE FRAGEN]

Prof. [Dr.] Schmid: Es wäre uns wichtig, daß der öffentliche Dienst, die Beamten, wissen er bekomme eine andere innere Struktur, als es jetzt der Fall ist. Berufsbeamte seien notwendig, aber eine Reihe Grundsätze des bisherigen Be-

---

[14]) Das Prot. in PA 5/13 führt an dieser Stelle den Beitrag von Kaiser weiter aus: „Wenn wir bäten, auf eine Beratung der Grundrechte zu verzichten, stehe die Zukunft des Volkes auf unserer Seite."

[15]) Vgl. Dok. Nr. 37, TOP 3 a.

[16]) Im Prot. in PA 5/13 heißt es an dieser Stelle: „Luft".

amtenrechts müsse ersetzt werden durch neue und bessere Grundsätze. Art. 27 b Abs. 3 scheine dem Gesetzgeber Schranken aufzuerlegen, die die Entwicklung des Beamtentums erschweren. Er frage, ob man nicht auf Art. 27 b Abs. 3 verzichten und es dem Gesetzgeber überlassen könne, diese Grundsätze anzuwenden oder darauf zu verzichten?

[Präs.] Dr. Adenauer fragt, ob es noch sonstige wesentliche Punkte gebe.

Prof. [Dr.] Schmid: Es sei uns sehr wichtig, daß man bei den Grundrechten Reduktionen vornehme, z.B. das Recht der Freizügigkeit als Grundrecht erscheine nicht zweckmäßig, weil absolute Freizügigkeit nicht möglich sei.

Dr. Pfeiffer: Dr. Greve habe vorhin einige Auffassungen vorgetragen und dann davon gesprochen, daß wir im wesentlichen über Abschnitt II[17]) einander näher gekommen seien, Dinge, die für ein Organisationsstatut[18]) wichtig seien[19]). Dagegen sei man nicht einig über Abschnitte, die für ein Organisationsstatut nicht nötig seien. Er habe aus den Ausführungen Greves den Eindruck gewonnen, als werde ein Organisationsstatut angestrebt.

Die Bedeutung des Abschnitts Grundrechte gehe in unserer Bevölkerung weit über die Bedeutung anderer Vorschriften hinaus. Der Bevölkerungskreis, der uns als politische Vertretung hierher entsandt habe, erwarte von uns, daß wir dem Problem Grundrechte die erforderliche Beachtung schenken. Wir könnten ein Organisationsstatut, in dem die wichtigsten Dinge nicht stehen, nicht annehmen. Das Problem der Grundrechte war kein Gegenstand des Kompromisses und könne es auch nicht sein. Die Möglichkeit eines Kompromisses liegt vielleicht an der Stelle, daß wir trotz innerer Bedrängnis uns mit Dingen aus Gründen zufrieden gegeben haben, die für unsere Überzeugung nicht hinreichten.

Kürzungen, die den materiellen Inhalt nicht wesentlich ändern, damit seien wir einverstanden, aber die Rückkehr zu dem was vereinbart worden sei[20]), sei unerläßlich, wenn die Sache auf breiter Front durchgehen solle.

Schäfer: Er fürchte, daß nach dem Verlauf der Debatte man zu keinem Ergebnis komme. Er wendet sich gegen die von Greve vertretene Koppelung der Dinge, wie Art. 7 a und 7 b mit anderen Fragen. Es könnten nicht dauernd neue Forderungen aufgestellllt werden. Man sollte die Dinge ausscheiden, die später verhandelt werden können und die jetzt nicht geklärt werden müssen.

Dr. Lehr unterstrich diese Ausführungen: Er habe gestern den Vorschlag gemacht, wie wir verhandeln sollten, daß wir dann mit dem Problem Bundesrat begannen. Als Dr. Menzel wiederholt den Eindruck des Einlenkens erweckte,

---

17) Abschnitt II des Grundgesetzentwurfes umfaßte die Bereiche Bund und Länder.

18) Auf dem Verfassungskonvent von Herrenchiemsee legte die SPD anstelle eines Entwurfes für ein Grundgesetz oder eine Verfassung den Entwurf einer „Westdeutschen Satzung" vor, die nur die zeitlich begrenzten „Organisationsnormen" festlegen sollte. Dieser Entwurf war „mehr als ein gewöhnliches Gesetz, aber weniger als eine Verfassung" und wurde auch als „Organisationsstatut" bezeichnet. Auf diesen Entwurf ging schließlich auch der auf dem „kleinen Parteitag" der SPD in Hannover am 20. April 1949 verabschiedete „verkürzte" Grundgesetzentwurf zurück. Vgl. Antoni, S. 211 und 233.

19) Vgl. dazu den von Pfeiffer notierten Beitrag von Greve in Anm. 4.

20) Gemeint war die Einigung im Siebenerausschuß vom 17. März 1949. Der Parl. Rat Bd. 7, Dok. Nr. 10, S. 457–461.

habe Dr. Heuss gesagt: Man müsse doch im Gefühl haben, was die andere Seite denke[21]). Das Hinnehmen des „honorierens" sei von uns in dem Sinne verstanden worden, daß über die Grundrechte nicht mehr verhandelt werden solle. Wenn nur einzelne Fragen vorgebracht würden, würde es möglich sein, daß man manches vereinfachen könne, was nicht wichtig sei, aber eines müsse aus der Diskussion herausbleiben, nämlich Art. 7 a und 7 b. Die Berufsschulen seien bei uns unverzichtbar. Die übrigen Punkte könnten auf spätere Verhandlungen verlegt werden.

Dr. Lehr warnte davor, uns in eine Zwangslage kommen zu lassen, in der wir dem Grundgesetz nicht zustimmen können.

[Präs.] Dr. Adenauer: Meines Erachtens ist die Sache am toten Punkt angelangt. Er schlug vor, die Verhandlungen am Mittwoch fortzusetzen. Er fuhr fort: Hören Sie jetzt bitte auf, weil alles, was jetzt gesagt wird, nur dazu beiträgt, die Dinge zu verschärfen.

Prof. [Dr.] Schmid: Er schlage vor, die Diskussion abzubrechen und sich zu überlegen, was morgen in Frankfurt geschehen soll.

Dr. Greve stimme diesem Vorschlag nicht zu. Er erklärte, er sei der Auffassung, daß es nicht möglich sei, die Debatte jetzt abzubrechen, weil es uns dann nur zu einem gewissen Grad möglich sei, Erklärungen vor den Gouverneuren abzugeben. Wenn die Fragen, die jetzt zu lösen seien, ungelöst blieben, werde es nicht die letzte Besprechung mit den Gouverneuren sein. Er sei der Meinung, daß es heute zu einer positiven Lösung kommen könne.

Dr. Katz: Er sei der Meinung, es sei nicht notwendig, bis morgen über alle Dinge einig zu sein, das müsse nur den Gouverneuren gesagt werden, auch daß unter Umständen am Rest das Ganze scheitern könne.

[Präs.] Dr. Adenauer: Das letztere könne man den Gouverneuren gegenüber nicht sagen.

Dr. Katz: So sei es auch nicht gemeint gewesen.

[Präs.] Dr. Adenauer: Dr. Greve sei der einzige, der widerspreche. Wir brechen nun ab und besprechen nur, was morgen[22]) zu tun ist.

[3. VORBEREITUNG DER BESPRECHUNG MIT DEN MILITÄRGOUVERNEUREN AM 25. APRIL 1949]

Prof. [Dr.] Schmid: Er schlage vor, eine Erklärung zu verlesen über den Sachstand, dann würden die Gouverneure uns Fragen stellen.

(Prof. Schmid trug den Wortlaut der Erklärung vor, den er entworfen hatte.[23]))

[21]) Vgl. Dok. Nr. 37, TOP 3 a.

[22]) Zur Besprechung mit den MilGouv. am 25. April 1949 vgl. das Prot. in: Der Parl. Rat Bd. 8, Dok. Nr. 73, S. 248–259.

[23]) Der Entwurf der Erklärung von Schmid lautete: „Die Fraktionen des Parlamentarischen Rates haben ihre Arbeit mit dem Vorsatz in Angriff genommen, für die in den drei westlichen Besatzungszonen beginnende Neuordnung des deutschen Staates ein Grundgesetz zu schaffen, das die Bildung eines funktionsfähigen Gemeinwesens ermöglichen

[Präs.] Dr. Adenauer: Er halte die Erklärung zu neunzehntel für gut. Er bitte aber, den Schluß wegzulassen. Er fürchte, wir überschätzten unsere Bedeutung und machten die Augen vor Entwicklungen zu, die draußen vor sich gehen. Wenn man am Schluß sage, daß die Annahme oder Ablehnung offen sei, werde die außenpolitische Lage in einer Weise beeinflußt, die nicht nötig und nicht zu verantworten sei.

Frau [Dr.] Wessel pflichtet Dr. Adenauer bei.

Dr. Suhr: Nachdem nicht alle Fragen ausdiskutiert worden seien, müsse die Schlußformulierung inhaltlich bleiben, die Formulierung könne überprüft werden.

[Präs.] Dr. Adenauer: Er sei dafür, die Schlußformel fortzulassen und es den Gouverneuren gelegentlich mündlich zu sagen.

Dr. Dehler: Er sei dafür, nur die mit den Gouverneuren strittigen Fragen zu erwähnen. Er habe insbesondere Bedenken, den provisorischen Charakter des Grundgesetzes zu unterstreichen. Daher sei er auch gegen die These der Verkürzung des Grundgesetzes[24]). Er stimme insoweit mit Dr. Pfeiffer überein.

Im übrigen sei er der Meinung, daß man morgen vor die Alliierten treten müsse, in der Überzeugung, daß wir uns einigen können und werden[25]).

---

sollte. Sie haben sich weiter dabei von der Erkenntnis tragen lassen, daß dieses Grundgesetz so geschaffen werden müsse, daß es von der Mehrheit der Abgeordneten angenommen werden kann.

Die Verhandlungen der Parteien hatten zu einer Einigung geführt, von der sie glaubten, annehmen zu können, daß sie in den wesentlichen Punkten den in [dem Frankfurter] Dokument Nr. I dargelegten Voraussetzungen entsprächen. Die Stellungnahme der Herren Militärgouverneure [vom 2. März 1949] ließ erkennen, daß sie in einer Reihe von Sachfragen diese Auffassung nicht teilten.

In dem Bestreben, alles noch mit der politischen Verantwortung, die sie zu tragen haben, vereinbare zu tun, was die Bildung einer neuen staatlichen Ordnung in Deutschland ermöglichen könnte, haben die Parteien unter Hintanstellung schwerer Bedenken sich erneut um eine Verständigung bemüht. Wir haben uns auf dem Gebiet des Bundesrats, der Gesetzgebung und der Finanzen auf die Vorschläge geeinigt, die ihnen überreicht worden sind. Wir sind der Meinung, daß unsere Vereinbarung, die besonders in dem zweiten Manifest der Herren Außenminister an den Parlamentarischen Rat [vom 22. April 1949] aufgestellten Voraussetzungen voll erfüllt.

Den Parteien bleibt noch übrig, sich über einige Differenzpunkte zu verständigen. Da auch für sie das Grundgesetz ein Ganzes ist, wird die letzte Entscheidung erst bei der Schlußabstimmung fallen können." Vgl. den undat. Durchschlag in: BA Z 5/Anhang 12, Bl. 23.

[24]) Die SPD-Fraktion beabsichtigte mit ihrem Grundgesetzentwurf vom April 1949 ein „verkürztes Grundgesetz" zu schaffen.

[25]) Der von Dehler schon am 23. April 1949 gefertigte Entwurf für eine Erklärung lautete: „Die zu einer interfraktionellen Besprechung zusammengetretenen Mitglieder der Fraktionen der SPD, CDU/CSU, FDP, DP und Zentrum des Parlamentarischen Rates bedauern die im politischen Tageskampf hervorgetretene Verschärfung der Auseinandersetzungen und mißbilligen den Versuch der Mißdeutung der politischen Beweggründe der im Parlamentarischen Rat vertretenen Parteien. Sie haben in den monatelangen Beratungen voneinander die Überzeugung gewonnen, daß für sie bei der Entscheidung der ihnen obliegenden Aufgabe lediglich das Bewußtsein der deutschen, von fremden Einflüssen unabhängigen Verantwortlichkeit bestimmend ist. Ihre Fraktionen sind sich einig in dem Ziele, über alle gegensätzlichen Anschauungen hinweg zu einer gemeinsamen Grundlage der deutschen politischen Lebensformen zu finden." Vgl. den Durchschlag in: BA Z 5/Anhang 12, Bl. 25.

[Frau] Dr. Wessel: Auch sie sei dafür, die Differenzpunkte zwar zu nennen, aber nichts über eine Entscheidung zu sagen. Auch sie trat dafür ein, die Schlußformel der Erklärung wegzulassen.
Prof. [Dr.] Schmid: Vielleicht könne man den Schluß der Erklärung ändern?[26])

[26]) In der am 25. April 1949 in der Besprechung mit den MilGouv. von Adenauer vorgetragenen Erklärung wurde der letzte Satz des Entwurfes von Schmid (vgl. Anm. 23) weggelassen. Vgl. Der Parl. Rat Bd. 8, Dok. Nr. 73, S. 249, Anm. 7.

Nr. 44
Ergebnisse des interfraktionellen Unterausschusses
24. April 1949

BA Z 12/122, Bl. 24–33. Maschinenschr. Ausf. vom 24. April 1949[1])

ENTWURF DES UNTERAUSSCHUSSES VOM 24. APRIL 1949

Betr.: Abschnitt VII: Die Gesetzgebung des Bundes

Art. 96 x

(1) Die Länder haben das Recht der Gesetzgebung, soweit dieses Grundgesetz nicht dem Bund Gesetzgebungsbefugnisse verleiht.
(2) Die Abgrenzung der Zuständigkeit zwischen Bund und Ländern bemißt sich nach den Vorschriften dieses Grundgesetzes über die ausschließliche und konkurrierende Gesetzgebung.

Art. 33

Im Bereich der ausschließlichen Gesetzgebung des Bundes haben die Länder die Befugnis zur Gesetzgebung nur, wenn und soweit sie hierzu in einem Bundesgesetz ausdrücklich ermächtigt werden.

Art. 34

(1) Im Bereich der konkurrierenden Gesetzgebung haben die Länder die Befugnis zur Gesetzgebung, solange und soweit der Bund von seinem Gesetzgebungsrecht keinen Gebrauch macht.
(2) Der Bund hat in diesem Bereich das Gesetzgebungsrecht, soweit ein Bedürfnis nach bundesgesetzlicher Regelung besteht, weil
1. eine Angelegenheit durch die Gesetzgebung einzelner Länder nicht wirksam geregelt werden kann oder
2. die Regelung einer Angelegenheit durch ein Landesgesetz die Interessen anderer Länder oder der Gesamtheit beeinträchtigen könnte oder
3. die Wahrung der Rechtseinheit oder der Wirtschaftseinheit sie erfordert[2]).

---

[1]) Der Text ist auch vervielf. als PA 5/Umdruck Nr. S 46; mit einer Berichtigung unter Nr. S. 46a.
Werz übersandte am 26. April 1949 an das BdMinPräs. den Entwurf des Unterausschusses vom 24. April 1949. In dem Anschreiben teilte er mit: „Dieser Entwurf diente als Grundlage für die gestern [25. April 1949] in Frankfurt stattgefundene Besprechung mit den Militärgouverneuren. Bei dieser Besprechung wurde kein Stenograph zugelassen und kein Protokoll aufgenommen. Die Sitzungsteilnehmer machten sich einzeln ihre Aufzeichnungen, auf Grund deren nunmehr die endgültige Formulierung des erzielten Kompromisses erfolgen wird. Diese Formulierung wird in verschiedenen Punkten von dem beigefügten Entwurf abweichen." Vgl. BA Z 12/122, Bl. 23.

[2]) In dem Entwurf des Redaktionsausschusses vom 2.–5. Mai 1949 lautete Punkt 3: „die Wahrung der Rechts- oder Wirtschaftseinheit, insbesondere die Wahrung der Einheitlichkeit der Lebensverhältnisse über das Gebiet eines Landes hinaus sie erfordert." Vgl. Der Parl. Rat Bd. 7, Dok. Nr. 12, S. 513.

Art. 35

Der Bund hat die ausschließliche Gesetzgebung über:

1. die auswärtigen Angelegenheiten;
2. die Staatsangehörigkeit im Bund;
3. die Freizügigkeit, das Paßwesen, die Ein- und Auswanderung und die Auslieferung;
4. das Währungs-, Geld- und Münzwesen, Maße und Gewichte sowie die Zeitbestimmung;
5. die Einheit des Zoll- und Handelsgebietes, die Handels- und Schiffahrtsverträge, die Freizügigkeit des Warenverkehrs und den Waren- und Zahlungsverkehr mit dem Ausland;
6. die Bundeseisenbahnen und den Luftverkehr;
7. das Post- und Fernmeldewesen;
8. die Rechtsverhältnisse der im Dienste des Bundes und der bundesunmittelbaren Körperschaften des öffentlichen Rechtes stehenden Personen;
9. den gewerblichen Rechtsschutz, das Urheberrecht und das Verlagsrecht;
10. die Zusammenarbeit der Länder in der Kriminalpolizei und die Einrichtung eines Bundeskriminalamtes;
11. die Statistik für Bundeszwecke.

Art. 36

Die konkurrierende Gesetzgebung erstreckt sich auf folgende Gebiete:

1. das bürgerliche Recht, das Strafrecht und den Strafvollzug, die Gerichtsverfassung, das gerichtliche Verfahren, die Rechtsanwaltschaft, das Notariat und die Rechtsberatung;
2. das Personenstandswesen;
3. das Vereins- und Versammlungsrecht;
4. das Aufenthalts- und Niederlassungsrecht der Ausländer;
5. den Schutz deutschen Kulturgutes gegen Abwanderung in das Ausland;
6. die Angelegenheiten der Flüchtlinge und Vertriebenen;
7. die öffentliche Fürsorge;
8. die Staatsangehörigkeit in den Ländern;
9. die Kriegsschäden und die Wiedergutmachung;
10. die Versorgung der Kriegsbeschädigten und Kriegshinterbliebenen, die Fürsorge für die ehemaligen Kriegsgefangenen und die Sorge für die Kriegsgräber;
11. das Recht der Wirtschaft (Bergbau, Industrie, Energiewirtschaft, Handwerk, Gewerbe, Handel, Bank- und Börsenwesen, privatrechtliches Versicherungswesen);
12. das Arbeitsrecht einschließlich der Betriebsverfassung, des Arbeitsschutzes und der Arbeitsvermittlung sowie der Sozialversicherung einschließlich der Arbeitslosenversicherung;
13. die Förderung der wissenschaftlichen Forschung;
14. das Enteignungsrecht[3]);

[3]) Der Redaktionsausschuß bot in dem Entwurf vom 2.–5. Mai 1949 für Abs. 14. zwei Varianten an:

15. die Überführung von Grund und Boden, von Naturschätzen und Produktionsmitteln in Gemeineigentum oder in andere Formen der Gemeinwirtschaft;
16. die Verhütung des Mißbrauchs wirtschaftlicher Machtstellung;
17. die Förderung der land- und forstwirtschaftlichen Erzeugung, die Sicherung der Ernährung, die Ein- und Ausfuhr land- und forstwirtschaftlicher Erzeugnisse, die Hochsee- und Küstenfischerei und den Küstenschutz;
18. den Grundstücksverkehr, das Bodenrecht und das landwirtschaftliche Pachtwesen, das Wohnungswesen, das Siedlungs- und Heimstättenwesen;
19. die Maßnahmen gegen gemeingefährliche und übertragbare Krankheiten bei Menschen und Tieren, die Zulassung zu ärztlichen und anderen Heilberufen und zum Heilgewerbe, den Verkehr mit Arzneien, Heil- und Betäubungsmitteln und Giften;
20. den Schutz beim Verkehr mit Lebens- und Genußmitteln sowie Bedarfsgegenständen, mit Futtermitteln, mit land- und forstwirtschaftlichem Saat- und Pflanzengut und den Schutz der Bäume und Pflanzen gegen Krankheiten und Schädlinge;
21. die Hochsee- und Küstenschiffahrt sowie die Seezeichen, die Binnenschiffahrt, den Wetterdienst, die Seewasserstraßen und die dem allgemeinen Verkehr dienenden Binnenwasserstraßen;
22. den Straßenverkehr, das Kraftfahrwesen und den Bau und die Unterhaltung von Landstraßen des Fernverkehrs;
23. die Schienenbahnen, die nicht Bundeseisenbahnen sind, mit Ausnahme der Bergbahnen.

Art. 36 a

Der Bund hat das Recht, unter den Voraussetzungen des Art. 97[4]) Rahmenvorschriften zu erlassen über:
1. die Rechtsverhältnisse der im öffentlichen Dienste der Länder, Gemeinden und anderen Körperschaften des öffentlichen Rechts stehenden Personen;
2. über die allgemeinen Rechtsverhältnisse der Presse und des Films;
3. das Jagdwesen;
4. die Bodenverteilung, die Raumordnung und den Wasserhaushalt;
5. das Melde- und Ausweiswesen.

Art. 103[5])

(1) Gesetzesvorlagen werden beim Volkstag durch die Bundesregierung aus der Mitte des Volkstages oder durch den Bundesrat eingebracht.

---

1. Variante: „das Enteignungsrecht auf den Sachgebieten der Art. 35 und 36“;
2. Variante: „das Recht der Enteignung, soweit sie auf den Sachgebieten der Art. 35 und 36 in Frage kommt.“ Vgl. Der Parl. Rat Bd. 7, Dok. Nr. 12, S. 514.

[4]) Die Zählung Art. 97 bezieht sich noch auf die Vorschläge des Siebenerausschusses vom 17. März 1949 und wurde schon in dem hier abgedruckten Entwurf vom 24. April 1949 zu Art. 34 geändert. Vgl. Der Parl. Rat Bd. 7, Dok. Nr. 10, S. 458.

[5]) Art. 103 wurde unverändert dem Grundgesetzentwurf der 3. Lesung im HptA vom 10. Feb. 1949 entnommen. Vgl. Der Parl. Rat Bd. 7, Dok. Nr. 8, S. 425.

(2) Vorlagen der Bundesregierung sind zunächst dem Bundesrat zuzuleiten. Der Bundesrat ist berechtigt, innerhalb von drei Wochen zu diesen Vorlagen Stellung zu nehmen.
(3) Vorlagen des Bundesrates sind dem Volkstag durch die Bundesregierung zuzuleiten. Sie hat hierbei ihre Auffassung darzulegen.
(4) Der Präsident des Volkstages hat jede vom Volkstag angenommene Gesetzesvorlage an den Bundesrat weiterzuleiten.

Art. 104

(1) Die Bundesgesetze werden vom Volkstag beschlossen[6]).
(2) Der Bundesrat kann binnen zwei Wochen nach Eingang des Gesetzesbeschlusses verlangen, daß ein aus Mitgliedern des Volkstages und des Bundesrats gebildeter Ausschuß zur gemeinsamen Beratung der Vorlage einberufen wird. Schlägt der Ausschuß eine Änderung des Gesetzesbeschlusses vor, so hat der Volkstag erneut Beschluß zu fassen. Das Nähere über die Zusammensetzung und Einberufung des Ausschusses und sein Verfahren bestimmt eine Geschäftsordnung, die von Volkstag und Bundesrat zu beschließen ist[7]).
(3) Der Bundesrat kann nach Abschluß des in Abs. 2 vorgesehenen Verfahrens gegen ein vom Volkstag beschlossenes Gesetz binnen einer Woche Einspruch einlegen. Die Einspruchsfrist beginnt mit dem Abschluß des in Abs. 2 vorgesehenen Verfahrens oder mit dem Eingang des vom Volkstag erneut gefaßten Beschlusses[8]).
(4) Wird der Einspruch mit der Mehrheit der Stimmen des Bundesrats beschlossen, so kann er durch Beschluß der Mehrheit der Mitglieder des Volkstags zurückgewiesen werden. Hat der Bundesrat den Einspruch mit einer Mehrheit von mindestens zwei Dritteln seiner Stimmen beschlossen, so bedarf die

[6]) Abs. 1 wurde unverändert dem Grundgesetzentwurf der 3. Lesung im HptA vom 10. Feb. 1949 entnommen. Vgl. Der Parl. Rat Bd. 7, Dok. Nr. 8, S. 425.

[7]) Im Entwurf des Redaktionsausschusses vom 2.–5. Mai 1949 lautete Abs. 2: „(2) Der Bundesrat kann binnen zwei Wochen nach Eingang des Gesetzesbeschlusses verlangen, daß ein aus Mitgliedern des Volkstages und des Bundesrats für die gemeinsame Beratung von Vorlagen gebildeter Ausschuß einberufen wird. Die Zusammensetzung und das Verfahren dieses Ausschusses regelt eine Geschäftsordnung, die vom Volkstag beschlossen wird und der Zustimmung des Bundesrats bedarf. Die in diesen Ausschuß entsandten Mitglieder des Bundesrats sind nicht an Weisungen gebunden. Ist zu einem Gesetz die Zustimmung des Bundesrats erforderlich, so können auch der Volkstag und die Bundesregierung die Einberufung verlangen. Schlägt der Ausschuß eine Änderung des Gesetzesbeschlusses vor, so hat der Volkstag erneut Beschluß zu fassen." Vgl. Der Parl. Rat Bd. 7, Dok. Nr. 12, S. 515 f.

[8]) Abs. 3 wurde unverändert dem Grundgesetzentwurf der 3. Lesung im HptA vom 10. Feb. 1949 entnommen. Vgl. Der Parl. Rat Bd. 7, Dok. Nr. 8, S. 426.
Im Entwurf des Redaktionsausschusses vom 2.–5. Mai 1949 lautete Abs. 3: „Soweit zu einem Gesetz die Zustimmung des Bundesrats nicht erforderlich ist, kann der Bundesrat, wenn das Verfahren nach Abs. 2 beendigt ist, gegen ein vom Volkstag beschlossenes Gesetz binnen einer Woche Einspruch einlegen. Die Einspruchsfrist beginnt im Falle des Abs. 2 letzter Satz mit dem Eingang des vom Volkstag erneut gefaßten Beschlusses, in allen anderen Fällen mit dem Abschluß des Verfahrens vor dem in Abs. 2 vorgesehenen Ausschuß." Vgl. Der Parl. Rat Bd. 7, Dok. Nr. 12, S. 516.

Zurückweisung durch den Volkstag einer Mehrheit von zwei Dritteln, mindestens der Mehrheit der Mitglieder des Volkstags[9]).

Art. 105[10])

(1) Die Gesetze werden zunächst im Volkstag und dann im Bundesrat beschlossen.

(2) Für den Bereich der Gesetzgebung über Gegenstände, für die die Zustimmung des Bundesrats erforderlich ist, wird aus Mitgliedern des Volkstags und des Bundesrats ein ständiger Ausschuß gebildet, der auf Antrag des Volkstags oder des Bundesrats oder auf Anordnung seines Vorsitzenden einzuberufen ist. Seine Befugnisse, seine Zusammensetzung und sein Verfahren bestimmt eine Geschäftsordnung, die von Volkstag und Bundesrat zu beschließen ist.

Art. 105 a

Ein vom Volkstag beschlossenes Gesetz ist zustandegekommen, wenn der Bundesrat dem Gesetz zustimmt, innerhalb der gesetzlichen Frist keinen Einspruch einlegt oder ihn zurückgenommen hat, oder wenn der Einspruch vom Volkstag überstimmt worden ist[11]).

Art. 106 und 108

(1) Das Grundgesetz kann nur durch ein Gesetz geändert werden, das den Wortlaut des Grundgesetzes ausdrücklich ändert oder ergänzt.

(2) Ein solches Gesetz bedarf der Zustimmung von zwei Dritteln der Mitglieder des Volkstages und zwei Dritteln der Stimmen des Bundesrats.

(3) Eine Änderung dieses Grundgesetzes, durch welche die Gliederung des Bundes in Länder, die grundsätzliche Mitwirkung der Länder bei der Gesetzgebung oder die in den Art. 20 c[12]) Abs. 1[13]) und [Art.] 21[14]) niedergelegten Grundsätze berührt werden, ist unzulässig.

---

[9]) Abs. 4 wurde unverändert dem Grundgesetzentwurf der 3. Lesung im HptA vom 10. Feb. 1949 entnommen. Vgl. Der Parl. Rat Bd. 7, Dok. Nr. 8, S. 426.

[10]) Im Entwurf des Redaktionsausschusses vom 2.–5. Mai 1949 wurde Art. 105 gestrichen. Vgl. Der Parl. Rat Bd. 7, Dok. Nr. 12, S. 516.

[11]) Art. 105 a wurde unverändert dem Grundgesetzentwurf der 3. Lesung im HptA vom 10. Feb. 1949 entnommen. Vgl. Der Parl. Rat Bd. 7, Dok. Nr. 8, S. 427.
Im Entwurf des Redaktionsausschusses vom 2.–5. Mai 1949 lautete Art. 105 a: „Ein vom Volkstag beschlossenes Gesetz kommt zustande, wenn der Bundesrat zustimmt, in den Fällen, in denen er ein Einspruchsrecht hat, den Antrag gemäß Art. 104 Abs. 2 nicht stellt, innerhalb der Frist des Art. 104 Abs. 3 keinen Einspruch einlegt, ihn zurücknimmt oder wenn der Einspruch vom Volkstag überstimmt wird." Vgl. Der Parl. Rat Bd. 7, Dok. Nr. 12, S. 516.

[12]) Vorlage: „200" statt: „20 c".

[13]) Art. 20 c (1) lautete im Entwurf des Fünferausschusses vom 28. Feb. 1949: „Soweit nach diesem Grundgesetz ein Grundrecht durch Gesetz eingeschränkt werden kann, muß die Einschränkung in dem Gesetz allgemein geregelt sein. Dieses Gesetz darf nur als förmliches Gesetz erlassen werden und muß das Grundrecht namentlich bezeichnen." Vgl. Der Parl. Rat Bd. 7, Dok. Nr. 9, S. 446.
Art. 20 c (1) lautete im Entwurf des Redaktionsausschusses vom 2.–5. Mai 1949: „Soweit nach diesem Grundgesetz ein Grundrecht durch Gesetz oder auf grund eines Gesetzes

Art. 108 a

(1) Durch Gesetz können die Bundesregierung, ein Bundesminister oder die Landesregierungen ermächtigt werden, Rechtsverordnungen zu erlassen. Dabei müssen Inhalt, Zweck und Ausmaß der erteilten Ermächtigung im Gesetz bestimmt werden. Die Rechtsgrundlage ist in der Verordnung anzugeben. Ist durch Gesetz vorgesehen, daß eine Ermächtigung weiter übertragen werden kann, so bedarf es zur Übertragung der Ermächtigung einer Rechtsverordnung.

(2) Der Zustimmung des Bundesrates bedürfen, vorbehaltlich anderweitiger bundesgesetzlicher Regelung, Rechtsverordnungen der Bundesregierung oder eines Bundesministers über Grundsätze und Gebühren für die Benutzung der Einrichtungen der Bundeseisenbahnen und des Post- und Fernmeldewesens, über den Bau und Betrieb der Eisenbahnen, sowie Rechtsverordnungen auf Grund von Bundesgesetzen, die der Zustimmung des Bundesrats bedürfen oder die von den Ländern im Auftrage des Bundes oder als eigene Angelegenheit ausgeführt werden.

Art. 111 z

(1) Findet im Fall des Art. 90 a eine Auflösung des Volkstags nicht statt, und lehnt der Volkstag eine von der Bundesregierung als dringlich bezeichnete Gesetzesvorlage ab, so kann die Bundesregierung beim Bundesrat den Antrag stellen, für diese Gesetzesvorlage das Bestehen eines Gesetzgebungsnotstandes festzustellen.

(2) Stimmt der Bundesrat zu, so entscheidet der Bundespräsident, ob für diese Gesetzesvorlage der Gesetzgebungsnotstand zu verkünden ist.

(3) Legt die Bundesregierung diese Gesetzesvorlage mit dem Vermerk des Gesetzgebungsnotstandes dem Volkstage erneut vor, und lehnt der Volkstag sie wiederum ab oder nimmt er sie in einer von der Bundesregierung als unannehmbar erklärten Fassung an, so gilt die Gesetzesvorlage als angenommen, sobald der Bundesrat dem Gesetz zugestimmt hat. Das Gleiche gilt, wenn die Vorlage vom Volkstag nicht innerhalb von vier Wochen nach der erneuten Vorlage verabschiedet worden ist. Das Gesetz tritt spätestens zwölf Monate nach seiner Verkündung außer Kaft.

(4) Der Gesetzgebungsnotstand kann für Vorlagen derselben Bundesregierung nur im Zeitraum von sechs Monaten nach seiner erstmaligen Verkündung in Anspruch genommen werden.

---

eingeschränkt werden kann, muß das Gesetz allgemein und nicht nur für den Einzelfall gelten. Außerdem muß das Gesetz das Grundrecht unter Angabe des Artikels nennen." Vgl. Der Parl. Rat Bd. 7, Dok. Nr. 12, S. 501.

[14]) Art. 21 lautete im Grundgesetzentwurf der 3. Lesung des HptA vom 10. Feb. 1949: „(1) Die Bundesrepublik Deutschland ist ein demokratischer und sozialer Bundesstaat (2) Alle Staatsgewalt geht vom Volke aus. (3) Sie wird vom Volk nach diesem Grundgesetz durch Wahlen und Abstimmungen und durch besondere Organe der Gesetzgebung, der Rechtsprechung und der vollziehenden Gewalt ausgeübt. Die Regierung ist dem Volke verantwortlich. (4) Die Gesetzgebung ist an die verfassungsmäßige Ordnung, die Rechtsprechung und die vollziehende Gewalt sind an Gesetz und Recht gebunden." Vgl. Der Parl. Rat Bd. 7, Dok. Nr. 9, S. 403. Vgl. dazu den Vorschlag des Redaktionsausschusses vom 2.–5. Mai 1949. Der Parl. Rat Bd. 7, Dok. Nr. 12, S. 502.

(5) Das Grundgesetz darf durch ein Gesetz, das im Rahmen eines Gesetzgebungsnotstandes erlassen wird, weder geändert noch ganz oder teilweise außer Kraft oder Anwendung gesetzt werden[15]).

Art. 111 b

(1) Die nach den Vorschriften dieses Grundgesetzes zustandegekommenen Gesetze werden vom Bundespräsidenten unter Gegenzeichnung des Bundeskanzlers und des zuständigen Ministers ausgefertigt[16]) und im Bundesgesetzblatt verkündet. Rechtsverordnungen werden von der Stelle, die sie erläßt, ausgefertigt und im Bundesgesetzblatt oder Bundesanzeiger verkündet[17]).

(2) Jedes Gesetz und jede Rechtsverordnung soll den Tag des Inkrafttretens bestimmen. Fehlt eine solche Bestimmung, so treten sie mit dem vierzehnten Tage nach Ablauf des Tages in Kraft, an dem das Bundesgesetzblatt oder der Bundesanzeiger[18]) ausgegeben worden ist.

---

[15]) Art. 111 z wurde unverändert dem Grundgesetzentwurf der 3. Lesung im HptA vom 10. Feb. 1949 entnommen. Vgl. Der Parl. Rat Bd. 7, Dok. Nr. 8, S. 428.
Im Entwurf des Redaktionsausschusses vom 2.–5. Mai 1949 lautete Art. 111 z: „(1) Wird im Falle des Art. 90 a der Volkstag nicht aufgelöst, so kann der Bundespräsident auf Antrag der Bundesregierung mit Zustimmung des Bundesrats für eine Gesetzesvorlage den Gesetzgebungsnotstand erklären, wenn der Volkstag sie ablehnt, obwohl die Bundesregierung sie als dringlich bezeichnet hat. Das Gleiche gilt, wenn eine Gesetzesvorlage abgelehnt wird, obwohl der Bundeskanzler mit ihr den Antrag des Art. 90 a verbunden hat.
(2) Lehnt der Volkstag die Gesetzesvorlage nach Erklärung des Gesetzgebungsnotstandes erneut ab oder nimmt er sie in einer für die Bundesregierung als unannehmbar bezeichneten Fassung an, so gilt das Gesetz als zustande gekommen, soweit der Bundesrat ihm zustimmt. Das Gleiche gilt, wenn die Vorlage vom Volkstag nicht innerhalb von vier Wochen nach der erneuten Einbringung verabschiedet wird. Das Gesetz tritt spätestens 12 Monate nach seiner Verkündung außer Kraft.
(3) Während der Amtszeit eines Bundeskanzlers kann auch jede andere vom Volkstag abgelehnte Gesetzesvorlage innerhalb einer Frist von 6 Monaten seit der erstmaligen Erklärung des Gesetzgebungsnotstandes gemäß Abs. 1 und 2 verabschiedet werden. Nach Ablauf der Frist ist während der Amtszeit des gleichen Bundeskanzlers eine weitere Erklärung des Gesetzgebungsnotstandes unzulässig.
(4) Das Grundgesetz darf durch ein Gesetz, das nach Abs. 2 zustande kommt, weder geändert noch ganz oder teilweise außer Kraft oder außer Anwendung gesetzt werden."
Vgl. Der Parl. Rat Bd. 7, Dok. Nr. 12, S. 517.

[16]) Der Passus „unter Gegenzeichnung ... ausgefertigt" lautete im Entwurf des Redaktionsausschusses vom 2.–5. Mai 1949: „nach Gegenzeichnung ausgefertigt". Vgl. Der Parl. Rat Bd. 7, Dok. Nr. 12, S. 518.

[17]) Der Passus „ausgefertigt und ... verkündet" lautete im Entwurf des Redaktionsausschusses vom 2.–5. Mai 1949: „ausgefertigt und vorbehaltlich anderweitiger gesetzlicher Regelung im Bundesgesetzblatt verkündet". Vgl. Der Parl. Rat Bd. 7, Dok. Nr. 12, S. 518.

[18]) Der Passus „oder der Bundesanzeiger" fehlt im Entwurf des Redaktionsausschusses vom 2.–5. Mai 1949. Vgl. Der Parl. Rat Bd. 7, Dok. Nr. 12, S. 518.

Betr.:[19]) Abschnitt[20]) IX: Die Ausführung der Bundesgesetze und die Bundesverwaltung

Art. 112-1

Die Länder führen die Bundesgesetzgebung als eigene Angelegenheit aus, soweit dieses Grundgesetz nichts anderes bestimmt oder zuläßt[21]).

Art. 112-2[22])

(1) Führen die Länder die Bundesgesetze als eigene Angelegenheit aus, so regeln sie die Einrichtung der Behörden und das Verwaltungsverfahren, soweit nicht Bundesgesetze etwas anderes bestimmen.

(2) Die Bundesregierung kann mit Zustimmung des Bundesrats allgemeine Verwaltungsvorschriften erlassen.

(3) Die Bundesregierung übt die Aufsicht darüber aus, daß die Bundesgesetze durch die Länder dem geltenden Recht gemäß ausgeführt werden[23]). Die Bundesregierung kann zu diesem Zweck Beauftragte zu den ober[st]en Landesbehörden und mit deren Zustimmung und im Fall der Versagung mit Zustimmung des Bundesrats auch zu den nachgeordneten Behörden entsenden[24]).

(4) Werden Mängel, die die Bundesregierung bei der Ausführung der Bundesgesetze in den Ländern festgestellt hat, nicht beseitigt, so beschließt auf Antrag der Bundesregierung oder des Landes der Bundesrat, ob das Land das Recht verletzt hat. Gegen den Beschluß des Bundesrats ist die Anrufung des Bundesverfassungsgerichts zulässig[25]).

(5) Der Bundesregierung kann auf den Sachgebieten, für die dem Bund die Gesetzgebung zusteht, durch Bundesgesetz für besondere Fälle die Befugnis verliehen werden, Weisungen zu erteilen[26]). Diese[27]) sind, außer wenn die

[19]) Der Überschrift war noch vorangesetzt: „Entwurf des Unterausschusses vom 24. April 1949."

[20]) Abschnitt IX wurde im Entwurf des Redaktionsausschusses vom 2.–5. Mai 1949 Abschnitt VIII. Vgl. Der Parl. Rat Bd. 7, Dok. Nr. 12, S. 518.

[21]) Art. 112-1 wurde unverändert dem Grundgesetzentwurf der 3. Lesung im HptA vom 10. Feb. 1949 entnommen. Vgl. Der Parl. Rat Bd. 7, Dok. Nr. 8, S. 429.

[22]) Abs. 2-4 wurden unverändert dem Grundgesetzentwurf der 3. Lesung im HptA vom 10. Feb. 1949 entnommen. Vgl. Der Parl. Rat Bd. 7, Dok. Nr. 8, S. 430.

[23]) Der Passus „daß die Bundesgesetze ... ausgeführt werden" lautete im Entwurf des Redaktionsausschusses vom 2.–5. Mai 1949: „daß die Länder die Bundesgesetze dem geltenden Recht gemäß ausführen". Vgl. Der Parl. Rat Bd. 7, Dok. Nr. 12, S. 518.

[24]) Der Satz lautete im Entwurf des Redaktionsausschusses vom 2.–5. Mai 1949: „Die Bundesregierung kann zu diesem Zweck Beauftragte zu den ober[st]en Landesbehörden entsenden mit deren Zustimmung und, falls diese Zustimmung versagt wird, [mit der Zustimmung des Bundesrates] auch zu den nachgeordneten Behörden." Vgl. Der Parl. Rat Bd. 7, Dok. Nr. 12, S. 518. Dort wurden auch vom Bearbeiter [sic!] – in Anlehnung an die Formulierungen der 3. Lesung des HptA – die Zusätze in eckigen Klammern eingefügt, die sich schließlich auch im Art. 84 im Grundgesetzentwurf der 2. Lesung im Plenum vom 6. Mai 1949 finden. Vgl. Der Parl. Rat Bd. 7, Dok. Nr. 14, S. 592.

[25]) Der Passus „ist die Anrufung des Bundesverfassungsgerichts zulässig" lautete im Entwurf des Redaktionsausschusses vom 2.–5. Mai 1949: „kann das Bundesverfassungsgericht angerufen werden." Vgl. Der Parl. Rat Bd. 7, Dok. Nr. 12, S. 518.

[26]) Der Satz lautete im Entwurf des Redaktionsausschusses vom 2.–5. Mai 1949: „Der Bundesregierung kann durch Bundesgesetz die Befugnis verliehen werden, zur Ausführung

Bundesregierung den Fall für dringlich erachtet, an die obersten Landesbehörden zu richten.

Art. 113[28])

(1) Führen die Länder die Bundesgesetze im Auftrag des Bundes aus, so bleibt die Einrichtung der Behörden im Rahmen der Bundesgesetze Angelegenheit der Länder.

(2) Die Bundesregierung kann mit Zustimmung des Bundesrats allgemeine Verwaltungsvorschriften erlassen. Sie kann die einheitliche Ausbildung der Beamten und Angestellten regeln. Die Leiter der Mittelbehörden sind mit ihrem Einvernehmen zu bestellen.

(3) Die Landesbehörden unterstehen den Weisungen der zuständigen obersten Bundesbehörden. Die Weisungen sind, außer wenn die Bundesregierung es für dringlich erachtet, an die obersten Landesbehörden zu richten. Der Vollzug der Weisung ist durch die obersten Landesbehörden sicherzustellen.

(4) Die Bundesaufsicht erstreckt sich auf Gesetzmäßigkeit und Zweckmäßigkeit der Ausführung. Die Bundesregierung kann zu diesem Zweck Bericht und Vorlage der Akten verlangen und Beauftragte zu allen Behörden entsenden.

Art. 115

Führt der Bund die Gesetze durch bundeseigene Verwaltung oder durch bundesunmittelbare Körperschaften oder Anstalten des öffentlichen Rechts aus, so erläßt die Bundesregierung, soweit nicht das Gesetz Besonderes vorschreibt, die allgemeinen Verwaltungsvorschriften. Sie regelt, soweit das Gesetz nichts anderes bestimmt, die Einrichtung der Behörden.

Art. 116

(1) In bundeseigener Verwaltung mit eigenem Verwaltungsunterbau werden geführt der Auswärtige Dienst, die Bundesfinanzverwaltung, die Bundeseisenbahn, die Bundespost und nach Maßgabe des Art. 118 die Verwaltung der Bundeswasserstraßen und der Schiffahrt.

(2) Als bundesunmittelbare Körperschaften des öffentlichen Rechts werden diejenigen sozialen Versicherungsträger geführt, deren Zuständigkeitsbereich sich über das Gebiet eines Landes hinaus erstreckt[29]).

(3) Außerdem können für Angelegenheiten, für die dem Bund die Gesetzgebung zusteht, selbständige Bundesoberbehörden und neue bundesunmittelbare Körperschaften und Anstalten des öffentlichen Rechts durch Bundesgesetz errichtet werden. Erwachsen dem Bund auf Gebieten, für die ihm die Gesetzgebung

---

von Bundesgesetzen für besondere Fälle Einzelweisungen zu erteilen." Vgl. Der Parl. Rat Bd. 7, Dok. Nr. 12, S. 518.

[27]) Dieses Wort lautete im Entwurf des Redaktionsausschusses vom 2.–5. Mai 1949: „Sie". Vgl. Der Parl. Rat Bd. 7, Dok. Nr. 12, S. 518.

[28]) Abs. 1 und 4 wurden unverändert dem Grundgesetzentwurf der 3. Lesung im HptA vom 10. Feb. 1949 entnommen. Vgl. Der Parl. Rat Bd. 7, Dok. Nr. 8, S. 430.

[29]) Abs. 2 wurde unverändert dem Grundgesetzentwurf der 3. Lesung im HptA vom 10. Feb. 1949 entnommen. Vgl. Der Parl. Rat Bd. 7, Dok. Nr. 8, S. 431.

zusteht, neue Aufgaben, so können bei dringendem Bedarf bundeseigene Mittel- und Unterbehörden mit Zustimmung des Volkstags und der Mehrheit der Stimmen[30]) des Bundesrats errichtet werden.

Art. 116 a

Der Bund errichtet eine Währungs- und Notenbank als Bundesbank[31]).

Art. 118[32])

(1) Der Bund ist Eigentümer der bisherigen Reichswasserstraßen.
(2) Der Bund verwaltet die Bundeswasserstraßen durch eigene Behörden. Er nimmt die über den Bereich eines Landes hinausgehenden staatlichen Aufgaben der Binnenschiffahrt und die Aufgaben der Seeschiffahrt wahr, die ihm durch Gesetz übertragen werden. Er kann die Verwaltung von Bundeswasserstraßen, soweit sie im Gebiet eines Landes liegen, diesem Land auf Antrag[33]) übertragen. Berührt eine Wasserstraße das Gebiet mehrerer Länder, so kann der Bund das Land mit der Verwaltung[34]) beauftragen, für das die beteiligten Länder es beantragen.
(3) Bei der Verwaltung, dem Ausbau und dem Neubau von Wasserstraßen sind die Bedürfnisse der Landeskultur und der Wasserwirtschaft im Einvernehmen mit den Ländern zu wahren.

Art. 118 a[35])

(1) Der Bund ist Eigentümer der bisherigen Reichsautobahnen und Reichsstraßen.
(2) Die Länder oder die nach Landesrecht damit beauftragten[36]) Selbstverwaltungskörperschaften verwalten die Bundesautobahnen und sonstigen Bundesstraßen des Fernverkehrs im Auftrage des Bundes.
(3) Auf Antrag eines Landes kann der Bund Bundeskraftfahrstraßen und andere[37]) Bundesstraßen des Fernverkehrs, soweit sie im Gebiet dieses Landes liegen, in bundeseigene Verwaltung übernehmen.

---

[30]) Der Passus „der Mehrheit der Stimmen" fehlte im Entwurf des Redaktionsausschusses vom 2.–5. Mai 1949. Vgl. Der Parl. Rat Bd. 7, Dok. Nr. 12, S. 519.

[31]) Art. 116 a wurde unverändert dem Grundgesetzentwurf der 3. Lesung im HptA vom 10. Feb. 1949 entnommen. Vgl. Der Parl. Rat Bd. 7, Dok. Nr. 8, S. 431.

[32]) Art. 118 wurde unverändert dem Grundgesetzentwurf der 3. Lesung im HptA vom 10. Feb. 1949 entnommen. Vgl. Der Parl. Rat Bd. 7, Dok. Nr. 8, S. 432.

[33]) Im Entwurf des Redaktionsausschusses vom 2.–5. Mai 1949 wurde an dieser Stelle eingefügt: „als Auftragsverwaltung". Vgl. Der Parl. Rat Bd. 7, Dok. Nr. 12, S. 520.

[34]) Der Passus „mit der Verwaltung" fehlte im Entwurf des Redaktionsausschusses vom 2.–5. Mai 1949. Vgl. Der Parl. Rat Bd. 7, Dok. Nr. 12, S. 520.

[35]) Art. 118 a wurde unverändert dem Grundgesetzentwurf der 3. Lesung im HptA vom 10. Feb. 1949 entnommen. Vgl. Der Parl. Rat Bd. 7, Dok. Nr. 8, S. 432.

[36]) Der Passus „damit beauftragten" lautete im Entwurf des Redaktionsausschusses vom 2.–5. Mai 1949: „zuständigen". Vgl. Der Parl. Rat Bd. 7, Dok. Nr. 12, S. 520.

[37]) Der Passus „Bundeskraftfahrstraßen und andere" lautete im Entwurf des Redaktionsausschusses vom 2.–5. Mai 1949: „Bundesautobahnen und sonstige". Vgl. Der Parl. Rat Bd. 7, Dok. Nr. 12, S. 520.

Art. 118 c[38])

(1) Zur Abwehr einer drohenden Gefahr für den Bestand oder die freiheitliche oder[39]) demokratische Grundordnung des Bundes oder eines Landes kann ein Land die Polizeikräfte anderer Länder anfordern.

(2) Ist das Land, in dem die Gefahr droht, nicht selbst zur Bekämpfung der Gefahr bereit oder in der Lage, so kann die Bundesregierung die Polizei in diesem Lande und die Polizeikräfte anderer Länder ihren Weisungen unterstellen. Die Anordnung ist nach Beseitigung der Gefahr, im übrigen jederzeit auf Verlangen des Bundesrats aufzuheben.

[Betr.: Abschnitt X:] Finanzwesen

Art. 122 a (Gesetzgebung)

(1) Der Bund hat die ausschließliche Gesetzgebung über die Zölle und Finanzmonopole.

(2) Der Bund hat die konkurrierende Gesetzgebung über

1. die Verbrauchs- und Verkehrsteuern, mit Ausnahme der Steuern mit örtlich bedingtem Wirkungsbereich[40]), insbesondere der Grunderwerbsteuer, der Wertzuwachssteuer und der Feuerschutzsteuer,
2. die Steuern vom Einkommen, Vermögen, von Erbschaften und Schenkungen,
3. die Realsteuern mit Ausnahme der Festsetzung der Hebesätze,

wenn er die Steuern ganz oder zum Teil für die Deckung von Bundesausgaben in Anspruch nimmt oder die Voraussetzungen des Art. 34 c Abs. 2 vorliegen.

(3) Bundesgesetze über Steuern, deren Aufkommen den Ländern oder den Gemeinden (Gemeindeverbänden) ganz oder zum Teil zufließt, bedürfen der Zustimmung des Bundesrates.

Art. 122 b (Aufteilung der Steuern)

(1) Die Zölle, der Ertrag der Monopole, die Verbrauchsteuern mit Ausnahme der Biersteuer, die Beförderungssteuer, die Umsatzsteuer und einmaligen Zwekken dienende Vermögensabgaben fließen dem Bunde zu.

(2) Die Biersteuer, die Verkehrsteuern mit Ausnahme der Beförderungssteuer und der Umsatzsteuer, die Einkommen- und die Körperschaftssteuer, die Vermögenssteuer, die Erbschaftssteuer, die Realsteuern und die Steuern mit örtlich bedingtem Wirkungsbereich[41]) fließen den Ländern und nach Maßgabe der Landesgesetzgebung den Gemeinden (Gemeindeverbänden) zu.

---

[38]) Art. 118 c wurde unverändert dem Entwurf der 3. Lesung im HptA vom 10. Feb. 1949 entnommen. Vgl. Der Parl. Rat Bd. 7, Dok. Nr. 8, S. 432.

[39]) Das Wort fehlte im Entwurf des Redaktionsausschusses vom 2.–5. Mai 1949. Vgl. Der Parl. Rat Bd. 7, Dok. Nr. 12, S. 520.

[40]) Das Wort lautete im Entwurf des Redaktionsausschusses vom 2.–5. Mai 1949: „Wirkungskreis". Vgl. Der Parl. Rat Bd. 7, Dok. Nr. 12, S. 523.

[41]) Das Wort lautete im Entwurf des Redaktionsausschusses vom 2.–5. Mai 1949: „Wirkungskreis". Vgl. Der Parl. Rat Bd. 7, Dok. Nr. 12, S. 523.

(3) Der Bund kann durch Bundesgesetz, das der Zustimmung des Bundesrates bedarf, einen Teil der Einkommen- und Körperschaftssteuer zur Deckung seiner durch andere Einkünfte nicht gedeckten Ausgaben, insbesondere zur Deckung von Zuschüssen, welche Ländern zur Deckung von Ausgaben auf dem Gebiete des Schulwesens, des Gesundheitswesens und des Wohlfahrtswesens zu gewähren sind, in Anspruch nehmen.
(4) Um die Leistungsfähigkeit auch der steuerschwachen Länder zu sichern und eine unterschiedliche Belastung der Länder mit Ausgaben auszugleichen, kann der Bund Zuschüsse gewähren (Abs. 3) oder bestimmen, daß bei einzelnen den Ländern zufließenden Steuern oder Steueranteilen, und zwar für jede Steuer oder jeden Steueranteil besonders, das Aufkommen oder ein Teil des Aufkommens zwischen den Ländern auf einer anderen Grundlage als derjenigen des örtlichen Aufkommens verrechnet wird; dies gilt nicht für die Realsteuern und die Steuern mit örtlich bedingtem Wirkungskreis. Das hierüber ergehende Bundesgesetz bedarf der Zustimmung des Bundesrates[42]).

Art. 122 c (endgültige Verteilung)

Die endgültige Verteilung der der konkurrierenden Gesetzgebung unterliegenden Steuern auf Bund und Länder soll spätestens bis zum 31. Dezember 1952 erfolgen und zwar durch Bundesgesetz, das der Zustimmung des Bundesrates bedarf. Dies gilt nicht für die Realsteuern und die Steuern mit örtlich bedingtem Wirkungskreis. Hierbei ist jedem Teil ein gesetzlicher Anspruch auf bestimmte Steuern oder Steueranteile entsprechend seinen Ausgaben einzuräumen.

Art. 123 (Verwaltung)

(1) Zölle, Finanzmonopole, die der konkurrierenden Gesetzgebung unterworfenen Verbrauchsteuern, die Beförderungssteuer und die Umsatzsteuer[43]) werden durch Bundesfinanzbehörden verwaltet. Der Aufbau dieser Behörden, einschließlich der zugehörigen Finanzgerichte und das von ihnen anzuwendende Verfahren, werden durch Bundesgesetz geregelt. Die Leiter der Mittelbehörden sind im Benehmen mit den Länderregierungen zu bestellen[44]).

---

[42]) Im Entwurf des Redaktionsausschusses vom 2.–5. Mai 1949 lautete Abs. 4: „Um die Leistungsfähigkeit auch der steuerschwachen Länder zu sichern und eine unterschiedliche Belastung der Länder mit Ausgaben auszugleichen, kann der Bund Zuschüsse gewähren und die Mittel hierfür bestimmten, den Ländern zufließenden Steuern entnehmen. Durch Bundesgesetz, welches der Zustimmung des Bundesrates bedarf, wird bestimmt, welche Steuern hierbei herangezogen werden und mit welchen Beträgen und nach welchem Schlüssel die Zuschüsse an die ausgleichsberechtigten Länder verteilt werden; die Zuschüsse sind den Ländern unmittelbar zu überweisen." Vgl. Der Parl. Rat Bd. 7, Dok. Nr. 12, S. 523.

[43]) Der Passus „und die Umsatzsteuer" lautete im Entwurf des Redaktionsausschusses vom 2.–5. Mai 1949: „die Umsatzsteuer und die einmaligen Vermögensabgaben". Vgl. Der Parl. Rat Bd. 7, Dok. Nr. 12, S. 524.

[44]) An dieser Stelle wurde im Entwurf des Redaktionsausschusses vom 2.–5. Mai 1949 angefügt: „Der Bund kann die Verwaltung der einmaligen Vermögensabgaben den Landesfinanzbehörden als Auftragsverwaltung übertragen." Vgl. Der Parl. Rat Bd. 7, Dok. Nr. 12, S. 524.

(2) Die übrigen Steuern werden durch Landesfinanzbehörden verwaltet. Der Bund kann durch Bundesgesetz, das der Zustimmung des Bundesrates bedarf, den Aufbau dieser Behörden, einschließlich der zugehörigen Finanzgerichte, und das von ihnen anzuwendende Verfahren und die einheitliche Ausbildung der Beamten regeln. Die Leiter der Mittelbehörden sind im Einvernehmen mit der Bundesregierung zu bestellen. Die Verwaltung der den Gemeinden (Gemeindeverbänden) zufließenden Steuern kann durch die Länder ganz oder zum Teil den Gemeinden (Gemeindeverbänden) übertragen werden[45]). Soweit die Steuern dem Bunde zufließen, werden die Landesfinanzbehörden im Auftrage des Bundes tätig. Die Länder haften mit ihren Einkünften für eine ordnungsmäßige Verwaltung dieser Steuern; der Bundesfinanzminister kann die ordnungsmäßige Verwaltung durch Bundesbevollmächtigte überwachen, welche gegenüber den Mittel- und Unterbehörden ein Weisungsrecht haben[46]).
(3) Nimmt der Bund einen Teil der Einkommen- und Körperschaftssteuer für sich in Anspruch, so steht ihm insoweit die Verwaltung zu. Er kann sie aber den Landesfinanzbehörden als Auftragsverwaltung übertragen[47]).
(4) Die allgemeinen Verwaltungsvorschriften werden durch die Bundesregierung erlassen, und zwar mit Zustimmung des Bundesrates, soweit die Verwaltung den Landesfinanzbehörden obliegt[48]).

[Übernahme von Einzelbestimmungen aus der Verfassung des Deutschen Reiches von 1919 zur Religionsfrage]

Art. 140[49]) muß wegfallen, weil er gegenstandslos ist.

Die Art. 143 und 145[50]) müssen wegfallen, weil diese Aufgabe in die Länderzuständigkeit gehören.

---

[45]) Der nachfolgende Passus wurde im Entwurf des Redaktionsausschusses vom 2.–5. Mai 1949 zum Abs. 4. Vgl. Der Parl. Rat Bd. 7, Dok. Nr. 12, S. 524.

[46]) Abs. 2 wurde im Entwurf des Redaktionsausschusses vom 2.–5. Mai 1949 zum Abs. 3. Vgl. Der Parl. Rat Bd. 7, Dok. Nr. 12, S. 524.

[47]) Abs. 3 wurde im Entwurf des Redaktionsausschusses vom 2.–5. Mai 1949 zum Abs. 2. Vgl. Der Parl. Rat Bd. 7, Dok. Nr. 12, S. 524.

[48]) Abs. 4 wurde im Entwurf des Redaktionsausschusses vom 2.–5. Mai 1949 zum Abs. 5. Vgl. Der Parl. Rat Bd. 7, Dok. Nr. 12, S. 524.

[49]) Art. 140 der Verfassung des Deutschen Reiches von 1919 lautete: „Den Angehörigen der Wehrmacht ist die nötige freie Zeit zur Erfüllung ihrer religiösen Pflichten zu gewähren." Vgl. Reichsgesetzblatt, 1919, S. 1410.

[50]) Art. 143 der Verfassung des Deutschen Reiches von 1919 lautete: „Für die Bildung der Jugend ist durch öffentliche Anstalten zu sorgen. Bei ihrer Einrichtung wirken Reich, Länder und Gemeinden zusammen. Die Lehrerbildung ist nach den Grundsätzen, die für die höhere Bildung allgemein gelten, für das Reich einheitlich zu regeln. Die Lehrer an öffentlichen Schulen haben die Rechte und Pflichten der Staatsbeamten."
Art. 145 der Verfassung des Deutschen Reiches von 1919 lautete: „Es besteht allgemeine Schulpflicht. Ihrer Erfüllung dient grundsätzlich die Volksschule mit mindestens acht Schuljahren und die anschließende Fortbildungsschule bis zum vollendeten achtzehnten Lebensjahre. Der Unterricht und die Lernmittel in den Volksschulen und Fortbildungsschulen sind unentgeltlich." Vgl. Reichsgesetzblatt, 1919, S. 1410.

Im Art 146 Abs. 1[51]) müssen die Worte „... oder das Religionsbekenntnis ..." gestrichen werden.
Art. 146 Abs. 2 muß folgende Fassung erhalten, da ein Reichsschulgesetz nicht gegeben werden darf:

„Innerhalb der Gemeinden sind auf Antrag von Erziehungsberechtigten Volksschulen als Simultanschulen oder Bekenntnisschulen oder Weltanschauungsschulen einzurichten, soweit hierdurch ein geordneter Schulbetrieb nicht beeinträchtigt wird.
Der Wille der Erziehungsberechtigten ist möglichst zu berücksichtigen.
Das Nähere bestimmt die Landesgesetzgebung."

Art. 174[52]) fällt als gegenstandslos fort.

[51]) Für den Wortlaut vgl. Dok. Nr. 43, S. 171 Anm. 3.

[52]) Art. 174 der Verfassung des Deutschen Reiches von 1919 lautete: „Bis zum Erlaß des in Art. 146 Abs. 2 vorgesehenen Reichsgesetzes bleibt es bei der bestehenden Rechtslage. Das Gesetz hat Gebiete des Reichs, in denen eine nach Bekenntnissen nicht getrennte Schule gesetzlich besteht, besonders zu berücksichtigen." Vgl. Reichsgesetzblatt, 1919, S. 1410.

Nr. 45
Interfraktionelle Besprechung
27. April 1949

ACDP I-052, Nr. 00/1, S. 158-161. Maschinenschr. Übertragung eines ungez. Prot. von Trossmann vom 27. April 1949[1])

Anwesend[2]):
CDU/CSU: Adenauer (Präs.), Kaiser, Kaufmann, Laforet, Lehr, Pfeiffer, Schlör
SPD: Greve, Katz, Menzel, Schmid, Schönfelder, Zinn
FDP: Dehler, Heuss, Höpker Aschoff, Schäfer
DP: Seebohm
Zentrum: Brockmann, Wessel
Sekretariat des Parl. Rates: Trossmann

Beginn: [11.30 Uhr][3])

---

[1]) Pfeiffer protokollierte aus der interfraktionellen Besprechung am 27. April 1949 die in der Aufz. von Trossmann fehlende Diskussion um die authentische Interpretation der Ergebnisse der Besprechung mit den MilGouv. am 25. April 1949, auf der kein deutscher Stenograph zugelassen war:
„[Art.] 34-3. Diskussion über die Koinzidenz des englischen mit dem deutschen Text.
Katz und *Greve*.
Pfeiffer
Greve: Jones vom englischen Verbindungsstab war da und würde sprechen um eine Auslegung, die man an [...]
Zinn: Die Engländer sagten, es wäre zweckmäßig, wenn einige Herren herüber kämen, um die Interpretation zu geben.
Heuss: Text lassen und kommentieren.
Staatsgerichtshof: *Greve* und *Zinn* sind dagegen.
Lehr: Bei Zusatz eine peinliche Lage. Murphy einen Zettel hingelegt mit dem Ersuchen um diesen Zusatz. Mit Katz gesprochen.
Adenauer und *Schmid* verständigten sich, daß man es jetzt nicht formell vorbringen würde. Lehr verständigte Murphy vom Ja.
Zinn macht Auslegungsbedenken geltend. Es würde keinen rechten Rechtsstreit vor dem Staatsgerichtshof geben.
Schmid hält die Bedenken für wichtig. Protokollarisch Interpretation festlegen.
Dehler hat keine rechtlichen Bedenken. Hier wird eine klare Einschränkung ausgesprochen.
Zinn: Zu Protokoll erklären, daß der Staatsgerichtshof in allen Fragen höchstens den Ermessensmißbrauch entscheiden kann.“ Vgl. BayHStA NL Pfeiffer 219.

[2]) Die Anwesenheitsliste wurde zusammengestellt nach der Aufzeichnung von Pfeiffer. Vgl. BayHStA NL Pfeiffer 219.

[3]) Auf dem Prot. ist angegeben: „vormittags“. Adenauer hatte jedoch in der Sitzung der CDU/CSU-Fraktion am 27. April 1949, um 10.30 Uhr, mitgeteilt, daß für 11.30 Uhr eine interfraktionelle Besprechung anberaumt worden sei, in der „nicht in sachliche Erörterungen eingetreten werden, vielmehr nur die Termine und der Arbeitsplan festgelegt werden“ sollte. Vgl. Salzmann, S. 516.

[1. PLANUNGEN][4])

[Präs.] Dr. Adenauer erklärte, es sei nötig, einen Terminkalender festzulegen. Zu erledigen sei:
1. Die Abmachungen mit den Generälen[5]) in die richtige Form zu bringen,
2. Polizeifrage,
3. Beamtenrecht,
4. Redaktion des Entwurfs,
5. Wahlgesetz,
6. Einige noch ausstehende Punkte aus dem Grundgesetz (Flaggenfrage usw.),
7. Vorläufiger Sitz der Bundesregierung.

[Präs.] Dr. Adenauer schlug vor, die zweite und dritte Lesung des Entwurfs des Grundgesetzes im Plenum des Parlamentarischen Rats in der Zeit vom 11. bis 14. Mai durchzuführen. Damit bestand Einverständnis. Er erklärte ferner: Die Berichterstatter sollten ihre Berichte jetzt schon einreichen, damit sie den Mitgliedern des Hauptausschusses bereits vorgelegt werden können. Für das Plenum sollten sie gedruckt werden[6]).
Er führte weiter aus: Änderungsanträge sollten nur kurz begründet werden, dann soll über sie abgestimmt werden[7]).

---

[4]) In der Sitzung der CDU/CSU-Fraktion am 27. April 1949 um 10.30 Uhr, unmittelbar vor der interfraktionellen Besprechung, schlug Adenauer vor: „Hier soll noch nicht in sachliche Erörterungen eingetreten werden, vielmehr nur die Termine und der Arbeitsplan festgelegt werden. Für den Beginn der Hauptausschußsitzungen soll der 4. Mai vorgesehen werden, für die Plenarsitzungen der 11. Mai. Bis zum Beginn der Hauptausschußsitzungen muß ein verstärkter Redaktionsausschuß das Grundgesetz noch einmal überarbeiten, ohne sachliche Änderungen. Frage des Wahlgesetzes muß zurückgestellt werden, bis die Frage des Grundgesetzes endgültig geregelt ist. Der interfraktionelle Ausschuß muß die Abmachungen vom Sonntag und die in Frankfurt klarstellen und ausarbeiten. Ferner muß der Brief über das Polizeiwesen und das Beamtenrecht bearbeitet werden. Zum Beamtenrecht müssen wir den Vorschlag Dr. Dehler hören. Ferner sind noch zu bearbeiten: Flaggenfrage, ferner Sitz der Bundesregierung (letzteres muß auch noch einmal ausführlich in der Fraktion besprochen werden)." Vgl. Salzmann, S. 516.

[5]) Vgl. die Besprechung mit den MilGouv. am 25. April 1949 in Frankfurt. Der Parl. Rat Bd. 8, Dok. Nr. 73, S. 248–259.

[6]) Die Drucklegung der schriftlichen Berichte der Berichterstatter erfolgte erst 1950. Vgl. Der Parl. Rat Bd. 10, S. LIX, Anm. 85.

[7]) Adenauer teilte am 27. April 1949 den Abg. des Parl. Rates mit: „1) Entsprechend den heute von den Fraktionen der CDU[/CSU], SPD FDP, DP und des Zentrums getroffenen Abmachungen sollen alle bisher eingereichten und noch nicht behandelten Anträge als zurückgezogen angesehen werden. 2) Die Herren Abgeordneten werden gebeten, zu prüfen, ob unter Berücksichtigung der Ergebnisse der interfraktionellen Besprechungen noch Anträge zum Grundgesetz zu stellen sind. 3) Solche Anträge sind verabredungsgemäß bis Montag den 2. Mai, 12 Uhr, dem Sekretariat zuzuleiten. 4) Zur Beschleunigung der Arbeit und zur Erreichung der Übersichtlichkeit erscheint es erforderlich, daß nur Einzelanträge (zu den einzelnen Artikeln des Grundgesetzes), keine Sammelanträge, eingereicht werden. 5) Für die Bezifferung der Artikel wird gebeten, die Fassung dritter Lesung im Hauptausschuß (Drucks. 604/607 und Drucks. 675) zugrunde zu legen." Vgl. PA 5/Umdruck Nr. S 53.

Beide Lesungen im Plenum des Parlamentarischen Rats sollten in vier Tagen erledigt werden. Zwischen zweiter und dritter Beratung sollte eine halbtägige Pause eingelegt werden, falls in der zweiten Lesung noch Änderungen beschlossen werden. Er führte aus: Die Geschäftsordnung müsse scharf gehandhabt werden. Er wolle mit Reimann und Renner reden, ob sie sich anpassen oder ob unter Umständen die Geschäftsordnung geändert werden müsse.

(Prof. Schmid schlägt vor, die Geschäftsordnung jetzt schon zu ändern.)

Der Hauptausschuß solle in der Zeit vom 4. Mai bis 9. Mai [1949] tagen[8]).

Die Redaktionskommission müsse bis Montag [2. März 1949] fertig werden.

Der interfraktionelle Ausschuß solle heute abend gegen 19.00 Uhr zusammentreten[9]).

(Es wurde der Vorschlag akzeptiert, daß der Präsident den Mitgliedern schriftlich mitteile, daß Änderungsanträge bis 2. Mai, 12.00 Uhr eingereicht werden müssen.)

Dr. Seebohm erklärte dazu: Alle alten Anträge seien als gegenstandslos anzusehen, die Anträge, die aufrechterhalten würden, müßten neu gestellt werden. Ausgangspunkt sei der Hauptausschuß dritte Lesung.

Dr. Pfeiffer: Man sollte die Texte nehmen, die interfraktionell vereinbart werden.

[Präs.] Dr. Adenauer: Die Alliierten seien zu Besprechungen über das Wahlgesetz bereit, wenn sich Schwierigkeiten ergäben.

Der Wahlrechtsausschuß soll am 2. Mai zusammentreten[10]).

[2.] VORLÄUFIGER BUNDESSITZ[11])

Dr. Schäfer empfiehlt, den Bericht des Bundessitzausschusses möglichst schnell zu verabschieden, dann könnte die Sache nächste Woche schlüssig werden.

Dr. Greve: Er halte es nicht für nötig, den Bericht drucken zu lassen.

(Schäfer berichtigt: nur Vervielfältigung[12])).

Dr. Greve spricht sich dafür aus, diese Angelegenheiten morgen oder übermorgen zu erledigen, da sonst die Termine kollidierten. Er erklärte weiter: Der

---

[8]) Der HptA trat noch am 5., 6. und 9. Mai 1949 zu seiner 57., 58. und 59. Sitzung zusammen. Vgl. Parl. Rat, Verhandlungen, S. 743–791.

[9]) Vgl. Dok. Nr. 46.

[10]) Der Ausschuß für Wahlrechtsfragen trat am 3. Mai 1949 wieder zusammen. Vgl. Der Parl. Rat Bd. 6, Dok. Nr. 27, S. 768.

[11]) In der Sitzung der CDU/CSU-Fraktion am 27. April 1949 um 10.30 Uhr, unmittelbar vor der interfraktionellen Besprechung, teilte Adenauer mit: „Zum Sitz der Bundesregierung hat die SPD den Antrag gestellt, noch heute in einer Plenarsitzung darüber abzustimmen. Da aber die Abg. Greve und Wolff von der SPD hierzu ihre Stellungnahme noch nicht vorgelegt haben, so daß ein zusammenfassender Bericht bisher nicht fertiggestellt werden konnte, was dringend notwendig dafür ist, können wir eine Planarsitzung darüber vorher nicht zulassen." Vgl. Salzmann, S. 517.

[12]) Der Bericht der „Kommission zur Prüfung der Angaben der Städte Bonn – Frankfurt/Main – Kassel und Stuttgart betr. vorläufigen Sitz des Bundes" vom 28. April 1949 wurde vervielf. als PA 5/Umdruck Nr. S 94.

technische Bericht sei nicht so entscheidend wie das politische Moment. Er hält den SPD–Antrag aufrecht.

[3.] EXEKUTIVAUSSCHUSS[13]), ANTRAG DER FDP[14])

[Präs.] Dr. Adenauer: Dieser Antrag zwinge uns, uns mit der Frage zu beschäftigen, wie wird der erste Anlauf der Bundesregierung sein? Dabei müßten wir uns über den Sitz der Bundesregierung einigen. Es dürfe nur eine vorläufige Entscheidung getroffen werden. Die Bundesregierung dürfe aber nicht mit der Raumpleite anfangen. Man müsse sich daher darüber klar werden, welche Arbeit bei der Bundesregierung anfalle und welcher Raumbedarf nötig sei.
Dr. Pfeiffer: Unsere Fraktion hätte noch keine Möglichkeit gehabt, sich mit der ganzen Sache zu befassen[15]). Er lege Wert darauf, daß bei diesen Beratungen der Bericht des Ausschusses zur Verfügung stehe. Wie man die Behandlung dieses Punktes in den Terminkalender einfügen könne, sollte erst entschieden werden, wenn die Fraktion beraten habe.
Dr. Greve erklärt: Die SPD komme den Wünschen der CDU entgegen, aber spätestens nächsten Dienstag [den 3. Mai 1949] müßte es möglich sein, die Stadt zu erfahren, die in Frage kommt[16]).
Dr. Pfeiffer: Er könne jetzt keinen Termin zusagen. Es käme aber kein Termin vor der übernächsten Woche in Frage.
[Präs.] Dr. Adenauer: Bitte, jetzt keine Festlegungen zu erzwingen. Er glaube, wenn die Dinge richtig laufen, werde sich nächste Woche Gelegenheit zu einer Plenarsitzung finden lassen.
Dr. Heuss pflichtet dem bei und schlägt vor, sich nächsten Dienstag über einen Termin zu verständigen.
Vorschlag *[Präs.] Dr. Adenauers*, nächsten Samstag [30. April 1949] eine Besprechung wegen des Termins für eine Plenarsitzung wegen des vorläufigen Bundessitzes vorzusehen.
Dr. Katz: In dieser Sitzung sollte auch der FDP-Antrag über einen Exekutivausschuß behandelt werden.

(Die nächste Ältestenratssitzung wird für Montag, den 2. Mai 1949 um 16.00 Uhr vorgesehen[17]). Ferner wird für heute um 19.00 Uhr eine interfraktionelle Besprechung vereinbart[18]).)

---

[13]) Zum später sog. Überleitungsausschuß vgl. Der Parl. Rat Bd. 10, S. LXI–LXXVII.
[14]) Der Antrag der FDP-Fraktion vom 26. April 1949 zur „Bildung eines vorläufigen Bundesexekutivorgans" ist ediert in: Der Parl. Rat Bd. 10, Teil C Dok. Nr. 1, S. 203–205.
[15]) Die CDU/CSU-Fraktion beschäftigte sich in ihrer Sitzung am 27. April 1949 kurz mit der Frage der Bildung eines Überleitungsausschusses. Vgl. Salzmann, S. 518.
[16]) Die Wahl des Bundessitzes erfolgte in der 11. Sitzung des Plenums am 10. Mai 1949 zugunsten der Stadt Bonn. Vgl. Der Parl. Rat Bd. 9, Dok. Nr. 11, S. 677–685.
[17]) Vgl. Der Parl. Rat Bd. 10, S. XXXII, Anm. 171.
[18]) Vgl. Dok. Nr. 46.

Nr. 46
Interfraktionelle Besprechung
27. April 1949

ACDP I-052, Nr. 00/1, S. 170 b-178. Maschinenschr. Übertragung eines ungez. Prot. von Trossmann vom 27. April 1949

Anwesend[1]):
CDU/CSU[2]): von Brentano, Kaiser, Kaufmann, Laforet, Lehr, Pfeiffer, Schlör
SPD: Greve, Katz, Menzel, Schmid, Schönfelder (Vors.), Zinn
FDP: Dehler, Höpker Aschoff
DP: Seebohm
Sekretariat des Parl. Rates: Trossmann

Beginn: 19.00 Uhr   Ende: 24.00 Uhr

Die Frage der „Komprimierung" der Verfassung[3]) war stark und heftig umstritten[4]).

Prof. Schmid erklärte: Wir sollten doch nicht mit der großen Axt in die Sache herein.
Dr. Laforet: Er habe Bedenken gegen eine allgemeine Redaktionierung. Auseinandersetzungen über die Arbeit des Redaktionsausschusses seien jetzt nicht mehr möglich.
Dr. von Brentano: Wir dächten nicht daran, jetzt im Redaktionsausschuß neue Gravamina vorzunehmen.
[Vors.] Schönfelder: Ich darf annehmen, daß Sie der Redaktionskommission weiter das Vertrauen schenken.
(Das wurde bejaht.)

---

[1]) Eine Anwesenheitsliste liegt nicht vor. Die Zusammenstellung erfolgte aufgrund der prokollierten Beiträge.

[2]) Adenauer nahm an dieser Sitzung nicht teil. Pfeiffer legte deshalb Wert darauf, daß Adenauer in der Sitzung der CDU/CSU-Fraktion am 28. April 1949 über die Beschlüsse informiert wurde. Vgl. Salzmann, S. 523.

[3]) Gemeint war vermutlich der „verkürzte" Entwurf der SPD. Vgl. Der Parl. Rat Bd. 7, Dok. Nr. 11, S. 462–496.

[4]) Pfeiffer notierte aus der Diskussion um den verkürzten Entwurf zwei Beiträge: „*Schmid* [sprach] von einem radikalen Kürzen zum Zusammenreißen, Schlankermachen und redaktionell Komprimieren.
Kaufmann: Nach den Forderungen, die Sie ursprünglich gefaßt haben, werden Sie nicht wünschen, daß auf diesem redaktionellen Wege Dinge herausgenommen werden, die wir unbedingt erhalten sehen müssen. Wir haben kurzerhand beim Bundesrat gekürzt – nicht auf dem Umweg der redaktionellen Änderung eine Kürzung im Sinne des Kurzstatuts vornehmen." Vgl. BayHStA NL Pfeiffer 219.

Zu Art. 36 Ziff. 14[5]) schlug *Kaufmann* die Formulierung vor: „für die dem Bund das Gesetzgebungsrecht zusteht"[6]).

Dr. Katz: Er sei dafür, diesen Punkt dem Redaktionsausschuß zu überlassen.

(Allgemeines Einverständnis.)

Zu Art. 108 a[7]). Es[8]) wurde erklärt, die Worte „vorbehaltlich anderweitiger bundesgesetzlicher Regelung" in Abs. 2 seien für die CDU nicht akzeptabel. Das Zustimmungsrecht des Bundesrats gemäß Art. 108 a Abs. 2 müsse uneingeschränkt bestehen[9]).

Prof. Schmid: Er sei erstaunt über diesen Vorschlag. Wir hätten die Absicht gehabt, das Zustimmungsrecht des Bundesrats bei bestimmten Rechtsverordnungen überhaupt zu streichen. Er habe den Kompromißvorschlag gemacht, wie er in der jetzigen Fassung des Art. 108 a Abs. 2 seinen Ausdruck finde. Auf diesen Vermittlungsvorschlag habe man sich geeinigt.

Dr. Pfeiffer: Durch irgendeinen Umstand sei er aus der Besprechung abberufen worden, wie[10]) das beschlossen worden sei. Er habe dann gebeten, an der Sitzung des Unterausschusses[11]) teilnehmen zu können und habe dort seine Bedenken vorgetragen. Er sei vom Wortführer darauf aufmerksam gemacht worden, daß Beschlüsse vorlägen. Er habe seinen Vorbehalt aufrechterhalten. Er sei sich bewußt, daß er (gemeint Prof. Schmid) eine außerordentlich große Rolle spiele, wenn er es aber unmöglich mache, die Dinge hier durchzusprechen, erschwere er ein Gesamtergebnis außerordentlich.

Wie er die Entwürfe gesehen habe, waren eine Reihe Dinge dort nicht formell niedergelegt. Er weise im übrigen darauf hin, daß wir in Frankfurt nur moralische Bindungen eingegangen seien, d.h. uns für die Dinge einzusetzen, die wir besprochen haben und dafür zu werben, daß die Fraktionskollegen dem beitreten. Wir könnten aber keinem Fraktionskollegen das Recht nehmen, seine Wünsche und Bedenken noch vorzutragen.

(Dr. Pfeiffer setzte sich nachdrücklich für die Behandlung der Vorbehalte ein, unterstützt von Dr. Laforet und Schlör.)

---

[5]) Vgl. Der Parl. Rat Bd. 7, Dok. Nr. 12, S. 514.

[6]) Pfeiffer fügte an dieser Stelle folgende Beiträge ein:
„*Laforet* begründet [die Neuformulierung]. Zwischen der alten Vorranggesetzgebung und der konkurrierenden Gesetzgebung mit [Art.] 36 besteht kaum ein Unterschied.
Greve: Nach der neuen Fassung kann der Bund das Enteignungsrecht nicht in Anspruch nehmen, wenn ihm das Recht der Gesetzgebung erst übertragen wird durch [Art.] 34.
Brentano macht deutlicher." Vgl. BayHStA NL Pfeiffer 219.

[7]) Vgl. den Entwurf des Redaktionsausschusses vom 2.–5. Mai 1949. Der Parl. Rat Bd. 7, Dok. Nr. 12, S. 516 f.

[8]) Pfeiffer schrieb Kaufmann die Bemerkung zu. Vgl. BayHStA NL Pfeiffer 219.

[9]) Pfeiffer notierte, daß er selbst, Schönfelder und Katz „nochmal [ihre] Bedenken vorgetragen" hätten, „aber [man sei] nicht in diesem Punkt" abgerückt. Danach habe Dehler noch folgende Bemerkung zu [Art.] 108 a vorgetragen:
„*Dehler:* Die Formulierung war das Ergebnis sehr eingehender Besprechung. [Es sei] nicht so, daß [man für] die kommende Zeit weitgehend mit willkürlichen Rechtsverordnungen rechnen kann. [Die] Gefahr [einer Änderung] durch Bundesgesetz ist nicht gegeben. Loyal und rechtliche Gründe." Vgl. BayHStA NL Pfeiffer 219.

[10]) Besser: „als".

[11]) Vgl. Dok. Nr. 44.

[Vors.] Schönfelder empfiehlt, die Erklärung Dr. Pfeiffers gebührend zur Kenntnis zu nehmen, aber man sollte nicht übersehen, daß die SPD mehr Konzessionen gemacht habe als die andere Seite.

Zu dem Begehren der CDU/CSU, in Art. 112/2 Abs. 5[12]) statt dem Worte „Weisungen" das Wort „Einzelweisungen" zu setzen, erklärte *Zinn*, er habe den Redaktionsausschuß einmal verlassen, weil man diese Änderung durchsetzen wollte. Er sähe keinen Anlaß, weiteren Änderungen zuzustimmen.
Dr. Laforet wies darauf hin, daß es sich nur um Einzelweisungen handeln könne, sonst würde aus der Durchführung der Gesetze als eigene Angelegenheiten der Länder die Auftragsverwaltung. Er könne deshalb auf die begehrte Änderung nicht verzichten.

Frage, ob in Art. 116 Abs. 3 der Satz 2[13]) gestrichen werden solle[14]).
Dr. Menzel fragt, ob denn die CSU zustimmen werde, wenn man die Streichung des Art. 116 Abs. 3 Satz 2 beschließe. Fälle die CDU diese Entscheidung, könne er sich eine Entscheidung zugunsten dieses Antrags vorstellen.
Dr. Dehler wies darauf hin, daß nicht nur die CDU, sondern auch Dr. Hoegner[15]) an dieser Bestimmung größten Anstoß genommen habe. Er regt an, in solchen Fällen ausdrücklich die Auftragsverwaltung vorzusehen.
Dr. von Brentano: Er gehe auf die Anregung von Dr. Menzel ein und rege seinerseits an, diese Frage zu überlegen und die Entscheidung zurückzustellen. Er bat darum, diesen Punkt heute abzusetzen, nachdem man die Bedeutung der zu entscheidenden Frage kenne.
[Vors.] Schönfelder: Es erscheine ihm wertvoll, was Dr. von Brentano gesagt habe.

---

12) Vgl. den Grundgesetzentwurf in der 3. Lesung des HptA vom 10. Feb. 1949: Der Parl. Rat Bd. 7, Dok. Nr. 8, S. 430; vgl. den Entwurf des Fünferausschusses vom 28. Feb. 1949: Dok. Nr. 9, S. 452; vgl. den Entwurf des Redaktionsausschusses vom 2.–5. Mai 1949: Dok. Nr. 12, S. 518.

13) Art. 166 Abs. 3, Satz 2 lautete im Grundgesetzentwurf der 3. Lesung des HptA vom 10. Feb. 1949: „Erwachsen dem Bund auf Gebieten, für die ihm die Gesetzgebung zusteht, neue Aufgaben, so können bei dringendem Bedarf bundeseigene Mittel und Unterbehörden mit zwei Dritteln der Stimmen des Bundesrat errichtet werden." Vgl. Der Parl. Rat Bd. 7, Dok. Nr. 8, S. 431. Vgl. auch den Entwurf des Redaktionsausschusses vom 2.–5. Mai 1949. Der Parl. Rat Bd. 7, Dok. Nr. 12, S. 519.

14) Pfeiffer fügte an dieser Stelle ein:
„*Kaufmann* spricht für streichen.
Lehr: Wiederherstellung der 2/3-Mehrheit.
Seebohm spricht für Streichung. Dieser Satz bietet sehr viele Schwierigkeiten.
Laforet: Ein politisches Schlagwort. Sehr große Erleichterung für die Polizei. Nicht streichen.
Zinn: Auch für SPD eine wesentliche Bedeutung. Wir halten es für notwendig in festgelegten Fällen, in bestimmten Fällen auch Mittelbehörden errichten zu können. Wir sind auch gegen qualifizierte Mehrheiten." Vgl. BayHStA NL Pfeiffer 219.

15) Dr. Wilhelm Hoegner (1887–1980), SPD, 1945–1946 und 1954–1957 MinPräs. von Bayern, 1945–1947 Justizmin., 1946–1947 stellv. MinPräs. von Bayern. Vgl. Peter Kritzer: Wilhelm Hoegner. Politische Biographie eines bayerischen Sozialdemokraten. München 1979.

Zinn empfiehlt, der Anregung von Dr. Dehler zu folgen.
Kaufmann: Er wäre dankbar, wenn Sie (zur SPD gerichtet) heute abend schon sagen könnten, wir finden hier eine Lösung. Wir haben so viele Dinge an die Länder in Auftragsverwaltung übertragen. Könne man denn nicht in dieser Weise dem „Südosten" entgegenkommen? Er sei unter Umständen auch mit der Wiederherstellung der Zweidrittelmehrheit[16]) einverstanden.
Zinn erklärte: Sie (die SPD) wollten heute weder eine zustimmende noch eine ablehnende Antwort geben[17]).
Dr. Pfeiffer machte die Bemerkung, man wolle anscheinend mit der Wurst nach der Speckseite werfen.
Kaufmann: In der Erwartung der Speckseite stelle er die anderen Punkte auf seinem Zettel zurück.

FINANZEN

Dr. Höpker Aschoff zu Art. 122 a[18]): Art. 122 a bleibe in der ursprünglichen Fassung bestehen.
In Art. 122 b müsse[19]) mit Rücksicht auf die Frankfurter Besprechung[20]) Abs. 4 geändert werden. Er verlas die neue Formulierung[21]).

Dr. Pfeiffer berichtete über eine Rücksprache mit Clay, an der auch Dr. Menzel und Zinn u.a. teilgenommen hätten. Es sei um die Frage der Tragweite der Eröffnung zu Art. 116 gegangen. In der Frage, ob die drei sogenannten headings in Abs. 3 (Schulwesen, Gesundheitswesen und Wohlfahrtswesen) bleiben müßten, habe er den Äußerungen von Clay entnommen, daß das nicht notwendig sei, denn Clay habe erklärt: „Die drei headings waren Vorschriften der Außenminister. Wenn Sie das beibehalten würden, wäre es nett, aber es sei nicht

[16]) Vgl. Art. 116 Abs. 3 des Grundgesetzentwurfes in der 3. Lesung des Hauptausschusses. Vgl. Der Parl. Rat Bd. 7, Dok. Nr. 8, S. 431.
[17]) Pfeiffer ergänzte an dieser Stelle: „[Art.] 113 ist überflüssig und man könnte ihn an einer speziellen Stelle regeln." Vgl. BayHStA NL Pfeiffer 219.
[18]) Vgl. den Grundgesetzentwurf in der 3. Lesung des HptA vom 10. Feb. 1949 mit dem Entwurf des Siebenerausschusses vom 17. März 1949. Der Parl. Rat Bd. 7, Dok. Nr. 8, S. 433 und Dok. Nr. 10, S. 460.
[19]) Nach der Mitschr. von Pfeiffer berief sich Höpker Aschoff auf eine „Anweisung von Greve", die Greve umgehend dahin korrigiert: „Das ist auf Wunsch von Menzel geschehen." Vgl. BayHStA NL Pfeiffer 219.
[20]) Vgl. die Besprechung mit den MilGouv. am 25. April 1949. Vgl. das Prot. in: Der Parl. Rat Bd. 8, Dok. Nr. 73, S. 248–259. Am 27. April 1949 wurden vom amerikanischen Verbindungsstab schriftlich Formulierungsvorschläge für Artikel 122 b Abs. 4 beim Parl. Rat eingereicht: „In order to ensure the working efficiency also of Laender with low revenues and to equalize the differing burden of expenditure of the Laender, the Federation may make grants and may derive the requisite revenues from those Land taxes which it may specify and in the proportion which it may specify with the approval of the Bundesrat. Revenues will then be transferred in the amounts thus granted to the Laender to whom granted." Vgl. PA 5/10.
[21]) Vgl. den Entwurf des Redaktionsausschusses vom 2.–5. Mai 1949. Der Parl. Rat Bd. 7, Dok. Nr. 12, S. 523.

notwendig." Dann seien wir auseinandergegangen und er habe zu Zinn gesagt: also lassen wir sie fallen. Er habe gesagt: Nein, wir behalten sie.
Entscheidend sei, ob die Eröffnung von Clay sich nur auf Abs. 3 oder auf Abs. 3 und 4 beziehe. Die Beantwortung dieser Frage erst ermögliche die Entscheidung, ob Abs. 3 erhalten bleiben muß oder nur Abs. 4.
Seebohm erklärte, Clay habe zunächst im wesentlichen eine Streichung von Abs. 4 gefordert. Er habe den Eindruck, daß Clay uns Freiheit gegeben habe, Abs. 3 fallenzulassen. Es frage sich, ob es sich nicht empfehle, um den Alliierten entgegenzukommen, den Abs. 3 zu kassieren und alles in Abs. 4 zusammenzufassen[22]).
Zinn bezweifelte die Darstellung, die Pfeiffer gegeben habe; nach seiner Meinung sei die Darstellung von Seebohm die richtigere.
Clay habe uns etwas Formuliertes vorgelesen, und während der Besprechung habe er seine schriftlich fixierte Fassung erläutert. In dieser Unterhaltung seien zwei Fragen aufgeworfen worden: Können wir denn neben ländermäßigem Ausgleich den Bundesfinanzausgleich haben? Dann habe es sich um die Frage gedreht, ob die drei im Art. 122 b Abs. 3 genannten besonderen Zwecke (Erziehung, Gesundheitswesen, Wohlfahrtswesen) beibehalten werden müßten. Clay habe gesagt, die Militärregierung habe die zwei Arten Finanzausgleich zweckgebunden und nicht zweckgebunden zugelassen.
Einwand von *Pfeiffer:* Danach kam meine Unterhaltung.

(Widerspruch)

Zinn sprach sich dafür aus, Art. 122 b unverändert aufrechtzuerhalten.
Kaufmann tritt für die Streichung von Art. 122 b Abs. 3 ein. Er erklärte weiter, wenn wir einen Weg finden würden, die Einkommen- und Körperschaftssteuer nicht angetastet, würden wir für die künftigen Verhältnisse im Bund eine günstige Lösung finden können.
Auf eine Bemerkung von Dr. Pfeiffer antwortete *Dr. Höpker Aschoff:* Er zweifle keinen Augenblick daran, daß Abs. 3 unter den Tisch fallen könnte. Aber es handele sich um ein Stück des Kompromisses, daß Bund notfalls auch auf Einkommensteuer und Körperschaftssteuer zurückgreifen könne. Er weist darauf hin, daß es in Abs. 3 heiße, „insbesondere zur Deckung von Zuschüssen" usw. Er warnte dringend, diese Geschichte anzurühren und auch nur ein Wort mit den Generälen darüber zu sprechen. Er wisse, daß man am Freitag auseinandergegangen sei mit dem Eindruck, wir finden überhaupt keinen Weg mehr. Als Lösungsmöglichkeit zeichnete sich dann doch ab: Umsatzsteuer an den Bund und eventuell Rückgriffsrecht des Bundes auf die Einkommen- und Körperschaftssteuer. Hier sei der Gefahrenpunkt erster Ordnung.
Prof. Schmid: Dr. Pfeiffer verlange wohl nicht, den Abs. 3 zu streichen.

---

[22]) Nach der Mitschr. von Pfeiffer hatte Seebohms Äußerung einen anderen Sinn. Er protokollierte:
„*Seebohm* schildert die Entwicklung. Weitgehend Freiheit in [Art.] 3 und 4 zu lassen, war die Meinung von Clay. Von [Art.] 3 hat er nichts mehr gesagt. Wir haben seinerzeit [Art.] 3 und 4 gebildet, um den Alliierten entgegenzukommen." Vgl. BayHStA NL Pfeiffer 219.

Zur Erörterung stehen die Abs. 3 und 4. Es handelte sich dabei um zwei ganz verschiedene Dinge. Bei dem internen Länderausgleich gehe es um die Technik der Steuerverteilung, während bei Abs. 3 die Möglichkeit geschaffen werden solle, daß der Bund bestimmten Ländern zu Hilfe kommen solle, die sonst nicht in der Lage wären, ihre Aufgaben zu erfüllen.

Prof. Schmid erklärte weiter: Er schließe sich der Mahnung Höpker Aschoffs an, und bitte auch seinerseits, an diesen Dingen nicht zu rühren.

Dr. Menzel: Nach der Unterhaltung mit Clay habe er keinen Zweifel, daß dieser Abs. 3 nicht beanstande.

Dr. Pfeiffer: Clay habe (zu Menzel gewandt) zugestanden, er – Abs. 3 – könne bleiben und ihm (Dr. Pfeiffer) habe er zugestanden, Abs. 3 könne auch fallen. Daraus ergebe sich, daß die Frage der Beibehaltung oder der Streichung des Abs. 3 eine rein innerdeutsche Angelegenheit sei.

Dr. Greve: Wenn auch Abs. 3 gegenüber den Alliierten fallen könne, uns gegenüber müsse er bleiben, weil er Bestandteil des Kompromisses ist.

Dr. Pfeiffer: Er verstehe das, aber auch für uns gibt es Punkte, bei denen wir fest bleiben müssen.

Zinn erklärte, es sollte keine Änderung bei Art. 122 b Abs. 3 vorgenommen werden.

Dr. Pfeiffer bittet, heute keine Beschlüsse zu fassen.

Prof. Schmid: Wenn wir im Bereich der Klarheit bleiben wollen, müssen wir feststellen, daß wir uns geeinigt haben und daß Sie (CDU/CSU) anregen, zu einer neuen Einigung unter Abweichung von der bisherigen zu kommen[23]).

(Die nächste interfraktionelle Besprechung wird vereinbart für 28. April 1949 um 10.15 Uhr.[24]))

---

[23]) Pfeiffer notierte aus dieser interfraktionellen Besprechung folgenden Wortwechsel zum Thema Bundesgerichtshof:
„*Laforet:* Der Gerichtshof kann nur entscheiden, ob dieses Gesetz vereinbar ist mit der Verfassung. So verwickelt können wir die Sache nicht machen. – Hier sind die Grenzen des Bundesverfassungsgerichts festzulegen. Ihre Bedenken – Bedenken, das hier zu tun, nicht richtig. Wenn man Murphy stattgeben soll – nur sagen, über Ermessensmißbrauch entscheidet das Bundesverfassungsgericht.
Seebohm will keine Einschränkung für den Verfassungsgerichtshof. Pfeiffer sieht hier Loyalitätsverpflichtung gegeben.
(Einfügung wird beschlossen gegen Greve und Zinn. Bleibt.)
Seebohm: Dafür mit Protokollerklärung, wenn beschlossen über politische Ermessensfragen.
Die zwei Kommissionen – a) Veto, b) bei Übereinstimmung – 104/2 Veto und 105/3 für gemeinsam.
Pfeiffer reklamiert Brentano.
Kaufmann will durch die Redaktionskommissionen Ausschuß größer gestalten. Sachlich nichts ändern. Aber größere Teilnahme.
Greve: Wir haben heute vormittag beschlossen, daß eine Kommission die Reduktion auf das Minimum machen soll.
Kaiser: Die Kürzung großer Teile im radikalen Sinne kommt nicht in Frage.“ Vgl. BayHStA NL Pfeiffer 219.

[24]) Vgl. Dok. Nr. 47.

Nr. 47
Interfraktionelle Besprechung
28. April 1949

ACDP I-052, Nr. 00/1, S. 180-186. Maschinenschr. Übertragung eines ungez. Prot. von Trossmann vom 28. April 1949

Anwesend[1]):
CDU/CSU[2]): Adenauer (Präs.), Kaiser, Kaufmann, Laforet, Lehr, Pfeiffer, Schlör
SPD: Greve, Katz, Menzel, Schmid, Schönfelder, Zinn
FDP: Dehler, Höpker Aschoff, Schäfer
DP: Seebohm

Sekretariat des Parl. Rates: Trossmann

Beginn: 10.15 Uhr[3])

[FINANZFRAGEN]

Es wurden die Beratungen über die Finanzfragen fortgesetzt[4]).

[Zu Art. 122 b]

Schlör machte erneut erfolglos den Versuch, die Einkommen- und Körperschaftssteuer ganz für die Länder zu sichern.

---

[1]) Eine Anwesenheitsliste liegt nicht vor. Die Zusammenstellung erfolgte aufgrund der Angaben von Pfeiffer in einer ungez. Mitschr. in Gabelsbergerscher Kurzschrift Vgl. BayHStA NL Pfeiffer 219.

[2]) Der in der Sitzung der CDU/CSU-Fraktion am 27. April 1949 ebenfalls als Mitglied des Besprechungsgremiums Benannte von Brentano ist offenbar nicht anwesend gewesen. Vgl. Salzmann, S. 523.

[3]) Nach der ungez. Mitschr. von Pfeiffer begann die Sitzung um 10.30 Uhr. Vgl. BayHStA NL Pfeiffer 219.

[4]) Vgl. die Beratungen am 27. April 1949; Dok. Nr. 46.
Bevor die Frage der Finanzverwaltung behandelt wurde, wurde kurz über die Bildung des Exekutivausschusses gesprochen. Pfeiffer notierte an dieser Stelle:
„*Adenauer* teilt mit, daß ein Mitglied des Hauses ihm heute sagte, daß seit der Einigung im Parlamentarischen Rat man in Frankfurt [bei den MilGouv.] neue Anstellungen vornehme.
Greve schlägt Änderung von [Art.] 143 Abs. 2 vor.
Adenauer: Neue Pressemeldungen über eine Bedingung der Russen, die Aufschiebung des Grundgesetzes zu verlangen. Exekutivausschuß beschleunigen.
Seebohm: Ist nicht das Präsidium des Parlamentarischen Rates schon ein solcher Ausschuß als eine vorhandene Einrichtung?
Adenauer: Das Präsidium hat eine bestimmte Funktion.
Menzel: Hauptausschuß ist dieses Organ.
Schmid: Der Parlamentarische Rat ist zu Ende, wenn er aufgelöst wird. Das kann er selbst machen. Interimspflegeschaft.
Pfeiffer: Wie Schmid.
Dehler: [...] hat gestern mit den Am[erikanern] gesprochen [...].“ Vgl. BayHStA NL Pfeiffer 219.

Prof. Schmid wies darauf hin, daß diese Frage nicht mehr aufgegriffen werden dürfe, weil sie einmal so vereinbart sei.
Schlör operierte ziemlich unglücklich. Mit einer Bemerkung von ihm, er habe sich verpflichtet gehalten, darauf hinzweisen, daß hier Bedenken bestehen, schließt die Debatte zu Art. 122 Buchstabe b.

Zu Art. 122 c

Schlör schlägt hierzu eine Ergänzung vor, daß der Wegfall von Steuern nur gleichzeitig mit dem Wegfall der Aufgaben erfolgen könne (es handelt sich um die Königswinterer Formulierung vom 26. April 1949[5])).
Dr. Höpker Aschoff: An dieser Stelle könne man unmöglich den von Schlör vorgeschlagenen Abs. 2 einfügen. Dieser Absatz habe mit der endgültigen Verteilung der Steuern nichts zu tun. Im übrigen halte er die vorgeschlagene Bestimmung für überflüssig, weil das, was sie zum Ausdruck bringen solle, absolut selbstverständlich sei.

Zu Art. 120

Dr. Höpker Aschoff schlug vor, die Wiedereinfügung dieses Artikels als eine redaktionelle Angelegenheit anzusehen und diese Frage daher dem Redaktionsausschuß zu überweisen. Dabei könne auch ein Passus hereingenommen werden, daß der Entzug von Einnahmen Zug um Zug mit der Entlastung von Aufgaben erfolgen müsse.
Dr. Menzel: Der Redaktionsausschuß könne nur redigieren, er kann nichts materiell Neues einfügen.
Dr. Greve spricht sich gegen die Vorschläge Schlörs aus. Er erklärte weiter, hier sei weiter nichts mehr zu verhandeln, nach seiner Auffassung seien die Vorschläge vorläufig einmal als abgelehnt anzusehen.

Zu Art. 123

Dr. Höpker Aschoff wendet sich dagegen, daß in Art. 123 Abs. 1 nachträglich die einmalige Vermögensabgabe hereingenommen worden sei.
Der Zusatz entspreche nicht der ursprünglichen Vereinbarung und sollte daher wieder entfernt werden.
Schlör: Ihm sei erklärt worden, Menzel habe angerufen und Dr. Höpker Aschoff habe zugestimmt.
[Dr.] Greve bestreitet, daß er gesagt habe, Höpker Aschoff habe zugestimmt. Er habe Schlör am Sonntag[6]) erklärt, daß er damit nicht einverstanden sei, es liege daher keine Abmachung vor.
Dr. Menzel: Anlaß zu dem Telefongespräch sei folgender gewesen: Er habe auf der Fahrt den Text gelesen und sei darauf gestoßen, daß nicht darin stand, wer

[5]) Vgl. die Diskussion zu Art 122 c auf der Sitzung der CDU/CSU-Arbeitsgemeinschaft (Parteiführung) am 26. April 1949 in Königswinter. Kaff, S. 535.
[6]) Gemeint war während einer der interfraktionellen Besprechungen am Sonntag, den 24. April 1949. Vielleicht in einer der Besprechungen des interfraktionellen Unterausschusses am 24. April 1949. Vgl. zu diesem Unterausschuß Dok. Nr. 44.

die einmalige Vermögensabgabe verwalten sollte, und glaubte, daß hier beim Diktat eine zufällige Auslassung entstanden sei. Er habe Greve gebeten, das richtig zu stellen. Daß hier ein Versehen vorliegen müsse, habe er daraus geschlossen, weil man im Fünferausschuß einig war, daß diese einmalige Abgabe vom Bund verwaltet werden sollte.

Dr. Höpker Aschoff widerspricht Dr. Menzel: Über die Verteilung der Steuern sei man einig gewesen, aber in der Frage der Verwaltung sei er anderer Meinung. Die Verwaltung der Besitzsteuern könne man nicht auseinanderreißen. Er habe immer die Auffassung vertreten, daß die Veranlagung der allgemeinen Vermögenssteuer nicht von der Veranlagung einmaliger Vermögenssteuern, den Vermögensabgaben, getrennt werden könne. Er habe immer darauf hingewiesen, daß hier eine Ausnahme von der Regel gemacht werden müsse, jeder verwalte das, was ihm zustehe.

Dr. Greve: Er habe immer den Standpunkt vertreten, daß der Bund den Lastenausgleich durchführe. Er verweist auf den Antrag Zinn, Greve, Katz[7]). Dann habe man verhandelt[8]). Höpker Aschoff habe dann seine Auffassung vertreten und wir die andere. Wir haben dann mit schweren Hemmungen zugestanden, daß die Länder die Einkommen- und Körperschaftssteuer bekommen sollen. Diese Lösung sei für uns aber nur erträglich, wenn die Mittel für den Lastenausgleich, ein Milliardenobjekt, nicht in die Hand der Länder komme[n].

Kaufmann: Wir sind in Frankfurt der Meinung gewesen, daß die Lastenausgleichsabgabe dort verwaltet werde, wo die Vermögenssteuern verwaltet werden[9]).

Schlör: Es handele sich nicht um die Verfügung über Mittel, sondern um die Veranlagung dieser einmaligen Vermögensabgabe, die von der Veranlagung der Vermögenssteuer nicht getrennt werden könne.

Dr. Menzel: Entscheidend sei, daß am Sonntag die Änderung so gemacht worden sei, wie sie jetzt vorliege. Sie sei auch so den Alliierten übermittelt worden und sei in den Frankfurter Besprechungen in keiner Weise in Frage gestellt worden.

Dr. Greve zu Schlör: Es ist richtig, daß Sie am Montagmorgen [25. April 1949] erklärten, Sie hätten doch Bedenken, Sie hätten in Frankfurt[10]) dann auf diese Dinge hinweisen müssen. Er müsse daran festhalten, daß die Korrektur auf Grund der Besprechungen erfolgt sei.

Dr. Höpker Aschoff: Ihm sei bei der Formulierung ganz klar gewesen, daß die Veranlagung bei einmaligen Vermögensabgaben bei den Ländern liegen müsse. Er habe Dr. Menzel das Stenogramm genau vorgelesen. Die Herren von der

---

[7]) Für den Antrag von Zinn, Greve, Katz zu Art. 123 vgl. den Grundgesetzentwurf der SPD von April 1949. PA 5/Drucks. Nr. 724; abgedr. in: Der Parl. Rat Bd. 7, Dok. Nr. 11, S. 488.

[8]) Vgl. die interfraktionelle Besprechung am 23. April 1949, Dok. Nr. 37, S. 148–150.

[9]) Vermutlich während einer der Unterbrechungen im Verlauf der Besprechung mit den MilGouv. am 25. April 1949. Vgl. das Prot. in: Der Parl. Rat Bd. 8, Dok. Nr. 73, S. 248–259.

[10]) Gemeint war in der Besprechung mit den MilGouv. am 25. April 1949. Vgl. Anm. 9.

CDU/CSU hätten sich überfahren lassen. Er müsse aber feststellen, materiell sei die Lösung, wie die SPD sie verlange, einfach undurchführbar.

Dr. Menzel: Es sei nicht so, daß die CDU sich am Sonntag habe überfahren lassen, denn wir seien immer der Meinung gewesen, daß der Bund diese Mittel, die aus einmaligen Vermögensabgaben stammten, verwalten sollte. Wir sind allerdings der Meinung gewesen, daß nur bei der Einkommen- und Körperschaftssteuer eine Änderung erfolgt sei. In den übrigen Punkten waren wir der Meinung, daß keine Änderung erfolgt. Es wäre für uns unmöglich gewesen, auf Einkommen- und Körperschaftssteuer zu Gunsten der Länder zu verzichten, wenn nicht dieses große Paket beim Bund bliebe. Wir müssen also bei der bisherigen Lösung bleiben.

[Präs.] Dr. Adenauer: Es handle sich nicht um die Verteilung, diese nähmen beim Lastenausgleich besondere Stellen vor, sondern nur um die Veranlagung.

[Dr.] Höpker Aschoff tritt nochmals den Menzel'schen Auffassungen entgegen. Gerade wegen der Verwaltung der Steuer im Auftrag des Bundes haben wir Abs. 2 so eingehend ausgestaltet. Er schlägt als Ausweg vor, daß zu Abs. 1 zugefügt werde: Der Bund kann die einmaligen Vermögensabgaben den Ländern als Auftragsverwaltung übertragen.

Als Ergebnis ergab sich: Bei Art. 123 Abs. 1 wird hinzugefügt:

> Der Bund kann die Verwaltung der einmaligen Vermögensabgaben den Landesfinanzbehörden als Auftragsverwaltung übertragen.

Abs. 3 solle Abs. 2 werden, Abs. 2 wird Abs. 3, Abs. 4 bleibt.
Diese Formulierungen wurden akzeptiert.

[Zu Art. 105]

Dann wurde der Katalog in Art. 105 erörtert, und zwar wurde zugrundegelegt Art. 105 gemäß den Vorschlägen des Fünferausschusses in Drucksache 675[11]). Es wurde vorgeschlagen, die Ziff. 1 und 2 hier entfallen zu lassen, da sie in den Finanzbestimmungen untergebracht werden sollten.

Dr. Pfeiffer machte einen Vorbehalt bezüglich Ziff. 1. Er schlägt vor, die Fassung der dritten Lesung des Hauptausschusses zu erhalten. Er beruft sich darauf, daß die Fassung dieser Ziff. in dritter Lesung auf ein Gespräch Ehard/Menzel[12]) zurückgeht.

Dr. Menzel bestätigt dies, erklärt aber, wir gingen damals davon aus, daß Bayern auf Grund unserer Konzessionen eine Geneigtheit zeigen würde, dem Grundgesetz zuzustimmen. Diese Hoffnung habe sich leider nicht erfüllt. Ehard habe schon jetzt seine negative Einstellung bekanntgegeben. Das erschwert die Möglichkeit, solche Entgegenkommen aufrechtzuerhalten.

---

[11]) Der Entwurf des Fünferausschusses vom 28. Feb. 1949 ist abgedr. in: Der Parl. Rat Bd. 7, Dok. Nr. 9, S. 450 f.

[12]) Zum Gespräch zwischen Ehard und Menzel am 26. Okt. 1948 vgl. oben Dok. Nr. 7, Anm. 1.

Dr. Lehr [unterbreitet einen] Vermittlungsvorschlag: Wir haben gestern Art. 116 Abs. 3 Satz 2 zurückgestellt. Er schlage vor, auch diesen Punkt zurückzustellen, bis die Frage der Annahme des ganzen Grundgesetzes anstehe.
Zinn: Wir haben uns über Art. 105 geeinigt. Wir halten grundsätzlich an dieser Vereinbarung fest, wollen uns aber noch überlegen, ob wir eventuell trotzdem darauf verzichten.
[Präs. Dr.] Adenauer stellt fest, daß der Vorschlag Lehr vorläufig als angenommen anzusehen sei.

Zu Ziff. 4 und 6: Zu Ziff. 6 wurden Bedenken geäußert, da damit in das Recht der Länder bezüglich ihrer Kraftwerke eingegriffen werde.

Die SPD weist darauf hin, daß die Energiewirtschaft aus dem Katalog gestrichen sei.

Zu Ziff. 5 wurde erklärt, diese müsse zusammen mit den Polizeiangelegenheiten formuliert werden.

Prof. Schmid erklärte, er sei für eine möglichst wenig detaillierte Regelung, denn das Grundgesetz sei ja an die Genehmigung der Alliierten gebunden.
Kaufmann: Hier sei ein überraschendes Moment eingetreten, das die Länderkompetenzen stark berühre. Daher sei die Zustimmung des Bundesrats wohl unerläßlich.

Ziff. 7 solle weiter nach hinten kommen.

Zu Ziff. 9 erklärte *Dr. Pfeiffer:* Diese Ziffer sollte zusammen mit Art. 116 einer Lösung zugeführt werden.

Zu Ziff. 10:
Dr. Pfeiffer: Gegen die Streichung werde keine Erinnerung erhoben, wenn Ziff. 9 befriedigend gelöst werde.

Die Ziff. 8, 11 und 12 des Katalogs wurden zurückgestellt, weil sie im Zusammenhang mit anderen Artikeln behandelt werden sollten.

Ziff. 13 wird gestrichen.

Nr. 48
Interfraktionelle Besprechung
28. April 1949

ACDP I-052, Nr. 00/1, S. 186 a–200. Maschinenschr. Übertragung eines ungez. Prot. von Trossmann vom 28. April 1949

Anwesend[1]):
CDU/CSU: Adenauer (Präs.), Kaiser, Kaufmann, Laforet, Lehr, von Mangoldt, Süsterhenn, Weber
SPD: Greve, Katz, Menzel, Schmid, Schönfelder, Zinn
FDP: Dehler, Heuss
DP: Seebohm
Zentrum: Brockmann

Sekretariat des Parl. Rates: Trossmann

Beginn: 14.30 Uhr

[1. PRÄAMBEL UND GRUNDRECHTE][2])

Die Besprechung beginnt mit einer Auseinandersetzung über die „Vereinfachung" des Grundgesetzentwurfs. Dabei wiederum Debatte über die Arbeit des Redaktionsausschusses.

Frau [Dr.] Weber stellt die Frage: Sollen die Grundrechte denn erneut durchgesprochen werden? Wir sind informiert, daß die Grundrechte bleiben.
Dr. Greve: Dann sind Sie falsch unterrichtet.
Dr. Lehr: Im Sinn der Frankfurter Abmachungen[3]) sind bei den Grundrechten nur redaktionelle Änderungswünsche und unter Umständen Zusammenlegungen zur Erörterung gestellt.
Er fragte, warum gegen die Präambel Bedenken erhoben würden. Wir legten größten Wert auf die Präambel. Die Invokation[4]) darin sei für uns sehr wichtig.
Dr. Menzel: Unser Antrag auf Streichung der Präambel beruht darauf, daß wir das Provisorische des Grundgesetzes stärker unterstreichen wollen. Die Entwicklung der letzten Tage weise noch deutlicher darauf hin, daß eventuell noch schneller, als wir annehmen konnten, es im September zu einer gesamtdeutschen Lösung kommen könnte. Die Präambel habe die Aufgabe, dem

---

[1]) Eine Anwesenheitsliste liegt nicht vor. Die Zusammenstellung erfolgte aufgrund der prokollierten Beiträge.
[2]) Die Diskussion erfolgte auf der Grundlage des vom HptA in 3. Lesung angenommenen Grundgesetzentwurfes. Vgl. Der Parl. Rat Bd. 7, Dok. Nr. 8, S. 396–444.
[3]) Zu der Besprechung mit den MilGouv. vgl. Der Parl. Rat Bd. 8, Dok. Nr. 73, S. 248–259. Mehrfach wurde diese Besprechung unterbrochen. In diesen Pausen zogen sich die Mitglieder der Delegation des Parl. Rates zu Beratungen zurück, die leider nicht protokolliert wurden. Auf dort getroffene Vereinbarungen beziehen sich größtenteils die Hinweise auf die Frankfurter Besprechung.
[4]) Invocatio – Terminus in der Diplomatik für die Anrufung Gottes.

Grundgesetz ein gewisses Pathos zu verleihen, das wollten wir nicht, weil es damit zu stark den Charakter einer Verfassung annehme.

[Dr.] Heuss tritt für die Aufrechterhaltung der Präambel ein, insbesondere auch mit Rücksicht auf die Schlußsätze.

Dr. Seebohm weist besonders auf die Einleitung der Präambel hin. Die Aufführung der Länder sei ein Charakteristikum des Provisoriums, denn man spüre dabei das Fehlen der anderen Länder.

Dr. Süsterhenn: Das Anliegen Dr. Menzels, das Provisorium zu unterstreichen, ist gerade in der Präambel zum Ausdruck gebracht.

Dr. Dehler schlägt vor, die Präambel so zu nehmen, wie sie in Drucksache 632 vorgeschlagen sei (Antrag FDP vom 21. Februar 1949)[5]).

Art. 1 Abs. 3 sollte Abs. 1 in Art. 20 c werden.

Frau Dr. Weber: Art. 1 Abs. 1 und 2 müssen unverändert im Art. 1 bleiben.

Dr. Süsterhenn: Nachdem wir damit rechnen können, daß doch die Präambel etwa im Sinne Dr. Dehlers komme, sei es unzweckmäßig, hinter der einen Präambel noch eine zweite folgen zu lassen. Art. 1 Abs. 1 sei mehr als ein Vorspruch, er habe unmittelbar Rechtscharakter und dieser werde beeinträchtigt, wenn er in die Präambel aufgenommen werde.

Dr. Greve: Von der CDU werde uns bei jedem Artikel oder Absatz Wünsche vorgetragen. So gehe es nicht, so kämen wir nicht weiter. An die CDU gewandt: Sie haben uns in Frankfurt Streichungen zugestanden.

(Widerspruch.)

Dr. Greve fuhr fort: Wenn nicht einmal Art. 1 Abs. 1 gestrichen werden solle, dann wisse er nicht, wie wir uns über die anderen Artikel noch zu unterhalten brauchen. Er bezeichne Art. 1 Abs. 1 als Selbstverständlichkeit, ja in diesem Zusammenhang als eine Banalität.

[Präs.] Dr. Adenauer: In Frankfurt ist von der SPD von der Kürzung und Änderung bei den Grundrechten gesprochen worden, die andere Seite sagte: kommt für uns nicht in Frage. Heuss griff ein, weil die Dinge sich auf Art. 7 b zuspitzten. Heuss sagte, dann werde ich mich bereitfinden, in Art. 7 b das Wort „Berufsschulen" zu streichen, wenn es auf diese Weise gelingt, damit die Dinge zu wenden. Dann kam er auf den Konkordatsartikel und erklärte: Ein Junctim zwischen Art. 7 b und Art. 139 sei nicht möglich. Heuss habe dann gefragt, wenn aus Art. 7 b das Wort Berufsschule gestrichen werde, stimme dann die CDU dem Grundgesetz trotzdem zu? Er [Heuss] richtete ferner an die SPD die Frage: Wenn Antrag auf Streichung des Art. 139 keine Mehrheit findet, würden Sie dann für das Grundgesetz stimmen? Die Antwort habe „Ja" gelautet. Er, Dr. Adenauer, habe dann gesagt, dann müßte aber dafür gesorgt werden, daß auch keine Mehrheit zustande käme. Prof. Schmid habe dazu

---

[5]) In ihrem Antrag vom 21. Feb. 1949 forderte die FDP die Präambel im Entwurf des Redaktionsausschusses vom 13.–18. Dez. 1948 zu nehmen und lediglich bei der Aufzählung der Länder hinter Bremen noch Groß-Berlin einzufügen. Der Entwurf des Redaktionsausschusses ist abgedr. in: Der Parl. Rat Bd. 7, Dok. Nr. 4, S. 134.

erklärt, da müßten Sie (die CDU) aber auch helfen, den Entwurf im ganzen mehr zu komprimieren, d.h. abzurunden und schlanker zu machen. Er, Dr. Adenauer, habe erklärt, das wollen wir tun.
Schönfelder schlägt vor, zunächst einmal eine erste Durchsicht aller Artikel, die für Kürzungen und dergleichen in Frage kämen, vorzunehmen.
Dr. Greve: Man wüßte genau aus unseren Anträgen, wo wir zu ändern wünschen, es sei auch bekannt, wobei es sich bei der zugestandenen Komprimierung handelte. Die SPD sei davon ausgegangen, daß es sich bei der Komprimierung um die Grundrechte und auch andere Artikel handele.
Kaiser: Bitte festzustellen, daß die Ausführungen Greves, daß eine Vereinbarung getroffen worden sei, nicht zutreffe.
Dr. Dehler: Er habe von Heuss und Höpker Aschoff übereinstimmend den Bericht bekommen: Komprimierung der Grundrechte.
Dr. Menzel: Als wir noch unter uns gewesen seien in Frankfurt, habe Dr. Adenauer gesagt, es handele sich um vier Punkte:

1. Komprimierung der Grundrechte
2. Art. 7 a und b (Streichung des Wortes Berufsschule)
3. Artikel über Beamtenrecht
4. Konkordatsartikel.

Er habe hinzugefügt, daß wir uns über diese vier Punkte noch einigen müßten.
[Präs.] Dr. Adenauer: Dr. Menzel habe die Dinge richtig wiedergegeben. Doch sollte sich die Komprimierung nicht auf die Grundrechte beschränken.

[2. BERATUNG DES GRUNDGESETZENTWURFES]

Es wurde dann der Entwurf des Grundgesetzes[6]) durchgegangen. Das Ergebnis der verschiedenen Standpunkte:

Präambel: SPD: Streichung; CDU: Nein.

Art. 1 Abs. 1 und 2: SPD: streichen; CDU: beibehalten.

Art. 2: SPD: streichen; FDP: Kombination von Art. 2 und 3; CDU: Kombination denkbar.

Art. 3: SPD: soll bleiben mit Änderungen.

Art. 4: SPD: soll bleiben.

Art. 5: SPD: teilweise streichen. Absätze 3 und 4 sollten nach Art. 148/1 kommen.

---

[6]) Grundlage der Beratung war der Grundgesetzentwurf in der 3. Lesung des HptA vom 10. Feb. 1949 unter Aufrechterhaltung der Änderungsvorschläge des Siebenerausschusses vom 17. März 1949. Vgl. Der Parl. Rat Bd. 7, Dok. Nr. 8, S. 396–444, und Dok. Nr. 10, S. 457–461.

Art. 6: SPD: teilweise streichen: Abs. 4 bis 6; CDU: der gleichen Auffassung.

Art. 7 Abs. 1: SPD: soll zu Art. 6 kommen; FDP: für Beibehaltung; CDU: wie SPD.

Art. 7 Abs. 2: SPD: streichen.

Art. 7 a: SPD: soll bleiben mit Änderungen; CDU: darüber müsse man reden.

Art. 7 b: Soll bleiben, aber geändert werden.
Die SPD sprach sich für den Änderungsantrag der FDP aus, das Wort „Berufsschule“ zu streichen.
Abs. 3 solle die Fassung wie in der Weimarer Reichsverfassung erhalten; CDU: das sei eine Abschwächung, aber man sei eventuell bereit, die Weimarer Formulierung zu akzeptieren, wenn gesagt würde: „in den Schulen“.
Abs. 5: SPD: er sei redaktionell verbesserungsbedürftig; CDU: einverstanden.

Art. 8: SPD: Änderungen in Abs. 2; CDU: Verständigung erscheint möglich.

Art. 9: SPD: bleibt.

Art. 10: SPD: bleibt.

Art. 11: SPD: solle eventuell vereinfacht werden; CDU: Verständigung erscheine möglich.

Art. 12: SPD: soll gestrichen werden, man sei aber eventuell bereit, diesen Artikel bestehen zu lassen; CDU: für Beibehaltung.

Art. 13: SPD: für Streichung, aber eventuell bereit, den Artikel stehen zu lassen.

Art. 14 Abs. 2 und 3: SPD: Streichung, Abs. 2 habe wenig Bedeutung, und Abs. 3 scheine juristisch nicht in Ordnung; CDU: für die Beibehaltung des Artikels, stimmte aber zu, daß Abs. 3 anders gefaßt werden müßte, Verständigung erscheine möglich.

Art. 14 Abs. 3: SPD: jedenfalls Satz 3 streichen, da er überflüssig sei, SPD zeigte sich aber verständigungsbereit; CDU: Verständigung erscheine möglich.

Art. 15: SPD: letzten Satz streichen.

Art. 16: SPD: streichen und entsprechende Bestimmungen später eventuell in ein Staatsangehörigkeitsgesetz aufnehmen.
[Präs.] Dr. Adenauer: Art. 16 müsse bleiben.
SPD erklärt Verständigungsbereitschaft.

Art. 17: SPD: soll bleiben.

Art. 18: SPD: solle gestrichen werden.
Prof. Schmid erklärte, dieser Artikel sei überflüsssig, die erforderlichen Bestimmungen könne man in das Wahlgesetz aufnehmen.
FDP: für Beibehaltung des Artikels; CDU: Artikel muß bleiben, man sei aber zur Kürzung bereit, Verständigung erscheine möglich.

Art. 19: SPD: solle gestrichen werden. Ähnliche Begründung wie zur Streichung des Art. 18.

Art. 20: SPD: für Streichung.
Prof. Schmid erklärte, ein solcher Artikel sei in der konstitutionellen Monarchie wichtig, aber nicht heute.
FDP erklärt: klassisches Grundrecht; CDU: der Artikel muß bleiben.

Art. 20 b: SPD: Sie hätte im Redaktionsausschuß die Streichung empfohlen. Sie hätte sachliche Bedenken, sei aber verständigungsbereit.
Prof. Schmid befürwortete die in Abs. 2 vorgesehene Regelung; der Anstoß für die Erklärung der Verwirkung der Grundrechte sollte nicht nur vom Staat, sondern von jedermann gegeben werden können.
FDP erklärte, sie habe zu dieser Bestimmung einen Änderungsantrag in petto.
Dr. Greve halte die Regelung, so wie sie ist, praktisch nicht für möglich.
Prof. Schmid: Er möchte verhindern, daß Herr Strasser[7]) ein Herr Hitler[8]) werden könne.
Dr. Lehr schlägt eine neue Formulierung vor.

Art. 20 c: SPD: für Beibehaltung.
Dr. Lehr: Die Besorgnisse, daß wir uns nicht verständigen könnten, sei nach seiner Auffassung unbegründet, er halte eine Verständigung für möglich und schlage vor, in einem kleinen Ausschuß die Dinge auszuarbeiten.
Dr. Katz schlägt ebenfalls Dreiermänner-Kollegium vor.
Dr. Süsterhenn schlägt statt dessen einen erweiterten Redaktionsausschuß vor.
Frau Dr. Weber: Es sei nicht Einigung in allen Fragen notwendig, auch das Recht, sich überstimmen zu lassen, muß gewahrt bleiben.
[Präs.] Dr. Adenauer: Jawohl.

Zusammensetzung der vorgeschlagenen Kommission: Zinn, Dr. Dehler, Dr. Süsterhenn.
Dr. Lehr schlägt vor, die Vertretung einzelner Herren soll möglich sein.

---

[7]) Otto Strasser (1897–1974), baute zunächst mit seinem Bruder Gregor und Josef Göbbels einen radikalen linken Flügel der NSDAP in Norddeutschland auf, geriet als Führer des revolutionär-sozialistischen Flügels innerhalb der NSDAP in Gegnerschaft zu Adolf Hitler, trat 1930 aus der NSDAP aus, lebte seit 1933 im Exil, kam 1955 in die Bundesrepublik, gründete dort die Deutsche-Soziale Union.
[8]) Adolf Hitler (1889–1945), seit 1921 Führer der NSDAP, 1933–1945 Reichskanzler.

(Darüber bestand Einverständnis.)
[Präs.] Dr. Adenauer: Drei Leute scheinen mir nicht die Gewähr zu bieten, daß das, was sie aushandeln, in den Fraktionen durchgeht. Er gibt zu erwägen, ob man nicht fünf Leute nehmen solle.

Es wurde die Erörterung der Artikel des Entwurfs fortgesetzt.

Art. 27 b:
Vorschlag *Dr. Dehler*, die Besprechung solle ausgesetzt werden.
Dr. Katz: Wollen wir die jetzt folgenden Artikel nicht dem Redaktionsausschuß zur Erörterung überlassen? Das einzige, was diskutiert werden müsse, seien die Art. 25 und 26.

Gleichwohl wurden noch folgende Fragen aufgeworfen:
Streichung des Art. 21 Abs. 3 und Art. 21 Abs. 4 einer redaktionellen Überarbeitung zu unterziehen?

Art. 21 a Abs. 2: Zwischen „freiheitliche" und „demokratische" das Wort „oder" zu streichen?

Art. 21 b: Hierüber müsse abgestimmt werden.

Art. 22 Abs. 1 und 2: Keine materielle Änderung, aber die Frage, ob man diese beiden Absätze nicht zusammennehmen sollte.

Solle Art. 24 Abs. 2 des Art. 22 werden? Es wurden dagegen keine Bedenken sachlicher Art geäußert.

Art. 29 a Abs. 3: Streichung?
Prof. Schmid: Bedenken!
Ebenso CDU, insbesondere teilt Dr. von Mangoldt die Bedenken von Prof. Schmid.

Art. 29 b und c:
Es wurde die Frage aufgeworfen, ob man diese beiden Artikel zusammenfassen solle? Darüber wurde Einverständnis erzielt.

Art. 27 soll unverändert bleiben.

Art. 25 und 26:

Zu Art. 26 wurde vorgetragen, ob man nicht auf diesen Artikel verzichten und die Regelung einem späteren Bundesgesetz vorbehalten sollte, das der Zustimmung des Bundesrats bedürfe.

Art. 25 solle vereinfacht werden.

Kaufmann: Diese Fragen seien so eingehend behandelt worden, daß er Bedenken habe, diese Dinge neu in Angriff zu nehmen. Er sprach sich dafür aus, diese beiden Artikel zu lassen.
Prof. Schmid: Er sei für die Streichung deshalb, weil, wenn die große Flurbereinigung vollzogen sei, solle man die Dinge in Ruhe lassen. Er ist der Auffassung, man sollte auf Art. 26 verzichten.
Zu Art. 25 ist er der Auffassung, daß er sich vereinfachen ließe, ohne dabei gleichzeitig leichtfertig über legitime Widerstände, die sich im Einzelfall ergeben könnten, hinwegzugehen.
Dr. von Mangoldt: Das Volksbegehren fehle im SPD-Vorschlag[9]). Auf das Volksbegehren werde aber sehr großer Wert gelegt.
[Dr.] Heuss: Er sei für Streichung des Art. 26, die Möglichkeit des Volksbegehrens müsse aber bleiben.
[Präs.] Dr. Adenauer: Er schlage vor, diese Dinge im Redaktionsausschuß unter Zuziehung von Dr. von Mangoldt zu behandeln.

Zu Art. 30 wird die Streichung vorgeschlagen, weil das, was dieser Artikel besage, bereits in Art. 112/1 und Art. 128 stehe.

Zu Art. 27 a wird vorgeschlagen, diesen mit Art. 27 b zu verbinden.
Zu Art. 41 wird eine gewisse Änderung vorgeschlagen, auf Abs. 3 könne verzichtet werden, wenn man dem SPD-Vorschlag folge.

Art. 40: Es wurde geltend gemacht, er sei selbstverständlich, daher sei seine Streichung zu empfehlen. *Dr. Laforet* erhob Widerspruch.

Auch Art. 96 sei selbstverständlich und sollte daher entfallen.

Art. 27 c: Dazu wurde erklärt, das, was dieser Artikel enthalte, könne durch Gesetz geregelt werden, Was in Art. 27 c vorgesehen sei, entspreche der gültigen Rechtsprechung.
Bedenken seitens *Dr. Laforet.*
Dr. Greve: Darüber gebe es keine Unstimmigkeiten.

Art. 39: Es ist vorgeschlagen, den Abs. 2 zu streichen und Abs. 1 zu ändern.

Art. 43: Hier wird erklärt, er sei ohne praktische Bedeutung.

Dr. Katz: Über das folgende brauche man hier nicht mehr zu sprechen, es seien nur Zusammenfassungen vorgesehen, es werde nichts wegfallen.
Auch *Greve* ist dieser Auffassung, vielleicht sei es jedoch richtig, die Dinge doch hier durchzugehen.

---

[9]) Vgl. den „verkürzten" Entwurf der SPD zum Grundgesetz vom April 1949 in: Der Parl. Rat Bd. 7, Dok. Nr. 11, S. 462–496.

[Präs.] Dr. Adenauer: Die Fortsetzung der Besprechung habe nunmehr nur noch den Charakter der Information.

Art. 60: Es wurde ausgeführt, er müsse geändert werden, wenn der Artikel über das Recht der freien Meinungsäußerung bleibe.

Zu Art. 65 [und] 66 wird bemerkt, es müsse eine redaktionelle Änderung bei Art. 66 Abs. 2 vorgenommen werden, und zwar müsse es heißen: Jedes Land hat mindestens ...

In Art. 129 a müsse es in Abs. 2 heißen: „Landesverfassungsrecht" anstatt „besondere Landesgesetze".

Problem Todesstrafe
Es wird angeregt, das Verbot der Todesstrafe aus dem Entwurf herauszulassen, weil noch nicht klargestellt sei, ob dieses Problem überhaupt im Grundgesetz geregelt werden solle.

Art. 132 ist überflüssig, da der dort niedergelegte Grundsatz bereits in Art. 129-1 in der Fassung des Redaktionsausschusses niedergelegt sei.

Zu Art. 138 c-3: Dieser Artikel müsse bleiben, wenn in den Grundrechten das Recht auf Freizügigkeit verbürgt würde.

Art. 139 b:
Dr. Laforet bemerkte, daß hierzu ein Änderungsantrag der Fraktion der CDU/CSU komme.

Art. 144: Es wurde erklärt, dieser Artikel sei überflüssig, da eine der ersten Amtshandlungen nach dem Zusammentritt des Bundestags die Wahl des Bundespräsidenten sei. Wenn das Wahlgesetz etwas anderes für zweckmäßig erkläre, könne die Bestimmung wieder eingefügt werden.

Art. 148/1: Das Staatskirchenrecht müsse erst noch erörtert werden.

Art. 148 a:
Dr. Laforet erklärt sich mit Streichung einverstanden, wenn nach der Auslegung, die Greve gegeben habe, gleichlautendes Landesrecht bestehen bleibe.

Art. 148 d bleibe, wenn Art. 7 b bleibt.
Schönfelder: In Art. 148 d müsse es heißen anstelle „eine andere landesrechtliche Regelung" „abweichendes Landesrecht".
Kaiser: Wenn wir uns über die hier gemachten Ausführungen ein Bild machen wollten, käme er zu dem Ergebnis, daß eine neue Fassung des Entwurfs durch den Redaktionsausschuß die Grundlage für die Verhandlungen im Hauptausschuß und im Plenum sein sollten, er sähe keine andere Möglichkeit.

Dr. Greve: Wenn wir uns im Redaktionsausschuß einigen, sei nichts selbstverständlicher, als ein gemeinsamer Antrag der Parteien, was nicht ausschließe, daß die Parteien Anträge stellen, die Dinge betreffen, die in dem gemeinsamen Antrag der Parteien nicht enthalten seien.
Kaiser: Der Redaktionsausschuß sollte versuchen, zu einer einheitlichen Auffassung zu kommen. Er halte es für unmöglich, daß die SPD uns mit einem ganzen Bündel Anträge überfällt.
Schönfelder: Eine ganz große Anzahl Artikel werde überhaupt nicht zu beanstanden sein. Soweit man sich verständige, werde die Fassung des Redaktionsausschusses aufgerufen, wo das nicht der Fall sei, die Anträge der Parteien.
Kaiser: Was würde die SPD sagen, wenn wir kurz vor Torschluß mit einer solchen Überarbeitung gekommen wären? Es müsse vermieden werden, daß die SPD uns zumute, daß in der deutschen Öffentlichkeit der Eindruck entstehe, daß wir uns dem Willen der SPD einordnen. Er bitte auf diese psychologische Schwierigkeit zu achten.
Prof. Schmid: Wenn Sie (zur CDU gerichtet) einen Antrag eingebracht hätten, der eine wesentliche Kürzung des Entwurfs enthalten hätte, hätten wir ihn begrüßt, nicht aber eine Erweiterung. Er glaube, gestern deutlich genug gesagt zu haben, daß wir hier nicht in der Kategorie Sieger und Besiegte denken sollten, sondern die Frage sei, haben die Deutschen gewonnen oder verloren.
Dr. Greve: Unsere Anträge liegen im Büro[10]) vor (Anmerkung: zur Vervielfältigung und Verteilung). Kommen wir zu einer Einigung im Redaktionsausschuß, dann werden diese Anträge insoweit nicht als Anträge der SPD erscheinen, sondern als gemeinsame Anträge der Parteien. Daneben blieben nur verhältnismäßig wenige Anträge übrig, die die Parteien getrennt stellen würden.
Kaiser: Wir haben uns herüber und hinüber sehr gut verstanden, man müsse aber auch sehen, daß nicht nur die Sache, sondern auch das politische Moment eine Rolle spiele. Er frage, was die SPD getan hätte, wenn wir kurz vor Toresschluß mit einer solchen Änderung gekommen wären.

Art. 27 b[11]):
Dr. Laforet: [Daß es Stimmen] gegen Abs. 1 und 2 [gegeben habe, daran habe er] keine Erinnerung. Zu Abs. 3: Er bedeute seines Erachtens, wenn jemand das religiöse Bekenntnis wechselt, kann ihm dadurch kein Nachteil entstehen. Praktisch gesprochen heißt dies z.B.: ein Lehrer tritt aus der Kirche aus, daraus

[10]) Gemeint war das Sekretariat des Parl. Rates.
[11]) Art. 27 b lautete im Entwurf des Redaktionsauschusses vom 28. April 1949: „(1) Jeder Deutsche hat in jedem Lande die gleichen staatsbürgerlichen Rechte und Pflichten. (2) Jeder Deutsche hat nach seiner Eignung, Befähigung und nach fachlichen Leistung gleichen Zugang zu jedem öffentlichen Amt. (3) Der Genuß bürgerlicher und staatsbürgerlicher Rechte, die Zulassung zu öffentlichen Ämtern sowie die im öffentlichen Dienst erworbenen Rechte sind unabhängig von dem religiösen Bekenntnis. (4) Die Ausübung hoheitsrechtlicher Befugnisse soll als ständige Aufgabe in der Regel nur Angehörigen des öffentlichen Dienstes übertragen werden, die in einem öffentlich-rechtlichen Dienst- und Treueverhältnis stehen. (5) Das Recht des öffentlichen Dienstes ist unter Berücksichtigung der hergebrachten Grundsätze des Berufsbeamtenums zu regeln." Vgl. BA NL 239 (Brentano)/113.

kann ihm kein Nachteil erwachsen. Er habe gegen Abs. 3 keine Bedenken. Abs. 4: Aus der Sollvorschrift sollte eine Istvorschrift gemacht werden. Zu Abs. 5: keine Erinnerung. Abschließend erklärte er, wenn in Abs. 4 aus einer Sollvorschrift eine Mußvorschrift gemacht werde, habe er gegen Art. 27 b im ganzen nichts zu erinnern.

[Präs.] Dr. Adenauer: Abs. 4 könne man nur als Soll-, nicht als Mußvorschrift fassen, denn es müßten Ausnahmen möglich sein. Die Hauptsache seien in diesem Absatz die Worte: „in der Regel".

Dr. Laforet pflichtet dem bei mit der Bemerkung: Dann kann ich aber „Ist" sagen. Im Einzelfall kann dann eine Ausnahme zugestanden werden, gebunden ist dann der Dienstherr, es sei denn, es lägen besondere Gründe vor, von der Regel abzuweichen.

Brockmann behält sich Bedenken vor wegen der Fassung des Abs. 3.

Dr. Greve: Der einzige Vorschlag zur Änderung des Art. 27 b liege hinsichtlich der Änderung in Abs. 4 vor, wonach anstelle des Wortes „Soll" das Wort „Ist" gesetzt werden sollte.

(Anmerkung: Anscheinend wurde der Vorschlag von Dr. Laforet gebilligt.)

Kaufmann zu Art. 36 a Ziff. 1: Er spricht sich dafür aus, die Rahmenvorschriften-Ermächtigung für das Beamtenrecht beizubehalten, schlage aber vor, daß die gesetzlichen Regelungen der Zustimmung des Bundesrates bedürfen, wie dies in Art. 105 Ziff. 10 in der Fassung der 3. Lesung des Hauptausschusses vorgesehen sei, da die meisten Beamten Länder- und Gemeindebeamten seien, und man den Ländern bei diesen Rahmenvorschriften die volle Mitwirkung zugestehen sollte.

Zinn spricht sich gegen die Zustimmung des Bundesrates bei diesen Rahmenvorschriften aus.

Kaufmann: Da die Beamten zu $^{4}/_{5}$ Beamte der Länder und der Gemeinden seien, solle man den Bundesrat nicht aus der Schaffung der Rahmenbestimmungen ausschalten. Es handelt sich um eine reine Zweckmäßigkeitsfrage.

Nr. 49
Interfraktionelle Besprechung
28. April 1949

ACDP I-052, Nr. 001/1. Maschinenschr. Übertragung eines ungez. Prot. von Trossmann vom 28. April 1949

Anwesend[1]):
CDU/CSU: Adenauer (Präs.), Laforet, Süsterhenn
SPD: Greve, Menzel, Schmid, Schönfelder, Zinn
FDP: Heuss
Zentrum: Brockmann
Sekretariat des Parl. Rates: Trossmann

Beginn: [abends]

BESPRECHUNG DER ARBEIT DES REDAKTIONSAUSSCHUSSES

Dr. Süsterhenn berichtet[2]).

---

[1]) Eine Anwesenheitsliste liegt nicht vor. Die Zusammenstellung erfolgte aufgrund der prokollierten Beiträge. Vermutlich haben an dieser Besprechung auch die Mitglieder des Redaktionsausschusses teilgenommen.

[2]) Der Redaktionsausschuß empfahl am 28. April 1949:
„1) Präambel gemäß Antrag Dr. Dehler (FDP) mit folgender Abänderung: zwischen ‚Gewalt' und ‚Dieses Grundgesetzes' werden die Worte eingeschoben ‚zur Schaffung einer staatlichen Ordnung für eine Übergangszeit'.
2) Art. 1 verbleibt mit der Maßgabe, daß in Abs. 2 zwischen den Worten ‚Menschenrechte' und ‚Grundlage' anstelle des Kommas das Wort ‚als' eingefügt wird.
3) Art. 2 und Art. 3 werden zu folgender Fassung zusammengezogen: (1) Jeder hat das Recht auf die freie Entfaltung seiner Persönlichkeit, soweit er nicht die Rechte anderer verletzt und nicht gegen die verfassungsmäßige Ordnung oder das Sittengesetz verstößt. (2) Jeder hat das Recht auf Leben und körperliche Unversehrtheit. Die Freiheit der Person wird gewährleistet. In diese Rechte darf nur auf Grund eines Gesetzes eingegriffen werden.
Anmerkung: in den Abschnitt ‚Gerichtsbarkeit' sollen in Art. 135 aufgenommen werden: (1) Die Freiheit der Person darf nur auf Grund eines förmlichen Gesetzes und unter Beachtung der darin vorgeschriebenen Formen beschränkt werden. (2) Festgehaltene Personen dürfen weder seelisch noch körperlich mißhandelt werden.
Die bisherigen Absätze des Art. 136 werden Abs. 3 bis 5.
4) Art. 4 bleibt.
5) In Art. 5 wird in Abs. 1 der zweite Satz gestrichen, ferner die Abs. 3 und 4. Dafür wird in Art. 148-1 noch Art. 136 Weimarer Verfassung zitiert.
6) Art. 6 und 7 werden zu folgenden Artikeln zusamengefaßt:
Art. 6: (1) Jeder hat das Recht, innerhalb der Schranken der allgemeinen Gesetze seine Meinung insbesondere durch Wort, Schrift, Druck und Bild frei zu äußern und sich aus allgemein zugänglichen Quellen zu unterrichten. Eine Zensur findet nicht statt. Für Lichtspiele und zum Schutz der Jugend kann durch Gesetz Abweichendes bestimmt werden. (2) Kunst, Wissenschaft, Forschung und Lehre sind frei. Die Freiheit entbindet nicht von der Treue zur Verfassung.
7) Art. 7 a bleibt. SPD und FDP schlagen in Abs. 2 folgenden Halbsatz vor: ‚über deren Betätigung die staatliche Gemeinschaft wacht' (vgl. Art. 120 Weimarer Verfassung). CDU

[Präs.] Dr. Adenauer: Es gäbe also nur drei Punkte, nämlich Art. 6 Abs. 2 Satz 2, Art. 7 a und Art. 148 d[3]), bei denen Schwierigkeiten bestehen.

Schönfelder: Süsterhenn habe gesagt, Schwierigkeiten entstünden, wenn Art. 7 a nicht befriedigend gelöst und Art. 148 d verwässert würde. Auch wir müßten uns fragen, gerade bei Art. 148 d – wir wollen die Dinge in Hamburg nicht zur Diskussion stellen –, ob es statt „landesgesetzlich" nicht besser „landesrechtlich" heißen müsse.

[Präs.] Dr. Adenauer: Er halte diesen Vorschlag für gut.

Dr. Greve: Schönfelders Vorschlag decke nicht alles, was inzwischen geschehen sei, z. B. seien in Niedersachsen seit 1945 ohne gesetzliche Regelung Bekenntnisschulen eingeführt worden. Mit dem Wort „landesrechtlich" könnte er sich abfinden, wenn landesrechtlich nicht nur landesgesetzliche, sondern auch ge-

---

erklärt, daß dieser Zusatz nur unter der Voraussetzung annehmbar ist, daß in Abs. 3 auf die Regelung in Art. 149 Weimarer Verfassung zurückgegangen wird ‚in Übereinstimmung mit den Grundsätzen der Religionsgemeinschaften' und keine Aufzählung der einzelnen Schulen erfolgt.

8) Art. 7 b erhält folgenden Abs. 5: (5) Eine private Volksschule ist nur zuzulassen, wenn die Unterrichtsverwaltung ein besonderes pädagogisches Interesse anerkennt oder, auf Antrag der Erziehungsberechtigten, wenn sie als Gemeinschaftsschule, als Bekenntnis- oder Weltanschauungsschule errichtet werden soll und eine öffentliche Volksschule dieser Art in der Gemeinde nicht besteht.

9) In Art. 148 d wird von SPD und FDP Streichung des Wortes ‚landesgesetzliche' vorgeschlagen; CDU lehnt Bremer Klausel und beantragte Änderung ab.

10) Art. 8 Abs. 2 erhält folgende Fassung: (2) Für Versammlungen unter freiem Himmel kann dieses Recht durch Gesetz oder auf Grund eines Gesetzes beschränkt werden.

11) Art. 9 und Art. 10 bleiben.

12) In Art. 11 Abs. 1 wird Satz 2 gestrichen.

13) Art. 12 und Art. 13 bleiben.

14) In Art. 14 wird Abs. 3 gestrichen. In Abs. 4 wird vor ‚Enteignung' eingefügt: ‚eine'.

15) Art. 15 bleibt.

16) Art. 16 und Art. 17 werden zu einem Artikel zusammengefaßt: Art. 16 wird Abs. 1, Art. 17 Abs. 1 und Abs. 2 werden Abs. 2 des neuen Artikels.

17) Art. 18 und Art. 19 werden gestrichen, da diese Fragen landesgesetzlich bereits überall geregelt sind und für den Bund ihre Regelung im Bundeswahlgesetz finden können.

18) Art. 20 beibt.

19) In Art. 20 a wird gestrichen und in Art. 20 c aufgenommen.

20) In Art. 20 b wird hinter ‚(Art. 10)' gesetzt: ‚das Eigentum (Art 14)'.

21) Art. 20 c erhält folgende Fassung: (1) Die Einschränkung eines Grundrechtes darf seinen Wesensgehalt nicht antasten. (2) Soweit nach diesem Grundgesetz ein Grundrecht durch Gesetz eingeschränkt werden kann, muß die Einschränkung in dem Gesetz allgemein geregelt sein. Dieses Gesetz darf nur als förmliches Gesetz erlassen werden und muß das Grundrecht namentlich bezeichnen. (3) Die Grundrechte gelten auch für inländische juristische Personen, soweit sie ihrem Wesen nach auf diese anwendbar sind. (4) Wird jemand durch die öffentliche Gewalt in seinen Rechten verletzt, so steht ihm der Rechtsweg offen. Soweit eine andere Zuständigkeit nicht begründet ist, ist der ordentliche Rechtsweg gegeben." Vgl. BA NL 239 (Brentano)/113.

[3]) Grundlage der Beratung war der Grundgesetzentwurf der 3. Lesung des HptA vom 10. Feb. 1949 unter Aufrechterhaltung der Änderungsvorschläge des Siebenerausschusses vom 17. März 1949. Vgl. Der Parl. Rat Bd. 7, Dok. Nr. 8, S. 396–444, und Dok. Nr. 10, S. 457–461.

wohnheitsrechtliche Regelung umfasse. Sei man sich darüber einig, habe er gegen die Formulierung „landesrechtlich" keine Bedenken.

Dr. Süsterhenn: Der Antrag auf Änderung des Art. 148 d sei aber von Dr. Dehler gestellt worden unter der Voraussetzung der entsprechenden Änderungen in Art. 7 b.

Dr. Greve: Damit würde sachlich nichts geändert. Das würde bedeuten, daß wir von dem ausgehen, was in Frankfurt[4]) vereinbart wurde.

(Widerspruch: Es sei nichts vereinbart.)

Dr. Greve: Jawohl, es liegt eine Einigung vor.

[Präs.] Dr. Adenauer wiederholt, was in Frankfurt abgemacht worden sei. Er erklärt weiter: Sei es nicht richtig, daß wir uns in toto auf den Vorschlag des Redaktionsausschusses einigten?

Dr. Greve: gibt für sich die Erklärung ab, daß er sich in die Einigung nicht einbezogen sehen möchte.

Brockmann behält sich Stellungnahme vor.

[Präs.] Dr. Adenauer: Wir anderen sollten uns auf diesen Vorschlag einigen. Er glaubte, wir erwiesen damit der Sache einen großen Dienst. Jetzt bleibe nur noch übrig Art. 7 Abs. 2: Die Freiheit der Lehre entbinde nicht von der Treue zur Verfassung.

Prof. Schmid spricht sich für die Beibehaltung dieser Vorschrift aus.

[Dr.] Heuss spricht sich dagegen aus, da es sich um eine Sonderbestimmung für Professoren handle, ein Überrest aus der Nazizeit.

Dr. Süsterhenn erklärte diese Bestimmung für überflüssig und falsch, denn jeder Professor leistet ja den Eid auf die Verfassung, auch wegen Verletzung des Verfassungseides können Sie einen Mann disziplinieren. Die Vorschrift sei falsch, da sie für einen Stand Sonderrecht schaffe, es werde Animosität geschaffen und Mißtrauen in die Akademikerschaft erzeugt. Er sei dafür, daß man über diese Sache hinweggehe.

Dr. Laforet: Was Prof. Schmid sagte, sei beachtlich, aber wer gibt uns die Gewähr, daß sein Standpunkt maßgebend bleibt? Deshalb hätten die Fakultäten gebeten, von der Bestimmung abzusehen, da die Gefahr eines Mißbrauchs nicht auszuschließen sei[5]). Ein Dienststrafverfahren gegen Hochschullehrer, die die Treue gegen die Verfassung verletzen, sei seines Erachtens möglich.

[Präs.] Dr. Adenauer: Es handle sich ja nicht nur um Professoren. Wie wollen Sie es bei einem Künstler halten?

(Zuruf: Es muß heißen: „die Freiheit der Lehre".)

Dr. Süsterhenn: Dann müssen Sie auch den Journalisten hier hereinnehmen. Er fuhr fort: Wir werden uns das Problem noch einmal überlegen und eine Formu-

---

[4]) Zu der Besprechung mit den MilGouv. vgl. das Prot. in: Der Parl. Rat Bd. 8, Dok. Nr. 73, S. 248–259. Mehrfach ist diese Besprechung unterbrochen worden. In den Pausen haben die Mitglieder der Delegation des Parl. Rates sich zu Beratungen zurückgezogen, die nicht protokolliert worden sind. Auf dort getroffene Vereinbarungen bezieht sich der Hinweise auf die Frankfurter Besprechung.

[5]) Eine entsprechende Eingabe war nicht ermittelbar. Zur Diskussion des Artikelentwurfes im Ausschuß für Grundsatzfragen vgl. Der Parl. Rat Bd. 5, bes. Dok. Nr. 4, S. 54 f., Dok. Nr. 7, S. 120 f., und Dok. Nr. 32, S. 680–682.

lierung suchen, die möglichst günstig ist. Der Redaktionsausschuß werde voraussichtlich morgen tagen[6]).

Prof. Schmid stellt die Frage, ob der Vorschlag Zinn zu Art. 148 d (landesrechtlich) und „kann" in Art. 7 a angenommen wird.

(Anmerkung: Diese Frage wird nicht weiter behandelt.)

Er erklärte weiter, nach Abschluß der Redaktionsarbeit trete der interfraktionelle Ausschuß erneut zusammen.

Zinn unterbricht Schmid und wirft die Frage der erleichterten Verfassungsänderungen in den nächsten zwei bis drei Jahren nach Inkrafttreten des Grundgesetzes auf.

[Präs.] Dr. Adenauer: Dann fangen im Bundestag sofort Leute an, wieder Verfassungsänderungen in die Wege zu leiten. Er würde vorschlagen, dieses Thema jetzt nicht weiterzubehandeln.

Zinn weist auf die vermögensrechtlichen Vorschriften betreffend die Überleitung von Reichsvermögen usw. auf die Länder gemäß den Kontrollratsbestimmungen[7]) hin.

Zum Schluß der interfraktionellen Besprechung erklärt *[Präs.] Dr. Adenauer:* Montag [den 2. Mai 1949] interfraktioneller Ausschuß 16.00 Uhr[8]), der Ältestenrat werde dann verschoben werden müssen auf etwa 19.00 oder 20.00 Uhr[9]). Der Termin für die Stellung von Änderungsanträgen müsse verlängert werden auf Dienstagnachmittag 18.00 Uhr.

Dr. Menzel: In der Frage der Streichung des Wortes „Berufsschulen" (in Art. 7 b) muß unsere Fraktion entscheiden.

Zinn: Entweder einigen wir uns generell auf die Vorschläge des Redaktionsausschusses oder es werden Änderungsanträge zu Art. 7 b Abs. 2 von der FDP kommen[10]).

Dr. Süsterhenn: Bei der zweiten Möglichkeit sehe er außerordentliche Schwierigkeiten.

---

6) Zur Sitzung des Redaktionsausschusses am 29. April 1949 vgl. Salzmann, S. 528 f.

7) Art. V, Abs. 1 und 2 der Direktive Nr. 50 vom 29. April 1947 über die „Vermögenswerte, die den in der Kontrollratproklamation Nr. 2 und im Kontrollratgesetz Nr. 2 aufgeführten Organisationen gehört haben", sah vor: „1) Das Eigentum an Vermögenswerten, die weder der Verfügung oder dem Gebrauch gemäß Artikel VIII noch der Rückerstattung oder Übertragung auf Grund der Bestimmungen der Artikel II und III dieser Direktive unterliegen, oder deren Erwerb von den in Artikel II und III bezeichneten Organisationen abgelehnt wird, ist durch den Zonenbefehlshaber im Namen der Alliierten Kontrollbehörde der Regierung des Landes oder der Provinz zu übertragen, wo sich die Vermögenswerte befinden. 2) Die Regierung eines Landes oder einer Provinz kann die Vermögenswerte in eigener Verwaltung behalten und gebrauchen oder ihren Gebrauch an Kreise, Bezirke oder Gemeinden ihres Verwaltungsbereiches übertragen. [...]" Vgl. Amtsblatt des Kontrollrats in Deutschland, Nr. 15 vom 31. Mai 1947, S. 275–278, hier S. 276.

8) Vgl. Dok. Nr. 50.

9) Zur Ältestenratssitzung am 2. Mai 1949 vgl. Der Parl. Rat Bd. 10, S. XXXII, Anm. 171.

10) Vgl. dazu die Änderungsanträge zu Art. 7 b Abs. 2 von DP und Zentrum vom 3. Mai 1949 (PA 5/Drucks. Nr. 758) und vom 6. Mai 1949 (PA 5/Drucks. Nr. 860).

Nr. 50
Interfraktionelle Besprechung
2. Mai 1949

ACDP I-052, Nr. 00/1, S. 209a-210. Maschinenschr. Übertragung eines ungez. Prot. von Trossmann vom 2. Mai 1949

Anwesend[1]):
CDU/CSU: Adenauer (Präs.), Strauß, Süsterhenn
SPD: Schmid, Zinn
Sekretariat des Parl. Rates: Trossmann

Beginn: [16.00 Uhr[2])]

[WEITERE VORGEHENSWEISE UND TERMINPLANUNG]

[Präs.] Dr. Adenauer warf die Frage auf, wer das Bundesparlament einberufe.
Dr. Schmid: Der Präsident des Zwischenausschusses[3]).
Zinn: Wird das im Bundeswahlgesetz vorgesehen? Zinn ferner: Die redaktionellen Arbeiten seien schnell abwickelbar. Es bestünden folgende Schwierigkeiten:

1. Es sei die Frage, ob bei den kulturpolitischen Artikeln eine gemeinsame Plattform gefunden werden könne, oder ob die Entscheidung durch Änderungsanträge herbeigeführt werden solle.
2. Antrag Dehler[4]).

Dr. Süsterhenn: Sind bei Bundesrat und den Finanzfragen Festlegungen erfolgt?
Zinn: Ja.
Dr. Strauß erhebt Widerspruch.
Zinn: Die Finanzfragen seien im Redaktionsausschuß[5]) nicht berührt worden. Der Redaktionsausschuß werde sich auch mit dem Finanzkapitel nicht befassen.

---

[1]) Eine Anwesenheitsliste liegt nicht vor. Die Zusammenstellung erfolgte aufgrund der prokollierten Beiträge. Vgl. auch die Bemerkung von Süsterhenn in der Sitzung der CDU/CSU-Fraktion am 2. Mai 1949: „Zunächst waren von der SPD nur Dr. Schmid und Zinn anwesend. Es zeigte sich, daß sie nicht besonders bereit waren, in eine sachliche Arbeit einzutreten." Vgl. Salzmann, S. 529.

[2]) Die Sitzung wurde am Ende der interfraktionellen Besprechung am 28. April 1949 (abends) auf 16.00 Uhr vereinbart. Vgl. Dok. Nr. 49. Vgl. auch die Aufz. der Sitzung der CDU/CSU-Fraktion am 29. April 1949. Salzmann, S. 527.

[3]) Gemeint war der Überleitungsausschuß. Vgl. dazu Der Parl. Rat Bd. 10, S. LXI–LXXVI.

[4]) Vgl. den von Dehler und Schäfer gez. Antrag vom 26. April 1949 zur Bildung eines vorläufigen Bundesexekutivorgans. PA 5/Drucks. Nr. 728; abgedr. in: Der Parl. Rat Bd. 10, Teil C Dok. Nr. 1, S. 203–205.

[5]) Zur Tätigkeit des Redaktionsausschusses berichtete Leusser am 2. Mai 1949 Ehard: „Der Redaktionsausschuß hat wiederum nicht nur redaktionelle, sondern auch materielle Änderungen vorgenommen, zu deren Rechtfertigung er sich allerdings auf Beschlüsse des interfraktionellen Ausschusses beruft. Inwieweit dies zu recht geschieht, kann mit Sicherheit nicht festgestellt werden. Der Redaktionsausschuß hat entgegen dem vorgesehenen Plan seine Tätigkeit am letzten Freitag Nachmittag [29. April 1949] eingestellt, so daß heute noch keine endgültige Vorlage zur Verfügung steht. Es ist hierdurch eine

[Präs.] Dr. Adenauer gab bekannt: Dienstag, den 3. Mai nachmittags interfraktionelle Besprechung[6]), Dienstag, 19.00 Uhr Ältestenrat[7]).
Zu klären sei noch die Frage, in welcher Form die Entscheidung über den Bundessitz gefällt werden solle. Darüber müßte man sich noch einmal im kleinen Kreis unterhalten.
Er bemerkte weiter, der Wahlrechtsausschuß tage morgen[8]).
Als Frist für die Einreichung der Änderungsanträge wurde Mittwoch, der 4. Mai, 12.00 Uhr festgelegt.
Zur Berichterstattung führte er aus, die Berichterstatter seien schon bestimmt. Die Berichte sollten schriftlich erstattet und den Fraktionen zugänglich gemacht werden. Er bat dringend, an dem diesbezüglichen Beschluß festzuhalten.

Generalberichterstatter sei Prof. Schmid;
für die Finanzen erstattet Dr. Höpker Aschoff den Bericht,
zu den Grundrechten Dr. von Mangoldt,
für den Abschnitt Bund und die Länder sei Berichterstatter Wagner,
für den Abschnitt Gerichtsbarkeit Zinn,
für die Übergangs- und Schlußbestimmungen Dr. von Brentano.
Dr. Lehr sei Berichterstatter für die Abschnitte Bundesrat, Bundespräsident und Bundesregierung.
Dr. Katz für den Abschnitt Gesetzgebung,
Dr. Laforet für den Abschnitt Ausführung der Bundesgesetze und Bundesverwaltung[9]).

empfindliche Störung in dem vom interfraktionellen Ausschuß festgelegten ‚Fahrplan' eingetreten." Vgl. BayHStA NL Ehard 1419.
Zur Arbeit des Redaktionsausschusses vgl. die Vorschläge des Redaktionsausschusses zum Grundgesetzentwurf in der 3. Lesung des HptA vom 2.–5. Mai 1949 in: Der Parl. Rat Bd. 7, Dok. 12, S. 497–531.

6) Vgl. Dok. Nr. 51.

7) Zur Ältestenratssitzung am 3. Mai 1949 vgl. Der Parl. Rat Bd. 10, S. XXXII, Anm. 172.

8) Zur 24. Sitzung des Wahlrechtsausschusses am 3. Mai 1949 vgl. Der Parl. Rat Bd. 6, Nr. 27, S. 768–770.

9) Die Berichte wurden gedruckt in: Parl. Rat, Schriftlicher Bericht zum Entwurf des Grundgesetzes für die Bundesrepublik Deutschland [Bonn 1950]. Vgl. auch Der Parl. Rat Bd. 10, S. LIX, Anm. 85.

Nr. 51
Interfraktionelle Besprechung
3. Mai 1949

PA 5/9. Maschinenschr. Durchschlag eines vom Stenographischen Dienst gefertigten Prot. vom 3. Mai 1949

Anwesend[1]*):*
CDU/CSU: Adenauer (Präs.), Kaiser, Kaufmann, Laforet, Lehr, von Mangoldt, Pfeiffer, Schlör, Süsterhenn
SPD: Greve, Katz, Menzel, Schmid, Schönfelder, Suhr, Zinn
FDP: Heuss, Höpker Aschoff
DP: Seebohm
Stenographischer Dienst: Herrgesell, Peschel[2])

Beginn: 16.45 Uhr[3])–18.45 Uhr   Fortsetzung: nach 19.00 Uhr

[BERATUNGEN ZUR VORBEREITUNG DER VIERTEN LESUNG DES GRUNDGESETZES IM HAUPTAUSSCHUSS AM 5. MAI 1949[4])]

Präs. Dr. Adenauer eröffnet die interfraktionellen Besprechungen um 16 Uhr 45 Minuten[5]). Grundlage der Besprechungen ist die Gegenüberstellung der Fassung

---

[1]) Eine Anwesenheitsliste liegt nicht vor. Die Zusammenstellung erfolgte aufgrund der prokollierten Beiträge. Möglicherweise haben an dieser Besprechung auch die Mitglieder des Redaktionsausschusses teilgenommen.

[2]) Peschel war während der zweiten Hälfe der Sitzung anwesend.

[3]) Nach der maschinenschr. Übertragung eines ungez. Prot. von Trossmann begann die Sitzung um 16.00 Uhr. Vgl. ACDP I-052, Nr. 001/1, S. 225.

[4]) Zu den Beratungsgegenständen der interfraktionellen Besprechung vgl. auch die 57. Sitzung des HptA am 5. Mai 1949. Parl. Rat, Verhandlungen, S. 743–766.

[5]) Gemäß des Prot. von Trossmann behandelte Adenauer vor der Beratung des Grundgesetzentwurfes noch einige technische Fragen:
„*[Präs.] Dr. Adenauer* äußerte sich zur Berichterstattung und zur Debatte im Plenum des Parlamentarischen Rates. Er schlägt vor, jeder Partei in der dritten Beratung des Grundgesetzes eine bestimmte Sprechzeit zuzuteilen.
Dr. Menzel erhebt dagegen Bedenken.
[Präs.] Dr. Adenauer führt weiter aus: In der Generaldebatte sollten die großen Parteien je eine Stunde Redezeit haben und $^3/_4$ Stunde je Abschnitt. Die FDP soll in der Generaldebatte $^3/_4$ Stunde Redezeit haben und 25 Minuten je Abschnitt. Für die kleinen Parteien sollte gelten: $^1/_2$ Stunde Zeit in der Generaldebatte und 15 Minuten je Abschnitt.
Prof. [Dr.] Schmid wirft die Frage auf, ob nach der Generaldebatte noch Debatten zu den einzelnen Abschnitten nötig seien.
Dr. Suhr schlägt vor, keine Generaldebatten zu den einzelnen Abschnitten zu führen.
[Präs.] Dr. Adenauer erklärt, er plane einen schriftlichen Entwurf für den Ältestenrat. Zur Berichterstattung bemerkte er, sie erfolge schriftlich, die Berichte können den Fraktionen vorher zugänglich gemacht werden, die Berichterstatter sollten kurz vortragen und sich auf ihren schriftlichen Bericht beziehen, der zu Protokoll gegeben werde.
Dr. Süsterhenn: Die Berichte sollten in den Text des Protokolls aufgenommen werden. Das könnten wir vereinbaren.
[Präs.] Dr. Adenauer: Ich glaube, wir sind uns darüber einig. Zum modus procedendi

des Entwurfs des Grundgesetzes in dritter Lesung im Hauptausschuß (Stand vom 10. Februar 1949)[6]) und der Vorschläge des Allgemeinen Redaktionsausschusses[7]) unter Einarbeitung der aufrechterhaltenen Beschlüsse des Fünferausschusses, des Siebenerausschusses und der Beschlüsse der interfraktionellen Besprechungen[8]). Ausgegangen wird jeweils von der Fassung des Redaktionsausschusses.

Es wird Einverständnis erzielt, daß in die Präambel Groß-Berlin nicht aufgenommen werden soll.

Art. 1

Der Ausschuß erzielt Einverständnis, daß es in Abs. 2 heißen soll: „... als Grundlage jeder menschlichen Gemeinschaft ....[9])"

Art. 2

Dr. Süsterhenn beantragt zunächst, den Abs. 2 Satz 2 wieder als selbständigen Absatz zu bringen, läßt jedoch den Vorschlag auf von Mitgliedern der SPD geltend gemachte Bedenken wieder fallen.

Art. 3

Anderweitig erledigt.

Art. 4

Bleibt unverändert.

Art. 5

Dr. Süsterhenn: Seitens der CDU/CSU[10]) in der Fassung des Redaktionsausschusses angenommen[11]).

Art. 6

Dr. Süsterhenn kündigt den Antrag der CDU/CSU an, den letzten Satz von Abs. 3 zu streichen[12]).

---

erklärte er, er werde Artikel für Artikel kurz aufrufen. Wenn keine Einigkeit über einen Artikel bestehe, müsse es den Fraktionen überlassen bleiben, Änderungsanträge bis morgen einzureichen." Vgl. ACDP I-052, Nr. 001/1, S. 225.

[6]) Abgedr. in: Der Parl. Rat Bd. 7, Dok. Nr. 8, S. 396–444.

[7]) Abgedr. in: Der Parl. Rat Bd. 7, Dok. Nr. 12, S. 497–531.

[8]) Beide Texte wurden am 2. Mai 1949 den Abg. in einer Synopse vorgelegt. Vgl. PA 5/Drucks. Nr. 751.

[9]) Trossmann ergänzte an dieser Stelle, daß Schmid dem Vorschlag zugestimmt habe. Vgl. ACDP I-052, Nr. 001/1, S. 226.

[10]) Vgl. die Sitzung der CDU/CSU-Fraktion am 2. Mai 1949. Salzmann, S. 530.

[11]) Trossmann notierte an dieser Stelle: „[Es besteht] Einigkeit, daß die Fassung des Redaktionsausschusses gewählt werden sollte." Vgl. ACDP I-052, Nr. 001/1, S. 226.

[12]) Vgl. den Antrag von de Chapeaurouge, Süsterhenn, Schwalber, Laforet, Lehr und von Brentano, der die Streichung des Satzes „Die Freiheit der Lehre entbindet nicht von der Treue zur Verfassung" forderte. PA 5/Drucks. Nr. 754. Eine gleiche Forderung enthielt der von Seebohm gez. Antrag der DP vom 2. Mai 1949. Vgl. PA 5/Drucks. Nr. 767.

Dr. Heuss erklärt, die FDP werde vorschlagen, getrennt abzustimmen, genau so wie über Art. 5 Abs. 3 betreffend die Kriegsdienstverweigerung.
Dr. Menzel weist auf die Möglichkeit eines Antrages der SPD hin, den ganzen Abs. 3 von Art. 6 zu streichen, weil die SPD den Abs. als ein Ganzes angesehen habe. Sonst könne man der Auffassung sein, daß die Freiheit zwar garantiert werde, aber gegen einen Mißbrauch nicht eingeschritten werden dürfe.
Präs. Dr. Adenauer schlägt vor, die zweifelhaften Fragen in einem besonderen Katalog zusammenzustellen und in diesen Katalog zunächst Art. 6 Abs. 3 aufzunehmen. Widerspruch hiergegen erhebt sich nicht.

Art. 7

Entfällt.

Art. 7 a

Zinn kündigt einen gemeinsamen Antrag der SPD und der FDP an, in Art. 7 a Abs. 2 einzufügen: „Über ihre Betätigung wacht die staatliche Gemeinschaft."
Präs. Dr. Adenauer regt an, es ohne lange Debatte bei dem von den Abg. Dr. Dehler, Zinn und Dr. Süsterhenn ausgearbeiteten Vorschlag zu belassen, dem von allen Seiten, mit Ausnahme des Abg. Dr. Greve, zugestimmt worden sei.
Zinn erklärt, eine Entscheidung sei noch nicht getroffen worden. Es hätten zwei Vorschläge vorgelegen, der Vorschlag von Dr. Süsterhenn und der ursprüngliche Vorschlag.
Dr. Süsterhenn behauptet, daß in den interfraktionellen Besprechungen eine Einigung erzielt worden sei. Dr. Menzel habe zum Schluß nur erklärt, die Zustimmung vorbehaltlich der Stellungnahme seiner Fraktion zu geben.
Schönfelder erklärt, er könne mit Art. 7 b nur einverstanden sein, wenn auch Art. 148/2 angenommen werde.
Dr. Süsterhenn betont, zu dem vorgesehenen Kompromiß habe gehört, daß die Annahme der Bremer Klausel[13]) nicht zu einem casus belli gemacht würde.
Zinn schlägt vor, die Art. 7 a Abs. 2, [Art.] 7 b Abs. 3 und [Art.] 148/2 endgültig zurückzustellen.
Dr. Süsterhenn äußert Bedenken seiner Fraktion gegen Art. 7 a Abs. 3 in der Fassung des Redaktionsausschusses und tritt für die Fassung der dritten Lesung des Hauptausschusses ein. Bei der Fassung des Redaktionsausschusses (in welcher es auf Zeile 6 statt „und" „oder" heißen muß) könne der Fall eintreten, daß Kinder in einer Familie aus rein wirtschaftlichen Gründen zu verwahrlosen drohten und daß der Staat ohne ein Verschulden der Erziehungsberechtigten die Kinder aus der Familie entfernte. Eine solche Möglichkeit könne seine Fraktion nicht wünschen.
Dr. Schmid[14]) weist demgegenüber auf Fälle von offener Tuberkulose in der Familie[15]),

---

[13]) Zur Bremer Klausel vgl. Dok. Nr. 25 und Dok. Nr. 26.
[14]) Trossmann notierte für den Beitrag von Schmid: „*Prof. Schmid* rechtfertigt die Formulierung ‚aus anderen Gründen'. Sie umfasse z.B. Familie tuberkulös. Es gebe eben auch andere Gründe, als das pädagogische Versagen." Vgl. ACDP I-052, Nr. 001/1, S. 226.

Abg. Zinn auf Fälle von Psychopathie[16]) in der Familie hin.

Dr. Schmid meint, durch Art. 7 a Abs. 3 werde ein Gesetz wie das Tuberkulosegesetz nicht berührt.

Dr. Süsterhenn zieht die gegen Art. 7 a Abs. 3 geltend gemachten Bedenken zurück[17]).

Zinn kündigt einen Antrag der SPD an, als letzten Satz von Art. 7 a Abs. 5 hinzuzufügen: „Das uneheliche Kind ist auch im Rechtssinn mit dem Vater verwandt."

Art. 7 b

Wird zurückgestellt.[18])

Art. 8

Unverändert.

Art. 9

Unverändert.

Art. 10

Unverändert.

Art. 11

Zinn verweist auf die Berichtigung zu Art. 11 in der Drucksache Nr. 753[19]), Ziff. 2.

Dr. von Mangoldt begründet die in der Drucksache Nr. 753 vorgeschlagene Änderung. Auf den Hinweis des Abg. Dr. von Mangoldt wird in der fünften Zeile das Wort „dem" in „denen" abgeändert.

Präs. Dr. Adenauer stellt fest, daß die Mehrzahl der Ausschußmitglieder dem Vorschlag in Drucksache Nr. 753 Ziff. 2 zustimmt.

Art. 12

Unverändert.

Art. 13

Unverändert.

---

[15]) Trossmann fügte an dieser Stelle den Beitrag von Heuss ein: „Unter ‚andere Gründe' fielen unter Umständen auch unmögliche Wohnungsverhältnisse." Vgl. ACDP I-052, Nr. 001/1, S. 226.

[16]) Nach Trossmann sprach Zinn von „krimineller Veranlagung bei Kindern." Vgl. ACDP I-052, Nr. 001/1, S. 227.

[17]) Trossmann ergänzte an dieser Stelle den Beitrag von Süsterhenn: „In Art. 7 a Abs. 3 sollte das Wort ‚und' durch das Wort ‚oder' ersetzt werden." Vgl. ACDP I-052, Nr. 001/1, S. 227.

[18]) Vgl. dazu weiter Dok. Nr. 53, S. 268.

[19]) Die Drucks. Nr. 753 ist in den einschlägigen Sammlungen nachträglich handschriftlich in Drucks. Nr. 751 a geändert worden. Vgl. auch Der Parl. Rat Bd. 7, Dok. Nr. 12, S. 518 (Anm. zu Art. 111 b).

Art. 14

Zinn bemerkt, daß Abs. 3 gestrichen worden sei, weil das Eigentum in den Artikel betreffend die Verwirklichung von Grundrechten aufgenommen sei.

Dr. Seebohm kündigt an, im Plenum einen Antrag der DP betreffend angemessene Entschädigung zu stellen[20]).

Art. 15

Unverändert.

Art. 16

Unverändert.

Art. 17

Entfällt.

Art. 18

Keine Bemerkung.

Art. 19

Keine Bemerkung.

Art. 20

Unverändert.

Art. 20 a

Entfällt.

Art. 20 b

Unverändert.

Art. 20 c

Unverändert.

II. Bund und Länder

Art. 21

Zinn empfiehlt, in Art. 21 Abs. 3 die vollziehende Gewalt vor der Rechtsprechung aufzuführen. Hiergegen erhebt sich kein Widerspruch.

Art. 21 a

Keine Bemerkungen.

---

[20]) Vgl. den von Seebohm gez. Antrag der DP vom 2. Mai 1949. PA 5/Drucks. Nr. 770.

Art. 21 b

Dr. Lehr erklärt, daß zu diesem Artikel Anträge zu erwarten seien und daß der Art. zu einer Vorbesprechung herausgenommen werden müsse[21]).

Art. 22

Dr. Schmid[22]) äußert Bedenken gegen den Abs. 2 des Art. 22 und verweist auf einen Friedensvertrag[23]). Er empfiehlt die Streichung des Absatzes, obwohl die Streichung Bedenken erregen könnte.

Dr. von Mangoldt bemerkt, der Art. 22 Abs. 2 könne für einen Friedensvertrag nicht gelten.

Präs. Dr. Adenauer schlägt vor, den Abs. 2 zu streichen und damit die Frage offenzulassen. Andernfalls würden bei einem Friedensvertrag Schwierigkeiten entstehen[24]).

Dr. Laforet sieht bei einer Streichung des Absatzes keine Schwierigkeiten voraus.

Dr. Menzel spricht sich gegen die Streichung aus und stellt die Anregung in Aussicht, daß die qualifizierte Mehrheit zur Abänderung des Grundgesetzes nicht für das Gesetz zur Durchführung eines Friedensvertrages gelten solle.

Zinn tritt dafür ein, den Abs. 2 zu streichen[25]).

Dr. Süsterhenn bemerkt, die Abtretung und der Austausch von Teilen deutschen Staatsgebietes sei ein internationaler Vertrag. Aus der allgemeinen Bestimmung des Art. 81 Abs. 2 ergebe sich, daß ein solcher internationaler Vertrag der bundesgesetzlichen Verabschiedung bedürfe. Der Abschluß eines Friedensvertrages sei eine der wichtigsten Betätigungen des auswärtigen Dienstes.

Dr. Menzel erklärt, vielleicht könne in Art. 81 Abs. 2 gesagt werden: „... genügt ein Bundesgesetz". Beim Friedensvertrag würde man mit einem einfachen Gesetz auch durchkommen.

Dr. Suhr bemerkt, daß die Bedenken durch den Hinweis darauf ausgeräumt werden könnten, daß die Frage schon in Art. 81 Abs. 2 geregelt ist.

(Es wird Einverständnis erzielt, Art. 22 Abs. 2 zu streichen.)

---

21) Der Art. 21 b (22) zur Flaggenfrage wurde in der 10. Sitzung des Plenums behandelt. Vgl. Der Parl. Rat Bd. 9, Dok. Nr. 10, S. 587–590.

22) Trossmann ergänzte noch vor dem Beitrag von Schmid: „*Dr. Laforet:* Dieser Satz [Abs.2 Satz 2] sollte lauten: Zur Vollziehung bedarf es eines Bundesgesetzes, das der Zustimmung des Bundesrats bedarf.
Dagegen wurde Bedenken erhoben. Dr. Laforet zog seinen Vorschlag zurück." Vgl. ACDP I-052, Nr. 001/1, S. 228.

23) Trossmann ergänzte den Hinweis von Schmid auf den Friedensvertrag: „Er [der Abs. 2] erinnerte an einen Friedensvertrag, der Gebietsabtretungen verlangt." Vgl. ACDP I-052, Nr. 001/1, S. 228.

24) Trossmann notierte für den Beitrag von Adenauer: „Ein Friedensvertrag mit Gebietsabtretungen bedürfe in diesem Punkt einer verfassungsändernden Mehrheit." Vgl. ACDP I-052, Nr. 001/1, S. 228.

25) Trossmann ergänzte an dieser Stelle, daß Zinn sich für die Streichung ausgesprochen habe, „auch im Hinblick auf Art. 25". Vgl. ACDP I-052, Nr. 001/1, S. 228.

Art. 24

Keine Bemerkungen.

Art. 29 a

Unverändert.

Art. 29

Keine Bemerkungen.

Art. 29 b

Keine Bemerkungen.

Art. 29 c

Keine Bemerkungen.

Art. 29/1

Unverändert.

Art. 27

Unverändert.

Art. 25

Zinn kündigt zu Abs. 1 einen Antrag auf redaktionelle Kürzung und zu Abs. 2 einen Antrag auf Streichung an.

Dr. Süsterhenn erklärt, die CDU/CSU werde sich mit einer redaktionellen Kürzung von Abs. 1 unter Umständen einverstanden erklären. Den Abs. 2 wolle die Fraktion der CDU/CSU unter allen Umständen belassen, um der Bevölkerung die Möglichkeit zu geben, von sich aus initiativ zu werden und ihre Auffassung kundzutun. Bezüglich der Abs. 3 und 4 sei die Fraktion der CDU/CSU noch nicht zu einer abschließenden Stellungnahme gekommen. Die CDU/CSU wolle jedoch lieber die Formulierung [der 3. Lesung] des Hauptausschusses beibehalten.

Präs. Dr. Adenauer schlägt vor, den Art. 25 nicht auf die Ausgleichsliste zu setzen, sondern bis zur morgigen Beratung[26]) zurückzustellen. Hiergegen erhebt sich kein Widerspruch.

Art. 26

Keine Bemerkungen.

Art. 30

Dr. Lehr erklärt, daß die CDU/CSU aus optischen Gründen für die Beibehaltung der alten Fassung sei.

Zinn schlägt für die SPD Streichung vor, weil der Inhalt des Art. 30 schon in drei anderen Artikeln enthalten sei.

---

[26]) Vgl. die interfraktionelle Besprechung am 5. Mai 1949. Dok. Nr. 52, S. 265.

Dr. Laforet führt aus, es handele sich hier um einen Grundpfeiler. Wegen der jetzt hier bestehenden Schwierigkeiten sprächen dringende Gründe dafür, das Gesamtbild nicht zu ändern. Er würde es begrüßen, wenn die feststehende Rechtstatsache bei Ausübung der staatlichen Befugnisse in primärer Zuständigkeit der Länder hier betont würde, insbesondere mit Rücksicht auf den Art. 31.
Präs. Dr. Adenauer bittet, der Aufrechterhaltung des Art. 30 zuzustimmen. Hiergegen wird kein Widerspruch mehr erhoben.

Art. 31

Dr. Laforet hält es für erwünscht, den Art. dahin zu fassen, daß das Bundesrecht dem Landesrecht vorgeht.
Zinn erklärt sich für die SPD mit der Änderung nicht einverstanden. Er führt an, die Fassung „Bundesrecht bricht Landesrecht" stamme aus der Weimarer Verfassung[27]). Durch eine Veränderung der Fassung würde dem Artikel ein anderer Sinn gegeben.
Dr. Schmid unterstützt die Auffassung des Abg. Zinn[28]).
Dr. Süsterhenn hält die Bedenken des Abg. Dr. Laforet für verständlich. Er empfiehlt, durch den Berichterstatter im Plenum eine Interpretation[29]) zu geben, um so die Schwierigkeiten auf bayerischer Seite zu vermindern.
Präs. Dr. Adenauer[30]) gibt dem Abg. Dr. Laforet anheim, mit dem Berichterstatter Wagner deswegen zu sprechen. Demgemäß verbleibt es bei der vorgesehenen Fassung.

Art. 27 a

Keine Bemerkungen.

Art. 41

Keine Bemerkungen.

Art. 40

Keine Bemerkungen, vergleiche jedoch unten bei Art. 96.

Art. 96

Dr. Laforet tritt für die Belassung des Art. ein. Er führt aus, nicht in allen Bundesstaaten könnten die Regierungen der Länder bei der Bundesregierung Vertretungen errichten. In den Vereinigten Staaten sei dies zum Beispiel nicht

---

27) Art. 13 Abs. 1 der Verfassung des Deutschen Reiches von 1919 lautete: „Reichsrecht bricht Landrecht." Vgl. Reichsgesetzblatt 1919, S. 1386.

28) Trossmann notierte für den Beitrag von Schmid: „Anhand des Art. 31 im Wortlaut der Weimarer Verfassung habe sich eine Judikatur entwickelt. Werde jetzt der Text geändert, werde sachliche Änderung vermutet." Vgl. ACDP I-052, Nr. 001/1, S. 229.

29) Trossmann ergänzte an dieser Stelle: „authentische Interpretation". Vgl. ACDP I-052, Nr. 001/1, S. 229.

30) Trossmann notierte noch vor dem Beitrag von Adenauer den Beitrag von Laforet: „Hier gebe es nichts zu interpretieren." Vgl. ACDP I-052, Nr. 001/1, S. 229.

der Fall. In einer Kampfabstimmung[31]) könnte erklärt werden, daß Vertretungen der Länder bei der Bundesregierung nicht anerkannt werden. Dr. Laforet bittet ferner um die Aufrechterhaltung des Art. 40. Er meint, dadurch würde jeder Zweifel ausgeräumt werden.

Dr. Schmid trägt vor, das in Art. 40 niedergelegte Recht der Länder könne nicht bezweifelt werden.

Zinn unterstützt diese Auffassung.

Dr. Pfeiffer bittet, den politischen Gesichtspunkt von Bayern zu respektieren und aus politischen Gründen der Anregung des Dr. Laforet zuzustimmen.

Kaufmann unterstützt den Antrag des Abg. Dr. Laforet betreffend Art. 96 mit der Begründung, daß der Bundesratsvertreter die Vertretung der Länder nicht ersetze. Den Inhalt des Art. 40 betrachtet Abg. Kaufmann als eine Selbstverständlichkeit; er empfiehlt die Streichung des Art.

Dr. Lehr schließt sich den Ausführungen des Abg. Kaufmann an.

Zinn führt an, der Art. 96 habe nicht in der Weimarer Verfassung gestanden. Trotzdem habe es Gesandte bei der Reichsregierung gegeben.

Dr. Menzel kündigt einen Antrag der SPD auf Streichung des Art. 96 an.

Präs. Dr. Adenauer stellt Einverständnis fest, den Art. 40 zu streichen. Der Art. 96 soll zunächst bestehen bleiben. Die SPD wird einen Antrag auf Streichung des Art. 96 stellen.

Art. 27 b

Keine Bemerkungen.

Art. 27 c

Dr. Lehr erklärt, daß die CDU/CSU für die Beibehaltung des Art. 27 c sei[32]).

Dr. Laforet spricht sich gegen die Streichung aus und bemerkt, der Kompetenzausschuß[33]) habe auf diesen Artikel, der einen Grundsatz rechtsstaatlicher Gestaltung enthalte, besonderen Wert gelegt[34]).

Präs. Dr. Adenauer regt an, den Art. 27 c zurückzustellen.

Zinn führt an, der Inhalt des Art. 27 c sei in den Landesverfassungen und im BGB geregelt[35]). Die Materie müsse durch Bundesgesetz geregelt werden.

Dr. Laforet bemerkt noch, es handele sich um die Klärung eines Fehlers in der Weimarer Verfassung.

Dr. Heuss meint, daß eine Streichung ungeschickt wirke.

Präs. Dr. Adenauer stellte Einverständnis fest, daß Art. 27 c stehenbleibt. Hiergegen erhebt sich kein Widerspruch.

---

[31]) Trossmann notierte „Kampfstimmung" anstatt „Kampfabstimmung". Vgl. ACDP I-052, Nr. 001/1, S. 229.

[32]) Vgl. die Sitzung der CDU/CSU-Fraktion am 3. Mai 1949. Salzmann, S. 535.

[33]) Vgl. bes. die 6. Sitzung des Ausschusses für Zuständigkeitsfragen. Der Parl. Rat Bd. 3, Dok. Nr. 6, S. 288–299.

[34]) Trossmann ergänzte an dieser Stelle: „Für den Art. 27 c habe sich [im Zuständigkeitsausschuß] insbesondere Wagner, SPD, ausgesprochen." Vgl. ACDP I-052, Nr. 001/1, S. 230.

[35]) Zur Frage der Haftung bei Amtspflichtverletzung vgl. Bürgerliches Gesetzbuch § 839.

Art. 39

Keine Bemerkungen.

Art. 43

Dr. Lehr bittet um Beibehaltung des Artikels und schlägt vor, ihn ohne Diskussion durch Abstimmung zu erledigen.

Dr. Laforet erklärt, Rechtsansprüche würden durch den Artikel nicht geschaffen. Der in Art. 16 Abs. 2 der Weimarer Verfassung enthaltene Satz habe sich in der deutschen Entwicklung bewährt[36]). Der Inhalt des Art. 43 sei bei den Beamtenorganen inzwischen bekannt geworden.

Zinn weist auf das Übereinkommen hin, alles Überflüssige zu streichen. Er meint, Art. 43 sei eine Deklaration[37]).

Dr. Schmid glaubt, da es sich um eine Richtlinie handele, die sich seit Jahrzehnten bewährt habe, werde nach dieser Richtlinie weiter verfahren werden[38]).

Dr. Heuss hält die Bestimmung für überflüssig und fragt, was ein angemessenes Verhältnis bedeuten solle[39]).

Präs. Dr. Adenauer führt auf eine Frage des Abg. Katz nach dem Sinn des Antrages Dr. Lehr aus, Grundlage für die weiteren Beratungen sei die dritte Lesung des Hauptausschusses. Punkte, in denen bei den interfraktionellen Besprechungen eine Verständigung erzielt werde, würden als gemeinsame Abänderungsanträge aller Parteien eingebracht werden. Bei Punkten, in denen eine Einigung nicht erzielt werde, bleibe es jeder Fraktion überlassen, Anträge zu stellen. Demzufolge gehe der Vorschlag Dr. Lehr dahin, daß die CDU/CSU einen Antrag der SPD auf Streichung des Artikels erwarte.

Art. 118 b

Dr. Laforet hat juristische Bedenken gegen den Inhalt des Artikels. Er meint, es handele sich bei Art. 118 b weder um eine privatrechtliche noch um eine öffentlichrechtliche Verpflichtung gegenüber einer Rechtspersönlichkeit; der Artikel betreffe das Verhältnis zwischen Oberstaat und Gliedstaat. Dr. Laforet empfiehlt, aus redaktionellen Gründen den Inhalt des Artikels wie folgt zu ergänzen: „Wenn ein Land die ihm nach dem Grundgesetz oder einem anderen Bundesgesetz gegenüber dem Bund obliegenden Pflichten nicht erfüllt ..."

---

[36]) Art. 16 der Verfassung des Deutschen Reiches von 1919 lautete: „Die mit der unmittelbaren Reichsverwaltung in den Ländern betrauten Beamten sollen in der Regel Landesangehörige sein. Die Beamten, Angestellten und Arbeiter der Reichsverwaltung sind auf ihren Wunsch in ihren Heimatgebieten zu verwenden, soweit dies möglich ist und nicht Rücksichten auf ihre Ausbildung oder Erfordernisse des Dienstes entgegenstehen." Vgl. Reichsgesetzblatt 1919, S. 1386.

[37]) Trossmann fügte anschließend den Beitrag von Laforet ein: „Richtlinien für die Behörden haben ihre Bedeutung." Vgl. ACDP I-052, Nr. 001/1, S. 230.

[38]) Trossmann fügte daran an: „[...] deswegen könne man sie [die Richtlinie] streichen". Vgl. ACDP I-052, Nr. 001/1, S. 230.

[39]) Trossmann ergänzte an dieser Stelle:
„*Dr. Lehr* schlägt vor, die Sache durch Abstimmung zu entscheiden.
Dr. Süsterhenn bricht nochmals eine Lanze für das Verbleiben dieses Artikels." Vgl. ACDP I-052, Nr. 001/1, S. 225.

Präs. Dr. Adenauer erklärt dazu, es sei auch möglich, daß ein Land dem Einzelnen gegenüber eine Pflicht nicht erfüllt.
Dr. Katz verweist auf die Regelung des neuen Finanzausgleichs, nach welchem ein Land Steuern an ein anderes Land abzuführen habe.
Dr. Suhr erklärt die Ausführungen von Dr. Laforet für nicht stichhaltig.
Dr. Lehr verzichtet für die CDU/CSU auf eine weitere Diskussion.

III. Der Volkstag

Dr. Lehr spricht für die CDU/CSU den Wunsch aus, die Bezeichnung „Bundestag" statt „Volkstag" wieder herzustellen.
Dr. Heuss spricht sich aus historischen Gründen dagegen aus.
Dr. Katz macht den Vorschlag, daß die CDU/CSU im Plenum einen entsprechenden Antrag stellt.
Dr. Lehr erklärt sich hiermit einverstanden[40]).

Art. 45

Keine Bemerkungen.

Art. 46

Keine Bemerkungen.

Art. 47

Keine Bemerkungen.

Art. 48

Keine Bemerkungen.

Art. 49

Keine Bemerkungen.

Art. 50

Keine Bemerkungen.

Art. 51

Keine Bemerkungen.

Art. 52

Keine Bemerkungen.

---

[40]) Vgl. den Antrag der CDU vom 3. Mai 1949; PA 5/Drucks. Nr. 753. Vgl. dazu die Abstimmung in der 57. Sitzung des HptA am 5. Mai 1949; Parl. Rat, Verhandlungen, S. 751. Adenauer setzte sich bereits am 3. März 1949 in der Sitzung der CDU/CSU-Fraktion für die Änderung ein. Vgl. Salzmann, S. 416.

Art. 53

Keine Bemerkungen.

Art. 54

Keine Bemerkungen.

Art. 55

Keine Bemerkungen.

Art. 56

Keine Bemerkungen.

Art. 57

Dr. Laforet führt aus, der Satz: „Die Beschlüsse der Untersuchungsausschüsse sind der richterlichen Erörterung entzogen" könne mißverstanden werden. Es sei dem Strafgericht durchaus erlaubt, den Beschluß des Untersuchungsausschusses in Betracht zu ziehen; es dürfe ihn erörtern. Das Strafgericht dürfe den Beschluß nur nicht beurteilen. Es sei zu überlegen, ob die frühere Fassung: „Die Entscheidungen der Untersuchungsausschüsse sind der richterlichen Nachprüfung nicht unterworfen" nicht besser sei.

Zinn erwidert, es müsse „Beschlüsse" heißen, weil der Untersuchungsausschuß keine Entscheidungen treffe. Weiter sei es selbstverständlich, daß die Beschlüsse der Untersuchungsausschüsse nicht der Nachprüfung durch ein Gericht unterworfen seien. Es solle verhindert werden, daß ein Gericht den Beschluß des Untersuchungsausschusses kritisch würdige und den Untersuchungsausschuß, wie es in der Weimarer Zeit vorgekommen sei, in seinem Ergebnis attackiere. Die Fassung: „Die Entscheidungen der Untersuchungsausschüsse sind der richterlichen Nachprüfung nicht unterworfen" könne zu Mißverständnissen Anlaß geben. Das Gericht habe den Sachverhalt festzustellen, die Beweisaufnahme zu würdigen und unabhängig von dem Beschluß des Untersuchungsausschusses festzustellen, ob ein Dienstvergehen begangen worden ist oder nicht.

Dr. Schmid tritt für den Vorschlag des Redaktionsausschusses ein.

Dr. Lehr erklärt für die CDU/CSU, Einwendungen zurückzustellen.

Art. 58

Keine Bemerkungen.

Art. 59

Keine Bemerkungen.

Art. 60

Keine Bemerkungen.

Art. 61

Keine Bemerkungen.

Art. 62

Keine Bemerkungen.

Art. 63

Keine Bemerkungen.

Art. 64

Keine Bemerkungen.

IV. Der Bundesrat

Dr. Lehr bittet, die alte Fassung bestehen zu lassen. Er meint, durch die starke Zusammenfassung der Bestimmungen über den Bundesrat in wenigen Artikeln sei optisch ein ungünstiges Bild entstanden.

Präs. Dr. Adenauer schlägt den Abg. Dr. Lehr und Dr. Katz vor, über eine Aufteilung der Bestimmungen über den Bundesrat in mehr als zwei Artikeln zu beraten. Dieser Vorschlag wird angenommen.

Dr. von Mangoldt bittet, bei einer Umredigierung auf keinen Fall den Satz fallen zu lassen: „Der Bundesrat faßt seine Beschlüsse mit mindestens der Mehrheit seiner Stimmen."

Präs. Dr. Adenauer entgegnet, es solle nur eine andere Gliederung und keine Umredigierung erfolgen.

Dr. Laforet wünscht, den Satz: „Zur Beratung über wichtige Gegenstände ziehen die Bundesminister den zuständigen Ausschuß des Bundesrates zu" zu belassen. Er meint, es handele sich hierbei um eine Grundlinie, die von großer Bedeutung sein könne.

Dr. Greve äußert hiergegen sachliche Bedenken. Er führt aus, die zuständigen Ausschüsse des Bundesrats könnten nicht bloß aus Mitgliedern des Bundesrats bestehen, vielmehr könnten zu ordentlichen Mitgliedern der Ausschüsse des Bundesrats auch Sachverständige der Länderministerien berufen werden.

Dr. Süsterhenn schließt sich dem Wunsch des Abg. Dr. Laforet an. Es sei in Angelegenheiten administrativer Art von Bedeutung, daß die Meinung der Länder geäußert werden.

Auf den Einwand des *Abg. Dr. Greve*, das Grundgesetz enthalte keine Bestimmung, daß die Bundesminister die zuständigen Ausschüsse des Volkstages hören müßten, erwidert der

Abg. Dr. Süsterhenn, daß der Volkstag keine administrativen Befugnisse habe, die Länder dagegen in den weitaus meisten Fällen die Bundesanordnungen verwaltungsmäßig auszuführen hätten. Die von ihm und Dr. Laforet gewünschte Regelung sei Weimarer Recht und habe nie zu Schwierigkeiten geführt.

Präs. Dr. Adenauer hält einen Mittelweg für notwendig. Er führt aus, bei Belassen der Fassung des Art. 73 Abs. 2 Satz 2 müsse die Bundesregierung bei allen Beratungen von Staatsverträgen mit dem Ausland usw. die Ausschüsse des Bundesrats hinzuziehen. Das sei unzweckmäßig. Andererseits sei es bei Angelegenheiten, die die Länder durchführen müßten, wünschenswert, die Aus-

schüsse zuzuziehen. Dr. Adenauer gibt den Abg. Dr. Lehr und Dr. Katz anheim, sich auch mit dieser Frage zu befassen.
Dr. Süsterhenn spricht für die CDU/CSU noch den Wunsch aus, daß im Ausschuß an die Bestimmungen über den Bundesrat eine Vorschrift betreffend Freifahrtschein für die Mitglieder des Bundesrats aufgenommen wird[41]).
Präs. Dr. Adenauer regt an, daß die Abg. Dr. Lehr und Dr. Katz auch diese Frage besprechen.

V. Der Bundespräsident

Art. 75

Dr. von Mangoldt äußert für seine Fraktion den Wunsch, den Abs. 2 vor Abs. 1 zu stellen, zieht jedoch seine Anregung nach einer Erklärung des Abg. Dr. Lehr zurück.
Dr. Lehr verweist auf einen von der CDU/CSU ausgesprochenen Wunsch, als Voraussetzung für die Wählbarkeit des Bundespräsidenten noch die Vorschrift aufzunehmen, daß der zu Wählende seinen Wohnsitz mindestens fünf Jahre im Bundesgebiet haben muß.
Dr. von Mangoldt fügt ergänzend hinzu, daß auch ein fünfjähriger Aufenthalt im Gebiet des deutschen Reiches genüge[42]).
Die Abg. *Dr. Katz* und *Dr. Höpker Aschoff* widersprechen dem Vorschlag mit Rücksicht auf die Emigrierten und Flüchtlinge.
Ein Einverständnis im Sinne des Vorbringens der Abg. Dr. Lehr und Dr. von Mangoldt kommt nicht zustande.

Art. 75 a-1

Keine Bemerkungen.

Art. 76

Keine Bemerkungen.

Art. 77

Keine Bemerkungen.

Art. 78

Keine Bemerkungen.

---

41) Trossmann ergänzte an dieser Stelle: „SPD: Freifahrkarten für Mitglieder des Bundesrats sei Ländersache." Vgl. ACDP I-052, Nr. 001/1, S. 233.

42) Trossmann fügte an dieser Stelle den Beitrag von Heuss ein: „Er habe Bedenken, da diese Bestimmung sich gegen die Emigranten wenden würde; es käme dann als Bundespräsidenten-Kandidat auch kein Mann aus den östlichen Gebieten in Frage." Vgl. ACDP I-052, Nr. 001/1, S. 233.

Art. 79

Dr. Katz hält die Bemerkung für geboten, daß der Abs. 5 des Art. 79 weggefallen ist.
Dr. Lehr hält in Übereinstimmung mit *Abg. Dr. Schmid* die jetzige Fasssung für genügend.

Art. 80

Keine Bemerkungen.

Art. 81

Keine Bemerkungen.

Art. 82

Dr. Seebohm stellt die Frage, ob in dem Falle des Art. 82 Abs. 4 nicht die Bundesversammlung anstelle des Volkstages zuständig ist. Er meint, der Wahlkörper müßte für die Aufhebung der Immunität entscheidend sein.
Dr. Schmid widerspricht diesen Ausführungen.
Dr. Laforet äußert Bedenken gegen die Streichung des Satzes: „Bundesamnestien bedürfen eines Bundesgesetzes.[43]"
Präs. Dr. Adenauer erklärt in Übereinstimmung mit *Abg. Dr. Schmid* diesen Satz für selbstverständlich.

Art. 83

Keine weiteren Bemerkungen.

Art. 84

Keine Bemerkungen.

Art. 85

Keine Bemerkungen.

VI. Die Bundesregierung

Zu Art. 86, 87, 89, 89 a, 89 b, 89 c, 90, 90 a, 95, 95 a keine Bemerkungen.

VII. Gesetzgebung des Bundes

Art. 96 x

Keine Bemerkungen.

[43]) Trossmann ergänzte an dieser Stelle: „Von der Gegenseite [SPD] wird eingewendet, das Recht durch Gesetz eine Amnestie zu erlassen, sei selbstverständlich". Vgl. ACDP I-052, Nr. 001/1, S. 233.

Art. 33

Keine Bemerkungen.

Art. 34

Keine Bemerkungen.

Art. 35

Es besteht Einverständnis, den Art. 35 bis zur Neuregelung der Polizeiangelegenheiten durch den Redaktionsausschuß zurückzustellen[44]).

Art. 36

Zinn nimmt Bezug auf die Frage des *Abg. Dr. Laforet*, ob das Enteignungsrecht generell ohne jede Einschränkung unter die konkurrierende Gesetzgebung fallen soll, also unter Umständen vom Bund geregelt werden soll oder ob es nur auf die Gebiete beschränkt sein soll, die irgendwie Gegenstand der Bundesgesetzgebung sein könnten.
Zinn verweist auf die beiden vom Redaktionsausschuß vorgeschlagenen Varianten und meint, die zweite Variante sei etwas klarer. Sie bedeute, daß der Bund das Enteignungsrecht dann regeln könne, wenn es sich um Gebiete handele, die in den Art. 35 oder 36 aufgezählt seien, die also vom Bund entweder im Wege der ausschließlichen Gesetzgebung oder, falls die Voraussetzungen vorlägen, im Wege der konkurrierenden Gesetzgebung sachlich behandelt werden könnten.
Dr. Katz hält die Bezugnahme auf Art. 36 in dem Art. 36 Ziff. 14 nicht für geschickt.
Dr. Lehr und *Kaufmann* erklären die zweite Variante für zweckmäßig.
Dr. Pfeiffer kündigt einen Antrag zu Art. 36 Ziff. 17 betreffend die land- und forstwirtschaftlichen Angelegenheiten an.

Art. 36 a

Dr. Lehr kündigt einen Antrag an, hinter Art. 36 a Ziff. 5 einen Abs. folgenden Inhalts aufzunehmen: „Die Vorschriften des Abs. 1 Ziff. 1 bedürfen der Zustimmung des Bundesrats."
Die Frage des *Abg. Kaufmann*, ob es nicht zweckmäßig sei, diesen Punkt unter die gemeinsam zu besprechenden Angelegenheiten aufzunehmen, um sich ohne Antrag darüber zu verständigen, wird von den Abg. *Dr. Greve* und *Zinn* verneint.

---

44) Trossmann notierte:
„Zu Art. 35 Ziff 10 erklärte *Zinn*, die Polizeifrage müsse noch geklärt werden.
Dr. Laforet: Es müßte vorgesehen werden, daß Gesetze über die Zusammenarbeit der Länder in der Kriminalpolizei der Zustimmung des Bundesrats bedürfen.
(SPD widerspricht)
Dr. Laforet zur SPD: Sie haben damals dies als einen Fall erklärt, wo die Zustimmung des Bundesrats in Frage komme.
Dr. Katz: Wir haben diese Frage zunächst nur zurückgestellt.
Dr. Adenauer: Die Entscheidung sollte erst getroffen werden, wenn die Polizeifrage formuliert sei." Vgl. ACDP I-052, Nr. 001/1, S. 234.

Art. 103

Keine Bemerkungen.

(Die Sitzung wird um 18 Uhr 45 Minuten unterbrochen.)

Art. 104

Dr. Laforet bittet namens seiner Fraktion, in Abs. 2 den Satz: „Die in diesen Ausschuß entsandten Mitglieder des Bundesrats sind nicht an Weisungen gebunden" zu streichen.

Präs. Dr. Adenauer[45]) erklärt, die Bestimmung erscheine unvereinbar mit der Rechtsstellung der Bundesratsmitglieder, die stets an Weisungen gebunden seien.

Zinn meint, wenn der Satz gestrichen werde, dann habe die vorgesehene Kommission überhaupt keinen Zweck.

Dr. Lehr ist persönlich für die Beibehaltung der Fassung.

Präs. Dr. Adenauer bittet, von dem Antrag abzusehen, da der Ausschuß sonst gar keinen Zweck habe.

Dr. Katz sieht keinerlei Bedenken, Mitglieder dieses Ausschusses von der Instruktionspflicht zu entbinden, da der Ausschuß keine beschließende Funktion hat.

Kaufmann ist dafür, den Satz stehenzulassen.

Dr. von Mangoldt schlägt vor, zu sagen „für ihre Tätigkeit in diesem Ausschuß."

Präs. Dr. Adenauer weist darauf hin, daß es heißt: „Die in diesen Ausschuß entsandten Mitglieder des Bundesrats."

Dr. Laforet erklärt, er halte seinen Standpunkt nicht aufrecht.

Zinn hält den Übergang von Abs. 1 zu Abs. 2 für etwas schroff. Er empfiehlt, den letzten Abs. des Art. 103 in kurzer Fassung, was dem Redaktionsausschuß überlassen werden könne, dazwischenzuschieben und etwa zu sagen: „Die Bundesgesetze werden vom Volkstag beschlossen. .... dem Bundesrat zuzuleiten. Nach Eingang kann der Bundesrat ...".

Der Ausschuß stimmt dieser Anregung zu.

Art. 105

Wird gestrichen.

Art. 105 a

Bleibt unverändert.

[45]) Trossmann wies in seiner Aufzeichnung die Äußerung von Adenauer noch Laforet als Begründung seines Antrags zu. Das erscheint auch sinnvoller, da Adenauer danach Lafort schließlich bat, von seinem Vorschlag abzusehen.

Art. 106

Es besteht Einverständnis, daß es in Abs. 3 heißen muß: „die in Art. 11 und 21 niedergelegten Grundsätze".

Art. 108

Entfällt.

Art. 108 a

Dr. Laforet erklärt, es werde ein Antrag kommen, in Abs. 2 den Satz „vorbehaltlich anderweitiger bundesgesetzlicher Regelung" zu streichen[46]), weil die Möglichkeit gegeben sei, daß die Verfassung durch ein einfaches Bundesgesetz hier geändert werde. Die Zustimmung des Bundesrates sei dann illusorisch, weil jederzeit durch einfache Gesetzgebung eine anderweitige bundesgesetzliche Regelung eintreten könne. Rechtsverordnungen bedürften auf diesem Gebiete dann nicht mehr der Zustimmung des Bundesrats.
Zinn macht darauf aufmerksam, daß die Fassung Gegenstand der Vereinbarungen der Unterkommission[47]) für Frankfurt sei und daß Gegenstände dieser Vereinbarung nicht abgeändert werden könnten. Tatsächlich wirke der Bundesrat bei dem Erlaß des Bundesgesetzes mit, mindestens habe er das Vetorecht.
Dr. Katz faßt die Erklärung von Dr. Laforet so auf, daß nicht ein Antrag der CDU, sondern ein Antrag Dr. Laforet kommen werde, der hoffentlich der Ablehnung verfalle. Die Annahme des Antrages würde eine schwierige Situation herbeiführen, da der Artikel ein Teil der Einigung sei.
Dr. Pfeiffer erklärt seinerseits, durch eine Ablehnung des Antrages würden seine Freunde in eine schwierige Situation kommen; denn die geltend gemachten Vorbehalte seien von einigem Gewicht. Die Besprechungen seien unter Zeitdruck vor sich gegangen, im Unterausschuß sei dann gar nicht mehr darüber gesprochen worden.
Kaufmann erinnert daran, daß drei Herren, also praktisch der größte Teil seiner Gruppe, Vorbehalte gemacht hätten, die sie bei der Generalsbesprechung[48]) vorbringen sollten. Er, Kaufmann, habe gebeten, das nicht zu tun und es für möglich gehalten, im Kreise des Ausschusses eine Verständigung zu erzielen. Es könne niemand die Absicht haben, in der Übergangszeit auf dem Wege der Rechtsverordnungen die grundsätzliche Konstruktion des Bundes in bezug auf die Mitwirkung des Bundesrats über den Haufen zu werfen. Er bitte, die Frage noch einmal sachlich zu diskutieren.
Zinn erinnerte daran, daß in der interfraktionellen Besprechung am Freitag [den 22. April 1949] die jetzt gefundene Fasssung als mittlere Lösung gebilligt worden sei. Im Unterausschuß, der den übrigen Teil der Gesetzgebung regelte, hätten Dr. Pfeiffer und Dr. Laforet Vorbehalte gemacht. Der Unterausschuß sei

[46]) Vgl. den Antrag von Pfeiffer, Laforet, Schlör, von Brentano und Hilbert vom 4. Mai 1949. PA 5/Drucks. Nr. 809.
[47]) Vgl. Dok. Nr. 44, S. 184.
[48]) Gemeint ist vermutlich die Besprechung mit den MilGouv. am 25. April 1949 in Frankfurt. Vgl. das Prot. in: Der Parl. Rat Bd. 8, Dok. Nr. 73, S. 248–259.

aber bei seiner Lösung geblieben[49]). Daran könne nichts geändert werden, da seine Freunde an sich den ganzen Abs. 2 gestrichen haben wollten.
Dr. Greve unterstreicht diese Stellungnahme.
Kaufmann fragt, ob man nicht einen Weg finden könne, daß das Bundesgesetz, das die anderweitige bundesgesetzliche Regelung dieser Frage erfordert, mit Zustimmung des Bundesrats gemacht werde. Dann würden die Rechtsverordnungen selbst ohne weiteres ohne Zustimmung des Bundesrats gehen.
Dr. Höpker Aschoff hält das nicht für möglich. Die abweichende bundesgesetzliche Regelung finde sich doch in dem jeweiligen Gesetz. Da müßten alle diese Gesetze an die Zustimmung des Bundesrats geknüpft werden.
Dr. Katz hält die Auslegung des Abg. Kaufmann für irrig. Der Artikel bedeute nicht, daß ein Bundesgesetz komme, das die Zuständigkeit der Rechtsverordnung regele, sondern es könne in einem Gesetz gesagt werden, die Ausführungsverordnung erläßt der Eisenbahnminister. Wenn das nicht gesagt werde, dann habe der Bundesrat zuzustimmen.
Kaufmann denkt an den Fall, daß ein Gesetz, das diese andere Behandlung von Rechtsverordnungen vorsehen will, der Zustimmung des Bundesrats bedarf.
Dr. Laforet hält die Auffassung von Dr. Katz für richtig. Die Bestimmung in dem Gesetz, daß Rechtsverordnungen durch den Eisenbahnminister usw. ergehen, bedürfe allein der Zustimmung des Bundesrats, nicht etwa das ganze Gesetz.
Präs. Dr. Adenauer glaubt, daß die Einigung an dieser Frage nicht scheitern werde und schlägt vor, weiterzugehen.

Art. 111

Bleibt gestrichen.

Art. 111 z

Wird auf Vorschlag von *Dr. von Mangoldt* zurückgestellt.

Art. 111 a

Wird gestrichen.

Art. 111 b

Zinn macht auf den Schreibfehler in Abs. 1 vorletzte Zeile aufmerksam. Statt „Bundesanzeiger" muß es heißen „Bundesgesetzblatt".

Art. 112/1

Bleibt unverändert.

Art. 112/2

Hier liegt auf Drucksache Nr. 753 Ziff. 5 eine Berichtigung vor.

---

[49]) Vgl. die Sitzung des interfraktionellen Unterausschusses „Bundesrat" am 23. April 1949. Dok. Nr. 41.

Dr. Laforet erklärt, in den Vereinbarungen des Unterausschusses sei ausdrücklich vorgesehen, daß in diesem Fall die Zustimmung des Bundesrats in die einschlägigen Artikel eingebaut werde. Das bedeute Änderungen in Art. 112/2 Abs. 1 und Abs. 5 und in Art. 113, wie es im alten Art. 101[50]) vorgesehen war. Das sei übersehen worden. Es müsse also heißen: „Soweit nicht Bundesgesetze mit Zustimmung des Bundesrats etwas anderes bestimmen." In Abs. 3 müsse der Druckfehler „oberen Landesbehörden" in „obersten Landesbehörden" geändert werden. Der Wortlaut sei überhaupt offensichtlich etwas verstümmelt und müsse klargestellt werden. Hier werde der Bundesrat nicht gebraucht, aber in Abs. 5 müsse es heißen „Der Bundesregierung kann durch Bundesgesetz mit Zustimmung des Bundesrats ..."
Dr. Katz stimmt dem zu.
Dr. Laforet betont, ebenso müsse es in Art. 113 Abs. 1 heißen: „... so bleibt die Einrichtung der Behörden im Rahmen der Bundesgesetze Angelegenheit der Länder. Diese Bundesgesetze bedürfen der Zustimmung des Bundesrats."
Dr. Lehr meint, man habe eigentlich die alte Fassung des Abs. 3 von Art. 112/2 empfehlen wollen, weil sie besser sei[51]).

Der Ausschuß beschließt, in Art. 112/2 Abs. 5 nach „Bundesgesetz" einzufügen „Mit Zustimmung des Bundesrats", ebenso in Abs. 1.

Art. 113

Dr. Laforet betont, auch das falle unter die Ziff. 3 e der Vereinbarung[52]). Es müsse in Abs. 1 hinzugefügt werden „Diese Gesetze bedürfen der Zustimmung des Bundesrats."
Dr. Greve erklärt, das sei extra aus der Vereinbarung herausgenommen worden.
Zinn hält es nicht für möglich, die ganze Gesetzgebung von der Zustimmung des Bundesrats abhängig zu machen.
Dr. Laforet entgegnet, die Grundsätze der Länder könnten durch Bundesgesetz eingeschränkt oder aufgehoben werden, und diese einschränkenden oder aufhebenden Bestimmungen sollten nur der Zustimmung des Bundesrats bedürfen.

Der Ausschuß beschließt auf Vorschlag des *Abg. Zinn*, Abs. 1 des Art. 113 wie folgt zu fassen: „Führen die Länder die Bundesgesetze im Auftrag des Bundes aus, so bleibt die Einrichtung der Behörden Angelegenheit der Länder, soweit nicht Bundesgesetze mit Zustimmung des Bundesrats etwas anderes bestimmen."

Art. 114

Entfällt.

---

50) Vgl. dazu die Stellungnahme des Allgemeinen Redaktionsausschusses vom 10. Nov. bis 5. Dez. 1948. Der Parl. Rat Bd. 7, Dok. Nr. 2, S. 63.

51) Vgl. den Grundgesetzentwurf in der 3. Lesung des HptA vom 10. Feb. 1949. Der Parl. Rat Bd. 7, Dok. Nr. 8, S. 430.

52) Vgl. die Vereinbarung des interfraktionellen Unterausschusses „Bundesrat" am 23. April 1949, in der – wie Greve bemerkt – die Ziff. 3 e herausgenommen wurde. Dok. Nr. 40.

Art. 114 a

Wird gestrichen.

Art. 115

Dr. Lehr schlägt vor, die Fassung des Hauptausschusses 3. Lesung zu nehmen, weil sie besser sei. Das sei keine materielle Änderung.
Zinn sieht einen Unterschied zwischen beiden Fassungen. Die Zustimmung des Bundesrats sei bei der Fassung des Redaktionsausschusses gefallen. Es handele sich um reine bundeseigene Behörden, die die Länder nichts angingen.
Nach weiterer Debatte erklärt *Dr. Lehr*, auf eine Änderung verzichten zu können.
Art. 115 wird unverändert angenommen.

Art. 116

Zinn meint, das Bundeskriminalpolizeiamt werde wahrscheinlich hier hinzugefügt werden müssen.
Dr. Lehr will im Hinblick auf die bayerischen Wünsche den letzten Satz in Abs. 3 ganz gestrichen haben.
Dr. Pfeiffer legt einer solchen Streichung die größte Bedeutung bei.
Präs. Dr. Adenauer schlägt vor, diesen Punkt auf die Liste der zu erörternden Fragen zu setzen und ihn jetzt zurückzustellen.
Kaufmann erklärt, die jetzige Fassung des letzten Satzes des Redaktionsausschusses sei nicht vereinbart worden, sondern man habe lediglich gesprochen, daß die Zweidrittelmehrheit zu einer qualifizierten Mehrheit des Bundesrats eventuell umgewandelt werden könne. Man könne aber darüber noch sprechen.
Zinn gibt zu, daß im Protokoll gestanden habe „mit Zustimmung der Mehrheit der Mitglieder des Volkstags und der Stimmen des Bundesrats". „Der Stimmen des Bundesrats" sei [weg]gefallen, weil das vorn beim Bundesrat stehe.
Präs. Dr. Adenauer stellt Einverständnis fest, daß die Fassung noch redigiert werden soll.

Art. 116 a

Unverändert.

Art. 117

Entfällt.

Art. 118

Unverändert.

Art. 118 a

Unverändert.

Art. 118 b

Entfällt.

Art. 118 c

Unverändert.

Art. 128

Dr. Laforet bittet um Zurückstellung.

Dr. Lehr äußert namens seiner Freunde Bedenken gegen die Richteranklage. Bei der Unabsetzbarkeit der Richter sei ferner der Gedanke aufgetaucht, ob man nicht für eine Übergangszeit noch einmal eine Personalprüfung vornehmen wolle. Das dritte Bedenken richte sich gegen die Bestimmung in Art. 129-1 Abs. 2.

Dr. Katz verweist darauf, daß die Überprüfungsmöglichkeit in dem Übergangsartikel 143 c-2 vorgesehen sei. Die Unabsetzbarkeit der Richter stehe im übrigen fest, selbst wenn das nicht in einem Artikel niedergelegt sei.

Dr. Lehr vermißt eine ausdrückliche Vorschrift über die Unabsetzbarkeit der Richter, das müsse deutlich gesagt werden.

Dr. Höpker Aschoff erinnert daran, daß die Weimarer Verfassung die Bestimmung ausdrücklich aufgenommen habe[53]), obwohl die Unabsetzbarkeit der Richter im Gerichtsverfassungsgesetz[54]) steht.

Der Ausschuß beschließt eine Besprechung dieser Rechtsfragen durch die Abg. Dr. Lehr und Zinn.

Zum Abschnitt „Die Rechtsprechung" werden keine weiteren Bemerkungen gemacht.

Abschnitt X Finanzwesen

Art. 122

Schlör bemerkt, daß an Stelle des Art. 122 eine ähnliche Bestimmung in die Übergangsbestimmungen kommen soll.

Art. 122 a

Dr. Pfeiffer beanstandet, daß das Steuerfindungsrecht jetzt gestrichen sei, während es ursprünglich in Art. 105, [Ziff.] 2 dringestanden habe[55]). Er hofft, man werde darüber noch zu einer Verständigung kommen.

Dr. Seebohm unterstützt diese Ausführung.

Der Ausschuß stellt diese Frage zur weiteren Besprechung zurück.

---

53) Art. 104 der Verfassung des Deutschen Reiches von 1919 lautete: „Die Richter der ordentlichen Gerichtsbarkeit werden auf Lebenszeit ernannt." Vgl. Reichsgesetzblatt 1919, S. 1403.

54) Vgl. Reichsgesetzblatt 1924, Teil I, S. 299–321.

55) Vgl. die Stellungnahme des Allgemeinen Redaktionsausschusses vom 10. Nov. bis 5. Dez. 1948. Der Parl. Rat Bd. 7, Dok. Nr. 2, S. 64.

Art. 122 b

Dr. Pfeiffer wendet sich gegen die Bestimmung des Abs. 3. Dr. Höpker Aschoff habe das als die Grundlage des Kompromisses bezeichnet. Tatsächlich hätten sich in Frankfurt[56]) die Voraussetzungen, auf denen sich die Ziffer aufgebaut habe, geändert, da die Militärgouverneure in den Finanzfragen ein Entgegenkommen gezeigt hätten. Bei der Vereinbarung[57]) sei man davon ausgegangen, daß man dem Brief der Alliierten[58]) Rechnung tragen müsse. Die Sache sei dann den Mitgliedern des Parlamentarischen Rates in die Hand gelegt worden und die Bindung, auf der die Vereinbarung beruhte, habe nicht mehr bestanden. Die Bestimmung sei ein schweres Gravamen gegen die finanzielle Sicherung der Länder, daß Teile der Einkommen- und Körperschaftsteuer zur Dekkung für bestimmte Aufgaben herangezogen werden könnten und sich durch die Erschwerung der Länderfinanzen die Möglichkeit von Zuschüssen mit bestimmten Kontrollrechten ergebe. Das spiele bei der Prüfung des gesamten Werkes eine sehr große Rolle.

Dr. Schmid hält dem gegenüber, die Militärgouverneure hätten nie den Auftrag gegeben, einen Finanzausgleich in irgendeiner Weise vorzunehmen, sondern sie hätten nur gesagt, der Finanzausgleich dürfe nicht so vorgenommen werden, wie man es gewohnt sei, sondern wenn ein Finanzausgleich stattfinde, dann müsse er nach der Methode des Abs. 3 und des Abs. 4 erfolgen, und zwar kumulativ. Auf Grund dieser Unterrichtung sei die Einigung erfolgt, und in Frankfurt habe sich daran nichts geändert. Es sei bestätigt worden, wir könnten es machen, wenn wir es wollten[59]), daß wir es aber nicht brauchten. In Frankfurt sei also keine neue Situation geschaffen worden.

Dr. Höpker Aschoff versteht nicht, inwiefern sich die Grundlage der Vereinbarung in Frankfurt in irgendeiner Beziehung geändert haben solle. Am Freitag und Sonnabend vor Frankfurt[60]) hätten die Sozialdemokraten gefordert, nicht nur die Umsatzsteuer, sondern auch einen Anteil an der Einkommen- und Körperschaftsteuer dem Bund zu geben. Darauf habe man am Sonnabend auf seinen Vorschlag das Kompromiß gemacht, die Umsatzsteuer ganz dem Bund zu geben, und außerdem die Möglichkeit vorgesehen, notfalls auf die Einkommen- und Körperschaftsteuer zurückzugreifen, jedoch nur auf Grund eines Gesetzes, das der Zustimmung des Bundesrats bedarf. An dieser Grundlage des Kompromisses habe sich in Frankfurt nichts geändert. Das zweite Memorandum der Außenminister[61]) bedeute nur, daß in Ziff. 3 noch eingefügt worden sei:

---

[56]) Vgl. die Besprechung mit den MilGouv. am 25. April 1949 in Frankfurt. Der Parl. Rat Bd. 8, Dok. Nr. 73, S. 248–259; zu Art. 122 b vgl. S. 251–253.

[57]) Vgl. die Vereinbarung des interfraktionellen Unterausschusses „Bundesrat" am 23. April 1949. Dok. Nr. 41.

[58]) Vgl. das Memorandum vom 2. März 1949. Der Parl. Rat Bd. 8, Dok. Nr. 47, S. 131–144.

[59]) Vgl. die Mitteilung der Außenmin. von Frankreich, Großbritannien und den Vereinigten Staaten vom 22. April 1949. Der Parl. Rat Bd. 8, Dok. Nr. 71, S. 244–246.

[60]) Gemeint sind die interfraktionellen Besprechungen am 22. und 23. April 1949. Für die Beratungen am 22. April 1949 konnten keine Aufz. nachgewiesen werden. Für die Beratungen am 23. April 1949 vgl. Dok. Nr. 37–40.

[61]) Vgl. die Mitteilung der Außenmin. von Frankreich, Großbritannien und den Vereinigten Staaten vom 22. April 1949. Der Parl. Rat Bd. 8, Dok. Nr. 71, S. 244.

„insbesondere zur Deckung von Zuschüssen", welche Länder zur Deckung von Ausgaben auf den drei Gebieten gegeben werden sollen. Damals sei neben dem Rückgriff auf die Einkommen- und Körperschaftsteuer ein Lastenausgleich in der Form vorgesehen gewesen, daß bestimmte Steuern der Länder auf einer anderen Grundlage als derjenigen des örtlichen Aufkommens unter den Ländern verteilt würden. Diese Bestimmung habe eine andere Formulierung gefunden, aber ohne jede Änderung in der Sache. General Clay habe Wert darauf gelegt, daß auch im Abs. 4 von Zuschüssen die Rede sei. In Wahrheit seien es keine Zuschüsse, sondern es handele sich um eine Verschiebung innerhalb der Länder.

Kaufmann hält die Darstellung nicht für ganz richtig. Das Memorandum der Außenminister habe einen Vorschlag für einen Finanzausgleich machen wollen, den man vorher grundsätzlich in jeder Form abgelehnt habe. Man habe dafür den Versuch gemacht, mit der Methode der Zuschüsse die drei größten Ausgabenteile herauszugreifen, die voraussichtlich den Ländern Schwierigkeiten machen würden. Die Frankfurter Besprechung habe insofern eine grundsätzliche Änderung gebracht, als man bei den Besprechungen in Bonn davon ausgegangen sei, daß man wahrscheinlich zu keinem anderen Finanzausgleich als auf dem Wege über die Bundeszuschüsse an die Länder kommen werde, während General Clay, nachdem die Bedenken geltend gemacht worden seien, gesagt habe, wenn man einen anderen Weg finde, könne man ihn suchen, doch wäre es angenehm, wenn man die Anregungen der Minister berücksichtigen würde. Die Frankfurter Besprechung habe ergeben, daß die Vorschläge gemacht worden seien, um einen Finanzausgleich zu ermöglichen, daß aber der [Parlamentarische] Rat nicht mechanisch daran gebunden sei. Auf dem Wege der Zuschüsse erfolge ein Eingriff in die Selbständigkeit der Länderfinanzen, der unerträglich sei. Hier komme für den Bund ein Krisenpunkt, der von vornherein die größten Schwierigkeiten in den Apparat zwischen Bund und Länder bringen werde.

Dr. Suhr ist von den Ausführungen des Abg. Kaufmann überrascht. Wenn in Frankfurt eine grundsätzliche Änderung vorgenommen worden wäre, dann hätte das in den Besprechungen zum Ausdruck gebracht werden müssen. Tatsächlich sei nur von redaktionellen Änderungen gesprochen worden.

Dr. Greve erklärt, in diesem Punkt werde an dem gefundenen Kompromiß nichts geändert, ohne daß das Ganze dadurch ins Wanken gerate. Man könne nicht nachträglich etwas revidieren wollen, was nicht revisibel sei. Gerade in diesem Punkte sei von den Generälen nichts geändert, sondern es seien gewisse Auslegungen gegeben worden.

Dr. Lehr sieht mit seinen politischen Freunden in der Fassung der Ziff. 3 ein Politikum, das durch die Haltung der Generäle in Frankfurt veranlaßt sei, und möchte die Sache dadurch entspannen, daß man die ganze Ziff. 3 streicht.

Zinn erinnert daran, daß man vor Frankfurt mühsam versucht habe, zu einer Einigung zu kommen. Die Einigung sei erzielt worden. Jetzt werde fast jeder Punkt, der Gegenstand jener Vereinbarung gewesen sei, wieder zum Gegenstand der Erörterung gemacht, um das wieder herauszubringen, was drinsteht. Die Note der Außenminister enthalte den Satz, einen Vorschlag zu erwägen, der die Bundesrepublik berechtigt, aus ihren eigenen Einkünften Leistungen zu ergänzen, die die Länder erfüllen müssen. Aus diesem Anlaß sei der Bundesfinanzausgleich in dem Protokoll der Unterkommission aufgenommen worden. General Clay habe in Frankfurt das Projekt dahin erläutert, daß die Zahlungen von Land zu Land gewährt werden sollen. Auf die Frage von Dr. Menzel, ob der Abs. 3 unberührt bleibe, habe Clay gesagt, das könne man lassen, wie man wolle, in jedem Falle brauche man in Abs. 4 keine Zweckbestimmung mehr, da könne für alle Zwecke der Ausgleich angeordnet werden. Lediglich der zweite Satz sei dann entsprechend den Vorschlägen des Gouverneurs formuliert worden. Es bestehe nicht der geringste Anlaß, davon abzugehen.

Dr. Pfeiffer gibt zu, daß von grundsätzlicher Änderung nicht gesprochen worden sei. Er selbst habe bei dem Gespräch mit General Clay gesagt: Die Situation ist geklärt, also lassen wir ihn fallen. Herr Zinn oder Herr Menzel habe gesagt: Nein, jetzt bleiben wir erst recht dabei. Durch die Entwicklung in Frankfurt seien die Voraussetzungen, unter der am Tage vorher die Vereinbarung beschlossen worden sei, verändert worden.

Dr. Lehr meint, es bleibe nichts übrig, als daß in diesem Punkte alle diejenigen, die gegen Abs. 3 stimmen wollten, dagegen stimmten.

Kaufmann bemerkt, man sei mit den Finanzausgleichsvorschlägen nach Frankfurt in der Meinung gegangen, daß Dotationen der einzige Weg sein werde, den die Alliierten für den Finanzausgleich zubilligen würden. In Frankfurt habe man den 4. Abs. mit vorgeschlagen in der Meinung, diese Form sei die richtige. Neu sei lediglich die Erklärung des Generals Clay, daran sei man nicht gebunden, aber es wäre gut, wenn die Vorschläge der Außenminister berücksichtigt werden würden. Darüber könne man doch miteinander sprechen.

Dr. Schmid erklärt, jeder habe gewußt, daß die Besatzungsmächte nicht einen Finanzausgleich befehlen, sondern gestatten wollen, ihn unter gewissen Voraussetzungen durchzuführen.

Dr. Höpker Aschoff gibt zu, daß es sich um eine innerdeutsche Angelegenheit handele. Nach den Erklärungen Clay's stehe fest, daß wir nicht gezwungen seien, Abs. 3 stehenzulassen. Zweckgebundene Zuschüsse gefielen ihm, Dr. Höpker Aschoff, gar nicht. Es könne aber gar kein Zweifel bestehen, daß bindende Vereinbarungen darüber getroffen seien, daß der Bund das Recht haben solle, notfalls auf die Einkommensteuer zurückzugreifen für seine eigenen Bedürfnisse oder für Zuschüsse beim Schulwesen usw. Gleichzeitig sei man sich klar gewesen, daß ein Lastenausgleich daneben auf der Länderebene notwendig sei. An diesen Voraussetzungen habe sich nichts geändert. Man könne nicht von dieser Vereinbarung abgehen. Dr. Pfeiffer sei den Beweis für seine Behauptung, die Voraussetzungen hätten sich geändert, schuldig geblieben.

Kaiser hat in Frankfurt den Eindruck gehabt, daß die Generale von der Nennung der drei Punkte abrücken wollten. General Koenig habe gesagt: Ihr braucht es nicht hineinzusetzen, aber setzt es hinein, weil die Minister es ausgesprochen haben. Es handele sich um den Zuschußbedarf der Länder. Warum könne man das nicht unter einem Punkt regeln, daß die Länder wahrscheinlich viele Jahre nicht in der Lage sein werden, von der Umsatzsteuer abzugeben.

Präs. Dr. Adenauer glaubt nicht, daß der Bundesrat in absehbarer Zeit zustimmen werde, daß Einkommen- und Körperschaftsteuer den Ländern genommen und vom Bund zur Deckung weitergegeben werden. In Hinsicht auf Abs. 3 werde es wohl ziemlich bei Verben bleiben. Er empfiehlt, die Debatte zu schließen. Getroffene Vereinbarungen müßten gehalten werden.
Dr. Seebohm hält die Regelung in Abs. 4 nicht für glücklich, weil es darin heiße, der Bund könne Zuschüsse gewähren. Tatsächlich gewähre er sie nicht, sondern es sei ein interner Länderausgleich. Solle man das nicht ändern?
Dr. Höpker Aschoff betont, daß General Clay das selbst diktiert habe. In seinem Bericht werde er, Dr. Höpker Aschoff, klarstellen, daß es in Wahrheit ein Ausgleich auf der Länderebene sei[62]).

Art. 122 c

Keine Bemerkungen.

Art. 123

Zinn verweist auf die in Drucksache Nr. 753 Ziff. 6 abgedruckte Berichtigung zu Abs. 3.
Schlör bemerkt, im Redaktionsausschuß sei eine Einigung erzielt worden, in beiden Absätzen den Passus „einschließlich der zugehörigen Finanzgerichte" zu streichen.
Zinn ist der Auffassung, durch die jetzige Fassung könne der Eindruck erweckt werden, als wenn eine besondere Finanzgerichtsbarkeit für die reinen Bundessteuern und eine besondere Finanzgerichtsbarkeit für die reinen Landessteuern errichtet werde. Der Aufbau der Finanzgerichte müsse genau so erfolgen wie der der Arbeitsgerichte und der ordentlichen Gerichte, daß es in erster Instanz Ländergerichte sein könnten, die Gerichtsverfassung und das Verfahren aber einheitlich geregelt werden müßten.
Dr. Höpker Aschoff weist darauf hin, daß in diesem Punkte die ausschließliche Gesetzgebung über die Einrichtung der Gerichte bestehe. Wenn die Gerichte gestrichen würden, werde die ausschließliche Gesetzgebung aufgegeben und an deren Stelle trete die konkurrierende Gesetzgebung gemäß der allgemeinen Bestimmung in Art. 36. Außerdem würden die Gerichte schlechthin Gerichte der Länder werden, während jetzt die Finanzgerichte sowohl bei der Bundesfinanzbehörde als Gerichte des Bundes und bei der Landesfinanzbehörde als Gerichte des Landes angehängt werden könnten. Auch diese Möglichkeit werde aufgegeben.
Zinn betont, daß die Gerichtsverfassung und das Verfahren sowieso Bundesrecht seien, so daß keine Gefahr entstehe.

[62]) In seinem Bericht über den Abschnitt X: Das Finanzwesen betonte Höpker Aschoff zu Art. 122 b Abs. 4 (Grundgesetz Art. 106): „Es ist leicht zu erkennen, daß es sich bei der in Abs. 4 vorgesehenen Regelung garnicht um Zuschüsse des Bundes, sondern um eine Verrechnung unter den Ländern handelt." Vgl. Parl. Rat, Schriftlicher Bericht zum Entwurf des Grundgesetzes für die Bundesrepublik Deutschland, Anlage zum stenographischen Bericht der 9. Sitzung des Parl. Rates am 6. Mai 1949. [Bonn 1950], S. 51–60, hier S. 57.

Dr. Menzel erklärt, einer derartigen Wegnahme der Finanzgerichte vom Bund auf keinen Fall zustimmen zu können. Wenn keine Veranlassung bestehe, die Finanzgerichte den Ländern zu übergeben, liege kein Grund vor, den Bund so zu schwächen.

Zinn ist anderer Auffassung. Er sieht darin keine Schwächung, sondern sogar eine Stärkung. Praktisch sei es unmöglich, zwei Gerichtsorganisationen nebeneinander zu haben.

Kaufmann erinnert an die einmütige Auffassung, daß die Mittel- und unteren Gerichte jeder Art den Ländern zufallen und die oberen Gerichte Bundesbehörden sein sollten. Dabei seien die Finanzgerichte ebenso genannt worden wie die Verwaltungsgerichte in der Form, daß die mittleren und unteren Verwaltungs- und Finanzgerichte auch die Bundesangelegenheiten auf diesen Gebieten entschieden, dagegen das Gerichtsverfahren einheitlich beim Bund geregelt werde.

Dr. Greve bestreitet eine Einmütigkeit darüber. Dr. Höpker Aschoff habe z.B. ausgeführt, daß die Finanzgerichte schon in ihrer Struktur eine andere Bedeutung hätten und mit den Verwaltungsgerichten nicht zu vergleichen seien. Vor den Finanzgerichten träten nicht zwei gleichberechtigte Partner auf, sondern sie hätten im wesentlichen die fiskalischen Interessen zu vertreten.

Dr. Menzel schlägt vor, es bei der alten Fassung zu belassen und der Anregung des Abg. Zinn nicht zu folgen.

Dr. Schmid betont, das Gericht habe das Recht zu sprechen.

Dr. Lehr ist dafür, zunächst die alte Fassung stehenzulassen. Wer dafür sei, die Einklammerung vorzunehmen und die Finanzgerichte herauszustreichen, solle es beantragen.

Kaufmann betont, der Vorschlag auf Streichung sei in der Kommission für den Bundesrat besprochen worden im Zusammenhang mit der Absicht, das Verwaltungsgerichtsverfahren herauszustreichen. Anknüpfend habe sich alles übrige ergeben. Es sei ausdrücklich bejaht worden, daß die Finanzgerichte auch in Bundesfinanzsachen entscheiden sollen.

Dr. Höpker Aschoff bemerkt, bei einer Bundesfinanzverwaltung wären die Finanzgerichte auch in der unteren Instanz Bundesgerichte geworden. Jetzt sei aber eine geteilte Verwaltung vorgesehen. Der Gedanke, daß man für die Bundesfinanzverwaltung ein Bundesfinanzgericht und für die Landesfinanzverwaltung ein Landesfinanzgericht einrichte, sei gar nicht so abwegig.

Präs. Dr. Adenauer ist dafür, es stehenzulassen und in der nächsten Sitzung vielleicht darauf zurückzukommen.

Zinn erklärt, die Frankfurter Vereinbarung führe zu einer doppelgleisigen Gerichtsbarkeit.

Schlör bemerkt, die Bevölkerung werde es nicht verstehen, daß zwei verschiedene Gerichte errichtet würden.

Der Ausschuß ist damit einverstanden, den Punkt zurückzustellen.

Art. 123 a

Unverändert.

Art. 124

Unverändert.

Art. 124 a bis 126

Unverändert.

Die Beratung wird hierauf vertagt.

Nr. 52
Interfraktionelle Besprechung
4. Mai 1949

BA Z 5/Anhang 12, Bl. 77–99. Ungez. maschinenschr. Durchschlag eines vom Stenographischen Dienst gefertigten Prot. vom 4. Mai 1949

Anwesend[1]):
CDU/CSU: Adenauer (Präs.), von Brentano, Kaufmann, Laforet, Lehr, von Mangoldt, Süsterhenn
SPD: Greve, Katz, Menzel, Schmid, Suhr, Zinn
FDP: Dehler, Heuss, Höpker Aschoff
DP: Seebohm
Zentrum: Brockmann
Stenographischer Dienst: Meidinger

Beginn: 14.30 Uhr Ende: 17.30 Uhr

[1. BERATUNGEN ZUR VORBEREITUNG DER VIERTEN LESUNG DES GRUNDGESETZES IM HAUPTAUSSCHUSS AM 5. MAI 1949[2])]

Präs. Dr. Adenauer eröffnet um 14.30 Uhr die Besprechung und stellt die Art. 138 ff. – Übergangs- und Schlußbestimmungen – zur Diskussion. Bei der Beratung wird von der Fassung des Redaktionsausschusses ausgegangen[3]).

Art. 138 b

Unverändert.

Art. 138 c-1

Gestrichen.

Art. 138 c-2

Unverändert.

---

[1]) Eine Anwesenheitsliste liegt nicht vor. Die Zusammenstellung erfolgte aufgrund der protokollierten Beiträge. Möglicherweise haben an dieser Besprechung auch die Mitglieder des Redaktionsausschusses teilgenommen.

[2]) Vgl. zu den Beratungsgegenständen der interfraktionellen Besprechung auch die 57. Sitzung des HptA am 5. Mai 1949. Parl. Rat, Verhandlungen, S. 743–766.

[3]) Vgl. die Gegenüberstellung des Grundgesetzentwurfes in der 3. Lesung im HptA vom 10. Feb. 1949 und der Vorschläge des Allgemeinen Redaktionsausschusses vom 2.–5. Mai 1949 unter Einarbeitung der aufrechterhaltenen Beschlüsse des Fünferausschusses, des Siebenerausschusses und der Beschlüsse der interfraktionellen Besprechungen. Beide Texte wurden den Abg. in einer Synopse vorgelegt. Vgl. PA 5/Drucks. Nr. 751. Die Texte sind ediert in: Der Parl. Rat Bd. 7, Dok. Nr. 8, S. 396–444, und Dok. Nr. 12, S. 497–531.

Art. 138 c-3

Unverändert.

Art. 138 c-3 a

Unverändert.

Art. 138 c-4

Gestrichen.

Art. 138 c-5

Dr. Lehr kündigt einen Antrag seiner Fraktion an, der folgende Fassung des Art. 138 c-5 Satz 1 zum Ziele hat[4]):

> Der Bund trägt die Aufwendungen für die Besatzungskosten und die sonstigen inneren und äußeren Kriegsfolgelasten nach näherer Bestimmung eines Bundesgesetzes, das der Zustimmung des Bundesrates bedarf ...

Im übrigen bleibe der vorgesehene Text dieses Artikels unverändert.

Dr. Greve widerspricht diesem Abänderungsantrag. Es sei selbstverständlich, daß der Bund die Besatzungskosten trage und daher nicht einzusehen, warum ein Gesetz, das die näheren Bestimmungen darüber treffe, der Zustimmung des Bundesrates bedürfen solle[5]). Nach Auffassung seiner Fraktion solle diese Zustimmung des Bundesrates nur in den Fällen gefordert werden, die im Gesetz bereits festgelegt seien und auf die sich die Fraktionen geeinigt hätten.

Zinn weist auf die Unklarheit hin, die daraus entstehe, wenn man die Zustimmung des Bundesrates zu einem Gesetz mit dem Vetorecht des Bundesrates verwechsle. Wenn ein Gesetz der Zustimmung des Bundesrates bedürfe, dann komme dieses Gesetz, wenn der Bundesrat seine Zustimmung verweigere, überhaupt nicht zustande. Im vorliegenden Falle liege das Vetorecht viel eher im Sinne der Länder als das Zustimmungsrecht. Wenn sich die Länder benachteiligt fühlten, könne der Bundesrat sein Veto einlegen und dann müsse der Volkstag mit Zweidrittelmehrheit dieses Veto ausräumen. Man müsse sich in solchen Fällen immer die Mechanik des Gesetzgebungsvorganges überlegen.

Dr. Höpker Aschoff gibt zu bedenken, daß bei Gesetzen von solcher Tragweite immer eine Beratung des Bundesfinanzministers mit den Landesfinanzministern vorausgehen werde. Wenn dann ein Gesetzentwurf aus einer solchen gemeinsamen Beratung des Bundesfinanzministers mit den Finanzministern der Länder hervorgehe, sei es nicht notwendig, auch noch die Zustimmung des Bundesrates vorzusehen.

Dr. von Brentano ist der Meinung, daß es sich nicht so sehr um eine grundsätzliche Frage, sondern um eine reine Zweckmäßigkeitsfrage handele[6]).

---

[4]) Vgl. den Antrag von Lehr, Pfeiffer und Schlör vom 4. Mai 1949. PA 5/Drucks. Nr. 796.

[5]) Trossmann notierte an dieser Stelle die Replik von Lehr: „Es handelt sich nur um die Besatzungskosten.“ Vgl. ACDP I-052, Nr. 001/1, S. 262.

[6]) Trossmann notierte für den Beitrag von Brentano: „Die Besatzungskosten werden jetzt von den Ländern getragen. Dies soll geändert werden, die Länder sollen aber eine Interessenquote tragen. Deshalb schlagen wir die Zustimmung des Bundesrats vor. Bund und Länder müssen hier zusammengehen.“ Vgl. ACDP I- 052, Nr. 001/1, S. 262.

Dr. Greve kann im Hinblick auf die Möglichkeit des Bundesrates, ein Veto einzulegen, keine Notwendigkeit dafür erblicken, die ausdrückliche Zustimmung des Bundesrates vorzusehen.
Dr. Menzel äußert den dringenden Wunsch, daß keine neuen Anträge gestellt werden, die auf eine Erweiterung der Kompetenzen des Bundesrates abzielen. Man habe den Katalog des Art. 105 nicht gestrichen, um jetzt einen neuen Katalog aufzustellen. Es habe sich dabei um eine politisch wichtige Entscheidung gehandelt und man solle davon nicht mehr abweichen.

Art. 138 c-6

Unverändert.

Art. 138 d

Unverändert.

Art. 139 a

Unverändert.

Art. 139 b

Dr. von Mangoldt macht auf die Bedenken aufmerksam, die sich aus der Fassung:

> „... oder solche betrifft, für die der Bund Rahmenvorschriften erlassen kann"

für gewisse Kategorien von Rechtsvorschriften ergeben. Es würde praktisch für solche Gesetzesbestimmungen die Rahmenvorschrift des Art. 36 a unwirksam werden. Das könne aber nicht der Sinn dieser Bestimmung sein und deshalb schlage er vor, zu sagen: „werden Landesrecht".
Dr. Laforet erinnert daran, daß sich mit dieser Frage schon der Allgemeine Organisationsausschuß befaßt und daß er es nicht für angängig gehalten habe, das Recht der Rahmenvorschriften Bundesrecht werden zu lassen[7]). Man habe schon damals erkannt, daß dieses Recht Landesrecht werden müsse. Fest stehe eines: das Recht, das in Abänderung früheren Reichsrechts ergangen sei – einerlei, durch wen –, müsse Bundesrecht werden. Soweit es sich um andere Materien handelt, die nicht auf früheres Reichsrecht zurückgingen, bestünden stärkste Zweifel. Hinzu komme, daß die Gesetze der Nazizeit eine Sonderstellung einnehmen und daß man mit dem 24. März 1933, dem Tag des Ermächtigungsgesetzes[8]), einen Schnitt machen sollte. Es frage sich, ob man nicht die Bundesregierung ermächtigen solle, unter Zustimmung des Bundesrates zu bestimmen, wie die übrigen Gesetze zu behandeln seien und ob man sie nach

[7]) Der Kombinierte Ausschuß für Organisation des Bundes und für Verfassungsgerichtshof und Rechtspflege behandelte in der 27. Sitzung am 6. Dez. 1948 den Art. 139 b. Vgl. PA 5/Prot. des Organisationsausschusses, S. 41–47.

[8]) Zum Ermächtigungsgesetz vgl. Rudolf Morsey (Hrsg.): Das Ermächtigungsgesetz vom 24. März 1933. Quellen zur Geschichte und Interpretation des „Gesetzes zur Behebung der Not von Volk und Reich". Düsseldorf 1992.

dem jetzigen Recht der konkurrierenden Gesetzgebung als Bundesrecht oder als Landesrecht zu betrachten habe.

Zinn hält es für richtig, die Worte: „oder solche betrifft, für die der Bund Rahmenvorschriften erlassen kann" zu streichen. Der Vorschlag von Herrn Dr. Laforet erscheine nicht akzeptabel, denn er berge die Gefahr in sich, daß er zu einem Rechtschaos führen würde[9]).

Art. 139 ba

Unverändert.

Art. 139 c

Unverändert.

Art. 139 e

Unverändert.

Art. 140

Unverändert.

Art. 141

Unverändert.

Art. 143 a

Unverändert.

Art. 143 c-1

Dr. Lehr stellt einen Antrag seiner Fraktion, wonach der letzte Satz dieses Artikels:

> „Bis zum Inkrafttreten des Bundesgesetzes können vorbehaltlich anderweitiger landesrechtlicher Regelung Rechtsansprüche nicht geltend gemacht werden"

– die sogenannte Sperrklausel – zu streichen ist.

Zinn widerspricht diesem Antrag[10]).

Dr. von Brentano erläutert den Antrag Dr. Lehr dahingehend, daß es, wenn der vorgeschlagene Satz gestrichen werde, den Ländern unbenommen bleibe, ihrerseits eine entsprechende Bestimmung zuzulassen. In der amerikanischen Zone

[9]) Trossmann fügte an dieser Stelle den Beitrag von Laforet ein: „Er sei einverstanden, wenn klar ist, daß Gesetze, die nicht völlig gleich sind, nicht als Bundesrecht weitergelten. Das gelte vor allem für Gesetze, die nach einem Modell gemacht worden sind." Vgl. ACDP I-052, Nr. 001/1, S. 263.

[10]) Trossmann fügte an dieser Stelle den Beitrag von Lehr ein: „Dann müssen wir es auf die Abstimmung ankommen lassen." Vgl. ACDP I-052, Nr. 001/1, S. 263.

gebe es keine Rechtsvorschrift, wonach den im Denazifizierungsgesetz[11]) Entlassenen ein Rechtsanspruch zustünde[12]).
Dr. Greve bestreitet, ob den Ländern die Möglichkeit zum Erlaß solcher Rechtsvorschriften gegeben sei.
Dr. von Brentano bleibt auf seinem Standpunkt bestehen, daß, wenn die Bestimmung gestrichen werde, es den Ländern überlassen bleibe, den Beamten einen Rechtsanspruch einzuräumen oder nicht.

Art. 143 c-2

Dr. Greve gibt seiner Überraschung Ausdruck, daß in Abs. 2 dieses Artikels der 30. September 1948 und nicht der 1. September 1948 – der Tag des Zusammentritts des Parlamentarischen Rates – als Stichtag vorgesehen sei, und kündigt einen entsprechenden Abänderungsantrag seiner Fraktion an[13]). Vom 1. September 1948 an habe die Frankfurter Organisation[14]) wissen müssen, daß sich etwas anbahne, was ihre Befugnisse zu übernehmen habe; sie hätte daher von diesem Tag an keine bindenden Verpflichtungen für die Bundesorgane übernehmen sollen.
Kaufmann erklärt diese Auffassung für irrig. Es sei ursprünglich nicht der 30. September, sondern der 1. Dezember 1948 vorgesehen gewesen.
Dr. Menzel[15]) und *Brockmann* bestätigen die Richtigkeit der Auffassung des Abg. Kaufmann.

Art. 143 c-2 Abs. 2 und Abs. 3

Unverändert.

Art. 143 c-2 Abs. 4

Dr. Seebohm gibt zu erwägen, ob man nicht für das Wort „Befreiung" einen anderen Ausdruck, etwa „Beseitigung" wählen solle.
Dr. von Brentano gibt bekannt, daß seine Fraktion die Streichung des Abs. 4 beantragen werde[16]). Es sei selbstverständlich, daß man gegenüber dem in Abs. 4 umschriebenen Personenkreis von der Möglichkeit der Kündigung keinen Gebrauch machen werde, soweit nicht zwingende Gründe vorliegen. Das könne man bei sämtlichen Regierungen ohne weiteres voraussetzen. Man solle aber nicht eine solche Vorschrift, die auch für die davon Betroffenen selbst einen unangenehmen Beigeschmack habe, in das Grundgesetz hineinnehmen.

---

[11]) Die Direktive Nr. 38 des Alliierten Kontrollrats vom 12. Oktober 1946, die eine Einstufung der Betroffenen in fünf Kategorien: 1. Hauptschuldige, 2. Belastete, 3. Minderbelastete, 4. Mitläufer, 5. Entlastete vornahm. Vgl. Amtsblatt des Kontrollrats in Deutschland, Nr. 11 vom 31. Oktober 1946, S. 184–211.

[12]) Trossmann fügte an dieser Stelle den Beitrag von Zinn ein: „Bei uns [gemeint ist in Hessen] sind die Klagen inzwischen auch schon angelaufen." Vgl. ACDP I-052, Nr. 001/1, S. 263.

[13]) Vgl. den Antrag der Abg. Katz und Zinn vom 5. Mai 1949. PA 5/Drucks. Nr. 828.

[14]) Gemeint war der Wirtschaftsrat des Vereinigten Wirtschaftsgebietes.

[15]) Trossmann notierte für den Beitrag von Menzel: „Wir haben festgestellt, daß der richtige Stichtag der 1. Oktober 1948 sein sollte." Vgl. ACDP I-052, Nr. 001/1, S. 264.

[16]) Vgl. den Antrag von Pfeiffer vom 5. Mai 1949. PA 5/Drucks. Nr. 813.

Zinn macht auf einen Schreibfehler aufmerksam. Es solle statt „Opfer" heißen: „Verfolgte"[17]).

Art. 143 c-2 Abs. 5 und Abs. 6

Unverändert.

Art. 143 d

Angenommen.

Art. 143 e und 143 f

Formulierung steht noch aus[18]).

Art. 144

Zinn hält es für überflüssig, noch einen besonderen Übergangsartikel für die Wahl des ersten Bundespräsidenten zu schaffen, weil die Bundesversammlung, deren Zusammentritt nach dem neuen Wahlgesetz gleichzeitig mit dem Bundestag erfolge, den Bundespräsidenten sofort wählen könne und solle. Art. 144 könne daher gestrichen und Art. 145 und 148 in einem Artikel zusammengefaßt werden.

Präs. Dr. Adenauer rechnet mit der Möglichkeit, daß dann, wenn der Art. 144 in der bisherigen Fassung:

> „Bis zur Wahl des ersten Bundespräsidenten werden dessen Befugnisse von dem Präsidenten des Bundesrates ausgeübt. Das Recht der Auflösung des Volkstages steht ihm nicht zu"

angenommen werde, der Bundesratspräsident den Volkstag einberufen werde. Die Länderchefs beliebten extensiv zu interpretieren.

Dr. Lehr hat keine Bedenken dagegen, daß zunächst der Präsident des Bundesrates wichtige Funktionen, wie z.B. die Einführung des neugewählten Bundespräsidenten vornimmt, und empfiehlt daher, die alte Fassung stehen zu lassen.

Dr. von Mangoldt sieht es für keine glückliche Lösung an, wenn der neue Bundespräsident durch den stellvertretenden Bundespräsidenten eingeführt wird.

Präs. Dr. Adenauer sieht in der Frage, wer den Volkstag einberufe, ein Faktum von denkbar größter Bedeutung. Das müsse irgendwie im Gesetz vorgesehen werden.

Kaufmann weist darauf hin, daß im Zeitpunkt der Wahl des Bundespräsidenten die Bundesversammlung und der Bundestag bereits vorhanden seien. Es werde

---

[17]) Trossmann notierte an Stelle der Äußerung von Zinn folgenden Beitrag von Greve: „Wir sind der gleichen Meinung. Es gebe Leute aus dem Osten, die uns sehr unerwünscht sein könnten, aber die Fraktion der SPD könnte sich doch nicht für eine Streichung aussprechen. Es sollte jedoch anstelle des Wortes ‚Opfer' das Wort ‚Verfolgte' gesetzt werden." Vgl. ACDP I-052, Nr. 001/1, S. 264.

[18]) Trossmann notierte aus der Diskussion über Art. 143 e und f:
„*Dr. von Brentano:* Die Neufassung werde akzeptiert, obwohl sie noch nicht vorliege.
[Präs.] Dr. Adenauer: Die Art. 143 e und f müssen von dem Redaktionsausschuß noch einmal überarbeitet werden." Vgl. ACDP I-052, Nr. 001/1, S. 264 f.

sich dann ein Weg finden lassen, wie man den gewählten Bundespräsidenten einführe. Voraussichtlich werde diese Aufgabe dem Vorsitzenden der Bundesversammlung zufallen.
Dr. Lehr beantragt nochmals Aufrechterhaltung der bisherigen Fassung.
Zinn wiederholt seinen Antrag auf Streichung. Art. 145 und 148 sollten in einem Artikel zusammengefaßt werden.
Präs. Dr. Adenauer bezweifelt die Möglichkeit einer Zusammenfassung dieser beiden Artikel, da sie nicht die gleiche Materie betreffen.

Art. 145 a

Unverändert.

Art. 146

Unverändert.

Art. 148-1

Unverändert.

Art. 148-2

Wird zurückgestellt[19]).

Art. 148 a

Unverändert.

Art. 148 c

Unverändert.

Art. 148 e

Zinn begründet die vorliegende Fassung des Abs. 1 dieses Artikels damit, daß sich die Militärgouverneure in Frankfurt grundsätzlich mit dem Vorschlag einverstanden erklärt hätten, das Grundgesetz durch die Volksvertretungen der Länder annehmen zu lassen[20]).
Für Abs. 2 seien zwei Varianten vorgesehen. In Variante 1 sei der Name „Berlin" aus bestimmten, naheliegenden Gründen nicht aufgeführt. Variante 2, die von anderen Mitgliedern des Redaktionsausschusses für zweckmäßig gehalten worden sei, erwähne den Namen „Berlin".
Dr. von Brentano gibt für eine Anzahl seiner Fraktionskollegen die Erklärung ab, daß sie sich gegen die vorgesehene Fassung des Art. 148 e Abs. 1 aussprechen werden, weil sie der Meinung seien, daß das Grundgesetz unter allen Umständen einer Volksabstimmung unterworfen werden müsse.
Zu Abs. 2 sei er persönlich der Meinung, daß der Variante 2 der Vorzug zu geben und der Name „Groß-Berlin" ganz bewußt zu nennen sei.

---

[19]) Vgl. dazu Dok. Nr. 53, S. 268.
[20]) Vgl. die Besprechung mit den MilGouv. am 25. April 1949 in Frankfurt. Der Parl. Rat Bd. 8, Dok. Nr. 73, S. 257.

Präs. Dr. Adenauer empfiehlt, die Fassung der Bestimmung über Groß-Berlin bis zur zweiten Lesung im Plenum in der Schwebe zu lassen. In dem Zeitpunkt, in dem die vorliegenden Formulierungen geschrieben wurden, sei die Lage Groß-Berlins anders gewesen als heute. Augenblicklich seien die Verhandlungen noch im Gange. Vielleicht könne im Laufe der nächsten Woche noch eine andere Formulierung vorgeschlagen werden.

Dr. Suhr legt entscheidenden Wert darauf, daß in der Frage Groß-Berlin eine Formulierung gefunden werde, die allgemeine Annahme findet.

Dr. Katz schließt sich dieser Auffassung an und erklärt es für notwendig, sich auf eine der beiden Varianten – gleichgültig, ob 1 oder 2 – zu einigen.

Zu Abs. 1 empfehle er, den vorgeschlagenen Wortlaut dieser Bestimmung in die Vorlage an den Hauptausschuß hineinzunehmen[21]).

Kaufmann macht darauf aufmerksam, daß die Frage, in welcher Form das Grundgesetz angenommen werden soll, in den Händen der Alliierten liege[22]).

Präs. Dr. Adenauer weist auf die erhebliche Verzögerung hin, die daraus entstehen würde, wenn das Grundgesetz im Wege der Volksabstimmung angenommen werden müßte und richtet an die Mitglieder des Ausschusses, die zu der Auffassung neigen, daß das Grundgesetz durch Volksabstimmung angenommen werden müsse, die dringende Bitte, wenn irgendwie möglich, das Opfer der Überzeugung zu bringen. Es müßten von allen Seiten soviele Opfer der Überzeugung gebracht werden.

Dr. Höpker Aschoff geht davon aus, daß den Militärgouverneuren gesagt worden sei, daß die Genehmigung des Grundgesetzes durch die Landtage in Aussicht genommen sei. Die Militärgouverneure hätten diese Erklärung mit Befriedigung entgegengenommen. Wenn man eine entsprechende Bestimmung in das Grundgesetz hineinnehme und wenn es dann genehmigt werde, so sei die Sache in Ordnung.

Dr. Suhr betont, daß eine Annahme des Grundgesetzes im Wege des Volksentscheides die Wahlen um drei Monate hinauszögern würde. Wenn man Wert darauf lege, möglichst bald eine Regierung zu haben, müsse man aus rein taktischen Erwägungen für die Beibehaltung des jetzigen Abs. 1 stimmen.

Präs. Dr. Adenauer sieht eine weitere Schwierigkeit bei der Annahme durch Volksentscheid darin, daß es gar nicht möglich sei, die Wähler innerhalb so kurzer Zeit zweimal an die Wahlurne zu bringen.

Dr. von Brentano steht auf dem Standpunkt, daß eine unumgängliche Konsequenz demokratischer Auffassung sei, ein Grundgesetz, das sich schon in seiner Präambel auf die Gewalt des Volkes berufe, auch wirklich dem Volk zur Entscheidung vorzulegen. Das Argument, daß damit viel Zeit verloren werde, sei nicht stichhaltig, denn es müsse möglich sein, die Abstimmung rasch her-

---

[21]) Trossmann fügte an dieser Stelle den Beitrag von Heuss ein: „Die Mehrheit unserer Freunde ist für Volksabstimmung." Vgl. ACDP I-052, Nr. 001/1, S. 266.

[22]) Trossmann fügte an dieser Stelle ein: „Wir müssen an die Alliierten ein Ersuchen richten, daß die von ihnen gewünschte Methode geändert wird. Geschehe dies, bräuchte keine entsprechende Bestimmung in das Grundgesetz aufgenommen zu werden." Vgl. ACDP I-052, Nr. 001/1, S. 266.

beizuführen, so daß nur eine geringfügige Verzögerung in Kauf zu nehmen wäre.
Dr. Katz will es vermieden sehen, daß man durch Anordnung eines Volksentscheides den negativen Kreisen des Volkes eine Kristallisationsmöglichkeit gebe.
Dr. Süsterhenn macht darauf aufmerksam, daß eine Volksabstimmung über das Grundgesetz möglicherweise das Verfassungswerk ernsthaft gefährden könnte. Die ungeheuere Wirkung, die der Papstbrief[23]) in katholischen Kreisen ausgelöst habe, habe gezeigt, wie außerordentlich schwierig die politische Situation sei. In den Landtagen sei man eher in der Lage, ein gewisses Entgegenkommen im Sinne eines Kompromisses zu finden. Komme aber die Verfassung durch das Volk zur Entscheidung, so könne man für nicht garantieren.
Präs. Dr. Adenauer stellt abschließend fest, daß ein formeller Antrag auf Abänderung der vorgeschlagenen Bestimmung nicht gestellt sei[24]).

Art. 148 f

Unverändert.

Art. 149

Unverändert.

[2.] REVISION DES GRUNDGESETZES

Dr. Heuss beantragt die Aufnahme folgender Bestimmung in das Grundgesetz:

> Nach Ablauf von drei Jahren seit dem Inkrafttreten kann das Grundgesetz binnen einer Frist von zwei Jahren durch ein Bundesgesetz geändert werden, das der Zustimmung des Bundesrates bedarf.

Eine solche Änderung könne also, wenn sie sich im Laufe der Zeit auf Grund der gemachten Erfahrungen als notwendig erwiesen habe, im Wege der einfachen Bundesgesetzgebung erfolgen.
Dr. Schmid ist im Prinzip mit einer solchen Revisionsmöglichkeit einverstanden, glaubt aber, daß man schon die Zustimmung eines gewissen Prozentsatzes der Landtage vorsehen müsse.
Dr. von Brentano meint, daß eine solche Bestimmung den Charakter des zu schaffenden Gesetzeswerkes grundlegend ändern würde. Es würde dann keine

---

[23]) Die katholischen Bischöfe in Deutschland hatten im April 1949 einen Brief von Papst Pius XII. erhalten, der von ihnen im Mai 1949 veröffentlicht wurde. Hierin sprach der Papst die Befürchtung aus, daß „gewisse Kreise dieses Volkes der Neuordnung ihres Staatswesens einen kulturellen Unterbau geben, der sie ungewollt und unbewußt zu Nachahmern eines zusammengebrochenen Staatensystems" mache, eines Staatssystems, „das neben vielen anderen unrühmlichen Kennzeichen auch das der planmäßigen Mißachtung naturgegebener religiöser Rechte und offenkundiger Vertragsuntreue an seiner Stirne trug". Das Schreiben Pius' wandte sich gegen jene, die eine Verankerung des Elternrechts im Grundgesetz ablehnten. Vgl. van Schewick, S. 124.

[24]) Trossmann ergänzte an dieser Stelle: „Zu Abs. 2 erklärte er: es werde die Variante 1 gedruckt." Vgl. ACDP I-052, Nr. 001/1, S. 267.

Verfassung mehr geschaffen, sondern nur ein Gesetz, das auf Zeit mit erschwerten Veränderungsbedingungen umkleidet sei. Es handle sich hierbei um eine ganz grundsätzliche Frage, die sehr ernsthaft diskutiert werden müsse, weil sie eine völlig neue Situation schaffe.

Dr. Höpker Aschoff widerspricht der Auffassung des Abg. Dr. von Brentano, daß durch eine Bestimmung der erwähnten Art die Verfassung ihren Charakter als Verfassung verliere. Es sei nicht etwa so, daß der Gesetzgeber sich bei jedem Gesetz über die Verfassung hinwegsetzen könnte, weil die Verfassung durch einfaches Bundesgesetz abänderbar sei. Der Verfassungscharakter bleibe erhalten.

Dr. von Mangoldt bezeichnet als eines der Hauptmerkmale einer Verfassung die erschwerte Abänderbarkeit. Werde sie beseitigt, dann gehe damit auch der Charakter als Verfassung verloren.

Präs. Dr. Adenauer sieht das Ziel des Antrags dahin, in weniger bedeutungsvollen Punkten des Grundgesetzes eine Änderung zu erzielen, wenn sich eine solche als notwendig erwiesen habe. Die vorgeschlagene allgemeine Formulierung sei aber bedenklich und die dadurch hervorgerufene Unsicherheit könne größer sein als die Vorteile, die sich vielleicht erzielen lassen.

Dr. Heuss erläutert seinen Antrag mit dem Hinweis darauf, daß im Verlauf von drei Jahren das Grundgesetz seine Schwierigkeiten aufweisen werde und daß man dann, ohne den ganzen komplizierten Apparat einer Verfassungsänderung in Bewegung setzen zu müssen, zu einer Bereinigung dieser Schwierigkeiten kommen könnte.

Zinn verweist auf den Vorschlag seiner Fraktion, der von dem Vorschlag der Demokraten insofern abweiche, als er die Zustimmung von zwei Drittel der Volksvertretungen der Länder vorsehe[25]). Damit werde bei einer beabsichtigten Änderung der Verfassung der gleiche Weg gegangen, der jetzt bei ihrer Annahme eingeschlagen werde. Es sei vollkommen ausgeschlossen, daß wirklich umstrittene Dinge auf diesem Wege geändert würden, aber eine sachliche Beschränkung auf wesentliche Dinge sei praktisch nicht möglich.

Kaufmann findet es verständlich, daß nach Möglichkeiten gesucht werde, um Verfassungsänderungen durchführen zu können, glaubt aber, daß dies auf dem von den Demokraten vorgeschlagenen Weg nicht möglich sei. Nach diesem Vorschlag wäre es denkbar, daß der nächste Bundestag, der auf vier Jahre gewählt werde, beschließe, den nächsten Bundestag als verfassunggebende Versammlung wählen zu lassen. Das würde bedeuten, daß dann dieser Bundestag seine Beschlüsse mit einfacher Mehrheit fassen könnte.

Dr. von Brentano warnt vor beiden Anträgen. Es liege im Wesen einer Verfassung, daß sie der nachfolgenden Zeit eine Bindung auferlege. Die Aufnahme

[25]) Der Vorschlag der SPD vom April 1949 lautete: „Art. 180 (149) (1) Nach Ablauf von zwei Jahren seit seinem Inkrafttreten kann das Grundgesetz binnen Jahresfrist durch einfaches Bundesgesetz geändert werden. Art. 103 Abs. 3 bleibt unberührt. Das Gesetz bedarf der Zustimmung der Volksvertretungen von mindestens zwei Dritteln der Länder." Vgl. Der Parl. Rat Bd. 7, Dok. Nr. 11, S. 496.

der vorgeschlagenen Bestimmung würde den Charakter des Grundgesetzes ändern und eine sachliche Arbeit im Parlament unmöglich machen.

Dr. Menzel erinnert daran, daß der Parlamentarische Rat bei Beginn seiner Arbeiten im September des vergangenen Jahres von der Vorläufigkeit des Grundgesetzes ausgegangen sei[26]). Im Einverständnis mit den Ministerpräsidenten habe man das zu schaffende Werk auch nicht als Verfassung bezeichnet. Es sei nicht vorstellbar, daß ein Antrag, wie ihn die Demokraten gestellt haben, den ganzen Charakter des Grundgesetzes ändern könnte. Vielmehr wäre die vorgeschlagene Regelung geeignet, die Lösung des einen oder anderen Problems zu erleichtern. Man brauche hierbei nur an die Schwierigkeiten zu denken, die sich daraus ergeben, daß durch den künftigen Friedensvertrag gewisse Abänderungen des Grundgesetzes erforderlich werden.

Dr. Laforet betont, daß das vorliegende Gesetz als Grundgesetz gedacht und wie eine Verfassung behandelt worden sei. Man habe ausdrücklich Verfassungsänderungen vorgesehen und das ganze Rüstzeug, das die Rechtswissenschaft für solche Dinge kenne, zur Verfügung gestellt. Es sei in der ganzen Rechtsentwicklung so, daß Gesetze dieser Art Festlegungen auch für eine spätere Zeit treffen, in der die Zusammensetzung des Organs des Gesetzgebers sich geändert habe. Änderungen seien selbstverständlich möglich, aber sie müßten im Wege der Verfassungsänderung erfolgen. Eine Regelung, wie sie jetzt vorgeschlagen werde, wäre ein Bruch in der ganzen Rechtsauffassung.

Dr. Katz vertritt für seine Person die Ansicht, daß eine solche Bestimmung nur dann in die Verfassung hineingeschrieben werden könne, wenn beide großen Parteien damit einverstanden seien. Lasse sich darüber keine Einigung finden, so könne über die Frage nicht weiter diskutiert werden.

Dr. Süsterhenn erblickt in den Anträgen ein Abgehen von dem seit September verfolgten Bemühen, aus den beiden großen Parteien heraus zu einer Einigung zu kommen. Die Annahme der Anträge würde bedeuten, daß eine große Partei zusammen mit einer kleineren Partei in die Lage versetzt würde, die Dinge zu ändern. Gegen die SPD könne sich das auf dem wirtschaftlichen und sozialen Sektor, gegen die CDU auf dem föderalistischen oder kulturellen Sektor konkretisieren. Damit wäre die Zusammenarbeit der großen Parteien nur auf die Dauer von drei Jahren festgelegt und dann der Verfassungsänderung freie Hand gelassen. Aus grundsätzlichen Erwägungen müsse er sich gegen solche Anträge aussprechen.

Dr. Heuss bedauert, daß er sich in seiner Auffassung, sachliche Probleme könnten durch sachliche Überlegungen gelöst werden, getäuscht habe.

---

[26]) Vgl. dazu die Bemerkung von Schmid in der 2. Sitzung des Plenums am 8. Sept. 1948: „Das Grundgesetz für das Staatsfragment muß gerade aus diesem seinen inneren Wesen heraus seine zeitliche Begrenzung in sich tragen. Die künftige Vollverfassung Deutschlands darf nicht durch Abänderung des Grundgesetzes dieses Staatsfragments entstehen müssen, sondern muß originär entstehen können." Vgl. Der Parl. Rat Bd. 9, Dok. Nr. 2, S. 31.

[3.] RECHTSPRECHUNG

Dr. Lehr berichtet über seine Beratungen mit den Abgeordneten Zinn, Dr. Katz und Dr. von Mangoldt über die Fragenkomplexe: Unabsetzbarkeit der Richter, Übergangszeit für eine persönliche Überprüfung und Richteranklage.

Bezüglich der Richteranklage vertrete die SPD die Auffassung, daß von ihrer Seite in diesem Punkt nichts geändert werden könne. In der CDU seien die Meinungen hierüber geteilt. Er persönlich vertrete den Standpunkt, daß an der in der bisherigen Fassung[27]) vorgesehene Möglichkeit der Richteranklage festgehalten werden solle.

Die Unabsetzbarkeit der Richter sei im Gerichtsverfassungsgesetz garantiert und brauche daher nach Auffassung der drei Herren, mit denen er die Frage besprochen habe, nicht noch einmal ausdrücklich in der Verfassung betont zu werden. Persönlich glaube er, daß eine solche ausdrückliche Hervorhebung in der Verfassung wünschenswert sei.

Hinsichtlich der persönlichen Überprüfung innerhalb einer Übergangszeit habe allgemeines Einverständnis darüber bestanden, daß eine solche Überprüfung wünschenswert sei, weil sich sowohl in der Staatsanwaltschaft wie in der Richterschaft Persönlichkeiten befänden, die in der Vergangenheit Funktionen ausgeübt haben, die eine nochmalige Überprüfung angezeigt erscheinen lassen.

Dr. Katz führt als Grund für die ablehnende Haltung seiner Partei gegenüber einer Verankerung der Richterunabsetzbarkeit in der Verfassung die Tatsache an, daß nach einer Verordnung in der britischen Zone die Arbeitsrichter auf die Dauer von drei Jahren angestellt seien. Die Aufnahme einer Bestimmung über die Unabsetzbarkeit würde zu Schwierigkeiten mit den Gewerkschaften führen[28]).

Dr. Dehler hält seinen Antrag, die Unabsetzbarkeit der Richter im Grundgesetz festzulegen[29]), aufrecht. Die Bestimmung über die Richteranklage werde er zu streichen beantragen.

---

[27]) Zu Art. 129-1 Abs. 2 im Entwurf des Redaktionsausschusses vom 2.–5. Mai 1949 vgl. Der Parl. Rat Bd. 7, Dok. Nr. 12, S. 522.

[28]) Trossmann ergänzte an dieser Stelle: „Die Juristen seien sich darüber einig, in Zukunft alle richterlichen Beamten wieder zusammenzufassen. Daß Richter unabsetzbar seien sollen, stehe fest. Es sei aber nicht notwendig, das im Grundgesetz noch einmal ausdrücklich auszusprechen. Wir hielten dies nicht für richtig und möglich." Vgl. ACDP I-052, Nr. 001/1, S. 269.

[29]) Der von Dehler gez. Antrag der FDP-Fraktion vom 29. April 1949 betr. Art. 132 a lautete: „(1) Die Richter können gegen ihren Willen nur kraft richterlicher Entscheidung und nur aus den Gründen und unter den Formen, die gesetzlich bestimmt sind, dauernd oder zeitweise ihres Amtes enthoben oder an eine andere Stelle oder in den Ruhestand versetzt werden. Bei Veränderung der Einrichtung der Gerichte oder ihrer Bezirke können die Richter an ein anderes Gericht oder vom Amt entfernt werden, jedoch nur unter Belassung des vollen Gehaltes. Die Gesetzgebung kann Altersgrenzen festsetzen, bei deren Erreichung die Richter in den Ruhestand treten. (2) Die planmäßigen Richter aller Gerichte werden auf Lebenszeit bestellt. (3) Planmäßige[r] Richter der ordentlichen Gerichtsbarkeit kann nur werden, wer nach Maßgabe eines Bundesgesetzes auf Grund eines rechtswissenschaftlichen Studiums an einer Universität und eines praktischen Vorbereitungsdienstes die Befähigung zum Richteramt erlangt hat. Entsprechendes gilt für die rechtskundigen Mitglieder aller anderen Gerichte." Vgl. PA 5/Drucks. Nr. 748.

Zinn weist demgegenüber darauf hin, daß die Frage der Richteranklage unter Umständen für seine Partei ein Punkt sei, von dem sie die Annahme des Grundgesetzes abhängig mache.

Das Problem der Unabsetzbarkeit der Richter habe eine praktische Bedeutung nur noch für die Länder der britischen Zone; in allen anderen Ländern sei die Frage verfassungsrechtlich geregelt. Die Richter der britischen Zone würden durch das Gerichtsverfassungsgesetz geschützt. Man könne nicht deswegen, weil Richter der britischen Zone jetzt plötzlich aus Gründen der Versorgung Angst hätten, hochpolitische Erwägungen außer Acht lassen. Das Kontrollratsgesetz, das die Arbeitsgerichtsbarkeit regele[30]), stehe über der Landesverfassung, so daß die gesamten Vorschriften der Landesverfassung beim Arbeitsgericht keine Anwendung finden. Durch das Kontrollratsgesetz sei eine Ernennung der Richter auf drei Jahre vorgesehen, und auch die Gewerkschaften hielten an diesem Grundgesetz fest. Man könne in der Verfassung nicht etwas festsetzen, was die ganze Arbeitsgerichtsbarkeit in Gefahr bringe.

Präs. Dr. Adenauer empfiehlt dringend, auf diesem Gebiet eine Verständigung aller Parteien zu erreichen. Wenn im Plenum der Antrag auf Unabsetzbarkeit der Richter gestellt werde, könne sich keine Partei dagegen wenden, denn das Wort „Unabsetzbarkeit der Richter" werde auch vom einfachsten Gemüt verstanden.

Zinn erwidert darauf, daß erwogen worden sei, eine Erklärung etwa folgenden Inhalts abzugeben: Soweit die ordentlichen Richter in Frage kommen, bestehe grundsätzlich die Auffassung, daß diese Richter auf Lebenszeit angestellt werden sollen; es bestünden aber gewisse Schwierigkeiten, diese Auffassung verfassungsrechtlich zu verankern[31]).

Präs. Dr. Adenauer erblickt das entscheidende Moment nicht in der Anstellung auf Lebenszeit, sondern in der Unabsetzbarkeit. Er empfiehlt, daß die Herren Dr. Lehr, Dr. Dehler und Zinn im Laufe des Abends noch einmal diese Frage besprechen.

[4.] WÄHLBARKEIT DER BEAMTEN

Dr. Höpker Aschoff teilt mit, daß die Frage der Wählbarkeit der Beamten erörtert und daß hierfür auch eine leidlich annehmbare Formulierung gefunden worden sei, die auch den Verbindungsstäben akzeptabel erscheine. Es sei der Zusatz gemacht worden: „Das Nähere bestimmt ein Bundesgesetz." Dieses Bundesgesetz sei das Wahlgesetz. Im Verhältnis zu den Besatzungsmächten dürfte die Sache in Ordnung sein, wenn sie im Wahlgesetz geregelt wird.

---

[30]) Für das Deutsche Arbeitsgerichtsgesetz vgl. das Gesetz Nr. 21 des Alliierten Kontrollrats vom 30. Mai 1946. Amtsblatt des Kontrollrats in Deutschland, Nr. 5 vom 31. März 1946, S. 124–127.

[31]) Trossmann fügte an dieser Stelle den Beitrag von Dehler ein: „Nehmen Sie doch eine Übergangsbestimmung für die Arbeitsrichter auf; aber die Unabsetzbarkeit der Richter müsse auf jeden Fall ins Grundgesetz aufgenommen werden." Vgl. ACDP I-052, Nr. 001/1, S. 269.

Präs. Dr. Adenauer hält es für erforderlich, wenn das Grundgesetz nach seiner Verabschiedung den Militärgouverneuren übermittelt werde, in einem Begleitschreiben darauf hinzuweisen, daß diese Frage im Wahlgesetz behandelt werde.

[5. WEITERE OFFENE FRAGEN]

Art. 7 a und 7 b

Präs. Dr. Adenauer bittet die Herren Zinn und Dr. Süsterhenn, möglichst bald in eine Besprechung über diese Fragen einzutreten.

Dr. Greve empfiehlt, diese Fragen nicht nur von den Herren Zinn und Dr. Süsterhenn behandeln zu lassen, sondern das Gremium, das zwischen den beiden großen Parteien diese Besprechung führen solle, um wenigstens je ein weiteres Mitglied zu erweitern.

Präs. Dr. Adenauer regt an, daß auch Herr Dr. Dehler an der Besprechung teilnimmt.

Art. 65, 66, 68 und 73

Dr. Lehr gibt eine Zusammenfassung dieser vier Artikel in folgender Form bekannt: Der frühere Art. 65 Abs. 1 soll als selbständiger Artikel stehen bleiben. Abs. 2, 3 und 4 des Art. 65 sollen als Art. 66 Abs. 1, 2 und 3 zusammengeführt werden, womit dann der bisherige Art. 66 entfalle. Art. 68 Abs. 1, 2 und 3 sollen einen Artikel bilden; Abs. 4 und 5 des Art. 68 werden Art. 69 Abs. 1 und 2. Dieser Art. 69 würde am Schluß des Abs. 2 einen Zusatz bekommen, so daß dann der letzte Satz lauten würde:

> Der Bundesrat ist von der Bundesregierung über die Führung der Geschäfte auf dem laufenden zu halten und zur Beratung über wichtige Gegenstände von den Mitgliedern der Bundesregierung hinzuzuziehen.

(Der Ausschuß erklärt sein Einverständnis mit diesem Vorschlag.)

Art. 21 b (Flaggenfrage)

Dr. Menzel hält es für wünschenswert, hierüber schon jetzt eine Einigung zu finden[32]).

Dr. von Brentano wünscht in dieser Frage gleichfalls eine eindeutige und klare Abstimmung ohne Diskussion.

Art. 25

Zinn kündigt einen Abänderungsantrag an, der den Abs. 1 redaktionell kürzen und Abs. 2 eventuell streichen solle[33]).

---

[32]) Vgl. die interfraktionelle Besprechung am 3. Mai 1949. Dok. Nr. 51, S. 229.

[33]) Katz und Zinn beantragten am 5. Mai 1949 betr. Neugliederung des Bundesgebiets: „1) Art. 25 Abs. 1 wie folgt zu fassen: ‚Das Bundesgebiet ist durch Bundesgesetz neu zu gliedern. Die Neugliederung soll Länder schaffen, die nach Größe und Leistungsfähigkeit die ihnen obliegenden Aufgaben erfüllen können‘. 2) in Art. 25 den Abs. 2 und Abs. 3 Satz 2 zu streichen." Vgl. PA 5/Drucks. Nr. 838.

Art. 27 c (Amtshaftung)

Zinn sieht diese Frage zum Teil durch die Länderverfassungen, zum Teil durch das Bürgerliche Gesetzbuch und die noch geltenden Bestimmungen der Weimarer Verfassung als geregelt an[34]).

Dr. von Brentano spricht sich für die Beibehaltung des Art. 27 c aus.

Dr. Greve bezweifelt die Notwendigkeit, die Frage der Beamtenhaftung überhaupt im Grundgesetz zu regeln.

Dr. von Mangoldt sieht keine Bedenken, den entsprechenden Artikel der Weimarer Verfassung[35]) nicht in das Grundgesetz zu übernehmen. Es erscheine zweifelhaft, ob man in einer Zeit, wo die Dinge im Fluß seien, im Grundgesetz eine Einzelfrage regeln solle, die man dem neuen Volkstag überlassen könne.

Dr. Laforet verweist demgegenüber darauf, daß der Kompetenzausschuß allgemein der Überzeugung gewesen sei, daß der Rechtsstaat eine Festlegung der Amtshaftung verlange. In mühsamer Arbeit sei der Ausschuß zu der vorliegenden Fassung gekommen, weil er glaubte, diese allgemeine Fassung gebe das Minimum der staatlichen Gewährleistung und alles Nähere sei dem einfachen Bundesgesetz zu überlassen. Es sei doch zu überlegen, ob es sich nicht aus staatsrechtlichen Gründen empfehle, diese Bestimmung aufrechtzuerhalten.

Dr. Menzel schlägt vor, die Entscheidung der Abstimmung zu überlassen[36]).

Art. 111 z

Dr. von Mangoldt gibt folgende Umformulierung dieses Artikels, die im Redaktionsausschuß unter Zustimmung der Abgeordneten Dr. Lehr und Dr. Katz zustande gekommen sei, bekannt[37]):

(1) Wird im Falle des Art. 90 a der Volkstag nicht aufgelöst, so kann der Bundespräsident auf Antrag der Bundesregierung mit Zustimmung des Bundesrates für eine Gesetzesvorlage den Gesetzgebungsnotstand erklären, wenn der Volkstag sie ablehnt, obwohl die Bundesregierung sie als dringlich bezeichnet hat. Das Gleiche gilt, wenn eine Gesetzesvorlage abgelehnt worden ist, obwohl der Bundeskanzler mit ihr den Antrag des Art. 90 a verbunden hatte.

(2) Lehnt der Volkstag die Gesetzesvorlage nach Erklärung des Gesetzgebungsnotstandes erneut ab oder nimmt er sie in einer für die Bundesregierung als unannehmbar bezeichneten Fassung an, so gilt das Gesetz als zustandegekommen, soweit der Bundesrat zustimmt. Das Gleiche gilt, wenn die Vorlage vom Volkstag nicht innerhalb von vier Wochen nach der

---

34) Vgl. Dok. Nr. 51, S. 232.

35) Vgl. Art. 131 der Verfassung des Deutschen Reiches von 1919. Reichsgesetzblatt 1919, S. 1408.

36) Trossmann fügte im Anschluß an den Beitrag von Menzel noch Bemerkungen zu Artikel 144 c-1 und 148 a ein: „Artikel 144 c-1: Die Entscheidung über diesen Artikel soll der Abstimmung überlassen werden. Artikel 148 a: Dr. Laforet soll darüber nochmals mit Zinn sprechen." Vgl. ACDP I-052, Nr. 001/1, S. 272.

37) Der Antrag wurde vervielf. als PA 5/Drucks. Nr. 840. Vgl. dazu auch Der Parl. Rat Bd. 7, Dok. Nr. 12, S. 517.

erneuten Einbringung verabschiedet wird. Das Gesetz tritt spätestens 12 Monate nach seiner Verkündung außer Kraft.
(3) Während der Amtszeit eines Bundeskanzlers kann innerhalb einer Frist von 6 Monaten seit der erstmaligen Erklärung des Gesetzgebungsnotstandes auch jede andere vom Volkstag abgelehnte Gesetzesvorlage gemäß Abs. 1 und 2 verabschiedet werden.
(4) Das Grundgesetz darf durch ein Gesetz, das nach Abs. 2 zustande kommt, weder geändert noch ganz oder teilweise außer Kraft oder außer Anwendung gesetzt werden[38]).

Zinn schlägt hierzu folgende Änderung des Abs. 3 vor:
Während der Amtszeit eines Bundeskanzlers kann auch jede andere vom Volkstag abgelehnte Gesetzesvorlage innerhalb einer Frist von 6 Monaten seit der erstmaligen Erklärung des Gesetzgebungsnotstandes gemäß Abs. 1 und 2 verabschiedet werden. Nach Ablauf der Frist ist während der Amtszeit des gleichen Bundeskanzlers eine weitere Erklärung des Gesetzgebungsnotstandes unzulässig.

(Der Ausschuß erklärt sich hiermit einverstanden)[39]).

Nach geschäftsmäßigen Ausführungen des *Präs. Dr. Adenauer* über die Abwicklung der in den nächsten Tagen zu erledigenden Arbeiten wird die Besprechung auf Donnerstag, den 5. Mai 1949, 10 Uhr vertagt[40]).
(Schluß der Besprechung 17.30 Uhr.)

---

[38]) Trossmann fügte an dieser Stelle den Beitrag von Katz ein: „Er sei mit der Neuformulierung einverstanden." Vgl. ACDP I-052, Nr. 001/1, S. 273.

[39]) Trossmann fügte zur Diskussion um Art. 79 noch hinzu:
„*Dr. Dehler:* Anstelle des Präsidenten des Bundesverfassungsgerichts solle zur Vertretung des verhinderten Bundespräsidenten der Präsident des Bundesrates vorgesehen werden. Er halte es für unmöglich, den Präsidenten des Bundesverfassungsgerichts mit der Vertretung des Bundespräsidenten zu betrauen.
Ergebnis: Einverständnis; das Problem solle aber nochmals überlegt werden.
Es wird ein gemeinsamer Antrag vorgesehen, den Greve, Seebohm, Wessel, Höpker Aschoff, Lehr, von Brentano ausarbeiten sollen." Vgl. ACDP I-052, Nr. 001/1, S. 273.

[40]) Trossmann notierte für den Schluß der Besprechung: „Die nächste Sitzung des Hauptausschusses wird für Donnerstag, den 5. Mai 1949, 16.00 Uhr vorgesehen.
[Präs.] Dr. Adenauer: Er wolle von einer Änderung der Geschäftsordnung absehen. Wenn Reimann Unfug machte, wolle er die Sitzung unterbrechen.
Dr. Katz: Unsere Fraktion wird das Grundgesetz nicht ohne das Wahlgesetz verabschieden." Vgl. ACDP I-052, Nr. 001/1, S. 273 f.

Nr. 53
Sitzung des interfraktionellen Unterausschusses
4. Mai 1949

BA Z 5/Anhang 12, Bl. 110. Maschinenschr. Durchschlag einer vom Stenographischen Dienst gefertigten Aufz. vom 4. Mai 1949[1])

Art. 7 b Abs. 3 Satz 1 enthält folgende Fassung:
„Der Religionsunterricht ist in den öffentlichen Schulen mit Ausnahme der bekenntnisfreien weltlichen[2]) ordentliches Lehrfach.

Art. 7 b Abs. 3 Satz 2 soll lauten (wie Fassung Redaktionsausschuß[3])):
„Unbeschadet des staatlichen Aufsichtsrechts wird der Religionsunterricht in Übereinstimmung mit den Grundsätzen der Religionsgemeinschaften erteilt."

Art. 7 a, hinter Abs. 2 wird eingefügt:
Über ihre Betätigung wacht die staatliche Gemeinschaft."

Art. 148/2 erhält folgende Fassung:
Art. 7 b. Abs. 3 Satz 1 findet keine Anwendung in einem Lande der Bundesrepublik[4]), in dem am 1. Januar 1949 eine andere landesrechtliche Regelung bestand."

Der Berichterstatter[5]) soll zu Art. 7 b Abs. 3 zum Ausdruck bringen, daß mit Rücksicht auf die grundsätzliche Zugehörigkeit der Länder es Sache der Länder in der Schulgesetzgebung ist, die Erteilung des Religionsunterrichts zu regeln.

Der Berichterstatter soll ferner zu Artikel 148/2 zum Ausdruck bringen, daß unter einer landesrechtlichen Regelung in einem Lande nicht nur eine einheitliche Regelung zu bestehen ist, sondern daß es sich auch um eine differenzierte Regelung in dem Lande handeln kann.

Der Berichterstatter soll weiterhin zum Ausdruck bringen, daß Art. 148/2 nicht ausschließt, im Wege der Landesgesetzgebung auch dort, wo der Religionsunterricht nicht am 1. Januar 1949 ordentliches Lehrfach war, ihn zum ordentlichen Lehrfach zu erklären. Diese so getroffene Regelung kann jederzeit im Wege der Landesgesetzgebung wieder geändert werden.

---

1) Das Exemplar trägt rechts oben den eigenhändigen Namenszug von Pfeiffer.
2) Das Wort wurde von Pfeiffer handschriftlich eingefügt.
3) Für den Entwurf des Redaktionsausschusses vom 2. bis 5. Mai 1949 vgl. Der Parl. Rat Bd. 7, Dok. Nr. 12, S. 499.
4) Von Pfeiffer handschriftlich eingefügt: „der Bundesrepublik".
5) Berichterstatter für den Abschnitt über die Grundrechte war von Mangoldt. Vgl. dazu Parl. Rat, Schriftlicher Bericht zum Entwurf des Grundgesetzes für die Bundesrepublik Deutschland, Anlage zum stenographischen Bericht der 9. Sitzung des Parl. Rates am 6. Mai 1949. [Bonn 1950], S. 10.

Nr. 54
Interfraktionelle Besprechung
5. Mai 1949

BA Z 5/Anhang 12, Bl. 100–105. Maschinenschr. Durchschlag eines vom Stenographischen Dienst gefertigten Prot. vom 5. Mai 1949

Anwesend[1]*):*
CDU/CSU: Adenauer (Präs.), Kaufmann, von Mangoldt
SPD: Katz, Menzel, Schmid, Schönfelder
FDP: Höpker Aschoff
DP: Seebohm
Sekretariat des Parl. Rates: Trossmann
Stenographischer Dienst: Peschel

Beginn: 10.00 Uhr[2])

[1. VORBEREITUNG DER SITZUNG DES HAUPTAUSSCHUSSES[3])]

Der Ausschuß ist damit einverstanden, daß die Drucksache Nr. 751[4]) Grundlage der Verhandlungen im Hauptausschuß sein soll. Die gemeinsamen Anträge der fünf Parteien sollen in der rechten Druckspalte rot angestrichen werden.
Ferner wird beschlossen, daß die Abgeordneten [Dr.] von Brentano, Dr. Lehr, Zinn, Dr. Greve, Dr. Seebohm, Dr. Höpker Aschoff und Frau Wessel prüfen, ob die gemeinsamen Anträge vom Büro richtig wiedergegeben wurden.
Trossmann bemerkt, die Abänderungen, die zum Teil geringfügig seien, seien eingefügt worden. Art. 111 z sei noch nicht da[5]). Er werde als Anlage beigefügt.
Präs. Dr. Adenauer erklärt zu der Behandlung der Anträge im Hauptausschuß, es sei vorgeschlagen worden, daß eine Begründung nicht erfolge. Wenn sie im Plenum aufrechterhalten würden, müsse die Begründung innerhalb der Redezeit erfolgen.
Dr. Seebohm führt aus, seine Anträge seien nur für das Plenum gestellt.

---

1) Eine Anwesenheitsliste liegt nicht vor. Die Zusammenstellung erfolgte aufgrund der prokollierten Beiträge.

2) Nach der Aufz. von Trossmann begann die Besprechung um 11.00 Uhr. Vgl. ACDP I-052, Nr. 001/1, S. 274 a.

3) Zur 4. Lesung des Grundgesetzentwurfes vgl. 57. und 58. Sitzung des HptA am 5. und 6. Mai 1949. Parl. Rat, Verhandlungen, S. 743–768.

4) PA 5/Drucks. Nr. 751 enthielt die Gegenüberstellung des Grundgesetzentwurfes in der 3. Lesung des HptA vom 10. Feb. 1949 und den Vorschlägen des Allgemeinen Redaktionsausschusses vom 2. Mai 1949. Der Entwurf des HptA ist ediert in: Der Parl. Rat Bd. 7, Dok. Nr. 8, S. 396–444; die Vorschläge des Redaktionsausschusses sind ediert in: Der Parl. Rat Bd. 7, Dok. Nr. 12, S. 497–531.

5) Der Antrag war erst am Vortag von Mangoldt, ergänzt durch einen Änderungsvorschlag von Zinn, in der interfraktionellen Besprechung eingebracht worden. Vgl. Dok. Nr. 52, S. 266 f. Der Antrag wurde am 5. Mai 1949 vervielf. Vgl. PA 5/Drucks. Nr. 840.

Präs. Dr. Adenauer betont, jedes Mitglied müsse im Plenum wissen, was zu erwarten sei. Wenn eine der beiden großen Fraktionen plötzlich mit neuen, nicht bekannten Anträgen käme, dann werde die Zurückverweisung an den Ausschuß beantragt werden.
Schönfelder kann sich vorstellen, daß, um das Gesicht zu wahren, von hüben und drüben eine ganze Reihe von Anträgen gestellt würden. Das führe zu endlosen Debatten. Daher wäre eine Vereinbarung zu begrüßen, Anträge im Plenum nicht zu stellen.
Auf eine Frage des *Präs. Dr. Adenauer* bezüglich des Datums des gemeinsamen Antrages von der Deutschen Partei und des Zentrums vom 23. April, gibt *Dr. Seebohm* eine Aufklärung über das Doppeldatum[6]). Man habe nur zum Ausdruck bringen wollen, daß es sich um Anträge handelt, die schon gestellt worden seien.
Präs. Dr. Adenauer stellt das Einverständnis darüber fest, daß für die Datierung eines Antrages der Eingang beim Büro maßgebend sei; ebenso daß ein Antrag als neuer Antrag zu gelten habe, wenn er nunmehr von einer zweiten Fraktion mit unterschrieben werde.
Dr. Menzel weist auf die Gefahr hin, daß durch Anträge der Deutschen Partei Auseinandersetzungen im Plenum in Fragen erfolgen, über die man sich vorher geeinigt habe, um die Auseinandersetzung zu ersparen und daß der Sinn der wochenlangen Besprechungen dadurch illusorisch gemacht werde. Das an sich verständliche Beginnen, das Gesicht zu wahren, könne man nicht auf die hiesigen Verhältnisse übertragen. Er bitte Dr. Seebohm, die Anträge wegzulassen, die durch die Einigung hinfällig geworden seien und sich auf wenige Abänderungsanträge im Hauptausschuß zu beschränken.
Dr. Höpker Aschoff meint, wenn die Anträge im Hauptausschuß abgelehnt seien, dann würde es genügen, grundsätzlich im Plenum zu den Dingen Stellung zu nehmen und das Bedauern über die Ablehnung auszudrücken.
Dr. Seebohm ist der Auffassung, ein Antrag wie der über eine angemessene Entschädigung bei Enteignung müsse im Plenum entschieden werden.
Präs. Dr. Adenauer bezeichnet es nur als wünschenswert, daß man nicht im Plenum durch Anträge überrascht werde, die bis dahin nicht gestellt worden seien. Deshalb solle man Anträge, die man stellen wolle, vorher auch im Hauptausschuß stellen. Es bleibe jedem unbenommen, Anträge, die im Hauptausschuß gestellt seien, im Plenum zu wiederholen. Es handele sich nur um ein Gentlemen's Agreement, im Plenum nicht mit neuen Anträgen zu kommen.
Dr. Seebohm erklärt sich bereit, die Anträge im Hauptausschuß noch einmal zu stellen, wo nur abgestimmt werden solle, und sie gegebenenfalls im Plenum zu wiederholen.

---

[6]) Die DP hatte am 3. Mai 1949 gemeinsam mit dem Zentrum einen Antrag gestellt, den sie auf den 23. April 1949 datierte. Der Antrag ist schließlich unter dem 3. Mai 1949 vom Sekretariat des Parl. Rates veröffentlicht worden. Vgl. den von Seebohm und Brockmann gez. Antrag zu Art. 7 b Abs. 2 (Elternrecht): PA 5/Drucks. Nr. 758. Vgl. auch unten Dok. Nr. 56, Anm. 16.

Präs. Dr. Adenauer stellt das Einverständnis darüber fest, daß die Anträge der DP im Hauptausschuß gestellt werden. Nach dem Hauptausschuß werde man zweckmäßigerweise noch einmal die Anträge durchsehen, um über den größten Teil eine Verständigung zu erzielen, daß nur eine Erklärung abgegeben werde: Ich habe die Anträge im Hauptausschuß gestellt, habe keine Mehrheit gefunden und verzichte im Hinblick auf die Umstände, die Anträge noch einmal zu stellen.
Einig sei man sich darüber gewesen, daß im Hauptausschuß die Anträge lediglich gestellt oder aufgerufen werden.

(Dr. Menzel: Nur der Kommunist könne reden!)

Wenn Anträge im Plenum wieder aufgenommen werden, sei es richtiger, im Plenum darüber zu sprechen.

Der Ausschuß ist damit einverstanden, daß der Präsident mit dem Abgeordneten Dr. Löwenthal[7]) über ein Sonderkontingent an Redezeit zu einer Verständigung kommt.

[2. POLIZEIWESEN UND SICHERHEITSFRAGEN]

Dr. von Mangoldt berichtet über die Besprechungen des Redaktionsausschusses in der Frage des Polizeiwesens. Die Ziff. 1 a des Briefes der Militärgouverneure[8]) betreffe den Zoll- und Grenzschutz. Bezüglich der Ziff. 1 b „Sammlung und Verbreitung von polizeilichen Auskünften und Statistiken" habe man sich geeinigt, von einer Zentralstelle für polizeiliches Auskunfts- und Nachrichtenwesen zu sprechen. Die Koordinierung bei der Untersuchung von Verletzungen der Bundesgesetze usw., die in Ziff. 1 c angeführt werde, bezeichneten wir als Zusammenarbeit der Länder in der Kriminalpolizei und die Einrichtung eines Bundeskriminalamtes. Das sei schon in Ziff. 10 des Artikels über die ausschließliche Gesetzgebung vorgesehen. Die übrigen Punkte beträfen die internationale Verbrechensbekämpfung.
Bei Ziff. 2 handele es sich um die Einrichtung einer Bundeszentralstelle, die nur Sammlungsaufgaben haben solle. Man habe sie Zentralstelle für Verfassungsschutz genannt.
Es habe sich als wünschenswert herausgestellt, die Ergänzungen der Zuständigkeiten des Gesetzgebungskatalogs so gering wie möglich zu halten und nur in den Fällen, in denen eine materielle Zuständigkeit notwendig sei, sie in den Gesetzgebungskatalog aufzunehmen. Der Redaktionsausschuß schlage vor, die Ziff. 5 des Art. 35 durch den Zusatz „einschließlich des Zoll- und Grenzschutzes" zu ergänzen.

---

[7]) Der Abg. Dr. oec. publ. Fritz Löwenthal war am 4. Mai 1949 aus der SPD ausgeschlossen, blieb aber als parteiloser Abg. Mitglied des Parl. Rates. Vgl. Der Parl. Rat Bd. 9, Dok. Nr. 9, S. 430, Anm. 7.

[8]) Vgl. das Memorandum der MilGouv. zur Regelung der Polizeigewalt vom 14. April 1949. Der Parl. Rat Bd. 8, Dok. Nr. 68, S. 230 f.

Die Ziff. 10 des Art. 35 müsse ergänzt werden und folgendermaßen lauten: „die Zusammenarbeit des Bundes und der Länder in der Kriminalpolizei und die Einrichtung eines Bundeskriminalamtes wie die internationale Verbrechensbekämpfung."
Etwas schwieriger sei die Frage des Art. 116. Es werde vorgeschlagen, als Satz 2 in Absatz 1 des Art. 116 zu sagen:

> Durch Bundesgesetz können Bundesgrenzschutzbehörden und Zentralstellen für das polizeiliche Auskunfts- und Nachrichtenwesen, die Kriminalpolizei und den Verfassungsschutz eingerichtet werden.

Bedenken wegen des Verfassungsschutzes seien dadurch ausgeräumt, daß eine materielle Zuständigkeit für die Gesetzgebung in den Art. 35 und 36 nicht begründet ist. Daraus ergebe sich, daß die Zentralstelle für Verfassungsschutz nur der Sammlung von Nachrichten zur Bekämpfung von umstürzlerischen Bewegungen diene.
Präs. Dr. Adenauer fragt, ob es „Verbrecherbekämpfung" oder „Verbrechensbekämpfung" heißen müsse.

(Dr. Schmid: Verbrechensbekämpfung!)

– Das sei etwas ganz anderes, das sei außerordentlich weit.
Dr. Menzel ist der Ansicht, bei Art. 116 würde wahrscheinlich alles umfaßt werden, was in dem Schreiben stehe. Bei der Legislative scheine es noch nicht ausgeschöpft zu sein. Der Zusatz „einschließlich Zoll- und Grenzschutz" bei Art. 35 Ziff. 5 sei in Ordnung. Bei Ziff. 10 müsse seiner Ansicht nach gesagt werden: „wie die internationale Verbrechensbekämpfung und den Verfassungsschutz."
Dr. von Mangoldt meint demgegenüber, dann würde man eine materielle Zuständigkeit zur Gesetzgebung, und zwar zur ausschließlichen Gesetzgebung, in Verfassungsschutzfragen begründen. Das sei aber nicht der Sinn der Vorschrift, sondern es sollten nur Nachrichten gesammelt werden.
Dr. Katz fragt, ob man nicht sagen könne „Zusammenarbeit des Bundes und der Länder in der Kriminalpolizei und für den Verfassungsschutz."
Dr. Menzel vermag sich der Auslegung des Abgeordneten Dr. von Mangoldt nicht anzuschließen. Es sei aber die Frage, ob man nicht wirklich dem Bund eine Gesetzgebung allgemeinster Art für den Verfassungsschutz zu geben versuchen solle.
Dr. Höpker Aschoff und *Dr. Schmid* weisen darauf hin, daß jeder Staat das Recht habe, sich durch sein Strafgesetzbuch zu schützen.
Dr. von Mangoldt schlägt vor, das Ergebnis der Arbeit des Redaktionsausschusses zunächst in den Fraktionen zu erörtern.

Der Ausschuß ist damit einverstanden.

[3. NEUUMSCHREIBUNG DER LÄNDERGRENZEN]

Dr. Schmid und *Kaufmann* kündigen Anträge an, die den Südweststaat betreffen. Es besteht Einverständnis, daß darüber eine Besprechung stattfinden soll, wofür die Abgeordneten Hilbert, Dr. Eberhard und Dr. Heuss bestimmt werden.

[4. HANDHABUNG DER GESCHÄFTSORDNUNG]

Dr. Schmid fragt, ob die Fraktionen seine Auffassung teilten, daß er gegebenenfalls im Hauptausschuß Ordnungsrufe erteile, ohne daß eine solche Ermächtigung in der Geschäftsordnung vorgesehen sei[9]), was der Abgeordnete Renner mehrmals beanstandet habe.
Präs. Dr. Adenauer und *Schönfelder* stellen fest, daß nach parlamentarischem Gewohnheitsrecht der Ausschußvorsitzende dieselben Disziplinarrechte habe wie der Präsident des Plenums.

Es wird beschlossen, um 15 Uhr eine weitere interfraktionelle Besprechung stattfinden zu lassen[10]).

[9]) Nach § 29 der Geschäftsordnung des Parl. Rates waren Ordnungsrufe dem Wortlaut nach nur durch den Präsidenten zugelassen. Vgl. Der Parl. Rat Bd. 10, Teil B Dok. Nr. 5, S. 195 f.
[10]) Vgl. Dok. Nr. 55.

Nr. 55
Interfraktionelle Besprechung
5. Mai 1949

BA Z 5/Anhang 12, Bl. 106–109. Maschinenschr. Durchschlag eines vom Stenographischen Dienst gefertigten Prot. vom 5. Mai 1949

Anwesend[1]):
CDU/CSU: Adenauer (Präs.), Kaufmann, Lehr
SPD: Menzel, Schmid, Zinn
Sekretariat des Parl. Rates: Trossmann[2])
Stenographischer Dienst: Peschel

Beginn: 15.15 Uhr[3])

Auf eine Frage des Abgeordneten *Dr. Menzel* antwortet *Präs. Dr. Adenauer*, daß eine Plenarsitzung für Montag [9. Mai 1949] nicht beabsichtigt sei.

[1. ÜBERNAHME VON BEAMTEN BIZONALER VERWALTUNGSEINRICHTUNGEN IN DIE BUNDESVERWALTUNG][4])

Dr. Menzel teilt mit, daß bis 15. Juli [1949] in Frankfurt alle lebenslänglichen Beamten ernannt und in die vorhandenen Stellen eingewiesen werden würden gemäß dem Gesetz der Militärregierung Nr. 15[5]). Allein in der Verwaltung für Wirtschaft würden 190 Beamte eingewiesen werden. Man argumentiere in Frankfurt, ob die Übergangsbestimmung des Grundgesetzes ausreiche, um diese Beamten wieder wegzuschicken, weil das Militärgesetz Nr. 15 als Militärgesetz auch der deutschen Verfassung vorgehe. Die neulich angestellten Überlegungen schienen also doch richtig zu sein.
Kaufmann betont, daß der Wirtschaftsrat immer versucht habe, der Sache auszuweichen. Nach dem Militärgesetz sei aber nach einem Jahr die Stelle automatisch lebenslänglich, gleich ob der Betreffende Beamter oder Angestellter genannt werde. Etwas anderes wäre es, wenn vom Parlamentarischen Rat ein Ersuchen an die Militärgouverneure ginge, die Sache aussetzen zu lassen, damit

---

1) Eine Anwesenheitsliste liegt nicht vor. Die Zusammenstellung erfolgte aufgrund der protokollierten Beiträge.

2) Vgl. die Aufz. von Trossmann in: ACDP I-052, Nr. 001/1, S. 275.

3) Nach der Aufz. von Trossmann begann die Sitzung um 15.00 Uhr. Vgl. ACDP I-052, Nr. 001/1, S. 275.

4) Vgl. hierzu zusammenfassend: Udo Wengst: Beamtentum zwischen Reform und Tradition. Beamtengesetzgebung in der Gründungsphase der Bundesrepublik Deutschland 1948–1953. Düsseldorf 1988, S. 55 f.

5) Vgl. das Gesetz Nr. 15. der Militärregierungen vom 18. Feb. 1949 über die Verwaltungsangehörigen der Verwaltung des Vereinigten Wirtschaftsgebietes. Amtsblatt der Militärregierung Deutschland, Amerikanisches Kontrollgebiet, Ausgabe M vom 16. April 1949, S. 2–16.

die künftige Regierung die Angelegenheit nachprüfen könne. Das scheine wirkungsvoller als eine Übergangsbestimmung zu sein.

Präs. Dr. Adenauer hält das für den einzigen Weg, überhaupt etwas zu erreichen, die Militärregierungen zu bitten, von der Durchführung des Gesetzes im Hinblick auf die gegenwärtige Situation bis auf weiteres Abstand zu nehmen. Eine Abschrift würde man an den Wirtschaftsrat und an Herrn Pünder[6]) schikken[7]).

Kaufmann schildert die bisherige Verzögerungstaktik des Wirtschaftsrates, die aber nicht zum Erfolg geführt habe. Es werde im Sinne des Wirtschaftsrates liegen, wenn der Parlamentarische Rat in der Hinsicht vorstellig werden würde.

Präs. Dr. Adenauer stellt Einverständnis fest, daß ein solches Schreiben herausgehen soll. Der amerikanische Verbindungsstab rate, dem Schreiben der Ministerpräsidenten wegen des Exekutivausschusses[8]) keine besonders große Bedeutung beizumessen[9]). Der Parlamentarische Rat solle auch keinen Antrag stellen, sondern nach Verabschiedung des Grundgesetzes dem Präsidium des Parlamentarischen Rates einen Ausschuß beigeben und ohne weiteres das machen, was er für richtig hielte. Dann würde Frankfurt[10]) nichts dagegen tun.

Dr. Lehr und *Dr. Schmid* bezeichnen das als eine gute Lösung.

Präs. Dr. Adenauer gibt von einem Schreiben des Abg. Dr. Strauß Kenntnis, daß mit der Möglichkeit zu rechnen sei, daß der Wirtschaftsrat vor seiner Auflösung ein Gesetz verabschiede, das von den Militärregierungen genehmigt werde, aber infolge Auflösung des Wirtschaftsrates nicht mehr durch dessen Präsidenten ausgefertigt und verkündet werde. Dr. Strauß empfehle daher eine Überleitungsbestimmung, daß der Bundespräsident ohne Gegenzeichnung an Stelle des Präsidenten des Wirtschaftsrates Gesetze des Wirtschaftsrates mit Wirkung für das Vereinigte Wirtschaftsgebiet ausfertigen und verkünden könne.

---

[6]) Dr. Hermann Josef Pünder (1888–1976), 1925 Ministerialdirektor in der Reichskanzlei, 1926 Staatssekretär, 1933 in den Ruhestand versetzt, 1945–1948 Oberbürgermeister von Köln, 1948–1949 Oberdirektor und Vorsitzender des Verwaltungsrates des Vereinigten Wirtschaftsgebietes in Frankfurt/Main, 1949–1957 Mitglied des Deutschen Bundestages.

[7]) Am 13. Juli 1949 beschloß der Verwaltungsrat, die Direktoren und Leiter der Ämter würden „dafür Sorge tragen, daß die Durchführung des Gesetzes Nr. 15 nicht zu einer unangemessen, zahlreichen Überführung von Angestellten in das Beamtenverhältnis auf Lebensdauer führt“. Vgl. Akten zur Vorgeschichte Bd. 5, S. 872 f.

[8]) MinPräs. Stock teilte am 3. Mai 1949 Adenauer mit: Über den Antrag der FDP-Fraktion vom 26. April 1949 „sind den Alliierten Militärgouverneuren Nachrichten zugegangen. In einer Besprechung, die kürzlich zwischen den Ministerpräsidenten der unter amerikanischer und britischer Besatzung stehenden Länder und den zuständigen Militärgouverneuren stattgefunden hat, ist deshalb auch diese Frage behandelt worden. Die Militärgouverneure schlossen sich der Meinung der Ministerpräsidenten an, daß die in Betracht kommenden Exekutivaufgaben durch die Länderchefs durchzuführen seien. Die Regierungschefs der drei Länder in der französischen Besatzungszone wurden hiervon verständigt; sie bestätigten diese Auffassung. Soweit ich unterrichtet bin, nimmt der französische Oberbefehlshaber denselben Standpunkt ein. Die Militärgouvereure haben den Ministerpräsidenten nahegelegt, dem Parlamentarischen Rat hiervon Kenntnis zu geben.“ Vgl. PA 4/BdMinPräs. Drucks. Nr. 176.

[9]) Vgl. dazu bereits: Der Parl. Rat Bd. 10, S. LXII.

[10]) Gemeint sind die MilGouv.

Ihm, dem Präsidenten Dr. Adenauer, scheine das rechtlich nicht möglich zu sein. Wenn wir einen Bundespräsidenten hätten, gebe es kein Vereinigtes Wirtschaftsgebiet mehr.
Zinn meint, der Wirtschaftsrat könne es so einrichten, daß Gesetze, auf die es ankomme, noch rechtzeitig ausgefertigt und verkündet würden.
Dr. Schmid betont, der Wirtschaftsrat werde so lange leben, bis das Grundgesetz effektiv geworden sei, das heißt bis zum ersten Zusammentritt des Bundestages. Mit dem Augenblick gebe es kein Control Office mehr und kein Organ zur Genehmigung, sondern die Hohe Kommission. Es sei ein Nullum da. Es müsse hier ein Gesetz erlassen werden.
Zinn bemerkt, Bipartite Control Board könne am letzen Tage vor dem Zusammentritt des Bundestages die Genehmigung erteilen.
Dr. Menzel ist der Ansicht, man solle doch eine Übergangsbestimmung erwägen. Vielleicht beschließe der Wirtschaftsrat acht Tage vor seinem Ende ein eiliges Gesetz, bei dem die Genehmigung nicht so schnell erteilt werde. Dann könne es nicht duchgeführt werden, weil noch nichts da sei, was auf deutscher Seite gleichwertig funktioniere.
Zinn hebt hervor, die Aufgabe des Bipartite Control Board ende im Augenblick des Zusammentritts des Bundestages. Von diesem Zeitpunkt an könne weder der Wirtschaftsrat Gesetze beschließen, noch könnten Gesetze genehmigt werden. Da könne man die Sache lieber im Bundestag anfangen.
Präs. Dr. Adenauer stimmt dieser Auffassung zu.

[2. ZWISCHENRUF DES ABGEORDNETEN STRAUSS IM HAUPTAUSSCHUSS AM 13. APRIL 1949]

Der Ausschuß beschäftigt sich dann mit dem Zwischenruf des Abg. Dr. Strauß in der letzten Hauptausschußsitzung: Sie sind Experte für Vergewaltigungen[11]), gegenüber dem Abg. Renner und dem Vorfall, der sich daran auf der Treppe mit dem Abg. Reimann und Renner angeschlossen hat. Es wird vereinbart, keinen formellen Ordnungsruf dem Abg. Dr. Strauß zu erteilen, sondern dem Vorsitzenden des Hauptausschusses sagen zu lassen: Bei der letzten Sitzung sind bedauerliche Worte gefallen und haben sich bedauerliche Vorgänge auf dem Flur abgespielt; es muß dringend gebeten werden, daß jeder überall die Würde des Parlaments achte. Es solle auch gesagt werden, daß der Ältestenrat sich mit der Sache noch beschäftigen werde; einer der Beteiligten sei bisher nicht zu erreichen gewesen.

---

[11]) Vgl. die 56. Sitzung des HptA am 13. April 1949. Parl. Rat, Verhandlungen, S. 742. Vgl. auch Der Parl. Rat Bd. 4, S. XXXI und ebd. Dok. Nr. 8, S. 110 f., Anm. 28.

Nr. 56
Interfraktionelle Besprechung
6. Mai 1949

ACDP I-052, Nr. 001/1, S. 276a-288. Maschinenschr. Übertragung eines ungez. Prot. von Trossmann vom 6. Mai 1949

Anwesend[1]*):*
CDU/CSU: Adenauer (Präs.), von Brentano, Kaiser, Kaufmann, Lehr, Pfeiffer
SPD: Katz, Menzel, Schmid, Schönfelder, Zinn
FDP: Dehler, Heuss
DP: Seebohm
Sekretariat des Parl. Rates: Trossmann

Beginn: 10.30 Uhr

[1. DROHUNG GEGEN ADENAUER DURCH REIMANN]

[Präs.] Dr. Adenauer erklärte eingangs, er spreche dem Büro[2]) die höchste Anerkennung aus für die schnelle Erstellung der Drucksache[3]).
Er fuhr dann fort: Reimann hat mir gestern „seine letzte Warnung" ausgesprochen, die Sache unter den Tisch fallen zu lassen. Er habe Material aus dem Jahre 1919[4]) hier und erklärt, ich warne Sie, lassen Sie die Sache[5]) unter den Tisch fallen. Er, Dr. Adenauer, habe daraufhin erklärt: Nachdem Sie dies gesagt haben, sehe ich mich nicht mehr in der Lage, mit Ihnen ein Wort zu sprechen. Ich kann jeder Auseinandersetzung mit Reimann getrost ins Auge sehen. Ich will hier auch nicht ausweichen, ich muß Sie nur bitten, daß die Sache in angemessener Frist und in angemessener Form abläuft.
Prof. Schmid bringt seine Entrüstung zum Ausdruck.

---

1) Eine Anwesenheitsliste liegt nicht vor. Die Zusammenstellung erfolgte aufgrund der prokollierten Beiträge.

2) Gemeint war das Büro bzw. Sekretariat des Parl. Rates.

3) Für den Grundgesetzentwurf in der 4. Lesung des Hauptausschusses vom 5. Mai 1949 vgl. PA 5/Drucks. Nr. 850. Abgedr. in: Der Parl. Rat Bd. 7, Dok. Nr. 13, S. 532–570.

4) Reimann hatte schon zuvor wiederholt Adenauers vermeintlich separatistischen Bestrebungen des Jahres 1919 mit der Gründung eines westdeutschen Staates 1949 in Verbindung gebracht, und angekündigt, die in seinem Besitz befindlichen neuen Dokumente aus der Reichskanzlei gegen Adenauer zu verwenden. Vgl. dazu bereits die Auseinandersetzungen in der 56. Sitzung des HptA am 13. April 1949 (Parl. Rat, Verhandlungen, S. 741) sowie die Diskussion in der 10. Sitzung des Plenums am 8. Mai 1949 (Der Parl. Rat Bd. 9, Dok. Nr. 10, S. 549–553, mit Literatur im Kommentar).

5) Gemeint war das Grundgesetz und die damit zusammenhängende Gründung eines westdeutschen Staates.

[2. ÜBERLEITUNGSAUSSCHUSS[6])]

Prof. Schmid[7])*:* Von englischer Seite – Chaput de Saintonge – sei gesagt worden, es sei sehr gut, wenn wir schnellstens fertig würden. Robertson sei der Meinung, daß wir auch schnellstens Beschluß über einen Zwischenausschuß fassen und die Gouverneure bitten sollten, daß diese[r] die entsprechenden Vollmachten erhalten [sollte]. Die Ministerpräsidenten hätten sich um diese Vollmachten bemüht, die Generäle hätten ausweichend geantwortet, wir sollten im Begleitschreiben zum Beschluß sagen, weshalb der Parlamentarische Rat sich für geeigneter hielte, mit den Dingen schneller fertig zu werden. Chaput de Saintonge habe sehr eindringlich gesprochen[8]).

[Präs.] Dr. Adenauer: Er schlage vor, dem Rat zu folgen und in der nächsten Plenarsitzung einen entsprechenden Beschluß zu fassen.

Dr. von Brentano: Es sollte vermieden werden, mit den Ministerpräsidenten in Konkurrenz zu treten[9]). Er gab zu erwägen, ob es nicht besser wäre, mit diesen Fühlung aufzunehmen, gleichgültig, ob man den Brief des Ministerpräsidenten Stock[10]) für glücklich halte oder nicht.

[Präs.] Dr. Adenauer: An den Vorschlägen von Brentano sei gewiß manches richtig, eine gemeinsame Kommission würde darauf hinauslaufen, daß das Ministerpräsidentenbüro mit uns beraten würde. Er bat zu erwägen, ob man ihn nicht ermächtigen sollte, dem Ministerpräsidenten Stock zu schreiben, daß der Name Exekutivausschuß irreführend sei, sondern daß ein Ausschuß vorgesehen werden sollte, der mit dem Präsidium[11]) laufend Überleitungsmaßnahmen treffe. In wichtigen Sachen sollte vorher eine Verständigung mit den Ministerpräsidenten erfolgen.

Dr. Adenauer fuhr fort: Er habe den Ministerpräsidenten unseren Fahrplan vor kurzem mitgeteilt. Durch Radio sei gestern mitgeteilt worden, daß die Sache etwa heute steige. Stock habe angefragt und mitgeteilt, verschiedene Ministerpräsidenten beabsichtigen, zur dritten Lesung zu kommen. Es habe Stock mitgeteilt, daß voraussichtlich heute die zweite und morgen die dritte Lesung stattfinde.

Dr. Lehr: Er sei der Auffassung, man sollte von der Sache möglichst wenig Aufhebens machen. Ergeben sich gewisse Aufgaben, die wir selbst erledigen

---

[6]) Zum Überleitungsausschuß vgl. Der Parl. Rat Bd. 10, S. LXI–LXXVI, und Teil C Dok. Nr. 1–5, S. 203– 238.

[7]) Pfeiffer notierte zu dem Tagesordnungspunkt zuvor noch folgende Bemerkung von Adenauer: „Robertson: Hat zwei Pressekonferenzen abgehalten vor inländischer und ausländischer Presse. Die Erklärungen vor der Auslandspresse haben einen scharfen Ton." Vgl. BayHStA NL Pfeiffer 219.

[8]) Vgl. dazu bereits Der Parl. Rat Bd. 10, S. LXII.

[9]) Pfeiffer fügte an dieser Stelle ein: „[das] macht einen schlechten Eindruck". Vgl. BayHStA NL Pfeiffer 219.

[10]) Vgl. den Brief des MinPräs. Stock vom 3. Mai 1949 in: Dok. Nr. 55, Anm. 8.

[11]) Gemeint war das Präsidium des Parl. Rates.

müssen, und über die wir mit niemand verhandeln brauchen, führen wir einfach unsere Geschäfte mit einem Ausschuß fort[12]).

Dr. Katz war der gleichen Auffassung und erklärte: Der Überleitungsausschuß sollte heute oder morgen gewählt werden. Gespräche mit den Ministerpräsidenten hätten nach seiner Auffassung keinen Sinn. Er stellte die Frage nach der Größe des Ausschusses. Er fügte noch an: Gegen eine Antwort an Ministerpräsident Stock in dem vorgeschlagenen Sinn habe er jedoch keine Bedenken.

Prof. Schmid: Er sei der Auffassung, man sollte die Gouverneure nicht um Vollmachten bitten, sondern mitteilen, daß der Ausschuß gebildet sei und daß er das und das unter anderem tun werde.

[Präs. Dr.] Adenauer: Wie groß soll der Ausschuß sein?

[Präs. Dr.] Adenauer: Gegen Beteilung eines Kommunisten.

Dr. Katz schlägt vor, den Ausschuß wie folgt zusammenzusetzen: DP, Zentrum je 1 Mitglied, FDP 2 Mitglieder, große Parteien je 5 Mitglieder.

[Präs.] Dr. Adenauer hält den Vorschlag von Katz für richtig.

Dr. Seebohm: Wollen Sie nicht das gesamte Präsidium nehmen? Dann könnten Sie das personell ergänzen.

[Dr.] Katz: Das Präsidium bleibt getrennt bestehen und daneben solle ein Ausschuß von 14 Herren treten.

Schönfelder: Das ganze Präsidium?[13])

[Präs. Dr.] Adenauer: Die drei Präsidenten.

[Präs. Dr.] Adenauer abschließend: Wir wollen es so machen.

[3. VORBEREITUNG DER PLENARVERHANDLUNGEN]

[Präs.] Dr. Adenauer erklärte zur Frage der schnellsten Verabschiedung des Grundgesetzes u.a., die CSU habe gestern Bedenken geäußert, weil sie morgen und übermorgen nach München fahren wollte, zur Fühlungnahme mit der Landtagsfraktion und dem Kabinett mit dem Ziele, eine Zustimmung zum Grundgesetz zu erreichen.

Heute früh habe eine Besprechung zwischen SPD und CSU (Dr. Pfeiffer, Schwalber, Laforet, Leusser)[14]) stattgefunden.

Dr. Pfeiffer: Die Verhandlungen hätten noch zu keinem Ergebnis geführt, weil man sich in den Finanzfragen zu sehr in sachliche Erörterungen eingelassen habe. Ein Ergebnis der Besprechung könne daher noch nicht auf den Tisch gelegt werden.

Es handele sich darum, daß bei den doch bekanntlich nicht einfachen Verhältnissen in Bayern nach der Verabschiedung des Grundgesetzes die Zustimmung

---

12) Nach der Aufzeichnung von Pfeiffer unterbreitete Lehr folgenden Vorschlag: „Die Geschäfte [solle man] fortführen durch zwei Organe: Präsidium und Überleitungsausschuß. [Man sollte sich] nur noch über die Größe unterhalten und heute oder morgen wählen." Vgl. BayHStA NL Pfeiffer 219.

13) Beim gesamten Präsidium wären die Schriftführer miteinbezogen worden.

14) Weiterhin nahmen von Brentano und Lehr an der Aussprache teil. Vgl. Salzmann, S. 552.

der Regierung erreicht und die Annahme im Landtag gesichert werde. Die Termine von morgen und übermorgen seien also vom gesamtdeutschen Aspekt her gesehen sehr wichtig.
Er sehe eine Chance, wenn die Gespräche mit der SPD zu positiven Ergebnissen führten.
Dr. Pfeiffer wies dann noch auf folgendes hin: Wir glaubten, es würde eine etwas größere Würde dem Verfahren verliehen, wenn wir die Dinge nicht schon heute nachmittag und morgen früh machten. Eine gewisse Form bei der Abwicklung der letzten Lesung wäre sehr schätzenswert, ja nach seiner Auffassung notwendig. Eine Dringlichkeit sei zwar gegeben, aber sie umfasse nicht 48 Stunden, sondern ihr könnte auch in einer Zeit von 48 bis 96 Stunden noch Rechnung getragen werden. Deshalb habe ein Teil der Fraktion den Wunsch, das Plenum erst im Laufe des Montagnachmittag [9. Mai 1949] anzusetzen. Er wäre aufrichtig dankbar, wenn seinen Bedenken Rechnung getragen würde. Wir versäumten dabei nichts und könnten alles gewinnen.

Deutsche Partei und Zentrum teilen die Bedenken Dr. Pfeiffers, die Plenarsitzung nicht für morgen früh vorzusehen und würden es begrüßen, wenn der Termin auf Montag [9. Mai 1949] verschoben werden könnte. Die Deutsche Partei und das Zentrum hätten ihre Leute ebenfalls für Sonntag[15]) nach Hannover bestellt. DP und Zentrum hätten bei der jetzigen Fassung des Grundgesetzes noch erhebliche Widerstände zu überwinden. Das Zentrum habe Bedenken gegen die Zustimmung zum Grundgesetz, wenn nicht wenigstens sein Antrag[16]) zu Artikel 149 Annahme findet. Man würde es bedauern, wenn eine kleine Fraktion in die Lage käme, neben den Kommunisten das Grundgesetz abzulehnen.
[Präs.] Dr. Adenauer: Selbstverständlich sei es wünschenswert, daß alle Fraktionen dem Grundgesetz zustimmen. Das bedürfe keiner weiteren Erörterung. Brockmann habe die Möglichkeit gehabt, sich rechtzeitig Rückendeckung zu verschaffen. Auch darüber brauche es keiner weiteren Erörterung. Er müsse aber darauf hinweisen, daß Brockmann an einem der letzten Tage eine Erklärung abgegeben habe, aus der hervorgehe, daß er damit rechnete, das Grundgesetz abzulehnen[17]). Die Situation könne hundertprozentig niemand überschauen. Wir wissen nicht, was in den nächsten Tagen zwischen den Westalliierten und Rußland abgemacht wird[18]). Wir liefen Gefahr, vor der deutschen Öffentlichkeit mit dem ganzen Odium belastet zu werden, neun Monate hier gesessen zu

[15]) Sonntag, den 8. Mai 1949.

[16]) Vgl. den von Seebohm und Brockmann gez. Antrag 3. Mai 1949 zu Art. 7 b Abs. 2 (Elternrecht). PA 5/Drucks. Nr. 758. Zu diesem Antrag vgl. bereits Dok. Nr. 54, Anm. 6. Die Abstimmung zu Art. 7 a war in der 57. Sitzung des HptA am 5. Mai 1949 zurückgestellt worden. Vgl. Parl. Rat, Verhandlungen, S. 746.

[17]) Die Erklärung von Brockmann war nicht ermittelbar. Vgl. dazu jedoch die Erklärung von Brockmann zur Begründung der Stimmenthaltung seiner Fraktion bei der zweiten Lesung des Grundgesetzentwurfes in der 9. Sitzung des Plenums am 6. Mai 1949: Der Parl. Rat Bd. 9, Dok. Nr. 9, S. 501.

[18]) Adenauer spielt hier auf die Vorverhandlungen zu der bevorstehenden Konferenz der Außenmin. der Vier Mächte in Paris vom 23. Mai bis 20. Juni 1949 an.

haben und nichts erreicht zu haben. Wir erkennen an, Herr Dr. Pfeiffer, wie wünschenswert es ist, daß der bayerische Landtag und die bayerische Regierung sich positiv entscheiden. Wäre der Ausweg denkbar, daß wir heute nachmittag die zweite Lesung durchführen? Man müsse immerhin berücksichtigen, daß bisher den Alliierten gegenüber noch keine Stellungnahme des Plenums des Parlamentarischen Rats vorliege. Wir sollten uns dazu entscheiden, die erste Stellungnahme des Plenums des Parlamentarischen Rats zu dem Entwurf des Hauptausschusses in die Welt zu setzen. Dann könnten 24 oder 48 Stunden abgewartet werden, um mit München zu sprechen. Ich glaube, daß Dr. Pfeiffers Position dadurch nicht verschlechtert wird. Nach reiflicher Überlegung glaube ich, daß ein Beschluß des Plenums, nachdem die erste Lesung so weit zurückliegt, und die internationale Lage so kritisch ist, unerläßlich ist.

Prof. Schmid: Die vier Mächte beraten jetzt über die Tagesordnung. Bislang seien nur sehr allgemeine Themenstellungen erörtert worden, jetzt gehe es um die Präzisierung. Es sei von höchster Bedeutung, daß die Frage: Kernstaat oder nicht, nicht mehr auf die Tagesordnung komme. Stehe dieses Problem noch in Frage, werde es auf die Tagesordnung der vier Mächte kommen, und die Russen würden sich ihr Ja schwer bezahlen lassen. Wir gäben den Russen die Chance, die Anerkennung der Verhältnisse im Osten zu erreichen, damit die westlichen Unterhändler mindestens sagen könnten, das sei bereits Realität.

[Präs.] Dr. Adenauer: Wenn jetzt wenigstens die zweite Lesung im Plenum auf Grund der Frankfurter Verhandlungen durchgeführt wird, ist im Verhältnis zwischen den Vertretern der Westmächte und uns eine gewisse moralische Bindung für die Westmächte geschaffen, die bisher nicht vorliegt. Diese moralische Bindung müßten wir aber schnellstens haben.

Dr. Seebohm macht den Vorschlag, daß bei der dritten Lesung noch die Möglichkeit bestehen müsse, Erklärungen abzugeben.

Dr. Dehler: Dann müßte für die dritte Lesung auch die Antragsstellung vorbehalten werden.

Dr. Seebohm: Dagegen habe er Bedenken, es sollten nur Erklärungen abgegeben werden.

[Präs.] Dr. Adenauer: Ziel der zweiten Lesung muß sein, für jeden der Alliierten klar erkennbar zu machen, daß wir die Verhandlungen in Frankfurt zur Grundlage der Arbeit des Plenums gemacht haben.

Dr. Heuss: Er spreche sich dafür aus, wenn nötig heute die zweite Lesung durchzuführen und die dritte Lesung mit einer kleinen Pause folgen zu lassen, damit nicht der Eindruck einer Panikstimmung entstehe. Er fragte, ob die CSU eine entsprechende positive Erklärung abgeben könne oder ob ein Vorbehalt komme.

[Präs.] Dr. Adenauer: Auch bayerische Vorbehalte sehe ich nicht so tragisch, wenn die endgültige Erklärung für die dritte Lesung vorbehalten wird. Die Verabschiedung mit großer Mehrheit wird auf jeden Fall evident.

Dr. von Brentano: Die Gründe Dr. Adenauers seien so einleuchtend, daß man sich ihnen nicht verschließen könnte. Mit Rücksicht auf den Vorschlag Dr. Pfeiffers, den er nicht nur für sich und seine bayerischen Freunde gemacht habe, sondern auch im Namen anderer, die Schlußabstimmung erst am Montag

[9. Mai 1949] vorzunehmen, trete auch er dafür ein, insofern pflichte er auch Dr. Heuss voll bei. Er würde es begrüßen, daß wir heute die zweite Lesung in möglichster Geschlossenheit und unbeschadet bestimmter Vorbehalte durchführen. Es würde innen- und außenpolitisch großen Eindruck machen, wenn heute in zweiter Lesung das Grundgesetz mit überwältigender Mehrheit beschlossen würde. Das würde auch für die keine Schwierigkeit bedeuten, die noch Vorbehalte haben.
In der dritten Lesung würden sicherlich keine Anträge mehr gestellt werden, die keine Aussicht auf Annahme versprächen.

Zinn: Es mag zwingende Gründe geben für die schnellste Verabschiedung des Grundgesetzes in zweiter Lesung. Auf der anderen Seite müßte der Eindruck der Übereilung vermieden werden. Leider ist dieser Eindruck schon erweckt. Er mache deshalb den Vorschlag, morgen erst mit der zweiten Lesung zu beginnen und die dritte Lesung am Sonntag anzuschließen.

(Dagegen erhob sich Widerspruch.)

[Präs.] Dr. Adenauer: Er könne nicht davon abgehen, vorzuschlagen, heute die zweite Lesung im Plenum – sei es um 16 Uhr oder um 18 Uhr, das sei nicht so wichtig – zu machen und dafür zu sorgen, daß die CSU-Mitglieder rechtzeitig nach München kommen können.

Dr. Katz: Er sei unbedingt für die Durchführung der zweiten Lesung heute und der dritten Lesung morgen.

Dr. Menzel: Nicht ein Generalsinterview[19]) sei die Ursache für den Beschleunigungsvorschlag. Die Berliner Verhandlungen[20]) bedeuteten eine Gefahr für

[19]) General Clay hatte ein Interview in der amerikanischen Soldatenzeitung „Stars and Stripes" gegeben, daß den Mitgliedern des Parl. Rates im Informationsdienst am 4. Mai 1949 zur Kenntnis gebracht wurde. „In dem Interview betonte General Clay, daß die sowjetische Verhandlungsbereitschaft über Berlin eine Folge der Stärke der Westmächte sei. Er hoffe, daß die Bereitschaft der Westmächte, mit der Sowjetunion die deutsche Frage zu diskutieren, falls die Blockade aufgehoben wird, die Pläne für den westdeutschen Staat nicht verzögern. Jedes Vertagen der Staatsgründung durch die Alliierten würde einen Vertrauensbruch gegenüber den westdeutschen Politikern bedeuten, die vor ihrem eigenen Volk die Verantwortung für die Schaffung einer westdeutschen Regierung übernahmen. Ihnen gegenüber das Vertrauen zu brechen, würde einen Vertrauensbruch gegenüber den demokratischen Elementen in Deutschland und damit einen Schlag gegen die demokratischen Ziele der Alliierten in Deutschland bedeuten. Falls dies eintrete, würde der Führergedanke in Deutschland wieder an Stärke gewinnen. Ob das den Kommunisten oder den extremen Nationalisten zugute kommen würde, sei schwer vorauszusagen. Sicher sei jedoch, daß es nicht denen zugute kommen würde, die wirklich ein demokratisches Deutschland wollen. General Clay sagte, er halte ein wirksames Viermächteabkommen über Deutschland durchaus für möglich, wenn man sich auf amerikanischer Seite darüber im klaren bleibe, daß ein solches Abkommen auf keinen Fall das eigentliche Ziel des Kommunismus ändern würde. Das Ziel der kommunistischen Partei und der kommunistischen Weltbewegung sei die Weltherrschaft durch Revolution. Dieses Ziel auf lange Sicht könne nicht geändert werden, weil der Kommunismus sonst sterben würde. Sehr wohl könne jedoch die Art geändert werden, in der der Kommunismus dieses Ziel verfolgt." Vgl. PA 5/37.

[20]) Zu den Verhandlungen um die Aufhebung der Berlin-Blockade vgl. die Gesprächsaufzeichnungen der Beratungen zwischen dem amerikanischen Delegierten bei der UNO,

Bonn[21]). Wir müßten uns klar sein, daß Rußland das Letzte aus den Alliierten herausholen werde zu unseren Lasten, was es herausholen könne. Deshalb müßten wir den Alliierten die Position erleichtern soweit wir können, und zwar in unserem Interesse. Am 12. Mai werde die Blockade aufgehoben, wir müßten den Westalliierten die Chance geben, das Grundgesetz vorher zu genehmigen. Alles, was sie nachher tun, wird ihnen vorgehalten werden, und es werden Gegenleistung dafür gefordert werden. Wir sollten den Alliierten die Chance geben, mit der Tatsache der Genehmigung des Grundgesetzes zu operieren, ob sie es tun, wisse er nicht, aber er sei der Meinung, das Entscheidende sei, wann die dritte Lesung des Grundgesetzes durchgeführt würde.
Dr. Suhr habe ihm mitgeteilt, daß Reuter mit Robertson gesprochen habe, dabei habe Robertson Reuter gedrängt, dafür einzutreten, daß man noch vor einer einheitlichen Regelung für Berlin den Weststaat in die Tat umsetzen könne.
Sein Vorschlag lautet: Heute zweite Lesung und dabei auf jeden Bericht und jede Erklärung allgemeiner Art zu verzichten und spätestens Sonntagnachmittag die dritte Lesung durchzuführen. Sie sollte sich beschränken auf einen kurzen Bericht des Vorsitzenden des Hauptausschusses, kurze Erklärungen der Parteien, er hoffe, daß dann keine Fraktionsanträge gestellt werden. Er schloß damit: Jeder Tag, jede Stunde ist wertvoll.

Dr. Pfeiffer: Er verschließe sich keinem der vorgetragenen Argumente, aber in einer Situation, die für einen Teil Deutschlands so wichtig sei, empfinde er den Zwang, der sich aus den Vorschlägen ergäbe, so unerträglich, daß wir uns ihm nicht fügen könnten. Die zweite Lesung bringe global eine Bindung, die für uns nicht erträglich sei. Er werde nicht als Statist teilnehmen, wenn sein Gewissen ihm noch große Aufgaben stelle, die er erfüllen müsse.

[Präs.] Dr. Adenauer: Er schlage vor, daß wir die Verhandlungen über die bayerischen Fragen zu Ende führen. Er erklärte weiter, daß die zweite Lesung keine vollendeten Tatsachen schaffen solle. Zu Dr. Pfeiffer gewandt: Kommen Sie von München mit einem Wunsch zurück, wird in dessen Beratung so eingetreten, als ob die zweite Lesung nicht gewesen wäre. Ich glaube, damit Ihre Bedenken ausgeräumt zu haben.

Kaufmann: Er habe bei der gegenwärtigen Lage Bedenken, daß wir so handeln sollten, wie jetzt vorgeschlagen. Er wandte sich gegen die Erklärung, die zweite Lesung würde keine Bindung bedeuten. Die zweite Lesung stelle im Gegenteil eine Bindung dar. Er sehe keine Möglichkeit, daß die Verhandlungen fortgesetzt werden. Die Bayern sollten abreisen und uns zusagen, am Sonntagmittag wieder hier zu sein. Sein Vorschlag laute: Sonntag zweite Lesung und eventuell Sonntagabend dritte Lesung.

Philipp Jessup, und dem sowjetischen Delegierten bei der UNO, Jakow Aleksandrowitsch Malik, vom 15. März bis 4. Mai 1949 in New York: FRUS 1949 III, S. 694–751.

[21]) Auf einer Pressekonferenz – vermutlich Ende April 1949 – bemerkte der britische MilGouv. Robertson: „Die westlichen Alliierten wären möglicherweise bereit, die Bildung eines westdeutschen Staates aufzuschieben, wenn ein Abkommen über die Errichtung einer gesamtdeutschen Regierung mit den Sowjets zustande käme. Inzwischen gehen die Arbeiten in Bonn weiter". Vgl. die undat. Aufz. in: BA Z 5/Anhang 6, Bl. 427.

Kaiser: Die Situation erfordert raschen Abschluß in Bonn. Die Russen sind zur Zeit in der Vorhand. Wir müssen unserem Volk beispringen in dieser Situation. Er sei dafür, zweite Lesung heute und Sonntag dritte Lesung. Das hätte allerdings zur Voraussetzung, daß die Bayern zustimmen könnten, und das hätte zur Voraussetzung, daß zwischen Dr. Pfeiffer und der SPD eine genügende Verständigung zustande komme. Sonst hätte die zweite Lesung keinen Sinn. Er halte eine zweite Lesung ohne Zustimmung der Bayern nicht für möglich. Sei diese nicht gewährleistet, dann hielte er allerdings es für besser, die zweite Lesung erst am Sonntag vorzusehen.

[Präs.] Dr. Adenauer: Ich halte an meinem Vorschlag für die zweite Lesung fest, aber ist dann die Schlußabstimmung nötig?

Wenn man in der zweiten Lesung keine Schlußabstimmung machte, dann sind unsere bayerischen Freunde nicht gezwungen, sich eventuell der Stimme zu enthalten oder dagegen zu stimmen.

Dr. Lehr: 19 Punkte sollen zwischen der CSU und der SPD geklärt werden. An diesen Bleigewichten werden wir uns endlos weiterschleppen. So wie heute morgen kann es nicht weitergehen. Wir müßten heute zu Ende kommen. Er schlage vor: Die SPD solle klar sagen, was sie zugesteht und was sie ablehnt. Dann kann Dr. Pfeiffer mit München Fühlung aufnehmen. Kommt es zu einer Einigung zwischen Bayern und der SPD, können wir die zweite Lesung heute anfangen und fertig werden.

[Präs.] Dr. Adenauer: Er teile nicht Dr. Lehrs Bedenken, daß der erforderliche Effekt nicht erzielt werde, wenn Bayern nicht oder noch nicht zustimmt. Jeder weiß doch, daß Bayern noch Vorbehalte hat. Dr. Adenauer wiederholte seinen Vorschlag, die zweite Lesung sollte heute nachmittag um 17.00 Uhr beginnen, die Verhandlungen mit Bayern sollten weitergeführt werden, unter Umständen sollte Dr. Pfeiffer eine Erklärung abgeben, in denen er seine Vorbehalte darstellt. Die dritte Lesung sollte Sonntagnachmittag stattfinden.

Dr. Pfeiffer spricht sich dafür aus, die Verhandlungen mit der SPD fortzusetzen, in kleinerem Kreis, und daß die CSU-Mitglieder des Parlamentarischen Rats morgen in München beraten. Am Sonntag sollte die zweite Lesung und am Sonntagabend die dritte Lesung durchgeführt werden. Er empfehle, ihm nicht einen Teil seines Gesichts und seiner Erfolgsaussichten zu nehmen.

[Präs.] Dr. Adenauer: Es müsse jetzt bekanntgemacht werden, wann die zweite Lesung durchgeführt werde,

Dr. Pfeiffer: Lassen Sie uns Zeit bis 13.00 Uhr.

[Präs.] Dr. Adenauer: Der Zeitpunkt Hauptausschuß 12.00 Uhr bleibt[22]).

[Präs.] Dr. Adenauer schlägt weiter vor, sich um 13.00 Uhr wieder zu versammeln, zur definitiven Festsetzung des Termins der zweiten Lesung des Plenums[23]). Die Vorbereitungen für die Plenarsitzung würden getroffen.

---

[22]) Die 58. Sitzung des HptA begann am 6. Mai 1949 um 12.14 Uhr. Vgl. Parl. Rat, Verhandlungen, S. 767.

[23]) Zur Festsetzung der Termine für die Plenarsitzungen vgl. Dok. Nr. 57.

Nr. 57
Interfraktionelle Besprechung
6. Mai 1949

ACDP I 052, Nr. 00/1, S. 288a–290. Maschinenschr. Übertragung eines ungez. Prot. von Trossmann vom 6. Mai 1949

Anwesend[1]*:*
CDU/CSU: Adenauer (Präs.), Kaiser, Pfeiffer, Strauß
SPD: Greve, Menzel, Zinn
FDP: Heuss, Schäfer
Zentrum: Brockmann

Sekretariat des Parl. Rates: Trossmann

Beginn: 13.00 Uhr

[1. VORBEREITUNG DER ZWEITEN UND DRITTEN LESUNG DES GRUNDGESETZES IM PLENUM]

Es wird vereinbart, daß die zweite Lesung des Grundgesetzes im Plenum des Parlamentarischen Rats am Freitag, dem 6. Mai 1949 um 17.00 Uhr beginnen soll[2].

[Präs.] Dr. Adenauer: Er wirft die Frage auf, ob man nicht auf die Schlußabstimmung in zweiter Beratung verzichten solle.
Dr. Menzel ist für eine Schlußabstimmung in zweiter Beratung. Er nehme an, daß Dr. Pfeiffer und seine Freunde sich der Stimme enthalten werden.

(Von verschiedener Seite wird darauf hingewiesen, daß eine Gesamtabstimmung in zweiter Lesung nicht notwendig sei.)

Dr. Pfeiffer erklärte: Wir würden uns in jedem Fall der Stimme enthalten.
[Präs.] Dr. Adenauer schlägt vor, die Artikel nur ziffernmäßig aufzurufen und weist darauf hin, daß die Anträge bis 16.00 Uhr gestellt sein müssen. Man müsse vor Beginn der zweiten Beratung wissen, welche Anträge zu erwarten sind.
Dr. Pfeiffer: Wenn wir uns endgültig verständigen, erwachsen daraus Änderungsanträge für die dritte Beratung, die wir dann gemeinsam einbringen werden. Heute laufe die Sache auf der Basis von gestern ab[3].
[Präs.] Dr. Adenauer: Es müsse noch geklärt werden, was zwischen Süsterhenn, Zinn und Dehler vereinbart worden ist.

[1]) Eine Anwesenheitsliste liegt nicht vor. Die Zusammenstellung erfolgte aufgrund der prokollierten Beiträge.
[2]) Vgl. das Prot. in: Der Parl. Rat Bd. 9, Dok. Nr. 9, S. 429.
[3]) Vgl. die interfraktionellen Besprechungen am 5. Mai 1949. Dok. Nr. 54 und 55.

[2. ELTERNRECHT]

Zum Elternrecht ergibt sich folgender Tatbestand: Die Anträge Brockmann und Seebohm liegen vor[4]) und nun solle von der CDU verlangt werden, auf Grund des Kompromisses Süsterhenn – Zinn – Dehler[5]), keinen Antrag zu stellen.

Brockmann besteht auf seinem Antrag.
[Präs.] Dr. Adenauer: Wenn Brockmann seinen Antrag aufrechterhält, zwinge er die CDU, ihren Antrag aufrechtzuerhalten.
Brockmann wehrt sich dagegen, daß man ihn unter Druck setzen wolle.
Heuss erklärt: Überlassen Sie es der Zentrumspartei, gemeinsam mit der KPD das Grundgesetz abzulehnen.
Kaiser: Wenn Herr Brockmann darauf beharrt, seinen Antrag einzubringen, müssen wir uns unsere Haltung dazu vorbehalten. Er bäte die Herren der SPD, zu würdigen, was wir vorzubringen haben werden.
Dr. Greve: Wenn die CDU/CSU sich entschließen sollte, in ihrer Gesamtheit für die Anträge des Zentrums zu stimmen, bringen Sie uns in eine Lage, die Folgen haben wird, die wir nicht möchten.
Auch *Zinn* warnt davor, auf diesem Antrag zu bestehen.
Brockmann: Sie müssen mir Zeit lassen, mit meinen Fraktionskollegen über diese Frage noch einmal zu sprechen.

[3. ÜBERLEITUNGSAUSSCHUSS]

[Präs.] Dr. Adenauer gibt bekannt, daß um 16.00 Uhr der Ältestenrat einberufen sei[6]). Zu Beginn der Sitzung solle [der] Beschluß über den Überleitungsausschuß gefaßt werden.
Dr. Strauß bittet, die Sache zunächst in der Fraktion zu besprechen[7]).
[Präs.] Dr. Adenauer liest den Entwurf über [den] Überleitungsausschuß vor[8]).
Schäfer schlägt vor, nicht den Verteilungsmodus aufzunehmen[9]), sondern die Herren, die in den Überleitungsausschuß sollen, vorzuschlagen.

---

[4]) Vgl. den von Seebohm und Brockmann gez. Antrag 3. Mai 1949 zu Art. 7 b Abs. 2 (Elternrecht). PA 5/Drucks. Nr. 758. Zu diesem Antrag vgl. bereits Dok. Nr. 56, Anm. 16. Die Abstimmung zu Art. 7 a wurde in der 57. Sitzung des HptA am 5. Mai 1949 zurückgestellt. Vgl. Parl. Rat, Verhandlungen, S. 746.

[5]) Auf Anregung von Adenauer war am 4. Mai 1949 in der interfraktionellen Besprechung das Gremium gebildet worden, einen Kompromiß in der Elternfrage auszuarbeiten. Vgl. Dok. Nr. 53, TOP 5, S. 265. Vgl. dazu auch Der Parl. Rat Bd. 9, Dok. Nr. 9, S. 430, Anm. 5.

[6]) Vgl. Der Parl. Rat Bd. 10, S. XXXII, Anm. 171.

[7]) Strauß trug im Anschluß an diese Sitzung in der Sitzung der CDU/CSU-Fraktion am 6. Mai 1949 seine Bedenken gegen den Überleitungsausschuß vor. Vgl. Salzmann, S. 554. Vgl. auch Der Parl. Rat Bd. 10, S. LXIII, Anm. 11.

[8]) Wahrscheinlich der Entwurf zu PA 5/Drucks. Nr. 881. Vgl. dazu auch Der Parl. Rat Bd. 10, S. LXIII, Anm. 13, und LXVI, Anm. 23.

[9]) Demnach enthielt der Entwurf zu PA 5/Drucks. Nr. 881 ursprünglich nicht die Namen der Mitglieder des Überleitungsausschusses, sondern nur einen Schlüssel, nach dem der Überleitungsausschuß besetzt werden sollte.

Er werden folgende Vorschläge für die CDU/CSU gemacht: Dr. Pfeiffer, Dr. von Brentano, Dr. Strauß, Kaiser, Dr. Lehr, Hermanns, Kaufmann als Mitglieder und als Vertreter Dr. Laforet, de Chapeaurouge, Seibold, Hilbert, Dr. Finck, Frau Dr. Weber, Dr. Hofmeister.

Nr. 58
Interfraktionelle Besprechung
23. Mai 1949

BayHStA NL Pfeiffer 219. Ungez. Mitschr. von Pfeiffer in Gabelsbergerscher Kurzschrift vom 23. Mai 1949

Anwesend:
CDU/CSU: Adenauer (Präs.), von Brentano, Kaiser, Lehr, Pfeiffer, Strauß
SPD: Diederichs, Katz, Menzel, Schmid, Schönfelder, Suhr, Zinn
FDP: Dehler, Höpker Aschoff, Schäfer
DP: Seebohm
Zentrum: Wessel

Beginn: 12.15 Uhr

1) VERLAUF DER PLENARSITZUNG[1])

2) MINISTERPRÄSIDENTEN-KONFERENZ GODESBERG 13. MAI [19]49[2])

Überleitungsausschüsse der Ministerpräsidenten. Parlamentarischer Rat steht objektiver der Frage Bund und Länder nicht gegenüber. Entscheidung bei der Bundesregierung. Auch Personalfragen werden schon festgelegt, was aber Sache der Bundesregierung wäre.
Brentano: Nicht zurückziehen in den Schmollwinkel.
Schmid: Unsere Fraktion ist gegen die Beteiligung, Zusammenarbeit mit Ministerpräsidenten.
Höpker Aschoff: Es steht zuviel auf dem Spiel.
Zinn: Habe mit Stock gesprochen. Die Kommissionen der Ministerpräsidenten geben immer Ausarbeitungen an uns.
Pfeiffer: Spricht für eigene Kommission von 15 Personen.

3) WAHLGESETZ[3])

[Präs.] Adenauer ist der Meinung, der Parlamentarische Rat soll nun nicht nochmal befaßt werden.

---

[1]) Vgl. die 12. Plenarsitzung am 23. Mai 1949 um 16.07 Uhr, während der das Grundgesetz feierlich ausgefertigt und verkündet wurde. Der Parl. Rat Bd. 9, Dok. Nr. 12, S. 692–701.

[2]) Vorlage: „19. Mai 1949". Zur Konferenz der MinPräs. am 13. Mai 1949. Vgl. Akten zur Vorgeschichte Bd. 5, Dok. Nr. 35, S. 429–439.

[3]) Zum Wahlgesetz vgl. Der Parl. Rat Bd. 6.
In der unmittelbar vor der interfraktionellen Besprechung durchgeführten Sitzung der CDU/CSU-Fraktion am 23. Mai 1949 bemerkte Adenauer: „Zum Wahlgesetz ist zu sagen, daß es bisher nicht genehmigt ist. Der französische Außenminister Schuman hat die größten Bedenken wegen des Wahlgesetzes in der Hauptsache, weil es mit einer so geringen Mehrheit verabschiedet worden ist. Er ließ bei mir anfragen, ob es nicht

4) ENDE DES PARLAMENTARISCHEN RATES

Wir schweigen.
Pfeiffer: Verbindung mit den Ministerpräsidenten.

5) PRESSETEE

am Dienstag, [den 24. Mai 1949] 16 Uhr[4])

6) KONSULTATIONSAUSSCHUSS[5])

Spricht für künftige Teilung.
Schäfer ist der Meinung, daß auch ein [Mitglied der] FDP vertreten sein soll.
[Präs.] Adenauer stellt fest, daß auf Wunsch der Ministerpräsidenten die Zahl erhöht worden ist[6]).
Kaiser: In Ergänzung von Suhr hat Kaiser angenommen[7]).
Brentano: Amnestie.
Menzel: Soll erstes Gesetz werden. Fahrkarten gültig. Einlösen bis 1. Sitzung des Bundestag.

möglich wäre, daß wir noch einmal in eine Beratung darüber eintreten, um es dann mit größerer Mehrheit zu verabschieden." Vgl. Salzmann, S. 566.
Vgl. dazu weiter die Verhandlungen in der Sitzung des Überleitungsausschusses am 16. Juni 1949. Der Parl. Rat Bd. Bd. 10, Teil C Dok. Nr. 3, S. 216–233.

4) Zum Presseempfang vgl. auch das Diensttagebuch von Pfeiffer. BayHStA NL Pfeiffer 72.

5) Der Konsultationsausschuß (bzw. Konsultativausschuß) war in einer geheimen Zusatzbesprechung am 12. Mai 1949 zwischen den MilGouv. und einer Delegation des Parl. Rates vereinbart worden. Der Ausschuß sollte seitens der Alliierten über die Ergebnisse der bevorstehenden Konferenz der Außenmin. der Vier Mächte in Paris vom 23. Mai bis 20. Juni 1949 informiert werden. Der Ausschuß kam am 8. und 16. Juli 1949 zusammen. Vgl. Der Parl. Rat Bd. 10, S. LXXIV–LXXVI.

6) Vgl. die geheime Zusatzbesprechung vom 12. Mai 1949. Der Parl. Rat Bd. 8, Dok. Nr. 78, S. 270, Anm. 13, und Dok. Nr. 79, S. 272.

7) In der Sitzung der CDU/CSU-Fraktion am 24. Mai 1949 führte Adenauer aus: „Weiterhin ist die Frage von Abg. Kaiser noch nicht erledigt. Die SPD hat in der interfraktionellen Besprechung [am 23. Mai 1949] ausgeführt, daß die Frage Berlin zweiter Punkt der Tagesordnung der Pariser Konferenz geworden ist. Daher muß man verstehen, daß auch von uns ein Berliner Vertreter dabei sein muß, weil es untragbar ist, daß Herr Reuter oder Herr Suhr da ist und Herr Kaiser nicht." Kaiser antwortete darauf, „daß es unerträglich ist, wenn Reuter der alleinige Repräsentant der Ostzone ist. Mit Bezug darauf habe er eine Verantwortung zu tragen, denn nicht die SPD hat Widerstand gegen die Russen geleistet, sondern wir. Das soll jetzt verwischt werden. Die SPD hat für sich in Anspruch genommen, den fünften Mann zu stellen. Wir müssen deshalb bei der alten Regelung bleiben, oder wir müssen verlangen, daß wir dann auch gleich stark vertreten sind." Vgl. Salzmann, S. 571 f.
Die in der interfraktionellen Besprechung getroffene Vorentscheidung wurde schließlich auch umgesetzt. Statt des vorgesehenen Suhr wurde Kaiser in den Konsultativausschuß gewählt. Dafür nahm auf Seiten der Länder der Berliner Bürgermeister Reuter an den Gesprächen teil. Um den Parteienproporz zu halten, wurde seitens der SPD Ollenhauer in die Delegation berufen. Vgl. Der Parl. Rat Bd. 10, S. LXXV.

Nr. 59
Interfraktionelle Besprechung
24. Mai 1949

BayHStA NL Pfeiffer 219. Ungez. Mitschr. von Pfeiffer in Gabelsbergerscher Kurzschrift vom 24. Mai 1949[1])

Anwesend[2]):
CDU/CSU: Adenauer (Präs.), Pfeiffer
SPD: Menzel, Ollenhauer, Schmid, Schönfelder, Zinn
FDP: Heuss, Höpker Aschoff, Schäfer

Beginn: 12.00 Uhr

[ÜBERLEITUNGSMASSNAHMEN]

Pfeiffer ist für Hinzunahme der FD[P].
Menzel: 4 Ministerpräsidenten + 1 [Vertreter aus] Berlin.
[Präs.] Adenauer: Man wünscht ja Parteivertreter. Also noch ein [Vertreter der] F[DP]. Für Vertraulichkeit garantieren wir[3]).
Zinn / Höpker Aschoff Ausführungsbestimmung.
Ollenhauer: Tagesordnung jetzt veröffentlicht. [...][4]) Besatzungsstatut.
Schmid berichtet über Ministerpräsidenten-Kommuniqué[5]).

Wahltermin
[Überleitungsfragen:]
Ausschüsse

---

[1]) Die Aufz. von Pfeiffer ist überschrieben: „Interfrakt. Mittwoch 12 Uhr, 24.5.49.“ Der 24. Mai 1949 fiel jedoch auf einen Dienstag.

[2]) Eine Anwesenheitsliste liegt nicht vor. Die Zusammenstellung erfolgte aufgrund der prokollierten Beiträge.

[3]) Der Hinweis auf die Vertraulichkeit bezieht sich vermutlich auf die ausdrücklich in der geheimen Zusatzbesprechung am 12. Mai 1949 von Gen. Robertson verlangte „strengste Vertraulichkeit“ der anberaumten Gespräche mit dem Konsultativausschuß über die Konferenz der Außenmin. der Vier Mächte in Paris vom 23. Mai bis 20. Juni 1949. Vgl. Der Parl. Rat Bd. 8, Dok. Nr. 79, S. 271.

[4]) Wort nicht entzifferbar.

[5]) Die MinPräs. verabschiedeten auf der Konferenz am 23. Mai 1949 in Godesberg den förmlichen Beschluß: „Die Ministerpräsidenten werden die ihnen übertragene Aufgabe, vorbereitende Maßnahmen für den Zusammentritt der Bundesorgane zu treffen, in gemeinsamer Beratung mit zwölf vom Parlamentarischen Rat benannten Personen behandeln. Sie gehen davon aus, daß diese Persönlichkeiten Exponenten der politischen Parteien sein werden. Der gemeinsamen Beratung der Ministerpräsidenten und dieser Persönlichkeiten sollen die Ergebnisse der eingesetzten Kommission vorgelegt werden. Die Ministerpräsidenten werden bei ihrer Entscheidung die Ergebnisse der gemeinsamen Beratung entsprechend berücksichtigen.“ Vgl. PA 4/MinPräs. Drucks. Nr. 194. Vgl. dazu auch das Prot. der Verhandlungen in: Akten zur Vorgeschichte Bd. 5, S. 464–466.

1) Wie füllt man das Grundgesetz aus;
2) Länderrecht;
3) Militärrecht [in den einzelnen] Zonen;
4) [was] vordringlich [ist].

Organisation.
Gemeinsam. Keine Beamten schicken, sondern Kabinettsmitglieder[6]).

[6]) Vermutlich war gewünscht, daß die MinPräs. – wenn sie sich im Überleitungsausschuß vertreten lassen wollten – nicht Beamte, sondern politisch verantwortliche Kabinettsmitglieder entsenden sollten.

VERZEICHNIS DER ABKÜRZUNGEN

Abg.	=	Abgeordneter
Abs.	=	Absatz
ACDP	=	Archiv für Christlich-Demokratische Politik
AdsD	=	Archiv der sozialen Demokratie (in FESt)
Anm.	=	Anmerkung
Art.	=	Artikel
Aug.	=	August
Ausf.	=	Ausfertigung
BA	=	Bundesarchiv (Koblenz)
BayHStA	=	Bayerisches Hauptstaatsarchiv München
Bd./Bde.	=	Band / Bände
BdMinPräs.	=	Büro der Ministerpräsidenten des amerikanischen, britischen und französischen Besatzungsgebietes (in Wiesbaden)
BdMinPräs., Ast. Bad Godesberg	=	Büro der Ministerpräsidenten des amerikanischen, britischen und französischen Besatzungsgebietes, Außenstelle Bad Godesberg
Bearb.	=	Bearbeiter
bes.	=	besonders
BGB	=	Bürgerliches Gesetzbuch
Bl.	=	Blatt
CDU	=	Christlich Demokratische Union Deutschlands
CSU	=	Christlich-Soziale Union
d.h.	=	das heißt
DENA	=	Deutsche Nachrichtenagentur
Dez.	=	Dezember
Dok.	=	Dokument
DP	=	Deutsche Partei
Dr.	=	Doktor
Drucks.	=	Drucksache
DVP	=	Deutsche Volkspartei
f. / ff.	=	folgende
FDP	=	Freie Demokratische Partei
Feb.	=	Februar
FESt	=	Friedrich-Ebert-Stiftung
FRUS	=	Foreign Relations of the United States
geb.	=	geboren
Gen.	=	General
gez.	=	gezeichnet

handschr.	=	handschriftlich
h.c.	=	honoris causa
Hrsg./hrsg.	=	Herausgeber / herausgegeben
Jan.	=	Januar
Kl. Erw.	=	Kleine Erwerbungen (Bestand in BA)
KPD	=	Kommunistische Partei Deutschlands
Kurzprot.	=	Kurzprotokoll
maschinenschr.	=	maschinenschriftlich
MilGov.	=	Militärgouverneur/Militärgouverneure
MinPräs.	=	Ministerpräsident/Ministerpräsidenten
Mitschr.	=	Mitschrift
NL	=	Nachlaß
Nov.	=	November
Nr.	=	Nummer
o.D.	=	ohne Datum
o.O.	=	ohne Ort
Okt.	=	Oktober
PA	=	Parlamentsarchiv des Deutschen Bundestages
Parl. Rat	=	Parlamentarischer Rat
Präs.	=	Präsident
Prot.	=	Protokoll
S.	=	Seite
SED	=	Sozialistische Einheitspartei Deutschlands
Sept.	=	September
SPD	=	Sozialdemokratische Partei Deutschlands
StBKAH	=	Stiftung Bundeskanzler-Adenauer-Haus
stellv.	=	stellvertretender
StPräs.	=	Staatspräsident
TOP	=	Tagesordnungspunkt
u.a.	=	und andere / unter anderem
undat.	=	undatiert
ungez.	=	ungezeichnet
usw.	=	und so weiter
vervielf.	=	vervielfältigt
vgl.	=	vergleiche
VjfZ	=	Vierteljahrshefte für Zeitgeschichte
Vors.	=	Vorsitzender
Z	=	Zentrum / Deutsche Zentrumspartei
Ziff.	=	Ziffer
zit.	=	zitiert

VERZEICHNIS DER UNGEDRUCKTEN QUELLEN

Bundesarchiv Koblenz (BA)
- Parlamentarischer Rat (Z 5)
- Büro der Ministerpräsidenten des amerikanischen, britischen und französischen Besatzungsgebietes (Z 12)
- Kleine Erwerbungen 792/Bde. 1–7 (Kopien aus dem Public Record Office: FO 371/76658-76660, 76687 und FO 1083/85-87)
- OMGUS, Mikrofiches aus der Record Group 260, National Archives Washington DC (Z 45 F)
- Nachlaß Herbert Blankenhorn (NL 351)
- Nachlaß Heinrich von Brentano (NL 239)
- Nachlaß Theodor Heuss (NL 221)

Parlamentsarchiv des Deutschen Bundestages, Bonn (PA)
- Parlamentarischer Rat (Bestand 5)
- Drucksachen des Parlamentarischen Rates (Bestand 5/Drucks. und Bestand 5/Umdruck Nr. S)
- Drucksachen des Büros der Ministerpräsidenten des amerikanischen, britischen und französischen Besatzungsgebietes (1948–1949) (Bestand 4/BdMinPräs. Drucks.)

Bayerisches Hauptstaatsarchiv München (BayHStA)
- Nachlaß Anton Pfeiffer
- Nachlaß Josef Schwalber

Staatsbibliothek München
- Nachlaß Karl Schwend (Ana 308)
- Archiv für Christlich-Demokratische Politik, St. Augustin (ACDP)
- Nachlaß Theophil Kaufmann (I-071)
- Nachlaß Wilhelm Laforet (I-122)
- Sammlung Hans Trossmann (I-052)

Friedrich-Ebert-Stiftung e.V., Archiv der sozialen Demokratie, Bonn (FESt)
- Nachlaß Walter Menzel
- Nachlaß Carlo Schmid
- Nachlaß Kurt Schumacher

Stiftung Bundeskanzler-Adenauer-Haus, Bad Honnef-Rhöndorf (StBKAH)
- Nachlaß Konrad Adenauer

Institut für Zeitgeschichte, München
- Nachlaß Walter Strauß (ED 94)

VERZEICHNIS DER GEDRUCKTEN QUELLEN UND DER LITERATUR

1. DOKUMENTATIONEN, DOKUMENTENSAMMLUNGEN

Adenauer. Briefe 1947–1949. Adenauer Rhöndorfer Ausgabe. Stiftung Bundeskanzler-Adenauer-Haus. Hrsg. von Rudolf Morsey und Hans-Peter Schwarz, Bearb. von Hans Peter Mensing. Berlin 1984.

Akten zur Vorgeschichte der Bundesrepublik Deutschland 1945–1949. Herausgegeben von Bundesarchiv und Institut für Zeitgeschichte.

Bd. 1: Sept. 1945–Dez. 1946 bearb. von Walter Vogel und Christoph Weisz. München, Wien 1976.

Bd. 2: Jan.–Juni 1947 bearb. von Wolfram Werner. München, Wien 1979.

Bd. 3: Juni–Dez. 1947 bearb. von Günter Plum. München, Wien 1982.

Bd. 4. Jan.–Dez. 1948 bearb. von Christoph Weisz, Hans-Dieter Kreikamp und Bernd Steger. München, Wien 1983.

Bd. 5: Jan.–Sept. 1949 bearb. von Hans-Dieter Kreikamp. München, Wien 1981.

Der Parlamentarische Rat 1948–1949. Akten und Protokolle. Hrsg. vom Deutschen Bundestag und vom Bundesarchiv.

Bd. 1: Vorgeschichte. Bearb. von Johannes Volker Wagner. Boppard 1975.

Bd. 2: Der Verfassungskonvent auf Herrenchiemsee. Bearb. von Peter Bucher. Boppard 1981.

Bd. 3: Ausschuß für Zuständigkeitsabgrenzung. Bearb. von Wolfram Werner. Boppard 1986.

Bd. 4: Ausschuß für das Besatzungsstatut. Bearb. von Wolfram Werner. Boppard 1989.

Bd. 5: Ausschuß für Grundsatzfragen. Bearb. von Eberhard Pikart und Wolfram Werner. Boppard 1993.

Bd. 6: Ausschuß für Wahlrechtsfragen. Bearb. von Harald Rosenbach. Boppard 1994.

Bd. 7: Entwürfe zum Grundgesetz. Bearb. von Michael Hollmann. Boppard 1995.

Bd. 8: Die Beziehungen des Parlamentarischen Rates zu den Militärregierungen. Bearb. von Michael F. Feldkamp. Boppard 1995.

Bd. 9: Plenum. Bearb. von Wolfram Werner. München 1996.

Bd. 10: Ältestenrat, Geschäftsordnungsausschuß und Überleitungsausschuß. Bearb. von Michael F. Feldkamp. München 1997.

Foreign Relations of the United States. Diplomatic Papers.

1948, Vol. II: Germany and Austria. Washington 1973.

1949, Vol. III: Council of Foreign Ministers. Germany and Austria. Washington 1974.

Kaff, Brigitte (Bearb.): Die Unionsparteien 1946–1950. Protokolle der Arbeitsgemeinschaft der CDU/CSU Deutschlands und der Konferenz der Landesvorsitzenden. Düsseldorf 1989 (Forschungen und Quellen zur Zeitgeschichte Bd. 17).

Löhr, Wolfgang: Dokumente deutscher Bischöfe, Bd. 1: Hirtenbriefe und Ansprachen zu Gesellschaft und Politik 1945–1949. Würzburg 1985.

Parlamentarischer Rat. Fundstellenverzeichnis zum Grundgesetz. Bonn [1949].

Parlamentarischer Rat. Grundgesetz für die Bundesrepublik Deutschland (Entwürfe). Formulierungen der Fachausschüsse, des Allgemeinen Redaktionsausschusses, des Hauptausschusses und des Plenums. Bonn 1949.

Parlamentarischer Rat. Stenographische Berichte über die Plenarsitzungen. Bonn 1948/49.

Parlamentarischer Rat. Verhandlungen des Hauptausschusses. Bonn [1950].

Parlamentarischer Rat. Schriftlicher Bericht zum Entwurf des Grundgesetzes für die Bundesrepublik Deutschland. [Bonn 1950].

Salzmann, Rainer (Bearb.): Die CDU/CSU im Parlamentarischen Rat. Sitzungsprotokolle der Unionsfraktion. Stuttgart 1981 (Forschungen und Quellen zur Zeitgeschichte Bd. 2).

Wirtschaftsrat, Wörtliche Berichte und Drucksachen des Wirtschaftsrates des Vereinigten Wirtschaftsgebietes 1947–1949. Hrsg. vom Institut für Zeitgeschichte und dem Deutschen Bundestag, Wissenschaftliche Dienste, bearb. Christoph Weisz und Hans Woller, 6 Bde. (Texte und Materialien veröffentlicht vom Institut für Zeitgeschichte I). München, Wien 1977.

2. AMTS- UND GESETZBLÄTTER

Amtsblatt der Militärregierung Deutschland, Amerikanisches Kontrollgebiet.

Amtsblatt der Militärregierung Deutschland, Britisches Kontrollgebiet.

Amtsblatt des Alliierten Kontrollrats in Deutschland.

Reichsgesetzblatt.

3. MEMOIREN UND DARSTELLUNGEN

Adenauer, Konrad: Erinnerungen 1945–1953. Stuttgart 1965.

Antoni, Michael G. M.: Sozialdemokratie und Grundgesetz, 2 Bde. Berlin 1991–1992.

Eschenburg, Theodor: Jahre der Besatzung 1945–1949. Wiesbaden 1983 (Geschichte der Bundesrepublik Deutschland Bd. 1).

Grabbe, Hans-Jürgen: Die deutsch-alliierte Kontroverse um den Grundgesetzentwurf im Frühjahr 1949, in: VjfZ 26 (1978), S. 393–418.

Hirscher, Gerhard: Sozialdemokratische Verfassungspolitik und die Entstehung des Bonner Grundgesetzes. Eine biographische Untersuchung zur Bedeutung Walter Menzels. Bochum 1989.

Keesings Archiv der Gegenwart: Zusammenstellung des Nachrichtenstoffes von Heinrich von Siegler. Bonn (Wien/Zürich) 1945ff.

Ley, Richard: Die Mitglieder des Parlamentarischen Rates. Ihre Wahl, Zugehörigkeit zu Parlamenten und Regierungen. Eine Bilanz nach 25 Jahren, in: Zeitschrift für Parlamentsfragen 4 (1973), S. 373–391.

Morsey, Rudolf: Die Rolle Konrad Adenauers im Parlamentarischen Rat, in: VjfZ 18 (1970), S. 62–94.

Ders.: Die letzte Krise im Parlamentarischen Rat und ihre Bewältigung (März/April 1949), in: Staat, Kirche und Wissenschaft in einer pluralistischen Gesellschaft. Festschrift zum 65. Geburtstag von Paul Mikat. Hrsg. von Dieter Schwab u.a. Berlin 1989, S. 393–410.

Ders.: Verfassungsschöpfung unter Besatzungsherrschaft: Die Entstehung des Grundgesetzes im Parlamentarischen Rat, in: Die Öffentliche Verwaltung 42 (1989), S. 471–482.

Peschel, Kurt: Der stenographische Dienst im Parlamentarischen Rat, in: Neue Stenographische Praxis 1 (1953), S. 24–26.

Pommerin, Reiner: Die Mitglieder des Parlamentarischen Rates. Porträtskizzen des britischen Verbindungsoffiziers Chaput de Saintonge, in: VjfZ 36 (1988), S. 557–588.

Potthoff, Heinrich, in Zusammenarbeit mit Rüdiger Wenzel: Handbuch politischer Institutionen und Organisationen 1945–1949. Düsseldorf 1983 (Handbücher zur Geschichte des Parlamentarismus und der politischen Parteien Bd. 1).

Reuter, Christiane: „Graue Eminenz der bayerischen Politik". Eine politische Biographie Anton Pfeiffers (1888–1957). München 1987.

Schewick, Burckhard van: Die katholische Kirche und die Entstehung der Verfassungen in Westdeutschland 1945–1950. Mainz 1980 (Veröffentlichungen der Kommission für Zeitgeschichte, Reihe B: Forschungen, Bd. 30).

Schwarz, Hans-Peter: Adenauer. Der Aufstieg: 1876–1952. Stuttgart [3]1986.

Wengst, Udo: Staatsaufbau und Regierungspraxis 1948–1953. Zur Geschichte der Verfassungsorgane der Bundesrepublik Deutschland. Düsseldorf 1984 (Beiträge zur Geschichte des Parlamentarismus und der politischen Parteien Bd. 74).

Werner, Wolfram: Der Parlamentarische Rat, Bestand Z 5, Koblenz [2]1994 (Findbücher zu Beständen des Bundesarchivs Bd. 35).

Werner, Wolfram: Quellen zur Entstehung des Grundgesetzes. Ein Überblick, in: Aus der Arbeit der Archive – Beiträge zum Archivwesen, zur Quellenkunde und zur Geschichte. Festschrift für Hans Booms, hrsg. von Friedrich P. Kahlenberg. Boppard 1989, S. 646–661.

PERSONENREGISTER

SACHREGISTER